满族经济史

The History of Manchu Economy

杨思远　等著

社会科学文献出版社
SOCIAL SCIENCES ACADEMIC PRESS (CHINA)

国家社科基金后期资助项目
出版说明

后期资助项目是国家社科基金设立的一类重要项目，旨在鼓励广大社科研究者潜心治学，支持基础研究多出优秀成果。它是经过严格评审，从接近完成的科研成果中遴选立项的。为扩大后期资助项目的影响，更好地推动学术发展，促进成果转化，全国哲学社会科学工作办公室按照“统一设计、统一标识、统一版式、形成系列”的总体要求，组织出版国家社科基金后期资助项目成果。

全国哲学社会科学工作办公室

写作分工

杨思远：全书设计、前言、导论，全书修改。

余　娜：第一篇

张　悦：第二篇

杨骁蒙：第三篇

刘景芝：第四篇

前言

中国少数民族经济史研究的几个理论问题

一

自新中国成立至20世纪80年代，民族识别工作已经结束。五十五个少数民族在国家政治、经济和文化中的法律地位已经获得确立。改革开放后尤其是在世纪之交国家实行西部大开发战略以来，如何借鉴各民族在历史上经济发展的经验和教训，推动各民族经济共同繁荣，共享中华民族经济发展的成果，成为民族经济学的一项重要理论任务。

开展中国少数民族经济史研究的客观条件基本成熟。民族识别工作的结束，为少数民族经济主体的确立提供了研究的政治和法律前提。我国少数民族经济发展总体水平较为落后，成为全面建设小康社会的一个重点；西部大开发战略的落实，其成就和不足从正反两个方面都显示出该项研究的重要性和急迫性。近年来，在各民族经济社会较快发展的历史条件下，出现了民族经济关系一度紧张的不和谐声音，又迫使我们把目光投向历史，包括经济史。社会主义市场经济的发展，工业化和城市化的进步，对外开放和全球化的日益深入，对民族经济发展又提出了新的课题，要求我们为知新而温故。

培根说："读史使人明智。"丰富的中国少数民族经济史给予我们极其深刻的教益。一些少数民族经济在历史上出现过鼎盛时期，之后衰落了。当我们忙着从西方探寻大国崛起的经验时，少数民族经济繁荣的经验和衰落的教训被遗忘了。当前我们在推动生产方式转型，可历史上有很多少数民族曾经在不同的条件下完成了多次的转型，这个经验没有得到系统的总结。民族特色产业的形成可以说是一个民族经济史的产物，我们现在却是靠广告宣传等人为的拼合出特色产业来。[①] 我国少数民族对中华民族乃至人类的经济贡献是巨大的，在狩猎产品、农产品、畜产品、手工业品方面都出现了一大批珍贵而独特的品种。在民族贸易中，少数民族所开创的贸易形式极其丰富，少数民族经济市场化的顺利推进不可能忽视这些作为进一步创造的既定历史条件。国家与少数民族的关系上，民族区域自治制度如何完善，历史上的和亲政策、羁縻政策、贸易制度、政教合一制度、军屯制度、土官制度、土司制度、土流并举、改土归流等制度和政策的经验，能给我们以深刻的启示。

民族经济学是一门新学科，自 20 世纪 70 年代末初创以来，在理论研究和学科理论体系建设方面，取得了不可小觑的成就。在论证西部开发国家战略中，民族经济学功不可没；进入 21 世纪，民族经济学成为国家培育学科。完善民族经济学学科理论体系，开展中国少数民族经济史的研究是其中不可或缺的一环。作为经济学的一个独立的分支学科，中国少数民族经济学有两块基石：少数民族经济史和少数民族经济思想史。没有这两史的扎实研究成果，学科理论体系走向成熟是不可能的，也没有其他道路可寻。以往民族经济学研究中出现的演绎性倾向也说明了这个问题，少数民族经济史的研究将为民族经济学走上实证道路奠定一块关键性的基石。

对于民族学研究来说，历来的重点是政治、语言、历史、宗教、文化和国际关系，经济方面没有得到应有的重视。像世界性的蒙古学和藏学研究，其中的蒙古族经济学和藏族经济学的研究成果就相当薄弱，更不用说经济史的研究。应当看到，中国少数民族经济史研究，在少数民族学科理论体系中占有基础学科的地位。

中国经济史的研究自古就得到了重视，在二十四史中，均有历代关于经济史的资料。平准书、食货是必不可少的内容。先秦诸子的思想中，不

---

① 蒙古族的草原畜牧业、保安族的腰刀业、满族的文化产业、藏族的藏医药产业、维吾尔族的瓜果园艺业、回族的清真食品产业等，都是本民族经济史长期演化的产物，具有广泛的民族性、生产生活的特需性和深厚的历史性。但在市场经济条件下，许多民族地方在选择民族特色产业时脱离了经济史。如 2011 年临夏回族自治州和政县政府打造出城关镇三谷和大南岔河流域两个“万亩油菜示范基地”，油菜种植规模很大，但效率并不高。参见钱力、马生香、刘燕平《民族地区特色优势产业发展问题的调查与思考——以甘肃省和政县为例》，《甘肃民族研究》2011 年第 4 期。杨生、聂琴在《对民族地区发展特色产业的几点思考》（《吉首大学学报》2002 年第 4 期）一文中认为：“特色产业之特，一特在原料，二特在工艺，三特在地域。”显然，这里对特色产业选择的三个标准均在少数民族经济史视域之外。

仅有经济思想，还有大量的经济史材料。在历代思想家的著作中，也有大量经济史的篇什。新中国成立后，中国经济史研究成果很多，大学里经济专业开设相应的课程，大学和研究机构出现了一批有成就的中国经济史学者和研究成果。与此不相适应的是，中国经济史中少数民族经济史的篇幅很少，多数尚付阙如。除鲜卑族、蒙古族、满族、藏族等民族经济史外，少数民族经济史缺乏连贯性和整体性。

各民族都有自己独特的经济史。限于各族文化发展的差异，有的有文字记载，有的有专门著作，有的民族经济史为其他民族文献所记载，还有不少民族停留在口头传承中。由于中国少数民族经济史千头万绪，一些民族经济体消亡了、融合了，一些新的民族经济体出现了，一些民族迁徙了，同一民族的分散居住、多民族的杂居和不停顿的民族经济交往，造成中国少数民族经济史的基本线索难以分辨。关于这个丰富的研究对象的完整著作，至今没有出现，但这不等于说，中国少数民族经济史研究是空白，相反，个别民族经济史研究成果、断代经济史研究成果、经济史专题研究成果十分丰富。系统总结这些成果是中国少数民族经济史研究的重要任务。

坦率地说，当前中国少数民族经济史研究的客观条件比主观条件要成熟得多。从主观上看，这项研究是任何一个学者毕生根本完不成的课题，在一个最多三两年就要验收成果的时代，谁也不会中意这个选题。即便有尝试愿望的，语言障碍也足以使任何人止步。此外，任何人的知识结构也不可能独立承担如此民族众多、纷繁复杂、绵延悠久的少数民族经济史研究工作。这一定是集体项目，也一定是接力项目。中央民族大学“985工程”将这个项目纳入中长期建设规划，目标也只能是“奠定基础”。不过，有了“985工程”的支撑，项目研究就具备了初步条件。

二

在从氏族、氏族联合体、部族、部族联盟发展到民族的历史长河中，我国少数民族众多，经济形态各异，有的氏族和部族经济共同体融合了、分裂了、迁移了、消亡了，如何全面再现我国多民族经济发展的历史轨迹，在方法论上需要认真思虑。大致说来，有两种思路。一种思路是按照中央王朝的兴替，对历代的少数民族经济做总体性研究，这种研究的好处是可以看到不同时代少数民族经济的总体面貌，较易于处理那些已经消亡的民族经济体同新兴的民族经济体的衔接问题。不足之处是不追求单个少数民族经济发展的连贯性，在民族之间经济关系的处理方面，易于将主体民族和少数民族的经济关系作为重点，而少数民族之间，以及少数民族同世界上其他民族之间的经济交往易被忽视。另一种思路是以各个少数民族为主体，完整再现该少数民族经济发展轨迹，再将所有少数民族经济史综合起来。这种思路的长处是便于掌握某个少数民族经济的来龙去脉，无论是对历史上存在而如今已经不存在的氏族、部族和民族经济体，还是对现在仍然存在的民族经济体，都一视同仁，分别进行研究。不足之处是，这样一来，难度大大增加，那么多曾经出现过的中国少数民族经济体，有些尚未达到民族发展水平，都要进行研究，那些在历史上存在时间较短的氏族经济、部族经济，资料收集尤为困难。各民族之间的整体联系，特别是整个中华民族经济体的形成，难以从少数民族经济史研究中获得整体性认识，易于忽略少数民族经济对中华民族经济的贡献。

我们的办法是以第二种思路为主，吸收第一种思路的长处。即使以第二种思路来说，我们也进行了若干改造。我们不以历史上出现的所有氏族、部族、民族作为经济史研究的主体，而是以现存的且在法律上已经确立的五十五个少数民族为主体，分别对各民族做经济史的考察。这样一来，经济史的研究服务于少数民族经济发展的现实意义就更为突出，不足之处是难以照顾到历史上存在而后来又融合、独立出去的民族经济体。为了克服这个弊端，我们的办法有两个：一是在现有少数民族经济史上，将现有少数民族经济体形成来源的古代氏族、部族、民族经济，给予相应的篇幅，如吐谷浑经济之于土族经济史，乌孙经济之于哈萨克族经济史，匈奴经济之于蒙古族经济史等；二是在不同历史阶段每个民族与其他民族的经济关系中，针对那些在经济史上对现有民族经济有较大影响的民族进行重点研究。此外，如有可能，也对那些已经消失的民族作经济史专门研究，如契丹经济史研究。至于吸收第一种思路的长处，主要体现在重点关注少数民族与主体民族以及少数民族之间的经济交往上，力图展现我国少数民族对中华民族经济体形成所做出的特殊贡献。

在理论上确立以现有中国各少数民族作为经济史研究的主体，可能有人会提出这样的疑问，这是不是强调少数民族在经济上的独立性呢？我们认为，主体性不等于独立性，而是有特殊性。正是这种特殊性才构成民族经济史研究的独立的学术价值，中华民族经济发展的一般性在少数民族经济中的具体表现是这种特殊性的存在基础。这种特殊性是今天我国实行民族区域自治政策的经济史根源，探讨这种特殊规律对于少数民族经济现代化具有重要的现实意义。

少数民族经济史主体一经确立，在历史分期上就不能以主体民族的朝代更替作为标准。这是因为，主体民族的朝代更替尽管也会引起但不必然引起各少数民族经济史的重大变迁，以至于在各少数民族经济史上成为划时代的标志。所谓“天高皇帝远”，主体民族政治经济变革的力度、广度和深度不足，就很难波及少数民族的经济生活。因此，在历史分期上，我们坚持以少数民族为主体，以少数民族经济自身里程碑式的变化为分期标准。但是，少数民族经济史作为中国经济史之一部分，我们在以各少数民族为经济史主体的前提下，分期也尽量同中央王朝的变化统一起来。例如，在土族经济史中，唐宋辽夏金时期吐谷浑人畜牧经济因东迁内附变为农牧并举，中央王朝虽几经变迁，但在土族经济史研究中则放到一个阶段来处理。相反，中央王朝没有发生更替，但少数民族经济已经发生了重大变化，如晚清藏族经济的殖民地化，则要独立成章地进行研究。这样做不单纯是坚持以少数民族为经济史主体的原则，而且还是坚持将少数民族经济史作为中国经济史整体一部分的原则。

以少数民族自身为经济史的主体，是指现今中国存在的五十五个少数民族，历史上已经融合、独立出去、消失的少数民族除个别有重要经济史影响之外，不在考虑之列；但又从民族融合视角将其纳入现有的中国少数民族经济史研究当中。我们把现有中国少数民族经济，在整体上视作中国历史上一切少数民族经济发展及其内外经济长期交往的产物。一切经济史上存在的氏族、部族和民族，都对今天各族经济体和中华民族经济总体的形成及其存在面貌做出过自己的贡献，留下了自己的烙印。土族经济史就把吐谷浑经济、藏族经济史就把吐蕃经济包含其中。

以少数民族为经济史的主体，对于那些在历史上分散到祖国各地的少数民族来说，就要给予关注。由于散居民族经济资料具有异常匮乏、零碎、不连续的特点，在实际研究中殊难兼顾。我想这是可以求得经济史学界原谅的。但是，对那些虽然分散各地但又以小聚居的形式出现的民族，在经济史研究中则要考虑有所体现。例如，藏族经济史研究中就要注意到康巴藏区和安多藏区的藏族经济，而不能局限于卫藏地区。蒙古族经济史研究要考虑到青海、新疆、甘肃等地的蒙古族经济，而不能局限于内蒙古。这种处理方法使中国少数民族经济史研究既区别于中国区域经济史研究，又能实现二者的统一，毕竟民族和区域是联系在一起的，这在今天民族区域自治制度中仍然可见。

以中国少数民族为经济史的主体，对于那些在历史上被分裂出去的民族以及那些在历史上融入中国的少数民族，就获得了一个较好的处理原则。在哈萨克斯坦、外蒙古分裂出去之前，作为历史上中国一个少数民族的一部分，其经济史在相应的历史阶段是应当考察的，而在分裂出去之后的历史时期不再作为中国的少数民族，则不予关注。同样，那些在历史上从外部迁入中国的少数民族，如朝鲜族，其迁入之前的经济史不属于中国少数民族经济史范畴，迁入之后则应当属于这个范畴。

鲜卑拓跋部、蒙古族和满族在历史上均建立过全国性政权，遵循以中国少数民族为经济史的主体的原则，建政后的历史阶段，我们重点研究的是在全国政权下作为统治多民族国家的这些少数民族经济自身的演化史，因此，不能把元代经济史同元代蒙古族经济史相混淆，也不能把清代经济史同清代满族经济史相混淆。

三

经济史包含无限的经济关系和经济矛盾，经济史的资料浩如烟海，如果没有明确的目的和科学方法，经济史的研究不是成为史料的堆砌，就是为了某种逻辑体系的需要去剪裁丰富的历史。根据不同的方法论，研究者可以写出不同的经济史。

由弗里德里希·李斯特开创，威廉·罗雪尔、布鲁诺·希尔德布兰德和卡尔·克尼斯等为代表的德国历史学派，就属于前一类。历史学派把经济学的研究对象规定为一国经济的发展，把他们的方法称为历史的方法。罗雪尔认为，政治经济学是“论述一个国家的经济发展诸规律的科学，或论述它的国民经济生活的科学”[①]。希尔德布兰德批评英法古典经济学关于一切资本主义国家都具有共同规律的观点，认为经济关系是依地点和时间的差异而相互区别的，反对古典经济学从复杂的经济现象

① 季陶达：《资产阶级庸俗政治经济学选辑》，商务印书馆，1963，第322页。

中探求不变的相同的规律，将经济科学的任务规定为仅仅是研究某一国经济的“国民科学”。克尼斯也认为，人们的经济生活中并不存在什么规律，规律只存在于自然界。经济的发展和变化，不存在普遍规律的可能性。社会生活只有相似，没有等同。历史不会重复，各民族的发展道路是不同的，人们只能找出类似的法则，在经济生活中只存在因果关系。

历史学派把经济学对象规定为国民经济发展，只承认国家具体发展的特点，因此，他们摒弃古典经济学的抽象法，提出历史的方法。他们把这种历史方法比喻为社会经济或国民经济的解剖学和生理学。罗雪尔首次把法学历史学派的主要代表人物弗里德里希·卡尔·冯·萨维尼的历史方法引入经济学，并把经济学历史方法归纳为四条基本原理：①经济学的“目的在于论述各个国民在经济方面想了些什么，要求了些什么，发现了些什么；他们做了些什么努力，有了些什么成就；以及他们为什么要努力，又为什么获得成功。这样的论述只有同有关国民生活的其它科学，特别是同法制史、政治史以及文化史紧密地结合起来，才能做到”。②研究国民经济不能仅仅满足于对现代经济关系的观察，对过去各文化阶段的研究同样重要。③为发现事物的本质和规范性，可采取类比方法从过去的国民经济与新国民经济的比较中得到启示。④历史的方法对任何一种经济制度绝对不轻易地一律予以颂扬或一律予以否定。“经济学的主要任务在于指出：为何以及如何逐渐发生‘从合理的变为不合理的’、‘从幸福的变为有害的’”①。

历史学派强调各个民族经济发展的特殊性，把经济发展视为历史过程，对于中国少数民族经济史研究有可资借鉴的合理因素，也是对古典经济学将资本主义各种经济关系永恒化的有力批判。但是，否定抽象法，把历史方法和抽象法对立起来是对古典经济学方法的退步。由于丢弃合理的科学抽象，历史学派的著作就只能成为杂乱的史料堆砌，在必要时又只能借用古典经济学的理论概念。马克思评价历史学派的方法：“这种形式是‘从历史的角度’进行工作的，并且以明智的中庸态度到处搜集‘最好的东西’，如果得到的结果是矛盾，这对它说来并不重要，只有完备才是重要的。这就是阉割一切体系，抹去它们的一切棱角，使它们在一本摘录集

① 威廉·罗雪尔：《历史方法的国民经济学讲义大纲》，商务印书馆，1981，第7～8页。

里和平相处。在这里，辩护论的热忱被渊博的学问所抑制，这种渊博的学问宽厚地俯视着经济思想家的夸张的议论，而只是让这些议论作为稀罕的奇物漂浮在它的内容贫乏的稀粥里。因为这类著作只有在政治经济学作为科学已走完了它的道路的时候才会出现，所以它们同时也就是这门科学的坟墓。”①

以道格拉斯·诺思为首的经济史学家们在1959年宣布要改变人们研究美国经济史的方式，并且宣称他们的工作将创造一门“新”经济史，1963年，即这场变革初露端倪时，诺思就宣布：“在美国经济史中正进行着一场革命。”② 19年后，即1982年，特里·安德森、本奈特·贝克、格雷·沃尔顿、理查德·萨持、雷蒙·迈耶斯等诺思的17个学生为纪念诺思，出版了一本论文集，在他们看来，诺思们宣布的任务“已经很好地完成。今天，新经济史已经成熟，也不再是少数人的事业。在今天的英语世界，经济史被那些信奉新经济史哲学与方法论的经济史学家统治着”。“新经济史不仅将经济理论和统计方法引入对历史的分析，而且带来了新的成果。在过去的23年中，在经济史领域，所有的论题都已经不同程度地被运用新经济史视角重新观察过、重新理解过和被革命。这一过程仍然在继续”③。

1993年诺贝尔经济学奖授予罗伯特·福格尔和诺思，诺思在授奖讲话中指出，他们获奖的理由是“他们为了解释经济和制度变化，应用经济理论和定量方法，更新了经济史的研究”。他们“尝试把经济学和历史结合起来……而且指出了研究和了解经济增长和变化的新途径。他们使用了经济科学的最佳分析技术并把它们与历史资料结合起来。换言之，他们把经济理论、定量方法、假设检验、假设不同条件及传统的经济史方法结合起来，为了分析和了解深刻的问题以及解释深刻的变化”。“换言之，是他们研究经济历史问题的方式方法，比其他任何东西更能把今天的获奖者提升到称为‘新经济史’的学者们的前列。罗伯特·福格尔和道格拉斯·诺思是这项研究的先驱，这项研究对经济史作为一门学问的继续发展有永久

① 马克思：《剩余价值理论》第三册，人民出版社，1975，第558页。

② Douglass C. North, “Quantitative Research in American Economic History”, *American Economic Review*, 53 (Mar., 1963).

③ Roger L. Ransom (Co - edited), *Explorations in the New Economic History* (New York: Academic Press Inc., 1982), Preface.

性的影响。福格尔和诺思以他们的不同方式使经济史的研究新生，使它更加严格和更多联系理论。同时他们证明经济分析需要一个历史量纲。”①

“新经济史”的“革命性”表现在以下三个方面。

（1）在经济史研究的方法论层面，“新经济史”强调经济理论的分析框架意义。A. K. 凯恩克罗斯在一篇“称颂经济史”的演讲中划分了两种经济史，即历史学家的经济史和经济学家的经济史。前者像历史学家那样，煞费苦心地收集事实，对事件和过程做连贯的描述，这种经济史与历史的唯一区别是它研究的对象是经济制度和经济现象。经济学家的经济史则运用一般的理论来说明历史事件，使这些事件从本质上成为原理的例证，而不单是就事论事。两类经济史学家往往互相排斥。例如，克拉彭拒绝使用经济理论，他认为经济理论与经济史毫无关系。② 与此相反，新经济史学家们指出的，传统的经济史研究与经济理论是脱节的，因此，在方法论、分析工具、资料运用、研究结论的可信性以及学术价值等方面都存在缺陷。正如福格尔所指出的，经济理论是历史计量分析的理论指导，要把不能直接比较的数字变成可比数字，必须首先有经济理论做指导，一方面，经济理论被用来决定究竟在哪些方面需要计量；另一方面，经济理论被用来指导间接计量中数字的换算问题。③ 实际上，新经济史学家在进行历史计量分析时，主要是以宏观经济理论、经济增长理论等理论作为分析框架。新经济史学家们还认为，经济理论也是制度分析的理论指导，新经济史学家主要用制度经济学特别是产权理论的最新成果，解释整个人类经济史，特别是欧洲的兴起。

（2）在经济史研究的逻辑学与方法论层面，“新经济史”强调“间接计量”和“反事实度量法”。传统经济史的研究主要限于把可比的数字拿来直接比较和分析，这约束了经济史学研究的范围和领域。“间接计量”即通过运用经济理论的指导，把不能直接相比的数字通过核算，使之成为可比的数字。这不仅充分利用了现有数据资料，而且扩大了经济史研究的范围，可以对以往因为缺乏数据资料或因资料无法量化而无从着手的课题

① 转引自王宏昌《诺贝尔经济学奖金获得者演讲集》（下），中国社会科学出版社，1993，第216～218页。

② A. K. Cairncross："In Praise of Economic History", *Economic History Review*, 2ed ser. XLII, 2 (1989), p. 174.

③ 谭崇台：《发展经济学的新发展》，武汉大学出版社，1999，第268页。

进行研究。“反事实度量法”是指在经济史研究中，可以根据推理的需要，不以历史事实为依据，提出一种与事实相反的假设，并以此为依据估计经济史上可能出现而没有出现的情况，拿来同历史事实做比较。例如，19世纪后期，美国西部已经建成铁路，但为了推理的需要，可以假设当时没有铁路；又如，18世纪70年代以前，北美殖民地的存在是历史事实，但是，可以假设当时美国是独立的。

（3）在经济史研究的分析工具层面，“新经济史”强调历史计量分析。无论是“间接计量”还是“反事实计量法”，都是运用历史计量分析。应该看到，历史计量分析方法可以使经济史研究尽可能精确化和定量化，可以弥补传统定性分析为主的方法之不足。在历史统计资料相对贫乏的情况下尤其如此，正如福格尔和恩格尔曼指出的：“如果资料十分完备，简单的统计方法就够用了。资料越是贫乏，就越需要使用高深的统计方法。但无论如何，可以利用的资料的确总是低于标准统计方法需要的最低限度。在这种情况下，如果要获得成就，关键就在于研究者要能够设计出在利用资料方面特别有效的方法，也就是说，尤其要发现一种可以靠有限的资料来解决问题的方法。”① 这是对历史计量分析方法的一个比较公正的评价。但是，经济史不是简单的数学问题，量化分析必须与质态分析相结合。应该说，诺思、福格尔等人坚持了定性分析与定量分析结合的方法。他们先从庞杂的历史资料中抽取最有用的部分加以定量分析，然后，再从“质”的角度去解释“量”的结果之所以产生的原因，把政治、法律、经济、文化等制度因素加以内生化处理，从而对经济史进行有说服力的解释。但是，也有一部分经济史学家出于将经济史“科学化”的意愿，盲目使用过多的数量分析方法，以至于出现了历史计量分析的庸俗化。正如索罗所批评的：“当我考察目前在经济史方面的一些著作时，我有一种消沉的感觉，因为很多著作看起来正是我讽刺过的那种经济分析：千篇一律地用积分、回归、t系数来替代思想”，“经济史已经被经济学腐蚀了。”②

历史总是今天人的历史。从这个意义上讲，如果作为历史学家的经济史与作为经济学家的经济史的划分成立的话，经济史应该是经济学家的经

① Fogel., R. & Engerman., S., *Time on the Cross*（New York：Little Brown，1974），p. 68.

② Solow, R., “Economics：is Something Missing，” in N. Packer，W. ed.，*Economic History and the Modern Economist*（Oxford，Basil BlackwellPublishers Ltd.，1986），pp. 21 – 29.

济史。问题不在于经济史的研究是否需要经济学的指导，而在于用什么样的经济学来指导经济史研究。现代西方宏观经济理论、经济增长理论、新制度经济学特别是产权理论等，本质上是一种平面的均衡理论，一种排斥经济矛盾的非历史的经济学，以这种经济学指导经济史研究，经济史本身就成为经济理论的案例库，充满矛盾的、非连续的、动态的和具有整体性的经济演化的内在结构被平面化和均衡化。从新经济史来看，经济史不过是经济学帝国主义侵略下的一块新殖民地而已。所以，经济理论的经济史是新经济史学的合理内核，在拯救这个内核的同时，包裹这个内核的现代西方经济学则必须扬弃。至于“间接计量”“反事实度量法”等历史计量分析方法，可以借鉴，但也需要在马克思主义经济理论基础上加以改造。

抽象法是科学的经济学方法，也是作为经济学的经济史学方法，这是毫无疑问的。抽象法的对象是经济关系，这种经济关系本身是一种历史存在。经济史研究需要经济学的指导，但经济史不是经济学的历史，相反，经济学自身是一门历史科学。马克思只承认一门科学，那就是历史学。这种历史科学不是历史材料的堆砌，从本体论来看，经济史是建立在劳动基础上的生产方式及其经济关系的演化过程在思维中的重建。

这种重建要从现实的经济矛盾出发，经济史是经济矛盾在时间维度的展开，现实经济矛盾是经济史的产物。马克思在阐明这种方法时指出：“人体解剖对于猴体解剖是一把钥匙。反过来说，低等动物身上表露的高等动物的征兆，只有在高等动物本身已被认识之后才能理解。因此，资产阶级经济为古代经济等等提供了钥匙。”① 这对于中国少数民族经济史的研究尤为重要，许多氏族、氏族联合体、部族、部族联合体和民族在历史上已经消失了，融合了，迁徙了，独立出中国了，但是这些共同体为后来少数民族经济和整个中华民族经济发展所做出的贡献，必须从“人体”出发才能得到准确的把握。在《资本论》中，马克思是在阐明了资本的直接生产过程之后再来研究作为资本前史的原始积累，就是在理解人体的基础上处理猴体的一个经典例证。

抽象法坚持历史与逻辑的统一，这里的逻辑是历史本身的逻辑，不是黑格尔绝对精神的逻辑。在黑格尔那里，思想范畴是主体和实体，“历史

① 马克思：《政治经济学批判》导言，载《马克思恩格斯选集》第二卷，人民出版社，1995，第23页。

与逻辑的统一”表现为“思想的历史与逻辑相统一的运动过程”，即概念范畴由“抽象的同一性”逐次地升华到“具体同一性”的运动。黑格尔的历史与逻辑相统一建立在虚假的本体论基础上，但其深刻之处在于，以概念辩证法的方式洞见资本主义生产关系的内在矛盾性必然促使其走向自我的反面；商品交换原则的“同一性”构成了全部社会生活的根本模式，现实的人正在受一只无形之手操纵或役使。马克思认为，黑格尔的“从抽象到具体”的辩证法，以“最抽象的”形式表达了人类“最真实的”生存状态，即人们正在处于受“抽象的统治”的状态。由此，马克思以“现实的人及其历史发展”的视野，通过对现代资产阶级社会内部结构的解剖，以及对现代资本主义生产关系这种“特殊的以太”的批判，揭示了历史是“感性的人的活动”的历史，人的历史性生成——从“原始的丰富性”到“自由个性”——构成了历史的内在逻辑。马克思在《政治经济学批判（1857—1858年手稿）》的“资本”章中所提出的人与社会发展的“三形态”理论，绝不是依照历史编纂学的尺度所进行的“历史分期”，而是依照人与人的现实历史关系，从带有美感假象的“原始的丰富性”如何生成“独立性”，以及最终实现“自由个性”的历史发展进程。

四

中国少数民族经济史研究的主要内容是少数民族生产方式的进步所造成的经济关系的变革。

生产方式是个长期存在争讼的概念。斯大林说：“生产、生产方式既包括社会生产力，也包括生产关系，而体现着两者在物质资料生产过程中的统一。”[①] 另一种观点是将生产方式理解为最基本的、基础性的生产关系。如卫兴华教授认为，资本主义生产方式“也是广义的资本主义生产关系的构成部分，不过它是最基本的、基础性的生产关系。而与资本主义相适应的生产关系，则是直接生产过程的生产关系，即狭义的生产关系”[②]。吴易风教授对生产方式的不同理解进行了认真的梳理和批判，指出应从

① 《斯大林选集》（下卷），人民出版社，1979，第443页。

② 卫兴华：《政治经济学研究》（二），陕西人民出版社，1987，第68页。

“生产力—生产方式—生产关系”的原理来看待生产方式的含义。马克思从1846年致安年科夫的信、1847年的《哲学的贫困》，直到《资本论》第三卷，都坚持了这个原理，生产力决定生产方式，生产方式决定生产关系，生产方式和生产关系具有历史暂时性。对于马克思所说的“资本主义生产方式”，吴易风认为“是指生产的资本主义的社会形式，即资本主义条件下劳动者和生产资料相结合以生产人们所需要的物质资料的非凡方式，也就是雇佣劳动和资本相结合以生产人们所需要的物质资料的非凡方式。在马克思的著作中，‘资本主义生产方式’和‘资本主义生产’具有相同的含义”①。这样一来，生产方式和生产关系基本上同义，生产方式的特定内涵仍然是不明确的。

马克思生产方式概念有两种含义，一种是指社会生产类型，如资本主义生产方式、社会主义生产方式等；另一种是指生产的劳动方式。关于后者，马克思说：“在一定的生产方式本身中具有其活生生的现实性；这种生产方式既表现为个人之间的相互关系，又表现为他们对无机自然界的一定的实际的关系，表现为一定的劳动方式。”② 在《资本论》第一卷论述相对剩余价值时，马克思对协作、工场手工业和机器大工业的论述，就是在“劳动方式”的意义上来阐明生产方式的。中国少数民族经济史研究的生产方式同样包含双重意义，既是社会生产类型，又是劳动方式；既包括人与自然的关系，又包括人与人的关系。

从人与自然的关系来看，中国少数民族历史上主要的生产方式有采集狩猎、游牧、农耕，到近代才逐步出现工业生产方式。从人的角度来看，生产方式的转变就是人的能力在不断提高，采集狩猎只能收获自然界已经提供的动植物，游牧的牲畜则不是自然界提供的动物，而是人工畜养的家畜，农耕的作物也不是自然界提供的植物，而是人工培育的品种。从自然方面来看，生产方式的转变就是自然对人的限制在退缩，是人的自由在增长。在采集狩猎生产中，自然界不提供动植物，人类无法获得产品；但在农牧业生产中，在自然界不提供动植物产品时，人类可以种植和养殖；而靠天吃饭的农牧业，只有到工业生产方式中才能将自然限制降到最低限度。所以，马克思说“工业的历史和工业的已经产生的对象性的存在，是

① 吴易风：《论政治经济学或经济学的研究对象》，《中国社会科学》1997年第2期。

② 马克思：《经济学手稿（1857—1858）》，载《马克思恩格斯全集》第46卷上册，人民出版社，1979，第495页。

一本打开了的关于人的本质力量的书”。[①] 从产品来说，劳动作为一种有意识的目的论设定，创造出自然界所没有的对象性存在。卢卡奇指出：“在这个问题上只想到那些高度发展了的劳动形式，那就错了。譬如在自然界任何地方都不存在的车轮，就是在比较初期的劳动阶段发明和制造出来的。”[②] 生产方式的进步则创造了越来越社会化的存在形式，创造了第二自然。中国少数民族生产方式至今主要停留在农牧业阶段，工业化仍是艰巨的经济任务，对于北方个别狩猎民族来说，甚至农牧化的任务尚未完成或尚未很好完成。

中国少数民族经济关系是生产方式的一个重要方面，包括民族内部经济关系和民族间经济关系。经济关系也就是经济矛盾。说到经济矛盾，政治经济学总是把它“归根结底为阶级矛盾”。如果我们这样理解民族经济矛盾，那么就用不着单独从民族经济学视角研究经济史，因为一般的经济史归根结底是阶级经济矛盾史，民族经济史如果等同于这种阶级经济矛盾史，那就无须民族经济学作为理论指导，只需要政治经济学来指导便可。那种把民族问题看作阶级总问题的一部分的观点，虽然看到了民族和阶级之间的内在联系，但是片面强调二者之间的一致性，必然忽视民族问题的特殊性。因此，这里需要对民族经济关系做出符合概念的规定。

民族是一种共同体，是作为社会关系总和的人的一种社会关系。正如一个人有阶级属性（阶级社会）一样，一个人也有他自己的民族属性。人与人之间的经济矛盾可以表现为阶级关系，也可以表现为民族关系。对于一个民族内部的不同个人来说，他们作为同一共同体成员，民族关系不是对立的，而是同一的；不是阶级的，而是民族的。民族经济关系不同于阶级经济关系之处在于，后者强调对立，而前者强调同一。民族经济关系是人们在经济生活中形成的共同性，表现为在共同经济生活中产生了共同体一致的经济利益，即民族经济利益。这种利益是不分阶级、种族、性别、职业和文化教养的。民族经济关系的形成过程实际是人的合类性增长的过程，在民族经济史上，大致说来，氏族、氏族联合体、部族、部族联盟和民族是这种合类性发展的几个里程碑式的阶段。

人的合类性增长是充满矛盾的辩证的历史过程，是通过劳动异化和阶

① 马克思：《1844 年经济学哲学手稿》，载《马克思恩格斯全集》第 42 卷，人民出版社，1979，第 127 页。

② 卢卡奇：《关于社会存在的本体论》上卷，重庆出版社，1993，第 11 页。

级对立来开辟道路的，劳动异化和劳动同化是这同一过程的两个方面。在《1844年经济学哲学手稿》中，马克思详细地考察了劳动异化和私有财产的关系并论证了作为异化劳动的扬弃——共产主义。马克思从四个方面对异化劳动作出规定：工人同自己的劳动产品的异化，劳动过程的异化，人本质的异化，人同人相异化。这种异化关系就是阶级对立的关系。① 过去，人们只看到劳动异化和阶级矛盾方面，没有看到，正是这个劳动异化中包含着劳动同化的现实因素，劳动同化通过劳动异化表现出来。所谓劳动同化，就是人通过自己的劳动建立起同他人的共同的合类性。劳动同化同样可以从产品、过程、人本质和人与人关系四个方面来规定，劳动产品尽管不属于劳动者自己，但他创造了自然中没有的对象性存在，即为（他）人的存在，因而，他的劳动是一定共同体所需要的，他劳动得越多，越是异化，就越是能满足一个更大的共同体，或一个共同体更多的人的需要。他的劳动过程越是没有欢乐，越是不作为自己生命活动的表现，他的活动就越是为他所在的共同体不可缺少。他的人本质越异化，越不作为人存在，他就越能够在更大范围和更深程度上成为共同体的成员。他越异化出对立的人，对立的人就越离不开他，他的社会关系就越是能充分地发展起来。人无论是受人的统治，还是受物的统治，人的社会关系总是随着异化劳动而扩展，从而人的劳动之共性、无差异性、一般性才能获得现实基础。在原始战俘转变为奴隶的过程中，异化劳动的最初形式就已经确立了共同体成员的一般性，因为原始战俘会被杀掉，而奴隶虽然处于生产工具的地位，但生存下来是发展人的合类性发展的历史前提。直到现代资本主义社会，价值范畴作为等同的、无差异的、一般人类劳动的地位才全面确立，并以规律的形式支配着整个社会，尽管这个阶段异化劳动达到了顶峰。马克思说："正是在改造对象世界中，人才真正地证明自己是类存在物。"② 异化劳动夺去了人生产的对象，夺去了人类生活和人的本质，建立了人对人的统治，但不仅没有消灭人对世界的改造，相反的是迫使人加大、加快、加深和加强着这种改造。

异化劳动作为内在动力推动着劳动同化，推动着社会从小共同体不断

---

① 马克思：《1844年经济学哲学手稿》，载《马克思恩格斯全集》第42卷，人民出版社，1979，第91～98页。

② 马克思：《1844年经济学哲学手稿》，载《马克思恩格斯全集》第42卷，人民出版社，1979，第97页。

走向大共同体，最终结束人类“史前时期”，从氏族、部族、部族联盟和民族过渡到“真正人类”。人的类特性的增长是通过合类性过程取得的。卢卡奇深刻指出：

> 阶级（阶级对立）的产生，则把公开的利益对抗这个新要素引入了促使人们在生活中采取行动的存在基础之中。可是这样，代表着一定的整个社会的不再是无声的合类性就成了许多必然是截然相反的社会评价的客体，而个人的再生产过程又以互相对立的方式规定着这样的评价。这里，我们当然不能追述历史上的详细情况。不过谁都必定明白，在这样的情况下，对于现行制度的肯定或否定，会在对立的双方都表现出许多重大的差别：从老老实实地适应现行制度到公开地反抗现行制度，从对于过去尚无这类对立的时代的怀恋到对于将消除这类对立的未来的向往，等等。这类肯定或否定在社会存在中互相斗争，并构成了这类对立的规定性。我们在这种情况下从客观社会方面当作现有的合类性而加以考察的那种东西，虽然在直接的实践中显得就是这些斗争力量的结果，然而这种社会存在的本质却恰恰在这些斗争中表现出来，而且同这些斗争的单纯的现实结局相比，它们的全面的公开化和现实的对抗，能以更加深刻和更加完整的存在性体现出一定的合类性的客观本质。斯巴达克体现着他那个时代的合类性，同样，战胜他的那些人即当时罗马的官方统帅们，也体现着这种合类性，而且这种合类性在双方体现得至少是同样明确的。①

民族和氏族、部族一样，都是人的合类性发展的一个阶段，而结束“史前时期”的人类是整个合类性的最高阶段。从这个意义上说，民族经济史的最终目的是探索人类经济学产生的历史条件，当然，我们这里说到人类经济学和西方专门以原始氏族和部族经济为对象的人类经济学有着完全相反的含义。至新中国成立，少数民族有停留在原始氏族和氏族联合体阶段的，有进入部族阶段的，还有处于部族联盟阶段的，当然也有发展到民族阶段的，少数民族经济史可以说是合类性发展过程的一块活化石。

民族间经济关系是中国少数民族经济史关注的重要内容。历史上各类共同体的发展有一个基本规律，就是小共同体被大共同体所取代。民族间

---

① 卢卡奇：《关于社会存在的本体论》上卷，重庆出版社，1993，第81~82页。

经济交往是造成大共同体形成的经济条件，作为民族形成基础的“共同经济生活”是在民族间经济交往的基础上产生的。民族间经济交往，无论是通过战争或是和亲、贡赐或是贸易，都是合类性过程的具体历史形式。在所形成的较大共同体中，各小共同体都做出了自己的经济贡献。若不是这样理解少数民族经济史，像“回”字有六种写法，像成语“半斤八两”等现象，就都是不可思议的。民族融合是通过大共同体的形成达到的，这个过程在今天不仅在全球范围内存在着，而且通过民族间劳动异化在加速进行。我国民族政策及其执行中所造成的民族固化的倾向，也越来越引起人们的关注。[①] 吸取少数民族经济史上各民族经济交往的经验，促进各民族的经济联合进而为民族融合奠定经济基础，是当前一项重要的理论任务。

杨思远

2012 年 5 月 1 日

① 统战部原副部长朱维群在《学习时报》（2012 年 2 月 14 日）发表《对当前民族领域问题的几点思考》，提出：“斯大林认为，到共产主义社会，各民族的民族语言消失和全人类共同语言的形成，是民族差别消失和民族融合实现的主要标志。而我们一些学者认为，历史上两个以上的民族，由于互相接近、互相影响，最终成为一个民族的现象，也可称为民族融合。我以为这两种看法都成立，前者是讲人类社会民族的最终融合，后者是讲现实生活中具体民族的融合。如果要求今天就实现斯大林讲的融合，是错误的；如果认为后一种融合也是不能允许的，则也是不当的。”

目　录

第二篇 元明满族经济史

第三篇 清代初中期满族经济史

第四篇 晚清至民国满族经济史

导　论

满族经济史研究的意义、文献与分期

为什么要对满族经济史做全面系统的研究？这种研究的意义何在？满族经济史在中国经济史上占有一个什么样的地位，发挥了什么样的作用？这种研究对于满族以及其他少数民族在当代的经济发展有什么启示？这是满族经济史研究要解决的首要问题。这篇导论，在首先考察选题意义之后，力图对满族经济史的文献做一梳理，以便尽可能地吸收已有成果。最后，为帮助读者易于掌握丰富而绵长的满族经济史，我们在明确满族经济史分期的基础上，力图指明其基本线索。

一　满族经济史研究的理论和现实意义

据第六次全国人口普查，满族人口达1039万人，在55个少数民族中排列第二。在中国少数民族经济史和中国经济史上，满族经济史占有独特的地位。这种独特性可以用重要性、深长性和鲜明的民族性三个主题词来概括。

少数民族建立全国性政权，在历史上主要有两个：蒙古族建立的元朝和满族建立的清朝。① 这个史实立即凸显了少数民族经济史研究的双重

① 在中国历史上有14个少数民（部）族先后建立过26个政权：十六国中的前赵（304～329）由匈奴部族建立；成汉（306～347）由巴氐部族建立；后赵（319～351）由羯部族建立；前燕（337～370）由鲜卑部族建立；前秦（351～394）由氐部族建立；后秦（384～417）由羌部族建立；后燕（384～407）由鲜卑部族建立；西秦（385～431）由鲜卑部族建立；后凉（386～403）由氐部族建立；南凉（397～414）由鲜卑部族建立；南燕（398～410）由鲜卑部族建立；胡夏（407～431）由匈奴部族建立；北燕（407～436）由高句丽部族建立；北凉（397～439）由卢水胡部族建立；西燕（384～394）由鲜卑部族建立；北朝中的北魏（386～534）、东魏（534～550）、西魏（535～556）、北齐（550～577）和北周（557～581）均为鲜卑部族建立；辽国（907～1125）由契丹部族建立；大理国（937～1254）由白族建立；西夏（1032～1227）由党项部族建立；金国（1115～1234）由女真部族建立；元朝（1206～1368）由蒙古族建立；清朝（1616～1911）由满族建立。其中，全国性政权只有元朝和清朝两个。

意义。一方面，这两个少数民族经济在建立全国政权时发挥了基础作用，夺取政权在中国古代无一例外都是通过战争实现的，人口远少于汉族的少数民族要夺取全国政权，必须形成超过汉族的军事实力，而经济力量总是军事实力的基础。究竟是哪个少数民族能够“奉天承运”，实际上取决于其经济发展水平。这种以经济实力为基础的军事力量较量的最终结果，既要到人口占多数的汉族经济的式微中去寻找，也要到相关的少数民族经济的繁荣中去探求。[①] 另一方面，在全国性政权建立后，这两个少数民族上升为主体民族[②]，势必将其影响散播到整个中国经济基本面上来，因而，研究中国经济史必须研究少数民族经济史。正是由于这双重意义的存在，我们说蒙古族经济史和满族经济史在整个中国少数民族经济史和中国经济史上均占有极为重要的地位，因为，在多民族国家历史上，这两个少数民族经济发展水平不仅高于当时其他少数民族，而且在一定程度上赋予全国经济以蒙古族和满族较为鲜明的民族性。

满族建立的清朝政权，不仅在少数民族建立的全国性政权中延续时间最长，而且在整个中国历史上是属于强盛的朝代之一。蒙古族建立的元朝自1206年到1368年，共162年，而满族建立的清朝自1616年至1911年，共295年，即使从1644年入关算起，也有268年。虽然北魏自公元386年鲜卑族拓跋珪建国，到公元534年结束，共171年，由契丹部族建立的辽国达128年，由白族建立的大理国有317年，由党项部族建立的西夏长达205年，为时都不短，但毕竟均是地方性政权，即使在少数民族经济史上占有较为重要的地位，但对全国经济基本面的影响不如全国性政权范围广且地位重要。满族建立的清朝，不仅是全国性政权，且有长达268年的历史，跨时长，影响深。以深长性概括满族经济史在中国少数民族经济史和中国经济史上的地位，当不为过。

满族经济史在中国清代经济史上的民族性，既是多方面的，也是鲜明

① 美籍学者黄仁宇坦言：“我们不容易找到适当的解释说明，何以满洲人人口只有百万左右，却能在公元1644年取得中国的皇位。”《中国大历史》，中华书局，2006，第158页。

② 在中国少数民族经济史上，主体民族与多数民族不是一个概念。“主体”若专指人口的主体部分，那么汉族始终是主体民族。如果“主体”是指统治民族，那么北魏、元和清三朝，汉族虽是人口多数民族，却不是主体民族。北魏的主体民族在民族融合前是鲜卑族，元代的主体民族是蒙古族，清代的主体民族是满族。

的。满族入关前的生产方式虽基本完成了农耕化[①]，但狩猎和游牧仍占重要地位，即使入关后，也有意识加以保留，这集中表现在满族皇家和贵族每年坚持狩猎活动以及关外留守的满人坚持渔猎和游牧的经济生产方式。狩猎和游牧，从生产方式演化史来看落后于农业，但是这两种生产方式对于骁勇善战的民族性格的形成具有决定性作用。尽管满族在关外已基本完成农耕化，但与关内地区精耕细作的农业相比，仍有较大差距，且满族不同部族的农耕化极不平衡。因此，从生产方式来看，满族取得全国政权的经济实力似乎不足，但是，在仰赖战争方式夺取政权的模式中，军事实力具有决定性意义。而从经济实力向军事实力的转化不是机械的对应关系，较弱的经济实力也可以转化成较强的军力。正是建立在狩猎和游牧生产基础上的满人，长期以来养成的善战性格，以及所装备的极具机动性的骑兵兵种，在冷兵器时代的战争中占据上风。另外，满族在南迁与汉族接触后，初步完成农耕化以及手工业有了长足进步，能够为战争提供足够的军备和给养。加之，满洲八旗在夺取天下时，抛弃宿仇，联合另一个游牧民族蒙古族，加强了自身的军事实力。对于汉族这个农耕民族来说，“人高马大”“铁蹄践踏”“金戈铁马”“铁骑冰河”等语，凸显了农耕民族对游猎和游牧民族骑兵的恐惧心理，万里长城作为定居的农耕民族保卫家园的围墙不敌关外有狩猎和游牧传统的民族的铁骑。为对付来自北方的军事威胁，历代中原王朝极为重视发展自己的骑兵，茶马贸易、市马、孳马、贡马，无不体现出这种努力。在与满洲八旗劲旅的对抗中，大明官军不堪一击，大顺义军兵败如山倒，唯吴三桂的“关宁铁骑”堪与一较高下，绝非偶然。入关后，为维持八旗军队的地位，满人实行了青壮男子几乎全部当兵食粮领饷的兵役制度，不仅对清代满族经济造成深远影响，导致八旗生计问题愈演愈烈，终清一代未获解决，且使全国兵役制带有浓厚的满族色彩。直到晚清，在镇压太平军时，因“千人为营，十人可破”的八旗军衰败，汉族湘军、淮军的崛起，局面才有所改观。

---

① “历史上，生产方式的发展经历了三次飞跃，目前，从世界范围看仍处于第三次飞跃当中。第一次是生产方式的产生，这个过程经历了数百万年，使人类从自然界中提升出来，形成采集渔猎生产方式；第二次是采集渔猎生产方式向农耕生产方式的转变，即农耕化；第三次是农牧业生产方式向工业生产方式的转变，即所谓工业化。生产方式的发展速度是惊人的，第一次飞跃历经数百万年，第二次飞跃有数千年，而第三次飞跃只有数百年的历史。”杨思远：《中国少数民族生产方式研究》，新华出版社，2013，第47页。

清朝入关前，在经济制度上虽基本完成集权官僚化，但带有浓厚的奴隶制色彩，入关后，这种落后的经济制度被带入关内。三次大圈地和逼勒汉人投充皇庄、王庄和旗地，造成内地自由农民不仅失去土地，且沦为满族贵族的奴才。汉族局部地区经济制度因清廷圈地而倒退，人口增长和自然灾害的逼迫，酝酿出清初以降绵延既久的“闯关东”“走西口”现象，这种人口大迁徙使古代中国人口迁移达到一个高峰，甚至延续到近代，从而对关外关内经济生活产生了深刻影响。“闯关东”“走西口”使全国经济区划发生改变，土地制度、赋税制度、户籍制度和货币制度都带有鲜明的满族民族性。这种民族性还体现在中央行政机构和经济管理部门的设置与运行、地方经济管理机构的设置以及关外边区的经济管理机构的设置上。

在民族政策上，清代满族实行压迫性民族隔离政策，造成民族间经济关系不平等和经济交往障碍。汉族成为满族防范的主要对象，土地被圈占，被圈地区劳动力被迫投充。对维吾尔族实行封建伯克制，保留封建伯克对维吾尔族农牧民的剥削，随后的改良封建伯克制和废除伯克制，实行新疆建省，虽有进步意义，但加重了对维吾尔族的统治和赋税负担。对藏族维护政教合一制度，在笼络藏族格鲁派上层的同时，使封建农奴制得以延续，藏族农奴过着极其悲惨的生活。对回民起义的镇压以及将回族土地田产作为“逆产”予以没收，造成回族经济走向衰落。晚清满族贵族对蒙古族草原的放垦，不仅激化了满蒙矛盾，而且使漠北蒙古对祖国的离心倾向加重，蒙古国独立虽未发生在清代，但与晚清蒙禁政策失败有着密切联系，祸起于晚清。对西南地区少数民族从羁縻政策到土司制度，再到改土归流，虽有历史进步意义，但加重了该地区少数民族的经济负担，酿成大规模的苗民起义。满族对国内各民族的统治和剥削带有鲜明的满族民族性。

正因为满族经济史在中国少数民族经济史和中国经济史上的独特地位，使得满族经济史研究具有重要的理论意义和学术价值。

一部中国经济史是以汉族为主体民族的多民族、多部族经济融合发展的历史。满族经济史研究是中国经济史的重要组成部分，是对中国经济史极为重要的补充。长期以来，以中原王朝变革为线索的经济史叙事，对少数民族经济史着墨不多。主体民族经济史注重汉族生产力进步、土地制度和财政制度变革、经济组织变迁、国内外经济交往的变化，力图把握主体民族经济发展规律和趋势。其典型特点有三：一是抓住先进的生产力和经济制度进行论述，对少数民族多样化生产方式、较为落后的经济制度、民族间人口迁徙、不平衡发展的少数民族地区经济、国家统一的经济政策对少数民族经济的影响，常常落在视域之外；二是以政治经济学为指导，注重阶级分野、阶级对立和阶级斗争史，对于氏族、部族、民族等共同体不分阶级的共同经济利益关系，对少数民族的朝贡制度、羁縻制度、土司制度、改土归流、盟旗制度、伯克制度、户籍制度、兵役制度、货币制度等少数民族的共同经济利益关系，即使偶尔提及，也不系统连贯，更缺乏理论深度；三是注重主体民族与外国的经济交往，国内民族间经济交往只有在对中原主体民族经济有重大影响的历史事件，如汉代张骞通西域，魏晋南北朝时期北方民族融合，唐代与日本、印度等的经济交往，宋元明清与北方少数民族的经济关系，才得到关注，而少数民族之间，少数民族与外国的经济交往行为，虽有丰富史料，但在中国经济史一般著作中鲜有涉及。即使如清朝经济史，重点仍然在汉族地区的经济变革，对于满族自身的民族经济的关照，既不系统，亦不连贯。如此造成对许多经济史现象的理解，因缺失满族经济史这一必要环节和视角而难以全面和准确把握，难以在经济史研究中再现“多元一体”的中华经济体形成和发展的真实历程。

例如，在生产方式上，许多中国经济史著述将中国主粮产区仅仅分为两大部分，即南方的稻作区和北方的麦作区，关外狩猎和游牧肉食产区未能位列其中。又如，吕思勉在《中国史》中针对咸同光三朝的朝局，有这样的认识：“清朝的歧视汉人，虽不如元朝之甚。然而在道光以前，汉大臣实在没有真握大权的。关于兵权，尤其不肯轻易落在汉人手里。当时有大征伐，带兵的总是满人。直到文宗（咸丰帝——引注）时候，满人实在不中用了。军机大臣庆祥，就竭力主张用汉人。”① 湘军、淮军此时的崛起，并非偶然。何以曾经横扫宇内的满洲八旗劲旅，此时却“实在不中用了”呢，如果不研究满族经济史，不搞清八旗生计问题何以日趋严重，就不可能对汉军的兴起以及后来新军与军阀的形成有完整的了解。在这里，满族经济史研究的价值就显露出来了。再如，女真人作为满族先祖，早在金代就建立了奴隶制经济，南迁后接触汉族经济，迅速集权官僚化，到了

① 吕思勉：《中国史》，中国华侨出版社，2010，第 327 页。

后金，奴隶制经济再度集权官僚化。清朝入关后，满族的带有浓厚奴隶制痕迹但初步集权官僚化的经济制度被带入关内，随着清初大规模圈地需要大量劳动力，满族贵族逼勒汉人“投入满洲家为奴”[①]。由于汉族农民早在秦汉以降的集权官僚制经济中就获得自由民身份，“投充”后要降为奴仆，显然是一种生产关系上的倒退，汉族农民不愿自动投充。终清一代，这是汉族农民移民东北地区现象的经济制度动因。如果不研究满族经济史，对于中国经济史上极为重要的“闯关东”“走西口”现象就难以获得准确和全面的认识，对于满族自身经济制度集权官僚化的动因也会缺乏深刻理解。

因此，满族经济史的研究无论对中国经济制度史、生产方式发展史、民族间经济交往等的内容，都是重要的补充。这种补充，不是简单地增加新内容，而是从一个新的视角，提出对关乎中国经济史的一些重大经济、政治和社会事件的准确和全面的理解问题，这在学术上具有创新意义。

每个民族的产生和发展都不会一帆风顺，都伴随着血雨腥风的历史变迁，周至金代满族先民肃慎－女真族系，作为我国古代东北地区的四大族系之一，自先秦时期开始就与其他民族一样在东北地区繁衍生息，绵延至今，迄未中断。唐朝，以粟末靺鞨为主体建立的渤海国，作为唐王朝的地方政权，经济上受到中原农耕文化的全面影响，军政制度上不仅拥有强大的军队，还设立了五京、十五府、六十二州、一百三十余县等较为完备的地方统治机构，成为雄踞当时东北亚的海东盛国。渤海人还同日本、高句丽保持着不同程度的经济交往，从而对促进公元 8 和 9 两个世纪东北亚各部族间的经济交流产生了积极影响。辽金时期，女真部族兴起并建立金国，当时的女真人不仅征服了东北地区各部族，而且灭亡了辽国和北宋，进占中原，形成了囊括东北亚大部分地区的金帝国。在金朝的征服与统治下，既有大批汉人从中原迁到东北各地，又有大量的女真人南迁中原地区，当时东北亚许多民族均卷入这场大迁徙中，金朝的建立和强大，无疑再次促进了东北亚各部族、民族之间的经济交往和融合，这一阶段满族经济史对于研究古代东北亚地区经济文化的交流和发展，具有重要的史学价值。

历史上，女真部在金国和后金曾两度入主中原，而元明时期的女真是这两个关键节点的过渡期，因此，元明女真部经济史起到了承前启后的作用。

---

① 《清世祖实录》卷一五，中华书局，2009。

明初，女真人南迁后，与先进的汉族和朝鲜国毗邻而居，短期内实现了氏族公社制到奴隶制的飞跃，攻占辽沈后，女真部族的生产力迅速提高，生产方式初步农耕化，经济制度迅速转变为集权官僚制，为满族形成奠定了经济基础。民族共同体的形成经历了氏族、氏族联合体、部族、部族联盟、民族几个阶段。民族的形成和发展以生产力提升为前提，私有制和商品经济的出现为其经济根源，国家的建立为其保障。这是民族形成发展的一般过程。满族的形成又有其特殊性：女真部商品经济发展一直受毗邻先进民族的影响，同时掠夺成为其经济交往迅速发展的突出特点。明初南迁后的女真人，广布我国东北和朝鲜北部的境城、庆源、会宁等广大地区。女真人充分利用毗邻先进民族的机会，积极与明廷和朝鲜进行经济交流，用自己的土产方物，换取其他民族的劳动产品，形成了渔猎、贸易与掠夺三位一体的民族经济结构。渔猎、贸易、掠夺相互联系、相互制约。渔猎产品通过贸易转变为商品，贸易受到渔猎经济规模的限制，当不能满足女真人生产和再生产需要时，掠夺便取代贸易。这种以渔猎为主，贸易、掠夺为辅的三位一体的经济结构与单一的渔猎经济相比，更能加速提高社会生产力，快速积累社会财富，这无疑是女真部可以在短期内迅速崛起的直接经济基础。同时，渔猎、贸易和掠夺构成的经济结构，使得较为落后的经济力量极有利于转化为较为强大的军事力量。从经济史视角研究满族的产生，是民族史学研究独特而重要的组成部分。

众所周知，女真人建立的第一个政权在进入汉族地区后，以农业为主要生产部门，迅速完成了向集权官僚制经济的转变。蒙古灭金后，女真部族的社会经济制度演进轨迹重新经历了氏族经济—奴隶制经济—集权官僚制经济的过程，这究竟是怎么一回事呢？原来，辽天庆五年（1115），女真完颜部首领阿骨打称帝，建立金国，随着迁入中原的女真人与汉人接触，开始农业生产，经济制度完成了第一次集权官僚化。但留居世居地的女真人，大部分还保留着较落后的生产方式。蒙古灭金是重大转折点。蒙古入侵后，中原地区的女真人或早已汉化，或被屠杀。留居东北的女真人，由于居住环境的不同和元政府经济政策的影响，经济发展呈现出不平衡现象，由南而北，从建州女真到海西女真，再到北山野人女真，社会经济发展程度依次降低。元末明初，世居地女真各部兼并趋势愈演愈烈，纷纷南迁。明政府忌惮女真人的“骑射之长”，对于东北故地的女真人采用“羁縻之制”，设立专门机构，利用女真各部族首领管理女真人，“各统其属，以时朝贡”①。明初女真人经济制度发展不平衡的特点依然十分明显，女真各部经济制度演化并没有后退，而是轮番上升，我们不能把满族形成过程中各部的经济发展割裂开来，民族形成本来就是各部族交织的历史过程。研究元明时期满族经济史，对于探究经济制度发展不平衡的诸部族经济如何过渡到一个民族经济体提供了一个典型案例，也为民族经济的形成提供了一个典型案例。

女真部社会经济制度的演化在中国少数民族经济史上独具学术意义。女真部经济在与汉族先进的集权官僚制经济接触后，在金代和后金时期两度跨越了封建制阶段，迅速由奴隶制转化为集权官僚制。不少学者认为入关前后满族停留在封建经济制度上，是对奴隶制向集权官僚制演化过程中奴隶制残留痕迹的误解。研究这段经济史，不仅能够发现中国少数民族经济制度演化的特殊规律，即深受汉民族经济制度的影响，还极大拓展了人类社会经济制度多样化演进的历史视野。马克思主义经济学强调经济制度的演化具有收敛性，即最终不同的社会经济制度收敛于共产主义经济制度，但在新制度经济学那里，经济制度演化是发散的，而不是收敛的；不过在中国少数民族经济史上，经济制度的演化受汉族经济制度影响，的确具有收敛性，在奴隶制度下向官僚地主制收敛。

清代初中期满族经济是满族经济史研究的重头戏。作为少数民族的满族能够统治多数民族，需要一定的经济基础，这一经济基础是什么，值得深究。满族作为马背民族，早在关外即兵农合一、寓兵于农，随着满族取得全国性政权，无论八旗武官还是普通八旗兵丁都面临着新的经济形势。旗籍人丁稀少，不到百万的满族如何统治数以亿计的中原民族及其他少数民族，成为满族贵族统治者思虑的首要问题。为此，八旗官兵成为满族统治者重要的军事、政治工具，被派到战场以及中原地区的各主要城镇驻防。清廷开始陆续制定八旗土地所有制、旗饷政策、封禁政策等各项经济制度及经济政策，确保八旗官兵的战斗力、维护满洲贵族的统治。特定的经济制度安排使得八旗兵丁完全依附于统治者，靠旗饷为生，从而使整个满族基本成为一个非生产性的民族，形成了中国少数民族经济史上独有的寄生性民族经济类型。研究这一独特的民族经济类型，其民族经济学价值自不待言。

---

① 《明统一志》卷八十六，《女直》。

清廷就是这样以几十万满人为基础入主中原，从一个地处东北边陲、较落后的民族一跃成为统治民族，并奴役着数以亿计的国内各族人民。然而，满族作为少数民族，能统治多民族长达 268 年之久，除了清初制定的各项经济制度及政策外，还因为满族善于学习，大量效仿“明制”，满汉高度融合。定都北京后，满族统治者学习并完善了中央集权官制，效法中原地区的经济制度，其固有的奴隶制经济虽仍有残余，却进一步向集权官僚制经济转化，初步达到了汉族的经济制度水平。少数民族经济制度演化是民族经济学研究的重要内容。

清代满族作为统治民族，其经济制度、政策的制定都带有强烈的民族倾斜性，将本民族与其他民族区别对待。长期的区隔政策，势必造成特殊的经济矛盾与问题，从而导致满族经济由盛转衰。清朝定都北京，八旗兵丁享受各种优待：圈拨旗地，免除赋役，发放粮饷。进关初期，八旗兵虽脱离生产劳动，却有固定且优渥的粮饷，可以维持一家数口的生活。此后，人丁大量增长，而兵有定额，饷有定数，既不能无限制地增饷，又不能放松正身旗人参与生产劳动的限制，问题变得严重起来。再加上八旗兵丁长期脱离生产，早已养成贪惰习性，使得“八旗生计”问题迅速蔓延并恶化。究其原因，在于民族统治和压迫关系中将作为统治民族的满族身份职业固化。这种职业固化，使旗人只能当兵，褫夺了满族经济的生产性。生产、分配、交换、消费本是整个社会再生产过程的四个环节，它们互相联系、互相制约，共同组成社会再生产过程。而八旗群体在这一过程中，由于统治阶层的政治需要，脱离生产，在经济上成为一个单纯的消费民族。这种寄生性民族经济建立在仰赖国家财政养活大部分满族人口基础上，一到晚清因巨额战争赔款而陷于财政困境时，寄生性经济也就走到了尽头。终清一代，八旗生计问题始终未能解决，也不可能获得解决。这正是作为少数民族的满族统治多数民族，通过职业固化的兵役制度和就业制度所产生的必然结果。“八旗生计”危机是满族寄生性民族经济危机。研究它具有重要的经济史价值，也是研究前资本主义社会经济危机的典型案例，大大扩展了马克思主义经济危机理论的视域。

满族入关后，整个民族分为四个部分，以四分法进行经济史研究，是重要的学术创新。在清史和满学界，众多学者将入关后的满族，大体上分为东北满族、北京满族和驻防满族三部分。这一划分虽具有鲜明的区域特征，有其一定意义，却不能体现以满族为主体的各阶层经济活动的差异，并在一定程度上忽略了迁都北京后，满洲贵族对全国政权控制的特点。本书在清代满族经济史研究中，兼顾区域与阶层两个标准，将清代满族经济划为四个部分：京城的满族统治集团、各地满族官僚阶层、八旗兵丁以及在世居地的满族。其中，各地满族官僚阶层既包括地方文职满官，又包括驻防将领在内的武职满官，意在重点突出满洲贵族阶层在经济方面的特殊地位。满洲贵族加强统治，表面上以汉治汉，避免旗汉冲突，实则满洲贵族掌握经济领域各要职，在背后操纵。在一定程度上说，满族人民也是其牺牲品。满族人民在关外本是勤劳的，但在制度和政策的束缚下脱离生产，靠饷银维持生计。相当一部分满人就此染上恶习、不事耕种。作为统治民族的满族，其不同阶层的经济活动会在不同程度上对清朝灭亡后的满族自力性民族经济的开创产生深远影响。因此，四分法突出了满洲贵族阶层，这对于全面系统研究满族寄生性民族经济，不乏创新意义。

在我国少数民族经济史中，际遇不凡且起伏跌宕者，莫过于满族。到晚清至民国时期，一度横扫宇内的满族，却历经“千年未有之大变局”，从“运交华盖”到苟延残喘，再到辛亥鼎革的陵谷之变，于是“忽喇喇似大厦倾”，满人失去了以往享有的种种特权与优待，心理上亦饱受社会歧视，过着“残灯末庙”般衰败凋敝的经济生活。晚清至民国时期是满族寄生性民族经济的崩溃阶段。遗憾的是，在中国经济史和满学史研究中，清代满族经济得到了高度重视，而晚清尤其是民国时期的满族经济，研究成果却极少。马克思主义政治经济学关注资本主义经济危机，但从未涉足对满族寄生性民族经济危机的研究。

正是这一时期，满族经济史完成了从寄生性民族经济向自力性民族经济的转变。八旗制度伴随着满族的崛起而出现，这种制度曾造就了一个蓬勃向上的民族，维系过一个空前繁荣的多民族统一国家。然而，这一制度自建立之日起，就暗藏着无可化解的“八旗生计”危机。寄生性民族经济，指的是一个民族不从事生产活动但大量消耗财富的一种经济类型，一般来说，这种特殊的经济类型建立在压迫和剥削其他民族创造财富的基础上，因而只有少数民族才可能形成这种寄生性民族经济。满族经济“成也八旗制，亡也八旗制”。辛亥革命后，八旗制度逐步废除，满族特权地位消失，社会迅速分化瓦解。陡然间断绝了世袭军人的钱粮，又逢全社会极为不利的舆论环境，困窘至极的满族，不得不冠姓、更名、改籍，在经济上纷纷走向自力更生的道路。其寄生性民族经济开始向自力性民族经济转变，满族以新的面貌步入经济史新阶段。自力性民族经济的开创是晚清至民国时期满族经济史的主题。

满族经济史研究不仅对中国经济史学，而且对民族经济学，同样具有重要的学术价值。民族经济学是以民族经济关系为研究对象的经济学科。民族经济关系包括一个民族内部的经济关系，也包括民族间的经济关系。对于一个民族内部的经济关系，如阶级关系、阶层关系等，固然是一个民族内部的经济关系，但是，作为民族经济学研究对象的民族经济关系，是不分阶级、阶层、集团等的一个民族的共同经济利益关系。阶级经济利益是对立的，民族经济利益是共同的。奴隶主阶级和奴隶阶级的经济利益固然是对立的，但它们同属于一个女真部族，这些对立的阶级利益却并不妨碍它们同属于一个部族、民族的经济利益。对于满族和其他民族间的经济关系，尽管也存在对立的一面，但同样不排除它们同属于中华民族经济利益。满族经济史的研究，一方面可以揭示一个民族经济利益怎样从部族、部族联盟经济（所谓八旗，其实是八个部族的联盟）那里发展起来，另一方面可以洞悉作为中华民族的一个支民族，满族如何从中华民族经济中获得养分，又怎样对整个中华民族经济做出贡献。满族经济的特殊性，使得满族经济史在民族经济学学科建设中具有无可替代的地位，这表现在：第一，满族经济在清代是作为全国的主体民族经济面貌出现的，和其他少数民族经济具有不同的地位，中国清代经济史具有满族民族性。第二，清代满族尽管作为全国的主体民族，但毕竟是少数民族，如何联合另一个少数民族蒙古族，以统治多民族的国家尤其是占全国人口多数的汉族，在民族经济学研究中极具个性特点和学术价值。实际上，清代满族经济的寄生性是建立在满族主体民族基础上的，汉族绝不可能建立寄生性民族经济，因为少数民族不可能养活多数民族，但多数民族却完全可能养活一个少数民族，前提是这个少数民族必须取得全国政权，上升为主体民族，而清代满族正是这样一个民族。第三，清代满族出于统治需要，将本民族人口分散到全国各地，成为中国少数民族中分布最为分散的民族，大概只有回族堪与比肩。但回族经济在“大分散，小聚居”的基础上始终维持着经济的民族性[①]，而满族经济在清亡后却日益融合到汉民族经济中，考察个中原因，

① 杨思远：《回族经济多样性与民族性统一的历史考察》，《中央民族大学学报》（哲学社会科学版）2016 年第 4 期。

是民族经济学研究中极具诱惑力的课题。

深入研究满族经济史，不仅具有学术意义，且具有极强的现实意义。这里，我们只需要指出下面两点就足够了。首先，以史为鉴，研究满族寄生性民族经济消亡与自力性民族经济的开创，是一个民族永久脱困的民族经济基础，一个民族不能单纯“等、靠、要”，以维系自身的生产和再生产。因此，清末民初八旗各阶层开创自力性民族经济的历史经验，对于今天终结外部输血式扶贫模式，走内生性发展道路，极具启示意义。

其次，研究满族民族经济的新生，对选择民族特色产业同样具有重要意义。清朝灭亡后，丧失寄生性民族经济地位的满族，完全失去生计来源，困窘至极。危机，既是危又是机，以辩证的历史观来看，八旗生计危机为满族经济从寄生步入自力提供了历史契机。一个建立于剥削其他民族只知消费的民族开始转变为一个从事生产的民族，满族经济多元化趋势在民国初期凸显。原有生产方式再生产条件的丧失，是一个民族生产方式转型的内在压力，新生产方式的开创又必须充分利用本民族既有的条件。正如马克思所言：“人们自己创造自己的历史，但是他们并不是随心所欲地创造，并不是在他们自己选定的条件下创造，而是在直接碰到的、既定的、从过去承继下来的条件下创造。”① 正因为昔日清朝王公贵族、闲散宗室和八旗子弟的生计有保障，满族才涌现出大量的知识分子和文艺人才。这一“既定的条件”与旗人社会特殊的不事生产的经济地位紧密相关。满族利用历史上统治民族较高的文化水平，在士、农、工、商各个领域都留下了自己的身影，其中文化产业成为后来满族经济重要的特色产业。可见，满族的民族特色产业正是由经济史所形塑。选择民族特色产业要结合民族经济史实际，充分利用本民族的历史优势，而不能脱离经济史，“随心所欲”地去“打造”。

二 满族经济史的研究动态

对女真源流问题的研究，学界可谓百花齐放。1943 年，金毓黻在《东北通史》一书中，最先提出并一度成为主流的观点，认为肃慎、挹娄、勿吉、靺鞨、女真与满族一脉相承，即肃慎－女真族系为满族之源。随着

① 马克思：《路易·波拿巴的雾月十八日》，载《马克思恩格斯选集》第一卷，人民出版社，1995，第 585 页。

研究的深入，这一观点受到质疑，1984 年孙进己在《女真源流考》一文中提出：肃慎、挹娄、勿吉为同种同语而非同部，靺鞨是若干民族的总称，否定了女真起源于肃慎、挹娄、勿吉、靺鞨的观点。他认为生女真和长白山女真是女真的主体，分别起源于安车骨部和肃慎部。之后孙进己还在《女真史研究中的几个问题》《辽金契丹女真史研究》《辽代女真部起源于黑水》《东北民族史》中，提出了要区别女真民族史和女真系民族史，认为女真这一大系中包括许多小的民族系统，如肃慎—号室—女真是一系，挹娄—虞娄—胡里改是一系，勿吉—拂涅—兀惹是一系，黑水—乌底改—乌狄哈—乌德盖是一系，不应该把这些不同民族支系混杂一处，视作满族这个民族的发展过程。这里，孙进己没有将民族与部族区分开，而一律使用民族一语。张博泉《肃慎·挹娄·女真考辨》认为，肃慎、挹娄、勿吉、靺鞨同属一个族属系统，黑水靺鞨的黑水部是女真的直接来源。

在辽代女真部生产力发展水平研究方面，孙秀仁《从英雄时代到封建制的建立》、赵鸣岐《辽代生女真的社会变革及金国的建立》、张博泉《女真部族的社会结构》、姜守鹏《十世纪初至十二世纪初的女真族》，对辽代女真部生产力大都认为“绥可教人烧炭炼铁”，表明女真人已开始冶铁，并认为阿城小岭冶铁遗址与绥可之时相一致。孙进己《辽代女真经济及社会性质》《东北古代使用铁器的历史及对铁时代的管见》则认为，辽代女真只会对输入铁器锻炼加工，而不会冶铁，小岭冶铁遗址据黑龙江博物馆原报道，属金代早期的冶铁遗址。以孙进己对满族源流研究的造诣及考古材料证实，辽代女真只会锻铁，不会冶铁之说是可靠的，女真冶铁技术的掌握当在金代，而不在辽代，辽（907～1125）金（1115～1234）两代相差一个多世纪。

关于金代以前女真部的社会结构，有两种不同意见。赵东晖《女真族的家长制家庭公社》、赵鸣岐《金建国以前社会状况的几个问题》认为，金代以前女真部的社会组织是由若干个体家庭包括非自由人所构成的父系血缘组织，实行土地共同占有和共同耕作。张博泉《女真部族的家庭形态》、王可宾《女真人从血缘组织到地缘组织的演变》则认为，女真在建国前主要是家长制家族公社，这和以前的民主型父系家庭公社有别，但仍保持大家族；虽析居犹有公有聚种，包括非自由人和保持父权，但它已具有农村公社性质，已打破血缘联系，土地关系有两重性，大家族与个体家庭并存，称之为村寨组织。

金代女真部经济制度的性质，是学者讨论较集中的问题。朱人昀《有关金代女真人的生产、生产关系及上层建筑的几个问题》、漆侠《女真建国前及建国初期的社会状况》，为最早论述金代女真部经济制度性质的论文。他们均认为金代女真部建立的是奴隶制，分歧在于金代女真部从奴隶制向封建制转化的时间，华山、王赓唐《略论女真氏族制度的解体和国家的形成》主张在金初女真族已向封建制过渡。干志耿、孙秀仁《黑龙江古代民族史纲》则认为，封建化始于阿骨打时期，熙宗时期大体完成了上层建筑方面的变革，海陵王大大促进了封建化进程，世宗时期已完成向封建制的转变。张博泉《金代奴隶解放的年代以及奴隶的生产和社会地位怎样》、孙秀仁《从英雄时代到封建制的确立——试论金代前期社会性质的演变》、蔡美彪《中国通史》、吴泰等《中国史稿》、张璇如《金代女真族的奴隶制和向封建制的转化》则认为，在金世宗前后女真族就完成了从奴隶制向封建制的转化。孙进己《金代女真族的社会性质》认为，金世宗实际上是维护奴隶制反对封建化，世宗时并未完成封建化。这些学者的共同之处在于，受苏联史学界影响，将中国自秦至清的经济制度认定为封建制，而不是集权官僚制，因而，有所谓的金代女真奴隶制“封建化”一说。

金代女真族土地制度的性质也存在不同看法，张博泉《金代女真牛头地问题研究》、张博泉等《金代女真计口授地研究》认为，牛头地的破坏标志着女真奴隶社会的解体，经由计口授田从奴隶制向封建制转变。傅百臣《论金代女真族的计口授田》认为，计口授田是牛头地向封建租佃制度的转变。孙进己《金代女真族的社会性质》则认为，牛头地是在土地公社所有及国有基础上的土地分配制度，由牛头地转变为计口授田制，只不过是由旧的按大家族分配土地的方式转变为按小家庭分配土地而已，奴隶照样可由国家计口授田。

金代女真部的猛安谋克制度很早就有人研究，但集大成者为张博泉。在《猛安谋克制度的形成、发展及其破坏的原因》《猛安谋克在女真族社会发展中的作用》《金代女真部族的村寨组织》这几篇文章中，他论述了猛安谋克制度的形成、发展及破坏的原因，猛安谋克在女真族社会发展中的作用。他指出了猛安谋克不是氏族组织，而是行政、军事以及管理生产的地方基本组织，随着具有农村公社性质的村寨出现，与之结合而为地方组织，在奴隶制上升时期起过进步作用，但它比封建制落后，对中原封建制是一种反动。他还认为金代女真族的村寨组织已打破血缘联系而具有农村公社性质。孙进己《东北古代各族的各种公社》则认为，猛安谋克既是军事组织又是行政组织、经济组织，它打破了过去的氏族部落组织，虽其中还残留一些血缘联系，但基本上已是地域公社，每个猛安谋克实际上就是一个农村公社。王可宾《猛安谋克制》《女真国俗》《女真社会变革的内在驱动力》认为，猛安谋克也就是女真人的村寨组织，它是女真的政治、经济、军事三位一体的基层组织，本质是农村公社的一种民族形式。

事实上，在前人对金朝女真社会性质和土地性质的论述中，对于封建制、封建租佃制等概念缺乏分析。2011 年，刘永佶在《官文化批判》一书中强调，中国自秦朝一统天下后，便废除了封建制，创立集权官僚制，其作为基本社会经济制度一直延续至清末。该书认为集权官僚制经济以农业为主，主要生产资料土地归国家所有，国家以均配土田的方式将一部分土地分给农民占有，又以赐田、禄田、勋田等方式将一部分土地分归官吏占有，允许土地占有权的买卖和析分（禄田除外）。集权官僚制中基本的经济关系为国家拥有土地所有权，官僚地主和自耕农拥有对土地的占有权，以及无地佃农从地主手里租土地使用权这三层关系。本书结合史料，吸收这一新成果，除引述外，不再沿用“封建制”一说，将金代女真部经济制度性质的转变确定为奴隶制向集权官僚制的变革，或称为“集权官僚化”。

元明女真部经济史研究成果较少，缺乏系统性。关于努尔哈赤建立的后金国的社会性质，《满族通史》（修订版）、《满族简史（初稿）》、《满族发展史初编》《满族在努尔哈赤时代的社会经济形态》《清开国经济发展史》《满族史论丛》《清朝开国史研究》等，争议较大。大部分学者认为努尔哈赤建国前，建州女真内部奴隶和奴隶主两个对抗阶级已经形成，努尔哈赤所建立的是奴隶制政权，在进入辽沈地区，或皇太极统治时期，满族社会发展开始向封建制转化，并逐渐占据主导地位。莫东寅在《满族史论丛》一书中认为，明初女真族停滞在氏族阶段，即已经发展到野蛮的高级阶段、家长奴役制阶段。万历年间（1573～1619），女真族从原始社会末期，急速转入封建社会，后金正是一个封建国家。对于明代女真的发展依次经过氏族制度瓦解、奴隶制发展和封建制萌芽的分析难免让人产生疑问，因为早在金代，女真人就已经完成了所谓封建化，为何到了明代女真人会重新经历氏族制到奴隶制，再到封建制的演化呢？这里，即使不考虑对封建制和集权官僚制两种经济制度的区分，但经济制度“重演”嫌疑犹存。实际上，辽宋时期曾建立金国的女真部属于生女真，而1616年以努尔哈赤为首领创建后金政权的女真部属于熟女真，所谓经济制度“重演”不过是生、熟女真部族经济发展不平衡的表现。熟女真南迁后碰到的是明朝已经高度发展的集权官僚制，而非封建制。后金统治阶级欲将汉人奴化，遭到汉人激烈反抗。努尔哈赤接连实行的一系列经济政策旨在缓和民族矛盾，适应中原先进的生产关系，从意识形态、政治制度、经济制度等多方面进行改革，从而短期内实现从奴隶制到集权官僚制的过渡，当然，急速的生产关系变革仍带有显著的奴隶制痕迹，势所必然。

关于女真部生产力发展水平和商贸活动，女真人自己几乎没有留下任何文字记载。主要文献多为明朝和朝鲜国的史书，以及后来清朝满族统治者对其祖先业绩的追述。与明朝同期的朝鲜，由于国力单薄，对东北境内彪悍的女真部族崛起不能不持有强烈戒心，更为关注女真部的动向。因此，在研究女真史和满族兴起史方面，朝鲜史书具有更重要的史学价值。《朝鲜李朝实录》（简称《朝鲜实录》），是朝鲜李氏王朝用汉文记载的官修史书，记录时间始于李朝建立的1392年，止于1910年，基本与中国明清两代相始终。《朝鲜实录》大量记述明代女真在东北和朝鲜沿境的活动，特别是关于女真社会内部的调查和报告，在明朝官私史籍中绝少见到。其中关于贸易往来的材料尤为可贵。

《明朝实录》系统记录了明朝与女真诸部交往、战和的历史，有关卫所设置、贡敕制度的资料尤为翔实，但殊少对女真社会内部状况的报告。其中对少数民族的歧视，以及因不同文化背景而导致的隔膜，俯拾即是。《明会典》乃汇录明朝一代典章制度的典籍，始修于弘治年间，其中涉及女真、女真卫所制度、朝贡回赏等内容均分门别类，便于考察。明末女真崛起于辽东，构成明廷一大威胁。有关辽东或女真史事的书籍迅速增多，既有官修，亦有私撰。马文升《抚安东夷记》、天都山臣《女直考》、张鼐《辽夷略》、海滨野史《建州私志》、苕上愚公《东夷考略》等，均具有重要参考价值。

明代女真人与中原汉族、朝鲜族和蒙古族的贸易活动，对满洲经济的发展起到了至关重要的作用。但这方面的专著尚付阙如。主要论文有龙武《明末辽东马市贸易战和女真诸部兴衰》（2013）、栾凡《试论贸易对明代女真经济的影响》（1996）、栾凡《敕书、朝贡、马市——明代女真经济的发展契机》（2011）、刁书仁《明代女真与朝鲜的贸易》（2007）、文钟哲《浅谈明代女真族与朝鲜人之间的边境贸易》（1996）、王臻《明代女真族与朝鲜的边贸考述》（2002）等。此类文献均强调了贸易对明代女真人农业、手工业的促进作用，尤其增强了女真部军事实力，从而使女真经济带有贸易与掠夺相伴的鲜明的民族特点。

清朝汉文史料，是研究清代初中期满族经济制度与政策的一手资料，也是最基本的史料来源。《清实录》，全称《大清历朝实录》，共四千四百八十四卷，是清代历朝官修编年体史料汇编。其中《清世祖实录》《清圣祖实录》《清世宗实录》《清高宗实录》《清仁宗实录》《清宣宗实录》等，记录了自顺治帝至旻宁帝的大政日志。财政经济资料占有一定比重，主要记载了人口、土地、农业、商业、手工业、国家财政等内容。新中国成立后，著有《清实录经济资料辑要》《清实录经济史料（顺治—嘉庆朝）》等书，是将《清实录》中关于经济制度与经济政策等内容的集中归纳，与《清实录》原稿进行比对，可以更好地理解与运用。此外，《清史稿》中《食货》《河渠》《交通》等志，《赋役全书》《户部则例》《户部漕运全书》等众多清代史籍都值得借鉴。但这些文献多为清朝历代官方所修，视域多受统治阶级立场所限。准确辨别满族为主体的清国经济制度与清代满族经济制度经济政策的区别与联系，是研究清代满族经济史的基本功。

满族通史文献如《满族通史》《中国满族通史》《满族简史》《中国少数民族史概要》（满族部分）、《中国历代民族史——清代民族史》等著作中，对清代满族经济发展均有论述，但皆以揭示民族发展规律为主线，清代满族经济史的叙述缺乏连贯性。例如《中国满族通史》只在第五章叙述满族经济，具体描写满族的经济形态、生产方式的转变与满族的农林牧渔业生产，第十九章叙述满族的商业贸易。这是通史的共同特点，但对于满族经济史研究来说，这一特点变成缺点。对于满族经济的专题研究成果并不多见。滕绍箴、滕瑶所著《满族游牧经济》可谓拓荒之作。该书第五章至第七章分别叙述满族入关后的牧政与八旗牧场、上驷院所属各个牧场及其关系与管理、八旗等牧业经济效益与清朝中叶牧场的衰落等内容。该书主要通过历朝官书、正史、典制、档案以及私家辑著等文献和古今中外专家、学者的研究成果，重点研究满族牧业经济的民族特点。该书叙述角度在专著中并不多见，具有非常重要的参考价值。

赵展（2001）在田野调查中，对全国满族民俗事象，进行分类排比，把散居全国的满族，始划分出四种社会群体，即留守群体、驻防群体、留守与驻防相结合的群体和屯垦群体。这种划分在满族研究中尚属首例，但对散居全国的满族人进行系统划分时，有重大的遗漏，即没有涉及满洲贵族这一重要阶层，如散居各地的满族官员将领，他们与散居的普通八旗兵丁处于不同的社会阶层，其经济生活差异很大。廖晓晴（2006）明确提出，清史、满学界的学者将清朝迁都北京后的满族，按区域分为东北满族、北京满族和驻防满族三大部分。关于这三部分，学术界已有一些力作出版，如关于北京满族，金启孮先生的《北京郊区的满族》和《北京城区的满族》等。关于驻防满族，有定宜庄女士的《清代八旗驻防制度研究》和韩国任桂淳女士的《清代八旗驻防兴衰史》等。关于东北满族的状况，亦有《清代东北边疆的满族》等。我们认为这种区域划分类型，虽然能在一定程度上反映不同地区的满族经济状况，但不能完整再现满族不同阶层的经济活动特征。因此本书提出，京城的满族统治集团、各地满族官僚阶层、八旗兵丁以及世居地的满族的“四分法”，以在经济上处于不同地位的、与特定的生产关系相联系的社会集团作为划分标准。

八旗是满族统治下所形成的一个群体，具有特殊性。八旗群体的经济生活受政治影响巨大，终清一代，脱离生产，由盛转衰。在清代汉文史料的传记中，可以找到有关八旗将领的经济生活的写照。如《清史列传》《清史稿》中列传部分涵盖有清一代三百年间的人物传记，《满汉名臣传》八十卷中，满洲大臣传四十八卷，汇集清朝前期众多满族重要人物传记，对研究八旗将领的经济活动具有很重要的参考价值。现代汉文著作如滕绍箴的《清代八旗子弟》、刘小萌的《清代八旗子弟》《清代八旗驻防制度研究》《清朝八旗驻防兴衰史》《清代东北边疆的满族》等，对该主题均有涉及。其中滕绍箴所著《清代八旗子弟》一书，详尽介绍了八旗子弟从优越地位的确立到腐化堕落，走向贫困的历程。但将八旗子弟一概而论，并未区分八旗中满洲贵族将领与普通兵丁的经济生活差异。正如《清代东北边疆的满族》一书中提到，“东北普通八旗兵终年劳动，与穷苦百姓一样艰辛度日，即使在清朝初年亦复如此”[①]。这就将普通八旗兵与八旗将领区别开来。《清朝八旗驻防兴衰史》只是概述性描写了驻防的财政状况。《清代八旗驻防制度研究》则将八旗驻防的将领与兵丁区别而论，突出两

① 张杰、张丹卉：《清代东北边疆的满族》，辽宁民族出版社，2005，第169页。

者经济地位上的差别，为散居各地的驻防将领与八旗驻防兵丁群体作区别研究，提供了重要的史料。

20 世纪 80 年代，关于清史与满学的研究渐趋繁荣，但多以断代史为主，侧重入关前及清朝前中期的历史。晚清至民国时期的满族经济史成果不仅尚付阙如，就连这一领域的专题研究也寥若晨星。进入 21 世纪，随着学界对满族关注度的提升，对这一特定时期的研究逐渐增多。但时间重点在清代初中期，空间重点聚焦于某一特定地区，如京旗、关外驻防或驻防八旗的特定支系。研究内容的重点在政治、军事、生活、习尚等方面，经济方面的内容多散见其中。满族简史编写组编写的《满族简史》（1979），李燕光、关捷主编《满族通史》（2003），关凯主编的《中国满族》（2012），戴逸主编《简明清史》（1984），中国社会科学院民族研究所主编《满族史研究集》（1988），郑天挺著《清史探微》（1999），鸿彬著《清朝开国史略》（1992），冯尔康和常建华合著的《清人社会生活》（2001），都业娟主编的《满族》（2010），赵志强著《满学论丛》第一辑，刘小萌著《满族的社会与生活》（1998）、《旗人史话》（2000）、《满族从部落到国家的发展》（2001）、《清代八旗子弟》（2008），孙文良著《满族崛起与明清兴亡》（1992），陈佳华著《满族史入门》（1987），张佳生著《中国满族通史》（2005）等著作，以历史为纵线，对各时期满族社会的政治、经济、文化等方面多有记叙。其中关于晚清至民国时期满族经济发展状况的研究成果对本书颇具参考价值。如李燕光、关捷主编的《满族通史》（2003）第三编，详细描述半殖民地半集权官僚制社会的满族经济生活面貌——列强侵略下资本主义经济对传统小农经济的排挤，极度腐败的满族贵族统治，清末民初社会经济的一系列重大变革等。其中关于八旗土地制度崩溃及满族统治经济地位的丧失，侧重经济视角的分析。张佳生著《中国满族通史》（2005），对晚清至民国时期满族的经济形态、生产方式的转变、满族的农林牧渔业生产、商业贸易等有较详细记述。《满族简史》（1979）就半殖民地半集权官僚制历史阶段满族经济与社会发展状况进行了系统论述，是我国第一部系统论述满族史的著作。

在晚清至民国时期满族经济史研究中，满族地方史志及相关民族调查值得借鉴。中国社会科学院民族研究所、辽宁少数民族社会历史调查组 1979 年出版的《满族社会历史调查》，全书三十余万字，由十九篇报告组成。由辽宁少数民族社会历史调查组派出大批学者及工作人员分赴辽宁、黑龙江、北京、河北、宁夏等十二个省，沈阳、哈尔滨、抚顺等八个地级市进行田野调查，搜集材料，并分别撰写报告，为这一时期满族经济史提供了丰富的材料。但由于《满族社会历史调查》工作人员缺乏相关经验，调查资料以口碑资料为主，数据及典型事例尚不充分，极少分析和判断，甚至缺少相应的结论。

满族地方志是满族文化典籍和史料宝库。举凡一地历史沿革、行政建制、经济盛衰、文化演变及户口、赋役、民情等，无所不涉。古代社会，地方志中反映经济情况的篇什原已不少。近代以来，伴随社会性质急剧变化，经济交往日趋频繁，记载社会经济方面的篇幅不断加大，为少数民族经济史的研究保存了大量珍贵的资料。许多满族聚居地方志中都载有一些未曾发掘的关于晚清至民国时期的满族经济史料。孙邦著《吉林满族》（1991）揭示了吉林省满族历史及经济发展状况。李林著《本溪县满族史》（1988）中记叙了满族在晚清至民国时期经济开发的历史，对本书有重要借鉴意义。《丹东满族凤城专辑》（1992）对满族在凤城的发展沿革及经济发展做了大量记录。另外在李林著《北镇满族史》（1990），房守志著《新宾满族自治县志》（1993），佟靖仁著《内蒙古的满族》（1993），李林著《本溪县满族史》（1988），国家民委民族问题五种丛书《新宾满族自治县概况》《凤城满族自治县概况》《桓仁满族自治县概况》《宽城满族自治县概况》《岫岩满族自治县概况》《青龙满族自治县概况》《宽甸满族自治县概况》等地方志中，对晚清至民国时期满族的经济发展历史做了搜集整理，并对比归纳。地方志中所载资料较丰富，是对综合性史书中具体事例记载不详的可贵弥补。

晚清至民国时期，是满族占统治经济地位的逐步丧失，寄生性民族经济总危机的爆发时期，因而经济史的专题性研究成果颇丰。较为重要的有：章有义著《中国近代农业史资料》（1957），白丽健著《中国近代财政简史》（2006），殷梦霞著《民国金融史料汇编》（2011），曾康霖著《百年中国金融思想学说史（第 1 卷）》（2011），孙智勇著《民国产业经济思想研究》（2007）等。费维恺的《1870～1911 年晚清帝国的经济趋向》和陈锦江的《辛亥革命前的政府、商人和工业》，对农业、手工业、近代工业、国内贸易和对外贸易进行了深入剖析，展现了满族寄生性经济危机发生的原因、表现和结局。

东北是满族先民繁衍生息的故土，也是满族聚居人口最多的区域，了解东北经济发展为本书研究提供了不可或缺的区域视角。东北三省中国经济史学会编《东北经济史论文集》（1983），东北解放区财政经济史编写组编《东北解放区财政经济史资料选编》（1988），孔经纬著《东北经济史》（1986）、《清代东北地区经济史》（1990）、《伪满时期的东北经济状况》（1994）、《新编中国东北地区经济史》（1994），张福全著《辽宁近代经济史》（1989），朱诚如著《辽宁通史》（2009）等东北经济史著作，尽管不是以满族经济为主体的研究，但对研究关外满族经济及"伪满洲国"时期满族经济关系有重要的参考价值。

满族人口在晚清至民国时期呈现大分散、小聚居格局，大体分为东北满族、北京满族和驻防满族三大部分。张杰和张丹卉合著的《清代东北边疆的满族》（2005），是学界研究东北满族的拓荒之作。该书共四章六十一节，条目分明，内容丰富新颖，尤其第四章对东北驻防城的经济发展有着立体叙述。该著作阐述了留守故土的满族人民对开发东北边疆做出的巨大贡献，有利于了解满族经济关系的变革历程。刘敏的《清代三姓地区农业经济的兴起与发展》①，指出三姓地区农业经济的发展与清廷的驻防八旗制度及编旗屯田密切相关。清廷在设置八旗驻防、旗地、官庄，八旗兵丁除需完成驻防任务外，还需要在旗地上从事农业生产。矫明君的《近三十年来东北地区八旗驻防研究综述》②，为本书资料搜集提供了极有价值的线索。另外，姜相顺的《近代沈阳满族的经济生活和民族资本的发展》③，李剑峰的《民初吉林省筹办旗人生计评述》④，康波的《清末东北旗人的实业与生计初探》⑤ 三篇论文，详细分析了清末民初旗人社会的经济变革，阐述了政府及社会各阶层对旗人生计问题所持的态度。

北京历来是一个多民族杂居共处地区，也是满族经济史研究必须重点关注的地区。刘小萌主编的《清代北京旗人社会》（2008），综合利用满汉文档案、契书、碑文、曲词、家谱、小说、绘画、口述史资料，对北京旗人社会面貌、经济发展变化做了系统深入考察。值得一提的是，作者对

---

① 刘敏：《清代三姓地区农业经济的兴起与发展》，《满族研究》1999 年第 1 期。

② 矫明君：《近三十年来东北地区八旗驻防研究综述》，《满族研究》2010 年第 3 期。

③ 姜相顺：《近代沈阳满族的经济生活和民族资本的发展》，《满族研究》1987 年第 10 期。

④ 李剑峰：《民初吉林省筹办旗人生计评述》，《赤峰学院学报》2010 年第 9 期。

⑤ 康波：《清末东北旗人的实业与生计初探》，《北方文物》2000 年第 4 期。

清末民初八旗制度的衰落与瓦解作了较为详细的分析。金启孮的《谈北京的满族》（2009），以下层满族人为研究对象，描绘了亲身经历的大量鲜为人知的社会经济生活图景。《北京城区的满族》则详细叙述了京旗辖地及晚清向民国转换时期，旗人的经济生活变迁历程。对研究晚清至民国时期的北京满族自力性民族经济的开创，具有较高的史料价值。北京市政协文史资料委员会编的《辛亥革命后的北京满族》（2002），收录 39 篇文章，多为北京满族史料拾零，涉及经济生活诸多方面。张福记的《清末民初北京旗人社会的变迁》[①]，以北京旗人社会在清末民初社会变迁为切入点，针对旗人的社会地位下降、八旗生计困窘、职业多元化以及八旗兵制变革等多方面进行论述。其他有关北京满族研究的论文有赵书的《辛亥革命前后的北京满族人》[②]，阎崇年的《北京满族的百年沧桑》[③]，关纪新的《北京对满族的文化贡献》[④]《水乳交融：满族与北京》[⑤]等。这些论著，贯穿的主题是以“八旗生计”问题为核心，论述了满族寄生性民族经济的全面崩溃和自力性民族经济的艰难形成，以及在自力性民族经济形成过程中，满人如何利用“既有的”历史条件。

定宜庄女士的《清代八旗驻防制度研究》（1992），以清代满、汉文献及档案材料为据，重点阐述了八旗驻防制度的特殊性及与清朝统治的关系，论述了它对满族自身经济发展的重要作用。全书内容全面、系统详备，有筚路蓝缕草创之功，填补了八旗驻防制度研究的空白。韩国任桂淳先生《清代驻防八旗兴衰史》（1993），以各地八旗驻防的兴衰变迁为视角，探讨了清统治者政策的矛盾性和封闭性，力图揭示寄生性民族经济内在根源和演化趋势。我们认为，满族“八旗生计”的恶化有其深层次原因，八旗兴衰成败与满族作为少数民族统治多数民族互为因果。刁书仁教授的《清代延珲地区驻防八旗略论》[⑥]，介绍了延珲地区八旗驻防组织系统管理及八旗制度的衰落。潘洪钢的《辛亥革命与驻防八旗》[⑦]，研究了辛亥革命对驻防八旗的影响，指出以辛亥革命为起点，八旗的地位和经济

---

① 张福记：《清末民初北京旗人社会的变迁》，《北京社会科学》1997 年第 2 期。

② 赵书：《辛亥革命前后的北京满族人》，《满族研究》1989 年第 3 期。

③ 阎崇年：《北京满族的百年沧桑》，《北京社会科学》2002 年第 1 期。

④ 关纪新：《北京对满族的文化贡献》，《北京社会科学》2007 年第 6 期。

⑤ 关纪新：《水乳交融：满族与北京》，《百科知识》2007 年第 9 期。

⑥ 刁书仁：《清代延珲地区驻防八旗略论》，《东疆学刊》1992 年第 4 期。

⑦ 潘洪钢：《辛亥革命与驻防八旗》，《中南民族学院学报》1991 年第 5 期。

生活发生根本性变化。佟克力《清代伊犁驻防八旗始末》①，马诗凯的《试析德州八旗驻防的形成及作用》②，李自然《浅谈宁夏八旗驻防的特点》③，分别以一个地区八旗驻防为研究对象，探究驻防满族寄生性民族经济向自力性民族经济的转变，将民族经济史与区域经济史结合起来，深化了对晚清至民国时期满族经济史的研究。

晚清至民国满族经济专题研究同样以“八旗生计”为主题。“八旗生计”问题，萌于清初，现于清中，爆发于晚清，解决于民初。旗人兵有定额，饷有定数，赖国家豢养而不耕不织，户口繁殖，土地日辟，旗人日益困顿。“八旗生计”问题贯穿晚清至民国满族经济史全程。贾艳丽的《清末旗人的民间自救》④，以清末裁撤八旗驻防为背景，以旗人自救为关注点，指出旗人对旗饷的依赖和八旗制度的束缚已根深蒂固。李尚英《论八旗生计问题产生的原因及其后果》⑤，就八旗生计问题进行系统分析，指出“八旗生计”不仅凸显了旗人的经济矛盾，还加剧了满汉民族矛盾和社会阶级矛盾，削弱了满族统治阶层的统治力量及对外防御能力。陈力的《八旗贵胄的没落——清代旗人经济状况研究》⑥，介绍了旗人生计日绌，生活无以为继，清廷采取回赎土地、移旗实边、支持农业生产等措施，均以失败告终。由此可知，以维护八旗旗人特权为重要特征的八旗制度，是“八旗生计”问题的根本原因。戴迎华的《民初旗民生存状况述论》⑦，记述了辛亥鼎革后丧失特权的满人极其恶劣的经济生活条件，指出民初生计问题的解决，涉及政府财政、社会保障机制及社会群体救助和满族自食其力等多个领域。全文取材丰富，论断精当，原始资料详征博引，为晚清至民国满族经济史研究提供了宝贵的思想素材。

辛亥革命是满族作为统治民族的终结点，也是满族经济从寄生性民族经济走向自力性民族经济的标志。常书红的《辛亥革命前后的满族研究》(2003)，以辛亥革命前后的满族为研究对象，以民族一体化及满族的近代化为脉络，着重对辛亥革命前后满族嬗变的历史轨迹进行考察。齐黎明硕

---

① 佟克力：《清代伊犁驻防八旗始末》，《西域研究》2004 年第 9 期。
② 马诗凯：《试析德州八旗驻防的形成及作用》，《吉林省教育学院学报》2014 年第 1 期。
③ 李自然：《浅谈宁夏八旗驻防的特点》，《满族研究》2005 年第 4 期。
④ 贾艳丽：《清末旗人的民间自救》，《首都师范大学学报》2008 年第 2 期。
⑤ 李尚英：《论八旗生计问题产生的原因及其后果》，《中国社会科学》1986 年第 12 期。
⑥ 陈力：《八旗贵胄的没落——清代旗人经济状况研究》，《兰州学刊》2010 年第 5 期。
⑦ 戴迎华：《民初旗民生存状况述论》，《长白学刊》2009 年第 6 期。

士学位论文《辛亥革命后满族的平民化问题研究》（2011），论述了满族在辛亥革命后平民化历程，对研究民国时期满族社会分布及职业多元化有重要参考价值。由于满族自民国初年，跌至社会弱势群体，有关文献资料阙载甚多，大多未经整理，因此当时刊行的许多报刊成为重要资料来源。我们在搜集资料过程中阅读了《民国日报》《大公报》《科学社会杂志》《晨报》等二十余种报刊。这些报刊大量刊登了民初旗人生活见闻，其中不乏颇具价值的经济报道。

伪满洲国统治时期满族经济是晚清至民国满族经济史中非常独特的一章。由于辛亥革命后化除满汉畛域及民族歧视的政策影响，许多地区满族冠姓、更名、改籍，一时成为民初满族的风尚，这与清初满人逼迫汉族剃发易服，形成历史性照应，均为小共同体向大共同体演化的标志性事件。此后，满族人口聚集的东北地区长达十四年的殖民地经济是满族经济史上不容忽视的重要一页。2011 年 12 月由苏崇民主编的《满铁档案资料汇编》出版，全书共 15 卷，按满铁档案文书、满铁资料、满铁图书以及个人文书等四大类，分别收集满铁遗存文献资料，全面系统地阐述日本侵略者对东北、华北沦陷区统制、封锁以及强制掠夺乃至武装掠夺的全过程，多角度地展示了当时的历史实况。始建于日俄战后的南满洲铁道株式社（即满铁），是基于日本国家特定法令设立的特殊会社，兼有调查我国物产和自然资源以及为日本侵华政策提供军事、政治、经济、社会等情报的特殊使命，在长达 40 年的时间里，积累了数十万件调查报告和档案文书。这批“满铁资料”，既是日本军国主义侵略中国的铁证，也是研究伪满时期东北经济和满族经济史的重要素材。朱艳和李闰华《伪满时期日本对东北的粮食掠夺》[①] 一文，记录了伪满统治时期，满族世居地东北地区作为工业原料和农产品基地被日本大肆掠夺，导致农业停滞不前，大量物产资源遭到破坏的历史事实。“粮谷出荷”和“粮食配给”是日本军国主义掠夺东北粮食的两项残酷政策，使满族人民苦不堪言。季秀石的《日本对我国东北经济侵略和掠夺政策的变迁及其实施》[②] 一文，指出日伪大肆掠夺农产品，其方法之周密彻底，压榨手段之毒辣残暴，为史上鲜见。古海忠

① 朱艳、李闰华：《伪满时期日本对东北的粮食掠夺》，《辽宁师范大学学报》2008 年第 5 期。

② 季秀石：《日本对我国东北经济侵略和掠夺政策的变迁及其实施》，《史林》1986 年第 7 期。

《日本控制伪满经济命脉的内幕》（2004），指出日本对伪满实行全面经济统制，疯狂掠夺满族世居地的物产资源并奴役满族人民，犯下滔天罪行。满族曾经统治其他民族，现在被外族统治，历史镜鉴，发人深思。

三　满族经济史的分期

满族经济史的分期涉及这样两个理论问题。一个是满族作为中国一个少数民族，其经济史的分期既要考虑整个中国经济史维度，又要考虑满族经济自身发展维度。因此，我们使用“周至金代”“元明”“清”“晚清至民国”等反映中国历史阶段划分的概念来限定满族经济史；同时，又不完全按照中国历朝来划分满族经济史的阶段，而是以满族经济史自身的阶段性来分期。于是出现了中国数个朝代可能在满族经济史中作为一个阶段，而某一个朝代在满族经济史中可能要区分为不同阶段的现象。这么做将满族经济史既作为中国经济史的补充，又作为一个独特的少数民族经济发展史，使二者统一起来。

另一个是满族经济史的分期标准。满族经济史是一个民族经济史，民族经济史是民族经济的发展历程，而这要以对民族经济的透彻理解为前提。满族经济史的内涵既有阶级经济史的规定，又有民族经济史的规定。阶级经济史主要研究生产力和生产关系矛盾运动史，旨在揭示经济发展的规律和趋势，阶级经济史重点是阶级关系的发展，一切文明社会的历史都归结为阶级斗争史，生产力发展、生产资料所有制、分配制度、阶级结构是研究重点。作为满族经济史固然要研究这些主题，从而能够从满族视角对中国经济史做一个补充。但是，满族经济史的民族性并不限于阶级经济史的内容，而是蕴含了另一个极为重要而常被忽视的内容，那就是民族经济史是作为不分阶级和集团的该民族所有成员的共同的经济生活史。如，金国女真部的奴隶制经济，是中国阶级经济史的内容，必须研究。但是，为什么构成奴隶主阶级的女真人和构成奴隶阶级的女真人可以同属于一个部族？清朝入关后，为什么满族贵族阶级和满族劳动阶级可以同属一个民族？对立的阶级究竟依靠什么经济制度将他们统一为同一个部族和民族？这些内容在阶级经济史视域之外，但民族经济史却不能不关注。民族经济史的这方面内容，需要我们在“原始社会经济—奴隶制经济—封建制经济—集权官僚制经济—资本主义经济—社会主义经济”这一阶级经济史线索之外，重视“氏族经济—氏族联合体经济—部族经济—部族联盟经济—民族经济—民族联盟经济—人类经济”这另一个线索。对于后一条线索，阶级经济史所关注的生产力、生产关系、阶级结构的历史分期标准就不能完全沿用，而要以生产方式、民族经济制度、民族间经济交往为主要的分期标准。

我们按照生产方式、民族经济制度以及满族同其他民族间经济交往三个方面相结合为主要分期标准，参照阶级经济史分期标准，将满族经济史区分为四个阶段：第一阶段为周至金代，第二阶段为元明时期，第三阶段为清代初中期，第四阶段为晚清至民国时期。这里需要特别说明阶级经济制度和民族经济制度的概念区别。阶级经济制度是政治经济学概念，指生产关系的总和，而生产关系“归根到底是阶级关系”①，阶级关系强调的是对人的阶级划分。民族经济制度是民族经济学概念，指人们共同的经济生活，其本质是不分阶级、阶层的一个共同体的共同经济利益关系。就像民族语言是不分阶级的民族成员交往的共同工具一样，一个共同体的领土制度、人口户籍制度、兵役制度、婚姻制度、贸易朝贡制度、度量衡制度、货币制度等，恰恰是不分阶级、阶层的共同经济生活的保障，是一个民族所有成员共同经济利益的制度化，尽管其中隐含了阶级利益。我们在研究满族经济史时，要将阶级经济制度和民族经济制度统一起来。经济史由阶级经济制度演化和民族经济制度演化交织而成。作为中国一个支民族，满族与国内其他支民族以及与国外民族的经济交往是体现其作为中华民族经济“一体”，而非与其他国家民族“一体”的重要标志，是构成满族经济史分期的重要标准之一。以下，我们简明概括满族经济史的四个阶段特征。

周至金代为满族经济史第一阶段，这一阶段以周至西汉、东汉至隋唐、辽宋、金四个时期为历史节点，生产方式、民族经济制度及与其他民族经济关系均有较大进步。

周至西汉肃慎人的氏族狩猎经济。肃慎人是满族的先祖，他们居住在今长白山以北，东抵海滨，北至黑龙江中游，南到松花江上游中段的广大区域。肃慎人的社会生产几乎囊括了史前社会蒙昧和野蛮两个时代的内容，他们的社会经济生活，以氏族狩猎经济为主，因地域不同，其发展进

① 恩格斯：“经济学研究的不是物，而是人和人之间的关系，归根到底是阶级关系；可是这些关系总是同物结合着，并作为物出现。”《卡尔·马克思〈政治经济学批判〉（第一分册）》，载《马克思恩格斯选集》第二卷，人民出版社，1995，第 44 页。

程不同。肃慎区域内不同地区社会生产水平的极大差异，必然反映到肃慎部各区域氏族组织的发展中，也就是说，肃慎人虽都生活在氏族制度下，但不同区域内肃慎人的氏族制度有发达和不发达之分。肃慎人与中原地区在政治、经济和文化上的联系，可以追溯到远古时代。政治方面，他们臣属于中原王朝，这在我国古代典籍中有大量记载，经济和文化上的密切来往，还生动地反映在其故地考古发现的大量遗物上。

东汉至隋唐挹娄、勿吉、靺鞨人的经济活动。东汉至隋唐时期，肃慎人先后改称挹娄、勿吉、靺鞨，他们之间虽相隔数百年，在社会生产、生活上存在一些差异，但表现出更多的是继承性。挹娄、勿吉、靺鞨部族是以肃慎人为基础，融入了一些其他氏族成分，在历史变迁中形成的新的部族共同体，挹娄、勿吉、靺鞨如此，之后的女真、满族亦如此。生产方式上，狩猎、原始农业、原始畜牧业依然是挹娄人的传统生业；经济制度上，挹娄人仍然处在氏族制度下，但贫富分化、私有制已出现。南北朝时期，挹娄后裔被称为勿吉，勿吉部的社会经济延续挹娄，主要从事畜牧、渔猎和原始农业，勿吉的农业不但远逊于中原地区，而且与其周边的夫余、豆莫娄相比也十分落后，但纵向来看，勿吉时代是肃慎族系发展史上的第一个跃进时期。靺鞨，是隋唐时期主要活动于我国黑龙江流域东部地区的古代部族，由魏晋南北朝时期的勿吉人发展而来。因《北史·勿吉传》所列勿吉七部：粟末部、伯咄部、安居骨部、拂涅部、号室部、黑水部及白山部，与《隋书·勿吉传》所记载的七部相同，所以靺鞨即勿吉。后粟末靺鞨建立的渤海国，史有“海东盛国”之称，其首领称王，世代相传。渤海政权建立了完备的军事、政治制度，有“胜兵数万”，协助王统治的机构，有政堂、宣诏、中台三省及六部十二司，皆置官职守，境内建有五京十五府六十二州，设官牧民。这一切表明，粟末靺鞨称雄渤海后，已进入阶级分野的文明社会，同时在其他靺鞨部族中，有的也已出现阶级对立。

辽宋女真氏族制向奴隶制的过渡。辽宋是女真部社会经济飞跃发展的历史时期，在这一时期，女真部的生产力得到巨大提高，更多地使用铁器，有了较发达的农业及畜牧业，私有制也进一步发展，贫富分化形成阶级，初步建立了国家，但各部发展不平衡。北宋末年，完颜部经过几十年的兼并战争，西起松花江，东到乌苏里江一带，南至今吉林省延吉市地区的女真各部，逐渐被完颜部统一起来。在这一发展过程中，女真社会内部的阶级分化越发激烈。阿骨打时代，已出现了“今贫者不能自活，卖妻子以偿债”①，这说明，女真社会已在向奴隶制过渡。

金国的建立及女真经济的集权官僚化。金政权由女真部杰出首领阿骨打于公元1115年建立。1125年金灭辽，1127年灭北宋，成为我国北方一个强大的奴隶制国家，并与当时南宋政权对峙。金朝社会经济结构复杂，除女真本身的社会经济成分外，还包括原辽、宋地区已有的经济成分，由此产生了若干特殊的经济问题。女真部社会经济制度的演进在中国少数民族经济史上具有独特意义，这主要表现在两个方面：一方面，女真部在与汉族先进的集权官僚制接触后，跨越了封建农奴制阶段，迅速由奴隶制转化为集权官僚制；另一方面，女真部内部经济制度发展不平衡，南部最早接触先进的集权官僚制，因而先行跨越；而北部仍停留在奴隶制，甚至氏族社会阶段。总之，女真部经济制度变革既受部族外部集权官僚制影响，又受内部发展不平衡制约。

元明时期为满族经济史第二阶段。蒙古灭金后，入居中原的女真人基本与汉人无甚区别，还有部分女真人留居东北故地。由于居住环境的不同和元朝经济政策的影响，东北故地的女真人，由南往北，呈现出不平衡的经济发展状态。元末明初，女真各部纷纷南下，形成建州女真、海西女真和北山野人女真三大部族。南迁过程中，女真人受到明朝和朝鲜先进生产方式的影响，开始使用铁器；田野耕作出现；游牧愈来愈盛。随着努尔哈赤统一各部，明末女真发展更为迅速。天命元年（1616），努尔哈赤建立后金政权。

明末，后金社会除本身阶级分化外，努尔哈赤实行了一系列民族压迫政策，导致满汉矛盾激化，为缓和民族矛盾，统治阶级接连实行“各守旧业”“计丁授田”“编丁力庄”等一系列政策，促使后金短期内从奴隶制向集权官僚制经济过渡。

天命年间，后金的农业、手工业、商业虽获得不同程度发展，但整体经济形势却呈恶化趋势。努尔哈赤晚年的错误政策造成民族矛盾加剧，与明断绝市易使得后金国经济崩溃，皇太极于危难中即位，大力推进后金经济的官僚地主化进程，扩大农业生产以发展经济，同时加强对外交流，政治、经济、军事、民族关系等多方面改革成效显著。1635年，皇太极定

① 《金史》卷二，《太祖纪》。

族名为满洲，废除了诸申（女真）旧号。1636 年皇太极去汗号，称皇帝，改国号为大清。

明初，女真各部纷纷南迁，充分利用毗邻先进民族的机会，积极与明廷和朝鲜进行经济交流，提高自己的生产力水平，形成了渔猎、贸易与掠夺三位一体的民族经济结构。对于蒙古族，女真统治阶级切断其与中原的经济命脉后，采取利诱和联姻等策略进行拉拢，使得蒙古族后来成为后金乃至大清帝国创基立业的一支生力军。

清代初中期为满族经济史第三阶段。这一时期，满族作为全国统治民族的政治经济地位确立，清廷建立的民族经济制度和制定的一系列经济政策，不仅对中华民族经济产生了深远影响，也重塑了满人不同阶层的经济生活条件，形成了中国少数民族经济史上最为奇特的寄生性民族经济类型。

清朝入关后满族经济和满族统治下的清王朝经济是两个不同概念。清代满族经济是本书的研究对象，而清朝经济却不是直接对象，只构成满族经济史清代部分的背景。清代满族经济史的满族民族性，主要体现在四个方面：一是清朝经济制度以满族经济利益为主体，带有鲜明的满族性；二是建立了满族寄生性民族经济制度；三是满族分散到全国，满族经济形成赋有阶层和地域特色的四个组成部分；四是以“八旗生计”问题为主要表现的满族寄生性民族经济危机愈演愈烈。

入关后清朝经济具有鲜明的满族性。满族入关后编订《赋役全书》，简化赋税制度，实行赋役合一；恢复土地制度，并圈占田地，逼迫汉人投充，制定《逃人法》；发行通宝钱币，与白银并行流通。这一系列以满族为主体的民族经济制度，极利于满族的政治统治及经济繁荣。同时，清朝统治者因袭明朝建制，设置了一整套国家机关制度体系。但无论在中央行政决策机关里，还是在地方经济管理机构的设置上，清朝官僚机构建制都鲜明地体现了满族主体性。从而更好地确立起主体民族的经济地位，由满族经济向全国经济融合。清代的经济制度堪称阶级经济制度与民族经济制度完美结合的一个典范。

满族统治者入主中原、拥有全国政权后，利用政治上的特权，对国内各民族加强经济掠夺，保证满族拥有至上的社会经济地位；在本民族内，使满族贵族阶级与普通旗人同享经济上的优待，制定八旗土地所有制，发放旗饷，规定旗民分居，实行东北封禁。这些只适用于满族的经济制度与政策，更进一步确保了权力集中于满族贵族手中。

康雍乾时期满族经济可分为四个部分。康熙初年，大规模战争甫停，经济尚未恢复，满族统治集团在生活上不敢恣情享乐。然而到 18 世纪中期，社会经济空前繁荣，满族统治阶层追求物质享乐的风气达到高峰。其中皇族贵族阶层在奢侈浪费方面表现得尤为突出；满洲官僚阶层依仗手中权力，收敛钱财，恣意享乐；普通满洲八旗兵丁依靠饷银为生，然而随着人口的激增，渐现“八旗生计”危机；关外世居地的满人仍保留传统的生产方式，勤劳耕作。满人的四个不同部分共同组成了康雍乾年间满人的经济状况，展现了不同阶层的经济生活。

嘉道年间满族经济由盛转衰。随着王朝的衰落，作为主体民族的满族经济的四个部分，即满族统治阶层、满族官僚阶层、满洲八旗兵丁及世居地的满人，其经济生活也走向没落。清王朝为维护中央集权统治迫使旗人全民皆兵，长期脱离生产劳动，形成中国少数民族经济史上罕有的寄生性民族经济，它必然历史性地要求自力性民族经济作为补充。

清廷入主中原，尽管以满族贵族为首的清朝统治者对各族人民实行统治，但明末以降空前规模的统一局面却有利于各民族的经济往来。满族与汉族广泛地杂居共处，使得两个民族经济相互融合；在与蒙、藏、维吾尔、俄罗斯等国内外其他各民族的经济交往中，朝贡互市成为民族间经济往来的主要形式。清朝在民族间的交往中，始终以满族为主体民族，在中华民族经济交往史上留下了重要而独特的一页，成为中华民族“多元一体”中的重要“一元”。

晚清至民国时期为满族经济史第四阶段。晚清，在帝国主义侵略下，满族统治阶层经济地位开始动摇。清朝政权是满族统治阶层政权，其政治经济地位极其优越，成为中国最突出的特权阶层。1840 年鸦片战争以降，屡遭列强侵略，满族统治阶层对外成为帝国主义掠夺中国财富的工具，对内压榨剥削各族人民，自身经济地位的稳固性丧失。中国变成半殖民地半集权官僚制社会，散居全国各地的满族均被裹挟进去。

晚清关外满人，地处东北边陲，以驻防八旗为主。八旗体制长久保持了关外旗民特殊的社会地位和优越的经济生活条件，但这种体制对旗民长远发展所产生的负面作用随着近代政治、军事、经济形势的变化日渐凸显。在帝国主义势力影响下，关外满族经济近代化因素迅速累积，促进了社会变迁。与近代中国社会剧变相呼应，关外满族经济生活日趋艰难。

1911 年，辛亥革命爆发，推翻了清王朝的统治，标志着满族统治经济地位的丧失。清朝灭亡后，不少地方的八旗兵丁被解散，驻防制度被取消，多数旗人家庭失去昔日由政府配发的粮饷，财产和收入极度缺乏保障，生计更加困难。旗饷及旗产制度的取消，是满族统治经济地位彻底丧失的标志。

民国初年是满族自力性民族经济的开创时期。清朝灭亡后，满族完全失去原有的生计来源，困窘至极，不得不纷纷走向自力更生的道路，其民族经济由寄生性经济开始转变为自力性经济。明初满族在士、农、工、商各个领域都留下了自己的身影，作为昔日统治民族，拥有较高的文化素质，这一时期在自力性民族经济开拓中，文化产业成为满族自力性民族经济最具特色的产业选择。

九一八事变后，中国东北大片土地沦为日本帝国主义殖民地。在中华民族生死存亡的紧要关头，满族贵族集团的代表人物——清朝末代皇帝溥仪，被日本帝国主义扶植为伪满洲国傀儡皇帝。在日本帝国主义卵翼下的伪满洲国，是日本殖民者利用满洲傀儡政府统治东北的殖民地政权。东北的满族人民承受了长达十四年的法西斯残暴统治，过着极为悲惨的殖民地生活。

灾难深重的满族人民在中国共产党领导下，投入到波澜壮阔的新民主主义革命中，随着新民主主义革命的胜利，结束了日本帝国主义和国民党的反动统治。在新民主主义革命经济纲领指引下，满族土地改革顺利完成，使“耕者有其田”的民主革命任务得以实现。满族人民受帝国主义、军阀和国民党专制统治的政治压迫和经济剥削的黑暗时代一去不复返，民族间压迫和剥削的经济关系被送入历史博物馆。在中国共产党民族政策的光辉照耀下，满族人民享受到了民族平等和民族自治的权利。满族经济史由此翻开了新的一页。

第一篇

周至金代满族经济史

第一章　周至西汉肃慎人的氏族采集狩猎经济

肃慎人是满族的先祖，居住在今长白山以北，东及海滨，北至黑龙江中游，南抵松花江上游中段的广大区域。肃慎人的社会经济生活，以氏族采集狩猎经济为主，其发展在不同区域颇不平衡。

第一节　满族的起源

满族的祖先可追溯到先秦时期的肃慎人，自公元前22世纪的舜禹时期便见诸史籍。《山海经》载："大荒之中，有山名曰不咸。有肃慎氏之国。"①《竹书纪年》载："帝舜有虞氏二十五年，息慎（即肃慎）来朝，贡弓矢。"禹定九州，周武王、成王时，肃慎均派使来贡，最著名的贡品为"楛矢石砮"。周人称"肃慎、燕、亳，吾北土也"②。汉至三国肃慎被称为挹娄，南北朝时称为勿吉，隋唐时称为靺鞨，宋辽时称为女真。公元669～926年，粟末靺鞨首领大祚荣受唐封为渤海郡王，建立渤海国，这是满族历史上的第一个政权，后被契丹所灭。12世纪初，黑水靺鞨的后人完颜部崛起，其首领阿骨打统一女真各部后，于1115年称帝，国号大金，定都上京（今黑龙江省阿城），这是满族先人建立的第二个政权。公元16世纪后期，建州女真的杰出领袖努尔哈赤统一女真各部，以女真人为核心，吸收鄂温克人、鄂伦春人、锡伯人、赫哲人、达斡尔人等，形成一个以女真为主体的民族共同体。所以，肃慎、挹娄、勿吉、靺鞨、女真，都是满族一脉近亲的祖先。

一　东北"三大地域经济"与"四大族系"的形成

地处东北亚腹地的中国东北，南临黄、渤海北岸，东临日本海西岸，

① 《山海经》卷十七《大荒北经》，中州古籍出版社，2008，第245页。

② 《左传》昭公九年。

西接蒙古草原，北逾黑龙江与外兴安岭接界，自古是东北亚大陆诸民族和文化的聚会之区、繁衍之地。由于这一地区靠近黄河文明的发源地和环太平洋西岸，具有相对优越的自然地理和人文环境。在古代氏族的发展中，直接受中原大陆的粟作农业，黄、渤海北岸的农牧兼渔猎经济和北方草原游牧生产方式的多重经济因素影响。东北早期民族的形成和分布，始终与东北三大地域的经济形态息息相关，即不同的氏族和部族集团，首先根源于不同的地域和生产方式。[①] 实际上，东北“三大地域经济”（辽河、长白山、草原）与“四大族系”（华夏族系、东胡族系、秽貊族系、肃慎族系）的形成，在中国东北古代氏族发展演变中，既有横向地域又有纵向历史的联系。

辽河在中国虽称不上巨川，却有着北方其他大河不可比拟的地理优势。首先，它地处渤海北岸，黄、渤海沿岸是中国古代文明和北方民族兴起的重要文化圈；其次，辽河是“环渤海经济圈”中较大的河流，其实际水系地理范围，包括滦河、大小凌河和鸭绿江水系等，这一地区正是东北亚古代文明的前沿，并有“陆桥”连接朝鲜半岛和日本列岛；最后，辽河实际上是“黄河文明”向燕山以北、长城地带的延伸，在经济形态和人文地理上，具有农耕经济、渔猎经济、游牧经济和采集狩猎经济交会、并存的综合优势。当代中国历史和考古学的发展，也正是在辽河流域，找到了以“夏家店下层文化”为代表的燕亳，它是东北“四大族系”中唯一华夏系土著。[②]

长白山区，从考古学区系的地理根源上推溯，应是以“山系”和“水系”的并重，并涉及环黄、渤海和日本海岸的经济文化结构，是古代东北亚经济圈的核心区域。这一地理优势，反映在古代氏族的形成上，则集中表现在，在长白山南北，从公元前 2000 年以来，首先形成了东北“四大族系”中的“秽貊”与“肃慎”。[③]

按照传统的地理和考古人类学确认的类型区，草原经济的中心定位在燕山以北、西辽河上游以北的长城地带的北缘，其东部起自松嫩平原交界以西的大兴安岭南北，西部直至阿拉善沙漠以东的广阔草原和丘陵山林地带。草原从其独特的经济文化形态来追溯主要有三个方面：第一，生存模

① 顾奎相：《东北古代民族研究论纲》，中国社会科学出版社，2007，第 28 页。

② 顾奎相：《东北古代民族研究论纲》，中国社会科学出版社，2007，第 30 页。

③ 顾奎相：《东北古代民族研究论纲》，中国社会科学出版社，2007，第 32 页。

式，是其群牧经济形态的确立；第二，独特的生产方式，细石器文化的产生；第三，以自然为本的意识形态。由草原经济内涵和生产方式孕育的“东胡族系”，是东北先秦时期土著氏族生活的重要组成部分。①

二 长白山北系的肃慎人及其演变

先秦时期长白山北系的古“肃慎”人的分布，大体上以长白山以北的东流松花江、牡丹江和乌苏里江交汇的“三江平原”及山地为主。秦汉以后，由于东北诸氏族迁徙、交会聚合的频繁，长白山北系的“肃慎”族系逐渐演变为东、西两支。其东支，以图们江以北、老爷岭以东的滨海山区为主，形成了肃慎与“东秽”结合的“北沃沮”“白山靺鞨”“窝集”等氏族区，具有山川地貌面向海洋的氏族经济特征。其西支，以牡丹岭以北，老爷岭以西的牡丹江上游和乌苏里江上源穆棱河与东流松花江以南构成的“肃慎”人的传统经济区。其族系渊源从“肃慎—挹娄—勿吉—靺鞨—女真”，一脉相承。② 当然也有学者认为，“所谓肃慎、挹娄、勿吉，并不是一个民族，它们实际上是同一族系中的不同民族”。③ 但从“肃慎”系的分布演变看，从汉魏开始，其族系发展的序列，史书记载较为明确，而且有从长白山北系，逐年向长白山“中系”和“南系”发展的趋势。两者在长白山北系，东临日本海沿岸的东北亚广阔地区，构成了“肃慎-沃沮”部的传统分区，有些研究者将其一部分滨海区称为东北亚之“金三角”地区，④ 作为同一族系演变是毋庸置疑的。

从族系的名称系统来看，学术界普遍认为，“肃慎，女真本名为朱里真。即出自东夷一语，亦即由东夷转音为肃慎民族的称谓”⑤。所以先秦的“肃慎”“稷慎”，应俱为东夷通古斯语系对这一古老部族的称谓。至秦汉时，“肃慎”成为定称，因为夫余在松花江流域的阻隔，肃慎较少与中原直接往来，但中原民族仍熟知这里盛产“楛矢石砮”。⑥ 肃慎在东汉、

① 顾奎相：《东北古代民族研究论纲》，中国社会科学出版社，2007，第34页。

② 顾奎相：《东北古代民族研究论纲》，中国社会科学出版社，2007，第62页。

③ 孙进己：《东北民族源流》，黑龙江人民出版社，1987，第82页。作者在此未能区分氏族、部族与民族，一律以民族代指。

④ 刘子敏等：《东北亚金三角沿革开发史及其研究》，黑龙江朝鲜民族出版社，2000，第103页。

⑤ 张博泉、魏存成：《东北民族考古与疆域》，吉林大学出版社，1998，第35页。

⑥ 楛矢：用长白山区的楛木制作的箭杆。石砮：用松花江中坚硬的青石磨制的箭头。

三国时始称“挹娄”，亦有史为证。《后汉书·孔融传》：“昔肃慎不贡楛矢。”该书引鱼豢《魏略》说：“挹娄一名肃慎氏。”《旧唐书·渤海传》中将魏晋之“挹娄”写作“虞娄”，应是《新唐书》中“挹娄”的同音字转。至南北朝时期，肃慎族系的“挹娄”，又称“勿吉”，《魏书·勿吉传》：“勿吉国，在高句丽北，旧肃慎国也。邑落各自有长，不相总一。其人劲悍，于东夷最强，言语独异。”隋唐时期，“勿吉”又改称为“靺鞨”，明确记载于《旧唐书·渤海传》中：“渤海靺鞨大祚荣者……其东至海，西接突厥，南界高丽，北邻室韦。”进入公元10世纪以后的辽金时期，由唐代渤海靺鞨各部直接发展而来的东北女真各部，在渤海灭亡后，分成了“安出虎水女真”“长白山女真”“野人女真”以及“熟女真”四部。其中“安出虎水女真”主要是分布在阿什河一带的“安车骨部”后代，成为12世纪兴起“金源”故地的女真主体。“长白山女真”为世居长白山南北的“白山靺鞨”旧部，是辽金元“东海女真”的主体。“野人女真”应是辽金对留居渤海故地“黑水靺鞨”和“粟末靺鞨”的俗称，以应对被契丹人大举迁往辽阳以南，进入辽河流域与汉族聚居的“熟女真”。[①] 从公元1115年阿骨打建国于“上京会宁府”（今黑龙江阿城南白城子），到公元1153年海陵南迁“燕京”（今北京），建立了“金之壤地封疆，东极吉里迷、兀的改诸野人之境，北自蒲与路之北三千余里……右旋入泰州婆卢火所浚界壕而西……南以唐邓西南皆四十里，取淮之中流为界，而与宋为表里”[②] 的大金国。之后，金代女真的兴起，为明末女真族实现全国统一，建立清朝奠定了历史基础。

第二节　肃慎人的采集狩猎活动

关于肃慎人的经济活动，我们大都只能依据考古文献进行推断。古代文献留给我们的资料极其有限，仅仅知道从传说中的虞舜时代至西周康王时，他们向中原王朝缴纳的贡物是“楛矢石砮”和名为“麈”的野兽，把这两者结合起来考察，前者是他们的狩猎工具和武器，后者无疑是一种猎物。[③] 按照恩格斯“由于有了弓箭，猎物变成了日常的食物，而打猎也成了普通

① 顾奎相：《东北古代民族研究论纲》，中国社会科学出版社，2007，第66页。
② 《金史》卷二四，《志第五·地理上》，中华书局，2011，第549页。
③ 杨保隆：《肃慎挹娄合考》，中国社会科学出版社，1989，第169页。

的劳动部门之一”[①] 的观点，周初及以前的肃慎人，应以狩猎为业。

一　肃慎故地东北部肃慎人的渔猎生活

在中国经济史学界，人们都习惯将“渔猎”划归同一种经济类型，似乎已约定俗成，但无可否认的是，在古代东北地区的某些氏族中，即便同属渔猎经济，其生产经营之重点亦大异其趣：或侧重于山林狩猎（渔捞次之），或侧重于江河渔捞（狩猎次之）。[②]

肃慎故地的考古发现，不仅乌苏里江流域出土的生产工具有石镞等狩猎工具[③]，而且吉林地区西团山文化各遗址，亦普遍出土了相当数量的石镞。据长蛇山遗址的统计资料，在612件文物中，石镞占157件；若从单项来看，石镞是出土文物中数量最多的一种。[④] 事实证明，狩猎确属肃慎人的主要生产方式。

肃慎人当然不会止步于以“采取现存的天然产物为主”的狩猎时期。越过这一阶段，就进入“学会用人类的活动以增加天然产物生产”的时期。恩格斯指出：“在此以前，我们可以把发展过程看作是一般的，适用于一定时期的一切民族，不管他们所生活的地域如何。但是，随着野蛮时代的到来……自然条件上的差异，就有了意义。”[⑤] 它能“影响到社会的发展，——加速或者延缓社会发展进程”。尤其“在文化初期”，“具有决定作用”。[⑥] 有着辽阔地域的肃慎人，越过狩猎进入更高级的生产方式，由于自然赋予各地区的条件不同和各地区距邻近华夏族远近不等而受到中原先进经济文化影响不一，他们社会内部发展呈现的不平衡性，将更加明显。在这方面，史书未给我们留下任何记录，但从现有考古资料可以看到，西周以后就整个肃慎社会来说，狩猎生产虽据主导地位，但各地差异颇大。[⑦]

---

① 恩格斯：《家庭、私有制和国家的起源》，载《马克思恩格斯全集》第21卷，人民出版社，1965，第33页。

② 张国庆：《古代东北地区少数民族渔猎农牧经济特征论》，《北方文化》2006年第4期。

③ 黑龙江省博物馆：《黑龙江饶河小南山遗址试掘简报》，《考古》1972年第2期。

④ 吉林省文物工作队：《吉林长蛇山遗址的发掘》，《考古》1980年第2期附表。

⑤ 恩格斯：《家庭、私有制和国家的起源》，载《马克思恩格斯全集》第21卷，人民出版社，1965，第34页。

⑥ 斯大林：《论辩证唯物主义和历史唯物主义》，载《斯大林文选》上册，人民出版社，1962，第193页。

⑦ 杨保隆：《肃慎挹娄合考》，中国社会科学出版社，1989，第170页。

松花江下游、乌苏里江流域和黑龙江中下游地区，是肃慎故地偏东和偏北部分。这一带，气候寒冷，无霜期短，与松花江上游地区比较，又离先进民族较远。这些因素，必将影响到这部分肃慎人进入“用自己的活动以增加天然产物生产”的进程。已经发掘的一些原始文化遗址出土文物表明，这一地区的文化遗存确实没有肃慎区域西南部丰富，较为原始。[①] 以黑龙江省饶河县小南山遗址为例，出土的“生产工具只见石器，而且多数是打制的”，又“多为矛镞之类，没有发现用于农业生产的工具”，也“没有发现金属制品或仿金属制品的任何痕迹”。发现的生活用具，比较先进的，只有陶器。但陶器不仅“种类很少，仅有罐钵两种”，而且“纹饰也很简单”，“都是夹砂粗红陶”。从出土的文物可以推断，这里农业生产尚未出现，陶器使用还处在初期阶段，更没有使用金属制品，经常作为他们狩猎生产用的工具和防御外来侵袭的武器，是“粗制的、未加琢磨的石器”。[②]

历史上已经产生的民族生产方式可以划分为采集渔猎、游牧生产、农耕生产和工业生产四种类型。需要说明的是，现实经济生活中，任何一个民族都不可能只局限于一种生产方式，渔猎兼采集、半农半牧、农工二元、工农牧并重是广泛存在的，一个民族只有一种生产方式只是理论抽象。[③] 对于肃慎人来说，伴随着原始狩猎生产存在的，有渔业和采集业。“专靠打猎为生的民族，是从未有过的；靠猎物来维持生活，是极其靠不住的”[④]。小南山遗址虽然没有提供这些方面的明确资料，但这部分肃慎人也必然捕捉鱼类、采集野果、野菜和挖掘块根，在捕获不到野兽时用以维持其生存。按社会发展的进程一般是如此，而且在相距小南山遗址不远属于挹娄时期的牡丹江流域各遗址中，也出土了反映肃慎人早期有这两种生产的文物。如在牡丹江下游地区，发现的石器种类虽“不多”，但出土了大量的“石网坠和陶网坠”。[⑤] 又如在牡丹江中上游地区，更发现了有烧痕的鱼、龟碎骨，而且鱼骨在各种遗骨中是

① 杨保隆：《肃慎挹娄合考》，中国社会科学出版社，1989，第171页。
② 黑龙江省博物馆：《黑龙江饶河小南山遗址试掘简报》，《考古》1972年第2期。
③ 杨思远：《中国少数民族生产方式研究》，新华出版社，2013，第9页。
④ 恩格斯：《家庭、私有制和国家的起源》，载《马克思恩格斯全集》第21卷，人民出版社，1965，第33页。
⑤ 佟柱臣：《东北原始文化的分布与分期》，《考古》1961年第10期。

最多的。[①] 另外在肃慎区域南部的吉林市猴石山遗址中，又发现了一片烧过的核桃壳，这些地区的上述发现，无疑可以佐证小南山遗址的主人有捕鱼和采集生产。根据这里狩猎生产还停留在使用石器阶段推测，渔业和采集业很可能在这部分肃慎人的经济生活中，还占有相当重要的地位。[②]

二　肃慎故地西南部肃慎人的社会经济面貌

以吉林、长春市为中心的松花江上游地区，是肃慎分布区的西南部分，这里气候比乌苏里江和黑龙江上游地区暖和，是东北平原的中部地区，又与从事农业生产的汉族相邻，这些有利条件，是其他肃慎地区无法比拟的，必然使其最早进入较高级的生产方式。事实正是如此，吉、长地区大量的考古发现表明，这部分肃慎人在春秋战国时期已步入了“用自己的活动以增加天然产物”的生产时期。[③]

首先，这里出土的器物，主要是石器，其次是陶器，最后是青铜器。青铜器数量虽然不多，但除西团山一地外，各地皆有发现。青铜制品有：“长方銎扇状斧、穿空弧刃刀等生产工具，柄部下呈锯齿状的刀、矛等武器，以及环、扣和连珠装饰物。”[④] 绝大多数遗址有青铜制品出土表明，松花江上游地区的肃慎人已进入使用青铜器时期。当然总体来看，由于石器在生产工具中仍占首位，发现的青铜器制品还不丰富，所以这一地区的肃慎人使用青铜器还处于金石并用时代。至于这里青铜器的出现，根据考古研究，没有发现冶炼厂址，又结合其形制和冶金技术分析，认为可能是从部落之外的先进地区交换得来。[⑤] 这种分析显然较为合理，同时也反映出肃慎人进入青铜时代与历史上一般部族进入青铜时代的不同特点。这个特点之所以值得重视，在于作为中国的一个少数民族，在其经济早期发展阶段，就受到了先进地区的影响。

这一地区出土的陶制品，虽较中原地区的器形简单，但与乌苏里江一带相比，不仅器形精致，且数量和种类也多，已有了壶、罐、钵、碗、鬲、鼎

① 黑龙江省博物馆：《宁安牛场新石器时代遗址清理》，《考古》1960 年第 4 期。
② 杨保隆：《肃慎挹娄合考》，中国社会科学出版社，1989，第 171 页。
③ 杨保隆：《肃慎挹娄合考》，中国社会科学出版社，1989，第 172 页。
④ 中国科学院考古研究所：《新中国的考古收获》，文物出版社，1961，第 40 页。
⑤ 薛红：《肃慎和西团山文化》，《吉林师范大学学报》1979 年第 1 期。

和甑等。据长蛇山遗址发掘后的统计，在612件文物中，陶器有228件，[①]约占文物总数的三分之一。这些材料说明，这里的陶器应用早已出现，并已成为肃慎人的主要生活用具。这一时期的陶质，基本为褐色素面砂质陶，[②]在晚期遗址中才有了细泥硬陶和细沙硬陶。[③]器形："陶壶、陶罐上附有桥状横耳，陶缽、陶碗上多有疣状把手"[④]，"直口筒状鼎、实心把豆"，[⑤]构成这一地区陶器的特色。在晚期的遗址中，"出现了细把豆卷沿和折沿的罐"。[⑥]西团山遗址出土的"浅袋锥足鬲"，[⑦]反映了这里陶器的出现深受中原龙山文化的影响。在陶器制作方面，除土城子发现有"轮制"的外，[⑧]一般多为手制，手制陶器用泥条盘垒，表面打磨光滑，因火候低和烧窑技术不高，陶制品分成上褐下红色，晚期的陶器有慢修制的痕迹。[⑨]

该地区出土的石器，也比乌苏里江附近小南山遗址发现的先进。石器"以磨制石器为主"[⑩]，只有"少量的琢制和打制"石器。以长蛇山发现的60件石斧为例，打制的6件，占10%；磨制的54件，占90%。[⑪]磨制石器经两步加工而成，"第一步打制（石镞是制压）成胚，第二步是磨制成器"[⑫]。

其次，这一地区使用的生产工具，还停留在石器阶段。在出土的石制工具中，从单项看，虽然石镞最多，但以生产部门分类，农业生产工具已居首位。还是以长蛇山的统计为例，在发现的石器中，狩猎工具是石镞和石矛两种，石镞157件，石矛5件，共162件；农业生产工具包括了砍伐和松土用的石斧、石锄、石锛和石凿，收割用的石刀和石镰，加工谷物用的碾磨器和磨盘，其数量共达168件。[⑬]与狩猎工具比较，虽然从数量上

---

① 吉林省文物工作队：《吉林长蛇山遗址的发掘》，《考古》1980年第2期附表。
② 东北考古发掘团：《吉林西团山石棺墓发掘报告》，《考古学报》1964年第1期。
③ 薛红：《肃慎和西团山文化》，《吉林师范大学学报》1979年第1期。
④ 东北考古发掘团：《吉林西团山石棺墓发掘报告》，《考古学报》1964年第1期。
⑤ 中国科学院考古研究所：《新中国的考古收获》，文物出版社，1961，第40页。
⑥ 吉林省文物工作队：《吉林长蛇山遗址的发掘》，《考古》1980年第2期。
⑦ 东北考古发掘团：《吉林西团山石棺墓发掘报告》，《考古学报》1964年第1期。
⑧ 吉林省文物工作队：《吉林长蛇山遗址的发掘》，《考古》1980年第2期。
⑨ 薛红：《肃慎和西团山文化》，《吉林师范大学学报》1979年第1期。
⑩ 薛红：《肃慎和西团山文化》，《吉林师范大学学报》1979年第1期。
⑪ 吉林省文物工作队：《吉林长蛇山遗址的发掘》，《考古》1980年第2期。
⑫ 薛红：《肃慎和西团山文化》，《吉林师范大学学报》1979年第1期。
⑬ 吉林省文物工作队：《吉林长蛇山遗址的发掘》，《考古》1980年第2期附表。

看农业生产工具只多了6件，但石镞多，由于这种狩猎工具的特点不同于农业生产工具，一枚石镞只能使用一次，损耗若干枚石镞，不一定能猎获一只野兽。农业生产工具则不同，各种工具皆可以多次使用，不像石镞是一次消耗。所以，农业生产工具从绝对数量上看超过狩猎工具，表明这里狩猎虽是生产部门之一，但农业生产已经有了较大发展。[①] 再联系西团山遗址两个石棺墓里发现许多碳化了的作物籽粒来看[②]，可以断定，这一地区的谷物种植，已经不是为了牲畜饲养的需要，而已“成为人类食物的重要来源”[③]。由此推断，这一地区的社会经济已进入以农业生产为主的阶段，农业生产是该部肃慎人从事的主要劳动，狩猎退居次要地位。这一地区石制工具的主要特征：石斧“多扁平斜刃”，或“梯形圆刃”。但在一些地区由于出土地点不同，可以看到有规律的差异：石棺中出土的石斧是前者多，后者少；遗址中出土的是后者多，前者少。[④] 为何有这种现象，需进一步研究。石刀为双孔半月形，直背弧刃，长30～40厘米不等。亚腰石锄一般长15～20厘米，宽8～10厘米。石镞系“锥状长身”，或说“有翼石镞和带铤石镞”。

最后，在家禽饲养方面，这一地区出土的家畜遗骨表明，猪骨是最多的一种。[⑤] 不仅在居住址内的灰坑中发现了猪牙，而且在各地墓葬的棺内、棺外都有猪下颚骨和猪牙，由此推断，猪是松花江上游地区普遍饲养的一种家畜。另外，从土城子遗址出土的文物中发现随葬的猪牙也是最多的，由此推测，肃慎人大量饲养猪。再从猴石山等地发现了用猪陶俑随葬的情况，[⑥] 结合史书说其后裔挹娄“好养猪，食其肉，衣其皮”[⑦]，可知猪不仅是肃慎人祭祀死者的贡品，也是他们的衣食来源。猪在肃慎族由狩猎经济向农业经济过渡的晚期经济生活中，占有相当重要的地位。西团山文化早期的遗址中并未发现马、牛遗骨，但在晚期的遗迹中有所发现。这一事实说明，在肃慎人后期饲养的家畜中，不仅猪的

---

① 杨保隆：《肃慎挹娄合考》，中国社会科学出版社，1989，第175页。

② 佟柱臣：《吉林的新石器文化》，《考古通讯》1955年第2期。

③ 恩格斯：《家庭、私有制和国家的起源》，载《马克思恩格斯全集》第21卷，人民出版社，1965，第36页。

④ 东北考古发掘团：《吉林西团山石棺墓发掘报告》，《考古学报》1964年第1期。

⑤ 吉林地区考古短训班：《吉林猴石山遗址发掘报告》，《考古》1980年第2期。

⑥ 薛红：《肃慎和西团山文化》，《吉林师范大学学报》1979年第1期。

⑦ 《三国志》卷三十，《魏书·乌丸鲜卑东夷传》，中华书局，2011，第847～848页。

数量增多了，而且牲畜种类也多了起来，也就是说，这时肃慎人饲养的家畜有猪、马、牛等。不过，从出土的马、牛遗骨数量来看，[①] 直到这时他们饲养大牲畜还不多，还不普遍。在西团山文化各遗址中从来没有发现过羊骨，这不是因考古发掘不深入，而是证实了一个史实：肃慎人不养羊。虽然《太平御览》记录的《肃慎国记》中有羊，但很有可能是衍文，因为不仅三国以前的文献中没有一处谈到肃慎及其后裔有羊，而且晋至唐的历朝正史在肃慎、勿吉和靺鞨传中，也皆明确记载其无羊。[②]

在渔猎生活方面，这一地区各遗址中都发现了石网坠和陶网坠，表明松花江上游地区的肃慎人也从事捕鱼业。从陶、石网坠普遍存在于各遗址中看，网捕是这一地区肃慎人捕鱼的主要方法，较使用投掷石块和鱼叉更为先进。捕鱼既作为一项生产活动存在于这一地区，那么鱼类无疑也是这部分肃慎人食物来源的一个方面。但是，“在西团山Ⅰ区 10 号墓出土了 90 个陶网坠，它比起文物的总量来说，还占很小的比例，因此不能说捕鱼是主要的劳动手段”[③]。这就说明，这里虽有渔业，但只是一种辅助性的生产活动。

在纺织活动方面，有相当数量的纺轮出土，反映了这一地区纺织制品的生产已有了一定发展。各遗址出土的陶纺轮，在发现的陶器制作品中或居首位，或仅次于网坠。如在长蛇山出土的 228 件陶器中，纺轮占 65 件，仅比网坠少，而其他陶制品只 2～20 件不等。[④] 纺轮出土多的原因，除了织布用纱线以外，联系到同时出土了大量渔网坠，也为了编织渔网的用线，所以，织制布匹和编织渔网，是其手工制品的两个主项。猴石山发现的一把青铜刀鞘上有附着的麻布，对了解这部分肃慎人在秦以前纺织技术达到的水平和纺织物所用原料，提供了极有价值的依据。这一文物经有关部门分析鉴定，麻布的纱锭条杆系用纺轮手捻而成。从经纬曲折情况判断，当时可能有了较原始的织布机。[⑤] 又据介绍，“布纹经纬细密，经向

① 薛红：《肃慎和西团山文化》，《吉林师范大学学报》1979 年第 1 期。
② 杨保隆：《肃慎挹娄合考》，中国社会科学出版社，1989，第 176 页。
③ 佟柱臣：《吉林的新石器文化》，《考古通讯》1955 年第 2 期。
④ 吉林省文物工作队：《吉林长蛇山遗址的发掘》，《考古》1980 年第 2 期。
⑤ 吉林地区考古短训班：《吉林猴石山遗址发掘报告》，《考古》1980 年第 2 期。

密度每英寸 52 根，纬向密度每英寸 26 根，纺锭约等于 12 支，条杆不匀”[①]。这一发现，既验证了史书关于其后裔挹娄有“麻布”的记载，[②] 也揭示了早在先秦时代，肃慎人用麻纤维纺捻成纱线，用原始的织布机把它织制成麻布。

综上所述，用肃慎故地西南部肃慎人的社会经济面貌对照恩格斯认定的摩尔根史前社会诸文化阶段分期法，这一地区的社会经济呈现出了一幅复杂的图景：它既有蒙昧时代中级、高级阶段旧事物的残存（如打制石器和使用石镞狩猎等），也有野蛮时代高级阶段的新因素（如农业已有了相当发展及因此而引起的后面将讨论的贫富差距），而主要的，是野蛮中级阶段的内容（如原始农业生产、织布机和青铜器已出现等）。[③]

肃慎人的采集狩猎活动，因地域不同，其发展进程不同。根据上面对肃慎区域内各地社会经济活动的考察，肃慎人的社会生产几乎囊括了史前社会蒙昧和野蛮两个时代的内容。总体来看，除松花江上游毗邻先进的华夏文明的地区外，绝大多数肃慎人生活的地区，还是以狩猎为主。

第三节　肃慎人的氏族社会

通过对肃慎人社会生产活动的了解，说明肃慎人的社会生产还处在史前社会阶段，那么肃慎社会无疑也是在氏族社会时期。但是，笼统地说肃慎社会处在氏族社会时期，显然不够准确，因为氏族社会分为母系、父系两个阶段，每个阶段又经历由确立到发展，最后衰落的漫长过程。所以，如前所述，肃慎区域内不同地区社会生产发展水平的极大差异，必然反映到肃慎各地氏族组织的发展中，也就是说，肃慎人虽都生活在氏族制度下，但不同区域内肃慎人的氏族制度有发达和不发达之分。[④]

一　肃慎区域内氏族社会间的差异

如前所述，在乌苏里江流域和松花江下游、黑龙江中游靠东的肃慎

① 吉林地区考古短训班：《吉林猴石山遗址发掘报告》，《考古》1980 年第 2 期。

② 《后汉书》卷八五，《东夷列传第七十五》；《三国志》卷三十，《魏书·乌丸鲜卑东夷传》，中华书局，2011，第 2812 页。

③ 恩格斯：《家庭、私有制和国家的起源》，载《马克思恩格斯全集》第 21 卷，人民出版社，1965，第 33～37、184 页。

④ 杨保隆：《肃慎挹娄合考》，中国社会科学出版社，1989，第 179 页。

区域内，农业生产和青铜器尚未出现，还处在以“楛矢石砮”狩猎为生和刚刚使用陶器的阶段。狩猎生产是蒙昧高级阶段的主要特征，陶器应用是进入野蛮低级阶段的标志。[①] 根据恩格斯的论证，“氏族在蒙昧时代中级阶段发生，在高级阶段继续发展起来，就我们所有的资料来判断，到了野蛮时代低级阶段，它便达到了全盛时代”[②]。由此看来，生活在乌苏里江流域等地的肃慎人，其氏族社会应处在母系氏族的全盛时期，如若考虑到他们应用陶器还为时不久，那他们可能尚处在母系氏族的发展时期。

以吉林市为中心的松花江上游地区，如前所述，肃慎人的社会生产已进入农业生产阶段，狩猎生产已不是他们赖以生存的主要手段，野蛮中级阶段的社会生产已成为这里社会经济的主要内容。松花江上游地区的肃慎人既然有较其他地区肃慎人更为先进的社会生产，其氏族制度也一定比其他地区的肃慎人发达。照恩格斯的分析，进入野蛮中级阶段后，母系氏族开始衰落，并在这一阶段的后期被父系氏族代替，随着父系制度的确立，社会发展进入野蛮高级阶段。[③] 由此可知，这部分肃慎人的氏族社会应已进入父系氏族发展阶段。当然，若仅就西团山遗址发现的材料而言，佟柱臣认为处于母系氏族向父系氏族社会过渡阶段的看法似乎更有道理[④]，而认为该遗址已经处于父系氏族社会发展阶段的意见，值得商榷。因为西团山遗址发现的随葬品，虽然有多少和精粗之分，但差别不大，没有骚达沟和土城子遗址那样悬殊。特别是纵观这一遗址的全部发现，尚未具备野蛮中级阶段的主要内容，如标志这一阶段中手工业成就的青铜器，这里虽经多次发掘，发掘的墓葬比任何一地都多，但始终未发现一件。再根据佟柱臣提到的，这里不仅男女分葬，而且在女性墓旁有儿童墓和男性墓围绕的倾向等因素，若把西团山遗址时期的肃慎社会看作处在母系氏族向父系氏族社会过渡阶段，较为妥当。这并不是说在西团山文化分布区那样一个不大的范围内，同一时期氏族组织还有发达与不发达之分，只是想说明，西

① 恩格斯：《家庭、私有制和国家的起源》，载《马克思恩格斯全集》第21卷，人民出版社，1965，第33~34页。

② 恩格斯：《家庭、私有制和国家的起源》，载《马克思恩格斯全集》第21卷，人民出版社，1965，第179页。

③ 恩格斯：《家庭、私有制和国家的起源》，载《马克思恩格斯全集》第21卷，人民出版社，1965，第172页。

④ 佟柱臣：《东北原始文化的分布与分期》，《考古》1961年第10期。

团山遗址反映了这一地区较早时期的氏族社会面貌。①

如此看来，对肃慎区域内各地发展不平衡作一个排序，松花江上游地区发展最快，处于农业生产为主和使用青铜器的时代，已进入父系氏族社会；乌苏里江流域、松花江下游和黑龙江中游一带，尚以狩猎为生和刚使用陶器阶段，处在母系氏族的全盛时期；滨日本海、黑龙江下游及其以西以东的辽阔地区，尚处在母系氏族的发展阶段。② 至于牡丹江流域的肃慎人，由于反映这一时期的考古发现还不明确，尚不能做出确切判断，不过根据这里已作碳素测定，发现汉至三国时期的一些遗址中文物出土较丰富，估计这个地区接近松花江上游地区的发展水平。③

二　肃慎人氏族组织的发展

氏族组织是以血缘关系为纽带形成的社会共同体，它是原始社会发展到一定阶段后社会组织和经济组织的基本单位。氏族大约产生于旧石器时代晚期，其主要特征为：靠血缘纽带维系，实行族外婚制；生产资料归氏族公有，成员共同劳动，平均分配产品；公共事务由选举出的氏族长管理，重大问题（血亲复仇、收容养子等）由氏族成员会议决定。在共同经济生活的基础上，形成氏族共同的语言、习惯和原始的宗教信仰。

氏族经历母权制和父权制两个发展阶段。母权制是原始社会低下的生产力和早期群婚制的必然产物。在这种制度下，人们无法确定孩子的父亲，只知道孩子的母亲；妇女经营农业，管理家务，在经济生活中起着主导的作用，她们在氏族中居于支配地位，世系按母系计算，财物归母系血缘亲族继承。随着畜牧业的发展和群婚制向对偶婚制的过渡，男子在经济生活中处于支配地位，人们可以确切知道孩子的父亲，世系改按父系计算，财物改由父系血缘亲族继承，男子成为维系氏族的中心，母权制遂被父权制所代替。

肃慎人的氏族组织有哪些特点，史无记载，只能根据松花江上游地区的考古资料得知他们的生活习俗，并从中了解到一些肃慎人氏族社会的情况，从而对肃慎部由母系社会跨入父系社会略作探讨。

第一，肃慎人的住屋，为半地穴式，住屋以长方形居多，也有方形和

① 东北考古发掘团：《吉林西团山石棺墓发掘报告》，《考古学报》1964 年第 1 期。

② 黑龙江省博物馆：《黑龙江东宁县大城子新石器时代居住址》，《考古》1979 年第 1 期。

③ 黑龙江省博物馆：《东康原始社会遗址发掘报告》，《考古》1975 年第 3 期。

椭圆形。《旧唐书》还记其后裔靺鞨，“夏则出随水草，冬则入处穴中”[①]，知肃慎族系居土穴延续时间很长。肃慎人已经有了聚居村落，各地大小不一。西团山聚落遗址比较小，不超过4000平方米。[②] 猴石山遗址比西团山聚落大，约为18000平方米。[③] 长蛇山村落址有30000平方米左右，据发掘者估计，这里的房址总数在30～40座以上。[④] 骚达沟聚落遗址最大，约达50000平方米。每个聚落，可能就是一个氏族。总的来看，这里聚落都不大，反映了当时生产力低下，又受自然条件限制，每个氏族人口不多的情况。[⑤]

第二，西团山文化分布区，普遍存在离聚落遗址不远的地方有一块墓葬区。这显然是氏族的公共墓地，它丰富了我们对氏族制度的认识。各聚落遗址距墓地的间距都不远，猴石山约500米，星星哨只有100多米。[⑥] 墓葬区面积很小，以西团山为例，36座石棺墓密集在不超过300平方米的范围内，与聚落遗址相比，还不到其面积的8%。[⑦]

石棺墓是这一地区常见的形式。但在长蛇山发掘的四座墓葬，已有土圹墓两座。[⑧] 石棺一般长1.8米、宽与高各约0.5米，底、盖和四壁都用石板铺砌，盖石大而厚重。[⑨] 在长蛇山和猴石山等地，棺底也有不用石板铺砌的，直接以自然山岩为底。[⑩] 在西团山和骚达沟等地，有的石棺墓加设附棺。附棺多在棺尾，少数在右侧，专用以放置随葬品。[⑪] 附棺的设置，显然是那时现实生活中物品专有存放处的反映，说明他们生活已井然有序。不同的随葬品，放置处也不一。一般为：石斧、石刀、石锛、石凿、石镞、陶纺轮、青铜斧和刀等生产工具，置于体侧；壶、罐、钵、碗、小杯等陶制生活用具，放在棺尾部或附棺中，个别放在棺外近旁；玉石珠、玉石管、穿孔猪牙、青铜环和连珠状等饰物，多发现在头部和胸颈之间；

---

① 《旧唐书》卷一百九十九下，《列传一百四十九·北狄·靺鞨》，中华书局，2011，第5358页。

② 佟柱臣：《东北原始文化的分布与分期》，《考古》1961年第10期。

③ 吉林地区考古短训班：《吉林猴石山遗址发掘报告》，《考古》1980年第2期。

④ 吉林省文物工作队：《吉林长蛇山遗址的发掘》，《考古》1980年第2期。

⑤ 杨保隆：《肃慎挹娄合考》，中国社会科学出版社，1989，第183页。

⑥ 薛红：《肃慎和西团山文化》，《吉林师范大学学报》1979年第1期。

⑦ 佟柱臣：《东北原始文化的分布与分期》，《考古》1961年第10期。

⑧ 吉林省文物工作队：《吉林长蛇山遗址的发掘》，《考古》1980年第2期。

⑨ 中国科学院考古研究所：《新中国的考古收获》，文物出版社，1961，第40～41页。

⑩ 吉林地区考古短训班：《吉林猴石山遗址发掘报告》，《考古》1980年第2期。

⑪ 中国科学院考古研究所：《新中国的考古收获》，文物出版社，1961，第41页。

随葬谷物多放在陶器里。[①] 从随葬品的位置可以想见，饰物可能是佩戴在死者身上，故发现“在头部和胸颈之间”；各种生产工具置于死者“体侧”，反映了在生产力低下的条件下，只有终日劳动才能维持生存的情境。此外，墓的方向基本一致，葬式均为单人葬，头朝山顶，脚向西麓，多仰身直肢，有的下肢稍屈。在西团山发现有一女性墓旁有一儿童墓，有几座女性墓旁有男性墓围绕倾向。这无疑是母系氏族社会儿童只知其母不知其父，社会以女性为中心的一种反映。[②]

第三，随葬品组合有一定规律说明，其社会内部两性间的分工已经出现。据介绍，各地墓葬品中出土的文物存在一个共同现象，即凡用石镞随葬的墓，没有发现纺轮，与石镞共存的器物是石斧、石凿和陶器；反之，凡用纺轮随葬的墓，则不出石镞，与纺轮共存的器物又经常是石刀、石磨盘和陶器，[③] 这种差异反映出，男子主要从事狩猎和农耕，是获取食物劳动的承担者，故死后的随葬物是狩猎和农业生产工具；妇女主要从事家务劳动和纺织，是制作衣服和食物劳动的承担者，故死后的随葬品是一些家务劳动的用具。[④] 那么，这一地区存在的这种男耕女织两性间的分工，是属于“分工是纯粹自然产生的；它只存在于两性之间。男子作战、打猎、捕鱼，获取食物的原料，并制作为此所必需的工具。妇女管家，制备食物和衣服——做饭、纺织、缝纫。……男子是武器、渔猎用具的所有者，妇女是家庭用具的所有者”[⑤]？还是已经是“谋取生活资料总是男子的事情”，“妇女只限于从事家务劳动”阶段上的分工？[⑥] 考人类史上两性间的分工，前一种分工，是在生产极不发达，生产力极为低下的条件下，“纯粹自然产生的”。那时，家畜饲养尚未发生，更没有出现农业生产和青铜器等。而后一种分工，是由于随着农业、畜牧业和青铜器的出现，家庭中确立了男子的统治地位，妇女成了男子附属物的结果。[⑦] 明白了两种分工

---

① 佟柱臣：《东北原始文化的分布与分期》，《考古》1961 年第 10 期。

② 佟柱臣：《东北原始文化的分布与分期》，《考古》1961 年第 10 期。

③ 中国科学院考古研究所：《新中国的考古收获》，文物出版社，1961，第 40～41 页。

④ 杨保隆：《肃慎挹娄合考》，中国社会科学出版社，1989，第 186 页。

⑤ 恩格斯：《家庭、私有制和国家的起源》，载《马克思恩格斯全集》第 21 卷，人民出版社，1965，第 180 页。

⑥ 恩格斯：《家庭、私有制和国家的起源》，载《马克思恩格斯全集》第 21 卷，人民出版社，1965，第 185 页。

⑦ 恩格斯：《家庭、私有制和国家的起源》，载《马克思恩格斯全集》第 21 卷，人民出版社，1965，第 180～186 页。

出现的历史条件，根据前面对松花江上游地区经济状况的考察，不言而喻，这部分肃慎人两性间的分工，属于后一种情况。由此可见，在这一地区，男子成了生产领域里的主人，妇女已被排斥在社会生产之外。这与前面分析松花江上游地区已进入父系氏族社会发展阶段的结论相一致。妇女被排斥在社会生产劳动之外，在人类社会早期的发展史上是一大进步，但妇女的家务劳动失去了原有氏族社会必要劳动的性质，她们的荣誉地位由此丧失，变成了男子泄欲和为其生育后代的工具。①

第四，各墓出土文物在种类、数量上存在较大差异，住房修建有复杂和简陋之分，随之被发现的文物也多寡不同，表明这一地区贫富分化已经出现。如长蛇山发掘的 15 座居住址，有的修造复杂，石墙之外还筑有辅助小墙，室内出土文物也较丰富。有的建筑比较简陋，文物也少。② 根据现有资料，分化现象突出地反映在墓葬上。不仅有棺木和土圹墓之差别，且随葬品非常悬殊。如骚达沟山顶大棺出土有流陶壶、长颈薄壁瓶、石斧、石刀、石镞、砥石、碧玉管、白玉管、勾状玉、铜斧、铜锥等③，以当时当地的情形而论，遗物是非常丰富的。可是被一致认为处于较晚发展阶段上的土城子遗址，发掘的 24 座墓，竟有 12 座墓无一文物。④ 可见，松花江上游地区的肃慎人财产占有已出现不平等，贫富分化已经存在。出现分化的原因，无疑是由于农业生产和家畜饲养的发展，社会财富较前有了较大的增长。贫富分化发生的时间，根据西团山遗址的资料推测，春秋时代已萌芽，因为那里发掘的五六十座石棺墓随葬品多寡虽不明显，但既有精粗之分，亦有Ⅰ区 10 号等男性墓葬品偏多的事实。⑤

第四节　肃慎人与中原王朝的经济关系

肃慎人与中原地区在政治、经济和文化上的联系，可以追溯到远古时代。政治方面，他们臣属于中原王朝，这在我国古文献中有大量记载；经济和文化上的密切来往，则生动地反映在其故地考古发现的大量文物上。

① 杨保隆：《肃慎挹娄合考》，中国社会科学出版社，1989，第 187 页。
② 吉林省文物工作队：《吉林长蛇山遗址的发掘》，《考古》1980 年第 2 期。
③ 佟柱臣：《东北原始文化的分布与分期》，《考古》1961 年第 10 期。
④ 佟柱臣：《东北原始文化的分布与分期》，《考古》1961 年第 10 期。
⑤ 佟柱臣：《东北原始文化的分布与分期》，《考古》1961 年第 10 期。

一　肃慎人与周朝的贡赐关系

肃慎人和中原居民在政治上建了联系。据《竹书纪年》载，“帝舜有虞氏……二十五年，息慎氏来朝，贡弓矢”[①]。“息慎”即肃慎。《大戴礼记》《淮南子》和《史记》中，也有类似记载，说帝舜时肃慎“来服”。按这些记载，早在公元前传说中的虞舜时代，肃慎人就把其特有的“楛矢石砮”，献给了中原地区的部落联盟首领，有了友好往来。有的史书还提到，当夏禹、商汤“受天命”，肃慎也来表示臣服。[②] 可见，肃慎人生活的区域虽与中原地区相距较远，但早已信息相通，时有来往。当然，这些虽是来源于传说，但在上古时代就有这些传说的存在，反映了肃慎人与中原地区的联系很早就发生了。那时的中原居民不仅了解在其东北方有一个肃慎氏族，而且这个氏族在他们心目中，早就和他们有了友好往来，并和睦相处。

商纣暴虐，周文王兴。待武王克商，肃慎人接受武王招抚，派使向周王朝“贡楛矢石砮”[③]，表示臣服于新建立的周王朝。周成王即位，部分东夷反叛，周公挥戈东征胜利后，肃慎人又派人来贺。周成王十分赞赏肃慎人的诚服之心，命荣伯作《贿肃慎之命》[④]。又有“康王之时，肃慎复至”[⑤]。这些有文字记载的信史，说明肃慎人最晚在公元前 11 世纪前后，已和中原王朝建立了联系，并至少三次入周朝贡。所以从政治隶属关系讲，肃慎族在周初就已是周王室东北部地区的远方属民，是“周天子”的“臣民”，肃慎区域是周王朝的王土。按照当时的礼制，纳贡是周代捐税的一种形式，各诸侯国和周边各氏族向周王室贡献，是臣民向天子应尽的义务，谁抗拒纳贡义务，就要受到名正言顺的斥责和讨伐。很明显，我国上古时代的纳贡，和后来马克思说的“国家存在的经济体现就是捐税”[⑥] 的捐税含义是一致的。

肃慎氏族是周朝的属民，其所在是周王朝的王土。据《左传》载，周

---

① 王国维：《今本竹书纪年疏证》。

② 《大戴礼记》，《少闲第七十六》。

③ 《周礼注疏》卷三十九，《冬官考工记第六》。

④ 《册府元龟》卷九百七十四，《外臣部·褒异》。

⑤ 《后汉书》卷八五，《东夷列传第七十五》，中华书局，2011，第 2808 页。

⑥ 马克思：《道德化的批判和批判化的道德》，载《马克思恩格斯选集》第一卷，人民出版社，1972，第 181 页。

甘人和晋阎嘉争阎田，周景王派大夫詹桓伯“辞于晋”时明确指出，自武王克商以后，肃慎地区是“吾北土也”。[①] 前面引用的《国语》中对肃慎的记载，孔子也说得非常清楚，肃慎来贡“楛矢石砮”，是由于周武王推行加强对周边各氏族管理的结果。

周康王以后，今流传的古籍中没有肃慎来贡的记载，但不能以此认为，自此以后肃慎人与中原王朝无联系了，两地居民无来往了。因为这不仅有后面将探讨的肃慎人与中原经济、文化交往可佐证，而且上举周景王派詹桓伯“辞于晋”时所言也可证明。此事发生于周景王十二年（前533），从康王至景王已历二十二代，景王仍指肃慎所在是“吾北土也”，并说今“吾何尔封之有”？清楚地说明到周景王时，肃慎在名义上仍与周王室保持着臣属关系，若康王以后肃慎与周王朝无来往，说这种空话，岂不给晋以笑柄。据此可以认为，康王以后肃慎与周王朝的来往，或无记载，或有记载在秦时或其后失传了。[②]

这样说，怎样解释《晋书》载，“周武王时，献其楛矢、石砮。逮于周公辅成王，复遣使入贺。尔后千余年，虽秦汉之盛，莫之致也”[③]。《晋书》此载，《通典》《太平寰宇记》《文献通考》等皆作了转抄。但是，后一句缺乏分析，言过其实，若此“莫之致”不包括经济和文化来往，仅指政治上的联系，也不符合史实。因为《后汉书》序言中谈道，“康王之时，肃慎复至”[④]。康王在成王之后，肃慎还来朝贡，怎能说成王之后千余年“莫之致也”?《后汉书》修于《三国志》之后，《三国志》无此记事，《后汉书》增加此内容，必另有所据。考《汉书》元光元年诏书中有：“周之成康，刑错不用，德及鸟兽，教通四海。海外肃眘、北发、渠搜、氐、羌徕服。”[⑤] 肃眘即肃慎。由此可见，《后汉书》增加康王时肃慎来贡的记事是可信的。

《晋书》所说“虽秦汉之盛，莫之致也”，是紧接此语后还有“及文帝作相，魏景元末，来贡楛矢、石砮、弓甲、貂皮之属”[⑥] 云云，明显看

① 《左传》昭公九年，《十三经注疏·春秋左传注疏》卷四五。

② 杨保隆：《肃慎挹娄合考》，中国社会科学出版社，1989，第214页。

③ 《晋书》卷九七，《列传第六十七·四夷·肃慎氏》，中华书局，2011，第2535页。

④ 《后汉书》卷八五，《东夷列传第七十五》，中华书局，2011，第2808页。

⑤ 《汉书》卷六，《武帝纪·第六》。

⑥ 《晋书》卷九七，《列传第六十七·四夷·肃慎氏》，中华书局，2011，第2535页。

出是为了宣扬司马家族的功劳，因为肃慎氏族恢复与中原王朝的联系，首次来贡并不是在司马昭为相时。据《三国志》载，青龙四年（236）五月丁巳“肃慎氏献楛矢”。[①] 这一记事也见于《册府元龟》。这说明，在景元末（按本记载，事在景元三年）的20多年前，肃慎已向魏明帝朝贡，所以《晋书》此段记事，需作订正。

从现有史料看，在秦以前一个相当长的时期内，应承认肃慎在政治上与中原王朝无来往，但如何看此问题，很有研究之必要。据之前研究，不排除周康王至景王这一时期有肃慎来贡史失记载或失传，此处我们不能脱离春秋、战国这两个历史时期中原地区的政治形势来议论肃慎与中原王朝的关系。历史上在周成王和周康王时代，中原较为安定，生产有较快发展，社会经济日趋繁荣，所以那时中原各诸侯国和周边各族对周王室保持着紧密的臣属关系。但后来，周昭王南征和周穆王西征，使社会经济遭到破坏，周王朝便开始衰落。到周厉王时，周王室的统治已发生严重危机，奴隶和“国人”反抗周王室的斗争，已相当激烈[②]。待周幽王被杀，平王东迁，周王室失去了控制四方诸侯的力量，进入我国历史上的大动乱时期。春秋时代，周王室实际只剩下一个“天下共主”的名义，大大小小的诸侯国都成立了独立的政权，先后不再向周王室纳贡，他们为争夺土地、人口和霸权，长期进行着争霸战争。周王朝局处今河南西部一隅之地，地位一天天下降，地盘日益缩小。它虽苟延至公元前256年才灭亡，但早已靠着大国的保护过日子。到了战国时代，不仅诸侯国用周王的旗帜“挟天子以令诸侯”，不再提“尊王”口号，而且他们自己先后也皆称王。春秋五霸，战国七雄，终至秦一统。秦暴政，二世而亡。

简单回顾这段历史，可以概括为“朝不平，贡不纳”。一是周王朝的衰落，中原地区各诸侯国不再向周天子纳贡，割据一方，称王称霸，在分裂混战的形势下，肃慎氏族不向衰落的周王朝纳贡，政治上与中原地区中断来往，十分可能。据郭沫若主编的《中国史稿》说，在春秋时期，连政治中心在今北京市地区的燕国，这时也不大和中原交往。[③] 由此可见，即使肃慎人臣服周王朝有至诚之心，在中原混战割据的条件下，地处东北边

---

① 《三国志》卷三，《魏书三·明帝纪》，中华书局，2011，第107页。

② “国人”，指周王国和各诸侯国国都内的居民，其中绝大多数是平民，也包括一些贵族。

③ 郭沫若主编《中国史稿》第一册，人民出版社，1976，第294页。

陲的肃慎氏来中原朝贡，客观上亦不可能。二是中原地区的长期争霸和兼并战争，各诸侯国无力顾及与边疆各氏族、部族的联系。就接近肃慎的燕国来说，那时它的势力虽已伸展到辽东半岛，但它的注意力主要放在与中原各诸侯国的争夺上，这时肃慎人是否主动在政治上与燕国取得联系，无从考订。不过据《后汉书》《三国志》记载挹娄自汉兴以后臣属夫余，肃慎与燕国来往的可能性极小。大概在中原混战的局势下，有着“地宜五谷”等有利条件的夫余部得以迅速壮大，也学着中原“七雄”扩大地盘，发展势力，迫使肃慎臣属之。据史载，挹娄于汉代臣属夫余，应当说，这一可能性是有的。三是秦始皇虽统一了中国，但在东北方，其管辖所及没有超出燕国的范围①。由于秦王朝存在时间仅 15 年，结合秦筑长城以御北方游牧民族的袭击看，客观上使秦王朝不可能与肃慎人之间建立联系。总之，西周及其以前和中原有密切交往的肃慎人，后来一个时期与中原王朝在政治上无联系，是由于当时整个中国的政治局势使然，从其后裔挹娄在摆脱夫余人的控制后即来中原朝贡视之，肃慎人一直仰慕中原文化，心向中原。②

二　肃慎人和中原地区的经济文化交往

政治上的密切关系，必然伴以经济和文化方面的频繁交往，并常常以此种交往为先导，成为发展和巩固政治上密切关系的基础。古今中外一切民族间的友好往来，都是如此。大量事实表明，在我国历史上，边疆少数民族与中原王朝政治上的来往，无不带有经济和文化交流的内容。具体来看，当少数民族来中原或在某一地区以其特有的产品贡献给中央王朝表示臣属时，朝廷也总是以大量的布帛、器具和粮食等，“赐予”朝贡者，以示对臣民的“体恤”。但是必须指出，这种贡赐关系，绝不是商品交换，它与贸易性质的经济往来，有本质区别。③

肃慎人与中原居民在经济上的交往，据文献记载，只知其有“楛矢石砮”和名为“麈”的猎获品传入中原，他们在多次来贡过程中还带来哪些物品，中原王朝回赠了他一些什么器物，先秦古籍皆无记载。至于两地

① 在谭其骧主编的《中国历史地图集·秦时期全图》中，肃慎族系没有在秦之版图之内。中国地图出版社，2014，第 15 ~ 16 页。

② 杨保隆：《肃慎挹娄合考》，中国社会科学出版社，1989，第 217 页。

③ 杨保隆：《肃慎挹娄合考》，中国社会科学出版社，1989，第 218 页。

民间的经济交往，更无文献可考。但是，在肃慎故地的考古发现，从文物反映的文化内涵上，看到了中原经济对肃慎氏族的影响，由此可知肃慎人与中原地区在经济交往方面的大概，计有五端。

第一，从出土的石制生产工具看，虽然不少石制品的形制反映了肃慎原始文化的特殊性，但也发现了很多与中原地区同类制品一致的文物。如在西团山文化分布区和绥芬河流域等地出土的石刀，为穿孔半月形或长方形[①]。这两种形制的石刀，流行于我国仰韶文化，延续到商周春秋之际，是中原地区收割禾穗最常用的工具。又如在西团山遗址发现的斜刃石斧，是龙山文化分布区的山东半岛和辽东半岛石斧的基本形制。[②] 由此可见，肃慎人的石制工具受到中原文化的影响，无疑是两地经济交往的结果。

第二，中原经济对肃慎原始经济的影响，突出地反映在其故地发现的陶制品上。在今松花江以东的黑龙江省境内，近年来出土了不少陶器，有些陶器上拍印有方格纹[③]。方格纹是我国龙山文化特有的纹饰，一直流传到战国以后。很明显，这些陶器上的方格纹，是受黄河流域文化影响产生的。再从陶器的种类看，许多肃慎遗址出土的陶器有鬲、豆、鼎和甑等。如在吉林省永吉县星星哨遗址采集到许多鼎、鬲足[④]，在西团山遗址发现了很多甑、鼎等[⑤]，在吉林和长春市一带出土的陶器有不少“直口尖足大分裆鬲、直口筒状鼎、实心把的豆”[⑥] 等。鬲、豆、鼎和甑等陶器，是古代中原地区炊煮和盛放食物的特有器物，其中的陶豆是自5000年前的原始社会晚期直至商周之际中原地区流行的典型炊煮器，汉文“豆”字就是产生于豆器形的象形字。

又从同类器物的形制看，许多器物几乎完全相同。如西团山遗址发现的“浅袋锥足鬲”，与龙山文化遗址中的鬲相似。[⑦] 又如团结遗址中出土的各种陶豆，其中的“直把浅盘豆、罐式豆”，与中原地区战国时代的同

---

① 中国科学院考古研究所：《新中国的考古收获》，文物出版社，1961，第41页。

② 东北考古发掘团：《吉林西团山石棺墓发掘报告》，《考古学报》1964年第1期。

③ 黑龙江省博物馆：《黑龙江饶河小南山遗址试掘简报》，《考古》1972年第2期。

④ 吉林省文物管理委员会、永吉县星星哨水库管理处：《永吉星星哨水库石棺墓及遗址调查》，《考古》1978年第3期。

⑤ 东北考古发掘团：《吉林西团山石棺墓发掘报告》，《考古学报》1964年第1期。

⑥ 中国科学院考古研究所：《新中国的考古收获》，文物出版社，1961，第40页。

⑦ 东北考古发掘团：《吉林西团山石棺墓发掘报告》，《考古学报》1964年第1期。

式豆相同；“高圈足浅盘豆”，与龙山文化分布区的辽东半岛春秋时代同式豆类似。[①] 这些形制相同的陶制品，要么由中原传入，要么是仿制品。

陶制品最能说明原始文化归属。肃慎故地出土的大量陶器，许多在纹饰、种类、形制上与中原地区一致，一方面说明肃慎部在经济和文化方面，深受中原影响，同时也揭示出肃慎部和中原居民有着密切的经济交往。若无密切的经济联系，却有诸多器物纹饰、种类和形制上的一致，殊难想象。

第三，在许多遗址中，还发现了剑、矛、刀、斧、环、釦和连铸状饰物等青铜器。在之前讨论肃慎人的社会性质时已经指出，这些青铜制品应是从中原地区传入。理由除前述外，从形制上也可看出其即使不是从中原地区传入，也是得之于其住地附近的华夏人之手。如骚达沟遗址发现的铜刀，“与唐山雹神庙铜刀范形式一样”；出土的“方銎扇状刃铜斧，与辽东半岛牧羊城、官屯子河古墓中出土的铜斧形式一样”[②]。这些青铜制品在肃慎故地出土有力地证明，春秋战国时期肃慎人与中原居民的经济交往并未中断，因为这些文物经鉴定，绝对年代约相当战国及其以前。[③]

第四，肃慎人用猪头随葬，体现了肃慎人与中原居民在风俗习惯上也相同。在中原地区属于父系氏族社会时期的墓葬中，发现的随葬物品普遍有陶器、生产工具和装饰物。这些随葬品，如前所述，在西团山文化分布区发掘的墓葬中，也发现了。用猪头随葬，是中原地区原始文化的一个非常突出的现象。如湖北青龙泉的龙山文化墓葬，一座墓中发现有 14 块猪下颚骨；南京的北阴阳营青莲岗文化、山东泰安大汶口文化的一些墓葬里，也出土了数量不等的猪下颚骨；属于齐家文化的临夏大河庄遗址的一座墓里，放置猪下颚骨 36 块；临夏秦魏家遗址的一座墓里竟多达 68 块。[④] 这种葬俗，也普遍存在于肃慎墓葬中。如在西团山、骚达沟、土城子等地的墓葬中，均发现用猪下颚随葬，其中土城子墓葬 90% 的石棺盖上散布着猪牙。[⑤] 这就说明，肃慎人与古代中原地区流行的随葬品，不仅种类基本

① 黑龙江省文物考古工作队、吉林大学历史系考古专业：《东宁县团结遗址发掘的主要收获》，《光明日报》1978 年 7 月 23 日，第 3 版。

② 东北考古发掘团：《吉林西团山石棺墓发掘报告》，《考古学报》1964 年第 1 期。

③ 东北考古发掘团：《吉林西团山石棺墓发掘报告》，《考古学报》1964 年第 1 期。

④ 郭沫若主编《中国史稿》第一册，人民出版社，1976，第 85 页。

⑤ 中国科学院考古研究所：《新中国的考古收获》，文物出版社，1961，第 40 页。

相同，而且用猪头随葬完全一致。这种一致，显然是两地居民频繁经济交往，互相影响的结果。

第五，在中原地区住宅发展史上，在地上建筑未出现前，普遍流行半地穴式的房子和以窑穴作仓库。这种风俗习惯，同样存在于肃慎地区。如吉林、黑龙江两省发掘的原始居住遗址，众所周知，都是半地穴式的，也发现了窑穴。在这些窑穴中，出土了各种器具等，证明肃慎人也用窑穴作仓库。稍有差异的，一是中原地区的半地穴式住屋，一般为圆形，方形次之。而肃慎地区的半地穴式住屋，一般为长方形，方形较少。但在面积大小和土穴深度方面，又基本相同。二是西安半坡发现的窑穴仓库，多在室外；其他地区在室内的，也为数不多。肃慎地区的情形则相反，窑穴一般在室内，只有少数在室外。以上两点差别，前者应当是肃慎住址挖在山的斜坡上，故以长方形为多；后者大概因东北地区气候严寒，为取物方便之故。这里应当说明，住土穴虽是人类早期普遍存在的一种现象，但结合上述的多种相同点看，不能说这种一致性与两地居民经济的相互影响无涉。①

从上举五端可以看出，体现在生产工具、陶器、随葬品和住屋上的一致性，无疑是肃慎人与中原居民在长期频繁的经济交往中，中原先进经济和文化对其影响的结果。当然，在人类初期的发展史上，互相没有来往的氏族、部族在经济、文化上，也有相似之处，但肃慎原始文化与中原地区古代文化多方面的相同，如青铜制品就是在春秋战国时期由中原流入肃慎地区的，显然不能属于这种情形。这就说明，自远古至汉代以前，肃慎人与中原居民在经济和文化方面，交往密切。这种交往，并未因春秋战国时期中原政局丕变而停止。

在经济交往中，肃慎族的特有物品传入中原地区，对中原地区经济的补充作用，目前尚无资料作全面介绍。仅就他们向中原王朝纳贡的楛矢石砮来看，就已丰富了华夏民族经济的多样性。这不仅体现在周武王时把楛矢石砮当作贵重物品赐给异姓诸侯王，且受赐的诸侯王也把它们当作珍品，藏于府中。② 后代的史官和文人写肃慎故地史事，也均有楛矢石砮的介绍。在一些文人骚士的笔下，楛矢石砮成了他们增添文章文采的素材。如马锡的《中山狼传》中就有，“简子垂手登车，援乌号之弓，挟肃慎之

① 杨保隆：《肃慎挹娄合考》，中国社会科学出版社，1989，第221页。

② 杨保隆：《肃慎挹娄合考》，中国社会科学出版社，1989，第222页。

矢，一发饮羽，狼失声而逋”。清初，一些被清廷罢官流放到东北地区的关内仕宦，他们身处逆境，还借机到牡丹江和松花江一带寻找楛矢石砮。他们按自己所见所闻，有的把石砮说成“松脂入水千年所化”，“坚过于铁”，可“用以砺刃”[①]；有的说，“色黑，或黄，或微白，有文理，非铁非石，可以削铁，而每破于石”；“好事者藏之家，非斗粟匹布不可得”[②]。可见，肃慎人与中原人的经济联系在今天看来虽很有限，但具有互补性，这种互补性建立在中原地区居民与肃慎人生产方式差异基础上。肃慎人以狩猎为生，因此才有“楛矢石砮”著称于世，而中原地区早已进入农耕时代，可以想见会将狩猎工具视为奇珍。农耕生产方式的进步性体现为中原人对肃慎人的经济影响更大，考古资料表明，这种影响集中在生产工具、陶器、青铜器、建筑等方面，对肃慎人的经济进步具有极为重要的促进意义。

满族在中华民族“多元一体”的形成发展过程中占有极为重要的地位，是重要的“一元”，这从周至西汉肃慎部与中原王朝经济联系的建立就开始了，此后绵延不绝。从经济史来看，满族这“一元”在华夏民族“一体”化中，既有“一元”对“一体”的独特经济贡献，又有“一体”对“一元”的经济促进作用。这两个方面的相互作用并不总是对等的，像商品等价交换那样。在不同时期，其中某一个方面会占据主要地位，且相互作用的经济形式也不尽相同。

---

① （清）吴振棫：《宁古塔纪略》，载（清）王锡祺《小方壶斋舆地丛钞》，上海著易堂铅印本，1891，第346页。

② （清）杨宾：《柳边纪略》，载（清）王锡祺《小方壶斋舆地丛钞》，上海著易堂铅印本，1891，第360页。

第二章　东汉至隋唐挹娄、勿吉、靺鞨人的经济活动

东汉至隋唐时期，肃慎改称挹娄、勿吉、靺鞨，他们之间虽相隔数百年，在经济生活中存在一些差异，但表现出更多的是继承性。民族经济以民族为主体，民族是一个历史范畴，在历史中形成、发展和消亡，任何一个民族都不是单一血统和一成不变的。挹娄、勿吉、靺鞨部族是以肃慎人为基础，融入了一些其他氏族成分，在历史变迁中形成的新的氏族和部族共同体。

第一节　挹娄

东汉、三国、两晋时期，史书记载挹娄为“古肃慎之国”，他们的居住区域基本与肃慎人相同，约在今辽宁省东北部、吉林省南部、黑龙江东部至滨海的辽阔地区。经济生活上，狩猎、原始农业、原始畜牧业依然是挹娄人的传统生业；社会生活上，挹娄人仍然处在氏族制度下，但贫富分化、私有制已出现。

一　挹娄人的渔猎生活

在长达几百年的时间里，挹娄人的社会生产活动主要是狩猎和捕鱼，森林里的野兽和江河中的游鱼，依然是他们食物的主要来源。《后汉书》记载，挹娄人“种众虽少，而多勇力，处山险，又善射，发能入人目”①。这表明挹娄人有着熟练的弓射技术，显然是从事狩猎生产的氏族才会有的。结合牡丹江流域各遗址出土很多石镞和兽骨，证明挹娄人确实通过狩猎生产来获取食物。其“弓长四尺，力如弩。矢用楛，长一尺八寸，青石

① 《后汉书》卷八五，《东夷列传第七十五・挹娄》，中华书局，2011，第2812页。

为镞”[①]。这又说明，他们使用的狩猎工具仍是肃慎时代的“楛矢石砮”。但是，在其故地的东康遗址中发现了仿金属工具制造的圆铤双翼石镞和三菱形骨镞[②]，史书又说他们使用的箭头，“镞皆施毒，中人即死”[③]。以此推断，挹娄人的狩猎生产虽然还处在“楛矢石砮”阶段，但其狩猎技术较肃慎时期已有了进步，懂得使用毒箭。

毒箭的使用，使挹娄人猎取体大肉多的大型野兽成为可能，从一定意义上说，也具备了抵御猛兽侵袭的能力。[④] 从发现的鹿、狍、獾等兽骨皆带有烧痕来看，鹿、狍、獾和貂鼠等是他们捕猎的对象，这些肉多毛厚的猎物是他们的衣食之源。[⑤] 从史书记载的中原人称的“挹娄貂”[⑥] 来看，貂皮应是他们向中原王朝纳贡和与中原居民交换的物品。特别需要指出，貂鼠成为挹娄人的猎取对象，表明其原始狩猎生产的经济性质已经发生变化。因为在民族学资料中有这样的情形：有的部族在新中国成立前夕已进入阶级社会，但仍从事单一的狩猎生产，这种情况的出现，是因他们向清王朝纳贡貂皮，从而引起交换的发生，使他们后来的狩猎以获取名贵细毛皮和动物性药材为直接生产目的，以交换他们所需的枪支、粮食等生活资料。这里，狩猎生产的经济性质发生变化，昔日以自给性衣食需要为目的的氏族狩猎，已经转变为贡品和商品性质的部族狩猎。[⑦] 所以，我们在探讨挹娄社会性质时，不能只看到他们依然从事狩猎生产，还应注意这种生产与中原地区和各先进民族的经济联系，从经济上看，他们这时的狩猎生产已带有民族间社会分工的性质。

考古发现表明，挹娄人因居住地的自然条件不同，生活在江河湖泊地区的挹娄人从事捕鱼，捕鱼是这一地区的主要生产活动。在这些地区，不仅出土的陶、石网坠“十分突出”[⑧]，发现了“精致的鱼钩”和“钩网器”[⑨]，而且在牛场遗址发现带有烧痕的各种碎骨中，“最多的是鱼骨”[⑩]。

---

① 《后汉书》卷八五，《东夷列传第七十五·挹娄》，中华书局，2011，第2812页。

② 黑龙江省博物馆：《东康原始社会遗址发掘报告》，《考古》1975年第3期。

③ 《后汉书》卷八五，《东夷列传第七十五·挹娄》，中华书局，2011，第2812页。

④ 杨保隆：《肃慎挹娄合考》，中国社会科学出版社，1989，第190页。

⑤ 黑龙江省博物馆：《黑龙江宁安牛场新石器时代遗址清理》，《考古》1960年第4期。

⑥ 《三国志》卷三十，《魏书第三十·乌丸鲜卑东夷传》，中华书局，2011，第848页。

⑦ 杨保隆：《肃慎挹娄合考》，中国社会科学出版社，1989，第190页。

⑧ 佟柱臣：《东北原始文化的分布与分期》，《考古》1961年第10期。

⑨ 黑龙江省博物馆：《东康原始社会遗址发掘报告》，《考古》1975年第3期。

⑩ 黑龙江省博物馆：《黑龙江宁安牛场新石器时代遗址清理》，《考古》1960年第4期。

虽然史书上没有关于挹娄人捕鱼的记载，但从这些考古资料不难得出结论，捕鱼是挹娄人的主要生计方式。

二　原始农业与铁制工具的出现

据《后汉书·挹娄传》关于挹娄人农业生产的文献记载，挹娄人有“五谷、麻布”①，农业在其社会经济中已占有重要地位。东康遗址中出土的石斧、石锛、石刀、石镰等农业生产工具和大量炭化粟、黍②，牛场遗址发现的石磨盘③，团结遗址出土的铁镰，都是挹娄人从事农业生产的实物佐证。其中铁镰和大量炭化粟、黍的出土，使我们可以了解这一时期挹娄人农业生产发展所达到的程度和农业在经济生活中所处的地位。④ 铁镰的发现无可辩驳地证明，挹娄的农业生产已进入使用铁制工具时代，这是居住松花江上游地区有农业生产那部分发展最快的肃慎人也未曾达到的。铁器用于农业生产将发生怎样的变化，恩格斯说过：“铁使更大面积的农田耕作，开垦广阔的森林地区，成为可能”，并称之为“是在历史上起过革命作用的各种原料中最后的和最重要的一种原料”⑤。由此可知，挹娄人有了这种能在较大范围内进行农业生产的手段，无疑比使用石制工具进行生产的肃慎时代的农业，具有更大的规模。大量炭化粟、黍的出土也证明了这一点。一般来说，“谷物一旦作为家畜饲料而种植，它很快也成了人类的食物”⑥。这些粟、黍是在墓葬中发现的，是作为“死者之粮”的随葬品，可知汉和三国时期粮食已成为挹娄人的主要食物或主要食物之一。

尽管铁制工具已经出现，但石器仍是挹娄人的主要生产工具，挹娄社会只是进入了使用铁器的时代，并没有进入普遍使用铁器的时代。文献和考古资料皆表明，他们使用的生产工具，不论是狩猎用的箭镞，还是农业生产用的镰、铲、刀、斧和锛等，石制工具仍然占绝大多数。另

① 《后汉书》卷八五，《东夷列传第七十五·挹娄》，中华书局，2011，第2812页；《三国志》卷三十，《乌丸鲜卑东夷传第十三》。

② 黑龙江省博物馆：《东康原始社会遗址发掘报告》，《考古》1975年第3期。

③ 黑龙江省博物馆：《黑龙江宁安牛场新石器时代遗址清理》，《考古》1960年第4期。

④ 杨保隆：《肃慎挹娄合考》，中国社会科学出版社，1989，第191页。

⑤ 恩格斯：“所谓最后的，是指直到马铃薯的出现为止。”《家庭、私有制和国家的起源》，载《马克思恩格斯全集》第21卷，人民出版社，1965，第186页。

⑥ 恩格斯：《家庭、私有制和国家的起源》，载《马克思恩格斯全集》第21卷，人民出版社，1965，第184页。

外，在其故地黑龙江省东宁县团结遗址已发现了形制属汉代的铁镰①，东康遗址出土了仿金属工具制造的翘形石刀、圆铤双翼石镞和三菱形骨镞。② 铁镰的发现证明，挹娄人已有铁器。多种仿金属工具的出土又表明，他们使用的铁制工具还不仅仅是已发现的铁镰一种，只不过是它们至今还埋在地下未被我们发现罢了，由此可以断定，挹娄人已进入了使用铁器的时代。当然，多种仿金属工具制品的出土又反映了另一事实，即这时挹娄社会内的铁器尚不多，故有骨、石仿制品的出现。石器的大量存在，铁器的出现，是汉和三国时期挹娄社会在生产工具方面的基本特征。

挹娄社会进入铁器时代，与人类社会发展史一般情形比较，有其特殊性。根据考古工作者对其铁器火候在1000摄氏度以下的分析，认为挹娄地区当时不具备冶炼铸铁的技术条件，他们使用的铁制工具，是从中原地区传入的。③ 这种情况不唯挹娄独有，它是从古至今我国生活在边疆的民族，和中原或邻近汉区发生经济交往后普遍存在的一种现象。这种情形的存在，不能用来否认挹娄社会已进入铁器时代，只是要求我们在研究其社会性质时，既要看到这一先进因素的存在，又要注意其社会内部的自身发展，这才是决定挹娄社会发展所处阶段的关键。

三　家畜饲养和手工业的进步

挹娄人的家畜饲养，和居住在松花江上游地区的肃慎人基本相同。史载挹娄“好养猪，食其肉，衣其皮”④，考古发现，在牛场遗址出土带有烧痕的碎骨中，有猪骨⑤。这清楚地表明，挹娄盛行养猪是为了解决衣食之需，猪是他们衣食来源的一个方面。史书还提到，挹娄人“冬以豕膏涂身，厚数分，以御风寒”⑥。这使我们得知，他们在宰杀和制作肉食的长

---

① 黑龙江省文物考古工作队、吉林大学历史系考古专业：《东宁县团结遗址发掘的主要收获》，《光明日报》1978年7月23日，第3版。

② 黑龙江省博物馆：《东康原始社会遗址发掘报告》，《考古》1975年第3期。

③ 黑龙江省文物考古工作队、吉林大学历史系考古专业：《东宁县团结遗址发掘的主要收获》，《光明日报》1978年7月23日，第3版。

④ 《三国志》卷三十，《魏书第三十·乌丸鲜卑东夷传》，中华书局，2011，第847～848页。

⑤ 黑龙江省博物馆：《黑龙江宁安牛场新石器时代遗址清理》，《考古》1960年第4期。

⑥ 《后汉书》卷八五，《东夷列传第七十五·挹娄》，中华书局，2011，第8212页。

期实践中，懂得了以猪脂涂身来克服其居住地剧烈风寒致皮肤冻裂的防护知识。2000多年前的挹娄人知道用油脂防冻，是一个了不起的发现①。肃慎族系长期地、大量地养猪，除衣食之用外，恐怕与猪脂的护肤作用有一定关系。挹娄人饲养的其他家畜，《三国志》记载有“牛、马”,② 但《晋书》只载其“有马”，而说其“无牛羊”③。考《魏书》《北史》《新唐书》，皆曰其后裔勿吉、靺鞨“畜多豕，无牛羊”④。所以挹娄人有马无羊，是史书一致的说法。

把各种石料和兽骨加工成各种生产工具，用楛木作箭杆，纺织“麻布”和渔网，制作陶器等，在肃慎时代已经存在。从史书的记载中得知，与肃慎时期比较，挹娄人的手工业生产有了进一步的发展，表现为以下两点。第一，品种的增加。如史载其“便乘船”⑤，表明他们这时已能制造船只，虽然船的形制和大小我们无从考据，但是根据“便乘船”分析，似指桦皮船，桦皮船易于搬移，行驶轻快。又如《三国志》载，在景元三年（262）挹娄向魏贡献的“方物”中，有皮、骨、铁杂制成的“铠甲”⑥，这无疑又是挹娄人新创制的一项手工业制品。据此两例推测，挹娄人比肃慎时代的手工制品种类增多了。第二，制作技术的改进。从出土文物看，挹娄人已能仿金属工具制作石刀、石镞和骨镞。据史书记载，他们又能施毒于箭头，达到“中人即死”的程度。挹娄人能识别有毒物质，制成剧烈毒液，并施之于箭头，达到“中人即死”的水平，说明他们除积累了一定的自然科学知识外，还表明他们制造手工制品的技术有了进步。

当然，总体来看，挹娄人的手工业尚未和其他生产活动分离，成为独立的生产部门。根据出土的文物还较粗陋，石制品仍占绝大多数；又考史书说其“夏则裸袒，以尺布隐其前后，以蔽形体”;⑦ 还衣猪皮，冬又以“猪膏涂身，厚数分，以御风寒”⑧ 等情况来看，他们的手工业在极为原

---

① 杨保隆：《肃慎挹娄合考》，中国社会科学出版社，1989，第193页。
② 《三国志》卷三十，《魏书第三十·乌丸鲜卑东夷传》，中华书局，2011，第847页。
③ 《晋书》卷九七，《列传第六十七·四夷》，中华书局，2011，第2534页。
④ 《新唐书》卷二百一十九，《列传第一百四十四·北狄》，中华书局，2011，第6178页。
⑤ 《后汉书》卷八五，《东夷列传第七十五·挹娄》，中华书局，2011，第2812页。
⑥ 《三国志》卷三十，《魏书第三十·乌丸鲜卑东夷传》，中华书局，2011，第847页。
⑦ 《后汉书》卷八五，《东夷列传第七十五·挹娄》，中华书局，2011，第2812页。
⑧ 《三国志》卷三十，《魏书第三十·乌丸鲜卑东夷传》，中华书局，2011，第898页。又见《山海经》卷之十七，《大荒北经》，中州古籍出版社，2008，第245页。

始的方式下进行，制品数量很有限。特别是作为原始手工业中发展最快的纺织，制出的布还只能供“隐其前后，以蔽形体”，可见其他手工制品生产发展所能达到的水平。不过挹娄社会内既已有农业、渔猎业、家畜饲养等生产活动，诚如恩格斯在谈到这些生产出现后时说，“如此多样的活动，已经不能由同一个人来进行了”[①]。所以这时他们社会内可能已出现了一些有特殊技能的劳动者，特别是识别有毒物质并把它制成毒液，需有相当的知识和技能，同时，制造即使是最原始的船只，恐怕也不可能每个人都会制作。这些劳动者，他们具有某一方面的才能，又善于钻研，于是在某一方面的技术也就高于一般人。之前说到他们受生产水平发展的限制，尚未从渔猎和农业生产中分离出来，常年从事某一手工制品的生产。情形可能是：这些具有某一专长的人，他们在农耕和狩猎季节从事农业生产和狩猎，其他时间进行专业活动，如果这种分析合乎当时的实际，那么挹娄人的手工业生产也即将成为独立的生产部门。[②]

四 挹娄社会内私有制已确立

据史料记载，掠夺邻人财富已成为挹娄人经常进行的一项活动。《后汉书》和《三国志》在《沃沮传》中载，“挹娄喜乘船寇抄，北沃沮畏之，夏月恒在山岩深穴中为守备，冬月冰冻，船道不通，乃下居村落”[③]。又考《挹娄传》，也说其“便乘船，好寇盗，邻国畏患，而卒不能服”[④]。《后汉书》《三国志》关于挹娄的记事字数皆不多，可是两部史书不仅在其本传中叙述了此事，而且在介绍北沃沮的情况时，有一半以上的文字是讲挹娄“寇抄”。挹娄“寇抄”北沃沮，使其不能正常劳动和生活。我们的古人虽不懂得这是人类早期发展史上普遍存在的一种现象，但他们知道挹娄“寇抄”活动特别突出，故专记于史。[⑤]

考史前人类社会的发展，“寇抄”活动是历史发展到一定阶段的产物，是许多民族都经历过的。按恩格斯论述，原始社会后期，由于父权制的发

① 恩格斯：《家庭、私有制和国家的起源》，载《马克思恩格斯全集》第21卷，人民出版社，1965，第186页。

② 杨保隆：《肃慎挹娄合考》，中国社会科学出版社，1989，第195页。

③ 《三国志》卷三十，《魏书第三十·乌丸鲜卑东夷传》，中华书局，2011，第2812页。

④ 《后汉书》卷八五，《东夷列传第七十五·挹娄》，中华书局，2011，第847页。

⑤ 杨保隆：《肃慎挹娄合考》，中国社会科学出版社，1989，第198页。

展，社会财富的增加以及因此而引起的贫者与富者差别的出现，“邻人的财富刺激了各民族的贪欲，在这些民族那里，获取财富已成为最重要的生活目的之一。他们是野蛮人：进行掠夺在他们看来是比进行创造的劳动更容易甚至更荣誉的事情”①。由此则知，挹娄人对近邻北沃沮的“寇抄”，是获得财富的手段，满足对财产占有的欲望。挹娄人“好寇盗”“寇抄”，既告诉我们在肃慎族系的发展史上有过人类社会发展进程中出现的一般现象，也表明汉和三国时期的挹娄社会内，私有制已确立，且有了一定发展。

五　氏族制度的衰落

人类社会照它固有的规律由低级向高级发展，是世界各民族一切社会形态的共同特征。以往的社会发展史表明，在这一发展进程中，社会生产和社会制度的发展和变革，越往后越快，对晋代挹娄社会性质的探讨，可看到其社会正是遵循着这一发展规律前进的。②《晋书》所载，虽还看不出挹娄社会已完成了由氏族社会向文明社会的过渡，但下面研究的四点可表明，晋代挹娄社会的发展在历史进程中又迈出了大步，氏族制度正在衰落，野蛮生活即将过去，文明社会的大门正向他们敞开。

第一，私有财产不可侵犯，已得到社会公认。如果说，前一时期史书关于挹娄社会内财产私有尚无明确记载，那么在《晋书》对挹娄社会不多的介绍中，多处有说明这一情况的记事，“有马不乘，但以为财产而已”；男女婚配男方需“致礼娉之”；“相盗窃，无多少皆杀之”，等等。③其中“相盗窃，无多少皆杀之”揭示了晋代挹娄社会财产私有后，已经出现了私有制社会存在的两个基本社会现象。其一，贫富分化已出现。一些穷人因财产少或无财产不能维持正常生活，故有“相盗窃”出现，这种现象一般在父系氏族家庭公社时期尚未发生，因为这时社会财富还不丰富，大家共同占有生产资料，共享劳动成果。贫富的分化反映了挹娄父系氏族制度正在衰落。其二，侵犯他人财产的现象已经常发生。富有者为了保护财产不受侵犯，采用严酷的手段来对付侵犯财产者，因为有

① 恩格斯：《家庭、私有制和国家的起源》，载《马克思恩格斯全集》第21卷，人民出版社，1965，第187～188页。

② 杨保隆：《肃慎挹娄合考》，中国社会科学出版社，1989，第202页。

③ 《晋书》卷九七，《列传第六十七·四夷》，中华书局，2011，第2535页。

“无多少皆杀之”这种残暴的刑罚。由此而知，私有财产不可侵犯，无疑已得到社会公认。

第二，以交换为目的的生产已经出现，且范围在逐渐扩大。挹娄人的家畜饲养和手工业生产与肃慎时代相比有了相当发展，至晋代，他们的家畜饲养是否已发展为畜牧业，手工业是否已成了独立的生产部门，迄今尚无资料做出肯定回答。但是，由于挹娄社会经济与中原地区交往密切，所以其社会内部虽尚未出现社会大分工，但以交换为目的生产已出现，且范围在逐渐扩大。以下两则史料可佐证，其一，《三国志》载，挹娄地区产“好貂，今所谓挹娄貂是也”。① 晋代“挹娄貂”表明，这时挹娄人猎取貂皮，已不仅仅是为了向中原王朝纳贡，恐怕是为了与中原人进行物物交换。② 从三国至晋近两百年内，按史书所载，共来贡六次，且只有景元年间纳贡的方物中有貂皮，所以仅因纳贡传入中原的貂皮，当不会在中原人中流传出“挹娄貂”的说法，很有可能是由于貂皮成为挹娄与中原市场的主要交换物，并为中原人所喜爱，才会有驰名中原的“挹娄貂”。这样说来，晋代挹娄人捕貂，已主要是为了交换。其二，从“有马不乘，但以为财产而已”可知，这一时期挹娄人饲养马匹也是为了交换。因为史书中没有他们食马肉的记载，只说其食猪肉，衣猪皮，再从当时他们所处社会阶段分析，马匹尚未用于农耕，那么既不当作肉食，又不用于农耕和乘骑的马匹却能“以为财产”，显然是对外具有交换价值。联系古代中原王朝常在边疆地区设马市购马，《新唐书》载率宾府（今绥芬河流域，在挹娄区域内）出名马，明代在今辽宁开原市等地开设马市与其后裔女真交换，可推测挹娄饲养马匹是为了对外交换，且马匹可能还是一种很值钱的交换品，故其“有马不乘”，“以为财产”③。

第三，有了父子相袭的统一首领。挹娄人在三国起兵反抗夫余贵族统治的过程中，军事首长之类的首脑人物就已出现，但在那时，这种首脑人物的职责主要是负责军事行动的统一指挥，没有其他的社会职能，随着战争的结束，这一职位也随之消失。《三国志》载其“无大君长，邑落各有大人”④，然而挹娄人摆脱了夫余人的统治后，政治和经济形势都有了新

① 《三国志》卷三十，《魏书第三十·乌丸鲜卑东夷传》，中华书局，2011，第848页。

② 杨保隆：《肃慎挹娄合考》，中国社会科学出版社，1989，第204页。

③ 《晋书》卷九十七，《列传第六十七》，中华书局，2011，第2535页。

④ 《三国志》卷三十，《魏书第三十·乌丸鲜卑东夷传》，中华书局，2011，第847页。

的变化，《晋书》载，挹娄人“父子世为君长”。[①] 这说明他们有了父子相袭的统一首领。

第四，一夫一妻制的婚姻形态。一夫一妻制“是在野蛮时代的中级阶段和高级阶段交替时期从对偶家庭中产生的”[②]，伴随着父权制的确立而出现。[③] 晋代挹娄人的婚姻制度，可以从两个方面来研究。其一，《晋书》载：“将嫁娶，男以毛羽插女头，女和则持归，然后致礼娉之。”[④] 这一婚俗说明挹娄人这时的男女婚配还需要得到女方的同意，女方同意后，男方还要送财物（致礼）给其父母，婚姻才算结成。在私有制已确立的条件下，这种“致礼”不管其数量多少，实质是男方对女方父母抚养的一种“赎买”。通过这种致礼赎买，女方嫁到男方家后，实际失去了支配自己行动的权利和她们过去的荣誉地位，已成了男方的支配物。由此则知，一夫一妻制的基本特征，即“丈夫的统治”[⑤] 在挹娄社会内已经确立。其二，建立一夫一妻制的直接目的，是生育出“确凿无疑的出自一定父亲的子女”，“将来要以亲生的继承人的资格继承他们父亲的财产”。[⑥] 挹娄人父亲的财产是否由其子女继承，史无记载，但其社会发展到父系氏族阶段，又已出现“父子世为君长”的政治权利，由此推断其财产一定也是由子女继承。这样说来，一夫一妻制在晋代挹娄社会内也已出现。恩格斯认为，“促进了财产积累于家庭中，并且使家庭变成一种与氏族对立的力量”[⑦]，这种对立“在古代的氏族制度中就出现了一个裂口：个体家庭已成为一种力量，并且以威胁的姿态与氏族对抗了”[⑧]。因此，从婚姻制度方面来看，挹娄人的父系氏族制度已在衰落。

---

① 《晋书》卷九七，《列传第六十七・四夷》，中华书局，2011，第2534页。

② 恩格斯：《家庭、私有制和国家的起源》，载《马克思恩格斯全集》第21卷，人民出版社，1965，第73页。

③ 恩格斯：《家庭、私有制和国家的起源》，载《马克思恩格斯全集》第21卷，人民出版社，1965，第186页。

④ 《晋书》卷九七，《列传第六十七・四夷》，中华书局，2011，第2534页。

⑤ 恩格斯：《家庭、私有制和国家的起源》，载《马克思恩格斯全集》第21卷，人民出版社，1965，第74页。

⑥ 恩格斯：《家庭、私有制和国家的起源》，载《马克思恩格斯全集》第21卷，人民出版社，1965，第74页。

⑦ 恩格斯：《家庭、私有制和国家的起源》，载《马克思恩格斯全集》第21卷，人民出版社，1965，第123页。

⑧ 恩格斯：《家庭、私有制和国家的起源》，载《马克思恩格斯全集》第21卷，人民出版社，1965，第186页。

六 汉至两晋时期挹娄人与中原地区的经济交往

挹娄人与中原地区的经济来往，根据它隶属中原王朝的表现形式的不同，可分为两个阶段：汉代为第一阶段，三国和两晋为第二阶段。第一阶段，挹娄人间接臣属于汉王朝，可能与汉王朝无直接交往。第二阶段，挹娄人摆脱夫余人的统治后，恢复了对中原王朝的直接臣属关系，多次到中原或通过与其邻近的朝廷命官向中原王朝纳“方物”。

汉代挹娄人与中原地区的经济来往，只能依据考古发掘来研究，仅从挹娄故地有限的考古成果中我们发现，挹娄人与中原地区的经济来往，并未因这一时期挹娄人间接臣属于汉王朝而中断或减少，相反，他们之间的这种交往较前更为密切。

黑龙江省东宁县团结遗址在1977年的发掘中，先后五次发现了铁器。其中前已举出过的一把保存较好的铁镰，就能说明挹娄人与中原或邻近汉区人民的密切来往。这把铁镰“无銎、窄身、弧刃，长十八厘米，宽二厘米”，与中原地区出土的铁镰比较，“形制类似河南辉县固围村战国中期的同式铁镰”。与东北地区出土的古代铁镰相比，则“类似辽宁辽阳三道壕汉代村落、吉林奈曼善宝营子战国、汉代古城中出土的汉代铁镰”。[①] 根据考古工作者分析，当时该地区尚不具备冶炼铸铁条件，又考各肃慎遗址出土的金属制品只有青铜器，而与铁镰同时被发现的，还有西汉时的其他文物，知这些铁器必然由中原地区或邻近汉人居住区传入挹娄社会。传入的时间既不可能在秦以前，也不会在东汉以后，应是在两汉时期，那时铁制农具才普遍应用于农业生产，这些作为当时汉区居民最先进的农业生产工具能很快传入挹娄社会，充分反映了挹娄人与中原地区的经济往来非常密切。[②]

五铢钱是汉代中原地区使用的主要钱币之一，不仅在今俄罗斯哈巴罗夫斯克（伯力）博物馆中保存有在黑龙江流域发现的“西汉五铢、东汉五铢”多枚，[③] 而且在团结遗址中也“出土了汉宣帝时代使用的五铢钱”[④]。这些

① 黑龙江省文物考古工作队、吉林大学历史系考古专业：《东宁县团结遗址发掘的主要收获》，《光明日报》1978年7月23日，第3版。

② 杨保隆：《肃慎挹娄合考》，中国社会科学出版社，1989，第230页。

③ 佟柱臣：《我国历史上对黑龙江流域的管辖和其他》，《考古》1976年第7期。

④ 黑龙江省文物考古工作队、吉林大学历史系考古专业：《东宁县团结遗址发掘的主要收获》，《光明日报》1978年7月23日，第3版。

发现表明，五铢钱存在挹娄故地不是偶然现象，具有普遍性。又考黑龙江流域还出土了西汉末年汉平帝时铸造的“大泉五十”，“与小泉直一、幺泉一十、幼泉二十、中泉三十、壮泉四十”，[①] 虽这里不属史载挹娄地域，但靠近其故地的“吉林龙潭山陶片上也发现大泉五十的印纹”，汉代“钱币在松花江流域、黑龙江流域不是少量地存在，而是流布很广的”。[②] 汉代中原地区使用的多种类型的钱币存在于挹娄地域说明，这些钱币绝不是当作玩物或装饰物传入挹娄社会，合乎情理的结论应该是，它们是当时挹娄社会内流通的货币；经济交往用统一的货币，反映了经济上的统一，无疑挹娄人在与中原居民的经济交往中已使用货币。货币之于商品交换，一如语言之于思想交流，都是交往必不可少的工具和产物。这种交换较肃慎时期又进了一步。

三国和两晋时期，挹娄人与中原地区的经济交往主要表现在两个方面。第一，早在周至西汉，我们就知道肃慎人向中原王朝纳贡“楛矢石砮”和名叫“麈”的猎物，到了三国、两晋时期，根据《三国志》和《晋书》所记，挹娄人输入中原的产品增多了。在探讨挹娄人社会性质时说到，挹娄人于三国魏景元年向中原王朝纳贡，不仅带去了“楛矢石砮”，而且还带来很多貂皮和用皮骨铁杂制成的铠甲。根据《挹娄传》说，其地出“好貂”，有“挹娄貂”之称[③]。南北朝的史书又说其后裔为了多捕貂，竟用父母之尸作诱饵。“其父母春夏死，立埋之，冢上作屋，不令雨湿；若秋冬，以其尸捕貂，貂食其肉，多得之”[④]。由此可见，当时中原居民对“挹娄貂”的需求和挹娄人为满足这种需求进行捕貂的积极性之高。另外，马匹也是这一时期挹娄人与中原居民的交换品之一，这在探讨其社会性质时已然提及。貂皮、马匹和铠甲等传入中原地区，不仅反映了挹娄人与中原居民的经济文化交往比以前密切了，而且还大大丰富了中原居民物质生活。第二，从另一方面看，中原地区传入挹娄社会的生产和生活资料也是多种多样的。在其故地考古发现的文物，从种类、形制等方面与中原地区同类器物相似，这一时期的史书也有具体记载。《山海经》：“晋太兴三年，平州刺史崔

① 佟柱臣：《我国历史上对黑龙江流域的管辖和其他》，《考古》1976 年第 7 期。

② 佟柱臣：《我国历史上对黑龙江流域的管辖和其他》，《考古》1976 年第 7 期。

③ 《三国志》卷三十，《魏书第三十 · 乌丸鲜卑东夷传》，中华书局，2011，第 848 页。

④ 《魏书》卷一百，《列传第八十八 · 勿吉》，中华书局，2011，第 2220 页。

毖遣别驾高会使来献肃慎氏之弓矢，箭镞有似铜骨作者。问之云，转与海内国通得用此。”① 此“内国”，即是指中原地区，具体说，大概就是指今山东、河北等省。景元年间，其首领到中原向曹魏纳贡，魏元帝“赐其王傉鸡、锦罽、锦帛”等物，② 不言而喻，这些精制的丝毛织物，自然在其首领返回时被带入挹娄地区，这是中原物品传入挹娄社会今天能看到的最早的文字记载。

综上所述，挹娄人在汉代是臣属归玄菟郡管辖的夫余人，隶属汉王朝，三国初他们摆脱夫余贵族统治后，与中原王朝直接来往，尽管前后隶属形式不同，但挹娄人一直与中原地区保持着经济往来。在密切的交往中，中原先进的铁制工具和丝毛织物等生产、生活资料传入挹娄地区，推动了挹娄社会的发展，加速了挹娄人对古代东北地区的开发。从另一角度看，挹娄社会出产的貂皮、马匹等特有产物传入中原地区，也丰富了汉族人民的生活。挹娄人与汉朝的经济交往，使主体民族经济与少数民族经济的互补关系得到发展。挹娄人与汉人经济交往方式也从单纯的贡赐形式，发展到贸易，这从挹娄人使用汉朝五铢钱币可得到证明。作为华夏民族“一体”与满族“一元”的经济交往，在形式和内容上都得到了拓深和拓展。

第二节　勿吉

南北朝时期，挹娄后裔被称为勿吉。据史书记载：勿吉人多半背山靠水，“筑城穴居”，房屋的形状有如坟丘，土面留出口，用梯子出入，开始过着定居的生活，并出现了周长数百米的城邑，这种城邑在逊克、桦川、哈尔滨等地及黑龙江彼岸俄罗斯境内均有发现。③ 勿吉社会经济的发展除延续挹娄外，主要从事畜牧、渔猎和原始农业。勿吉的农业不但远逊于中原地区，即使较于其周边的夫余、豆莫娄，亦属落后；可是如果纵向来看，勿吉时代是肃慎族系发展史上的第一个跃进时期。

一　铁器的引进使农业进入“耦耕”时期

勿吉人和他们的祖先一样，不会冶铁，他们使用的铁制工具仍然

① （晋）郭璞注，蒋应镐绘《山海经》卷十七，《大荒北经》注文，文光堂藏本影印。

② 《晋书》卷九七，《列传第六十七·四夷》，中华书局，2011，第2535页。

③ 庄严：《勿吉、黑水靺鞨的经济社会性质》，《黑河学刊》1986年第4期。

来源于与中原地区的经济交往。原因有二，一是尚未发现有勿吉冶铁的遗址；二是我国东北各族有可靠资料证明最早能冶铁的，是 7 世纪后的渤海人。勿吉人由于尚未能冶铁，原料来源也受限，有可能只是掌握了铁的锻造加工技术，所以铁制工具在其农业生产中发挥的作用是有限的。

据《魏书》载，其农作物有“粟及麦穄，菜则有葵”；“其国无牛，有车马，佃则偶耕，车则步推”[①]，说明勿吉人已有了农业，耕地特点是两人配合耕作，“其国无牛”，还不会使用畜力；生产工具除使用铁制工具外，主要还是以石器、木器、骨器为主，文献和考古资料均证明了这点。《魏书·勿吉传》载“以石为镞”，并未述及勿吉人用铁器。《魏书·勿吉传》中亦载“太和十二年（488），勿吉复遣使贡楛矢方物于京师”[②]。从考古资料看，勿吉遗址出土的铁器多为兵器以及其他小型用具，农具极少。如从勿吉遗存黑龙江省海林市三道河子乡的河口遗址四期中出土的 14 件铁器，属于农具的只有 4 件，其中 3 件为镬[③]，1 件为铧，均残，同时从该遗址出土的农具更多的为石质、骨质[④]。黑龙江省绥滨县同仁发现的属于勿吉的文化遗址，也以石器为主，有磨制及打制的石斧、石锛及一些压制的石器，仅发现少量的铁器，如铁刀、铁镰、铁锛等，且并不普遍。这些铁器的形制大多和中原相同，可以认为这些铁器是勿吉入贡北魏时所换回的，勿吉基本上还处于新石器时代，或者说开始向铁器时代过渡。[⑤]

耕作方法是反映农业发展程度的重要标准。关于勿吉的农业耕作方法，文献记载仅有四个字：“佃则偶耕”。何谓偶耕？偶源于耦。汤可敬在《说文解字今释》说，“耜广五寸为伐，二伐为耦”，可见耦是一种类似耜，比耜宽一倍的农具。上古时期有一种最常用的农具叫耒，很像现代的锹或铲，由头和把组合而成，耜就是耒的头，耦耕就是用耦这种农具进行耕作。另外，耦与偶通，它还有成双，一对之意，与“奇”相对，所以耦耕一般被解释为两人一齐执耜耕地。[⑥] 南北朝时期，耦耕制在中原早已被

---

① 《魏书》卷一百，《列传第八十八·勿吉》，中华书局，2011，第 2220 页。

② 《魏书》卷一百，《列传第八十八·勿吉》，中华书局，2011，第 2221 页。

③ 镬，一种类似大锄或镢头的古老农具。

④ 黑龙江省文物考古研究所、吉林大学考古系：《河口与振兴：牡丹江莲花水库发掘报告》，科学出版社，2001，第 44 期。

⑤ 庄严：《勿吉、黑水靺鞨的经济社会性质》，《黑河学刊》1986 年第 4 期。

⑥ 梁玉多、辛巍：《勿吉的农工及相关问题研究》，《黑龙江社会科学》2012 年第 2 期。

淘汰，勿吉人仍用此法，明显是落后了。但在肃慎族系自身农业发展史上却是一个重大进步，它摒弃了原始的刀耕火种，有了翻地的工序，松了土，或者还起了垄，产量应该有较大幅度的提高。其实，不少民族的农业直到近代还停留在近似刀耕火种的原始阶段。黑龙江地区的蒙古族就将这一方法一直使用到了清代，相形之下，南北朝时期的勿吉人的耦耕法是先进的。

二 “麦、穄”等作物的种植

“耦耕”使勿吉人在耕作方法上前进了一步，同时农作物的种类也丰富起来，但早期的勿吉与相邻的夫余相比，还略显落后。在属于夫余的黑龙江宾县庆华遗址中出土了铁锸[①]，该遗址年代约相当于战国至汉，那时夫余人就已经使用了铁制农具。但勿吉后来占领了夫余的大部分地区，以及同样有较为发达农业的北沃沮，所以勿吉晚期的农业发展水平应当与夫余、沃沮等农业较发达的民族不相上下。

《魏书·勿吉传》载，勿吉的农作物“有粟及麦、穄，菜则有葵”。粟就是谷，去皮为小米，是中国人最早培植的粮食作物之一，性耐旱，生长期短，适于寒冷、干旱的北方种植，是勿吉人主要的粮食作物。麦是小麦，在我国的栽培历史久远。《诗经·魏风·硕鼠》中就有“硕鼠硕鼠，无食我麦”之句，耐旱，生长期短，适合勿吉地区种植，直到今天，勿吉人的故地黑龙江仍是我国小麦主产区。穄是糜子的一种，或者说是黍的一种，但没有黏性，它和一般的糜子一样耐旱而生长期短。有一句俗话“六十日还家”，意为从种到收只要六十天，虽有些夸张，却也反映了其生长期短的特性。它是古人的美味主食。吕不韦的《吕氏春秋》载伊尹回答商汤：“饭之美者，玄山之禾，不周之粟，阳山之穄，南海之秬。”[②] 勿吉人大量种植穄，以之为主食之一。[③] 考古资料印证了史书的记载，俄罗斯布列亚河右岸大西米奇村落遗址的3号房址发现一个盛着黍粒的小陶罐，以及一团盛在一个破碎陶罐内的黍团，该遗址被测定为3世纪后半叶到4世纪中叶，相当于勿吉早期，布列亚河流域时属勿吉人的活动范围内，所以大体可判定

① 张伟：《松嫩平原早期铁器的发现与研究》，《北方文物》1997年第1期。

② 《吕氏春秋·本味》，中华书局，2007。

③ 梁玉多、辛巍：《勿吉的农业及相关问题研究》，《黑龙江社会科学》2012年第2期。

此黍是勿吉人的文物[①]。葵菜，葵是勿吉人最主要的蔬菜，综合各方面的记载，葵菜是一种颜色正绿，生长期长，易于栽培，产量较高，口感肥滑，最宜做汤的蔬菜。据《辞海》记载，现在，南方的江西、湖南、四川等省仍有人种植和食用葵菜。[②]

除文献记载的农作物外，考古资料显示勿吉人还种植有其他农作物。位于黑龙江省双鸭山市与集贤县交界处的滚兔岭遗址中，出土过碳化种子，经鉴定为大麻[③]。该遗址年代经碳－14测定为距今1955±70年和距今2140±70年[④]，相当于两汉时期，当属挹娄。既然挹娄人种植大麻，由挹娄发展而来，年代相距很近的勿吉人也不大可能放弃这一传统。该大麻不是现代所说的毒品大麻，而是俗称的线麻，属桑科植物，一年生草本，纤维整齐，通顺细长，强度高，弹性好，易于染色，可用来纺织麻布、搓绳、编织渔网，种子可榨油。《魏书·勿吉传》载“妇人则布裙”，这个“布裙”的布只能是用大麻织就。这也证明勿吉人确实种植大麻。在东康遗址的2号居住址还发现了碳化的豆和荏（苏子）[⑤]。

三 粮食剩余与“嚼米酝酒”

有关勿吉人嚼酒的最早记载是《魏书·勿吉传》：“有粟及麦穄，菜则有葵。水气咸凝，盐生树上，亦有盐池。多猪无羊。嚼米酝酒，饮能至醉。”[⑥]《北史·勿吉传》亦载：“相与耦耕，土多粟、麦、穄，菜则有葵，水气咸，生盐于木皮之上，亦有盐池。其畜多猪，无羊，嚼米为酒，饮之亦醉。”[⑦] 可见，南北朝时勿吉人已经定居并经营粗放农业。农作物有粟、麦、穄，均以其耐旱、耐寒而为黑龙江流域的传统作物。结合考古发现，

---

① 涅斯捷罗夫：《早期中世纪时代阿穆尔河沿岸地区的民族》，收入王德厚译《东北亚考古资料文集》第5集，《北方文物》杂志社内部出版，2004，第39页。

② 梁玉多：《关于渤海国经济的几个问题》，《学习与探索》2007年第3期。

③ 黑龙江省文物考古研究所：《黑龙江省双鸭山市滚兔岭遗址发掘报告》，《北方文物》1997年第2期。

④ 中国社会科学院考古研究所实验室：《放射性碳素测定年代报告》，《考古》1986年第7期。

⑤ 李砚铁：《黑龙江地区自然环境与史前社会经济》，黑龙江人民出版社，2006，第231页。

⑥ 《魏书》卷一百，《列传第八十八·勿吉》，中华书局，2011，第2220页。

⑦ 《北史》卷九四，《列传第八十二·勿吉》。

相当于勿吉时期的黑龙江绥滨县同仁遗址下层文化，出土了铁锛、小刀、铁镰等先进农具。耕作技术的进步和铁器工具的使用，使粮食作物食用有余，为“嚼米酝酒，饮能至醉”提供了物质基础。《隋书》记载：“相与耦耕，土多粟、麦、穄。水气咸，生盐于木皮之上。其畜多猪。嚼米为酒，饮之亦醉。”①《旧唐书》记载：“其畜宜猪，富人至数百口，食其肉而衣其皮……酿糜为酒。”②《新唐书》记载：“畜多豕，无牛羊。有车马，田耦以耕，车则步推。有粟麦。土多貂鼠、白兔、白鹰。有盐泉，气蒸薄，盐凝树颠。嚼米为酒，饮之能醉。”③ 这些材料表明南北朝至隋唐时期，勿吉人、靺鞨人不仅食猪肉，而且粮食也是他们的主要食物之一。此时他们已采用“耦耕”的耕作方法。根据酿造原理，在使用谷物酿酒时，由于谷物中的淀粉不能直接与酵母菌起作用，所以必须首先经过糖化的过程，即把淀粉分解为芽糖，而后发酵转化为酒精。糖化和酒化是酿造工艺中不可缺少的两个主要工序，这就形成了曲蘖酿酒法。中原地区早在秦汉时期酿酒制曲的技术就有了很高的水平，在郑玄注《周礼·天官酒正》中即有“作酒既有米曲之数，又有功沽之巧”。不但重视酒曲的制作，而且在酿造工艺和方法上都十分讲究。而勿吉的“嚼酒”法是他们利用口嚼“糜”或“米”，使之碎并含有唾液，由于唾液酶可以发酵，可以充当酒曲，当存储于器皿，假以时日，酒即酿成。不难看出，他们当时已经知道做酒需要曲，但是不会加工，只能通过生活经验的积累，采用口嚼做曲法。④

后来的《契丹国志》《册府元龟》和徐梦莘的《三朝北盟会编》等书都记有“嚼米为酒”的风俗。《通典》《通志》《文献通考》等书的“勿吉传”中对此种“嚼米为酒”风俗有连续的载录，但是都没有超出《魏书》和《北史》的记载范围。连续的记载表明，当时嚼酒法曾在勿吉人的生活中流行，但由于勿吉人当时散居各地，且“邑落各自有长，不相统一”，这种各自为政，独立进行生产、生活的原始状态显示了其封闭性，同时缺乏自身的文字记载，所以导致嚼酒法在文献记载中的简单化。

---

① 《隋书》卷八一，《列传第四十六·东夷·靺鞨》，中华书局，2011，第1821页。

② 《旧唐书》卷一百九十九下，《列传第一百四十九·北狄·靺鞨》，中华书局，2011，第5358页。

③ 《新唐书》卷二百一十九，《列传第一百四十四·北狄》，中华书局，2011，第6178页。

④ 杨友谊：《“嚼酒”民俗初探》，《黑龙江民族丛刊》2005年第3期。

四　勿吉与中原王朝的朝贡关系及其对外扩张

虽然勿吉早在东晋初年就已经登上了历史舞台，但在东晋至北魏孝文帝约一个半世纪的时间内，并无史料可证勿吉与魏晋政权发生直接联系。中原地区自爆发八王之乱后，各族人民就接连不断地起而反晋，社会动荡。西晋于316年灭于匈奴贵族刘汉政权，东晋建都建康。八王之乱后北方地区处于较为混乱的局面中，各个少数民族纷纷建立自己的政权，但由于各个政权本身的局限性及各个政权之间此消彼长、相互牵制的局面，北方各少数民族政权也未能稳定发展。在这种情况下，周边各族尤其是边远地区各族很少和中原来往，这也是勿吉直到孝文帝延兴年间才入贡中原的原因。另外，勿吉人很可能与挹娄一样受制于近邻强大的夫余政权，这一局面持续到了公元5世纪后期，夫余政权在慕容鲜卑的持续打击下不断走向衰落，勿吉趁此时机逐渐强大起来，不断蚕食夫余国土地，夫余终于“为勿吉所逐”，夫余王携妻子投奔高丽，之后勿吉崛起，向南发展，“破高句丽十落”。[①]

勿吉正是在逐渐崛起中，与中原北魏政权建立起了朝贡关系。《魏书·勿吉传》载：“延兴中，遣使乙力支朝献。太和初（477），又贡马五百匹。”“九年，复遣使侯尼支朝献。明年复入贡。”“太和十二年（488），勿吉复遣使贡楛矢方物于京师。十七年（493），又遣使人婆非等五百余人朝献。景明四年（503），复遣使俟力归等朝贡。自此迄于正光，贡使相寻。尔后，中国纷扰，颇或不至。兴和二年（540）六月，遣使石久云等贡方物，至于武定不绝。”[②] 这条史料所记勿吉最早入贡是在北魏孝文帝延兴年间（471~476），但未详何年。对于《魏书》所记延兴中这次朝贡的具体时间，后代史家在认识上有分歧，但无论为哪一年，可以确定地说早在孝文帝即位之初，勿吉就开始和中原王朝逐渐建立了长期的、稳定的封贡关系，这种关系从孝文帝时开始直到北魏分裂止，一直延续。北魏灭亡后，后继的东魏和北齐将这一朝贡关系依次继承，保持到了北齐末年。因此《北史·勿吉传》说：“延兴中，遣乙力支朝献。……以至于齐，朝贡不绝。”[③]

---

① 《魏书》卷一百，《列传第八十八·勿吉》，中华书局，2011，第2220页。

② 《魏书》卷一百，《列传第八十八·勿吉》，中华书局，2011，第2220~2221页。

③ 《北史》卷九四，《列传第八十二·勿吉》。

史书中所记勿吉从北魏延兴年间（471～476）的首次朝贡到北齐后主武平三年（572）的最后一次朝贡，勿吉先后与北魏、东魏和北齐维持了长达百年的朝贡关系。据《魏书》《北齐书》《册府元龟》《文献通考》等书的记载，这一时期勿吉向中原王朝纳贡多达31次，其中北魏24次，东魏6次，北齐1次，来贡较为频繁。从经济角度看，中原王朝与周边民族的边境贸易是吸引其朝贡的基本动力。综观勿吉向中原王朝的31次朝贡，有明确贡物记载的不多，多是简单提及入贡方物，不过有多次载明贡物中有楛矢石砮，楛矢石砮是肃慎系民族的传统贡品，勿吉应是延续了这个传统。史载："太和初，又贡马五百匹"，太和十七年（493）更是"遣使人婆非等五百余人朝献"①，朝贡使团的规模相当大。此外，更多的入贡行为史书仅言来贡，未记贡物，关于其朝贡地点，史书亦没有明确记载。此外，对于勿吉来贡，史书并未记载北朝政权对其的回赐。不过，根据其朝贡规模以及封贡关系推知，回赐亦应不少，可以说朝贡行为本身就是一种变相的交换行为。此外，双方还有边境贸易，对于"每请入塞，与百姓交易"的东北诸族，宣武帝曾说："若抑而不许，乖其归向之心；信而不虑，或有万一之惊。交市之日，州遣士监之。"② 也即支持边境贸易行为。对于地处中原、发展程度远高于自己的北魏政权，东北各族"心皆忻慕""莫不思服"，北魏政权也因势利导，使得各族"皆得交市于和龙、密云之间，贡献不绝"③。北魏政府正是运用了边境贸易这一手段对东北各族进行诱导招抚，使其以朝贡的形式表示对中原王朝的臣服，周边民族也能从中获得自身所需。勿吉正是以朝贡形式换取与中原王朝进行边境贸易的权利，满足自身需要，这是周边民族进行朝贡的一大出发点，中原政权维持边境贸易的目的在于维护边境和平安定，吸引边境民族归服，双方的朝贡关系正是这种归服的表现。

南北朝时期勿吉强大起来，并对外扩展势力。早期勿吉的领域在今三江平原一带，向东是大海，已无扩展余地，向北是荒凉苦寒之地，缺乏吸引力，所以要向南、西南、西三个方向发展。恩格斯说："邻人的财富刺激了各民族的贪欲，在这些民族里，获取财富已成为

① 《魏书》卷一百，《列传第八十八·勿吉》，中华书局，2011，第2220～2221页。

② 《北史》卷九四，《列传第八十二·勿吉》。

③ 《北史》卷九四，《列传第八十二·勿吉》。

最重要的生活目的之一。"[①] 勿吉正是这样，因其居住地与夫余、豆莫娄、高句丽相邻，而这些民族此时又处于发展的上升阶段，其社会财富的增长使勿吉贵族阶层的贪欲随之膨胀，因此，常以武力侵掠他国，且掠夺的规模大、力量强。据《魏书》《北史》记载，勿吉"常轻豆莫娄等国，诸国有患之"，"夫余为勿吉所逐"。公元5世纪勿吉南下进攻高句丽，先破高句丽十落，又欲联合百济全力夺取高句丽。所有这些都反映了此时的勿吉依靠战争来扩充实力，增加财富，并由此造成了对邻国的巨大威胁，使周围各国胆战心惊，唯恐祸至，故史书记载勿吉有"其人劲悍，于东夷最强"[②] 之称。这些大规模的军事行动，没有强大的统一力量，要战胜夫余是难以想象的，要使"诸国亦患之"也是不可能的。据此推测，勿吉似乎正向部族联盟推进，而这种联盟又同历史上的部族联盟阶段有所区别，它只能是以"亲属部落间的联盟，常因暂时的紧急需要而结成，随着这一需要的消失即告解散"[③] 的方式而存在，使之得以逞强，并埋伏下了部族联盟的种子，为向更高阶段发展打下了基础。

勿吉的强大与扩张是肃慎族系发展史上的决定性阶段。此前肃慎和挹娄的势力都局促在东北地区东北角，是东北民族大舞台上的配角，现在则领域扩大，几乎占据东北的一半，影响随之扩大，其攻守举动对东北全局都有震动，变成了舞台上的主角之一。此后，肃慎族系建立著名的"海东盛国"渤海，又两次入主中原，实皆肇源于此。勿吉部的崛起不仅因为与中原王朝建立了贡赐关系，还与其掠夺性经济交往方式的出现有着密切联系。在中华民族一体化经济形成过程中，"一体"和"多元"的融合是充满间断、矛盾和冲突的，个别时段还出现了停滞和倒退，有时因历史记载不连贯而留下空白，但这并不排斥一体化的总趋势，只不过在经济史上，民族间经济交往由于阶级社会的性质而必然带有杀戮和血腥的色彩。

---

① 恩格斯：《家庭、私有制和国家的起源》，载《马克思恩格斯全集》第21卷，人民出版社，1965，第187~188页。

② 《魏书》卷一百，《列传第八十八·勿吉》，中华书局，2011，第2219~2220页。

③ 恩格斯：《家庭、私有制和国家的起源》，载《马克思恩格斯全集》第21卷，人民出版社，1965，第108页。

第三节 靺鞨

靺鞨，是隋唐时期主要活动于我国黑龙江流域东部地区的古代部族，由魏晋南北朝时期的勿吉部族发展而来。因《北史·勿吉传》所列勿吉七部：粟末部、伯咄部、安车骨部、拂涅部、号室部、黑水部及白山部，与《隋书·勿吉传》所记载的七部相同，所以靺鞨即勿吉。

一 靺鞨各部的分布及发展

《金史》载："元魏时，勿吉有七部"①，"曰粟末部、曰伯咄部、曰安车骨部、曰拂涅部、曰号室部、曰黑水部、曰白山部"②。勿吉转称靺鞨后，"七部并同"③。这说明，在隋及其以前，勿吉、靺鞨内部虽有诸部，但主要是上述七部。这是史书对肃慎族系各部名称最早的记录，需要指出，这里提到的"部"，并非部族，而是氏族。勿吉转称靺鞨后，其内部又随着社会发展重新组合，在唐亡高丽前，上述七大部族中以粟末部和黑水部为最强盛。黑水部"尤称劲健"，内又"分十六落"。④ 伯咄等五部在高丽亡后，一度臣属高丽的白山部，"其众多入唐"；伯咄、安车骨等部，"皆奔散，浸微无闻焉，遗人迸入渤海"⑤。由此则知，靺鞨部经过演变，在7世纪末和8世纪初，由于外部因素的促使，众多的靺鞨部族统一在黑水靺鞨（即黑水部）和渤海（即粟末部，唐初称粟末靺鞨）之下，也就是说，到了唐玄宗时代，靺鞨一分为二，即黑水靺鞨和粟末靺鞨。粟末靺鞨在迅速发展中，吸收了不少其他部族和外族加入其建立的渤海政权，后改用渤海为号，而中唐后称靺鞨者，单指黑水靺鞨。

靺鞨兴盛时，其地"东至于海，西接突厥，南界高丽，北邻室韦"⑥。在这一区域内，七部族的分布为，粟末部在今吉林市为中心的松花江上游地区，伯咄部在今哈尔滨市附近，安车骨部在今依兰县东南和

① 《金史》卷一，《本纪第一·世纪》，中华书局，2001，第1页。
② 《金史》卷一，《本纪第一·世纪》，中华书局，2011，第1页。
③ 《金史》卷一，《本纪第一·世纪》，中华书局，2011，第1页。
④ 《新唐书》卷二百一十九，《列传第一百四十四·北狄》，中华书局，2011，第6178页。
⑤ 《新唐书》卷二百一十九，《列传第一百四十四·北狄》，中华书局，2011，第6178页。
⑥ 《旧唐书》卷一百九十九，《列传第一百四十九·北狄》，中华书局，2011，第5358页。

以东地区，拂涅部在牡丹江中下游地区，号室部在绥芬河畔的双城子（今俄罗斯称乌苏里斯克）及其以北的滨海地区，白山部在牡丹江上游的长白山北麓，黑水部初在今同江县以下的黑龙江南北两岸，后有黑龙江中下游及外兴安岭以南包括库页岛在内的辽阔地区。[①] 此外，隋末靺鞨的一支部族在酋长率领下，徙居柳城（今辽宁朝阳）。[②] 唐亡高丽后，粟末部一部分居民亦迁至柳城（唐称营州），与先前移来的靺鞨人并居一地。这两部分靺鞨人，后因契丹酋李尽忠杀营州都督赵翔反叛，他们在乞四比羽率领下，于公元698年在今吉林省敦化市为中心的长白山北麓建立政权，大祚荣"自号震国王"。盛时管辖所及，东临日本海，北至松花江下游，南有今朝鲜半岛北半部，西南以今辽宁省开原市至丹东市的斜线为其边疆。[③] 这说明，原靺鞨七部的居地，除黑水部外，其余几乎全纳入了渤海区域。

靺鞨人大多仍袭祖先的生产、生活方式，以狩猎为生，角弓和楛矢是狩猎工具，也是兵器，没有房屋，凿穴而居，"夏则出随水草，冬入处穴中"[④]。他们善养猪，食其肉，衣其皮。但各部发展快慢不一。处南部的粟末部等，发展较快，种植粟、麦、穄，已用"耦耕"方式，有车马，但"车则步推"，能用米酿酒，"饮之亦醉"[⑤]。这部分靺鞨人到了以渤海为号时期，手工业品有布、绸、各种陶器和玛瑙器等，还从事矿业开发，出产金、银、铜、铁等。处在北部地区的黑水等部，发展较南部慢，仍以"射猎为业"，但已使用铁器，能自"造毒药，传箭镞，射禽兽，中者立死，煮药毒气亦能杀人。"[⑥]。在靺鞨部社会内，财产占有不平等和阶级分化已相当突出。他们普遍流行养猪，"富人"养猪已多达"数百口"[⑦]，出现了称为"大莫拂瞒咄"的酋长，并且是"父子世为君长"[⑧]。由于其首领世受隋、唐王朝册封、赏赐，其部受中原影响较其先人更深，促进了内部的阶级分化。

---

① 《新唐书》卷二百一十九，《列传第一百四十四·北狄》，中华书局，2011，第6177页。
② 《旧唐书》卷一百九十九下，《列传第一百四十九·北狄》，中华书局，2011，第5360页。
③ 《新唐书》卷二百一十九，《列传第一百四十四·北狄》，中华书局，2011，第6180页。
④ 《新唐书》卷二百一十九，《列传第一百四十四·北狄》，中华书局，2011，第6178页。
⑤ 《隋书》卷八一，《列传第四十六·东夷·靺鞨》，中华书局，2011，第1821页。
⑥ 《魏书》卷一百，《列传第八十八·勿吉》，中华书局，2011，第2220页。
⑦ 《北史》卷九四，《列传第八十二·勿吉》。
⑧ 《晋书》卷九十七，《列传第六十七·四夷》，中华书局，2011，第2534页。

二 粟末靺鞨建立渤海国

高丽被唐军破后不久，以粟末靺鞨为中心建立的渤海政权，与唐王朝的关系进入一个新阶段。在大祚荣建立“震国”后，唐玄宗即遣崔忻前往其地，册封他为“左骁卫大将军、渤海郡王”，又“以其所统为忽汗州，领汗州都督”①。自此以后，他去靺鞨号，专称渤海。宝应元年（762），唐代宗又晋封渤海为国，册大祚荣孙大钦茂为渤海国王，渤海国之名，即由此而来。渤海立国200多年，传10余世，每次国王更迭，均请唐册封。渤海几乎每年向唐朝贡②，据统计，共132次。来时献上各种土特产品，唐王朝回赐各种生活用品。渤海臣属于唐，终唐世不变。唐亡以后，渤海在被契丹贵族灭亡前的20余年间，又5次朝贡于后梁，6次向后唐贡献。其军事、政治制度，皆按唐制建立。

粟末靺鞨建立的渤海国，史有“海东盛国”之称。其首领称王，世代相传。渤海政权建立了完备的军事、政治制度，有“地方二千里，编户十余万，胜兵数万”人，协助王统治的机构，有政堂、宣诏、中台三省及六部十二司，皆置官职守，境内建有五京十五府六十二州，设官牧民。③ 这一切表明，粟末靺鞨称渤海后，已进入了有阶级划分的文明社会，同时在其他的靺鞨部族中，有的也已出现了阶级对立。

三 黑水靺鞨的社会经济性质

在黑水靺鞨社会内，渔猎是他们主要的生产方式之一。《新唐书》载：“善射猎”，“其矢，石镞长二寸，盖楛砮遗法”，“土多貂鼠、白兔、白鹰”，这些都再现了黑水靺鞨人渔猎生活的情景。他们在生产工具上仍使用石器，沿用其先人的“楛矢石砮”之法猎取大量的貂鼠、白兔、白鹰等，以饱饥腹，维持生存。这就表明他们在按照野蛮中级阶段的方式生活，“还仍然不得不使用石制的武器和工具”④。但从考古发现的靺鞨人遗迹看，吉林大海猛遗址和黑龙江中游的靺鞨遗址，已发现大量铁器，如

① 《新唐书》卷二百一十九，《列传第一百四十四·北狄》，中华书局，2011，第6180页。

② 《旧唐书》卷一百九十九下，《列传第一百四十九·北狄》，中华书局，2011，第5360页。

③ 《旧唐书》卷一百九十九下，《列传第一百四十九·北狄》，中华书局，2011，第5360页。

④ 恩格斯：《家庭、私有制和国家的起源》，载《马克思恩格斯全集》第21卷，人民出版社，1965，第35页。

刀、剑、匕首、矛、镞、铠甲、马具以及斧、锛等，也并未完全排除骨镞和石镞，总的来说，黑水靺鞨诸部已处于从石器时代向铁器时代的过渡阶段。①

据《旧唐书·北狄传》“夏则出随水草，冬则入处穴中”的记载，黑水靺鞨也从事游牧活动。夏天，他们来到水草丰美的河谷或草原，捕鱼放牧，以游牧为生，冬天则“依山水掘地为穴”，寻求新的生存方式。显然，他们的生活因四时而变化，尚未定居，这是野蛮时代中期的特征，黑水靺鞨的社会生产力还难以突破这一界限。在渔猎和游牧之外，黑水靺鞨还延续着勿吉的耦耕农业。《新唐书》载：“田耦以耕……有粟、麦”② 的记载，同仁遗址中出现的铁镰亦表明了铁器在农业生产中的应用。“野蛮时代特有的标志是动物的饲养、繁殖和植物的种植”，黑水靺鞨也存在这一时代特征。据史载：“其畜宜猪，富人至数百口，食其肉而衣其皮”③，“畜多豕，无牛羊”④，表明猪是黑水靺鞨社会内普遍饲养的家畜，是衣食的主要来源。

在黑水靺鞨内部，氏族组织仍是其社会的基本单位。他们除“相聚而居”外，又分为若干部，《新唐书》载：“离为数十部，酋各自治”，“黑水西北又有思慕部，益北行十日得郡利部，东北行十日得窟说部，亦号屈设，稍东南行十日得莫曳皆部，又有拂涅、虞娄、越喜、铁利等部。”⑤由此而知，上述诸部分别为黑水靺鞨十六部之一。此外，《册府元龟》载：“后唐明宗长兴二年（931）五月，青州奏，黑水兀儿部至登州卖马”⑥，可知兀儿部也为其一。这些在古籍中称为“部”的族群，实际上属于氏族，他们各自以独立的群体存在，尚未结成氏族联合体。在每一个氏族内，“其酋曰大莫拂瞒咄，世相承为长”⑦。“父子世为君长”⑧，是父系氏族组织的继承方式。这样的方式也符合黑水靺鞨的客观需要，他们不但要

---

① 庄严：《勿吉、黑水靺鞨的经济社会性质》，《黑河学刊》1986 年第 4 期。
② 《新唐书》卷二百一十九，《列传第一百四十四·北狄》，中华书局，2011，第 6178 页。
③ 《旧唐书》卷一百九十九下，《列传第一百四十九·北狄》，中华书局，2011，第 5358 页。
④ 《新唐书》卷二百一十九，《列传第一百四十四·北狄》，中华书局，2011，第 6178 页。
⑤ 《新唐书》卷二百一十九，《列传第一百四十四·北狄》，中华书局，2011，第 6178～6179 页。
⑥ 《册府元龟》卷九九九，《外臣部·入觐》。
⑦ 《新唐书》卷二百一十九，《列传第一百四十四·北狄》，中华书局，2011，第 6178 页。
⑧ 《晋书》卷九十七，《列传第六十七·四夷》，中华书局，2011，第 2534 页。

与中原王朝保持直接臣属，多次朝贡的关系，也需要同中原保持经济上的往来，这就必须要有稳定的首领来主持这些活动，而这种首领在其特定的历史条件下也只能是一种世袭的相承关系。①

四 靺鞨与中原王朝的经济关系

在隋至唐初的一段时期内，虽靺鞨人中的一些氏族曾一度“或附于高丽，或臣于突厥”②，但综观其在政治、经济和文化方面与中原的交往，还是比勿吉时期进了一步。

隋文帝统一中国大部分地区后，靺鞨首领即于“开皇初，相率遣使贡献”，隋文帝在接见其来朝者时称，“朕视尔等如子”；其首领表示，“愿得长为奴仆”③。隋炀帝初征高丽时，突地稽“率其部千余家内属”，移居柳城。隋炀帝因此授突地稽“金紫光禄大夫、辽西太守”④。突地稽喜汉族风俗，“请被冠带”，炀帝即“赐以锦绮而褒宠之”。其后又率部从隋炀帝出征，因“每战有功，赏赐优厚”⑤。隋亡唐兴，一方面，靺鞨各部相继向唐朝贡，归属于唐；另一方面，唐王朝开始在靺鞨地区设州府授官，加强对松花江和黑龙江流域靺鞨人的管辖。据史载，居住朝阳地区的突地稽部，于武德二年（619）“遣使朝贡”，唐高祖因此“以其部置燕州”，并“拜突地稽为总管”。后遇“刘黑闼之叛”，突地稽向唐太宗请战，“以战功封蓍国公”⑥。当高开道引突厥侵幽州，突地稽又因力战有功，于“贞观初，拜右卫将军，赐姓李氏”⑦。他死后，其子谨行承父职，亦效忠于唐，因此谨行“历迁营州都督”，“累拜右领军大将军，为积石道经略大使”，又因其“破土蕃数万众于青海”，唐高宗“降玺书劳勉之”，后又“累授镇军大将军，行右卫大将军，封燕国公”，谨行死后，受到唐王朝“赠幽州都督，陪葬乾陵”的“恩与”。这部分靺鞨人，至唐武后通天年间，“或有酋长自来，或遣使来朝贡，每岁不绝”⑧。此外，唐贞观十四年

① 庄严：《勿吉、黑水靺鞨的经济社会性质》，《黑河学刊》1986 年第 4 期。

② 《旧唐书》卷一百九十九下，《列传第一百四十九·北狄》，中华书局，2011，第 5358 页。

③ 《隋书》卷八一，《东夷传·靺鞨传》。

④ 《旧唐书》卷一百九十九下，《列传第一百四十九·北狄》，中华书局，2011，第 5358 页。

⑤ 《唐会要》卷九六，《奚传》。

⑥ 《旧唐书》卷一百九十九下，《列传第一百四十九·北狄》，中华书局，2011，第 5359 页

⑦ 《旧唐书》卷一百九十九下，《列传第一百四十九·北狄》，中华书局，2011，第 5359 页。

⑧ 《旧唐书》卷一百九十九下，《列传第一百四十九·北狄》，中华书局，2011，第 5359 页

(640)，唐太宗在黑水部分地区设立黑水州，[①] 加强对黑龙江流域的管理。

与渤海并立共存的黑水靺鞨，这一时期与中原王朝的关系十分密切。一方面黑水靺鞨多次向中原王朝纳贡，另一方面唐王朝在其地设置府州，授官理民。前已述及，早在贞观十四年（640），唐即以其地为黑水州。开元十年（722），“其酋倪属利稽来朝，玄宗即拜勃利州刺史”[②]。开元十三年（725），据安东都护薛泰奏请，在“黑水靺鞨内置黑水军”。次年，就其最大部落设黑水州都督，“仍以其首领为都督”，唐王朝又“置长史，就其部落监领之”。其余十部落，唐授其首领为“刺史”，隶属黑水府。[③] 这表明，唐中央政府至少在 8 世纪上半叶，已在黑龙江流域建立了地方行政机构，直接行使对这一边远地区的管辖权。[④] 开元十六年（728），唐王室又赐黑水府都督“姓李氏，名献诚，授云麾将军兼黑水经略使，仍以幽州都督为其押使，自此朝贡不绝”[⑤]。黑水靺鞨向唐纳贡的次数，据《新唐书》载，“讫帝世，朝献者十五。大历世凡七，贞元一来，元和中再”[⑥]。从《新唐书》记载的来贡次数看，黑水靺鞨入唐次数少于渤海，并且自元和年间以后终唐世八十年左右的时间内无有来贡。从史书记载来看，原因有二：一是渤海在发展过程中，竭力反对黑水靺鞨直接与唐王朝来往，而渤海区域又在其南，影响了黑水靺鞨通贡；二是在渤海强盛时，“靺鞨皆役属之”，故黑水靺鞨“不复与王会”。[⑦] 后来的事实表明，黑水靺鞨心向中原，所以，等到渤海衰弱，一度役属渤海的黑水靺鞨摆脱控制，其首领兀儿于后唐庄宗同光二年（924），遣使与中原王朝建立了联系，次年，另一首领胡独鹿又遣使来朝。此后，黑水靺鞨又常来朝贡。[⑧]

粟末靺鞨建立的渤海国与中原的经济、文化联系，不仅频繁，且交流的物品种类也增多了。在其故地的绥滨县同仁遗址中，发现了许多渤海人的文物。1973 年发掘“出土的铁锛、铁带扣和陶簸箕等文物”，“与中原地区同类器物很相似”，在属于唐代遗存的东宁县团结遗址上层文化中，

① 《唐会要》卷九六，《奚传》。
② 《新唐书》卷二百一十九，《列传第一百四十四・北狄》，中华书局，2011，第 6178 页。
③ 《旧唐书》卷二百一十二，《列传第一百四十九・北狄》，中华书局，2011，第 5359 页。
④ 杨保隆：《肃慎挹娄合考》，中国社会科学出版社，1989，第 244 页。
⑤ 《旧唐书》卷一百九十九下，《列传第一百四十九・北狄》，中华书局，2011，第 5359 页。
⑥ 《新唐书》卷二百一十九，《列传第一百四十四・北狄》，中华书局，2011，第 6178 页。
⑦ 《新唐书》卷二百一十九，《列传第一百四十四・北狄》，中华书局，2011，第 6179 页。
⑧ 杨保隆：《肃慎挹娄合考》，中国社会科学出版社，1989，第 244 页。

出土了“唐三彩盒盖残片”，考古工作者还在那里征集到一件铜马，“形象古朴，背上的骑士头着幞头，足蹬长靴，挺胸扬手，神态威武，类似中原地区盛唐墓中的武士俑形象”①。这些文物，无疑是由中原地区传入或仿制的。渤海人“数遣诸生诣京师太学，习识古今制度”。② 据金毓黻考证，在渤海“宣王之世，遣学生李居正、朱承朝、高寿海等三人……咸和三年，遣学生解楚卿、赵学明、刘宝俊等三人，先后入唐太学习识古今制度。又咸和七年，亦有遣学生入唐习学之事”③。渤海人还在其“文王大兴元年”，派人到唐抄写“《汉书》《三国志》《晋书》《十六国春秋》《唐礼》”等。④ 由于渤海人喜爱汉族先进文化，积极习识，其经济不能不深受中原影响。

作为中华民族“一体”之“一元”，满族先民在隋唐靺鞨时期与中原汉族经济的一体化进程不仅程度加深，种类加多，更重要的是这种交流互动趋于经常化而必不可少，对靺鞨尤为如此，并且这种联系逐步跃出经济领域而在政治和思想文化领域出现融合，以至隋设太守，唐置府州，从此前断续的、少量的经济交流，开始变成经济“一体”之器官，一体化的趋势清晰可辨。

① 黑龙江省文物考古工作队、吉林大学历史系考古专业：《东宁县团结遗址发掘的主要收获》，《光明日报》1978 年 7 月 23 日，第 3 版。

② 《新唐书》卷二百一十九，《列传第一百四十四·北狄》，中华书局，2011，第 6182 页。

③ 金毓黻：《渤海国志长篇》，社会科学战线杂志社印，1982，第 20 页。

④ 金毓黻：《渤海国志长篇》，社会科学战线杂志社印，1982，第 20 页。

第三章　辽宋女真部氏族制向奴隶制的过渡

辽宋时期是女真部社会经济飞跃发展的历史时期。在这一时期，女真部生产力得到巨大发展，更多地使用铁器，有了较发达的农业及畜牧业，私有制进一步发展，贫富分化出现并形成了阶级，初步建立了国家，但各部经济发展不平衡。北宋末年，完颜部经过几十年的频繁兼并战争，西起松花江，东到乌苏里江一带，南至今吉林省延吉市地区的女真各部，逐渐被完颜部统一起来。在这一发展过程中，女真社会内部的阶级分化越发激烈，阿骨打时，已出现了“今贫者不能自活，卖妻子以偿债”①，这说明，女真社会已在向奴隶制过渡。

第一节　女真人的来源和分布

辽太祖天赞五年（926），渤海政权被契丹贵族推翻，改称东丹国。辽代时，南迁的渤海人与汉人是南枢密院统治的主要对象。金太祖阿骨打曾说：“女直（真）、渤海本同一家”②，反映了女真、渤海记忆犹新的同系关系。辽灭渤海后，黑水靺鞨附属于辽。辽统治者迁渤海于中国东北地区的南部，黑水靺鞨随之南迁渤海故地。契丹人称靺鞨人为“女真”③，自此女真的名称便出现在中国史籍中。

一　女真人的来源

辽太祖天赞五年（926），渤海国被我国东北地区的契丹人吞并。渤海亡后，其居民一部分迁居今朝鲜境内，后成为朝鲜族的成员，有的徙居中原的汉族居住区，大部分被契丹贵族分散迁移，不少被南迁到今辽东半岛

---

① 《金史》卷二，《本纪第二》，中华书局，2011，第22页。

② 《金史》卷一，《本纪第一》，中华书局，2011，第2页。

③ 《辽史》卷一，《本纪第一》，中华书局，2011，第2页。

和内蒙古巴林左旗境内。后两部分渤海遗民，有的融入女真部，有的被汉族和其他部族同化。在渤海居民被分散迁徙的过程中，黑水靺鞨逐渐向南伸张，不久，松花江南北的广大地区为其所有。由于契丹人的崛起，黑水靺鞨转附于辽朝。[①] 契丹人称黑水靺鞨为“女真”，女真于五代时取代靺鞨为族称载入史册。[②] 这一族称，一直相沿至明末。

靺鞨来源于挹娄，挹娄来源于肃慎。一般认为，女真来源于靺鞨，实际这一说法不确切。因为如前所述，靺鞨的粟末、伯咄、安车骨、拂涅和白山等部，后并入渤海。渤海亡后，其遗民分散迁徙，不少渤海人加入邻近各族，有的到金朝初期还保留着渤海称号，所以确切的说法应是，女真是黑水靺鞨易号，其来源于黑水靺鞨。这有下列史籍为据。《三朝北盟会编》载：“《三国志》所谓挹娄，元魏所谓勿吉，隋谓之黑水部，唐谓之黑水靺鞨，盖其地也。”[③] 《金史》记：“金之先，出靺鞨氏。……唐初，有黑水靺鞨、粟末靺鞨……粟末靺鞨……后为渤海……五代时，契丹尽取渤海地，而黑水靺鞨附属于契丹。其在南者籍契丹，号熟女直；其在北者不在契丹籍，号生女直。”[④] 可见，最初被称为女真的，确属黑水靺鞨。

辽宋时期的女真，过去一般都认为是一个民族，但根据马克思主义关于民族形成的理论，古代民族是在原始社会瓦解，阶级社会确立的过程中，由部族联盟发展而成；而女真到辽末金初才进入阶级社会，因此，辽代女真人不可能形成民族。它实际上包括了许多个各自分立的氏族和氏族联合体。辽代女真人正处于由若干亲属氏族联合体转化为部族的阶段。由于女真称号沿用长达700年之久，其间又经历了剧烈的变化，所以这一共同体的成分，不能简单地说只是黑水靺鞨，它前后有很大不同。一方面，在其前期迅速发展过程中，有不少其他族人加入。如在金代的猛安谋克中，包括了不少渤海人（渤海虽以靺鞨人为主体建立，但还有高丽人的加入，因此，后来的渤海人应视作一个新的共同体）组成的猛安谋克，在金太祖“女真、渤海本同一家”思想支配下[⑤]，这些渤海人逐渐融入女真部。又如金灭辽后，女真猛安谋克中有不少契丹人，后因其反叛，金世宗

① 《辽史》卷一，《本纪第一》，中华书局，2011，第2页。
② （宋）徐梦莘：《三朝北盟会编》卷三，上海古籍出版社，2008，第16页。
③ （宋）徐梦莘：《三朝北盟会编》卷三，上海古籍出版社，2008，第16页。
④ 《金史》卷一，《本纪第一》，中华书局，2011，第1页。
⑤ 《金史》卷二，《本纪第二》，中华书局，2011，第25页。

于大定三年（1163），“诏罢契丹猛安谋克，其户分隶女真猛安谋克”[①]。此后，史书中再无提及契丹人重组的新实体，显然这些分散于女真人中的契丹人，随着时间推移，亦同化于女真。

二 女真人的分布

辽宋时期女真人的分布情况，前后有很大不同。史载女真“世居混同江之东，长白山、鸭绿水之源”[②]，是指聚居于此且后来成为金国主体部分的生女真。实际上，黑龙江以北原黑水靺鞨分布地，都是女真人的故乡。[③] 在辽朝，对分布不同地区的女真人有不同称呼。据史载，当女真人转附于辽朝后，辽太祖分而治之，“诱其强宗大姓数千户移置辽阳之南，以分其势，使不得相通”[④]。辽太祖迁于辽阳以南的数千户“熟女真”，代表了这一时期女真社会中的先进部分。所谓“熟女真”指的就是其社会经济和文化发展水平较高的意思。他们的经济究竟发展到何等水平，史书并无详细记载。史称其“豪右”者，当属女真人中政治上有势力，经济上富裕的富户，与大多数女真人相对立，它可佐证女真社会已有阶级分化。被称作“生女真”者，“居粟沫之北，宁江之东北”，有“地方千余里，户口十余万，散居山谷间”[⑤]。他们“不在契丹籍”[⑥]，“依旧界外野处，自推雄豪为酋长”。粟沫即粟沫江，指今松花江上流段。宁江即宁江州，在今吉林省扶余县境。这就是说，今松花江中下游地区和黑龙江南北等地，为生女真所在地。金太祖阿骨打所在之完颜部，就居住在这一区域南部的今阿什河流域。被称为“生女真”者，是女真人中处在不发达阶段的部分，“生”是不发达的意思。据载，生女真初“无室庐”，过着“夏则出随水草以居，冬则入处其中（指住土穴），迁徙不常”的游猎穴处生活。北宋初（10世纪末），生女真中的完颜部在首领绥可率领下，移居今哈尔滨市以南的阿什河流域，“耕垦树艺，始筑室，有栋宇之制”。但尚“无书契，无约束，不可检制”。由此则知，完颜部虽是“生女真”中最先进

① 《金史》卷六，《本纪第六》，中华书局，2011，第132页
② （宋）徐梦莘：《三朝北盟会编》卷三，上海古籍出版社，2008，第16页。
③ （宋）徐梦莘：《三朝北盟会编》卷三，上海古籍出版社，2008，第16页。
④ （宋）徐梦莘：《三朝北盟会编》卷三，上海古籍出版社，2008，第16页。
⑤ （宋）徐梦莘：《三朝北盟会编》卷三，上海古籍出版社，2008，第16页。
⑥ 《金史》卷二，《本纪第二》，中华书局，2011，第2页。

的一支，但仍未跨进文明社会门槛。此后，虽“稍用条教”，但“尚未有文字，无官府，不知岁月晦朔”。有学者根据《三朝北盟会编》引《神麓记》所载，认为生女真在绥可时代已“能够烧炭炼铁”，恐不精确。①

除熟女真和生女真外，还有两部分女真人，一被看作“非熟女真，亦非生女真”②，有的史书称他们为“回霸”③。他们在“咸州之东北分界入山谷，至于粟沫江中间所居”④。隶属辽“咸州兵马司”，被允许“与本国（指生女真）往来”⑤。辽咸州治在今辽宁省开原市境，这样说来，在开原市东北至吉林市一带，还居住了一部分既不属熟女真也不属于生女真的女真人。实际上，根据其他史书记载，回霸女真散居在开原市、吉林市一线以东的长白山广大地区。再有，“极边远而近东海者，则谓之东海女真”，亦称之为“黄头女真”⑥。他们“种类虽一，居处緜远，不相统属”⑦。这部分女真人，是居住在生女真之外滨日本海和黑龙江下游等广大地区内的原黑水靺鞨边远氏族。

辽宋时期文献中对女真人的不同称呼，主要有以上四部分。其分布区域，包括东临日本海，西至嫩江与松花江汇流处，南抵辽东半岛，北越黑龙江以北的广大地区。其间，虽有汉族和其他族人杂处，但绝大部分是女真人。所谓“白山黑水”地区是满族先人的故乡，从辽宋女真人的分布得到了充分证明。

第二节　辽宋时期女真人父系氏族公社经济的瓦解

辽王朝把女真人分为“熟女真”和“生女真”，反映了女真人内部社会经济发展不平衡的状态。“熟女真”，是其先进部分，辽王朝直接统治。“生女真”比较落后，主要从事渔猎，有少量农业并使用奴隶，多养猪，有了贫富分化。⑧北宋初（10世纪末），生女真的完颜部崛起，在酋长绥

---

① 杨保隆：《肃慎挹娄合考》，中国社会科学出版社，1989，第258页。
② （宋）徐梦莘：《三朝北盟会编》卷三，上海古籍出版社，2008，第16页。
③ （元）马端临：《文献通考》卷三百二十七，《四裔通考四·女真》，中华书局，1986，第2570页。
④ （宋）徐梦莘：《三朝北盟会编》卷三，上海古籍出版社，2008，第16页。
⑤ （宋）徐梦莘：《三朝北盟会编》卷三，上海古籍出版社，2008，第16页。
⑥ （元）马端临：《文献通考》卷三百二十七，《四裔通考四·女真》，中华书局，1986，第2570页。
⑦ （宋）徐梦莘：《三朝北盟会编》卷三，上海古籍出版社，2008，第16页。
⑧ 《满族简史》编写组：《满族简史》，民族出版社，2009，第8页。

可带领下迁徙到按出虎水畔（今阿什河流域）定居，在此后一百年间，完颜部输入铁器，掌握了炼铁技术，生产力发展迅速，农业也发展起来，女真父系氏族公社经济开始瓦解。

一　女真使用铁器及开始冶铁的时间

女真人使用铁器的时间甚早，早在魏晋时期已有明确记载。女真先人勿吉从中原引进铁器，却找不到当时女真部先人能自己冶铁的资料。渤海人已能冶铁有史料可证，但在渤海人统治下的女真部先人靺鞨能否冶铁，却没有确切资料可证。辽宋时期熟女真曷苏馆部可能冶铁，见于《辽史》记载，但他们是西迁前即掌握冶铁技术，还是迁到辽南后才掌握，史籍没有明确记载。[①]

对生女真在辽代是否掌握冶铁，学者认识颇有分歧。苗耀《神麓记》载：“（绥可）教人烧炭炼铁。”[②]《金史·乌春传》载：“乌春……以锻铁为业。”[③] 有人据此以为早在绥可时（约公元10世纪），女真人已能冶铁。但绥可的炼铁，究竟是指冶炼，还是锻炼，记载不够清楚，《金史·乌春传》则明载是锻铁而不是冶铁。锻铁和冶铁是两种不同的技术，反映两种不同的生产力水平，很多民族都是在掌握锻铁以后很长时期才掌握冶铁的。又《金史·世纪》载：“生女真旧无铁，邻国有以甲胄来鬻者，倾赀厚贾以与贸易，（景祖）亦令昆弟族人皆售之。得铁既多，因之以修弓矢，备器械。”[④] 这表明到景祖时（11世纪），生女真还不会冶铁，他们的铁仍靠输入。他们只是能将输入的铁，通过锻炼打造弓矢器械。以此推断，更早的绥可时代的炼铁，也只能是锻炼而不是冶炼。过去在阿城五道岭发现了冶铁遗址，经多人研究都认为是金代早期的冶铁遗址。[⑤] 有学者认为：“女真人大规模炼铁，应从金的‘实内地’……主要由其掳掠宋人等‘工技之民’来从事冶铁的……五道岭地区冶铁遗址应形成于金中期。”[⑥] 也

---

① 孙进己、孙泓：《女真民族史》，广西师范大学出版社，2010，第130页。

② （金）苗耀：《神麓记》，见（宋）徐梦莘《三朝北盟会编》卷十八，政宣上帙，上海古籍出版社，2008，第127页。

③ 《金史》卷六七，《列传第五·乌春》，中华书局，2011，第1577页。

④ 《金史》卷一，《本纪第一·世纪》，中华书局，2011，第124页。

⑤ 黑龙江省博物馆：《黑龙江省阿城县小岭地区金代冶铁遗址》，《考古》1965年第3期。

⑥ 孙占文：《五道岭冶铁遗址的两个问题》，《黑龙江日报》1963年3月26日。

有人主张："早在女真族未建国前已经开采冶炼。"[①] 但是这个观点还有待考古资料进一步证实，究竟能上推到建国前何时？不一定能早于景祖前，因为如景祖以前就能自己冶铁，那就不需要"倾赀厚价以与贸易"了。

在黑龙江地区虽普遍发现了大量铁器，但目前看来大都是金代的，还没有确切资料可佐证金以前的女真普遍使用铁器，进入了铁器时代。只能认为金以前女真由于大量引进铁器，已较多地使用铁器，并掌握了铁器的锻炼加工，但还没有冶铁，因此也不可能普遍使用铁器，真正进入铁器时代，其生产力水平应相当于野蛮高级阶段，东北许多民族大致都是在这种情形下向阶级社会过渡的。[②] 少数民族受汉族影响，不一定非要等到本族自己也能冶铁，才开始向阶级社会过渡。这可以说是中国少数民族经济制度演化的一个规律了。

二 辽宋女真的经济发展

辽宋时期女真和我国一些较先进的民族建立了密切联系，在大量输入铁器的基础上，整个社会经济有了一定的发展。

农业是女真先人肃慎、挹娄、勿吉早就掌握的生业。《三国志》载："有五谷、麻布。"[③]《魏书》亦载："佃则偶耕……有粟及麦、穄。"[④] 但与《大金国志》所载"田宜麻谷……多织布，喜耕种"[⑤]，《北风扬沙录》所载"颇事耕艺而不蚕桑"[⑥] 比起来，农业有了一定发展，已渐占主要地位。《金史》载："献祖乃徙居海古水，耕垦树艺、始筑室有栋宇之制。"[⑦] 虽不能理解为女真到此时才有农业，才定居，但也反映了农业已在女真经济生活中占据主导地位。

在畜牧业方面，挹娄时就有牛马，勿吉无牛有马多猪无羊，女真则"兽多牛马"[⑧]，《北风扬沙录》有"名马"记载。产名马似表明女真养马

① 王永祥：《阿城五岭地区古代冶铁遗址的初步研究》，《黑龙江日报》1962 年 11 月 13 日。
② 孙进己：《东北亚民族史论研究》，中州古籍出版社，1994，第 249 页。
③ 《三国志》卷三十，《魏书・乌丸鲜卑东夷传》，中华书局，2015，第 615 页。
④ 《魏书》卷一百，《列传第八十八・勿吉》，中华书局，2017，第 2220 页。
⑤ （宋）宇文懋昭：《大金国志校证》卷三十九，《初兴风土》，中华书局，1986，第 551 页。
⑥ （南宋）陈准：《北风扬沙录》，载陶宗仪等编《说郛三种》（五），上海古籍出版社，1988，第 2569 页。
⑦ 《金史》卷一，《本纪第一・世纪》，中华书局，2011，第 3 页。
⑧ （宋）宇文懋昭：《大金国志校证》卷三十九，《初兴风土》，中华书局，1986，第 551 页。

业有了进一步发展，且在辽代女真中，牛马成了财富的主要形式，甚至成为一般等价物。赔偿、谢礼、聘礼、赎人都用牛马，表明畜牧业在辽代女真人经济中的重要地位。《金史》载："凡有杀伤人者，征其家人口一、马十偶、牸牛十、黄金六两。"同书载："谢以青牛一、并许归六十之妇。始祖乃以青牛为聘礼而纳之。"①《北风扬沙录》载："杀死人者仍没其家人为奴婢，亲戚欲得则输牛马赎之。"②

在辽宋女真经济中，狩猎及采集仍占一定地位。《大金国志·初兴国土》载："善骑射、好渔猎"，"兽多……麋鹿、野狗、白彘、青鼠、貂鼠"③，表明了狩猎的动物种类。《大金国志》载："土产人参、蜜蜡……松实、白附子。"④ 这些用来向外交换的土特产，又都自采集而得。

辽宋女真在手工业上颇有进步。《大金国志·初兴风土》载："酿糜为酒"，"多织布"，能制造金银铁器及瓦器，并有了专门的铁工。《金史·乌春传》载："乌春，阿跋斯水温都部人，能锻铁为业。"同传又载："加古部乌不屯亦铁工也。"但其他方面好像还没有出现专门的手工业者，所以《大金国志》载："无工匠，其舍屋车帐往往自能为之。"⑤ 说明手工业开始从农业中分离出来，但还没有普遍分离。

辽宋时期女真的物物交换有了较大发展。《金史·世纪》载："生女真旧无铁，邻国有以甲胄来鬻者，倾赀厚贾以与贸易，（景祖）亦令昆弟族人皆售之。""世祖尝买加古部锻工乌不屯被甲九十。"⑥ 看来铁是当时买卖的主要物品。又《契丹国志》载："熟女真……居民等自意相率，资以金、帛、布、黄蜡、天南星、人参、白附子、松子、蜜等诸物入贡北番。或只于边上买卖，讫却归本国。"⑦《北风扬沙录》载：女真"岁以北珠、貂、桦、名马、良犬为贡"⑧。《辽史·食货》载："女真以金、帛、

---

① 《金史》卷一，《本纪第一·世纪》，中华书局，第2页。
② （南宋）陈准：《北风扬沙录》，载陶宗仪等编《说郛三种》（五），上海古籍出版社，1988，第2570页。
③ （宋）宇文懋昭：《大金国志校证》卷三十九，《初兴风土》，中华书局，1986，第551页。
④ （宋）宇文懋昭：《大金国志校证》卷三十九，《初兴风土》，中华书局，1986，第551页。
⑤ 华山、王赓唐：《略论女真族氏族制度的解体和国家的形成》，《文史哲》1956年第6期。
⑥ 《金史》卷一，《本纪第一·世纪》，中华书局，2011，第7页。
⑦ （宋）叶隆礼：《契丹国志》卷二十二，《州县载记》，中华书局，2014，第237页。
⑧ （南宋）陈准：《北风扬沙录》，载陶宗仪等编《说郛三种》（五），上海古籍出版社，1987，第2569页。

布、蜜、蜡诸药材……等物，来易于辽者，道路褫属。”[①] 这都说明了辽宋女真通过入贡及交易等方式，用土产去交换自己所需物品。女真输入的物品不见记载，但应主要是铁器等手工业品。女真自己铸造货币是很晚的事。《金史·食货》载：“初用辽、宋旧钱。”但这是指金初，辽宋时期女真可能未用过辽、宋钱。《大金国志》：“其市无钱，以物博易。”表明最初还未使用货币，当时似乎以黄金及牛马作一般等价物。如《金史·世纪》载：“凡有杀伤人者，征其家人口一，马十偶，牸牛十，黄金六两。”[②]

从辽宋女真整个经济发展状况看，这一时期的女真应属野蛮高级阶段向阶级社会过渡时期。

三 辽宋女真从父系氏族联合体到猛安谋克

女真先人早已进入父系氏族联合体，“它包括一个父亲所生的数代子孙和他们的妻子，他们住在一起共同耕作自己的田地，衣食都出自共同的储存，共同占有剩余产品”[③]。但“各个家庭首长之间的财产差别，炸毁了各地仍然保存着的旧的共产制家庭公社；同时也炸毁了在这种公社范围内进行的共同耕作制。耕地起初是暂时的，后来便永久地分配给各个家庭使用，它向完全的私有财产的过渡，是逐渐完成的，是与对偶婚向一夫一妻制的过渡平行地完成的。个体家庭开始成为社会的经济单位了”[④]。辽代女真正是处于这样一个变革的时代。据《金史·世纪》载：“生女真之俗……生子年长即异居。”[⑤] 这表明父系小家庭已形成，已不再是几代人组成一个父系大家庭。“生子年长即异居”，表明了兄弟已经分居，但刚形成的父系氏族小家庭在当时较低的生产力水平下，还很难完全独立进行生产。因此，他们又联合起来“聚种”。《金史·兵志》载：“（女真）旧时兄弟虽析，犹相聚种。”[⑥] 这种“聚种”和建立在公共所有制基础上的集体耕作不同，它是在财产已经分归小家庭所有后，在分家基础上的协作。

---

① 《辽史》卷六十，《志第二十九·食货下》，中华书局，2011，第929页。

② 《金史》卷一，《本纪第一·世纪》，中华书局，2011，第2页。

③ 恩格斯：《家庭、私有制和国家的起源》，载《马克思恩格斯全集》第21卷，人民出版社，1965，第70～71页。

④ 恩格斯：《家庭、私有制和国家的起源》，载《马克思恩格斯全集》第21卷，人民出版社，1965，第187页。

⑤ 《金史》卷一，《本纪第一·世纪》，中华书局，2011，第6页。

⑥ 《金史》卷四四，《志第二十五·兵》，中华书局，2011，第995页。

这种“聚种”在我国近代有些民族中还存在，如独龙族称为“伙有共耕”，黎族称为“合亩”都属于这一形态，这种形态已不是那种土地共同占有共同耕作的父系大家族，而是父系大家族瓦解后的产物。①

但当时，女真部的血缘联系还未破坏，这种“聚种”不是地域性的农村公社，而是兄弟聚种，是由血缘纽带联结起来的。它由若干有血缘联系的小家庭组成了一个父系氏族，再由若干个父系氏族组成氏族联合体。因此，它并不排斥氏族的存在，到金建国前，女真的氏族组织还存在，完颜、徒单、乌古论各分为若干氏族，如完颜分为十二，乌古论分为十四，徒单分为十四，蒲察分为七，纥石烈亦分为若干个氏族。

到辽末，女真人各氏族不断迁徙兼并，各父系氏族联合体中出现了不少外来的自由民及非自由民。如《金史·乌春传》载乌春曾一度迁居完颜部。《金史·高丽传》载有医者本高丽人，居女真之完颜部。《金史·温敦蒲剌》载：“麻产据直屋铠水，缮完营堡，招纳亡命，杜绝往来者。”②女真人的父系氏族公社开始转变为地域性的农村公社。这种地域性的农村公社，具体表现形式是猛安谋克。过去一般都认为猛安谋克是在金太祖时才有，其据为《金史·世纪》载：“太祖二年（1116）十月，初命诸路以三百户为谋克，十谋克为猛安。”③ 但事实上，在此以前早就有谋克之制。《金史·太祖纪》载：“太祖二年九月，遇渤海军攻我左翼七谋克。”④ 又《金史》：“肃宗拒桓赧已再失利，世祖命欢都、冶诃，以本部谋克之兵助之。”⑤ 则谋克于世祖时已有，太祖不过厘定其制而已。地域性的农村公社是原始社会的最后一种残余形态，它主要存在于阶级社会中，它的出现标志血缘组织的解体，地域组织的建立，氏族与氏族联合体发展到部族，开始向阶级社会过渡了。

四 辽宋女真部贫富分化及奴隶的出现

辽代女真随着一夫一妻制小家庭的形成及私有制的发展，在氏族内部出现了贫富分化。《金史·谢库德传》：“准德、束里保者，皆加古部人。

---

① 孙进己：《东北亚民族史论研究》，中州古籍出版社，1994，第249页。
② 《金史》卷六七，《列传第五·温敦蒲剌》，中华书局，2011，第1582页。
③ 《金史》卷一，《本纪第一·世纪》，中华书局，2011，第25页。
④ 《金史》卷二，《本纪第二·太祖纪》，中华书局，2011，第24页。
⑤ 《金史》卷六八，《列传第六·冶诃》，中华书局，2011，第1595页。

申乃因、丑阿皆驰满部人。富者粘没罕，完颜部人。阿库德、白达皆雅达澜水完颜部勃堇，此七人者，当携离之际，能一心竭力辅戴者也。”同传：“又有胡论加古部胜昆勃堇、蝉春水乌延部富者郭赧，畏乌春强，请世祖兵出其间，以为重也。”①《金史·腊醅麻产传》：“腊醅怒，将攻之。乃约乌古论部骚腊勃堇、富者挞懒、胡什满勃堇、渴罗勃堇、斡茁火勃堇。”同传：“腊醅、麻产使其徒旧贼秃罕及驰朵剽取户鲁不泺牧马四百，及富者粘罕之马合七百余匹……。”②

从这些记载看，似乎辽代女真各部中，都有一些富者，他们虽不是酋长（孛堇），但其地位与孛堇相平。富者粘罕个人被掠之马就有三百余匹，其他资产及未被掠之马尚不在内，可见其富。而相反，贫者却不能自活，卖妻子不能偿。《金史·世纪》载：“民间多逋负，卖妻子不能偿。康宗与官属会议，太祖在外庭以帛系杖端，麾其众，令曰：‘今贫者不能自活，卖妻子以偿债，骨肉之爱，人心所同。自今三年勿征，过三年徐图之’。”③

这些富者之所以富，一方面靠债务，但主要是靠掠夺。辽代女真部已把战争作为一种职业了，这些战争纯粹为了掠夺。如《金史》：“昭祖及石鲁以众至，攻取其赀产，虏二女子以归。昭祖纳其一，贤石鲁纳其一，皆以为妾。”④《金史》：“桓赧乘胜，大肆钞略。”“桓赧恃其众，有必胜之心，下令曰：‘今天门开矣，悉以尔车自随。凡乌古乃夫妇宝货财产恣尔取之，有不从者俘略之而去。’”⑤“太祖至撒改军，明日遂攻破留可城，城中渠帅皆诛之，取其孥累赀产而还。”⑥这方面的记载举不胜举，这些掠夺来的人口都沦为奴婢或妾。如上引昭祖及石鲁虏二女子，各取其一为妾。《金史·欢都传》提到世祖时斡勒部的人杯乃有家人不歌束及家人阿出胡山，均为家内奴隶。

女真族奴隶的来源，除掠夺外，还有因犯罪及债务沦为奴隶的。《金史·世纪》载：“凡有杀伤人者，征其家人口……与所杀伤之家。”⑦这是因犯罪而沦为奴隶的。据《金史·太祖本纪》载：太祖举兵伐辽，“誓

① 《金史》卷六五，《列传第三·始祖以下诸子·谢库德》，中华书局，2011，第1539页。
② 《金史》卷六七，《列传第五·腊醅麻产》，中华书局，2011，第1581页。
③ 《金史》卷一，《本纪第一·世纪》，中华书局，2011，第22页。
④ 《金史》卷六八，《列传第六·欢都》，中华书局，2011，第1591页。
⑤ 《金史》卷六七，《列传第五·桓赧》，中华书局，2011，第1575页。
⑥ 《金史》卷六七，《列传第五·留可》，中华书局，2011，第1584页。
⑦ 《金史》卷一，《本纪第一·世纪》，中华书局，2011，第2页。

曰：‘汝等同心尽力，有功者，奴婢部曲为良，庶人官之。’”[①] 这表明了在金建国前，女真族内部已有贵族、庶人、奴婢、部曲四个等级。《太祖本纪》又载：“收国二年（1116）二月己巳，诏曰：‘比以岁凶，庶民艰食，多依附豪族，因为奴隶，及有犯法，征偿莫办，折身为奴者，或私约立限，以人对赎，过期则为奴者，并听以两人赎一为良。若元约以一人赎者，即从元约。’”[②] 收国二年是金建国的第二年，以上所说的大量庶民因各种原因沦为奴隶的状况，显然不是近期形成的，而是辽宋时期就有这种情况发生。金太祖之所以颁此诏，是因为对外战争掠来异族当奴隶的人多了，为扩大本族军事力量，迫切要求把原来沦为奴隶的女真人转为良民。所谓以两人赎一，或从原约以一人赎，当为以所俘异族人赎本族人，这不是废除奴隶制，而是表明了奴隶制的发展。

第三节　辽宋女真与辽、宋、高丽的经济来往

在女真和汉族的关系史上，女真人初期虽然在契丹贵族控制下，后又建立了与南宋并立的金王朝，但他们的社会发展受汉族影响很深，大量事实表明，女真人也像其历代先人一样，在经济上与中原有密切往来。女真的逐渐强大并和周边各族各国经济交往，主要是在公元 10 世纪以后，联系最多的当然是建立辽朝的契丹人，其次则是宋和高丽。

一　女真与辽朝的朝贡关系

女真和契丹人所居相近，应该早就有联系，却未载于史籍。《隋书》记载了靺鞨与契丹的关系，但这靺鞨似乎是以后建渤海国的粟末靺鞨等，还不是女真。唐代女真受统于渤海国，所以也与契丹人无直接交往。最早见于史籍已在公元 10 世纪初，《辽史》载：“（903）春，伐女直，下之，获其户三百。”接着，“（906）十一月，遣偏师讨奚、霫诸部及东北女直之未附者。”[③] 这是由于契丹人向外扩张，才和女真人发生了交往。这时，中原通过契丹人间接得知女真，并载入史籍。《五代会要》载：“后唐同

① 《金史》卷二，《本纪第二・太祖》，中华书局，2011，第 24 页。
② 《金史》卷二，《本纪第二・太祖》，中华书局，2011，第 29 页。
③ 《辽史》卷一，《本纪第一・太祖耶律阿保机上》，中华书局，2011，第 2 页。

光二年（924）……九月，（契丹）为邻部室韦、女真、回鹘所侵。”[①]《册府元龟》卷九九五亦载此事。《册府元龟》又载：“同光三年（925）五月，黑水胡独鹿、女真等使朝贡。”[②] 这是首次以女真之名入贡于中原。

女真当时和中原政权联系不多，主要是和辽的联系。《辽史·太宗纪》记载女真首次遣使入贡于辽，是在天显二年（927）十二月戊戌，接着，“天显三年正月，黄龙府罗涅河女真、达卢古来贡”。“五月己巳，女真来贡”[③]。天显四年，六年，七年，九年，十一年，十二年，会同元年，二年，三年，四年，五年，八年，九年，女真几乎每年都入贡于辽。其中会同四年（941），不称女真而称鸭绿江女真。加上天显三年（928）的黄龙府罗涅河女真，说明当时女真有许多氏族，分别入贡于辽。

辽世宗时期，不见女真入贡于辽的记载。辽穆宗时应历二年（952）、五年（955）女真两次入贡于辽。辽景宗时，保宁五年（973）五月，“女真侵边，杀都监达里迭，拽剌斡里鲁，驱掠边民牛马”。同年六月庚寅，“女真宰相及夷离堇又来朝”。似乎女真并不以曾掠辽边为惧，辽也不以为责。保宁八年（976）八月，“女真侵贵德州东境。九月辛未，东京统军使察邻、详稳涸奏女真袭归州五寨，剽掠而去”[④]。九年（977），“春正月丙寅，女真遣使来贡”。五月，“女真二十一人来请宰相、夷离堇之职，以次授之”。十月，“壬申，女真遣使来贡”。十年（978）夏四月“己巳，女真遣使来贡”。乾亨元年（979）三月，“辛卯，女真遣使来贡”[⑤]。

《辽史·本纪》所载这些女真或侵掠辽边境，或入贡于辽，不能都看作同一女真部族和辽的关系。因为当时女真还没有形成统一的部族和国家，是分成许多氏族和氏族联合体。他们不可能有统一的朝贡，各自为政，或贡或掠，辽也只能分别对待。但由于《辽史》记载简略，往往笼统称之为女真，我们的研究就难以将之区别开来。

辽圣宗时（984～987），辽对女真人发动了多次战争。这些战争，究竟是攻打女真哪一氏族，没有明确记载。但从出兵多次，分兵几路，所获女真牲口一次就达十余万及马二十余万来看，辽攻打的应是女真诸氏族。由于

① （宋）王溥：《五代会要》卷二九，《契丹》，上海古籍出版社，2006，第456页。
② 《册府元龟》卷九七二，《外臣部·朝贡》，凤凰出版社，2006，第11254页。
③ 《辽史》卷三，《本纪第三·太宗耶律德光上》，中华书局，2011，第29页。
④ 《辽史》卷八，《本纪第八·景宗耶律贤上》，中华书局，2011，第95页。
⑤ 《辽史》卷九，《本纪第九·景宗耶律贤下》，中华书局，2011，第101页。

辽攻打女真，女真遂加强了和宋的交往。契丹为阻挠女真和宋的交往，去海岸四百余里的鸭绿江中置三栅，并置兵三千，以阻绝女真和宋的交通。统和八年（990），女真各氏族皆入贡于辽。故二月、四月、五月、六月、九月、十二月，皆有女真来贡或请内附。以后也常有一年数贡的记载，这应该不是某一氏族。开泰元年（1012）正月，长白山三十部女真酋长来贡。太平元年（1021）夏四月，东京留守奏女真三十部酋长，请各以其子指阙抵侯，诏与其父俱来受约。[①]

《契丹国志》对辽后期女真各氏族和辽的关系作了具体介绍："次东南至五节度熟女真……无出租税，或遇北主征伐，各量户下差充兵马。兵回，各遂便归于本处。所产人参、白附子、天南星、茯苓、松子、猪苓、白布等物，并系契丹枢密院所管，差契丹人或渤海人充节度管押。西北至上京五百余里。""又次东南至熟女真国，不属契丹所管。……不与契丹争战，或居民等自意相率赍以金、帛、布、黄蜡、天南星、白附子、松子、蜜等诸物入贡北番。或只于边上买卖讫，却归本国。契丹国商贾人等就入其国买卖，亦无所碍。契丹亦不以为防备。西至东京二百里。""东北至生女真国……前后屡于契丹为边患，契丹亦设防备，南北二千余里沿边创筑战堡，搬运粮草，差拨兵甲屯守征讨。二十年来深为患耳，西南至东京六百里。"[②]

这里表明辽与女真三个氏族不同性质的经济关系。第一类是五节度熟女真、鸭绿江女真，辽直接派人管押，并要女真提供服役，这是一种赋役关系。第二类是所谓熟女真，是指辉发河流域的顺化国女真、伊通河流域的黄龙府女真等，是边贸关系。第三类是所谓生女真，已成为劫掠关系了。但生女真也并非一开始就和辽相对立，也有一个发展过程。此后，辽天庆四年（1114）女真阿骨打打败辽兵，取宁江州，辽发兵攻之，战于出河店，辽兵大败，女真进占宾、祥、咸三州，铁骊部降女真。天庆五年（1115）时女真阿骨打称帝，国号金，至此女真与辽的关系进入新的历史时期。[③]

二　女真与宋朝的经济交往

女真和中原政权最早的经济交往，发生在公元925年。《册府元龟·外臣部·朝贡》载："同光三年（925）五月，黑水胡独鹿、女真等使

① 《辽史》卷十六，《本纪第十六》，中华书局，2011，第189页。

② （宋）叶隆礼：《契丹国志》卷二十二，《州县载记》，中华书局，2014，第237页。

③ 孙进己、孙泓：《女真民族史》，广西师范大学出版社，2010，第164页。

朝贡。”[①] 这次女真使者和黑水部使者，同向后唐朝贡，应当是渤海衰落，女真氏族和黑水氏族得以摆脱渤海束缚，直接朝贡。

公元960年宋建国，次年女真入贡。《宋会要辑稿·蕃夷三·女真》载：“太祖建隆二年（961）八月，其国遣嗢突刺朱来贡名马。十二月，遣使拽鹿猪泛海来贡方物。三年正月，遣使只骨来贡方物。四年正月，遣使来贡方物。八月，复遣使来献名马。九月，遣使来贡名马五十六匹。乾德二年（964），首领悉达理并侄阿黑哥，首领马撒鞋并妻梅伦，并遣使献马及貂皮。三年九月，遣使来贡，并赍定安国王烈万华表以闻。五年，马撒鞋及首领斫鞋来贡马。六年首领祈达渤来贡马。又有铁利王子五户并母及子弟连没、六温、迪门、没勿罗附其使贡马、布、腽肭脐、紫青貂、鼠皮。太平兴国六年（981），遣使来贡方物。”[②]

这一时期女真对宋的朝贡非常频繁，有时一年数贡。如建隆二年（961）八月、十二月，三年的正月、三月，四年的正月、八月、九月。按照当时的交通状况，短短数月间如此频繁往返是不可能的，只能理解为当时女真有许多氏族分别遣使入贡，并非仅一个氏族一年数贡。彼时女真各氏族尚未形成一个统一的国家，不可能统一遣派贡使。因此，乾德二年入贡的女真首领悉达理及首领马撒鞋应是两个女真氏族的首领。而同书载：“五年，马撒鞋及首领斫姑来贡马。是年，女真来寇白沙寨，略官马三匹，民百二十八口。诏止其贡马不令还。未几，首领渤海那三人入贡，奉木该言，三十东部落令送先被为恶女真所虏白沙寨人马。诏书切责前寇略之罪，而嘉其归顺之意。先留贡马女真悉令放还。”[③] 这更明显说明了来贡于宋的是三十东部落，而掠宋人马的是三十东部落以外的恶女真氏族。宋廷一时分不清，将恶女真掠马之罪，归于贡马的女真氏族首领马撒鞋，因此渤海那等女真首领前来说明。按此三十东部落，当即《辽史》所载的长白山三十部女真，他们入贡道路是顺鸭绿江而下渡海至山东半岛。

契丹为阻止女真和宋之交往，于统和二年（984）攻打女真，路经高丽之界，也说明了这些女真正是长白山女真。当时女真以为契丹之所以攻

① 《册府元龟》卷九七二，《外臣部·朝贡》，凤凰出版社，2006，第11254页。

② （清）徐松：《宋会要辑稿》第一百九十六册，《蕃夷三·女真》，中华书局，1957，第7711页。

③ （清）徐松：《宋会要辑稿》第一百九十六册，《蕃夷三·女真》，中华书局，1957，第7711页。

女真，是因高丽以诱导构祸，因于985年贡马于宋，并诉于宋朝，言："高丽与契丹结好，倚为势援，剽略其民，不复放还。"[①] 洎高丽使韩遂龄入贡于宋，宋太宗出女真所上告急木契以示遂龄，令归白本国，还其所俘之人。高丽王忧惧，洎宋使韩国华使高丽，因作申辩。[②] 之前说到辽朝与女真关系时，提到契丹为了阻挡女真至宋的朝贡道路，去海岸四百里，在鸭绿江中游筑三栅，此即统和九年（991）辽所建立威寇、振化、来远三城。长白山女真三十部拟发兵先平三栅，并泛海入朝于宋，求宋出兵支援。但宋仅降诏抚谕而不为发兵。自此女真改附于辽，和宋的直接交往就此断绝。但以后女真还多次经由高丽，附高丽使以入贡于宋。如宋真宗大中祥符七年（1014），遣将军大千机随高丽使入贡。八月，遣首领阿虚太随高丽使郭元入贡。天禧元年（1017），遣首领随高丽使徐呐入贡等。

综合以上史料我们得知，当宋太祖结束了中原分裂局面后，受契丹贵族控制的女真人即于宋朝建立后的第二年（961），遣温突剌朱向宋贡"名马貂皮"等方物。"自此无虚岁，或一岁再至"[③]。《文献通考》记录了女真人于宋建隆二年（961）、三年、四年，乾德二年（964），开宝二年（969）、三年、五年，太平兴国六年（981），雍熙四年（987），淳化二年（991），大中祥符七年（1014）、八年，天禧三年（1019）等多次来中原朝贡。[④] 他们每次来中原不仅献马匹、貂皮等方物，对北宋表示臣服，而且开宝三年（970）来贡，还为渤海遗裔"定安国王烈万华"赍"表以闻"，后又带领"铁利王子五户并母及子弟"向宋"贡马"。[⑤] 由此可见，女真人虽名义上受辽管辖，但心向中原，是当时东北地区与中原往来最频繁的氏族。当"契丹怒其朝贡中国，去海岸四百里置三栅，栅置兵三千，绝其贡献之路"的形势出现后[⑥]，他们又派人"泛海入朝，求发兵"，"共平三栅"[⑦]，以保持经常往来。由于宋太宗"但降诏抚谕，而不为发兵"[⑧]，结果导致自天圣年间（1023～1032）后，"不复入贡"。[⑨]

① 《宋史》卷四八七，《列传第二百四十六》，中华书局，2011，第14038页。
② 孙晓：《高丽史》卷三，《世家三·成宗》，人民出版社，2014，第65页。
③ （宋）徐梦莘：《三朝北盟会编》卷三，上海古籍出版社，2008，第20页。
④ （元）马端临：《文献通考》卷三二七，《四裔通考四·女真》，中华书局，1986，第2570页。
⑤ （元）马端临：《文献通考》卷三二七，《四裔通考四·女真》，中华书局，1986，第2570页。
⑥ （元）马端临：《文献通考》卷三二七，《四裔通考四·女真》，中华书局，1986，第2570页。
⑦ （元）马端临：《文献通考》卷三二七，《四裔通考四·女真》，中华书局，1986，第2570页。
⑧ （元）马端临：《文献通考》卷三二七，《四裔通考四·女真》，中华书局，1986，第2570页。
⑨ （元）马端临：《文献通考》卷三二七，《四裔通考四·女真》，中华书局，1986，第2571页。

这一时期，住在辽阳一带的“熟女真”，虽“著籍”于契丹，受辽严控，但他们利用住地与山东半岛隔海相望的地缘优势，常“由苏州泛海至登州卖马”[①]，在经济上保持了与内地居民的联系。由此可见，女真与汉族的经济交往尽管受到契丹国阻挠，但史上形成的经济互补关系，已经使女真人不能一日无之，可以泛海绕道，可以“共平三栅”，绝不能放弃互补之利。

三　女真与高丽的友好往来

高丽是在朝鲜史上建立的一个国家，辽代女真和高丽的关系是中朝关系史中的一个重要组成部分。女真和高丽地域相连，很早就建立了关系，且长期交往密切。

在整个辽代将近二百年中，女真和高丽保持着密切的经济交往。女真人经常用自己的方物、马匹换取高丽的各种器皿和衣服等。据《高丽史》记载，当时高丽称生女真为东女真，熟女真为西女真。东女真和西女真的各氏族常分别到高丽进行交易，几乎每年都有一次或数次，每次都数十人“入朝”。但这种“入朝”仅是经济上的交往，没有政治上的从属关系，他们在政治地位上是平等的。

> 乙酉年（985），先是契丹伐女真，路由我境，女真谓我导敌构祸，贡马于宋。因诬谮高丽与契丹倚为势援，剽掠人口。（高丽使）韩遂龄之如宋也。帝出女真所上告急文契以示遂龄，曰：“归白本国，还其所俘。王闻之，忧惧。”及（宋使）国华至，王语曰：“女真贪而多诈，前冬再驰木契，言：‘契丹兵将定其境。本国犹疑虚伪，未即救援，契丹果至，杀掠甚众，余族逃遁入于本国怀昌、威化、光化之境。契丹兵追捕，呼我士卒，言女真每寇盗我边鄙，今已复仇，整兵而回。于是女真来奔者二千余人，皆给资遣还。不意反潜师奄至杀掠吾吏民，驱虏丁壮没为奴隶。以其世事中朝，不敢报怨。岂期反相诬告，以惑圣聪。本国世禀正朔，谨修职贡，深荷宠灵，敢有二心交通外国？况契丹居辽海之外，复有二河之阻，无路可从。且女真逃难受本国官职者十数人尚在，望召赴京阙，令人责之使庭辩，庶几得实’”。[②]

① （宋）徐梦莘：《三朝北盟会编》卷三，上海古籍出版社，2008，第20页。

② 孙晓：《高丽史》卷三，《世家三·成宗》，人民出版社，2014，第65页。

这段高丽王对高丽与宋、契丹、女真二者关系的综述，明确了高丽当时对宋的依附，对契丹的畏惧，对女真的接纳。高丽认为，女真是“世事中朝”的，对“女真来奔者二千余人，皆给资遣还”。仅有少数女真人（二十余人）逃难受高丽官职。这里看不出女真对高丽有什么隶属关系，显然是一种友邻关系。

但到高丽文宗朝，高丽定州（今朝鲜咸镜道安平）界外东女真部落先后归附高丽。文宗癸丑年（1073），因在公崄、咸兴、洪原、北青一带设十五州以辖之。公元1103年女真完颜部乌雅束遣石适欢以星显统门之兵往至乙离骨岭，徇地曷懒甸，收叛亡七城。[①] 高丽睿宗二年（1107），高丽遣尹瓘击女真，破之，定地界，筑雄、英、福、吉等四城。公元1108年，高丽复置咸州大都督府及公崄镇防御使。尹瓘以平定女真新筑六城，奉表称贺。立碑于公崄镇以为界碑，以后兵连数年。公元1109年后，女真兵围吉州，高丽救之，结果大败。同年六月，高丽王召宰相台谏六部，议还六城，多数皆曰可。女真亦遣使谦辞求还九城。七月定议，还女真九城。女真誓曰：“而今已后至于九父之世，无有恶心，连连朝贡，有渝此盟，蕃土灭亡。”[②] 这表明女真和高丽虽一度因争夺领土发生了一些纠葛，但不久就和解了，他们处理了领土纠纷，并进一步加强了彼此间的友好关系。总的来说，整个辽朝数百年中，女真和高丽的经济关系始终是一种友好和平的交往。

中华民族经济作为“一体”的形成是在融合少数民族经济成就基础上实现的，每个少数民族作为其中的“一元”，是否完全被纳入整体当中，有一个重要的标志，那就是当这种整体联系受到某种力量的区隔时，能否继续保持下去。器官是不能和有机体分离的，否则就不是整体的器官了，整体失去某一器官，则会作为一种残疾存在。宋初，女真人受控于契丹贵族，但于宋朝建立后的第二年（961），女真部遣温突剌朱向宋廷进贡方物，此后连续不断，说明经济联系已经不因契丹的阻隔而终止。还有一点，少数民族和主体民族的经济“一体”化，不是“多元”分头与主体民族融合，而是主体民族和各少数民族以及各少数民族之间错综交往、综合发展的过程。辽宋时期，北方民族间经济融合是在汉族、契丹、女真、高丽等部经济综合交往中前行的。

---

① 《金史》卷一三五，《列传第七十三》，中华书局，2011，第2882页。

② 孙晓：《高丽史》卷十三，《世家十三·睿宗》，人民出版社，2014，第373页。

第四章　金国女真部族的奴隶制经济及其集权官僚化

金政权由女真部杰出首领阿骨打于公元1115年建立。1125年金灭辽，1127年灭北宋，成为我国北方一个强大的国家，并与当时南宋政权对峙。金国作为奴隶制国家，剩余产品的普遍和持续出现是一个基本经济条件，这就需要生产力的进步，而奴隶经济制度的产生需要打破以血缘为纽带的氏族组织结构，女真人也由肃慎以来的氏族和氏族联合体发展到部族共同体。私有制、商品交换和货币的出现，打破了血缘关系纽带，氏族社会组织瓦解了，为奴隶制建立准备了充分的经济条件。金朝社会经济结构复杂，除女真本身的社会经济成分之外，还包括原辽、宋地区原有的经济成分，因此，金国奴隶制经济建立后，受到宋代集权官僚制经济的影响，跳跃了封建农奴制而出现集权官僚化。

第一节　金国奴隶制经济的生产力基础

女真人建国前处于原始社会末期，即由父系氏族社会向阶级社会的变革时期。女真部族建立的金国，在性质上是奴隶制国家。肃慎人经过挹娄、勿吉和靺鞨不同阶段，到金国建国时，铁制农具已广泛使用，从而造成耕地面积扩大和农业产量的提高，出现大量的剩余农产品。冶矿业、采盐业等工矿业取得的进步，又使手工业出现大量剩余产品。剩余产品的出现是金国奴隶制经济的生产力基础。

一　铁制农具的广泛使用

金属工具的出现和应用，曾引起原始社会的深刻革命，这是女真人社会生产力的发展及由此引发的社会变革的重要标志。以完颜部为中心而兴起的生女真，由无铁到掌握冶铁技术经历了一个过程。

根据上一章的引述，生女真完颜部在绥可时已“烧炭炼铁”，同时有的氏族家庭专以冶铁为业，工匠在这些氏族家庭中已成为一种世传的家族职业。因为铁工在氏族内握有冶铁技术和锐利武器，受到社会的尊敬且有着重要影响。乌春因握有锐利武器，借口加古部乌不屯卖甲给完颜部世祖，而引起兵端，金世祖不得已与之媾和。

生女真虽自绥可以来即知冶铁，但铁的产量不敷需用，要从高丽输入，或以土产从辽地换取。女真人铁器的应用和推广，对当时农业生产起着巨大的作用。

女真人的农业生产水平有显著进步，但因女真人的种类和分布地域不同，农业发展的程度不平衡。《契丹国志》记载“熟女直”的状况时说：“有屋居门舍，皆于山墙下辟之，耕凿与渤海人同，无出租税，或遇北主征伐，各量户下差充兵马，兵回，各遂便归于本处”，依此“熟女直”虽无租税制度，但他们“耕凿与渤海人同”，表明原始农业已相当进步。[①]“生女直”各部，在始祖函普以前即有原始农业，因此邻寨鼻察异酋长室女“遂以牛马财用农作之具，嫁之于措浦（函普）”[②]。绥可定居在按出虎水之侧后，“田宜麻谷，以耕凿为业”，“种植五谷”，但“不事蚕桑”[③]。《初兴风土》也记载“喜耕种”[④]。尽管如此，农业还很原始。《茆斋自叙》：“自过咸州至混同江以北，不种谷黍，所种止稗子，舂粮旋炊粳饭。”[⑤]《容斋三笔》载：“自靖康之后，陷于金虏者，帝子王孙，宦门仕族之家，尽没为奴婢，使供作务。每人一月支稗子五斗，令自舂为米，得一斗八升，用为餱粮。”[⑥] 由此得知，金初主要种稗子，农作物品种有限。

二 耕地面积的扩大以及农作物产量的提高

金建国后，随着农业生产的恢复和发展，生产工具和生产技术的改进，耕地面积不断扩大，许多荒地重新得到开垦。金时的全国垦田数虽缺，但从《金史·食货志》所保存下来的几个局部地区数字，可以说明问

① （宋）叶隆礼：《契丹国志》卷二十二，《州县载记》，中华书局，2014，第237页。

② （宋）徐梦莘：《三朝北盟会编》卷十八，上海古籍出版社，2008，第127页。

③ （宋）徐梦莘：《三朝北盟会编》卷三，上海古籍出版社，2008，第17页。

④ （宋）宇文懋昭：《大金国志校证》卷三十九，《初兴风土》，中华书局，1986，第551页。

⑤ （宋）徐梦莘：《三朝北盟会编》卷四，上海古籍出版社，2008，第30页。

⑥ （宋）洪迈：《北狄俘虏之苦》，载张元济等辑《四部丛刊续编·子部（52）》，上海书店，1984，第49页。

题。金世宗时，全国猛安谋克垦田数为一百六十九万三百八十顷有奇，当时共有猛安二百零二个，平均每个猛安垦田为八千三百六十八顷有奇。金朝在中原的猛安为一百三十余个[①]，如以一百三十个猛安计算，在中原的垦田数为四十三万七千八百四十顷有奇。金宣宗兴定三年（1219）侯挚奏河南军民田总数为一百九十七万顷有奇，金末石抹斡鲁言："南京一路垦田为三十九万八千五百余顷，其中官田民耕为九万九千顷有奇。"[②]"北宋神宗时全国垦田为四百六十万六千五百五十六顷，减去东南九路田数二百九十五万三千五百七十八顷，则北方垦田数为一百六十五万二千九百七十八顷。"[③]金朝在中原的猛安谋克垦田，即占北宋北方垦田的65%，河南垦田浮出北宋北方垦田三十万七千二十二顷。当然北宋垦田数是极不可信的，但金朝在中原北部黄河流域的耕地面积至少要比北宋末、金初战乱时期有所扩大应无疑问。《保大军节度使梁公墓铭》记载：（金世宗时）"中都、河北、河东、山东，久被抚宁，人稠地窄，寸土悉垦。"[④]可证金世宗时北方垦田面积确有扩大。

金朝耕地面积扩大，与奖励开垦荒地、山地以及弛禁等措施分不开。奖励开垦荒地是金朝扩大耕地面积的一项颇有成效的措施，主要表现在对官荒地，黄河退滩地以及淀泺地的大量开垦上。金制："请射荒地者，以最下第五等减半定租，八年始征之。作己业者以第七等减半为税，七年始征之。……佃黄河退滩者，次年纳租。"[⑤]后来，曾一度将"八年始征"，改为五年，所以大定二十九年（1189）又提出"宽其征纳之限"，把五年又改为八年，开荒为己业的重新定为三年。《金史·食货》"田制"记载：（章宗大定二十九）"九月戊寅，又奏：在制，诸人请佃官闲地者，免五年租课，今乞免八年，则或多垦。"并从之。十一月，尚书省奏："民验丁佃河南荒闲官地者，如愿作官地则免税（按：税字应为租之误）八年，愿为己业则免税三年，并不许贸易典卖。"[⑥]

章宗泰和八年（1208）八月，对请佃荒地及黄河退滩地的旧制，重加

① （宋）徐梦莘：《三朝北盟会编》卷二百四十四，上海古籍出版社，2008，第1754页。
② 《金史》卷四七，《志第二十八·食货二·田制》，中华书局，2011，第1055页。
③ （元）马端临：《文献通考》卷四，《田赋考四》，中华书局，1986，第59页。
④ （金）赵秉文：《闲闲老人滏水文集》卷十一，《保大军节度使梁公墓铭》，科学出版社，2016，第259页。
⑤ 《金史》卷四七，《志第二十八·食货二·田制》，中华书局，2011，第1043页。
⑥ 《金史》卷四七，《志第二十八·食货二·田制》，中华书局，2011，第1049页。

规定。《金史·食货》“田制”记载：“户部尚书高汝砺言：‘旧制，人户请佃荒地者，以各路最下第五等减半定租，仍免八年输纳。若作已业，并依第七等税减半，亦免三年输纳。……其请佃黄河退滩地者，次年纳租。向者小民不为久计，比至纳租之时，多巧避匿，或复告退，盖由元限太远，请佃之初无人保识故尔。今请佃者可免三年，作已业者免一年，自首冒佃并请退滩地，并令当年输租，以邻首保识，为长制’。”[①]

由于奖励农民佃垦荒地、黄河退滩地，特别是章宗泰和八年（1208）八月以前对佃垦荒地的农民约束相对松弛，因而北方大量荒地得以迅速开垦。与此同时，农民开垦淀泺地亦颇有成就。如白石门至野狐岭之间许多淀泺地多被农民垦殖，其结果“官民杂畜往来无牧放之所”[②]，可见当时荒地被开垦的程度很高。

金代农作物种类主要有粟、麦、豆、稻、荞麦、稗等，其中主要以粟、麦为主，稻次之。由于各地土质不同，农作物分布因地而异。金代农作物单位面积产量，大体保持北宋时期水平。北宋时北方陆田亩产量，一般是一石或近于二石。如熙河等州屯田，“大约中岁亩一石”，“岁亩收一石”，治平三年（1066）河北屯田三百六十七顷，得谷三万五千四百六十八石，平均亩收近一石，如果这是与耕者平分之数，则亩收也不过两石左右，北宋时北方水田一般亩收为三石[③]。

金时单位面积产量，《金史·食货》载兴定三年（1219）正月尚书右垂领三司事侯挚言：河南地区“上田可收一石二斗，中田一石，下田八斗”[④]，平均亩产为一石。河南以麦为主，当指陆田而言，此与北宋熙河等州产量相同。河南土质较河北、山东为差，金时河北、山东“寸土悉垦”，其产量应比河南为高。水田单位面积产量，据《金史·食货》记载，章宗泰和八年，水田“比之陆地所收数倍”。兴定三年十二月，“今河南郡县多古所开水田之地，收获多于陆地数倍”[⑤]。《金史·李复亨传》亦载河南土性宜稻，“亩可收五石”[⑥]。由此可知，金之水田亩产，一般在

① 《金史》卷四七，《志第二十八·食货二·田制》，中华书局，2011，第1051页。
② 《金史》卷四七，《志第二十八·食货二·田制》，中华书局，2011，第1045页。
③ 《宋史》卷一七六，《志第一百二十九·食货上四·屯田常平义仓》，中华书局，2011，第4267页。
④ 《金史》卷四七，《志第二十八·食货二·田制》，中华书局，2011，第1054页。
⑤ 《金史》卷五〇，《志第三十一·食货五·榷场》，中华书局，2011，第1123页。
⑥ 《金史》卷一〇〇，《列传第三十八·李复亨》，中华书局，2011，第2218页。

三石至五石。

三 冶矿业、采盐业等工矿业取得巨大进步

在金政权建立以前，女真族已知刳木为器，制造舟车，烧炭炼铁，掌握了一定的手工业生产技术。金代手工业同农业一样，随着统治范围的不断扩大，特别是在征服辽、宋和进入中原北部地区以后才发展起来，继承了辽、宋及渤海人的手工业技艺。就金朝手工业各部门中最先进的部分看，是北宋时期的延续，但不是北宋的重复，在一些方面已超过前朝水平。

冶矿是手工业的一个重要部门，直接关涉王朝的财政收入、军事力量、农业生产、生活日用、商品和货币流通。金朝冶矿业的恢复和发展是从金熙宗时开始的。海陵正隆二年（1157）始议鼓铸，三年二月遣使检视随路金、银、铜、铁冶。[①] 金朝冶矿有大同贡铁，云内州产青镔铁，大兴府产金、银、铁，真定府产铜、铁。[②] 宣宗兴定三年（1219）在汝州、鲁山、宝丰、邓州置铁冶。[③] 其实金代冶铁不止于此，在黑龙江省阿城东南与五常毗邻的半山区小岭、五道岭一带发现了金代早期冶铁遗址，于遗址分布区的西线，即阿什河滨发现冶矿井十余处，冶铁炉址五十余处。特别是金统治下黄河流域，民间冶铁业已经相当发达，在河北、山西南部山区都发现金代小型铁矿坑和熔铁遗址。民间冶铁业的发达，从元好问《中州集》乙集第六，金代诗人麻九畴《许方村即事》中也可以看出，这是座山间村落，经诗人写实手法的真实描绘，宛如一幅山村生产图，其中就有熔铸铁器的作坊。“烟长见新治（疑为冶字），风远闻清锻”，“贩铁人栖馆”，“路黑沽遗炭”，这与发现的民间小型铁矿和熔铁遗址，相互印证，可见民间冶铸小型工业相当发达。[④]

除冶铁之外，尚有金、银、铜冶。金代产金、银的地区有大兴府，产铜地区有真定府，此外太原府有炼银，宝山县有银冶，坟山、西银山的银坑多达一百一十三处[⑤]。海陵时，“渐兴窑冶。凡产铜地脉，遣吏境内访

---

① 《金史》卷五，《本纪第五·海陵》，中华书局，2011，第108页。

② 《金史》卷二六，《志第五·地理下》，中华书局，2011，第564、569、573页；卷二十五，《志第六·地理中》，第603页。

③ 《金史》卷一〇〇，《列传第三十八·李复亨》，中华书局，2011，第2217页。

④ 张博泉：《金代经济史略》，辽宁人民出版社，1981，第49页。

⑤ 《金史》卷五〇，《志第三十一·食货五·榷场》，中华书局，2011，第1116页。

察无遗，且及外界”[①]。工匠曾越天山，往“北界”采铜。世宗大定十二年（1172），因铜少命尚书省遣使到各路，“规措铜货”，访察铜矿苗脉，对能指引矿藏得实者给予奖励。[②] 明昌三年（1192），监察御使李炳言：“顷闻有司奏，在官铜数可支十年。”[③] 金时矿冶原由官府垄断，官府派出“抽分”（抽税）官，对各坑冶进行监督。后官府“乃听民冶铜造器”。世宗大定三年（1163），“制金银坑冶许民开采，二十分取一为税。”[④] 大定十二年，“诏金银坑冶，听民开采，毋得收税”。十三年（1173）议铸钱，欲由国家直接采金银矿冶，世宗谓：“金银山泽之利，当以与民，惟钱不当私铸。”[⑤] 章宗泰和四年（1204），宰臣谓：“其铜冶听民煎炼，官为买之。”[⑥] 由此可见，金代矿冶鼓励由民间经营，向官纳税课，并由官收买。弛禁金银铜冶，招募富有者射买，禁止权要、官吏、弓兵、里胥与民争利，如是射买者招募贫民强壮的为夫匠，从中获利。[⑦] 正因为如此，由民经营的矿冶业在金朝得到相当大的发展。

煤矿业在工业发展中也起着重大的推动作用，在金朝以前，东北和中原北部，煤的开采与使用已很普遍。据近代在辽宁抚顺煤矿的发掘，在旧坑中发现有圆形斜坑，并在此圆形斜坑中发掘出圆形古器，似为用来盛油之用。从采煤方法和器皿证明，唐时已被开采经营。[⑧] 陆游的《老学庵笔记》记载：“北方多石炭（即煤）。”[⑨] 庄季裕的《鸡肋编》载：“昔汴都数百万家，尽仰石炭，无一家燃薪者。”[⑩] 金朝就是在过去开采的基础上，有所发展。元好问的《续夷坚志》载：“河南渑池县炭穴显露，随取而足，用者积累成堆，下以薪爇之，烈焰炽然。”[⑪] 当时烧瓷、炼铁及南京城内一般百姓，多以石炭为燃料。

随着冶炼与采煤业的发展，手工业铸造技术得到较快发展。金朝制造

---

① 《金史》卷四六，《志第二十七・食货一・序》，中华书局，2011，第 1029 页。
② 《金史》卷四八，《志第二十九・食货三・钱币》，中华书局，2011，第 1070 页。
③ 《金史》卷四六，《志第二十七・食货一・序》，中华书局，2011，第 1074 页。
④ 《金史》卷四九，《志第三十・食货四・金银税》，中华书局，2011，第 1111 页。
⑤ 《金史》卷四八，《志第二十九・食货三・钱币》，中华书局，2011，第 1071 页。
⑥ 《金史》卷四八，《志第二十九・食货三・钱币》，中华书局，2011，第 1078 页。
⑦ 《金史》卷五〇，《志第三十一・食货五・榷场》，中华书局，2011，第 1116 页。
⑧ 王仲荦：《古代中国人民使用煤的历史》，《文史哲》1956 年第 12 期。
⑨ （南宋）陆游：《老学庵笔记》卷一，中华书局，1979，第 12 页。
⑩ （宋）庄绰：《鸡肋编・贵耳集》，上海古籍出版社，2012，第 53 页。
⑪ （金）元好问：《续夷坚志》卷四，中华书局，1986，第 82 页。

军器的作坊为军器监、利器署（都作院），金银器物制造属少府监的尚方署。铸钱业掌握在国家手里，铸钱作坊为设在各地的铸钱监。由于铜的缺乏，金朝铜镜铸造主要掌握在官府手中，屡禁民间铸镜。当时各府州县和猛安谋克，均有专门管理铸钱的官手工业和机构，铜器制出都先由官府检验，经官署检验签押后，方可使用，严防私铸。[①] 与此同时，尽管严厉禁止，但金银铜铸造业在民间还是有所发展。在金朝上京（今哈尔滨市阿城区）出土的银镯内侧和银锭上，打印有"上京翟家""翟家记"的私人作坊字号。金朝的金银铺也应该和宋一样，自己拥有一定的资产，并需"引领"等人作保，方能承应官府差役，铸造经营金银器皿。这家作坊既制造经营金银器，又兼铸银锭。[②] 在出土的四件银锭中有一件打印"翟家记，真花银"的戳记，同时还有出土的铜镜上，铸有"梁家青铜记"的铸镜作坊的字号标记。这都说明当时金上京确有私人经营的金银和铜镜铸造作坊存在。

铁器制造业在金代发展很快，最为广泛的是与民间生产生活密切相关的各种铁制手工业，包括农具、手工工具、车马具、日用工具、民间兵器制造等。尤其农业生产工具的扩大和民间制造兵器技术的进步，反映了金代生产水平的提高和阶级矛盾的尖锐化。由于金朝后期禁铜加严，铁铸工艺品得到较充分发展，其技术水平已超过北宋。山西南部各地和石家庄人民公园中的许多铁狮，就是当时具有代表性的作品。

盐业生产在工业中同样占有重要地位，不仅是人民生活日常所需，也是王朝税收的重要来源之一。唐制盐法后，大历末年盐六百万缗，天下之赋，盐利居半。辽、宋时制盐业有很大的发展，金承辽、北宋之后，重视盐业经营，榷货之目有十，而盐称首。[③] 金代产盐主要在滨海地区，而山东产盐又约占全国的四分之一。《金史·食货》"盐制"记载："初，辽、金故地滨海多产盐，上京、东北二路食肇州盐，速频路食海盐，临潢之北有大盐泺，乌古里石垒部有盐池，皆足以食境内之民，尝征其税。及得中土，盐场倍之。故设官立法加详焉。"[④] 金朝占有黄河南北地区后，为垄断全国盐利，始置盐使司，并且行盐各有界域，每年盐的总产量史无记

---

① 白寿彝：《中国通史》第七卷，上海人民出版社，第454页。

② 张博泉：《金代经济史略》，辽宁人民出版社，1981，第51页。

③ 《金史》卷四九，《志第三十·食货四·盐制》，中华书局，2011，第1093页。

④ 《金史》卷四九，《志第三十·食货四·盐制》，中华书局，2011，第1093页。

载，但据山东、沧州、宝坻、解州、西京、辽东、北京七盐使司旧课岁入贯文数及旧法每斤钱数加以核算，七盐使司产量总计已达一亿八千二百七十七万五千七百五十三斤。[①]

金代盐制基本承辽、宋旧制。海陵贞元二年（1154）迁燕后，初设盐钞香茶文引印造库，其制："贞元初，蔡松年为户部尚书，始复钞引法，设官置库以造钞、引。钞，合盐司簿之符。引，会司县批缴之数。七年一厘革之。"[②] 并仿宋输粟之法，许民以米易盐。但这仅是一种权宜之计，并非常制。随着金代两税法转为纯地税制后，过去随田亩而输的两税盐钱盖已废除，但五代时计口配盐，按价纳钱，其后盐虽不给而征钱如故的弊制，在金代河北地区尚保存着，这即所谓"乾办盐钱"[③]。乾办本是政府对人民所施行的一种暴敛弊政，金朝却以乾办之法，"欲杜绝私煮盗贩之弊"，其结果是："民既输乾办钱，又必别市而食，是重费民财，而徒增煎贩者之利也。"[④] 河东北路的乾办盐钱，岁达十万贯，所以"民多逃徙"。从各地盐价和用盐规定来看，不仅反映地域不同，更反映了金代民族统治与阶级统治的特点。先从盐价的规定看，山东、沧州旧法每斤为四十一文，宝坻为四十三文。大定二十九年（1189）都减为三十文，后以国用不足又改为每斤三十三文。承安三年（1198）十二月，三司又每斤加为四十二文。西京盐旧石两贯，合每斤为二十文；解州盐每斤增为二十六文，西京盐增为二十八文。辽东、北京旧法合每斤为九文，承安三年十二月增为十五文。山东、河北盐价最高，西京、解州次之，而辽东、北京盐价最低。河北、山东主要是汉人居住地区，西京、解州虽有汉人，但契丹、奚、女真人亦不少。辽东、北京主要是契丹、女真人所居。因此各地盐价之不同，不仅由于地域差异使然，且与民族、阶级的统治政策相关。同时可以看出盐的剥削主要强加在汉族人民身上。此外，对猛安谋克女真人，金政府还给予种种便利条件，"定军私煮盐及盗官盐之法，命猛安谋克巡捕"，而女真猛安谋克世袭权贵之家，又往往凭借权势，为了谋取厚利，多贩私盐酒曲。[⑤] 女真人不仅游离在盐税负担之外，同时猛安谋克所属贫

① 《金史》卷四九，《志第三十·食货四·盐制》，中华书局，2011，第1100页。
② 《金史》卷四九，《志第三十·食货四·盐制》，中华书局，2011，第1093页。
③ 《金史》卷四九，《志第三十·食货四·盐制》，中华书局，2011，第1099页。
④ 《金史》卷四九，《志第三十·食货四·盐制》，中华书局，2011，第1097页。
⑤ 《金史》卷四九，《志第三十·食货四·盐制》，中华书局，2011，第1095页。

民及富人奴婢，皆给食盐，距盐泊远的计口给予。[1] 不过从对“富家奴婢二十口止”[2] 的规定看，说明在女真贵族统治下的奴婢食盐亦受国法限制。奴婢给盐并不说明金朝对奴婢的优待，而是反映了奴婢的性质与地位，但对其属下的贫民给盐则反映了不平等的民族经济关系。

第二节 金代女真部的土地制度

女真部土地制度在由氏族公社制向部族奴隶制发展中，演变出一种具有女真部族特点的牛具税地，它由政府向占有这种土地者征收牛具税而得名。牛具税地经由“计口授地”，以及特别是女真部族土地私有制的出现，到最后转化为土地国家所有基础上的地主占有制和地主所有制，这是女真部土地所有制发展的全程。因中原地区的土地地主所有制在当时社会发展中占主导地位，女真部和原辽地区契丹部的土地占有制度，受中原地主土地所有制的影响和制约，都经由其内部的发展而最后向土地国有制和地主所有制演变。与汉族经济制度演化的不同之处在于，女真部族跳跃了封建农奴制阶段，这是中国北方少数民族经济史发展的一个共同特点。

一 牛具税地的产生

牛具税地，即牛头税，是女真部土地分配和占有制度。《金史·食货·牛头税》记载：“即牛具税，猛安谋克部女直户所输之税也。其制：每耒牛三头为一具，限民口二十五受田四顷四亩有奇，岁输粟大约不过一石，官民占田无过四十具。”[3] “（大定）二十年，定功授世袭谋克，许以亲族从行，当给以地者，除牛九具以下全给，十具以上四十具以下者，则于官豪之家量拨地六具与之。”[4] “（大定）二十三年，有司奏其事，世宗谓左丞完颜襄曰：‘卿家旧止七具，今定为四十具。联始令卿等议此，而卿皆不欲，盖各顾其私尔。是后限民口二十五，算牛一具。’”[5] 这三条材料说明：牛具税地是按一定的条件规定，而对其土地进行分配和占有，它的特

① 《金史》卷四九，《志第三十·食货四·盐制》，中华书局，2011，第 1095 页。
② 《金史》卷四九，《志第三十·食货四·盐制》，中华书局，2011，第 1095 页。
③ 《金史》卷四七，《志第二十八·食货二·牛头税》，中华书局，2011，1062 页。
④ 《金史》卷四七，《志第二十八·食货二·牛头税》，中华书局，2011，第 1063 页。
⑤ 《金史》卷四七，《志第二十八·食货二·牛头税》，中华书局，2011，第 1063 页。

点是与耒牛、人口、赋税结合在一起的。按耒牛、人口和赋税而进行土地分配的原则，反映出金代土地所有权不在各个占有牛具税地的家族手中，而掌握在国家或最高统治者手中。女真部官民占田就是在这个原则下进行的，占田多少不由自主，由国家统一规定，并有限额，官民占田无过四十具。

这种土地分配办法有其历史渊源。在氏族公社时期，女真部土地是由氏族集体所有，共同劳动，共同分配。随着历史的发展，首先在氏族中出现了生产工具和牲畜等的私人占有，并当作赔偿物。远在金始祖完颜函普时就已出现："凡有杀伤人者，征其家人口一、马十偶、牸牛十、黄金六两，与所杀伤之家，即两解，不得私斗。"① 既然可以把人口、牲畜、黄金等作为赔偿，那各氏族和家族内人口、牲畜以及其他封物就可以随时变化，有的增多了，有的减少了。因而分配土地就要按各户所占有耒牛，人口之不同进行分配，才能适应各户的实际需求。金政权建立以前，女真人就已进入父系氏族联合体，或一个大家分居为个体家庭，但个体家庭仍是"乐则同享，财则共用"，即分居不分产，还未形成完全独立的以个体家庭为生产单位的各户经济。所以土地分配仍按各氏族联合体实际占有的耒牛、人口多少进行分配。这就是女真部牛具税地产生和形成的历史原因。

金政权建立后，金太祖天辅五年（1121）遣"拾得、查端、阿里徒欢、奚挞罕等四谋克，挈家属耕具，徙于泰州，仍赐婆卢火耕牛五十"②。耕具即耒之类，耕牛即牛头，看来也是以耒牛、人口来组织和分配土地的。按耒牛、人口进行土地分配的办法，在进入阶级社会以后，便成为奴隶主贵族借以获得土地和家族奴隶进行生产和剥削、压迫奴隶的工具，同时也是奴隶主国家借以向各家族征收赋税的经济基础。

牛具税地的分配是以父系氏族联合体的存在联系在一起的，因而这种奴隶制也就自然而然地保有浓厚的父系家长制特点。《金史·纥石烈良弼传》载："左丞完颜守道奏：'近都两猛安，父子兄弟往往析居，其所得之地不能赡，日益困乏。'上以问宰臣，良弼对曰：'必欲兄弟聚居，宜以所分之地，与土民相换易。虽暂扰，然经久甚便。'右丞石琚曰：'百姓各安其业，不若依旧便。上竟从良弼议。'"③《金史·兵志》："（大定）二

① 《金史》卷一，《本纪第一·世纪》，中华书局，2011，第2页。
② 《金史》卷四六，《志第二十七·食货一·户口》，中华书局，2011，第1032页。
③ 《金史》卷八八，《列传第二十六·纥石烈良弼》，中华书局，2011，第1951页。

十二年（1182），以山东屯田户邻之于边鄙，命聚之一处，俾协力蚕种。右丞相乌古论元忠曰：‘彼方之人以所得之地为家，虽兄弟不同处，故贫者众。’参政粘割斡特剌曰：‘旧时兄弟虽析，犹相聚种，今则不然，宜令约束之。’”① 这些材料说明，父子兄弟聚居的大家庭和父子兄弟析居的个体家庭，在金初都是存在的，而且发展的趋势则是由大家庭向小家庭转化。不过金初虽然兄弟析居，仍是采取合产聚种的耕作制度，牛具税地的分配，即各大家庭按耒牛、人口取得所规定的土地额数，或是若干个同族的个体家庭合在一起构成一具（二十五口），以领得四顷四亩有奇的牛具税地。土地由国家所有，不能自由买卖。

牛具税地的分配只限于女真族或被征服的一些部族，汉人、渤海人是不包括在内的。牛具税地采取按人口、耒牛分配办法，因此，“户口、田亩、牛具”之多寡是区别女真猛安谋克户的重要标志。这实际是为适应奴隶主贵族或大族长统治和剥削的需要而制定的。因为当时只有奴隶主贵族才有可能拥有更多的人口、牲畜和生产工具等优越条件，从而借此占有为数更多的牛具税地。

二 “计口授地”制的产生

金朝随着猛安谋克向中原迁徙，熙宗皇统五年（1145）始创新的屯田军制，实行“计口授地”。《大金国志·熙宗皇帝纪》记载：“创屯田军，凡女真、契丹之人，皆自本部徙居中州，与百姓杂处，计其户（口），授以官田，使其播种。”② 在把新徙猛安谋克实行“计口授地”的同时，并未废除牛具税地的分配办法。《金史·食货》：（金世宗曰）“且先令猛安谋克人户，随宜分处，计其丁壮牛具，合得土田实数，给之。不足，则以前所刷地二万余顷补之。复不足，则续当议。”③ “省臣又奏：‘椿年子猛安参谋合、故太师耨碗温敦思忠孙长寿等，亲属计七十余家，所占地三千余顷。’上曰：‘至秋，除牛头地外，仍各给十顷，余皆拘入官。’”④ 可见牛具税地分配办法与新的“计口授地”是并存的。

“计口授地”已与“每耒牛三头为一具，限民口二十五，受田四顷四

① 《金史》卷四四，《志第二十五·兵》，中华书局，2011，第995页。
② （宋）宇文懋昭：《大金国志校证》卷十二，《熙宗皇帝纪》，中华书局，1986，第173页。
③ 《金史》卷四七，《志第二十八·食货二·田制》，中华书局，2011，第1048页。
④ 《金史》卷四七，《志第二十八·食货二·田制》，中华书局，2011，第1046页。

亩有奇”的牛具税地的土地分配办法不同，它是以人丁为本授田亩的一种制度。但在猛安谋克组织、各家族使用奴隶劳动还没有废除的情况下，“计口授地”还不能成为地主制的租佃关系，它只是由牛具税地向地主佃租制的一种过渡形式。特别是女真部统治者为了防止女真部官僚地主化的措施，在一定程度上又阻碍了它向地主制租佃关系的转变。《金史·思敬传》载：

> 初，猛安谋克屯田山东，各随所授地土，散处州县。世宗不欲猛安谋克与民户杂处，欲使相聚居之，遣户部郎中完颜让往元帅府议之。思敬与山东路总管徒单克宁议曰：“大军方进伐宋，宜以家属权寓州县，量留军众以为备御。俟边事宁息，猛安谋克各使聚居，则军民俱便。”还奏，上从之。其后遂以猛安谋克自为保聚，其田土与民田犬牙相入者，互易之。[①]

由于金熙宗皇统五年（1145）实行猛安谋克“计口授地”与百姓杂处，有利于个体生产和向官僚地主租佃制的转化。金世宗为防止猛安谋克受汉人的影响，防止女真贵族官僚地主化，在不改变“计口授地，必令自耕”这个既成现实的条件下，使猛安谋克与民户分处，“自为保聚”。与此同时，使“自为保聚”的猛安谋克户“农作时令相助济”[②]，或者是使猛安谋克各户“兄弟聚居”，如果不能聚居，也使其“犹相聚种”[③]。这么做，一方面是为防止女真部个体的独立生产者的发展，另一方面使“计口授地，必令自耕”，即把自耕限制在女真各家族的“聚种”上，不许把土地出租给汉人。但事实正相反，随着女真部土地私人所有的发展，女真部奴隶主贵族很快都转变为出租土地的私人地主，一些平民也很快由于奴隶制的最后崩溃而变为集权专制国家的农民。这个过程与女真族内部土地私人所有制的发展是分不开的。从经济制度演化来看，女真部族奴隶制在接触中原汉族时，很快就向官僚地主制演化，跨越了封建农奴制阶段。当然，这种跨越不可避免地在较长时期内仍带有旧的奴隶制残余。

---

① 《金史》卷七〇，《列传第八·思敬》，中华书局，2011，第1626页。

② 《金史》卷四六，《志第二十七·食货一·户口》，中华书局，2011，第1034页。

③ 《金史》卷四四，《志第二十五·兵》，中华书局，2011，第996页。

三 土地兼并与限田

金代女真部土地兼并可分为两种情况，一种是自金熙宗后将猛安谋克户向中原迁徙，实行“计口授地”，把宋时原有官田、荒闲地以及其他私田括为官地，分给猛安谋克户；另一种是女真贵族除从金政府手中分得新括来的官地之外，更趁势侵夺土地变为自己的私田。无论是官括或侵占，土地到手之后往往令汉人佃莳，收取地租。这实际上反映女真贵族土地私有化和经营租佃化的过程。

括地是金熙宗以后，金政府以强制手段侵夺汉人土地，名义上是括牧地、荒地，实际所括多为民田。“海陵正隆元年（1156）二月，遣刑部尚书纥石烈娄室等十一人，分行大兴府、山东、真定府，拘括系官或荒闲地，及官民占射逃绝户地，戍兵占佃宫籍监、外路官本业外增置土田，及大兴府、平州路僧尼道士女冠等地”[①]。所括地包括大量民田在内。《金史·食货》记载：“（世宗）谓宰臣曰：‘朕闻括地事所行极不当，如皇后庄、太子务之类，止以名称，便为官地，百姓所执凭验，一切不问。’”[②]“上曰：‘工部尚书张九思执强不通，向遣刷官田，凡犯秦、汉以来名称，如长城、燕子城之类者，皆以为官田。此田百姓为已业不知几百年矣，所见如此，何不通之甚也。’”[③] 金时所括田，“既而授之诸军，人非习耕之人，地非易耕之地，或与之而不受，或受之而不耕”[④]。所受虽多良田，亦多荒芜。金世宗竟以女真户“尽得薄地”为名，把所谓无明据的汉民土地拘括给女真人户，只是把一些薄瘠余地，依原数还民。金人将所括取之田均属官地，官地的所有权属于政府。“盖以授所迁之猛安谋克户，且令民请射，而官得其租也”[⑤]。授给猛安谋克户之田，必由户自种，不得变为私有，出卖；由民佃种收取地租，实即官地采取出租办法，因官地所有权属国家，可以出租，猛安谋克户分得的官地没有所有权，按规定不能出租。

女真贵族除按户口分得土地外，他们还凭借政治上的特权夺民田或官

① 《金史》卷四七，《志第二十八·食货二·田制》，中华书局，2011，第1044页。
② 《金史》卷四七，《志第二十八·食货二·田制》，中华书局，2011，第1045页。
③ 《金史》卷四七，《志第二十八·食货二·田制》，中华书局，2011，第1048页。
④ （明）王圻：《续文献通考》卷四，浙江古籍出版社，2011，第2813页。
⑤ 《金史》卷四七，《志第二十八·食货二·田制》，中华书局，2011，第1044页。

田，以为私有。女真贵族兼并土地为私有的办法，主要通过以下几种手段。一是侵夺和冒占官民田。金世宗大定十七年（1177），“邢州男子赵迪简言：‘随路不附籍官田及河滩地，皆为豪强所占。’”① 二十一年，“陈言者言，豪强之家多占夺官田者。上曰：‘前参政纳合椿年占地八百顷，又闻山西田亦多为权要所占，有一家一口至三十顷者，以致小民无田可耕，徙居阴山之恶地，何以自存。’”② 赵王永中等四王府亦“冒占官田”③。至于“武夫悍卒倚国威以为重”，而冒夺“有耕之数世者”④ 之民田，乃习见之事。二是趁政府括地之机，一些女真贵族和官豪之家，多侵占官地，或乘势侵占民田，而猛安谋克户“多冒名增口，以请官地，及包取民田，而民有空输税赋、虚抱物力者”⑤。三是“蔽匿盗耕”，或迁至新地区后把原住地之土地隐而不向政府“回纳”，到新地继续分占土地，所以女真贵族往往有占两处官田的。⑥

女真贵族兼并土地，是与奴隶制土地关系的解体及其向官僚地主租佃制转变的历史相联系着的。由于土地兼并的发展，金政府为维护官地和猛安谋克户土地不再受侵夺，便实行抑制豪强和限田政策。《金文最·长子县令乌公德政碑》载：“国朝大定九年（1169）十九日，辽阳乌公，来宰是邑。公讳塘，字子秀。自始下车，访民疾苦，改革前弊，治体一新。……公聪明刚正，遇事不惑，慑服豪右，矜扶贫弱，善良受赐，奸猾胆裂。俾强宗大族敛手而无敢犯者。”⑦《金文最·澄撼县主簿李公去思碑》载：“公讳完，字道全，朔州马邑人也。……探澄城主簿。下车之后，振举颓风，革以前弊。先是县民豪族大姓，通行贿赂，趋媚县僚，贫民无所控诉。公谕之以仁明，教之以正理，使人革心，不能欺诳，虽彼刑眚，莫不服其罪。由是上恬下熙，则用殷富。”⑧《史少中碑》载：“乃得居平阴，日县豪民王八十者，持吏短长，为一邑之害，小不如意，阴以法中之，县令熟

① 《金史》卷四七，《志第二十八·食货二·田制》，中华书局，2011，第1044页。
② 《金史》卷四七，《志第二十八·食货二·田制》，中华书局，2011，第1046页。
③ 《金史》卷四七，《志第二十八·食货二·田制》，中华书局，2011，第1048页。
④ （金）元好问：《平章政事寿国张文贞公神道碑》，载永瑢等编《文渊阁四库全书》，第1191册，台湾商务印书馆，2008，第180页。
⑤ 《金史》卷四七，《志第二十八·食货二·田制》，中华书局，2011，第1051页。
⑥ 《金史》卷四七，《志第二十八·食货二·田制》，中华书局，2011，第1045页。
⑦ 《金文最》卷七二，刘丙：《长子县令乌公德政碑》，中华书局，1990，第1064页。
⑧ 《金文最》卷七三，王山甫：《澄撼县主簿李公去思碑》，中华书局，1990，第1074页。

视，不敢谁何。公至，召至庭中，训以义理，遂感泣改节，卒为善人。”[①]这些史料记载，无疑均属歌功颂德性质，不足全信，但其中抑制豪强的事实，也不能尽视为乌有之词。在集权专制时代当豪强大姓兼并威胁到国家稳定时，往往提出“抑豪强，均贫富”的口号，而这种思想在金政府与豪强势力的矛盾斗争中也得到反映。

金人限田，从《金史·食货》“田制”记载看，其规定如下：女真族贵族和权要之家占田，除牛具税地以外，“占官地十顷以上者皆括籍入官，将均赐贫民”[②]。这种办法的规定说明：女真贵族或权要之家原按规定占有的牛具税地是合法的，而牛具税地以外多占有的土地不合规定。当时这种牛具税地以外占有的私田数已大量存在，完全没收已不可能，只能限制在十顷以内，超此数者收为官地，由国家向农民出租，以限制女真贵族无限制地向私人地主转化。

从授田看，金政府规定把括籍的女真贵族或权要之家的土地，均赋给贫民，其制规定：

> （大定）二十七年（1187），随处官豪之家多请占官地，转与他人种佃，规取课利。命有司拘刷见数，以与贫难无地者。每丁授五十亩，庶不致失所。余佃不尽者，方许豪家验丁租佃。
>
> 章宗大定二十九年（1189）五月，拟再立限，令贫民请佃官地，缘今已过期，计已数足，其占而有余者，若容告讦，恐滋奸弊。况续告漏通地，敕旨已革，今限外告者宜却之，止付元佃。兼平阳一路地狭人稠，官地当尽数拘籍，验丁以给贫民。上曰：“限外指告多佃官地者，却之，当矣。如无主不愿承佃，方许诸人告请。其平阳路宜计丁限田，如一家三丁已业止三十亩，则更许存所佃官一顷二十亩，余者拘籍给付贫民可也。”[③]
>
> 泰和四年（1204）九月定制，所拨地土十里内自种之数，每丁四十亩，续进丁同此，余者许令便宜租赁及两和分种，违者钱业还主。[④]

① （金）赵秉文：《闲闲老人滏水文集》卷十二，科学出版社，2016，第274页。
② 《金史》卷四七，《志第二十八·食货二·田制》，中华书局，2011，第1046页。
③ 《金史》卷四七，《志第二十八·食货二·田制》，中华书局，2011，第1048页。
④ 《金史》卷四七，《志第二十八·食货二·田制》，中华书局，2011，第1051页。

综上所述，金代是计丁口授田，所授田五十亩、四十亩不等，并分已业与非已业两种。除自种田亩外，有余者可佃赁，但豪家不得超过十顷，多者拘籍为官地。金政府为限制女真贵族多占土地，还采取一些具体措施加以抑制。

女真宗室贵族被迁入中原后，往往每到一个地方，就从政府手中分得一份土地，大定年间新规定只许占有一处，其他均拘籍入官。《金史·食货·田制》记载：大定二十年（1180），“又诏故太保阿里先于山东路拨地百四十顷，大定初又于中都路赐田百顷，命拘山东之地入官”[①]。大定二十一年（1181）“七月，上谓宰臣曰：‘前徙宗室户于河间，拨地处之，而不回纳旧地，岂有两地皆占之理，自今当以一处赐之’”[②]。金世宗不仅拘籍前徙于河间女真宗室的不回纳旧地，同时还采取把河间等地女真贵族向大名、东平、平州等处迁徙，以限制和削弱女真贵族的兼并。但是金世宗时期的括地和限田挽救不了猛安谋克牛具税地和“计口授地”制度的解体，也制止不了女真贵族向地主租佃制的转化。在土地私有和租佃关系增长的情况下，到章宗时土地经营租佃化已完成。

四　牛具税地的破坏与地主租佃制的形成

猛安谋克土地为国有，即官地，不得私人所有和出卖。金世宗时猛安谋克户，有的因“家贫辄卖所种屯地”，奴隶出卖，劳动力枯竭现象极为严重。“自卖其奴婢，致耕田者少。”[③]

> （大定）二十年（1180）四月，上谓宰臣曰：“猛安谋克户，富贫差发不均，皆自谋克内科之，暗者惟胥吏之言是从，轻重不一。自窝斡叛后，贫富反复，今当籍其夹户，推其家赀，傥有军役庶可均也。”诏集百官议，右丞相克宁、平章政事安礼，枢密副使宗尹言：“女直人除猛安谋克仆从差使，余无差役。今不推奴婢孳畜、地土数目，止验产业科差为便。”左丞相守道等言：“止验财产，多寡分为四等，置籍以科差，庶得均也。”左丞通、右丞道、都点检襄言：“括其奴婢之数，则贫富自见，缓急有事科差，与一例科差者不同。请俟农

---

① 《金史》卷四七，《志第二十八·食货二·田制》，中华书局，2011，第1045页。
② 《金史》卷四七，《志第二十八·食货二·田制》，中华书局，2011，第1047页。
③ 《金史》卷四六，《志第二十七·食货一·户口》，中华书局，2011，第1034页。

隙，拘括地土牛具之数，各以所见上闻。”上曰：“一谋克户之贫富，谋克岂不知。一猛安所领八谋克，一例科差。设如一谋克内，有奴婢二三百口者，有奴婢一二人者，科差与同，岂得平均。正隆兴兵时，朕之奴婢万数，孳畜数千，而不差一人一马，岂可谓平。朕于庶事未尝专行，与卿谋之。往年散置契丹户，安礼极言恐扰动，朕决行之，果得安业。安礼虽尽忠，未审长策。其从左丞通等所见，拘括推排之。”①

当时，一谋克内所占奴婢数已不平均，最少者只有一二人，其主要原因是规避物力而出卖，奴婢枯竭，女真人本身又不自种，只有向汉人寻找劳力，出租土地经营。因此女真贵族出租的土地越来越多，地主佃租制便在女真族内部不断发展和扩大起来。据《金史·食货》“田制”有关记载：(大定) 二十一年（1181）正月，上谓宰臣曰：

山东、大名等路猛安谋克户之民，往往骄纵，不亲稼穑，不令家人农作，尽令汉人佃莳，取租而已。富家尽服纨绮，酒食游宴，贫者争慕效之，欲望家给人足，难矣。近已禁卖奴婢，约其吉凶之礼，更当委官阅实户数，计口授地，必令自耕，力不赡者，方许佃于人。仍禁其农时饮酒。②

月六，上……又（谓省臣）曰：近遣使阅视秋稼，闻猛安谋克人惟酒是务，往往以田租人，而预借三二年租课者。或种而不耘，听其荒芜者。自今皆令阅实各户人力，可耨几顷亩，必使自耕耘之，其力果不及者方许租赁。如惰农饮酒，劝农谋克及本管猛安谋克并都管，各以等第科罪。收获数多者，则亦以等第迁赏。③

（大定）二十二年（1182），以附都猛安户不自种，悉租与民，有一家百口垄无一苗者，上曰：“劝农官，何劝谕为也，其令治罪。”宰臣奏曰：“不自种而辄与人者，合科违例。”上曰：“太重，愚民安知。遂从大兴少尹王脩所奏，以不种者杖六十，谋克四十，受租百姓无罪。”④

① 《金史》卷四六，《志第二十七·食货一·通检推排》，中华书局，2011，第1038页。
② 《金史》卷四七，《志第二十八·食货二·田制》，中华书局，2011，第1046页。
③ 《金史》卷四七，《志第二十八·食货二·田制》，中华书局，2011，第1046页。
④ 《金史》卷四七，《志第二十八·食货二·田制》，中华书局，2011，第1047页。

据此可知，金政府虽三令五申猛安谋克户土地必须自耕，只是力不足者方可许人承佃，但结果还是不自耕的仍不自耕，禁止他人承佃的继续承佃。从“尽令汉人佃莳”“悉租与民”来看，地主租佃制在国家法令所不许或限制的情况下，仍大量发展起来。至章宗即位后，便不得不从各个方面宣布女真贵族地主化的合法地位。章宗大定二十九年（1189）比较全面地宣布解放奴婢的诏令：“宫籍监户及奴婢，悉放为良。”[①] 明昌二年（1191），“更定奴婢良人法”[②]。对那些处于奴隶地位的驱丁也进行一定程度的解放。泰和四年（1204）规定“屯田户自种及租佃法”[③]，承认女真猛安谋克户出租土地的合法性。允许猛安谋克户与汉人通婚。[④] 同时随着女真部族集权官僚化的完成，依唐制“更定保伍法”[⑤]，颁布泰和律，允许猛安谋克举进士[⑥]，成为新的官僚士大夫。这些新规与女真族土地所有制关系的深刻变化及其完成紧密相关。

第三节 金国的财政

金国经济包括农业、畜牧业、渔猎、手工业多个生产部门，商业亦有相当的发展，为女真人国家的强大提供了物质基础。金国的财政收入、支出和管理制度具有女真族的民族性，这主要体现在：编户、田赋、徭役分民族对待，不以户征收田赋，财政收入中战争掠夺收入是一个重要项目，财政管理制度具有初创性质。

一 金国的财政收入

金国的户籍分本户和杂户。本户是女真族民户，杂户为其他民族和部族合称户。中国财政史上有“编户齐民”之说，但金国户籍编制不完全为齐民，且为维护女真族的统治地位。在田赋和徭役上，可见到这种不平等。

---

① 《金史》卷九，《本纪第九·章宗一》，中华书局，2011，第209页。
② 《金史》卷九，《本纪第九·章宗一》，中华书局，2011，第217页。
③ 《金史》卷一二，《本纪第十二·章宗四》，中华书局，2011，第269页。
④ 《金史》卷一二，《本纪第十二·章宗四》，中华书局，2011，第278页。
⑤ 《金史》卷一二，《本纪第十二·章宗四》，中华书局，2011，第273页。
⑥ 《金史》卷五一，《志第三十二·选举一》，中华书局，2011，第797页。

本户编成猛安（300户）谋克（3000户），专设官府管理，平时屯卫，战时备甲出征。因此主要负担兵役。本户田赋称“牛头税”，“即牛具税，猛安谋克部女直户所输之税也。其制：每耒牛三头为一具，限民口二十五受田四顷四亩有奇，岁输粟大约不过一石，官民占田无过四十具”[①]。这种牛具税，不以户为单位，而是以共有田亩数征收田赋的管理制度和征收制度，带有奴隶制性质，且每具占田数受限制。本户的田赋负担较轻，一耒粟一石，每亩不足0.25升。“天会三年（1125），太宗以岁稔，官无储积无以备饥馑，诏令一耒赋粟一石，每谋克别为一廪贮之。四年（1126），诏内地诸路，每牛一具赋粟五斗，为定制”[②]。可见，本户耕种要在自食，次在备荒。

金国土地有官田、私田之分，租税不同。官田数量很大，至统治中叶达204万顷，分屯田、职田和赐田。屯田由军队或募人耕种，缴牛头税或租。职田是颁给相应官职的土地，出租后获得俸禄补给。赐田是皇帝和朝廷赏赐田。“金制，官地输租，私田输税。租之制不传，大率分田之等为九而差次之”[③]。私田之赋沿袭宋辽之制，征收夏秋两税。“夏税亩取三合，秋税亩取五升，又纳秸一束，束十有五斤”[④]，较本户负担重20余倍。还要到指定地点缴纳，“上户输远仓，中户次之，下户最近。然近者不下百里，远者数百里，道路之费倍于所输，而雨雪有稽违之责，遇贼有死伤之患”[⑤]。因田赋转输负担沉重，金国规定：“凡输送粟麦，三百里外石减五升，以上每三百里递减五升。粟折秸百称者，百里内减三称，二百里减五称，不及三百里减八称，三百里及输本色槁草，各减十称。”[⑥] 两税负担稍有轻减。纳税期限，“夏税六月止八月，秋税十月止十二月，为初、中、末三限，州三百里外，纾其期一月。……泰和五年（1205），章宗谕宰臣曰：‘十月民获未毕，遽令纳税可乎。’改秋税限十一月为初。中都、西京、北京、上京、辽东、临黄、陕西地寒，稼穑迟熟，夏税限以七月为初。”[⑦]

---

① 《金史》卷四七，《志第二十八·食货二·牛头税》，中华书局，2011，第1062页。
② 《金史》卷四七，《志第二十八·食货二·牛头税》，中华书局，2011，第1063页。
③ 《金史》卷四七，《志第二十八·食货二·租赋》，中华书局，2011，第1055页。
④ 《金史》卷四七，《志第二十八·食货二·租赋》，中华书局，2011，第1055页。
⑤ 《金史》卷四七，《志第二十八·食货二·租赋》，中华书局，2011，第1062页。
⑥ 《金史》卷四七，《志第二十八·食货二·租赋》，中华书局，2011，第1055页。
⑦ 《金史》卷四七，《志第二十八·食货二·租赋》，中华书局，2011，第1055页。

金国田赋减免诏令甚多。贫困民户、被灾民户多所减免。“熙宗天眷三年（1140）十二月，诏免民户残欠租税。皇统三年（1143），蠲民税未足者。”“（大定）三年（1163），以岁歉，诏免二年租税。又诏曰：‘朕比以元帅府从宜行事，今闻河南、陕西、山东、北京以东及北边州郡，调发甚多，而省部又与他州一例征取赋役，是重扰也。可凭元帅府已取者例，蠲除之。’五年（1165），命有司：‘凡罹蝗旱水溢之地，蠲其赋税。’六年（1166），以河北、山东水，免其租。”“十二年（1172）正月，以水旱免中都、西京、南京、河北、河东、山东、陕西去年租税。”“十七年（1177）三月，诏免河北、山东、陕西、河东、西京、辽东等十路去年被旱蝗租税。十八年（1178）正月，免中都、河北、河东、山东、河南、陕西等路前年被灾租税。十九年（1179）秋，中都、西京、河北、山东、河东、陕西以水旱伤民田十三万七千七百余顷，诏蠲其租。二十年（1180）三月，以中都、西京、河北、山东、河东、陕西路前岁被灾，诏免其租税。”“二十一年（1181）九月，以中都水灾，免租。”①

除田赋外，金国还按户征收一种资产税，即物力钱。征税对象包括土地、奴隶和各种财产。

> 租税之外，算其田园、屋舍、车马、牛羊、树艺之数，及其藏镪多寡征钱，曰物力。物力之征，上自公卿大夫，下逮民庶，无苟免者。近臣出使外国，归必增物力钱，以其受馈遗也。②
>
> 计民田园、邸舍、车乘、牧畜、种植之资，藏镪之数，征钱有差，谓之物力钱。遇差科，必按版籍，先及富者，势均则以丁多寡定甲乙。有横科，则视物力，循大至小均科。其或不可分摘者，率以次户济之。凡民之物力，所居之宅不预。猛安谋克户、监户、官户所居外，自置民田宅，则预其数。墓田、学田，租税、物力皆免。③

金国的徭役亦有本户和杂户之别。本户是兵役的主要承担者。金初，男子十七为丁，六十为老。服兵役者在20～55岁。“金之初年，诸部之民无它徭役，壮者皆兵，平居则听以佃渔涉猎习为劳事，有警则下令部内，

---

① 《金史》卷四七，《志第二十八·食货二·租赋》，中华书局，2011，第1058页。
② 《金史》卷四六，《志第二十七·食货一·户口》，中华书局，2011，第1028页。
③ 《金史》卷四七，《志第二十八·食货二·租赋》，中华书局，2011，第1056页。

及遣使诣诸孛堇征兵，凡步骑之仗糗皆取备焉。”[①] 大定时（1161～1189），“南路女直户颇有贫者，汉户租佃田土，所得无几，费用不给，不习骑射，不任军旅。凡成丁者签入军籍，月给钱米，山东路沿边安置”[②]。自此，金国从族兵制[③]发展到常备军制。正户除服兵役外，尚有差役，包括群牧者、官衙办事人员，充任皇帝出巡狩猎之扈从军士或宫阙卫士，修河、养马、服杂役，亦承担寨使等职役。根据具体事务由本户或本户奴、婢充任。

杂户的职役和力役。职役从辽宋之制。除辽之驿递、马牛、旗鼓、乡正、厅隶、仓司和宋之里正、户长、乡书手、耆长、弓手、壮丁、承符、人力手力、散从官、库子、押递、攒典、仓子、场子外，尚有自中央至地方均设置之司吏、公使人，均为职役，实行募役制。杂户之力役包括兵役和一般差发。杂户所服兵役主要是步兵，除辅助战事外，尚负责转运粮草、挖掘堑壕等。一般差发，主要是帮助政府运输物资、建城、修河等。大定二十年（1180）修筑黄河大堤，“日役夫二万四千余，期以七十日毕工”[④]。杂户徭役负担远超本户。

金国商税包括住税和过税，主要对原宋地征税，税制同宋。对城镇房屋出租者征收租赁税。对商品及钱币交易者征收交易税。金大定二十年“定商税法，金银百分取一，诸物百分取三”[⑤]。后对金银征收率提高至3%。对小额交易仅收钱四分。金有税使司院务1616处。大定中，中都岁入164440余贯。承安元年（1196）收入214579贯。[⑥]

专卖收入。专卖品包括盐、酒、茶和矿产品，盐专卖为工商税收入的主要部分。对盐产地实行控制：官府给本，炉户产盐，统一收购，再卖给商人运销。实行“钞引制”和“乾办制”。“钞引制”与宋代相同。商人购引，持引入盐场领盐销售。“钞引制”设引界，不得越界运销，并限销

---

① 《金史》卷四四，《志第二十五·兵》，中华书局，2011，第992页。

② 《金史》卷八八，《列传二十六·唐括安礼》，中华书局，2011，第1963页。

③ 晓克：“族兵制是人类历史上最早的兵役形态。在北方草原，从有明确记载的匈奴族兵制到入关前的女真人，北方草原民族无不实行族兵制。”晓克将“居民的自动的武装组织”视为族兵制的本质特征，其实，“壮者皆兵”与军政合一，也应是其本质特征。《论北方草原民族之族兵制》，《内蒙古社会科学》（汉文版）2012年第6期。

④ 《金史》卷二七，《志第八·河渠·黄河》，中华书局，2011，第671页。

⑤ 《金史》卷四九，《志第三十·食货·诸征商》，中华书局，2011，第1110页。

⑥ 孙翊刚：《中国财政史》，中国社会科学出版社，2003，第226页。

引数，违者按违禁论。“乾办制”多在产盐区实施，那里是官府难以实行专卖之区。由百姓自制自食或购食，缴纳盐钱，按人口征纳，类似宋计口授盐法。金有“国家经费惟赖盐课”之说，可见盐税收入之巨。对酒的课征有三种形式：其一签发酒户，规定收入缴纳额；其二设置酒使司，官府自酿自卖；其三设酒税务，征收酒税，许民自酿自卖。茶之专卖始于大定十六年（1176），严惩私贩茶者。对金、银开采抽税，税率为二十取一，对铜、铁、醋、油实行专卖。

杂税收入有铺马、课甲、军须、输庸、司吏、河夫、桑皮故纸钱等的收入。

岁币收入源自宋朝年贡。海上盟约签订后，宋年贡岁币 50 万，其中银 20 万两，绢 30 万匹，外加“燕京代税钱”100 万贯。①

战争掠夺，是金国收入的重要来源。先对辽，后对宋发动战争，掠取大量人口、牲畜、金银珠宝、布帛锦缎和其他财物。仅天会四年（1126）攻取汴京后，不仅搜刮宋内藏库中全部金银珠宝和绫罗锦绮，还限期索取金 10000 锭，银 500 万锭，帛 1000 万匹犒军费。②

此外，金国还有卖官、度牒收入。《金史》中有大量记载：

> 熙宗皇统三年三月，陕西旱饥，诏许富民入粟补官。世宗大定元年，以兵兴岁歉，下令听民进纳补官。又募能济饥民者，视其人数为补官格。③ 五年，上谓宰臣曰：“顷以边事未定，财用阙乏，自东、南两京外，命民进纳补官，及卖僧、道、尼、女冠度牒，紫、褐衣师号，寺观名额。今边鄙已宁，其悉罢之。庆寿寺、天长观岁给度牒，每道折钱二十万以赐之。”④ 承安三年，制，无问官民，有能劝率诸人纳物入官者，米百五十石迁官一阶，正班任使。七百石两阶，除诸司。千石三阶，除丞簿。过此数则请于朝廷议赏。推司县官有能劝二千石迁一阶，三千石两阶，以济军储。又定制，司县官能劝率进粮至五千石以上者减一资考，万石以上迁一官、减二等考，二万石以上迁

① 孙翊刚：《中国财政史》，中国社会科学出版社，2003，第 226 页。

② 孙翊刚：《中国财政史》，中国社会科学出版社，2003，第 227 页。

③ 《金史》卷五〇，《志第三十一・食货五・入粟鬻度牒》，中华书局，2011，第 1124 页。

④ 《金史》卷五〇，《志第三十一・食货五・入粟鬻度牒》，中华书局，2011，第 1124 页。

之一官、升一等，皆注见阙。[①] 三举终场人年五十以上，四举年四十五以上，并许入粟，该恩大小官及承应人。[②]

二 金国的财政支出

金国的财政支出项目有军费、官俸、皇室及其他支出。

军费支出分平战两部分，同辽制。女真部的兵制早期为族兵制，兵民合一，壮者皆兵，军费支出较低；后实行常备军制，平时屯垦守卫，并负有国内安全职责，军费开支陡增。

熙宗天眷三年（1140）正月，诏岁给辽东戍卒绸绢有差。正隆四年（1159），命河南、陕西统军司并虞侯司顺德军，官兵并增廪给。六年（1161），将南征，以绢万匹于京城易衣袄穿膝一万，以给军。世宗大定三年（1163），南征，军士每岁可支一千万贯，官府止有二百万贯，外可取于官民户，此军须钱之所由起也。[③]

可见，军队有正式的养兵费始于世宗大定三年（1163），军队官兵有军俸收入。此外，金国军队尚有赏赐格例，依官兵职位高低和任职或从军时间赏赐钱物。试射比赛中出众者亦有奖赏。还有月给例物。“诸招军月给例物。边铺军钱五十贯、绢十匹。军匠上中等钱五十贯、绢五匹，下等钱四十贯、绢四匹。……凡射粮军指挥使及黄、沁埽兵指挥使，钱粟七贯石、绢六匹，军使钱粟六贯石、绢同上，什将钱二贯、粟三石，春衣钱五贯、秋衣钱十贯。”[④] 不同地区军队的月俸不同。战时军费主要是武器、粮草支出，女真族武器由兵士自备，其他部族军队由官府拨支资金。

官俸支出。据《金史·百官志》，金国百官制度较辽国健全，军事首领和文官均有月俸；正俸之外有兼职俸钱；官吏随从亦有佣钱；出差发给驿券，享受驿站送迎待遇。金国官吏待遇，与宋相仿，较为优厚。金国后期多次颁布减俸诏。贞祐三年（1215）将仕官俸给减去一半。天

① 《金史》卷五〇，《志第三十一·食货五·入粟鬻度牒》，中华书局，2011，第1125页。

② 《金史》卷五〇，《志第三十一·食货五·入粟鬻度牒》，中华书局，2011，第1125页。

③ 《金史》卷四四，《志第二十五·兵》，中华书局，2011，第1005页。

④ 《金史》卷四四，《志第二十五·兵》，中华书局，2011，第1007页。

兴二年（1233）减军俸和官俸，将原来每人每月一斛五斗者减为一斛，又减为八斗，最后再减为六斗。金国对国子监生员亦给一定田租收入。泰和元年（1201）八月，“更定赡学养士法：生员，给民佃官田人六十亩，岁支粟三十石；国子生，人百八亩，岁给以所入，官为掌其数”①。

皇室支出中的日常费用，一般从皇室内库支给，但亦有部分由财政支出。“章宗即位，尊（显宗孝懿皇后）为皇太后，更所居仁寿宫曰隆庆宫。诏有司岁奉金千两、银五千两、重币五百端、绢二千匹、绵二万两、布五百匹、钱五万贯。他所应用，内库奉之，毋拘其数”②。皇室建造宫殿，开支浩大，财政除支拨巨额资金，还需役使大批工匠和民夫。海陵建燕京宫殿和汴京宫殿，“运一木之费至二千万，牵一车之力至五百人。宫殿之饰，遍傅黄金而后间以五采，金屑飞空如落雪。一殿之费以亿万计。成而复毁，务极华丽”③。

其他支出主要包括水利建设和赈济新附民、灾民、贫民。“都巡河官，从七品。掌巡视河道、修完堤堰、栽植榆柳、凡河防之事”。“凡二十五埽，埽兵万二千人”。“诸埽物料场官，掌受给本场物料”④。一旦洪水暴发，政府即役使民夫，支拨工料费。赈济方面，熙宗天会元年（1135）九月，“庚寅，诏命给宗翰马七百匹、田种千石、米七千石，以赈新附之民”⑤。金国还设养济院，救助贫弱乞食者。

三　金国的财政管理

兴定三年（1219），“是岁七月，置京东、京西、京南三路行三司，掌劝农催租、军须科差及盐铁酒榷等事”⑥，在中京由三司使执掌全国财政事务，并在各路设转运使。

金国还根据具体事务设官司，如商税征收由税使司负责，并于明昌元年（1190）定商税课额。海陵时置金钞库，并设使管理。

① 《金史》卷一一，《本纪第十一·章宗三》，中华书局，2011，第257页。
② 《金史》卷六四，《列传第二·后妃下》，中华书局，2011，第1525页。
③ 《金史》卷五，《本纪第五·海陵》，中华书局，2011，第117页。
④ 《金史》卷五六，《志第三十七·百官二》，中华书局，2011，第1277页。
⑤ 《金史》卷三，《本纪第三·太宗》，中华书局，2011，第49页。
⑥ 《金史》卷一〇〇，《列传第三十八·李复亨》，中华书局，2011，第2217页。

食盐专卖的管理十分严格，凡官使皆有升降格的标准。泰和“七年（1207）九月，定西北京、辽东盐使判官及诸场管勾，增亏升降格，凡文资官吏员、诸局署承应人、应验资历注者，增不及分者升本等首，一分减一资，二分减两资、迁一官，四分减两资、迁两官，亏则视此为降”①。

第四节 金代的货币金融

为适应商业发展的需要，货币经济逐渐地发展起来。女真部初无钱，乃至占领辽、宋地区后，初用辽、宋旧钱，对刘豫所铸阜昌元宝、阜昌重宝也一并采用。海陵时，金政府开始自己铸钱，并制纸币，有了自己的货币。金代币制在辽、宋发展的基础上有所革新，在中国币制史上占有一定地位。金代的金融活动主要有借贷和典质，实际是一种剥削手段。

一 货币的种类

金政府所发行的货币有铜币、银币、纸币三种。

铜币制作始于海陵正隆二年（1157），置三钱监，面文为“正隆通宝”，和旧钱一起在市面上流通。世宗大定十八年（1178）又在代州设钱监，二十七年（1187）更在曲阳置钱监，铸造“大定通宝”。金铸铜钱，不仅铜供应不足，生产所费巨大，且实际铸钱数少，代州、曲阳二监病民特甚，大定二十九年（1189）停止铸钱。《金史·食货》：

> 章宗大定二十九年十二月，雁门、五台民刘完等诉：“自立监铸钱以来，有铜矿之地虽曰官运，其顾直不足则令民共偿。乞与本州司县均为差配。”遂命甄官署丞丁用楫往审其利病，还言：“所运铜矿，民以物力科差济之，非所愿也。其顾直既低，又有刻剥之弊。而相视苗脉工匠，妄指人之垣屋及寺观谓当开采，因以取贿。又随冶夫匠，日办净铜四两，多不及数，复销铜器及旧钱，送官以足之。今阜通、利通两监，岁铸钱十四万余贯，而岁所费乃至八十余万贯，病民而多费，未见其利便也。”宰臣以闻，遂罢代州、曲阳二监。②

① 《金史》卷四九，《志第三十·食货四·盐》，中华书局，2011，第1103页。

② 《金史》卷四八，《志第三十九·食货三·钱币》，中华书局，2011，第1073页。

章宗泰和四年（1204）铸大钱，以一当十，而与钞参行。宣宗贞祐三年（1215），因钞价低落，遂禁止铜钱使用，由是民间交易盖由银所代替了。金代铜甚缺乏，远远供应不上铸钱的需要，所以铸钱除坑冶采银之外，还不断向民间括铜和禁止民间私铸铜镜或把铜物输出境外。正隆二年（1157）十月，“初禁铜越外界，悬罪赏格。括民间铜鍮器，陕西、南京者输京兆，他路悉输中都”[①]。大定十一年（1171）二月，“禁私铸铜镜，旧有铜器悉送官，给其直之半。惟神佛像、钟、磬、钹、钴、腰束带、鱼袋之属，则存之”[②]。二十六年（1186）十一月，“上谕宰臣曰：‘国家铜禁久矣，尚闻民私造腰带及镜，托为旧物，公然市之。宜加禁约’”[③]。章宗明昌三年（1192），“在官铜数，可支十年”[④]。当有不少是从民间搜括上来的。但至明昌五年（1194）还是苦于铜不足，乃仿唐元和年间的限钱法，定出“官民存留见钱法”。

金章宗限钱法之规定，与当时官豪之家多积铜钱有关，官豪之家所以多积铜钱，又与金滥发纸币和缺乏铜物有关。在北京顺义、陕西省耀县、黑龙江省泰来塔子城、张家口下花园等地，都曾发现金代窖藏的铜钱，北京顺义窖藏五万多枚，耀县发现窖藏铜钱达三千余斤，塔子城窖藏铜钱七百余斤，下花园最少，亦有三百余斤。[⑤] 这些钱大部分为宋、辽及金时所造，其中也有宋以前的铜钱。由此可见，金时所铸铜钱一直未替代辽、宋旧币。由于金代缺铜，加之后来政府为维持钞价，禁止使用铜钱，因之铜钱逐渐为钞币所驱逐。铜钱被驱逐后，银币与钞币，兼行于流通中。

银在金代交易中作为货币流通已很盛行。《金史·张行信传》载：“买马官……市于洮州，以银百锭几得马千匹。……（乞）捐银万两，可得良马千匹。”[⑥] 但银作为货币在市场上流通和使用，在章宗承安二年（1197）前是以锭来计算，银锭重量为五十两，价格百贯文。因银锭的使用还是一种称量的货币，故民间颇有截凿者，其价亦显见上下。这样从形式、重量以及价格加以规定，铸成为一种法定货币便为流通所需。承安二

① 《金史》卷四八，《志第三十九·食货三·钱币》，中华书局，2011，第1069页。
② 《金史》卷四八，《志第三十九·食货三·钱币》，中华书局，2011，第1070页。
③ 《金史》卷四八，《志第三十九·食货三·钱币》，中华书局，2011，第1072页。
④ 《金史》卷四八，《志第三十九·食货三·钱币》，中华书局，2011，第1074页。
⑤ 张博泉：《金代经济史略》，辽宁人民出版社，1981，第86页。
⑥ 《金史》卷一〇七，《列传第四十五·张行信》，中华书局，2011，第2369页。

年政府改铸银币，名“承安宝货”。其制：“一两至十两分五等，每两折钱二贯，公私同见钱用，仍定销铸及接受稽留罪赏格。”[①] 由银锭改为铸币，这是中国币制史上银由流通进入法定货币的开始，同时也是中国用银的开始，在中国币制史上是一重大进步。

金朝自“承安宝货”铸造施行后，钱钞的发行如故，且日益滥杂。例如钞的名称有四贯值银一两的“贞祐通宝”钞，有“兴定宝泉”钞，又有用绫印刷的“元光珍货”。承安五年（1200）闰十二月，“宰臣奏：‘向者宝券既弊，乃造‘贞祐通宝’以救之，迄今五年，其弊又复如宝券之末。初，通宝四贯为银一两，今八百余贯矣。宜复更造‘兴定宝泉’，子母相权，与通宝兼行，每贯当通宝四百贯，以二贯为银一两，随处置库，许人以通宝易之。’”[②] 元光元年（1222）二月，始诏行之。“二年（1223）五月，更造每贯当通宝五十，又以绫印制‘元光珍货’，同银钞及余钞行之。行之未久，银价日贵，宝泉日贱，民但以银论价。至元光二年，宝泉几于不用。乃定法，银一两不得过宝泉三百贯，凡物可直银三两以下者不许用银，以上者三分为率，一分用银，二分用宝泉及珍货、重宝。”[③] 钞名日杂，其价日贱。另，由于把银作为计价货币之故，伪造随之而起，杂铜锡而私铸时有所闻，因而流通渐为滞钝。元光五年（1226）十二月遂罢。但在民间银之使用，却逐日增加。

金代纸币的发行早于铜币。海陵贞元二年（1154）迁都燕京后，以铜质缺乏，币材有限，户部尚书蔡松年复钞引法，始发行纸币，作为商品交换的媒介，纸币名为“交钞”。纸币的发行权属于国家，并设印造引库以主引钞，又设交钞库以掌书塔印合同之事。《揽辔录》记载：

> （成大至汴京）……过交钞处。交钞所者，虏本无钱，惟炀王亮尝一铸正隆钱，绝不多，余悉用中国（中原）旧钱，又不欲留钱于河南，故仿中国铸币，于汴京置局造官会，谓之交钞。拟见钱行使，而阴收铜钱，悉运而北，过河即用见钱，不用钞。钞文曰：南京交钞所准户部符。尚书省批降：检会昨奏南京置局，即造一贯至三贯例交钞，许诸人纳钞给钞，河南路官私作见钱流转，若赴库支取，即时给

---

① 《金史》卷四八，《志第三十九·食货三·钱币》，中华书局，2011，第1076页。
② 《金史》卷四八，《志第三十九·食货三·钱币》，中华书局，2011，第1089页。
③ 《金史》卷四八，《志第三十九·食货三·钱币》，中华书局，2011，第1089页。

付。每贯输工墨钱十五文，七年纳换，别给钱，以七十为陌，伪造者处斩，捕告者赏钱三百千，前后有户部管当令史斡当官交钞库使副书押，四周画云鹤为饰焉。[①]

海陵时，有大钞小钞之别。大钞额面一贯、二贯、三贯、五贯、十贯五等；小钞分一百、二百、三百五、七百五等，与钱并行。初依宋先例规定流通期限，以七年为一限界，至七年兑现或换新钞。虽对期限规定时有更易，但期满即收回，终其流通。章宗即位，将纸币通货改为永久流通，将原定期限一律废除。《金史·食货·钱币》记载："时有欲罢之（钞法）者……有司言：'交钞旧同见钱，商旅利于致远，往往以钱买钞，盖公私俱便之事，岂可罢去！止因有厘革年限，不能无疑，乞削七年厘革之法，令民得常用。若岁久字文磨灭，许于所在官库纳旧换新，或听便支钱。'遂罢七年厘革之限，交钞字昏方换，法自此始。"[②]

金章宗将纸币厘革之限废除，改为永久流通的货币，这是中国币制史上一大变革。唯字文磨灭不现者，则可向所属库司换易新钞，是为交钞字昏方换之始，然交钞流通壅塞，以至同铜钱之比价悬绝，因此承安二年（1197）始改铸银币以代钞本，但终不能扭转当时钞价日跌之势。[③]

二　借贷与典质

金代金融活动主要有借贷与典质，成为残酷剥削民户的一种手段。金初太祖时对被征服的人户，由于其"衣食不足"则由"官赈贷之"[④]。太宗时，"蠲民间贷息"[⑤]。熙宗皇统四年（1144），"立借贷饥民酬赏格"[⑥]。世宗大定二十三年（1183），以减轻民间典质借贷利息之名，行"以助官吏廪给之费"之实，由国家垄断对民户高利贷剥削的权益。在中都、南京、东平、真定等处，并置质典库，以"流泉"为名各设使、副一员。二十八年（1188）十月，又在京府、节度州添设流泉务，凡二十八所，并在中国历史上出现最早的典肆规则："凡典质物，使、副亲评价直，许典七

① （南宋）范成大：《揽辔录》，中华书局，1985，第 1 页。

② 《金史》卷四八，《志第二十九·食货三·钱币》，中华书局，2011，第 1073 页。

③ 张博泉：《金代经济史略》，辽宁人民出版社，1981，第 89 页。

④ 《金史》卷二，《本纪第二·太祖》，中华书局，2011，第 40 页。

⑤ 《金史》卷三，《本纪第三·太宗》，中华书局，2011，第 49 页。

⑥ 《金史》卷四，《本纪第四·熙宗》，中华书局，2011，第 80 页。

分，月利一分，不及一月者以日计之。经二周年外，又逾月不赎，即听下架出卖。出帖子时，写质物人姓名，物之名色，金银等第分两，及所典年月日钱贯，下架年月之类。若亡失者，收赎日勒合于人，验元典官本，并合该利息，赔偿入官外，更勒库子，验典物日上等时估偿之，物虽故旧，依新价偿。仍委运司佐贰幕官识汉字者一贯提控。若有违犯则究治。每月具数，申报上司。"①

除官贷及官营典肆之外，尚有军借民钱、民间借贷和典质的普遍存在。《金史·奥屯忠孝传》："忠孝改沁南军。坐前在卫州勾集妨农军借民钱不令偿，由是贫富不相假贷，军民不相安，降宁海州刺史。"② 足见金时军士之需假于民，其弊亦然。《金史·黄久约传》："时以贫富不均，或欲令富民分贷贫者。"③《金史·食货》记载金朝规定："民田业各从其便，卖、质于人无禁。"④《金史·高汝砺传》高汝砺言："循例推排"，民"或虚作贫乏，故以产业低价质典。"⑤《金史·移剌子敬传》子敬死时，"家无余财，其子质宅以营葬事"⑥。

金时出贷品目有谷物和钱两种，计息办法分年息、月息、日息。金国立法，"举财物者月利不过三分，积久至倍则止"⑦。其实典质、借贷利率远超此规定，大定十三年（1173）金世宗谓："闻民间质典，利息重者至五七分，或以利为本，小民苦之。"⑧ 宣宗贞祐中，"又上封事者言：比年以来屡艰食，虽由调度征敛之繁，亦兼并之家有以夺之也。收则乘贱多籴，困急则以贷人，私立券质，名为无利而实数倍。饥民惟恐不得，莫敢较者，故场功甫毕，官租未了，而囤已空矣！此富者益富，而贫者益贫者也。国朝立法，举财物者月利不过三分，积久至倍则止，今或不期月而息三倍。愿明敕有司，举行旧法，丰熟之日增价和籴，则在公有益，而私无损矣。"⑨ 当时一些豪猾之家恃其势力，依倚官府或者是托于权贵，为非

① 《金史》卷五七，《志第三十八·百官三》，中华书局，2011，第1320页。
② 《金史》卷一〇四，《列传第四十二·奥屯忠孝》，中华书局，2011，第2298页。
③ 《金史》卷九六，《列传第三十四·黄久约》，中华书局，2011，第2124页。
④ 《金史》卷四七，《志第二十八·食货二·田制》，中华书局，2011，第1043页。
⑤ 《金史》卷一〇七，《列传第四十五·高汝砺》，中华书局，2011，第2352页。
⑥ 《金史》卷八九，《列传第二十七·移剌子敬》，中华书局，2011，第1990页。
⑦ 《金史》卷五〇，《志第三十一·食货五·和籴》，中华书局，2011，第1119页。
⑧ 《金史》卷五七，《志第三十八·百官三》，中华书局，2011，第1320页。
⑨ 《金史》卷五〇，《志第三十一·食货五·和籴》，中华书局，2011，第1119页。

作歹，以致豪富，害人尤甚。《建炎以来系年要录》建炎二年（1128）十二月记载："自金人入中原，凡官汉地者，皆置通事，高下轻重，悉出其手，得以舞文纳贿，人甚苦之。燕京留守尼楚赫以战多，贵而不知民政，有僧讼富民，逋钱数万缗，通事受贿，诡言久旱不雨，僧欲焚身动天，以苏百姓。尼楚赫许之，僧号呼不能自明，竟以焚死。"[①]《金史·章宗纪》明昌元年（1190）八月："禁指托亲王、公主奴隶占纲船、侵商旅及妄征钱债。"[②]

一般百姓在女真奴隶制占有关系下，欠债者又时常被以人身折还债责办法，沦为放债者的奴隶，或遭受猛安谋克强行掠夺。《归潜志》记载："时辽东路多世袭猛安谋克居焉。其人皆女真功臣子，骜亢奢纵不法，公（王翛然）思有以治之。会郡民负一世袭猛安者钱，贫不能偿，猛安者大怒，率家僮辈强入其家，牵其牛以去，民因讼于官，公得其情。令一吏呼猛安者，其猛安者盛陈骑从以来，公朝服召至厅事前，诘其事，趋左右械系之。乃以强盗论，杖杀于市，一路悚然。"[③]

三 金末币制紊乱导致经济崩溃

金末币制，极其紊乱。金政府为纾解财政困境，滥发钞币，于是钞币流通阻滞，钞价日落。章宗承安初年以后，"交钞稍滞"和银钞俱滞征兆即已显露，为此金政府采取各种办法限钱，以便钞币流通：承安四年（1199）三月，"以银钞阻滞，乃权止山东诸路以银钞与锦绢盐引从便易钱之制。令院务诸科名钱，除京师、河南、陕西银钞从便，余路并许收银钞各半，仍于钞四分之一许纳其本路"[④]。

承安三年（1198）限用钱，强用银钞，令限"西京、北京、临潢、辽东等路，一贯以上俱用银钞、宝货，不许用钱，一贯以下听民便"[⑤]。后来咸平、东京也从都南例一贯以上皆交钞，不得用钱。泰和元年（1201）令诸路税以钱银钞三分均纳，铺马、军须等钱许纳银半。泰和八年（1208）十月，孙铎言："民间钞多，正宜收敛，院务税诸名钱，可尽

① （宋）李心传：《建炎以来系年要录》卷十八，中华书局，2013，第435页。

② 《金史》卷九，《本纪第九·章宗一》，中华书局，2011，第215页。

③ （金）刘祁：《归潜志》卷八，中华书局，1983，第82页。

④ 《金史》卷四八，《志第二十九·食货三·钱币》，中华书局，1983，第1077页。

⑤ 《金史》卷四八，《志第二十九·食货三·钱币》，中华书局，1983，第1076页。

收钞，秋夏税纳本色外，亦令收钞，不拘贯例。农民知之则渐重钞，可以流通。”①

这种限钱重钞以及租税银钞化的倾向，与金政府滥发钞币的政策分不开。强用银钞的结果，却使金末币制愈加紊乱。从宣宗贞祐二年（1214）至金末（1234）二十年间，金代屡变钞之名目，钞价跌落，其变化情况如下：

> 金朝钱币，旧止用铜钱……及高岩夫为三司副使，倡行钞法。初甚贵重过于钱，以其便于持行也。尔后兵兴，官出甚众，民间始轻之，法益衰。南渡之初，至有交钞一十贯，不抵钱十文用者。富商大贾，多因钞法困穷，俗谓坐化。官知其然，为更造，号曰宝券。新券初出，人亦贵之。已而复如交钞，官又为更造，号曰通货，又改曰通宝，又改曰宝货，曰宝泉、珍宝、珍会。最后以绫织印造，号珍货，抵银，一起一衰，迄亡国，而钱不复出矣。②

金末币制紊乱，是金政府统治日趋衰亡的象征。金末乱发纸币不但不能挽救财政危机，反而加深了社会矛盾，人民破产，商旅坐困，生产衰落，铜钱流出，其弊为甚。金章宗以后，钞币阻滞，对农民两税的征收，除纳本色外又令收钞，“比来州县抑配市肆买钞，徒增骚扰”③。币制紊乱造成对人民的剥削加重。《金史·食货》高汝砺言：

> 河南调发繁重，所征租税三倍于旧，仅可供亿，如此其重也。而今年五月省部以岁收通宝不充所用，乃于民间敛桑皮故纸钞七千万贯以补之，又太甚矣！而近又以通宝稍滞，又增两倍。河南人户农居三之二，今年租税征尚未足，而复令出此，民若不粜当纳之租，则卖所食之粟，舍此将何得焉？今所急而难得者刍粮也，出于民而有限。可缓而易为者交钞也，出于国而可变。以国家之所自行者而强求之民，将若之何？向者大钞滞则更为小钞，小钞弊则改为宝券，宝券不行则易为通宝，变制在我，尚何烦民哉！民既悉力以奉军而不足，又计口、计税、计物、计生殖之业而加征，若是其剥，彼不能给，则有亡

① 《金史》卷四八，《志第二十九·食货三·钱币》，中华书局，2011，第1082页。
② （金）刘祁：《归潜志》卷十，中华书局，1983，第109页。
③ 《金史》卷四八，《志第二十九·食货三·钱币》，中华书局，2011，第1082页。

而已矣。民逃田秽，兵食不给，是军储钞法两废矣。……”①

币制紊乱直接表现为通货膨胀。金末政府滥发钞币，钞币面额不断增大，致使物价连年飞涨。《金史·食货》：“宝券初行时，民甚重之。但以河北、陕西诸路所支既多，人遂轻之。商贾争收入京，以市金银，银价昂，谷亦随之。若令宝券路各殊制，则不可复入河南，则河南金银贱而谷自轻。若直闭京城粟不出，则外亦自守，不复入京，谷当益贵。宜谕郡县小民，毋妄增价，官为定制，务从其便。”② 可见谷价涨落与币制紊乱有极大关系。卫绍王大安二年（1210）溃河之役，甚至以八十四车交钞充军赏了，金章宗时以万贯交钞只买得一个烧饼，一百缗的纸币只能买到一碗面。③ 而且在物价上涨时，商人又趁机从中牟取厚利。

金末币制紊乱，致商业倒闭和市场萧条。章宗承安二年（1197）铸承安宝货后，由于私铸杂以铜锡，结果“寖不能行，京师闭肆”④。泰和七年（1207），“时民以货币屡变，往往怨嗟，聚语于市”，或“都市敢有相聚论钞法难行者”⑤。反映了由于币制紊乱而引起市民的普遍不满。这种情况在章宗后，愈演愈剧。贞祐间发行贞祐宝券，“遂使商旅不行，四方之物不敢入（京师）”。且民间商品价格“旦暮不一”，致使“市肆尽闭”⑥。元光二年（1223）造元光重宝和元光珍货，“行之未久，银价日贵，宝泉日贱，民但以银论价”。政府为抑银推行宝泉，规定：“银一两不得过宝泉三百贯，凡物可直银三两以下者不许用银，以上者三分为率，一分用银，二分用宝泉及珍货、重宝。京师及州郡置平准务，以宝泉银相易，其私易及违法而能告者，罪赏有差。”此令一下，“市肆昼闭，商旅不行”⑦。

由于金末币制紊乱强行银钞，致使商贾“坐化”，而钱亦多流入于宋。《金史·食货》贞祐三年（1215）：“自是，钱货不用，富家内困藏镪之限，外弊交钞屡变，皆至窘败，谓之‘坐化’。商人往往舟运贸易于江淮，

---

① 《金史》卷四八，《志第二十九·食货三·钱币》，中华书局，2011，第1087页。
② 《金史》卷四八，《志第二十九·食货三·钱币》，中华书局，2011，第1084页。
③ 《元史》卷一四六，《列传第三十三·耶律楚材》，中华书局，2011，第3460页。
④ 《金史》卷四八，《志第二十九·食货三·钱币》，中华书局，2011，第1077页。
⑤ 《金史》卷四八，《志第二十九·食货三·钱币》，中华书局，2011，第1079页。
⑥ 《金史》卷四八，《志第二十九·食货三·钱币》，中华书局，2011，第1090页。
⑦ 《金史》卷四八，《志第二十九·食货三·钱币》，中华书局，2011，第1090页。

钱多入于宋矣。宋人以为喜，而金人不禁也。”[①]《归潜志》：“予在淮阳时，尝闻宋人喜收旧钱，商贾往往以舟载，下江淮贸易，于是钱多入宋矣。嗟夫！钱为至宝，自古流行，今日弃置如瓦砾等，而以诸帛相诳欺，无怪乎天下之远。”[②] 诸如此类，足以说明金末币制紊乱之甚。

第五节　金代女真部奴隶制向官僚地主制的转化

至金章宗明昌、承安间，女真部从经济制度方面完成由奴隶制向集权官僚制的变革。章宗是金朝发展的极盛时期，同时也是盛衰转折点，新的阶级矛盾与斗争不断爆发。金朝势力在官僚地主腐化中衰弱，此时南宋官僚地主集团中的许多人，也文恬武嬉，沉醉于湖山之间，“直把杭州作汴州”，毫无图强恢复之意，因而南北相对平衡的局面仍在持续。

一　奴隶制的确立及奴隶的来源

阿骨打1114年起兵反辽，第二年金帝国建立，标志着奴隶制在女真部族的确立，女真部族进入文明时代。此后，女真部族内部奴隶制有了迅速发展。金世宗大定二十三年（1183），在猛安谋克内的“六百一十五万八千六百三十六”人中，奴隶有“一百三十四万五千九百六十七”口；在都宗室将军司“二万八千七百九十”人中，奴隶竟多达“二万七千八百八”[③] 口，占总数的96%以上。金世宗自己说过，“正隆兴兵时，朕之奴婢万数，孳畜数千”[④]。

女真社会的奴隶来源，约有五个方面。一是通过战争掠夺。如《金史·留可传》载，金太祖“攻破留可城”后，“取其孥累赀产而还”。[⑤] 孥累即奴隶。二是因“岁凶民饥，多附豪族，因陷为奴隶”[⑥]。三是因“犯法、征偿莫办，折身为奴”。四是“私约立限，以人对赎，过期则以为奴者”[⑦]。五是奴隶所生子女仍为奴。这有以下记事可证：“制立限放良之

① 《金史》卷四八，《志第二十九·食货三·钱币》，中华书局，2011，第1083页。
② （金）刘祁：《归潜志》卷十，中华书局，1983，第109页。
③ 《金史》卷三六，《志第十七·礼九》，中华书局，2011，第1034页。
④ 《金史》卷三六，《志第十七·礼九》，中华书局，2011，第1038页。
⑤ 《金史》卷六七，《列传第五·留可》，中华书局，2011，第1584页。
⑥ 《金史》卷三六，《志第十七·礼九》，中华书局，2011，第1032页。
⑦ 《金史》卷四六，《志第二十七·食货一·户口》，中华书局，2011，第1032页。

奴，限内娶良人为妻，所生男女即为良”；“凡契丹奴婢今后所生者悉为良”[①]。从以上奴隶的五个来源可以看出，女真社会的奴隶制相当发达。据《金史》记，上京路的女真贵族，因“自卖其奴婢，致耕田者少，遂以贫乏”[②]。知女真社会内的奴隶，像一切奴隶社会的奴隶一样，不仅承担着繁重的田间和家务劳动，养活着一小撮奴隶主，而且人身也毫无自由，奴隶主可以把他们像牲口一样出卖。

从另一方面看，由于女真部族的奴隶制是随着战争的胜利而迅速发展起来的，其社会初期还处在“其市易则惟以物博易，无钱……无工匠，屋舍车帐，往往自能为之”；“其法律吏治，则无文字，刻木为契，谓之刻字，赋敛调度，皆刻箭为号，事急者三刻之”；[③]“父死则妻其母，兄死则妻其嫂，叔伯死，则侄亦如之”的阶段，[④]故在他们社会内，还保留着不少古老习俗。如“君臣同川而浴，肩相攀于道，民虽杀鸡，亦召其君同食”[⑤]。这又说明，女真人的奴隶制在一个相当长的时期内，还没有完全摆脱氏族社会的影响。

二　奴隶制的迅速瓦解

与一般民族经历奴隶制阶段比较，金代女真人的奴隶制存在时间较短，很快便向集权官僚制转化。这是因为，随着军事形势的迅速发展，大半个中国很快在女真贵族的统治下。但这一区域内，集权官僚制经济和文化已有了高度发展，这就使少数女真贵族在进入这一地区后，如落汪洋大海，用落后的奴隶制方式统治，遭到中原人民的强烈反对，无法维持其统治，迫使他们不得不变革制度。这是汉族经济制度先进性使然，少数民族经济制度演化不可能不受到主体汉民族经济制度的强力影响。从以下的一些史料，可看出这种变化。其一，从金太宗开始，熙宗、世宗和章宗，皆多次下诏，或禁止：“权势家不得买贫民为奴，其胁买者一人偿十五人，诈买者一人偿二人，罪皆杖百。”[⑥]或规定：“流民典雇为奴婢者，官给绢

① 《金史》卷三六，《志第十七・礼九》，中华书局，2011，第1035页。
② 《金史》卷三六，《志第十七・礼九》，中华书局，2011，第1034页。
③ （宋）徐梦莘：《三朝北盟会编》卷三，上海古籍出版社，2008，第19页。
④ （宋）徐梦莘：《三朝北盟会编》卷三，上海古籍出版社，2008，第17页。
⑤ （宋）徐梦莘：《三朝北盟会编》卷三，上海古籍出版社，2008，第17页。
⑥ 《金史》卷四六，《志第二十七・食货一・户口》，中华书局，2011，第1033页。

赎为良，放还其乡”，[①]“有质卖妻子者，官为收赎”；[②]“制诸饥民卖身已赎放为良，复与奴生男女，并听为良”。[③]或宣布，“诏宫籍监户旧系睿宗及大行皇帝、皇考之奴婢者，悉放为良”，[④]等等。其二，在上层建筑方面进行了一系列改革，废除了反映奴隶制政体的“勃极烈”贵族议会制，“循辽、宋之旧”，设置中央集权的专制统治机构。正隆元年（1156），在尚书省下，立院、台、府、司、寺、监、局、署、所等，“各统其属，以修其职”。这些机构，“终金之世守而不敢变焉”[⑤]。又改变了“旧风之训”，“兼采隋、唐之制，参辽、宋之法”，[⑥]制定了成文法规。还“因辽、宋制”，设科举选仕。[⑦]户籍管理“遂令从唐制”。[⑧]赋税征收，采用“官地输租，私田输税”[⑨]，等等。其三，金统治者推行对迁入中原的“猛安谋克”户，“计口授地”，“使自播种，以充口食”政策的结果，“猛安户不自种，悉租与民，有一家百口垅无一苗者”；有的“惟酒是务，往往以田租人，而预借三、二年租课”。[⑩]租佃制普遍出现表明，从经济基础看，奴隶制已迅速转化为官僚地主制。上述三点表明，尽管女真贵族改革的目的是维护其统治，但确实使女真社会经济制度从奴隶制向官僚地主制转化。当然，这一发展是不平衡的。留居东北故地的女真人，靠南的部分虽在这个潮流中也迅速官僚地主化，但北部仍停留在奴隶制阶段，特别是一些分散于边远地区的女真部族，不少还处在氏族社会发展阶段。在对元、明时期的女真社会的探讨中，可以清楚地看到这些差异。

在女真部族前期发展中，阿骨打创建的猛安谋克组织发挥了重大作用。猛安谋克，女真语，猛安为部族单位，是千、千夫长的意思；谋克为氏族单位，是百、百夫长的意思。女真人在由氏族制向部族国家过渡时期，各部之民壮者皆兵，平时从事渔猎生产，战时各首领统率出征，按所统人数多寡，或称猛安，或称谋克。这种以氏族为基础，既是生产单位又

---

① 《金史》卷四，《本纪第四·熙宗》，中华书局，2011，第81页。
② 《金史》卷六，《本纪第六·世宗上》，中华书局，2011，第132页。
③ 《金史》卷九，《本纪第九·章宗一》，中华书局，2011，第210页。
④ 《金史》卷九，《本纪第九·章宗一》，中华书局，2011，第209页。
⑤ 《金史》卷五五，《志第三十六·百官一》，中华书局，2011，第1216页。
⑥ 《金史》卷四五，《志第二十六·刑》，中华书局，2011，第1015页。
⑦ 《金史》卷五一，《志第三十二·选举一》，中华书局，2011，第1130页。
⑧ 《金史》卷四六，《志第二十七·食货一·户口》，中华书局，2011，第1031页。
⑨ 《金史》卷四七，《志第二十八·食货二·田制》，中华书局，2011，第1055页。
⑩ 《金史》卷九，《本纪第九·章宗一》，中华书局，2011，第1047页。

是战斗组织的猛安谋克，增强了战斗力，使分散的女真人统一在一个旗帜下，促进了女真社会的发展。猛安谋克的户数，并非以百、千为限。猛安谋克首领，初只管训练士兵，指挥作战；后还负责“劝课农桑”，即组织和监督生产。金熙宗以后，猛安谋克成为军事、生产和地方行政机构三位一体的社会组织。由于女真贵族入主中原后，把它搬到中原地区作为统治人民的工具，所以自那以后，它又变成了阻碍社会发展，束缚女真人前进和女真贵族进行民族压迫的工具。①

女真部社会经济制度的演进在中国少数民族经济史上独具意义，这主要表现在两个方面。一方面，女真部在与汉族先进的集权官僚制接触后，跨越了封建农奴制阶段，迅速由奴隶制转化为集权官僚制。那种以为一切民族都必须毫无例外地经历所有经济制度，没有任何突变和跨越的观点，是站不住脚的，与中国少数民族经济史实不符。另一方面，女真部内部经济制度发展不平衡，南部最早接触先进的集权官僚制，因而先行跨越；而北部仍停留在奴隶制，甚至氏族社会阶段。总之，女真部经济制度变革既受外部集权官僚制的影响，又受内部发展不平衡的制约。

三 奴隶制向官僚地主制的转化

牛具税地的破坏，标志着女真奴隶社会的解体。猛安谋克牛具税地和猛安谋克屯田的破坏，主要表现在：出卖耕牛和奴隶，致使土地无法耕种，乃至荒芜；出卖土地；或因土地被豪强大姓侵夺，或因土地出租，或因骄纵怠惰，任其荒芜，不能自种，等等。② 随着牛头地的破坏，其经营方式也在发生新的变化，即愈来愈向有利于个体经营方式发展。与此同时，土地所有制形式也在发生着急剧变化，即由土地国有制向土地私有制转化。在牛具税地被破坏及其向租佃制转化过程中，计口授地起着催化剂作用。女真族经由计口授地，由奴隶制向官僚地主制转变，也要受当时中原高度发展的租佃制影响，因此女真贵族直接采取将土地出租给汉人的办法，由奴隶主转变为官僚地主，而猛安谋克的一般平民也就转变为个体经营的自耕农民。

世宗时，是女真奴隶制向官僚地主制的迅速转变时期。大定二十

① 杨保隆：《肃慎挹娄合考》，中国社会科学出版社，1989，第262页。

② 张博泉：《金史简编》，辽宁人民出版社，1984，第218页。

一年（1181）正月，世宗对宰臣说："山东、大名等路猛安谋克户之民，往往骄纵，不亲稼穑，不令家人农作，尽令汉人佃莳，取租而已。"[①] 六月，又说："近遣使阅视秋稼，闻猛安谋克人惟酒是务，往往以田租人，而预借三、二年租课者。"[②] 二十二年（1182），"以附都猛安户不自种，悉租与民，有一家百口垄无一苗者。"[③] 世宗对此也曾作规定加以限制，如禁止女真奴隶主出卖奴隶和土地，"阅实户数，计口授地，必令自耕"[④]，"其力果不及者方许租赁"[⑤]，并使劝谋克及本管猛安谋克共同都管，防止土地不自耕种，出租与人，但收效甚微，女真奴隶主向官僚地主转化已成为一种不可遏止的历史洪流。

章宗完颜璟是世宗指定和培养的继承人，在废除契丹、女真奴隶制及变奴隶制为集权官僚制的问题上，是最后的完成者。大定二十五年（1185），显宗死，章宗由金源郡王进封为原王，判大兴府事。世宗尚女真旧俗，完颜璟入以女真语谢世宗加封，世宗大喜，甚是感动，对宰臣说："朕尝命诸王习本朝语，惟原王语甚习，朕甚嘉之。"[⑥] 二十六年（1186）五月，拜为尚书省右丞相，教他观看宫中地图以便能具知天下远近扼要，又令他亲自见习朝廷议论，熟悉政事大体。十一月，立为皇太孙。世宗在给章宗的谕令中说："朕从正立汝为皇太孙，建立在朕，保守在汝，宜行正养德，勿近邪佞，事朕必尽忠孝，无失众望，则惟汝嘉。"[⑦] 章宗承世宗即帝位，当时形势还算是好的，"治平日久，宇内小康"[⑧]。章宗在政治、经济上，用法律形式，巩固世宗时所取得之成果。《金史》记载："乃正礼乐，修刑法，定官制，典章文物粲然成一代治规。"[⑨] 奴隶制的存在已成为官僚地主制发展的障碍。章宗即位之初，废除奴隶制和解放奴隶的问题已提上日程。章宗即位大定二十九年（1189）二月，"诏宫籍监户旧系睿宗及大行皇帝、皇考之奴婢者，悉放为良"。这是对女真奴

① 《金史》卷四七，《志第二十八·食货二·田制》，中华书局，2011，第1046页。
② 《金史》卷四七，《志第二十八·食货二·田制》，中华书局，2011，第1047页。
③ 《金史》卷四七，《志第二十八·食货二·田制》，中华书局，2011，第1047页。
④ 《金史》卷四七，《志第二十八·食货二·田制》，中华书局，2011，第1046页。
⑤ 《金史》卷四七，《志第二十八·食货二·田制》，中华书局，2011，第1046页。
⑥ 《金史》卷九，《本纪第九·章宗一》，中华书局，2011，第208页。
⑦ 《金史》卷九，《本纪第九·章宗一》，中华书局，2011，第208页。
⑧ 《金史》卷一二，《本纪第十二·章宗四》，中华书局，2011，第285页。
⑨ 《金史》卷一二，《本纪第十二·章宗四》，中华书局，2011，第285页。

隶的解放。闰五月，“制诸饥民卖身已赎放为良，复与奴生男女，并听为良。”[①] 明昌二年（1191）二月，“更定奴诱良人法”[②]。即废除奴隶制和禁止把良人诱骗为奴的法律。

其次，对猛安谋克也作许多新规定。明昌六年（1195）十二月，“初定猛安谋克镇边后放免者授官格”[③]。承安五年（1200）正月，“定猛安谋克军前怠慢罢世袭格”。五月，“定猛安谋克斗殴杀人遇赦免死罢世袭格”[④]。泰和元年（1201）三月，“更定镇防千户谋克放老入除格”[⑤]。泰和八年（1208）四月，“诏更定猛安谋克承袭程试格”[⑥]。所有这些从表面看好像是在加强猛安谋克，实际上猛安谋克种种特权通过法制规定，已被削弱和罢除。另，女真猛安谋克围猎习武用地，明昌三年（1192）二月，“敕猛安谋克许于冬月率所属户畋猎二次，每出不得过十日”[⑦]。四年（1193）正月，又“谕点检司，行宫外地及围猎之处悉与民耕，虽禁地，听民持农器出入”[⑧]。限猛安谋克户畋猎及弛放禁地与农，这样的措施符合官僚地主制经济发展的要求。

最后，随着女真部族官僚地主化的完成，允许猛安谋克户与汉民通婚。明昌二年（1191）四月，“尚书省言：‘齐民与屯田户往往不睦，若令递相婚姻，实国家长久安宁之计。’从之”[⑨]。与此同时，猛安谋克亦允许举进士，“至章宗明昌间，欲国人兼知文武，令猛安谋克举进士，试以策论及射，以定其科甲高下”[⑩]。

第六节 金政权的灭亡

章宗完颜璟死后，卫绍王继位，后右副元帅纥石烈执中发动宫廷政变，杀卫绍王，立完颜珣为帝，号宣宗。宣宗时，金朝经济衰退，政治腐

① 《金史》卷九，《本纪第九·章宗一》，中华书局，2011，第210页。
② 《金史》卷九，《本纪第九·章宗一》，中华书局，2011，第217页。
③ 《金史》卷十，《本纪第十·章宗二》，中华书局，2011，第237页。
④ 《金史》卷一一，《本纪第十一·章宗三》，中华书局，2011，第253页。
⑤ 《金史》卷一一，《本纪第十一·章宗三》，中华书局，2011，第256页。
⑥ 《金史》卷一一，《本纪第十一·章宗三》，中华书局，2011，第283页。
⑦ 《金史》卷九，《本纪第九·章宗一》，中华书局，2011，第220页。
⑧ 《金史》卷十，《本纪第十·章宗二》，中华书局，2011，第228页。
⑨ 《金史》卷九，《本纪第九·章宗一》，中华书局，2011，第218页。
⑩ 《金史》卷四四，《志第二十五·兵》，中华书局，2011，第997页。

败，奖用吏胥，苛刻成风，步入衰亡时期。

一 经济衰败

宣宗时，金朝统治已进入经济、政治全面衰败时期，主要表现在土地荒芜、生产残破、财政和币制紊乱等各个方面。

第一，括地不成，屯田无效，动摇了统治阶级的经济基础。

金末括地始于章宗，而宣宗时其议尤甚。这时宣宗已南渡，河北军民南徙河南。《金史·胥鼎传》记载："自兵兴以来，河北溃散军兵、流亡人户，及山西、河东老幼，俱徙河南。在处侨居，各无本业，易至动摇。窃虑有司妄分彼此，或加迫遣，以致不安。"① 当时从河北徙于河南的军户数百万口，河北失业的百姓，侨居河南、陕西者难以数计。这是金末北方人口又一次大迁徙。迁至河南的军户，靠国家哺养，因而使河南租赋负担加重，金朝为维持其统治局面，捍拒蒙古，欲括河南民地，以安置来自河北的军户。《金史·高汝砺传》记载："所遣官言：农民并称，比年以来租赋已重，若更益之，力实不足，不敢复佃官田，愿以给军。"② 这实际是为括地而故意制造的所谓"民愿"的口实。当时河南土地的实际情况，诚如高汝砺所说："河南民地、官田，计数相半。又多全佃官田之家，坟茔、庄井俱在其中。率皆贫民，一旦夺之，何以自活。"高汝砺认为这是"小民易动难安，一时避赋，遂有此言"③。高汝砺的看法也不全对，百姓既怕括地，也怕重租赋。金朝统治者在维护其政权存在的共同目的下，究竟是抑赋税还是括地有利，内部存有争论。金政府力主军屯可以省赋，主张括地，但这种办法给一些官僚所造成的骇愕心理无法消除。宣宗贞祐三年（1215）七月，朝廷有括地之议，侍御史刘元规上书："伏见朝廷有括地之议，闻者无不骇愕。"④ 其弊，"将大失众心，荒田不可耕，徒有得地之名，而无享利之实。"⑤ 高汝砺说："前事不远，足为明戒。"他提出的办法是："惟当倍益官租，以给军粮之半，复以系官荒田、牧马草地，量数付之，令其

① 《金史》卷一〇八，《列传第四十六·胥鼎》，中华书局，2011，第2378页。

② 《金史》卷一〇七，《列传第四十五·高汝砺》，中华书局，2011，第2354页。

③ 《金史》卷一〇七，《列传第四十五·高汝砺》，中华书局，2011，第2354页。

④ 《金史》卷四七，《志第二十八·食货二·田制》，中华书局，2011，第1052页。

⑤ 《金史》卷四七，《志第二十八·食货二·田制》，中华书局，2011，第1052页。

自耕。"[①] 括地不能实行，仍以各种形式屯田。

军屯，主要是括系官荒地、牧马地及逃民旧耕官地，以给军户，授田亩数是一夫三十亩。这种屯田和历代军屯的性质并无大的区别。《金史·食货》有如下记载："（贞祐）四年（1216），省奏：'自古用兵，且耕且战，是以兵食交足。今诸帅分兵不啻百万，一充军伍咸仰于官，至于妇子居家安坐待哺，盖不知屯田为经久之计也。愿下明诏，令诸帅府各以其军耕褥，亦以逸待劳之策也。'诏从之。"[②] "（兴定）四年（1220）十月，移剌不言：'军户自徙于河南，数岁尚未给田，兼以移徙不常，莫得安居，故贫者甚众。请括诸屯处官田，人给三十亩，仍不移屯它所，如此则军户可以得所，官粮可以渐省。'"[③]

至于民屯，《金史·田琢传》记载："臣闻古之名将，虽在征行，必须屯田……方今旷土多，游民众，乞明敕有司，无蹈虚文，严升降之法，选能吏劝课，公私皆得耕垦。富者备牛出种，贫者佣力服勤。……官司圉牧，势家兼并，亦籍其数而授之农民，宽其负算，省其徭役，使尽力南亩，则蓄积岁增，家给人足，富国强兵之道也。宣宗深然之。"[④] 但知易行难，无论军屯民屯，均未曾认真实行过。土地问题无法解决，而且耕地荒废现象愈演愈烈。已垦地尚不能维持，更谈不上开荒以扩大耕地面积，诚如高汝砺所言："况今农田且不能尽辟，岂有余力以耕丛薄交固、草根纠结之荒地哉。"[⑤] 这就使金朝统治阶层的经济基础动摇了。

第二，战争和自然灾害破坏生产。

章宗时，由于自然灾害，已现"田野不辟"，但仍能保持富庶景象。至卫绍王时，黄河以北地区农业生产的衰落已十分严重，"田之荒者，动至百余里，草莽弥望，狐兔出没"[⑥]。宣宗时，黄河南北广大地区，生产荒废尤为普遍和严重。

河北路由于累经战争劫掠，"户口亡匿，田畴荒废"[⑦]。"大河之北，民失稼穑，官无俸给，上下不安，皆欲逃窜"[⑧]。农业生产遭受严重破坏。

---

① 《金史》卷一〇七，《列传第四十五·高汝砺》，中华书局，2011，第2354页。
② 《金史》卷四七，《志第二十八·食货二·田制》，中华书局，2011，第1054页。
③ 《金史》卷四七，《志第二十八·食货二·田制》，中华书局，2011，第1054页。
④ 《金史》卷一〇二，《列传第四十·田琢》，中华书局，2011，第2250页。
⑤ 《金史》卷四七，《志第二十八·食货二·田制》，中华书局，2011，第1053页。
⑥ （宋）宇文懋昭：《大金国志校证》卷二三，《东海郡侯纪》，中华书局，1986，第310页。
⑦ 《金史》卷一〇七，《列传第四十五·高汝砺》，中华书局，2011，第2356页。
⑧ 《金史》卷一〇八，《列传第四十六·侯挚》，中华书局，2011，第2385页。

河东路在平时地利不遗，年岁收成较好，犹需藉陕西、河南地区通贩物料来维持。宣宗南渡，河北军民南迁至河南，但河南军民田总共一百九十七万顷有奇，能够耕种的只有九十六万余顷，荒废一半。[①] 南京一路旧垦田三十九万八千五百余顷，兴定间已是“饥民流离者太半”[②]。叶郡，“路当要冲，岁入七万余石。自扰攘之后，户减三之一，田不毛者千七百顷”[③]。从唐、邓到寿、泗破坏尤甚，“沿边居民逃亡殆尽，兵士亦多亡者，亦以人烟绝少故也”[④]。河南路因水灾，“逋户太半，田野荒芜”[⑤]。“亳州户旧六万，今存者无十一”[⑥]。河东、陕西地区，崇庆元年（1212）大旱，百姓大饥，一斗米价钱数千，“流莩满野”[⑦]。山东路，“东平以东累经残毁，至于邳、海尤甚，海之民户曾不满百而屯军五千，邳州仅及八百，军以万计”[⑧]。据《金史·地理志》记载，海州户为三万六百九十一，邳州户为二万七千二百三十二，这两个地方的户，几于全废。[⑨]

如此严重的土地荒废、生产残破，除战乱天灾的袭击外，最根本的原因，还是金朝统治者的横征重敛和残酷的掠夺、剥削所造成的。官僚地主制经济的主要矛盾有两个：一个是地主与农民的矛盾，一个是国家与农民的矛盾。这两个矛盾集中体现在赋税轻重上。当时职官冗滥的现象很厉害，其特点是官多兵少，兵多农少，士卒家口“又数倍于军，彼皆落薄失次，无所营为，惟有张口待哺而已”[⑩]。政府为养活这大批官僚和军队及其家口，只有从农民身上加强勒索与剥削。贞祐三年（1215）十月，御史田迥秀说：“方今军国所需，一切责之河南。有司不惜民力，征调太急，促其期限，痛其棰楚。民既罄其所有而不足，遂使奔走傍求于它境。力竭财殚，相踵散亡，禁之不能止也。”[⑪] 四年（1216）五月，山东行省仆散

① 《金史》卷四七，《志第二十八·食货二·田制》，中华书局，2011，第1054页。
② 《金史》卷四七，《志第二十八·食货二·田制》，中华书局，2011，第1055页。
③ 赵秉文：《闲闲老人滏水文集》卷十二，科学出版社，2016，第279页。
④ 《金史》卷一〇六，《列传第四十四·术虎高琪》，中华书局，2011，第2344页。
⑤ 《金史》卷四七，《志第二十八·食货二·田制》，中华书局，2011，第1055页。
⑥ 《金史》卷一〇四，《列传四十二·温迪罕缔达》，中华书局，2011，第2294页。
⑦ 《金史》卷一三，《本纪第十三·卫绍王》，中华书局，2011，第295页。
⑧ 《金史》卷一〇八，《列传第四十六·侯挚》，中华书局，2011，第2388页。
⑨ 《金史》卷二五，《志第六·地理》，中华书局，2011，第610页。
⑩ （金）元好问：《遗山文集》卷十八，《嘉议大夫陕西东路转运使刚敏公神道碑》，永瑢等编《文渊阁四库全书》第1191册，台湾商务印书馆，2008，第207页。
⑪ 《金史》卷四七，《志第二十八·食货二·田制》，中华书局，2011，第1060页。

安贞说："泗州被灾，道殣相望……而邳州戍兵数万，急征重敛，悉出三县，官吏酷暴，擅括宿藏，以应一切之命。民皆逋窜，又别遣进纳闲官以相追督。皆怙势营私，实到官者才十之一，而徒使国家有厚敛之名。乞命信臣革此弊以安百姓。"① 同年温迪罕缔达上疏："今边备未撤，征调不休，州县长吏不知爱养其民，督责征科，鞭笞逼迫，急于星火，文移重复，不胜其弊。"② 急征暴敛的结果，致人民逃亡，政府为保证赋税收入不受损失，便把逃亡者的赋税强加在未逃亡的户上，"百姓流亡，逋赋皆配见户"③。

第三，币制紊乱。

宣宗时，币制益加紊乱。贞祐、兴定间，金代屡变钞之名目，钞价不断跌落，直到金亡。贞祐二年（1214）发行贞祐交钞，明年改为宝券。分二十贯、百贯、二百贯、一千贯之大钞四等。贞祐三年（1215）胥鼎言："市易多用见钱，而钞每贯仅直一钱，曾不及工墨之费。"④ 四年（1216）田迥秀言："国家调度皆资宝券，行才数月，又复壅滞，非约束不严，奉行不谨也。夫钱币欲流通，必轻重相权、散敛有术而后可。今之患在出太多、入太少尔。"⑤ 术虎高琪奏："今千钱之券仅直数钱，随造随尽，工物日增，不有以救之，弊将滋甚。"⑥ 兴定元年（1217）发行贞祐通宝，一贯当宝券千贯，四贯当银一两。后跃价至八百余贯当银一两。兴定五年（1221）发行兴定宝泉，一贯当通宝四百贯，两贯当银一两。两年后跃至三百分之一。

二　政治上的败坏及猛安谋克的崩溃

随着经济的衰落，至宣宗时，政治也极其腐败。南宋陈亮谈到当时金朝的情形时说："虏酋庸懦。政令日弛，舍戎狄鞍马之长，而从事中州浮靡之习，君臣之间，日趋怠惰。"⑦ 这是章宗后金朝政治败坏的基本趋势。

宣宗时，由术虎高琪擅政，《金史·术虎高琪传》记载："高琪自为宰相，专固权宠，擅作威福，与高汝砺相唱和。高琪主机务，高汝砺掌利权，附己者用，不附己者斥。凡言事忤意，及负材力或与己颉颃者，对宣

---

① 《金史》卷四七，《志第二十八·食货二·田制》，中华书局，2011，第1061页。
② 《金史》卷一〇五，《列传第四十三·温迪罕缔达》，中华书局，2011，第2322页。
③ 《金史》卷一五，《本纪第十五·宣宗中》，中华书局，2011，第333页。
④ 《金史》卷四八，《志第二十九·食货三·钱币》，中华书局，2011，第1083页。
⑤ 《金史》卷四八，《志第二十九·食货三·钱币》，中华书局，2011，第1084页。
⑥ 《金史》卷四八，《志第二十九·食货三·钱币》，中华书局，2011，第1086页。
⑦ 《陈亮集》卷二，《中兴论》，中华书局，1974，第22页。

宗阳称其才，使于河北抗蒙古，阴置之死地。”[①] 宣宗尚吏事。吏事在社会改革和抑制豪强时，有助于改革的实现和巩固其统治，如果统治阶级为追求所利，也会使政事“苛刻成风”。这样，吏事完全可以成为专横逐利者的工具。术虎高琪“喜吏而恶儒，好兵而厌静”[②]。他靠杀纥石烈执中拜为平章政事，后为尚书省右丞相，在他擅权时，“妒贤能，树党羽，窃弄威权，自作威福”[③]。蒙古入侵时主张逃跑，“欲以重兵屯驻南京以自固，州郡残破不复恤也”[④]。请修南京里城，就连崇信他的宣宗也认为：“此役一兴，民滋病矣。城虽完固，能独安乎？”[⑤] 他常欲夺得兵权，力劝宣宗伐宋。所有这些，都是不合时宜的败政行径。

高汝砺与术虎高琪共事，当时人以为他是术虎高琪的“党附”。其实二人在勒索农民上有程度的差异，主张并不一致。贞祐四年（1216），朝廷议发兵河北，护民芟麦，当时百姓流传官将尽取，术虎高琪等主张“若令枢密院遣兵居其要冲，镇遏土寇，仍许收逃户之田，则军民两便。或有警急，军士亦必尽心”。高汝砺以为“非计”。术虎高琪“欲从言事者岁阅民田征租，朝廷将从之”，及劝行榷油，高汝砺都反对[⑥]。但他对术虎高琪擅权从无异论，与张行信、完颜素兰等显然不同。《金史》“赞”中有关对宣宗时政事的评论：

> 宣宗即位，孜孜焉以继述世宗为志，而其所为一切反之。大定讲和，南北称治，贞祐用兵，生民涂炭。石琚为相，君臣之间务行宽厚。高琪秉政，恶儒喜吏，上下苛察。完颜素兰首攻琪恶，谓琪必乱纪纲。陈规力言刀笔吏残虐，恐坏风俗。许古请与宋和，辞极忠爱。三人所言皆切中时病，有古诤臣之风焉。宣宗知其为直，而不用其言，如是而欲比隆世宗，难矣。[⑦]

这是对金朝盛与衰、治与乱的对比。时当衰乱之际，高汝砺“虽为士大夫所鄙，而人主宠遇不衰”[⑧]。其所以为“人主宠遇”，是其“为人

① 《金史》卷一〇六，《列传第四十四・术虎高琪》，中华书局，2011，第 2345 页。
② 《金史》卷一〇六，《列传第四十四・术虎高琪》，中华书局，2011，第 2347 页。
③ 《金史》卷一〇六，《列传第四十四・术虎高琪》，中华书局，2011，第 2342 页。
④ 《金史》卷一〇六，《列传第四十四・术虎高琪》，中华书局，2011，第 2343 页。
⑤ 《金史》卷一〇六，《列传第四十四・术虎高琪》，中华书局，2011，第 2344 页。
⑥ 《金史》卷一〇七，《列传第四十五・高汝砺》，中华书局，2011，第 2359 页。
⑦ 《金史》卷一〇九，《列传第四十七・陈规》，中华书局，2011，第 2418 页。
⑧ 《金史》卷一〇七，《列传第四十五・高汝砺》，中华书局，2011，第 2371 页。

慎密廉洁，能结人主知，然规守格法，循嘿避事，故为相十余年未尝有谴诃”[①]。如果说治世，为相者“规守格法，循嘿避事”，还不致坏大事，而在衰乱之世如此，无异于见乱不救，任其败坏。所以宣宗南渡后，已“譬之尪羸病人，元气无几”。所以说同样是不作为，在乱世之中的不作为，更为可怕。

作为军事组织的猛安谋克，在章宗后日益衰落，至宣宗时已全面崩溃，战斗力减弱、官多兵少、官优兵饥、农民破产。

猛安谋克军战斗力锐减。贞祐初，完颜弼以元帅左都监驻真定，弼奏道：“赏罚所以劝善惩恶，有功必赏，有罪必罚，而后人可使、兵可强。今外兵日增，军无斗志。亦有逃归而以战溃自陈者，有司从而存恤之，见闻习熟，相效成风。”[②] 侯挚于贞祐三年（1215）四月，上章言九事，其九说：“从来掌兵者多用世袭之官，此属自幼骄惰不任劳苦，且心胆懦怯何足倚办。宜选骁勇过人、众所推服者，不考其素用之。”[③] 像这样腐败的军队，当然“兵势益弱”，“例无战志”，而在同敌人作战时猛安谋克女真将帅虽“握兵者甚众”，只好“皆束手听命，无一人出而与抗者”[④]。这就是当时猛安谋克军的真相。

军事组织上，猛安谋克官多兵少，“务存其名而已。”[⑤]《金史·陈规传》记载，当时军官数多，千户之上有万户、有副统、有都统、有副提控，“十羊九牧，号令不一，动相牵制”[⑥]。军队的编制，每二十五人为一谋克，四谋克为一千户（猛安），在谋克的下边有蒲辇一人，旗鼓司火头五人，而能够担任作战的才十有八人而已。此外还要为头目选其中壮健的以给使命，这样一千户所能统领的不到一百人，简直不足以成其队伍了。不仅军事编制和组织破坏，猛安谋克的军事素质也不能维持，因此陈规建议：“申明军法，居常教阅，必使将帅明于奇正虚实之数，士卒熟于坐作进退之节”[⑦]。

猛安谋克不仅组织破坏，有名无实，以及士兵战斗力消失，再加上统

---

① 《金史》卷一〇七，《列传第四十五·高汝砺》，中华书局，2011，第2363页。
② 《金史》卷一〇二，《列传第四十·完颜弼》，中华书局，2011，第2253页。
③ 《金史》卷一〇八，《列传第四十六·侯挚》，中华书局，2011，第2385页。
④ （金）刘祁：《归潜志》卷十一，中华书局，1983，第128页。
⑤ 《金史》卷四四，《志第二十五·兵》，中华书局，2011，第999页。
⑥ 《金史》卷一〇九，《列传第四十七·陈规》，中华书局，2011，第2408页。
⑦ 《金史》卷一〇九，《列传第四十七·陈规》，中华书局，2011，第2408页。

治阶层的腐败和国家财政困难，士兵无食，只能鱼肉百姓，而军中将校则待遇优渥，其崩解之势无以遏制。《金史·陈规传》记载：“古之良将尝与士卒同甘苦，今军官既有俸廪，又有券粮，一日之给兼数十人之用。将帅则丰饱有余，士卒则饥寒不足，曷若裁省冗食而加之军士哉。”[①] 为了养兵，势必加强对农民的剥削。《金史·赤盏合喜传》记载：“南渡二十年，所在之民破田宅。鬻妻子以养军士。且诸军无虑二十余万，今敌至不能迎战，徒以自保，京城虽存，何以为国。”[②] 不必说金初猛安谋克的“略不间别，与父子兄弟等”，“上下情通，无闭塞之患”[③] 的军事民主之风消失已尽，就连专制时代的官兵关系也无法保持，这和当时金朝统治者的政治腐败和黑暗分不开。

三 蒙、宋联合灭金

哀宗（完颜守绪，宣宗第三子）是金朝末代皇帝，金史至哀宗时，“区区生聚，图存于亡，力尽乃毙”[④]。哀宗即位后力求图存，其政绩亦稍有可称者。如任用抗蒙将相，停止对南宋战争，与西夏修好，但已无济于事。

蒙古军南下，哀宗由归德迁蔡，是金朝走向灭亡的最后一步。在金、蒙战争中，宋倾向哪一方在一定程度上影响着当时的政局。蒙古在成吉思汗临终前就确定了对金作战的方针。成吉思汗对左右说：“金精兵在潼关，南据连山，北限大河，难以遽破。若假道于宋，宋、金世仇，必能许我，则下兵唐、邓，直捣大梁。金急，必征兵潼关。然以数万之众，千里赴援，人马疲敝，虽至弗能战，破之必矣。”[⑤] 这是成吉思汗死前对金、蒙、宋形势及其利害关系的重要研判，并据此确定了灭金的战略计划。蒙古在此后灭金过程中基本执行了这一战略部署，而且军事形势的发展也没有超出这一估计。

蔡州在今河南省汝南县，地处淮水支流汝水上，甫与宋接壤，无险可守。蒙古军鉴于正大八年（1231）用武力假道于宋，竟费四个多月时间才攻

① 《金史》卷一〇九，《列传第四十七·陈规》，中华书局，2011，第 2408 页。

② 《金史》卷一一三，《列传第第五十一·赤盏合喜》，中华书局，2011，第 2494 页。

③ （宋）徐梦莘：《三朝北盟会编》卷一百四十四，上海古籍出版社，2008，第 1754 页。

④ 《金史》卷一八，《本纪第十八·哀宗下》，中华书局，2011，第 403 页。

⑤ 《元史》卷一，《本纪第一·太祖》，中华书局，2011，第 25 页。

下汴京，深感攻金并非易事，需要与宋军联合。于是，蒙古使王檝到南宋接洽联军，夹攻金朝，许诺成功后将河南归还南宋，宋朝臣多同意联合。

金之唐、邓行省武仙，在当时是一支重要的军事力量。武仙到顺阳，与唐州守将武天锡、邓州守将移剌瑗颇相持角，计划迎接哀宗入蜀。武仙等兵攻宋之光州，其锋甚锐。宋将孟珙，败金兵于吕堰，遂攻顺阳，武仙败走于马蹬山，县令李英、申州安抚张林及移剌瑗先后降珙。由于武仙爱将刘诣降珙，将武仙军力的虚实尽告于宋，武仙败，孟珙降其众七万还襄阳。武仙这一支较强的兵力基本被消灭。

八月，蒙军由塔察儿率领，宋军由孟珙率领，联军攻蔡。九月，蒙古军至蔡州城下，蔡州危急。哀宗在重九日拜天，对群臣说："国家自开创涵养汝等百有余年。汝等或先世立功，或以劳效起身，披坚执锐，积有年矣。今当厄运，与朕同患，可谓忠矣。比闻北兵（蒙古兵）将至，正汝等立功报国之秋，纵死王事，不失为忠孝之鬼。"[①] 说罢，向群臣赐酒，此时蒙古军数百骑已到城下，金兵踊跃请战。哀宗分军防守四面，总帅孛术鲁娄室及完颜承麟守东面，乌古论镐、元志守南面，乌林答胡士守西面，蔡八儿、王山儿、纥石烈柏寿等守北面，完颜斜烈守子城。第二天，忠孝军蔡八儿领百余人潜出城外，渡过汝水，向蒙古军射击。蒙古军筑长垒，作久困之计。

蔡州被围，括蔡城粟，禁止公私造酒厂酿酒。放城内饥民老弱出城，又发给饥民船只，到城壕采菱角水草充饥。十月，徐州守将郭恩与郭野驴等杀逐官吏叛降蒙古，完颜赛拒不投降，自投河，流三十余步不沉，军士救出，又五日自缢死。十一月，宋朝派遣江海、孟珙领兵万人至蔡州，运粮三十万石助蒙古军需。

蔡州被围三个月，城中粮尽，哀宗杀自己厩马五十匹，官马一百五十匹赏给战士食用。城中居民用人畜骨和芹泥充饥。天兴三年（1234）正月元旦，蒙古军在城外会饮鼓吹。哀宗命近侍分守四城，各级官吏都出供军投。初九，蒙古军在西城凿通五个门，整军入城，忽斜虎督军巷战。直到傍晚，蒙古军暂退。哀宗看到蔡州不守，当天夜里传位给东面元帅完颜承麟，完颜承麟又拜又哭不敢接受。哀宗说："朕所以付卿者岂得已哉。以肌体肥重，

① 《金史》卷一八，《本纪第十八·哀宗下》，中华书局，2011，第401页。

不便鞍马驰突。卿平日趫趋捷有将略，万一得免，祚胤不绝，此朕志也。”[①]第二天早晨，完颜承麟受诏即帝位。正在行礼，城南已树宋朝旗帜，诸将急出应战。宋军攻下南城，乌古论镐被俘，乌林答胡土战死。蒙古塔察儿军攻破西城，忽斜虎领精兵一千巷战。从卯时坚持战斗到巳时。哀宗在幽兰轩中自缢。忽斜虎对诸将说：“吾君已崩，吾何以战为？吾不能死于乱兵之手，吾赴汝水，从吾君矣。诸君其善为计。”说罢，赴水死。将士都说：“相公能死，吾辈独不能耶！”[②] 于是参政孛术娄室、乌林答胡土、总帅元志、元帅王山儿、纥石烈柏寿、乌古论桓端及军士五百余人都从死。完颜承麟退保子城，城陷，被乱兵杀死。至此，由阿骨打所创建的金朝灭亡。

回顾女真人的社会经济史，发展不平衡是一个显著特点。首先应当指出，由于中原集权官僚制先进的政治、经济和文化对女真社会发展起着重大影响，所以女真人不仅和其先人一样，南部地区总是发展较快，北部地区总是比较落后，而且一次次南迁的女真人在汉文化影响下，民族特征逐步消失，融入汉族，不再以女真为号。于是出现了尽管女真经济在金朝已有高度发展，但由于元、明时代称女真者，是指原来处在世居地不发达阶段的部族，所以元、明时代女真社会的经济状况，和金朝建立前相比，似乎无多大变化，和金时相比，似乎又倒退了。有人把这种现象称之为“从头越”，这是不恰当的，因为就女真各部本身说，都在向前发展，不存在什么“从头越”，当然，若从整个女真经济史看，似乎有“从头越”的表象，但这不唯女真部如此，而是整个肃慎族系在发展进程中的一个特点。[③]

金国在蒙、宋联合夹击下消失了，女真人一分为二：进入中原的女真人由于与汉族长期的经济交往和融合发展，转变为汉人，或者说“汉化”；而关外女真人则与其他部族和民族经济实现了融合。少数民族汉化是汉族自身发展的一个显著特点，从炎帝部族和黄帝部族就开始了，此后历代不绝。中华民族作为“一体”的形成，不能没有一个主体民族，汉族恰恰承担了主体民族的角色。尽管中原女真部融合到汉族中，但女真部取得的经济成就并没有消失，而是在以汉族为主体的中华民族“一体”化中得到保存和积累。关外的女真人与其他部族、民族的经济融合，将在另一个历史时期以另一种方式实现和汉族经济的“一体”化。

---

① 《金史》卷一八，《本纪第十八·哀宗下》，中华书局，2011，第402页。

② 《金史》卷一一九，《列传第五十七·完颜仲德》，中华书局，2011，第2610页。

③ 杨保隆：《肃慎挹娄合考》，中国社会科学出版社，1989，第257页。

第二篇

元明满族经济史

第五章　元代蒙古族统治下女真各部的社会经济

女真人自古就生息繁衍在“白山黑水”之间，女真人的先祖，最早以肃慎的名称出现于史籍，后又被称为挹娄、勿吉、靺鞨，直到辽代改称女真。辽天庆五年（1115），女真完颜部首领阿骨打称帝，建国金。金代女真人大批迁入中原各地，出现了不可阻遏的汉化趋势。蒙古灭金后，入居中原的女真人基本与汉人无异，还有部分女真人留居东北故地，成为后来满洲形成的主体力量。由于居住环境不同和元政府经济政策之影响，东北故地女真各部的经济出现不平衡，总体而言，由南向北，社会经济发展程度依次降低，在元政府的残酷剥削下，女真各部起兵反抗行为愈演愈烈。

第一节　金朝灭亡与女真人口的一分为二

蒙古灭金后，女真部族的命运被彻底改写，从一个拥有独立政权的部族变成蒙古政权下的被统治部族。与此同时，入居中原和东北故地的两部分女真人也走上了不同的发展道路：入居中原的女真人，或已经被汉族同化，或成为蒙古人的俘虏；留居东北的女真人，除少数靠近中原的已经开始农耕经济，大部分还保留女真部族本来的经济生活。二者在经济、文化上有着明显差异。正因为女真人事实上已经分化成两部分，难以一致对待，元政府采取了不同的政策。《元史》中就有“若女真、契丹生西北不通汉语者，同蒙古人；女真生长汉地，同汉人”[①] 的记载，这就进一步促进了元代女真人的分化。

① 《元史》卷十三，《本纪第十三·世祖十》，中华书局，1973，第268页。

一 中原女真部与汉族的经济融合

元帝国建立之初，统治者根据女真各部不同的社会发展情况对其进行控制和管理。入居中原的女真人随着金从奴隶制社会到集权官僚制社会的转变，至蒙古入侵时大部分已经被汉化，其与汉族的经济融合是双向的，一方面体现为大量吸收汉族人成为“女真人”，另一方面面对先进的中原文化，善于学习的女真人大量汉化，势所必然。

从金国建立政权开始，就不断有汉人融入女真部族。大规模吸收汉族人主要体现在战争中，女真人南征，每次战争消耗大量劳动力，金统治者为了补充劳动力，促进后方生产，便将中原汉族人口成批或分散地向东北迁徙。据记载，当时几次较大规模迁徙汉人的活动见表 5－1。

表 5－1 中原汉族人口被金统治者迁入东北情况

年 份	迁徙情况
天辅六年（1122）	“既定山西诸州，以上京为内地，则移其民而实之”
天辅七年（1123）	“取燕京路，二月尽徙六州氏族富强工技之民于内地”
天会元年（1123）	“从迁、润、来、隰四州之民于沈阳”
天会五年（1127）	金兵从汴京北撤时，“华人男女，驱而北者，无虑十余万”

资料来源：罗贤佑：《元代民族史》，四川民族出版社，1996，第 287 页。

通过以上材料不难看出，被迁汉人数量是相当可观的。这些汉人迁居东北地区后，大都分布在北京路、东京路、咸平路、上京路。在金代，这四路人口较辽时上京、东京、中京三道人口增长数倍，所增加的主要是汉族移民。这些被迁来“实内地”的汉人，“尽没为奴婢，使供作务”①。他们一方面将先进技术和文化传播到当地，另一方面又受到环境的强烈濡染，久而久之，其中不少人入境随俗而与女真人融为一体了。

金代以后女真部族由于吸收了大量汉人而较前扩大了，与此同时，又有相当多的女真人开始汉化，这里指的是那些入居中原的女真人。

女真统治者入主中原后，“虑中国（指中原汉民）怀二三之意”，为

① （宋）洪迈：《容斋三笔》卷三，《北狄俘虏之苦》，清代刻本，皖南洪氏重刊本。

了更好地监控中原汉人，便将大量女真猛安、谋克户“自本部族徙居中土，与百姓杂处”[①]。从金朝熙宗到世宗期间，对内徙的猛安、谋克户实行“计口授地”，即将宋时原有官田、荒闲地以及其他私田括为官地，分配给猛安、谋克户。到章宗统治时期，地主制的租佃关系基本取代了奴隶制剥削方式。[②] 原先使用奴隶进行生产的猛安、谋克户，这时“往往以田租人”，“取租而已”。女真贵族则多转化为官僚地主，“随处官豪之家多请占官地，转与他人种佃，规取课利。”[③]

随着与中原汉族错杂而居，女真人的经济生活、文化习俗都发生了变化，其民族特性逐渐消失。女真猛安、谋克人户在内迁后不过二三十年光景，就出现了“寝忘旧风”，“燕饮音乐，皆习汉风”，并开始改用汉姓。宫中诸王子也“自幼惟习汉人风俗”，“至于女真文字语言，或不通晓”[④]。金人唐括安礼说当时“猛安人与汉户，今皆一家，彼耕此种，皆是国人”。[⑤] 这种说法符合当时实际情况。

总之，女真人内徙后出现了一种不可遏制的汉化趋势。只是由于金代女真作为统治民族，具有特权地位，虽已汉化，但与汉人界限尚未完全泯灭。至若金灭元兴，女真人特权地位丧失，才加速了其同化于汉族的进程。[⑥]

有金一代，直到元帝国建立之后，包括女真在内的内徙民族已同汉人无大的差别，所以再无严格区分之必要。入居中原内地的女真人被视同于汉人，反映在元代史料记载中。至元二十五年（1288）“以汉人达鲁花赤军为民职”，中书省即“拟夹谷三合等七十四人以闻”[⑦]，此夹谷三合显然是位女真人。元政府时期还修改了金朝若干法令条文，明确将女真人与汉人视同一体，同等对待。[⑧] 女真人与汉、契丹等族人同处于第三等级，政治待遇完全相同[⑨]。元朝统治者的民族分化政策，客观上进一步消除了内

---

① 《大金国志》卷三十六，《屯田》，中华书局，1986。
② 罗贤佑：《元代民族史》，四川民族出版社，1996，第 287 页。
③ 《金史》卷四七，《志第二十八·食货二·田制》，中华书局，2011，第 1048 页。
④ 《金史》卷七，《本纪第七·世宗中》，中华书局，2011，第 159 页。
⑤ 《金史》卷八八，《列传第二十六·唐括安礼》，中华书局，2011，第 1964 页。
⑥ 罗贤佑：《元代民族史》，四川民族出版社，1996，第 288 页。
⑦ 《元史》卷十五，《本纪第十五·世祖十二》，中华书局，第 316 页。
⑧ 《元典章》卷十七，《户部三·分析》，天津古籍出版社，2011。
⑨ 〔日〕箭内亘：《元代蒙汉色目待遇考》，陈捷、陈清泉译，商务印书馆，1932。

徙女真人同汉人之间的民族畛域，促进了女真人汉化。

二 关外女真部与其他民族的融合

贾敬颜指出："女真人于立国过程中大量吸收非女真人而使之变为女真人，'国家'之所在，大大扩充了女真人的民族成分。"① 女真族的不断发展壮大无疑是这句话的最好例证。从金代开始，作为主体民族的女真除了吸收了大量汉人以外，还吸收了很多其他周边的少数民族。在金代众猛安、谋克中，就包括有不少由渤海人组成的猛安、谋克。在金太祖阿骨打"女真（即黑水靺鞨）、渤海（即粟末靺鞨）本同一家"② 的思想支配下，渤海人逐渐与女真人融为一体。女真人在灭辽过程中，还收编了不少奚部族等，这些部族的活动，不再见于后来的史籍，无疑是因为大部分被女真人同化了。

另外有相当一部分契丹人也融入女真族。金灭辽后，东北地区原有不少由契丹人组成的猛安、谋克。移剌窝斡起义失败后，金世宗于大定三年（1163），"诏罢契丹猛安、谋克，皆隶女真猛安、谋克"③。他又命移剌子元省谕徙上京、济州契丹人，"彼地土肥饶，可以生殖。与女真人相与婚姻，亦汝等久安之计也"④。金世宗此举，实际上对契丹人实行女真化政策，"俾与女真人杂居，男婚女聘，渐化成俗，长久之策"⑤。既将契丹人分散在女真猛安、谋克之中，又促使他们同女真人相互通婚，这些分散在女真人中的契丹人随着时间的推移，势必为女真所同化。

三 关外女真部的经济生活

金末元初，关外女真人口的数量和分布均发生了较大变化。金代东北地区的女真猛安、谋克，不下二三十万户。上京、蒲与、速频、曷懒、胡里改诸路，是女真族人的主要聚居区。金末时东北地区形势发生较大变动：先是耶律留哥起事于辽东，又有木华黎等率蒙古军攻略辽西，其后蒲鲜万奴招聚女真部众建东真国，独立于辽水之东。当其时，咸平、东京、

① 贾敬颜：《民族历史文化萃要》，吉林教育出版社，1990，第 77 页。

② 《金史》卷一，《本纪第一・太祖》，中华书局，2011，第 2 页。

③ 《金史》卷九〇，《列传第二十八・完颜兀不喝》，中华书局，2011，第 1998～1999 页。

④ 《金史》卷八八，《列传第二十六・唐括安礼》，中华书局，2011，第 1964 页。

⑤ 《金史》卷八八，《列传第二十六・唐括安礼》，中华书局，2011，第 1964 页。

北京等地烽火不断，战事频仍，战乱使这些地区的女真人或死亡或流徙，人口数量锐减。与此相反，由于蒲鲜万奴曾在曷懒、速频两路及胡里改路部分地区建立东真国，大批女真人遂东移到这一带，使元代东北地区的女真人口略呈东多西少的趋势。[①]

自1233年蒙古灭东真国占领东北全境后，东北地区女真人的分布状况基本就固定下来。元代辽阳行省范围内的女真人，大致有以下几个较主要聚居区：一是原东真国故地，即今图们江流域、绥芬河流域、牡丹江中上游以及鸭绿江中上游这一片广大地区。二是原金朝上京地区以及上京向东北直抵金胡里改路治所（今依兰附近）一带。三是今松花江下游、乌苏里江及黑龙江中下游地区，即元的水达达路辖区。水达达路在至顺年间（1330～1333）的钱粮户数为二万九百六，其中女真户数当占半数以上。

除以上三大聚居区外，在蒙古诸王贵族封地内有少量女真人户。至于居住在今辽宁省范围内的女真人即史称“南女真”或“熟女真”者，变动尤甚。当蒙古军攻入这一带时，女真人的猛安、谋克组织被冲垮，有相当多的女真人在蒲鲜万奴的率领下东迁，同曷懒路、速频路及部分胡里改路的女真人相汇合。留居当地未迁徙的女真人户，则散居于今辽阳一带，他们主要从事农业生产，是女真人中经济文化较先进的部分。在汉民族的长期影响下，至明代中叶以后，这部分女真人与汉人融合了。

从以上情况可以看出元代东北地区的女真人分布大致是：南至今辽阳一带，北达包括黑龙江以北的广大地区，东到鸭绿江以东和日本海，西及嫩江以东。这一分布态势，直到明代中叶以后，才发生较大变化。

元代留居东北故地的女真人由于居住地区的不同，其经济生活，文化习俗都有着较大差异，其各部经济发展是不平衡的。在中原汉族先进的政治、经济和文化影响以及元政府部分有利于其农业发展政策的带动下，整体上居住在南部的女真人较北部发展快，北部的女真人大部分还生活在深山密林中，处在游猎阶段，社会发展较为迟缓。

具体而言，散居在辽阳等路的女真人，长期与中原汉族交错杂居，早已经接受并适应了汉文化的影响，他们基本上以农耕经济为主，社会经济和文化的发展达到了较高水平。所以，他们代表了这一时期女真社会中的先进部分，其民族性逐渐弱化，与汉族逐步融合。

① 罗贤佑：《元代民族史》，四川民族出版社，1996，第294页。

元时分布在原上京路、胡里改路以及曷懒路等地的女真人则相对落后，仍保留着较强的民族特性。在金朝灭亡之前，这一带女真奴隶主贵族势力一直较为强大，基本没有官僚地主化，奴隶制仍占优势。《金史·食货》记载大定二十年（1180），以“上京路女真人户，规避物力，自卖其奴隶，致耕田者少，遂以贫乏”[①]。这说明直到金世宗后期，这一带的女真人仍在普遍使用奴隶从事家务和田间劳动，并可随意出卖，是地道的奴隶制经济。在元代，这一地区女真人中的猛安谋克制度虽已不复存在，但仍聚族而居，停留在奴隶制社会阶段。

至于那些分散在边远地区乌苏里江、黑龙江中下游流域的女真部落，由于地理、自然条件限制，继续过着“无市井城郭，逐水草为居，以射猎为业”的原始生活[②]，其中大部分同这一地区的吉里迷的居民一样，处在氏族社会发展阶段。

作为金代的统治阶级，为了更好地实现自己的统治地位，大部分女真人入居中原学习汉族先进的社会生产方式，不断地与其经济融合。但蒙古灭金后，女真族与汉族的区分是非常必要的，女真沦为被统治阶级，此时的中原女真人迅速汉化，基本实现了农耕经济，社会经济制度完成了官僚地主化，而留居东北的女真人由于居住环境的不同而处在不同的社会发展阶段，元政府根据女真各部不同的特点对其进行控制和管理。

第二节　元廷对女真各部的经济统治

1233年蒙古占领东北以后，女真各部均成为其臣民，女真居住地也是其疆域的一部分，元政府在女真居住地设立各种统治机构，发布“禁令”和赋税政策，以此达到对女真人进行统治的目的。虽然遇到各种灾害时也会对女真人采取一些安抚措施，但不能阻止长期被奴役压迫的女真人起来反抗。

一　元廷在关外女真聚居区“设官牧民”

为严密控制曾凭“骑射之长”摧毁过辽、北宋王朝的女真人，元统治

① 《金史》卷四十六，《志第二十七·食货一·户口》，中华书局，2011，第1043页。

② 《元史》卷五十九，《志第十一·地理二》，中华书局，2011，第1400页。

者在女真地区“设官牧民”，建立起路、府、所等行政机构。最先设立的是开元、南京二万户府。后来又陆续设立桃温、胡里改、脱斡怜、斡朵怜、孛苦江等万户府以“抚治北边”。如“乙未岁，立开元、南京二万户府，治黄龙府。至元四年，更辽东路总管府”①。乙未岁为公元1235年，可见蒙古汗国在金亡后的次年就已经开始在女真地区设立行政机构管理女真人。至元二十三年（1286）又将辽东路总管府“改为开元路”，隶“辽东道宣慰司”②，统管沈阳路以北的所有女真人。开元路以南的女真人，分别归沈阳等路管辖。为了对分散的、处于后进阶段上的水达达等“随俗而治”，皇庆元年（1312）又将开元路东部和东北部的女真人从开元路划出，设合兰府水达达等路，③ 直属辽阳行省。合兰府水达达等路除下设有前述的桃温等五个军民万户府外，根据《元史》记载还有：在黑龙江口奴儿干地方设有征东元帅府④，治所在今黑龙江下游阿姆贡河对岸的特林地方；在黑龙江下游“立吾者野人乞列迷等处诸军万户府”⑤，府治在阿纽依河与黑龙江汇合的哈儿分地方；在乌苏里江流域设“水达达路阿速古儿千户所”⑥，阿速古儿系水名，即今乌苏里江，治所无考。元政府为了实现对女真人全面而严密的控制，针对各部分女真专门设立了类似的统治机构进行管理。

二　元政府对女真部的经济政策

元王朝通过路、府、所等行政机构对女真人聚居区发布各种经济政策，实现其对女真部全面管理，包括征收赋税，签军应役，发布禁令，赈济救灾以及部分促进农业发展的政策。元政府向女真人征收的赋税，有粮食、布匹和各种皮张等，针对各部具体情况各有侧重。如“丁酉、辽阳、沈州、广宁、开元等路雹害稼，免田租七万七千九百八十八石”⑦，可见女真的赋税主要是粮食；“水达达户减青鼠二，其租税被灾者免征”⑧，水

---

① 《元史》卷五十九，《志第十一·地理二》，中华书局，2011，第1400页。
② 《元史》卷五十九，《志第十一·地理二》，中华书局，2011，第1400页。
③ 《元史》卷五十九，《志第十一·地理二》，中华书局，2011，第1400页。
④ 《元史》卷八，《本纪第八·世祖五》，中华书局，2011，第162页。
⑤ 《元史》卷四十四，《本纪四十四·顺帝七》，中华书局，2011，第926页。
⑥ 《元史》卷三十三，《本纪第三十三·文宗二》，中华书局，2011，第743页。
⑦ 《元史》卷十七，《本纪第十七·世祖十四》，中华书局，2011，第363～364页。
⑧ 《元史》卷六，《本纪第六·世祖三》，中华书局，2011，第121页。

达达的赋税是各种野兽皮张；“夏四月壬子，辽阳为捕海东青烦扰，吾者野人及水达达皆叛”[①]，吾者野人和部分水达达的赋税是名鹰海东青。另外“开元等路饥，减户赋布二匹”[②] 和“合懒路岁办课白布二千匹，恤品路布一千匹”，[③] 可以判断一些居住今牡丹江和绥芬河流域等地的女真和水达达人，所纳实物税主要是布匹。“岁办课白布”，至元十三年（1276）“庚辰，以水达达分地岁输皮革，自今并入上都”[④]，都可以说明元政府每年都向女真人收取赋税。

其次，由于元政府对南宋战争的需要，多次签发女真人应役（见表5－2）。

表5－2 元政府对南宋战争中签发女真人应役情况

时间	签军应役情况
中统四年（1263）	“近年军人多逃亡”，在“女直、水达达及乞烈宾（即吉里迷）地合签镇守军，命亦里不花签三千人，付塔匣来领之。”[⑤]
至元三年（1266）	“选女直军二千为侍卫军。”[⑥]
至元四年（1267）	“签女直、水达达军三千人。”[⑦]
至元八年（1271）	“签女直、水达达军。”[⑧]

资料来源：《元史》卷六、卷七、卷九十八。

元政府每次签军应役的女真人数量可观，且在战时这种强征入伍的情况很普遍。在对日本的战争中，元政府数度调“女直军”出征。如“庚寅，敕凤州经略使忻都、高丽军民总管洪茶丘等，将屯田军及女直军，并水军，合万五千人，战船大小合九百艘，征日本”[⑨]。还命女真人造征日本的大船，“罢女直造日本出征船”[⑩]，并且还规定，“女直、水达达军不出征者，令隶民籍输赋”[⑪]。

---

① 《元史》卷四十一，《本纪四十一·顺帝四》，中华书局，2011，第874页。
② 《元史》卷六，《本纪第六·世祖三》，中华书局，2011，第121页。
③ 《元史》卷九十四，《志第四十三·食货二》，中华书局，2011，第2390页。
④ 《元史》卷九，《本纪第九·世祖六》，中华书局，2011，第181～182页。
⑤ 《元史》卷九十八，《志四十六·兵一》，中华书局，2011，第2512页。
⑥ 《元史》卷六，《本纪第六·世祖三》，中华书局，2011，第109页。
⑦ 《元史》卷六，《本纪第六·世祖三》，中华书局，2011，第117页。
⑧ 《元史》卷七，《本纪第七·世祖四》，中华书局，2011，第136页。
⑨ 《元史》卷八，《本纪第八·世祖五》，中华书局，2011，第154页。
⑩ 《元史》卷十二，《本纪第十二·世祖九》，中华书局，2011，第251页。
⑪ 《元史》卷十，《本纪第十·世祖七》，中华书局，2011，第215页。

元政府还通过各种禁令直接控制女真人。如“戊辰，以河南兵事未息，开元路民饥，并驰正月五月屠杀之禁”；“壬寅，驰女直、水达达酒禁”；“驰女直、水达达地弓矢之禁”；“赈辽阳、武平饥民，仍弛捕猎之禁”；“罢女直出产金银禁”。[①] 以上材料记载的分别是元政府的“屠杀之禁”“酒禁”“弓矢（捕猎）之禁”和“出产金银禁”。其中前两项禁令，根据记载是由于“兵事未息”，目的是集中一切人力物力供应战争需要，“酒禁”可能是为了维持女真地区正常的社会秩序。捕猎是女真人赖以生存的基本技能，元政府却加以禁止，迫于饥荒和统治阶级奢靡之需最后开放，究其因还是惧怕擅长骑射的女真人再度崛起。出产金、银本是正常的社会生产，但对于女真人来说，金、银生产极易掩护兵器的制造。

元政府并非只对女真人进行严密控制，每当遇有大的水、旱、风雪、冰雹和疫病灾害，也会赈济受灾的女真人，给予安抚。《元史》中关于元政府对女真赈济救灾的记事如表 5－3 所示。

表 5－3　元政府赈济女真人情况

年　份	赈济情况
至元十八年（1281）	“以开元等路六驿饥，命给币帛万二千匹。”②
至元二十二年（1285）	“发粟赈水达达四十九站。……赈女直饥民一千户。”③
至元二十三年（1286）	“辽东开元路饥，赈粮三月。”④
至元二十七年（1290）	“辽阳诸路连岁荒……发米二万石赈之。”⑤
至元二十七年（1290）	“开元路宁远等县饥，民、站户逃徙，发钞二千锭赈之。”⑥
大德元年（1297）	“大德元年，以饥赈辽阳、水达达等户粮五千石。”⑦
大德三年（1299）	“以粮二万五百石，布三千九百匹赈”⑧ 开元、咸平蒙古、女真等居民。

资料来源：《元史》卷十一、卷十二、卷十四、卷十六、卷二十、卷九十六。

---

① 《元史》卷九，《本纪第九·世祖六》；《元史》卷十，《本纪第十·世祖七》；《元史》卷十二，《本纪第十六·世祖十三》；《元史》卷十四，《本纪第十四·世祖十一》；《元史》卷十二，《本纪第十二·世祖十九》，中华书局，2011，第 181、198、295、346、259 页。

② 《元史》卷十一，《本纪第十一·世祖八》，中华书局，2011，第 233 页。

③ 《元史》卷十二，《本纪第十二·世祖九》，中华书局，2011，第 259 页。

④ 《元史》卷十四，《本纪第十四·世祖十一》，中华书局，2011，第 294 页。

⑤ 《元史》卷十六，《本纪第十六·世祖十三》，中华书局，2011，第 349 页。

⑥ 《元史》卷十六，《本纪第十六·世祖十三》，中华书局，2011，第 334 页。

⑦ 《元史》卷九十六，《志第四十五上·食货四》，中华书局，2011，第 2475 页。

⑧ 《元史》卷二十，《本纪第二十·成宗三》，中华书局，2011，第 427 页。

元政府赈济受灾女真人的物资主要有粮食、布帛，每次所赈米粟、布帛数量视灾情而异，有时也用钱钞代实物赈济。藉此可知，元政府一方面颁布各种禁令对女真人严加控制，另一方面也非常注意安抚女真人。

除安抚女真以外，元政府还下令女真屯田开垦并且发放农耕用具，其目的当然是为了增加粮食供应和更好地控制、利用女真人，在一定程度上促进了女真人农业经济的发展。《元史》中记载："女直一百九十户，于咸平府屯种"，"为田四百顷"①；"打鱼水达达、女直等户，于肇州旁近地开耕"②；"庚午，发高丽、女直、汉军千五百人，于滨州、辽河、庆云、赵州屯田。"③ 此外，在女真地区还设有一个"水达达屯田总管府"。"壬午，水达达、女直民户由反地驱出者，押回本地，分置万夫、千夫、百夫内屯田。"④ 可见从事屯垦的女真人，一是"为军"的，再就是因反叛失败逃跑被抓回的"民户"。元政府在下令女真人屯田的同时也为女真人提供农具。至元二十八年（1291），元廷"诏给蒙古人内附者及开元、南京、水达达等三万人牛畜、田器"⑤。三十年（1293）又因"捏怯烈女直二百人以渔自给，有旨：'与其渔于水，曷若力田，其给牛价、农具使之耕。'"⑥ 这种用耕牛、农具资助渔猎的水达达和女真民户从事农业生产，推动了女真地区的农业发展。

三 元统治者对女真各部的经济剥削

马克思写道："赋税是官僚、军队、教士和宫廷的生活源泉，一句话，它是行政权整个机构的生活源泉。强有力的政府和繁重的赋税是同一回事。"⑦ 元政府对女真人的剥削，主要是征敛赋税。《元史》中记载，元统治者对边疆少数民族"皆赋役之，比于内地"⑧，东北地区的女真人自然包括其中。具体而言，针对农业和手工业相对比较发达的女真人，征收数

---

① 《元史》卷一百，《志第四十八·兵三》，中华书局，2011，第2565页。

② 《元史》卷一百，《志第四十八·兵三》，中华书局，2011，第2565页。

③ 《元史》卷二十五，《本纪第二十五·仁宗二》，中华书局，2011，第574页。

④ 《元史》卷十七，《本纪第十七·世祖十四》，中华书局，2011，第366页。

⑤ 《元史》卷十六，《本纪第十六·世祖十三》，中华书局，2011，第352页。

⑥ 《元史》卷十七，《本纪第十七·世祖十四》，中华书局，2011，第369～370页。

⑦ 马克思：《路易·波拿巴的雾月十八日》，载《马克思恩格斯选集》第一卷，人民出版社，1995，第681页。

⑧ 《元史》卷五十八，《志第十·地理一》，中华书局，1976，第1346页。

目不等的粮食，至顺年间开元路纳税钱粮户数是四千三百六十七，合兰府水达达等路纳税钱粮户数是二万九百六。[①] 这两路如此，其他路的女真人当一样需向官府纳税。在辽阳一带从事农耕的女真人和当地汉人一样要缴纳地税科差。有一部分女真人则被编制起来屯田，如在蒲峪路屯田万户府、肇州屯田万户府内，都有大量的女真屯田户。从事渔猎的女真人则要定期向朝廷缴纳各种"方物"，主要是鱼及貂鼠、水獭、海狗等珍贵毛皮。元统治者如辽朝皇室贵族一样，酷爱女真地方的名鹰海东青，严格规定女真人必须定期贡纳。女真人中，还有一部分被划定为站户及采炼金银、朱砂、水银等户，为元政府服专门的劳役。

其次，东北地区女真人的兵役负担也极为沉重，元政府不断在女真人中征发兵丁去从事征战。如表 5 - 2 所列，《元史》中有关于中统四年(1263)、至元四年（1267)、至元八年（1271）在女真地区签军的记载。元朝在征服骨嵬及几次大规模出征日本的战争中强制女真人"从征"。《元史》中有如下记载："命开元等路宣慰司造船百艘，付狗国戍军"[②]；至元二十二年（1285）"六月庚戌，命女直、水达达造船二百艘及造征日本迎风船"[③]；至元二十七年（1290)，元朝再次出征日本时，"今百姓及诸投下民，俱令造船于女直，而女直又复发为军，工役繁甚"[④]。元朝统治者好大喜功，穷兵黩武，却使东北地区的女真人饱受荼毒，人力物力蒙受巨大损失。

在多次签发女真人出征的过程中，有不少女真人在征战中丧生。至元十一年（1274）忻都等率领征日本的女真军等 15000 人，十七年（1280）从开元路调发的 3000 征日本军，在渡海时"船为风涛所激，大失利，余军回至高丽境，十存一二"[⑤]。但是，元统治者并未因此停止这种不义战争。《元史》中有部分女真人反抗元王朝统治的记载。如：乃颜反叛时，"女直、水达达官民与乃颜连结"[⑥]；至元二十九年（1292）有"水达达、女直民户由反地驱出者，押回本地"[⑦]；至正六年（1346）"辽阳为捕海东

---

① 《元史》卷五十九，《志第十一・地理二》，中华书局，2011，第 1400 页。
② 《元史》卷十三，《本纪第十三・世祖十》，中华书局，2011，第 256 页。
③ 《元史》卷十三，《本纪第十三・世祖十》，中华书局，2011，第 277 页。
④ 《元史》卷十三，《本纪第十三・世祖十》，中华书局，2011，第 280 页。
⑤ 《元史》卷十一，《本纪第十一・世祖八》，中华书局，2011，第 233 页。
⑥ 《元史》卷一百三十三，《列传第二十・塔出》，中华书局，2011，第 3223 ~ 3224 页。
⑦ 《元史》卷十七，《本纪第十七・世祖十四》，中华书局，2011，第 366 页。

青烦扰，吾者野人及水达达皆叛”[①]。以上说明了在元政府残酷的剥削统治下，女真人或逃亡异地或起兵反抗。

另外，元统治者在女真居住地推行民族歧视和民族压迫政策。这从元王朝一步步限制女真人充任达鲁花赤，可略知梗概。至元五年（1268）宣布“罢诸路女直、契丹、汉人为达鲁花赤者”[②]；大德八年（1304）元成宗又发诏：“诸王、驸马所分郡邑，达鲁花赤惟用蒙古人，三年依例迁代，其汉人、女直、契丹名为蒙古者皆罢之。”[③] 元政府多次对女真人充任达鲁花赤作出限制。

综上所述，沉重苛繁的赋税、兵役以及长期的民族歧视政策，加剧了东北地区女真人与元朝统治者之间的矛盾，女真人一有时机便掀起反抗活动，这些起义虽相继被镇压，但表明元王朝在东北女真地区的统治根基已开始动摇。

第三节 女真各部社会经济发展的不平衡

元代女真的经济状况和所处社会发展阶段，是一个较为复杂的问题。一是因为当时留下的资料很少，二是因为女真人建立的金王朝是一个集权官僚制性质的政权，但不能依此看待元代女真社会，也不能依据明末形成满族的女真各部在明中叶时尚残存着的氏族制度，推论元代女真社会性质。当然，元代女真的经济状况和社会性质并非不可知。下面据《元史》中的一些零星记事，对女真各部分别加以考察，粗略叙述元代女真的经济面貌和其社会发展阶段。

一 “女直”以农业生产为基础的官僚地主制经济

居住辽阳路等地被称为女直者，《元史》记载：“命彻里铁木儿所部女直、高丽、契丹、汉军输地税外，并免他徭。”[④] 至元十九年（1282），“辽阳、沈州、广宁、开元等路雹害稼，免田租七万七千九百八十八石”[⑤]。

---

① 《元史》卷四十一，《本纪第四十一 · 顺帝四》，中华书局，2011，第 874 页。

② 《元史》卷六，《本纪第六 · 世祖三》，中华书局，2011，第 118 页。

③ 《元史》卷二十一，《本纪第二十一 · 成宗四》，中华书局，2011，第 458 页。

④ 《元史》卷十六，《本纪第十六 · 世祖十三》，中华书局，2011，第 337 页。

⑤ 《元史》卷十七，《本纪第十七 · 世祖十四》，中华书局，2011，第 363 ~ 364 页。

通过以上材料分析，该地区女真不仅从事农业生产，而且农业生产是他们社会生产的主要部门。另外，前文列举的《元史》记载，均可以说明女真的其他社会生产部门，如“弛女直、水达达地弓矢之禁”[①]以及“赈辽阳、武平饥民，仍弛捕猎之禁”[②]，可推测狩猎是他们比较重要的生产部门。“罢女直造日本出征船”[③]，“开元等路饥，减户赋布二匹”[④]，这部分女真人的手工业生产相当发达，不仅有织制布匹为业的织户，还有能制造渡海大船的匠户。“罢女直出产金银禁”[⑤]一句，揭示了他们的矿业开采和冶炼业早已存在。另外，《元史》中还分别记载：至元十九年(1282)“丁未，女直六十自请造船运粮赴鬼国赡军，从之”[⑥]；至元十七年（1280)，“壬辰，以开元等路六驿饥，命给币帛万二千匹，其鬻妻子者官为赎之”[⑦]。可见他们中既有财力能“自请造船运粮”的“赡军”富户，也有过于贫困不得不“鬻妻子”的穷苦百姓，这部分女真人中已存在阶级差别，出现对立阶级。考虑到金王朝入主中原后，女真社会由奴隶制迅速向官僚地主制转化，那么这部分女真人的经济制度无疑是官僚地主制。这从上述材料提到的“地税”“田租”中，可得到验证。

二 水达达的多元经济并存

蒙元时期所谓的“水达达”，是指今松花江下游、乌苏里江和黑龙江中下游这一广大地区及沿江而住的居民。由于“土地广阔，人民散居”，生活环境的不同决定了所从事的社会生产不完全一样。

蒙古灭掉东真国后，乘胜北上，相继征服了水达达各部。至元三年(1266)，设立开元等路宣抚司，松花江、黑龙江下游地区属于开元路管辖范围，这里是水达达人的主要居住区。皇庆元年（1312)，元朝为加强对其东北部领土的统治，又将开元路东部划出，另设立了水达达路。据《元史》记载，水达达路内有宋阿江（今松花江下游）、阿爷苦江

① 《元史》卷十四，《本纪第十四·世祖十一》，中华书局，2011，第295页。
② 《元史》卷十六，《本纪第十六·世祖十三》，中华书局，2011，第346页。
③ 《元史》卷十二，《本纪第十二·世祖三》，中华书局，2011，第251页。
④ 《元史》卷六，《本纪第九·世祖六》，中华书局，2011，第121页。
⑤ 《元史》卷十二，《本纪第十二·世祖九》，中华书局，2011，第259页。
⑥ 《元史》卷十二，《本纪第十二·世祖九》，中华书局，2011，第252页。
⑦ 《元史》卷十一，《本纪第十一·世祖八》，中华书局，2011，第233页。

（今奴垒必儿忒河）、忽吕古江（即阿速古儿水，今乌苏里江）。可见，元代水达达路辖区在今松花江下游和黑龙江下游及乌苏里江流域直至滨海一带。元朝在水达达路管辖区域内，设置了五个军民万户府，即胡里改万户府、桃温万户府、斡朵怜万户府、孛苦江万户府及脱斡怜万户府。[①] 元初设的桃温等五万户府管辖“混同江南北之地，其居民皆水达达、女直之人，各仍旧俗，无市井城郭，逐水草为居，以射猎为业”[②]。“水达达户减青鼠二，其租税被灾者免征”[③]。元世祖至元十三年（1276）四月，“以水达达份地岁输皮革，自今并入上都”[④]。二十四年（1287）闰二月，“以水达达部连岁饥荒移粟赈之，仍尽免今年公赋及减所输皮布之半”[⑤]。以上材料均说明，水达达人生活依然以射猎为主，交纳的赋税是“青鼠”和“皮革”，可见射猎经济的发展，推动了手工业生产的相应发展。水达达人将牧、猎的经济产品，如皮张等加工、制作出各种生活用品。严冬季节，皮衣、皮裤、皮帽等是他们普遍穿用的服饰，当然还有大量加工后的皮张用作向元朝政府的“公赋”；另一部分临江靠水的水达达则是以捕捞为业。“辽阳行省水达达路，自去夏霖雨，黑龙、宋瓦二江水溢，民无鱼为食”[⑥]。再如元代史书中有“捕鱼水达达”之称，可见渔业生产在水达达女真生活中占有重要地位。此外，其农业生产有所发展。水达达人的南境与发展较快的“女直”和其他民族邻近，有些地方还错居杂处。元世祖晚年，为增加粮食产量，元朝政府先后在水达达居住区推行农业生产，积极屯田。至元二十八年（1291）冬十月，“诏给蒙古人内附者及开元、南京、水达达等三万人牛畜、田器”[⑦]；成宗元贞元年（1295），再次诏令“以乃颜不鲁古赤及打鱼水达达、女直等户，于肇州旁近地开耕，为户不鲁古赤二百二十户，水达达八十户”[⑧]。元政府的政策有力地推动了“捕鱼水达达”的“开耕”，部分水达达女真已从事农业生产。

---

① 罗贤佑：《元代民族史》，四川民族出版社，1996，第301页。

② 《元史》卷五十九，《志第十一·地理二》，中华书局，2011，第1400页。

③ 《元史》卷六，《本纪第六·世祖三》，中华书局，2011，第121页。

④ 《元史》卷九，《本纪第九·世祖六》，中华书局，2011，第181~182页。

⑤ 《元史》卷十四，《本纪第十四·世祖十一》，中华书局，2011，第296页。

⑥ 《元史》卷三十四，《本纪第三十四·文宗三》，中华书局，2011，第767页。

⑦ 《元史》卷十六，《本纪第十六·世祖十三》，中华书局，2011，第352页。

⑧ 《元史》卷一百，《志第四十八·兵三》，中华书局，2011，第2566页。

水达达女真由于居地广阔，自然地理条件各异，与先进的女真人临近，再加之元朝政府“设官牧民，随俗而治”[①]，除了射猎、渔业和农耕经济以外，牧业、手工业、酿酒业以及采矿业也构成了水达达多元经济的组成部分。“水达达之地大风雪，羊、马皆死”[②]，水达达女真不仅饲养家畜，而且还喂养马之类的大牲畜。马无疑是他们狩猎、游牧的乘载工具。“命女直、水达达造船二百艘及造征日本迎风船”[③]，水达达地区的造船业已相当发达。如前所述，元世祖至元十三年（1276）四月，“以水达达分地岁输皮革，自今并入上都”[④]；十五年（1278）正月，下令“弛女真水达达酒禁”[⑤]，可以看出水达达的皮革业、酿酒业已有一定程度的发展。

水达达内部社会经济发展情况比较复杂，邻近“女直”已从事农业生产的部分水达达可能已出现阶级分化，其他从事渔猎生产的水达达人，还没有跨入文明社会，尚处在原始社会末期。

三 吾者野人的父系氏族经济

吾者野人，一般也称作吾者，或者斡者、兀者，斡拙、兀的歌等，是窝集的异字音译，意为“深山老林”。元代史书中又常将吾者与野人相连称为“吾者野人”[⑥]。显然，从这一称呼可以看出元朝政府对于吾者不尊重和蔑视之意，但也反映出吾者诸部散居山林以射山为猎、穴居野处的特点。其所在，据《元史》记载：“立吾者野人乞列迷等处诸军万户府于哈尔分之地。”[⑦] 哈儿分地在黑龙江下游阿纽依河注入黑龙江处，可以推测，吾者野人居住在黑龙江下游的深山密林里。由于吾者诸部地处荒远、居住分散，元朝统治者仅在其居住地派有专门官员，收取各种皮毛税，一般采取的是“各仍旧俗”“随俗而治”的灵活政策。[⑧] 元政府任命一些吾者土著首领为官，利用他们对吾者诸部进行间接统治。至正十三年（1353），“辽东搠羊哈及乾帖困、术赤术等五十六名吾者野人以皮货来降，给搠羊

---

① 《元史》卷五十九，《志第十一·地理二》，中华书局，2011，第1400页。
② 《元史》卷四十，《本纪第四十·顺帝三》，中华书局，2011，第858页。
③ 《元史》卷十三，《本纪第十三·世祖十》，中华书局，2011，第277页。
④ 《元史》卷九，《本纪第九·世祖六》，中华书局，2011，第181~182页。
⑤ 《元史》卷十，《本纪第十·世祖七》，中华书局，2011，第198页。
⑥ 《元史》卷四十一，《本纪第四十一·顺帝四》，中华书局，2011，第867页。
⑦ 《元史》卷四十四，《本纪第四十四·顺帝七》，中华书局，2011，第926页。
⑧ 《元史》卷五十九，《志第十一·地理二》，中华书局，2011，第1400页。

哈等三人银牌一面，管领吾者野人”①。《元史·地理志》不仅说合兰府水达达等路居民“以射猎为业”，且注说：“有俊禽曰海东青，由海外飞来，至奴儿干，土人罗之，以为土贡。”② 可见，吾者野人靠捕猎野兽为生。考《元史》卷十六载：“太傅玉吕鲁言：‘招集斡者所属亦乞烈，今已得六百二十一人，令与高丽民屯田，宜给其食。’”③ 虽可说明他们当中有人已开始转入农业生产，但从吾者即深山老林之意来看，其居住地区似乎还没有出现农业生产。④ 根据狩猎业是野蛮初级阶段的主要生产形式，氏族制度在这一阶段处于“全盛时代”的观点⑤，结合史称其为“野人”，而不说水达达为“野人”，他们的社会发展无疑比水达达人还处在更不发达的阶段，至多在父系氏族阶段。

四　乞列迷的母系氏族经济

乞列迷又被称作吉里迷、吉烈迷、乞里迷、阿里眉等。吉里迷之名始见于金代，当时是居住在金朝版图极东北部即奴儿干地区内“诸野人”的一部分，另一部分是吾者诸部。正因为乞列迷与吾者关系如此密切，故而元代史书中常将二者并称，统辖机构也名为“管吾者吉烈迷万户府”。乞列迷人居住的地方较吾者诸部更往东北方，除在黑龙江下游至奴儿干地区与吾者诸部杂居外，在更东北处的鄂霍次克海滨以及库页岛上也居住有乞列迷人。以上都是在元朝所设征东元帅府辖区内。关于乞列迷的居住环境：“征东元帅府，道路险阻，崖石错立，盛夏水活，乃能行舟，冬则以犬驾耙行冰上，地无禾黍，以鱼代食，乃为相山川形势，除道以通往来，人以为便，斡拙、吉烈灭，僻居海岛。”⑥ 此“海岛”即指骨嵬岛（今库页岛）。“弩耳干（即奴儿干），在女真之东北，与狗国相近。其地极寒，雪深丈余。衣狗皮，食狗肉，养狗如中国养羊。不种田，捕鱼为生，其年鱼多，谓之好收。出海青，产白鹿。有一兽人莫能见，常有蜕下之骨角，如龙骨相似。”⑦ 元

① 《元史》卷四十三，《本纪第四十三·顺帝六》，中华书局，2011，第910页。

② 《元史》卷五十九，《志第十一·地理二》，中华书局，2011，第1400页。

③ 《元史》卷十六，《本纪第十六·世祖十三》，中华书局，2011，第336页。

④ 杨保隆：《浅谈元代的女真人》，《民族研究》1984年第3期。

⑤ 恩格斯：《家庭、私有制和国家的起源》，载《马克思恩格斯全集》第21卷，人民出版社，1965，第179～180页。

⑥ 《金华黄先生文集》卷二十五，《札剌尔公神道碑》，上海古籍出版社，1986。

⑦ （元）周致中：《异域志》卷上，浙江范懋柱天一阁藏本影印本。

代关于乞列迷人的记载甚少，由于元明时期，其社会生活基本没有差别，可以利用明代史料来说明其生活方式："乞列迷有四种：曰囊家儿、富里替、兀剌、纳衣。性柔刻贪狡。居草舍，捕鱼为食。不梳刷。着直筒衣，暑用鱼皮，寒用狗皮，腥秽不可近，以溺盥洗。父子不亲，夫妇无别。不知揖拜，不识五谷六畜，惟狗至多。乘则牵拽把犁，食则烹供口食。婚嫁娶其姊，则妹以下皆随为妾。死者刳腹焚之，以灰骨夹于木末植之。"[①] 以上材料均明确叙述了乞列迷人是以捕鱼为生，鱼和狗是他们的衣食之源，尚未出现农业生产。"夫妇无别"，"婚嫁娶其姊，则姊以下皆随为妾"，说明他们还过着群婚生活。这种群婚制，与恩格斯分析的处在"普那路亚家庭"阶段的夏威夷人"若干数目的姊妹——同胞的或血统较远的即从（表）姊妹，再从（表）姊妹或更远一些的姊妹——是她们共同丈夫们的共同的妻子，但是在这些共同丈夫之中，排除了她们的兄弟"[②]，极为相似。既然乞列迷人在明代还停留在如此落后的社会发展阶段，其在元代的社会状况可想而知。按照"氏族制度，在大多数场合之下，都是从普那路亚家庭中直接发生的。诚然，澳大利亚人的级别制度，也可以成为氏族的出发点：澳大利亚人有氏族，但他们还没有普那路亚家庭，而只是一个更粗野的群婚形式"[③] 这一论点判断，元代的乞列迷女真人可能还生活在母系氏族社会中。

五 骨嵬的母系氏族经济

在辽阳行省极东北处的骨嵬岛（今库页岛）上，除一部分乞列迷人外，还生活着骨嵬和亦里于。以骨嵬命名的部族，当为骨嵬岛上的主要居民。同水达达一样，骨嵬既是部族名，也是地名。在元代（及明代），骨嵬又写作苦夷或苦兀，近代的库页，也是骨嵬的同名译写。[④] 至元元年（1264）到至元二十三年（1286），元朝多次用兵征服了骨嵬和亦里于，此后，整个骨嵬岛并入了元朝版图。

---

① 《寰宇通志》卷一百一十，《女真·风俗》，《玄览堂丛书续集本》，国家图书馆出版社，2014。

② 恩格斯：《家庭、私有制和国家的起源》，载《马克思恩格斯全集》第21卷，人民出版社，1965，第50页。

③ 恩格斯：《家庭、私有制和国家的起源》，载《马克思恩格斯全集》第21卷，人民出版社，1965，第52页。

④ 参见赵长胜《从窟说部到库页岛——渤海郡国古地理考》，载于《北方文化研究》（二），黑龙江教育出版社，1989。

由于骨嵬居地绝远，与中原内地少有联系，故而在元代史籍中基本没有关于其内部社会生活状况的记载。但明人多少留下一些有关记载。明代《奴儿干永宁寺碑》中云："吉里迷与苦夷诸种野人杂居。"《辽东志》记载："苦兀在奴儿干海东，身多毛，头带熊皮，身衣花布。持木弓，矢尺余，涂毒于镞，中必死。器械坚利。父母死，刳去肠胃，尸体曝干，出入负之。饮食必祭，居处不敢对，约至三年，然后弃之。"[①]《大明一统志》记载："苦兀以渔猎为业，食惟鱼鲜。其习俗，女子十岁即出嫁，自幼即以针刺嘴唇，涂以烟煤；男子薙发，穿鱼皮。"[②] 从明代这些零星记载，可以推测出元代骨嵬（苦夷、苦兀）人社会生活的大致情况。其社会经济特点是"以渔猎为业"，大概骨嵬岛沿海的居民主要依靠捕鱼为生，而在该腹地的骨嵬人则以狩猎为主要生活来源。由于在岛上同乞列迷人相杂居，故而骨嵬人在社会习俗的某些方面同乞列迷人相类似，是很自然的事。

有关骨嵬人的社会情况，《元史》也未具体谈到，根据上面对女真、水达达、乞列迷等几个女真人部落社会情况的考察可以看出，在元代女真分布区内，越往北，由于自然条件差异和距离先进民族更远，其社会发展也越慢。考唐、宋、明、清几朝的资料，亦存在这一情况。据此推测，骨嵬女真社会发展水平，只能与吾者野人或乞列迷相同，或处在更落后的状态，而后一种可能性较大。

综上所述，元代女真经济和社会发展不平衡，"女直"以农业生产为主，已进入官僚地主制社会；水达达部分已有农业生产，并已出现了阶级分化，但大部分还生活在氏族制度下；吾者野人的社会可能是父系氏族社会；乞列迷和骨嵬尚处在母系氏族发展阶段。

虽然元代东北女真各部的社会经济发展并不平衡，且整体上落后于中原地区，但族源绵长既久的女真部在其自身发展壮大过程中，已经具备了善于学习创新的能力，加之游猎生活所具备的骁勇善战品格，在与中原先进文明接触时，产生了再次崛起的可能。元末明初女真各部互相侵夺、兼并趋势愈演愈烈，乘元明政权更替之机，纷纷南迁，频繁地由落后地区向先进地区迁移符合历史上各民族迁移的一般规律。自此以后，女真部又一次迎来了其民族发展壮大的历史性机遇。

---

① 《辽东志》卷九，《外志·五·苦兀》，辽海书社印行，2017。

② 《大明一统志》卷八九，弘治十八年（1505）慎独斋刊本。

第六章　明代女真部奴隶制的发展与后金奴隶制国家的建立

元代居于辽阳等路的女真人与汉人杂居，从事农业，逐渐汉化，明代处于辽东都司统治下。元末明初，其他女真各部逐渐南下，形成后来的建州女真、海西女真和“野人”女真三大部族。南迁过程中女真人受到明朝和朝鲜先进生产方式的影响，开始使用铁器；田野耕作出现；游牧愈来愈盛。随着努尔哈赤统一各部，明末女真发展更为迅速，开始制造铁器并广泛利用；农业繁盛；手工业较落后，但较之明初，已是天壤之别；商业更是空前发展，国家出现的条件已经具备。天命元年（1616），努尔哈赤建立后金政权。后金奴隶制国家的建立，统一了女真三部，后金使女真部族发展到部族联盟，为晚明女真部盟发展成以农业为主的定居的满洲民族准备了条件，在这期间，满洲民族开始铸造货币并创立了自己的文字。

第一节　明初女真各部南迁的经济意义及后果

14 世纪中期，黑龙江、松花江中下游一带女真人各部之间互相侵略、兼并，并乘元、明政权更替之机，纷纷向南迁移。这是基于经济发展的不平衡，先进的经济文化吸引着落后的黑龙江女真人，形成了女真各部移动的总趋势。在元、明强盛时朝廷用政治力量去约束、禁止女真人迁移，各部保持相对稳定。当元、明衰败时，这种约束削弱，各部便频繁地由落后地区向先进地区迁移。这符合历史上各民族迁移的一般规律。[①]

一　女真部南迁与建州、海西、野人三大部族的形成

以狩猎经济为主的民族，具有高度的流动性，迁徙异常频繁。明代女

① 李燕光、关捷：《满族通史》，辽宁民族出版社，2001，第 19 页。

真各部的迁徙，历经了一个漫长过程。从洪武初年（1368），至嘉靖中叶，历时一个半世纪。迁徙方式有两种，一种是以大部族集团形式，较大规模地迁徙；另一种是各部女真零散南迁，进入辽东东宁卫，快活、自在二州，或其他辽东都司二十五卫，甚至安插关内。两者迁徙形式虽然各异，但方向一致，尽皆南指，进入辽南或中原地区。[①]

明代女真人大部族、集团性迁徙，主要是建州和海西各部。建州在先，海西稍后。大体都从呼兰河、牡丹江、松花江及黑龙江等地出发，相继南徙。建州女真各部，原籍在牡丹江下游与松花江汇流诸地居住。此地元初置五万户府。《元史》载："合兰府水达达等路，土地旷阔，人民散居，元初设军民万户府五，抚镇北边。一曰桃温，距上都四千里，一曰胡里改，距上都四千里二百里，距大都三千八百里，一曰斡朵怜，一曰脱干怜，一曰孛苦江。各有司存，分领混同江南北之地。其居民皆水达达女直之人，各仍旧俗。无市井城郭，逐水草为居，以射猎为业。"[②]

元末明初，元朝的残余势力北归，加之明朝招抚政策影响，各部女真，多数为其骚扰。火儿阿女真万户阿哈出，斡朵怜女真万户猛哥帖木儿，各自率部先后南迁。阿哈出率部沿牡丹江上溯，迁至绥芬河流域，设治于今黑龙江省东宁县大城子古城。洪武二十八年（1395），"野人酋长，远至移兰豆漫，皆来服事，常佩弓剑入卫潜邸，昵侍左右，东征西伐，靡不从焉。如女真则斡朵里（即斡朵怜）豆漫夹温猛哥帖木儿，火儿阿豆漫古伦阿哈出，脱温（即桃温）豆漫高卜儿阏"[③]。可见，火儿阿部族迁至奉州（旧开元）在洪武二十八年以前。明永乐二十一年（1423），朝鲜平安道兵马都节制使，据江界兵马节制使呈报："今四月十七日……吾等在前于建州卫奉州古城内居住二十余年，因鞑靼军去年二月十七日入侵，都司李满住率管下指挥沈时里哈、沈者罗老、盛舍歹、童所老、盛者罗大等一千余户，到婆猪江居住。"[④] 永乐二十一年上推二十年，为永乐元年（1403），"余年"者，应是永乐元年上推至洪武二十七八年（1394、1395）前后。洪武四年（1371），"女真千户李豆兰帖木儿，遣

① 滕绍箴：《满族发展史初编》，天津古籍出版社，1990，第 34 页。

② 《元史》卷五十九，《志第十一・地理二》，中华书局，2011，第 1400 页。

③ 《朝鲜李朝实录・世宗》卷二十四，科学出版社影印本，1959，第 348 页。

④ 《朝鲜李朝实录・世宗》卷二十四，科学出版社影印本，1959，第 348 页。

百户甫介，以一百户来投”，“仍居北青州”。[①] 李豆兰为火儿阿部族，率领百户之众，显然是大部族集团性迁徙，这是建州第一次大规模迁徙。阿哈出之孙李满住于永乐末年再次率部向西南迁徙，到达婆猪江（今浑江上游）流域。永乐二十一年（1423）二月十七日，达达军再次入侵凤州，阿哈出之孙，都司李满住，率领管下沈时里哈等一千余户，于四月十七日，到达婆猪江，即“癸卯年，蒙圣旨于婆猪江多回坪等处居住”[②]。同年七月，“都司李满住领四百余户，到相距鸭绿江一日程翁村（今恒仁县北部的五女山，即兀剌山南麓）等处”[③]。这是建州第二次大规模迁徙。

猛哥帖木儿所率斡朵怜部初至绥芬河，东行至沿海，据有颜春地面（令吉林省珲春及以东地区），复越过图们江，进入朝鲜东北部，被朝鲜国王委任为镜城等处万户。宣德八年（1433），由于与东海女真部族发生军事冲突，猛哥帖木儿及其子权豆被杀，弟凡察逃归明朝，幼子董山被俘（后被毛怜卫指挥哈儿秃赎回），部众迁回图们江以北，后被明朝置于三土河（辉发河支流三统河）一带与李满住部为邻。[④]

建州女真南迁后吸收其他女真部族，内部又分为苏克苏护、浑河、完颜（王甲）、董鄂、哲陈、鸭绿江、讷殷、珠舍利等部，分布在抚顺以东，东至珲春及沿海，南抵鸭绿江、图们江，北至吉林市、敦化。

海西女真，明初居于松花江中游一带。朝鲜人将依兰以西的松花江称为海西江，故名海西女真。其后，部分海西女真南迁至辉发河流域，海西女真的分布地域也扩大。自明朝开原边外，兀良哈三卫以东，辉发河流域，东近日本海，北至松花江流域，均有分布，并形成哈达、乌拉、叶赫、辉发等扈伦四部。四部各自占领通往明朝的交通要道，结成军事联盟，共推盟主，成为女真各部中最强大的势力，女真各部皆受其制。[⑤]

“野人”女真是指居于建州、海西以东和以北广大地区经济发展较落后的女真各部，其中应包括居于极东的吉列迷人、苦兀人，居于外兴安岭

---

① 《朝鲜李朝实录·世宗》卷八，科学出版社影印本，1959，第349页。
② 《朝鲜李朝实录·世宗》卷二十四，科学出版社影印本，1959，第348页。
③ 《朝鲜李朝实录·世宗》卷二十五，科学出版社影印本，1959，第365页。
④ 杨绍猷、莫俊卿：《明代民族史》，四川民族出版社，1996，第124页。
⑤ 杨绍猷、莫俊卿：《明代民族史》，四川民族出版社，1996，第125页。

的北山女真人。分布于松花江以北，黑龙江流域，东至鄂霍次克海、日本海和库页岛，北至外兴安岭。[①]

在建州、海西等女真各部大规模南迁的同时，部分女真人纷纷离开本部，投奔辽东都司或关内。明朝政府为政治、军事需要，千方百计进行招抚和安置。因此，洪武十九年（1386），明设东宁卫（治今辽阳城北）安置来投女真人。永乐七年（1409）设快活州（即安乐州，治开原城）、自在州（始设于开原城，后迁至辽阳城），安置来投女真人，也有被安置于辽东都司其他卫所及关内者。

“盖女直（即女真）三种，居海西等处者为海西女直，居建州、毛怜等处者，为建州女直”，“极东为野人女直”。[②] 明代女真南下形成建州女真、海西女真和“野人”女真三大系统，均隶属奴儿干都司。

二 女真南迁后的经济进步

明代女真南迁，情况各有不同，迁入地不尽一致，但均形成先进民族与后进民族比肩并立的局面，在经济关系上，出现了先进民族手工业品与后进部族猎产品的交换。这就决定了这个时期女真经济发展具有明显的过渡性、不稳定性和依附性。但也不能否定这样一个事实：落后的女真部族，在短期内，借助于先进民族社会生产力，通过与先进民族交易，使其猎产品商品化，内部货币经济开始活跃，通过特殊的途径将自己引入部族联盟时期。

明初女真部族的经济，是在元代基础上发展起来的，而元代女真经济发展的典型特点是不平衡。在元政府推动下，部分“女直”以农业生产为主；水达达部已有农业生产，并已出现了阶级分化，但基本生活在氏族制度下；吾者野人的社会可能是父系氏族社会；乞列迷和骨嵬尚处在母系氏族发展阶段。可见除“女直”部受汉族影响较大，其他部分的女真人生产方式较为落后，仍以渔猎经济为主。这与他们人口少、土地广阔的生存环境相一致。[③] 所

① 杨绍猷、莫俊卿：《明代民族史》，四川民族出版社，1996，第125页。

② 《大明会典》，万历十五年（1587）刊本影印本。

③ 杨思远：“尽管一定的人口是历史得以开始的第一个前提，也是生产方式得以建立的主体条件，但是，生产方式本身决定了人口，不仅决定了人口数量，也决定了人口素质。生产不仅生产出物质资料，也生产出人口本身。少数民族是按照人口数量规定出来的一个概念，一些民族人口数量之所以少，另一些民族人口数量之所以多，是生产方式的产物。”《中国少数民族经济史论》（一），中国经济出版社，2016，第229页。

以，元代女真人口中，不同的部族，对于农业、狩猎、捕鱼，各有侧重，最高水平是农猎兼营，多数部族从事渔猎生产。

明代女真南迁后，离开本民族原住地，进入经济先进的朝鲜和汉区，便于狩猎、采集的场地相对减少。以狩猎、采集、放牧为主，兼营农业的生产结构，转变为以农业为主，兼营狩猎、采集和放牧的生产结构。明代女真部经济发展出现错综复杂的情况，如果说元代女真诸部经济的特点是不平衡性，那么明代女真各部经济发展的特点则具有过渡性，不稳定性和依赖性。

明代女真社会的农业生产与狩猎、采集、牧畜生产，是作为两大经济部门存在的。14 世纪末至 16 世纪中叶，这两大部门的生产具有较为明显的过渡性质，即由狩猎、采集、牧畜生产为主，向以农业为主的生产结构过渡。

明洪武十五年（1382），辽东地区“民以猎为业，农作次之”①，迤北女真地区，可想而知也是以射猎为主。建州女真阿哈出、猛哥帖木儿南迁至朝鲜近地的初期，正是处于这样的生产阶段。他们在朝鲜族影响下，农业获得初步发展，但整体上还处于由狩猎、采集和牧畜经济向农业经济的过渡阶段。这种过渡性质，首先表现在农业生产发展的不平衡性方面。部分女真人“不事耕稼，以渔猎为业。”② 明弘治九年（1496），建州左右两卫中间的岐州卫，有八十余户，“不事农业”，到采集季节，竟“倾落采参、逾大岭布野”③；部分女真部落“以猎兽为生，农业乃其余事”；还有的女真部族以农业生产为主，同时兼营狩猎、采集和牧畜生产，一旦收成欠佳，便又恢复旧业，“吉州叠入音失管下千户者安等十四户，男女并一百余人，节晚失农。每户一、二人欲往旧居处，捕鱼资生”④。但是，女真社会经济发展的总趋势，是农业生产比重逐年增加，农业生产为主的部落日渐增多，甚至形成了若干个耕作区。《朝鲜李朝实录》中有如下记载（见表 6－1）。

① 《明实录》卷一百四十四，洪武十五年（1382）四月丙午。

② 《朝鲜李朝实录·太宗》卷十九，科学出版社影印本，1959，第 665 页。

③ 《朝鲜李朝实录·燕山君日记》卷十六，科学出版社影印本，1959，第 197 页。

④ 《朝鲜李朝实录·太宗》卷十，科学出版社影印本，1959，第 957 页。

表 6-1 女真部的农业耕作区

地 区	记 载
速平江（今绥芬河）沿岸	“田地沃饶。”①
豆满江（今图们江）沿岸	“皆耕田以生。”
斡朵里（即阿木河谷地）	“与会宁人并耕而食。”
婆猪江	“两岸大野率皆耕垦，农人与牛布散于野。”②
高早花的吾弄草	“有良田可耕，有水陆渔猎之所，生生自乐。”③

资料来源：《朝鲜李朝实录·成宗》卷二百五十九，第 264 页；《朝鲜李朝实录·世宗》卷七十七，第 563 页；《朝鲜李朝实录·世宗》卷八十六，科学出版社影印本，1959，第 53 页。

女真人的某些部族和地区，农业生产已经发展起来，“虽好山猎，率皆鲜食，且有田业，以资其生”[④]。或者“屋居耕食，不专射猎”[⑤]。具有游猎性质的流动部族，一变而成为生活稳定的定居民族。这些农业生产较发达的耕作区，是明代中叶女真农业发展的顶峰。

明代女真社会经济处于过渡时期，就决定了这个时期的女真经济发展不稳定性，特别是农业生产。这种不稳定性，除与过渡性质有关外，还有许多不稳定因素：明代诸申（对平民女真人的汉语读音）人口流动，整体上生产方式较为落后，经常由于天灾导致粮食短缺，部分诸申不得不离开村寨寻求出路，在古代，劳动力人口流动对农业发展有重要影响。永乐九年（1411）二月，“赐童猛哥帖木儿谷百五十石。初，大护军朴楣至自野人曰：‘野人甚饥’。猛哥帖木儿云：‘国家若给粮饷，不敢离散；否则皆为盗矣。’政府上言：‘野人甚饥，运米给之，何如？’上曰：‘楣之往，专以救饥也，何谓何如？宜直赐之’。”[⑥] 永乐二十二年（1424），“兵曹据咸吉道都节制使牒启：‘童猛哥帖木儿管下人等求索口粮、鱼、盐、布物。以有限之物难以人人而给之，请将国库杂谷一百石、盐三十石，其中指挥、千户、百户来乞，则依前例撙节分给；其神

① 《朝鲜李朝实录·成宗》卷二百五十九，科学出版社影印本，1959，第 264 页。
② 《朝鲜李朝实录·世宗》卷七十七，科学出版社影印本，1959，第 563 页。
③ 《朝鲜李朝实录·世宗》卷八十六，科学出版社影印本，1959，第 53 页。
④ 《朝鲜李朝实录·成宗》卷二百二十五，科学出版社影印本，1959，第 218 页。
⑤ 《许恭襄公边镇论》卷一，中华书局，1962，第 13 页。
⑥ 《朝鲜李朝实录·太宗》卷二十一，科学出版社影印本，1959，第 17 页。

税布及鱼物，除常贡外，量宜支给。’从之。”[①] 建州女真猛哥帖木儿部饥荒尚且如此严重，女真其他各部因饥荒而导致的人口流动规模更大，农业随之不稳定。

其次，阿哈（女真社会中的奴隶）逃亡。这些阿哈部分源于汉区生活的农民、兵士和妇幼，他们被掠或被卖为奴，降低了他们原有的社会地位，失去自由，忍受着民族压迫，经常遭受主人侵责、奴役，甚至受到死亡的威胁，因其“不胜艰苦”，纷纷逃脱。时至明正统六年（1441），逃入朝鲜的女真阿哈多达“八百余名”。可见，逃亡数量相当大，因此农业受阻。这是女真部族落后的生产关系阻碍农业发展的有力证据。还有一个因素就是前文所提到的部落频繁迁徙，从14世纪中期开始，女真三部不断迁徙，生活地域的不断变化自然会引起农业发展的中断。

综上所述，诸申、阿哈逃亡，部族迁徙以及明军、朝鲜王国军和蒙古军的洗劫，均造成女真生产和生活不稳定，各业生产发展，皆受到严重阻碍，社会经济波动不已。

此时女真各部经济还具有民族依附性。女真人受其居住地域的限制，以射猎采集为业，恰好南迁到汉族和朝鲜族两个发达的农业经济区，无可避免地使初期的农业经济带有强烈的依附性。主要表现在两个方面：其一是女真以本土特产交换区外农具和耕牛以及粮食等，即女真人以猎产品或初加工的半猎产品，运至区外市场，换取农业生产工具和粮食等。如朝鲜边将说，“貂产于野人之地，故或以农器或以农牛换之”[②]。天顺八年（1464），朝鲜史籍载：“各官贡物，多非其产，貂、鼠之贡，皆定于六镇，民间多以铁贸于野人。”[③] 明朝文献中有关于女真交换粮食方式的记载，自明永乐初年起，开设开原、广宁马市，最好的马一匹给米十五石，最次的亦给米八石。更定马价之后，尚有米五石或至少一石。[④] 其二是女真通过掠夺直接依赖汉族和朝鲜族。明代女真人，生产方式较落后，为了获得日常必需物品，掠夺作为一种特殊的生存方式仍被普遍采用。耕牛、农器、人口和财物皆为掠夺的主要对象。天顺五年（1461），建州

---

① 《朝鲜李朝实录·世宗》卷二十三，科学出版社影印本，1959，第344页。

② 《朝鲜李朝实录·宣祖》卷一百三十四，科学出版社影印本，1959，第773页。

③ 《朝鲜李朝实录·成宗》卷二百六十三，科学出版社影印本，1959，第305页。

④ 《明太宗实录》卷一百七、卷一百八，中华书局，2016。

卫女真人“冒夜潜来义州江边，杀死收禾农民男妇四十名口，掳掠大小男妇共一百三十八口，马三十七匹，牛一百二十五头去讫”①。明弘治六年（1493），海西兀狄哈女真四十余名，越边掠夺朝鲜边民“农器与农牛而去”。②

南迁过程中的女真经济发展具有过渡性、不稳定性和依附性，但通过与具有先进生产力的朝鲜族、汉族交往，女真人开始吸收先进的生产技术，尤其在农业生产方面有了实质性的进步，内部商品经济也开始萌芽，为女真社会统一开辟了前景，也为明代女真经济进一步发展创造了条件。

第二节　奴隶制形成的物质基础

明代女真人不断累积劳动经验，吸收汉族进步的生产方法，在与汉族和朝鲜族的交换中实现了铁的大规模应用，促进了农业、手工业发展，生产力不断提高。随着剩余生产物的增加，交换日趋频繁，简单的以物易物逐渐发展成商品流通，有了阶级，有了剥削，这些都为后金奴隶制国家的产生奠定了经济基础。

一　大规模使用奴隶的冶铁业开始出现

摩尔根曾就铁的出现对于文明社会的重要意义有过如下论述：“铁的获得，是人类经验中的事件中的大事件，没有可与它相等，没有可与它相匹敌的，除了它，其他一切发明及发现都是无足道的，或至少是处于从属地位的。由铁产生出铁槌及铁砧，斧及凿，备有铁尖的犁，以及铁剑等；要之，可以说文明的基础完全是定立在这一种金属之上的。”③ 明末女真人生产力的迅速发展，就与铁的出现息息相关。努尔哈赤以前还没有正式开采和铸炼各种金属的事情，不过我们可从上文中朝鲜对女真的交换物品中知道铁器早已输入。成化年间（1465～1487），陈钺要陷害马文升，就怂恿内监汪直奏：“女真建州夷人之屡寇边也，皆文升禁不与农器贸易故也。”④ 农器贸易有引起寇边的可能，其对于女真生产活动必定十分重要。

① 《朝鲜李朝实录·世祖》卷二十六，科学出版社影印本，1959，第447页。

② 《朝鲜李朝实录·成宗》卷二百七十八，科学出版社影印本，1959，第473页。

③ 〔美〕摩尔根：《古代社会》第一册，商务印书馆，1971，第67～68页。

④ 《殊域周咨录》卷二十五，《女真》，中华书局，1993。

当时还不能直接开采铁矿，在各种铁制工具的使用上受到限制，但是善于学习和创造的女真人可能利用外来的铁器加工改造，制造自己所需的农具，具有一定程度的铁制手工业技术。“野人以铁物为贵，故边将率以铁物贸买貂鼠皮，至于农锄箭镞，无所不用，故彼人箭镞，今皆以铁为之，诚非细故。”[①] 这些交换来的“锅铧出关后，尽毁碎融液”[②]，再加工成兵器。只要铁有了一定的来源，又有初步加工的技术，就会使他们立在更高的起点上发展生产。

明中叶，女真人的铁器生产已有相当的发展。女真人赵伊时哈与李世佐对话中有这样的片段，又问：“汝卫甲胄以何物为之乎？”答曰：“以铁为之。”又问曰：“铁产于何地？”答曰：“产于火剌温地面。”又问曰：“有冶工乎？”答曰：“多有之。”[③] 在利用区外铁器的基础上（是指从朝鲜族和汉族地区输入的铁制农具等），其社会分工，已出现专业化苗头。

明末，女真的冶铁业有所发展，但依然是极分散的小手工业。明万历二十四年（1596），随申忠一到费阿拉城去当“女直通事”（即翻译）的河世国的报道：“老乙可赤（即努尔哈赤）兄弟所住家舍……书员二名，瓦匠三名，则天朝（指明朝）命送之人云。……甲匠十六名，箭匠五十余名，弓匠三十余名，冶匠十五名，皆是胡人（指满族言），无日不措矣。”[④] 到了万历二十七年（1599），“始炒铁，开金银矿”，说明正式开始了开采铸炼，铁被广泛应用。1619 年，李民寏所云：“银、铁、革、木，皆有其工，而惟铁匠极工。”[⑤] 这个时期的铁器制造技术已经十分高超了。

二　农业的发展

“下一步把我们引向野蛮时代高级阶段，一切文化民族都在这个时期经历了自己的英雄时代：铁剑时代，但同时也就是铁犁与铁斧的时代。铁已在为人类服务，它是在历史上起过革命作用的各种原料中的最后和最重要的一种原料。所谓最后的，是指直到马铃薯的出现为止。铁使更大面积

① 《朝鲜李朝实录·中宗》卷二十七，科学出版社影印本，1959，第 125 页。
② 《明孝宗实录》卷一百九十五，中华书局影印本，2016，第 3601 页。
③ 《朝鲜李朝实录·成宗》卷一百五十九，科学出版社影印本，1959，第 114 页。
④ 《朝鲜李朝实录·宣宗》卷六十九，科学出版社影印本，1959，第 17 页。
⑤ 〔朝鲜〕李民寏：《建州闻见录》，载《清初史料丛刊第八、九种》，辽宁大学历史系清初史料丛刊本，1978，第 3 页。

的田野耕作，开垦广阔的森林地区，成为可能；它给手工业工人提供了一种其坚固和锐利非石头或当时所知道的其他金属所能抵挡的工具。”[①] 可见铁的出现对于农业和手工业的影响巨大。利用铁斧和铁铲，就能够大规模砍伐树木并清除森林，以为耕地和牧场之用，有铁犁头的犁出现了，它代替了锄头。随着犁的出现，畜力便被应用在农业上。同时铁给予手工业者以那样坚硬而锐利的工具，以致使任何一种石器，任何当时所知道的金属器都不能与之对抗。

除了铁器的应用扩大农业生产以外，还有另一个重要原因使得女真部族的农业快速发展，那就是劳动力人口的增加。女真各部的首领，虽受明之羁縻和统治，却经常出犯明边，每次出犯，都俘虏了若干汉人回帐。这些汉人大多是从事农业生产经验丰富的农民，被俘虏后，女真人从事农业的劳动力人口增加，同时也带来更多先进的农业耕作技术。另外，还有中国与朝鲜的贫苦农民为生活所迫，时常逃入满洲谋生，这些人逃入满洲后，大多数仍从事农业生产。有明一代，汉人和朝鲜人逃至满洲地区的，愈往后愈多，他们对于满洲农业的发展起到了极大的促进作用。

东北地区，土地肥沃，最宜于农业生产，在这样的条件下，大多数的女真人更重于务农。在具备自然基础、劳动力不断增加、铁器农具广泛应用的条件下，女真农业迅速发展壮大。

女真部经济的发展，引起周边朝鲜族的警惕。1437 年朝鲜平安道节制使李藏派人偷渡婆猪江，入建州女真地区窥探，在兀喇山北隅弥府，“见水两岸大野，率皆耕垦，农人与牛，布散于野”[②]。16 世纪初年，明朝卢琼在《东戎见闻录》中也指出，建州女真“乐住种”，海西女真“俗重耕稼”。《殊域周咨录》卷二十五、《全边略记》卷十，均指出女真人“屋居耕食，不专射猎”，这种“不专射猎”，正是因为以耕食为主了。但是，农业在满洲经济部门中占有主要地位，畜牧与采集狩猎沦为辅助地位，是在努尔哈赤与皇太极统一满洲夺取辽东期间，也就是在后金建国前后。

三　手工业缺乏独立性

农业是古代一切社会最基本的生产部门，它的发展程度，直接决定其

① 恩格斯：《家庭、私有制和国家的起源》，载《马克思恩格斯全集》第 21 卷，人民出版社，1965，第 186 页。

② 《朝鲜李朝实录·世宗》卷七十七，科学出版社影印本，1959，第 563 页。

他部门的生产分工和发展水平。明代女真农业生产发展不足，缺乏独立性，其手工业同样先天原料缺乏，社会分工不发达，对外依附，并处于落后状态。直到努尔哈赤兴起，对明断绝关系，互市停止，外来的手工业品几乎完全断绝，女真才感到发展自己手工业的重要性。

明代海西、建州女真在各部中处于先进地位，其手工业较“野人女真”先进，但与朝鲜和汉族地区相比，其手工业较为落后。明宣德三年(1428)，“辽东地方，棉花布匹，取给于山东，由登莱海船运送，风帆顺便，一日夜可达辽东旅顺口，由是每年给散布花，颇得实用”[①]。“番汉杂处”的辽东尚无棉花生产和纺纱织布，何况女真地区。女真即使有“麻布”生产，局限性亦很大，且只是建州、海西部分女真人的活动。史称海西、建州“其人知耕种，缉纺、居处、饮食，颇有华风”[②]。建州之地“土气极寒，冬常穴居”，受气候以及农业发展水平所限，原料缺乏，“缉纺”仅指“麻布”[③]。再如“……野人本是无统之徒，五、六人虽得一衣……皆分取之。”[④] 可见这种麻布的生产远不能满足女真社会需要。

明代女真居民穿着和生活用品依赖区外的情况，相当严重。酋长等巴彦阶层通过“贡马及貂皮”[⑤]，接受明廷的“赐宴并衣服、彩缎等”。一般诸申，从明初以来，就以狩猎、牧畜和采集产品，“换盐米，讨酒食”。至明朝中叶以后，习以为常，成为女真人的“旧规”。如前文所述“女工所织，只有麻布。织锦、刺绣，则唐人所为也”。万历初年（1573），王兀堂等数十个酋长，“愿以儿子为质”，请求开市，目的是唯求换得“盐、米、布匹”[⑥]。“我众不得入内围猎，又不敢进抢，日食将焉用之”[⑦]。显然除了抢或者用猎品换取，没有其他方法满足生活之需。

女真社会主要的物质生产部门的依赖性，是其社会分工、手工业生产不发达的主要原因。恩格斯关于古罗马周围各个野蛮人部族有这样的评说：“由于输入罗马的工业品极为容易，因而其金属业和纺织业的独立发

① （明）毕龚等修，任洛等重修《辽东志》卷七，辽沈书社辽海丛书缩印本，1985，第486页。
② （明）陈仁锡：《潜确居类书》卷十四，明崇祯五年（1632）长州陈氏刊本，第13页。
③ （明）叶向高：《苍霞草全集》卷十一，江苏广陵古籍刻印社，1994，第29页。
④ 《朝鲜李朝实录·世宗》卷六十一，科学出版社影印本，1959，第297页。
⑤ 《明宪宗实录》卷八十七，咸化七年正月，第1696页。
⑥ （明）瞿九思：《万历武功录》卷十一，广文书局印行，1972，第46页。
⑦ （明）瞿九思：《万历武功录》卷十一，广文书局印行，1972，第46页。

展受到了阻碍。”[①] 明代女真人进入汉族和朝鲜族两个手工业发达的地区，依靠极其丰富的土特产品，从汉区和朝鲜“极为容易”（在无原料、工艺落后之下）地换取各种生活用品，同时，又在狩猎生产基础上，发展起来一支兵民合一的铁骑，“极为容易”地掠夺各种生产和生活用品，因此，女真部手工业的独立发展受到了严重阻碍。

四　商品经济和货币的产生

明代女真部族，手工业生产不太发达，大量日常所需物品依赖其土特产进行交换，因此，狩猎采集经济在其生产部门中依然占有相当大比重。狩猎、采集和畜牧产品，自明初以来在依附性经济中已经商品化。这些产品在与汉族和朝鲜族交换中深受欢迎，需求只增不减；加之制铁业的进步，越来越多的铁器应用于狩猎中，剩余产品随之增加，商品经济不断发展。这种发展，与其说由女真社会内部推动，毋宁说由区外交换所推动。中原地区的手工业品，缎、布、靴、袄、米、盐、锅、铧、针、剪等产品，与女真地区的猎产品，如鹿皮，麅皮、人参、蜜、蘑菇、木耳、松榛、明珠、黑狐、元狐、红狐、貂鼠、猞猁狲、虎、豹、海獭、青鼠、黄鼠、海青、兔鹘、黄鹰等，通过与明朝关市、朝贡、贸易，构成民族间互补性的经济关系。因此，女真地区狩猎、采集、畜牧产品的商品生产，离不开民族间互补性的经济关系。它的商品经济，必与国内市场相联系，关市促进了女真地区商品货币经济的发展。[②]

明朝在东北地区开设的关市贸易有马市和木市。自永乐三年（1405）起，先后开设了开原、广宁、抚顺、古城堡南、庆云堡北等马市。万历初年（1573）又在清河、叆阳、宽甸开设马市，在义州开设木市。马市分为官市和私市两种，官市由明朝官方收购马匹，私市则是民间的自由贸易。最初的交易方式是以物易物，后来也采用货币为媒介，明朝的钞币和银两在这一市场上流通。朝贡和马市刺激了女真的商品生产。[③]

女真族南下后，一些部落已成为明朝辽东的近郊，双方之间的交往更加密切，各部向明朝入贡的次数增多，所持贡品和货物也大量增加。

① 恩格斯：《家庭、私有制和国家的起源》，载《马克思恩格斯全集》第21卷，人民出版社，1965，第162页。

② 滕绍箴：《满族发展史初编》，天津古籍出版社，1990，第97页。

③ 杨绍猷、莫俊卿：《明代民族史》，四川民族出版社，1996，第145页。

自嘉靖时起，明朝逐步改用银两做赏赐。嘉靖六年（1527），“题准马价缎一匹，折给银三两”[①]。使双方都感到更为方便。入贡者在京出售货物时，也更多地采用了货币结算。所获货币除了在京或者沿途购买农产品和手工业品之外，尚有较多剩余，携回女真地区，或投入女真市场，或作为财富积聚起来。南下后，马市规模扩大，地点增加，市场更加活跃，更多地采用了货币交易，明钞、银两也随之大量投入市场，流入女真地区。

随着商品货币经济的发展，女真部族出现了专事贸易和贩运的商人、商队。这些商人、商队主要是各部拥有政治、经济实力的贵族，特别是海西、建州等经济较为发展的各部首领。他们不仅从事族外贸易，也从事女真内部交易。他们从女真各部收购“貂皮、人参、松板”[②] 等土特产，然后运往马市和内地出售，又从马市和内地购入农产品和手工业品，在女真地区销售，从中获取厚利。从事贩运的女真商人进一步沟通了女真各部之间的联系，促进了女真内部市场和商品货币经济的发展，为女真的统一创造了条件。

五　阶级分化

商品经济的发展，促进了私有制的发展。人参、蘑菇、貂皮、狐皮等物的大量出售，使采集和狩猎远远超越了女真人自己消费的范围，扩展为商品生产和商品交换。大批铁制农具和耕牛的输入，掳掠人口的增加，有利于女真人开垦荒地，扩大种植面积，提高生产率，增加粮食产量，推动农业生产不断发展，从而能够生产出超过维持劳动力本身所必需的范围，剩余产品被更多地生产出来。粮食成为建州女真出售的重要货物，表明了种植谷物已经部分地、逐渐地卷入市场，带有一定的商品生产性质。这样，势必反过来促进私有制的发展。

商品货币关系的发展，日益渗入女真人社会，加速了氏族成员之间的分化，增加了酋长等氏族显贵的财富，刺激了他们掠夺和剥削的欲望。在入京“朝贡”和马市交易的过程中，汉族官僚、地主的财富及其不劳而获的豪华寄生生活，也给他们留下深刻印象。掠夺他人财物，榨取剩余劳动，日益成

① （明）李东阳等：《大明会典》第3册，卷一百一十一，《给赐二》，广陵书社，2007，第1650页。

② （明）瞿九思：《万历武功录》卷十一，广文书局印行，1972，第73页。

为酋长等氏族显贵追求的目的。富者益富，贫者更贫，分化加剧了。①

迄至嘉靖中到万历初年（1573），建州女真和早期满族的成员有三类人，即“贝勒”、诸申和阿哈。诸申的人数最多，影响最大。

“贝勒”。随着女真各部的南下以及渔猎经济向农业经济的过渡，其社会性质、社会结构和社会组织也发生了变化。财产共有制向私有制过渡，社会发生贫富分化。原来经公推产生的氏族、部族酋长，利用手中的权力占有了较多财产；他们向明朝入贡时，得到了可以世袭的封号，并占有明朝赏赐品中的大部分；他们对内对外发动掠夺战争，夺取牛、马、财物和人口，据为已有，逐渐形成较富有的巴颜阶级，即部族贵族和奴隶主。他们的酋长地位不再经过公推，而是由他们的子孙世袭，只是在形式上保留着“推服”的氏族制残余。他们已成为女真社会的剥削阶级和统治阶级。女真贵族在内部称为贝勒、额真、谙班等。

女真社会的平民称为诸申或伊尔根。他们原是贵族的“管下百姓”，是女真社会财富的主要创造者，从事狩猎、采集、放牧和农业、手工业生产。他们在部族中占大多数，身受贵族的统治，在部族首领的率领下参加集体狩猎、放牧和商业活动，当兵服役，参加掠夺战争或防卫其他部族的侵袭。诸申和贵族之间还未形成严格的依附关系，在贫困失业和灾荒时，可以离开本部族，乞食于他乡。他们有自己的经济，但贫富不一，富有的诸申也占有奴隶。

随着努尔哈赤统一女真各部，诸申开始遭受女真贵族的严格控制和沉重剥削，社会地位下降为穷苦贫民。在皇太极对努尔哈赤时代的诸申情形的追述里记载：

满洲出兵，三丁抽一。……每牛录下守一淘铁及一切工匠，牧马人旗下听事人役等，所出不下三十人当差者凡十有四家。又每年耕种以给新附之人，每牛录又出妇人三口；又耀州烧盐；畋猎取肉；供应朝鲜使臣驿马；修筑边境四城；出征行猎后，巡视边墙；守贝勒门；及派兵，防守巨流河；每牛录设哨马二匹，遇有倒毙，则均摊买补；遇征瓦尔喀时，各喂马二三匹从征；每牛录又派摆牙喇兵十名，兵丁二三名，往来驰使；差回，又命喂养所乘马匹；遇有各国投诚人至，拨给满洲见

① 周远廉：《清朝开国史研究》，故宫出版社，2012，第8页。

住屯堡房屋，令满洲展界移居；又分给粮谷，令其舂米纳酒；每年猎取兽肉，分给新附之人；又发帑金，于朝鲜贸易布匹，仍令满洲负载运送边城；又有窖冰之役；每年迎接新附之虎儿哈，于教场看守貂鼠、猞猁狲等皮，兼之运送薪米；朝鲜、蒙古使臣至，驻潘阳摆牙喇章京出一人，逐日运给水草；若夏月至，更有采给青草之役；又每年采参，并负往朝鲜货卖；每旗以一户驻英格地方，巡缉踪迹；又以一户驻潘阳渡口，看守船只。①

一般满洲即诸申所承担的差役，多至三十余种，被严密控制在女真贵族的统治之下，超经济剥削深重。

女真社会的奴隶被称为包衣阿哈（家奴），简称阿哈、包衣，主要由贵族占有，少数富裕的诸申也拥有奴隶，有的贵族占有奴隶多达数十人。男女奴隶均与奴隶主家庭住在一起，从事生产劳动和奴隶主的家庭杂役，其劳动成果全部被奴隶主占有。奴隶的主要来源是掠夺其他民族的人口，主要是汉族和朝鲜族，明朝和朝鲜方面都有大量有关女真人掠夺人口为奴的记载。"野人（泛指女真）剽掠上国（指明朝）边氓，做奴使唤，乃其俗也。"② 女真内部互相奴役之事较少，故史载"且野人之俗，不相为奴，必虏汉人互相买卖使唤"③。被掠夺来的人口沦为奴隶以后，被当作奴隶主的家庭财产和"奇货"，除役使外，还可以互相买卖，牟取厚利，"其被虏人口，万无刷还之理。彼人以我国人俘为奇货，转相买卖，辄得厚利"④。一个奴隶的价格，相当于棉布30匹或牛15～20头。奴隶的生活悲惨，《朝鲜李朝实录》中有关于被掳去朝鲜人达生给女真为奴的悲惨生活的叙述："贼（指女真）使臣每日斫木负来，手足皆流血。臣呼泣，贼呼朴丹容阿女子，问其呼泣之意，臣具言其故，丹容阿女子告贼。贼曰：'谁能使汝坐费饮食乎？如此则将杀之！'臣畏不敢复言。一日，丹容阿女子招臣，臣往见之，馈酒食：'汝见此饭不淅，不去沙，此犬马之食，非人之食也！在我土生长父母之家，岂见如此之食呼？'"⑤ 他们从事超强度的劳动，而吃的是

① 《清太宗实录》卷十七，天聪八年正月至二月，中华书局影印本，1985，第224～225页。
② 《朝鲜李朝实录·成宗》卷八十，科学出版社影印本，1959，第2页。
③ 《朝鲜李朝实录·燕山君日记》卷十七，科学出版社影印本，1959，第22页。
④ 《朝鲜李朝实录·燕山君日记》卷十七，科学出版社影印本，1959，第1页。
⑤ 《朝鲜李朝实录·成宗》卷二百五十五，科学出版社影印本，1959，第20页。

“不淅不去沙”的“犬马之食”，他们经常遭到主人的责骂、殴打，甚至任意被处死或作殉葬。

概括起来，到了嘉靖中至万历初年（16世纪40年代至80年代），建州、海西女真的大部分，已是室居耕田，以农为主，生产逐步发展，能将部分粮食投入市场，可以更多地创造出超过维持劳动力本身所必需的物品，商品交换日益频繁，私有制因素不断增长，酋长等显贵的财富迅速增多，这一切为剥削制度的产生和发展提供了物质条件。①

实际上，这就是生产力与生产关系、经济基础与上层建筑的矛盾的深刻反映。它表明，生产力提高后所导致的私有制、奴隶制生产关系的出现和发展，已与原始社会的生产关系发生了矛盾，不能容忍后者的限制，愈益强烈要求打破旧生产关系的束缚，确立新的奴隶制生产关系的统治地位，取消或改造旧有的共产制的氏族制度，建立新的、保护私有制和奴隶制的上层建筑形式。即是说，要求建立起暴力统治机器，以维护和发展奴隶制生产关系，剥削和统治阿哈、诸申，保护“贝勒”“大臣”、官将等奴隶主阶级的利益。集中到一点，就是要求建立奴隶制国家。正是在这样的背景下，万历十一年（1583）努尔哈赤起兵后，满族迅速由原始社会末期，进入人类历史上第一个人剥削人的奴隶制社会。②

第三节　后金奴隶制国家的建立

恩格斯说：“国家和旧的氏族组织不同的地方，第一点就是按地区来划分它的国民。……第二个不同点，是公共权力的设立，这种公共权力已不再同自己组织为武装力量的居民直接符合了。……不仅有武装的人，而且还有物质的附属物，如监狱及各种强制机关，这些都是以前的氏族社会所没有的。”③ 努尔哈赤时，女真族已进入了阶级社会，而国家是阶级矛盾不可调和的产物和表现④，既有阶级，必然出现阶级矛盾不可调和的产物——国家机器。

---

① 周远廉：《清朝开国史研究》，故宫出版社，2012，第8页。

② 周远廉：《清朝开国史研究》，故宫出版社，2012，第33页。

③ 恩格斯：《家庭、私有制和国家的起源》，载《马克思恩格斯全集》第21卷，人民出版社，1965，第1194～1195页。

④ 列宁：《国家与革命》，人民出版社，1953，第3页。

一 努尔哈赤建立后金政权的经济基础

女真人的混战及各部的互相吞并，乃其首领力图扩大其政治经济权力。努尔哈赤在统一女真各部的过程中，也主要以对其他部族的领土、人口及政治经济权力的争夺为目的，统一后建立后金政权。

万历十一年（1583）五月，努尔哈赤以十三副遗甲起兵，报杀害父、祖之仇，从征诸申数十名。以后，连续用兵，攻下附近各部，辖地扩大，人口增多。万历十五年（1587），在苏子河畔呼兰哈达兴建费阿拉城，“定国政”。万历二十一年（1593），大破叶赫、乌拉、哈达、辉发等九部联军，统一了建州女真各部。紧接着，灭哈达，亡辉发，取乌拉，努尔哈赤于万历四十年（1612）进攻乌拉部时，决定“将所属村屯（嘎山）尽行削平，独存大城。若无阿哈（奴仆），额真（主人）何以为生；若无诸申（人民），则贝勒（王）何以为生”[①]。这就说明，当时各部的中心城堡是建立在统治境内村屯人民的基础上。这些城堡开始以军事防守需要建立，逐渐以定居的农业经济作为基础，且逐渐发展为手工业和商业所在地，更重要的是它已经成为政治上的统治中心。因而，争夺城堡就是争夺领土，争夺统治人民的权力。随着各部归附，努尔哈赤拥有的领土日广，人丁激增，国势愈强。后金统一女真诸部，使女真进入较为稳固的部族联盟阶段。

努尔哈赤争夺领土的同时也大量掳掠人口。直到16世纪末，这种旧俗逐渐有所改变。他进行战争的目的，开始转变为招抚降人，扩大政治经济力量。努尔哈赤对东海各部女真人的政策是，俘虏和招抚来的人分别编入八旗，增加军事力量；留在原地的女真人，则定期贡纳貂皮，确立政治隶属关系。到天命四年（1619），从明国以东到海滨，朝鲜以北，蒙古以南，操诸申语的诸国，在那年都平定了。

除了领土和人口，努尔哈赤在兼并各部的同时还争夺一项重要的经济权力，那就是敕书。女真的发展壮大与明朝有着不可分割的关系，明朝授予女真人各卫长官权力，敕书成为凭证，它表明女真人官职地位的高低，并可得到相应的政治、经济待遇。因此，女真人视敕书为珍宝。争夺敕书就是争夺经济上的利益，从而获得生活上所需要的缎布、铁锅，生产上所

① 《满文老档·太祖》第一函第二册，太祖皇帝辛亥年至癸丑年，中华书局，1990，第13页。

需要的犁铧、耕牛，这都是女真贵族和人民所不可缺少的物品。明朝在东北地区设立卫三百八十四、所二十四、站七、地面七，朝廷发给卫所官员敕书、印信，统治所属女真人。从15世纪中期以后，原来明朝颁发给女真各部的敕书，就逐渐为强有力的首领所夺取。

在女真各部贵族的兼并战争中，争夺领土，争夺人口，争夺敕书，是适应着女真与明朝的政治经济联系，适应着女真社会经济发展过程，适应着女真人的统一趋势而产生的。在这种历史条件下，经过长期战争，努尔哈赤完成了统一女真各部的任务，推动了社会经济的进一步发展。

建州女真人与扈伦四部以及部分黑龙江女真人终于聚集在一起，为满洲这个新的民族共同体出现在历史舞台上创造了必备的条件。

二　后金的国家政权组织形式——八旗制度

从国家政权的组织形式看，女真国发展到后金国，确有其特殊地方，这源于游牧民族的民族性——后金国是在连年战争的形势下，从军事组织发展起来的。“凡出兵校猎，不计人之多寡，多随族寨而行。猎时每人各取一矢，凡十人，设长一领之。毋敢紊乱者，其长称为牛录额真”[①]。原来的“牛录”是在行军出猎时，参加的成员，按族寨而行，每10人中设一首领，称为“牛录额真”。率领九人，出猎结束后，其成员仍回到原来的氏族部落，受酋长统领。努尔哈赤在统一女真各部的过程中，建立了八旗制度，它是在女真原有的狩猎和军事组织“牛录”的基础上，参考金朝的猛安谋克制度创建的。努尔哈赤在统一战争中，将兼并的各部属民统一组织起来。规定每300人编为一牛录，以地缘关系为主、血缘关系为辅而组成。每牛录设一牛录额真（汉译作佐领）、两名代子（副职），分编为四塔坦（住地），各由一名章京和一名拨什库管理塔坦事务。五个牛录组成为一个甲喇，设甲喇额真（五牛录主，即参领）一人统之。五个甲喇额真构成为一个固山（旗），设固山额真（旗主，即都统）一人，副职梅勒额真二人。

万历二十九年（1601），努尔哈赤正式建旗，设黄、红、蓝、白四旗。万历四十三年（1615），因“归附日众，乃析为八”，增设镶黄、镶白、镶蓝、镶红四旗，合为八旗（原来的四旗称为正黄、正红、正蓝、正白）。

① 《满洲实录》卷三，中华书局影印本，1985，第46页。

每旗领有步骑7500名。努尔哈赤是八旗的最高统帅，并有巴牙喇（直属精锐卫队）5000余骑。八旗由努尔哈赤的子侄分统，称为八“固山贝勒”。固山贝勒下设固山额真，作为每旗的最高管理人。八旗之间，关系平行。[①]

八旗从原有的“出则为兵，入则为农，耕战二事，未尝偏废”[②] 的兵民一体的军事经济组织形式，演变为“以旗统人，即以旗统兵”[③] 的军、政、经合一的组织，集行政管理、军事攻防、组织生产职能为一体。八旗组织把分散的女真各部都组织在旗下，军事力量大为加强，社会生产力不断提高，保证了统一战争的胜利。

在统一战争和对明战争中，以努尔哈赤为首的满族贵族占据了大片土地，获得了大量财物和战俘。“有人必八家分养之，地土必八家分据之”[④]。“我国地窄人稀，贡赋极少，全赖兵马出去抢呰财物，若有得来，必同八家平分之。得些人来，必分八家平养之”[⑤]。努尔哈赤把土地、俘虏和占领区的民众平均分配、赏赐给八旗旗主和官兵，上至努尔哈赤及诸贝勒，下至八旗官兵，“皆有奴婢、农庄。奴婢耕作，以输其主”[⑥]。大批奴隶庄田随之产生，奴隶庄田的普遍建立，使女真的家庭奴隶制向庄园奴隶制过渡。八旗制度是女真部族联盟的制度形式，为满洲民族的形成做好了准备。

三　庄园制“拖克索”的发展

农庄在满文文献中称为“拖克索”，按托克索一词汉译为“庄子”“屯里”“屯庄”或“庄屯”。在《清文鉴》里对庄屯说的比较清楚：“田耕的人所住的地方叫做拖克索”[⑦]。17世纪下半期被充军到宁古塔一带的汉人所见到的庄屯情形：“每一（官）庄共十人，一人为庄头，九人为庄

---

① 杨绍猷、莫俊卿：《明代民族史》，四川民族出版社，1996，第152页。

② 《清太宗实录》卷七，天聪四年五月至十二月，中华书局影印本，1985，第98页。

③ 《清朝文献通考》卷一百七十九，《兵考一》，台北新兴书局，1963，第6391页。

④ （明）胡贡明：《五进狂瞽奏》，天聪六年（1632）九月，辽宁大学历史系清初史料丛刊本，1983。

⑤ （明）胡贡明：《陈言图报奏》，天聪六年（1632）正月二十九日，辽宁大学历史系清初史料丛刊本，1983。

⑥ 〔朝鲜〕李民寏：《建州闻见录》，载《清初史料丛刊第八、九种》，辽宁大学历史系清初史料丛刊本，1978，第3页。

⑦ 《清文鉴》卷十九，第33页。

丁，非种田即随打围，烧炭。每人名下责粮十二石，草三百束，猪肉一百斤，炭一百斤，石灰三百斤，芦一百束。凡家中所有，悉为官物，衙门有公费，皆取办官庄。”在“拖克索”中设有庄头，奴隶被束缚在农庄中，在庄头的管理下从事生产劳动，生产品全部归贵族占有，“仆夫力耕以养其主，不敢自私”①。1613 年关于屯田情形有如下记载：“每牛录出十男四牛在空地上耕田”②，显然是“托克索”最初的形式。八旗贵族奴隶主拥有的“拖克索”不等，1641 年朝鲜太子李㴵在潘阳附近所看到的庄屯情况是：“诸王设庄，相距或十里，或二十里。庄有大小，大不过数十家，小不满八九家，而多是汉人及吾东（朝鲜）被掳者也。大率荒野辟土不多。至于（十月）十六日、十七日所经，则土地多辟，庄居颇稠，而亦皆汉人、东人或蒙种云耳。”③ 有的奴隶主有几个庄园，有的达数十个，并随着征地的扩大、战争中被掠人口的增多而不断增加。

在庄园奴隶制时期，社会阶级结构由奴隶主、奴隶和自由民三个阶级组成。奴隶主阶级包括：八旗贵族，即努尔哈赤及其家族，他们是后金统治集团的核心；八旗各级将领，亦是地方行政长官，他们是后金统治集团的骨干；归降努尔哈赤的女真各部首领和其他民族归降后金的首领、将领，他们被编入八旗后，也成为八旗将领。

奴隶的来源主要是战争中的俘虏和被掠夺的人口。战俘包括统一女真各部中的战俘，与明朝及朝鲜战争中的战俘。1619 年萨尔浒一役，朝鲜人在《光海君日记》中记载了被俘的朝鲜兵大部分被强迫编制到农业生产上的情况：“奴酋部分我军（朝鲜兵），择其手掌柔滑及形体壮实者，别置他处；其余分属于农人，散遣各处部落”④；“先是从（姜）弘立渡鸭江者，精兵凡一万三千余人，投降（努尔哈赤）之后，将士被厮杀殆尽，军卒皆部分于农民以守之，故逃还相继”⑤；“军兵则以农军各处分置”⑥。被掠的人口主要是汉族、朝鲜族农民以及少量蒙古人，“而多是汉人及吾东（朝鲜）被掳者也”；“至于（十月）十六日、十七日所经，则土地多辟，

① 《满洲老档秘录》卷上，中华书局影印本，1990，《太祖谕后代仆夫》。
② 《满洲实录》，中华书局影印本，1985，第 133 页。
③ 《沈馆录》卷三，辽海书社影印本，第 19 页。
④ 〔朝鲜〕李珲：《光海君日记》卷二，京城帝国大学图书馆藏刻印本，第 36 页。
⑤ 〔朝鲜〕李珲：《光海君日记》卷二，京城帝国大学图书馆藏刻印本，第 59 页。
⑥ 〔朝鲜〕李珲：《光海君日记》卷二，京城帝国大学图书馆藏刻印本，第 142 页。

庄居颇稠，而亦皆汉人、东人或蒙种云耳。”在满族自由民（诸申）中，也有部分人因天灾人祸、负债而沦为奴隶的。

自由民包括建州自由民和归降努尔哈赤的女真各部及其他民族的百姓和士兵。归降者与战俘不同，不分配给八旗官兵为奴，而是编为民户，大多数人和建州自由民一样编入八旗，平时从事生产，战时自备马匹、军械、口粮应征出战，服劳役，部分人被抽调出来进行屯田。生产的粮食交给官仓。

托克索不仅仅是“农庄”，它的管辖范围非常广泛，涉及“酋长”或者“领催”应该管辖的所有事宜，包括“军猎、警衙城池，以及管理乡村的一切事物”①。换言之，行政、司法、警务各方面的事务都包括在内。十分明显，这时的庄园制托克索已经不是什么农村公社一类的独立自治单位，而成为奴隶制国家政权的基层组织机构。

四　奴隶制是后金国主要的生产关系

随着“托克索”农庄规模的不断扩大，阶级剥削日趋严重，女真社会除去对荒地、森林和牧地尚保持着公共所有制即氏族的公有制外，其他如耕地、牲畜、农具等均已确立了家族和个人私有制。

在生产资料私有制基础上建立起来的主要生产关系是：生产资料与生产工具的所有者迫使买到的或者掠夺来的并且可以任意鞭打与屠杀的奴隶进行劳动，并全部占有他们的劳动生产物。另外出租土地，以实物地租或者赋役的形式，占有土地耕作者的全部或部分剩余劳动。这就是当时女真社会生产关系的基本轮廓。② 为进一步弄清楚当时满族社会的生产关系，我们现在来仔细考察一下当时满族社会的阶级结构。

贝勒、额真、八旗将领等奴隶主阶级占有大部分耕地、牲畜和生产工具，并且可以买卖、鞭打、屠杀阿哈和不同程度地占有他们。特别是贝勒和额真本身不参加任何劳动，而靠剥削阿哈的全部剩余劳动物、收取地租、放高利贷为生。“陈大供称：年二十九岁，系金州小河山之人。原于辽阳失陷之时（1621）被虏（指满族兵）掳去，在四王子（皇太极）帐下，发作庄农。今年奴将屯种粮米尽行粜卖买马，因无食用，又连年苦累不堪。”③

---

① 《满文老档·太祖》第一函第二册，太祖皇帝辛亥年至癸丑年，中华书局，1990，第13页。

② 王钟翰：《清史杂考》，中华书局，1963，第14页。

③ 《明清史料·甲编》第8册，中华书局，1985，第765页。

“阿哈”意即奴隶，亦称“包衣”。马克思指出：“按照古人的恰当的说法，劳动者在这里只是会说话的工具，牲畜是会发声的工具，无生命的劳动工具是无声的工具，它们之间的区别只在于此。”[①] 奴隶“只是会说话的工具”，这是对奴隶的身份和性质作出的十分深刻的科学概括。“自虏酋（努尔哈赤）及诸子，下至卒胡皆有奴婢、农庄。奴婢耕作，以输其主”[②]，“仆夫力耕，以供其主，不敢自私”[③]。此时的奴隶不能算作人，而是和牲畜、工具一样，是主人占有的物品。主人可以任意支配，强迫其进行劳动，劳动的产品全部归主人所有。主人对其也有生杀之权，且可以随时将其出卖。“太祖满十九岁后，分家上奴仆牲畜被大大地补给”。这充分说明了阿哈即奴隶，是与牲畜同等看待，当作家产的一部分，且可以随便处理。阿哈可以随时买卖，其价格因年龄大小、体力强弱和性别而有所不同。“何独于论值之日，不分男女老幼高低唱价，只从本主所欲，使不得赎还乎？”[④] 1641 年，“汉人能为耕作，以此处开城廉价计给，则一人之价，不过十余两银”[⑤]。努尔哈赤时代，每名阿哈值银十余两，和当时一头耕牛“十五六两”或“十七八两”[⑥] 大致相等。比起明中叶奴隶“一人之价，牛马则二十余头”的价格，相差在二十倍左右。这时奴隶价格日渐降落，足以说明奴隶数量日益增长与奴隶制度日趋繁荣。

诸申译作满洲，或编民，或部属，或民间。诸申一语从女真变化而来，本来是指自由民的女真人而言。在这个阶段，诸申遭受奴隶占有制国家的严格控制和沉重剥削，处境显著恶化。从前，遇逢要事，诸申聚会，平等商议，共同决断。现在，诸申只有服从命令听候驱使的义务，没有决定问题的权力，大小诸事，皆由牛录额真直至诸贝勒议处，报后金国汗努尔哈赤批准。根据《满文老档》的记载，诸申必须编入八旗各牛录，听从牛录额真等官将管辖，不得离开本牛录居住。各牛录的住区及耕种的田地，皆有规定，不许随便更换和迁移。诸申外出，须向牛录额真说明缘由，申请批准，才能行动，不得擅自私走。过去诸申任意行走、随便迁居

---

① 马克思：《资本论》第一卷，人民出版社，1975，第 222 页注（17）。

② 〔朝鲜〕李民寏：《建州闻见录》，载《清初史料丛刊第八、九种》，辽宁大学历史系清初史料丛刊本，1978，第 3 页。

③ 《满洲老档秘录》卷上，中华书局影印本，1990，《太祖谕后代仆夫》。

④ 《明清史料·甲编》第 7 册，中华书局，1985，第 632 页。

⑤ 《沈阳状启》，《奎章阁丛书》本，辽宁大学历史系印行，1983，第 390 页。

⑥ 《沈阳状启》，《奎章阁丛书》本，辽宁大学历史系印行，1983，第 415 页。

的自由传统，被统治者取消了。[①]

统治阶级就是通过这样的严格控制和野蛮镇压，剥夺了诸申昔日享有的氏族成员的自由权利，将长期以来"任意行止"的诸申束缚在八旗制度之中，从而佥派诸申屯垦田地，披甲从征，充任各役，进行残酷的剥削。这里所说的诸申已经是属于奴隶性质的一些女真人。"若无阿哈，额真何以为生？若无诸申，贝勒何以为生？"[②] 诸申已与奴隶相似。

诸申的人身比较自由，对自己的财产具有所有权，对其子女亦具有亲权，但仍依附于原来的主人，似乎是一种隶农和领主的隶属关系。因而他们对主人承担许多无偿的义务。

诸申从事耕种任务，"是年（万历四十一年，1613），以取赋谷于 gurun（部众），将若 gurun（部众），始命一牛录出十丁四牛，于旷野处耕种，自此，不取赋谷于 gurun（部众），gurun 亦无所苦，谷物丰足，粮库充裕，前此未有粮库矣！"[③]

诸申被迫当兵，从征厮杀。诸申年长成丁，必须在所属牛录披甲当兵。初期比例不大，名额不多，后来大体上是三丁抽一。战争频繁时，或进行大的战争，如天命四年（1619）与明军决战于萨尔浒，佥丁为卒的比例就大一些。[④]

披甲的诸申还须买马备鞍，自置兵器。努尔哈赤责令各牛录额真督促兵丁办理军装，维修兵器，养好战马。"军用盔甲、弓箭、腰刀、枪、长柄大刀、鞍等物若有损坏，则贬谪其牛录额真。倘一切应物件修治良好，军马肥壮，则晋升其牛录额真"[⑤]。各牛录额真在努尔哈赤升官晋级的引诱和贬职降斥的警告下，当然要加紧鞭策兵丁喂好战马，备齐鞍辔，整修甲胄兵器。这需要花费大量银两，对诸申来说，是很重的负担。

诸申还得承担筑城、造船等苦役。万历二十三年（1595），申忠一观察苏子河畔的费阿拉城时说："外城周仅十里，内城周二马场许"，内外城皆"先以石筑，上数三尺许，次布椽木。又以石筑，上数三尺，又布椽木。如是而

---

① 周远廉：《清朝开国史研究》，故宫出版社，2012，第 62 页。

② 《满文老档・太祖》第一函第二册，太祖皇帝辛亥年至癸丑年，中华书局，1990，第 13 页。

③ 《满文老档・太祖》第一函第四册，乙卯年，中华书局，1990，第 37 页。

④ 周远廉：《清朝开国史研究》，故宫出版社，2012，第 65 页。

⑤ 《满文老档・太祖》第一函第四册，乙卯年，中华书局，1990，第 36 页。

终，高可十余尺”，当时，正佥派诸申缴纳木材，驾牛运送，于外城之外修建木栅，“每一户计其男丁之数，分番赴役，每名输十条”，每条长十余丈。[①] 天命元年，努尔哈赤下令，每牛录出三人，遣往兀尔简河上游森林处，造船二百艘，以备进攻东海萨哈连部女真之用。[②]

五　努尔哈赤颁布严刑峻法巩固奴隶制经济基础

努尔哈赤时代的立法活动是在“定国政”的过程中开始的。明万历十五年（1587），“六月二十四日，定国政，凡作乱窃盗欺诈，悉行严禁”[③]。“夏六月……壬午，上始定国政，禁悖乱，戢盗贼，法制以立”[④]。法制的锋芒所向第一个是“盗贼”，即保护私有财产，维护私有制，特别是保护贝勒、大臣等贵族的私有财产，使他们占有的阿哈、牲畜和财帛不被“窃盗”；第二个是“欺诈”，也就是逼迫阿哈对家主忠顺，不能冒犯和反抗，诸申遵守贝勒指令；法律还禁“悖乱”，即禁止阿哈和诸申犯上作乱，就是维持统治秩序。总而言之，立法都是保护私有财产，维护统治阶级利益。

努尔哈赤为了巩固奴隶主的统治，对违抗命令的满洲人、诸申、尼堪、阿哈等不同阶级的人所采取的惩罚，也是差别对待的。当时目睹努尔哈赤统治时期社会生活状况的申忠一、李民寏有以下记载：“虏酋不用刑杖，有罪者只以鸣镝箭，脱其衣而射其背，随其罪之轻重而多少之；亦有打腮之罚云。”[⑤] 再如“有罪则或杀，或囚，或夺其军兵，或夺其妻妾、奴婢、家财，或贯耳，或射其胁下”[⑥]。只不过这些惩罚都表现为不成文的习惯法，所以只现于这些人的见闻叙述中。

总体说来，后金政权建立后，进入辽阳农业地区，为适应统治区域的不断扩大和奴隶制经济的迅速发展，调整急剧变革的经济关系，加强管理，女真人的法律开始由习惯法向成文法过渡。万历四十三年（1615），

---

① 《朝鲜李朝实录·宣祖》卷七十一，二十九年正月，科学出版社影印本，1959，第 449 页。

② 《满文老档·太祖》卷五，第二函第五册，天命元年至二年，中华书局，1990，第 47 页。

③ 《清太祖武皇帝实录》，载潘喆等《清入关前史料选辑》（第 1 辑），中国人民大学出版社，1984，第 311 页。

④ 《清太祖高皇帝实录》卷二，万历十三年至二十六年，中华书局影印本，1985，第 35 页。

⑤ 〔朝鲜〕申忠一：《建州纪程图记》，辽宁大学历史系清初史料丛刊本，1979。

⑥ 〔朝鲜〕李民寏《建州闻见录》，载《清初史料丛刊第八、九种》，辽宁大学历史系清初史料丛刊本，1978，第 44 页。

规定“拾遗物者，即奉还原主，其拾得之物，分为三份，失主二份，拾者一份”[1]。天命六年（1621），进入辽沈地区后，面对“逃叛者纷纷倡乱”，各地“人民击杀八旗官兵”的严峻形势，努尔哈赤发布《禁单身行路谕》，明文规定：“……若结伙不满十人，仅以九人同行者，见即执之，罚银九钱；八人者，罚银八钱；七人者，罚银七钱；五人以下，罚银五钱。”[2] 除罚银以外，同时还采用了蒙古对饮酒过量者罚马、牛、羊的惯例。“须知尔国（指蒙古）之例，凡饮酒过量者，皆治以罪：殷实之人，罚马；中等人，罚牛；下等人，罚羊。”[3] 除此之外，还设有“没收”“鞭责”“割鼻耳”或“贯耳鼻”，处罚最重的是“正法”和“裂尸示众”等。[4] 不管是不成文的习惯法还是成文法令，都是奴隶主统治奴隶的上层建筑。这些为巩固奴隶主统治的上层建筑，一直到皇太极统治的整个二十年间还继续沿用，维护着奴隶制的经济基础。

第四节　奴隶制国家形成对于女真经济发展的意义

明万历四十四年（1616）正月初一，努尔哈赤被诸贝勒、大臣尊奉为“英明汗”，定国号为后金，年号天命，一个强大的奴隶制政权兴起于中国东北。后金国的建立，是中国历史上的一件大事，它将分散的女真诸部统一在后金政权之下，促进了满洲民族的形成。攻占辽东之后，农业成为满洲主要的生产方式，游猎部族发展为定居民族，开始铸造货币并创立了自己的文字。后金国成为与明朝对抗的强大力量，为统一中原，建立中国历史上最后一个专制帝国打下了基础。

一　后金政权的建立与满洲各部的统一

在努尔哈赤崛起之前，女真各部战火不断，皆称王争长，骨肉相残，强凌弱，众暴寡。当时“穆昆”这种氏族组织，还是社会活动中的基本单位。“前此凡遇行师出猎，不论人之多寡，依照族（穆昆）寨（嘎山）而行。满洲人出猎开围之际，各出箭一支，十人中立一总领，属九人而行，

---

① 《满文老档·太祖》第一函第四册，乙卯年，中华书局，1990，第37页。

② 《满洲老档》上编，中华书局，1990，第29页。

③ 《满洲老档》上编，中华书局，1990，第31页。

④ 《满洲老档》上编，中华书局，1990，第24、26、31、34页。

各照方向，不许错乱。此总领呼为牛录”[①]。到努尔哈赤兴起时，就将这种从事狩猎的组织改编为统辖300人丁的基层行政单位和军事单位——牛录。女真各部贵族的兼并战争中，努尔哈赤统治地区逐渐扩大，统辖人丁日益增多，万历二十九年（1601）建立四个固山，作为牛录之上的常设机构。万历四十三年（1615）完成八旗编制。

努尔哈赤以父亲留下的十三副铠甲开始统一女真各部，先后击灭了土伦城的尼堪外兰，打败九部联军，先后兼并了哈达、辉发、乌拉部、叶赫海西女真四部，以及海东女真、野人女真，完成了女真各部的统一。1618年努尔哈赤对明宣战，摆脱了对明朝的归附。

在统一战争中，“牛录”发展为“八旗”，努尔哈赤通过对土地、人口和敕书的控制来达到统一女真各部的目的，并将掠夺的土地、人口和财物均分给八旗，每5天召集八旗贝勒、大臣会议一次，商讨大政，建立了一个初具规模的少数民族政权，脱离了与明朝的隶属关系。本就擅长骑射，骁勇善战的女真人自此不再各自为政，烽火不断，而是凝聚成一股强大的力量，蓄势待发。

二　后金政权的建立推动了女真部族的农耕化

后金政权建立后，土地、人口大量增加，农具不断改善，加之统治阶级的重视，使得努尔哈赤时期的女真部农业有了突飞猛进的发展，达到了前所未有的规模。

努尔哈赤统一女真时，各部土地得以统一。作为游牧民族的女真人，其民族经济特色的形成与不适宜耕种的生存环境有密切关联，即使南迁后逐步过渡到农耕经济，社会快速发展，其农业仍然没有独立性，粮食供给有赖于明朝和朝鲜。后金建立政权后除了统一女真各部土地，还凭借强大的军事实力大量侵占掠夺汉人土地。

天命六年（1621），后金攻占辽阳，随后分兵占领辽东70余城。九月十六日努尔哈赤命令：在牛庄、海州以东、鞍山以西，将200牛录（当时八旗牛录总数）分成两部分，每一牛录留50甲驻守。同年七月，努尔哈赤发布命令：“收取海州地十万日（即垧，每日约为六亩），辽东

① 《清太祖武皇帝实录》，载潘喆等《清入关前史料选辑》（第1辑），中国人民大学出版社，1984，第321页。

地二十万日，总共收取田三十万日，给在这里居住的我们兵的人马。”天命七年（1622）四月，初八日努尔哈赤下令：“在各自旗分驻的地方，任命该旗的人为官员。”辽东久已是农业区域，自明开国以来，就不断在此建立卫所，兴办军屯，所有居民均从事农业。这一居住地域的改变给女真族经济带来翻天覆地的变化。正是在此期间内，农业生产在满洲占有主要地位，标志着女真族从射猎为主，农业为辅的社会进入农业为主的社会。朝鲜南部主簿申忠一说，万历二十三年（1595）十二月二十二日进入努尔哈赤辖区后，从二十三日起，至二十八日到达努尔哈赤家，“所经处，无墅不耕，至于山上，亦多开垦”[①]。长期持续扩大耕地，农业生产进展很快。天命四年（1619）冬，在给蒙古扎鲁特部钟嫩贝勒的信中，努尔哈赤比较满族与蒙古族的区别时说：“尔蒙古国以饲养牲畜食肉着皮维生，我国乃耕田食谷而生也。”[②] 与前段时间相比，农业有了很大发展。后金夺取辽东之后，不仅占有很大面积的土地，而且也占有很大数量的农民。

《满洲实录》卷四载：努尔哈赤天命三年（1618）四月攻下抚顺，获人畜三十万，编为民户的降民一千万。以后攻陷辽阳、广宁等地，占有辽东。关于辽东居民户口情况，《全辽志》卷二《赋役志》载：户九万六千四百四十一；口三十八万一千四百九十六；辽东耕地三百六十八万亩。这只是供给屯田军的土地。辽东人口大多数被后金统治者占有，他们将这些农业人口，或分配给贵族作奴仆，或被编为民户，总之，就是使他们从事农业生产。后金统一女真各部后，土地已掌握在手；能够开采铁矿，制造农具；牛是女真畜牧业中重要牲畜之一，也不缺乏。发展农业可谓万事俱备，将大量俘虏和降服的人口用于农业是最有利于统治阶级的选择。随着战争的频繁，阿哈人数急剧增加，他们大批被驱赶在汗、贝勒、八旗官将的托克索中耕耘收割，对农业生产的发展起了重大作用，使农业中劳动力的成分和性质发生了显著变化。

另外，后金政权建立后铁的开采、冶炼和制造技术有了突飞猛进的发展，有力地促进了农业和其他手工业的发展。努尔哈赤深知冶铁和制铁的重要性，所以“宽待”掳来的各种工匠，对“善手铁匠……欣然接待，

---

① 〔朝鲜〕申忠一：《建州纪程图记》，辽宁大学历史系清初史料丛刊本，1979。

② 《满文老档·太祖》第二函第十三册，天命四年九月至十二月，中华书局，1990，第124~125页。

厚给杂物，牛马亦给”[①]。后金国中，“银、铁、草、木，皆有其工，而惟铁匠极巧”[②]。铁的开采、冶炼和制造技术有了相当高的水平。过去，铁铧、铁锅等重要的生产工具、生活必需用品，全从明与朝鲜购买，数量少，限制多，远不能满足后金国发展生产、制造武器的需要。现在，技术高超的冶炼业不仅可以自给，而且对于农业也产生了极大的促进作用。

汗、贝勒之所以如此重视农业，是出于加大剥削的需要。万历四十三年（1615），诸贝勒、大臣力主出兵攻打叶赫与明朝，努尔哈赤坚决反对。他说：“今若征明……虽得之，所获人畜，何以食之。我国向无积储，虽战有所获，不但不足以养所获人畜，即我等之旧人尚且皆死矣。趁此暇时，先治我国……耕田收谷，以充粮库”，再行出征。[③] 努尔哈赤对汉人除了武装镇压外，天命十年（1625）十月还下令分丁编庄，将原来耕种田地的汉人纳入女真贵族、官员所有的农庄中。把汉人置于他们的严密监督之下，以加强民族统治。

三 后金政权的建立为满洲统一文字和货币奠定了基础

明代的女真各部仍通行女真语，但金代女真人创制的女真字，到明朝中叶，已逐渐废弃。努尔哈赤早期，女真文已不通行。自元朝以来，女真人与蒙古各部及汉族有密切的交往，语言文字受到蒙古族和汉族的强烈影响，蒙古语言、文字在女真人中广为流行。“凡属书翰，用蒙古字以代言者，十之六七；用汉字代言者，十之三四”[④]。据朝鲜人李民寏记载：“胡中只知蒙书，凡文簿，皆以蒙字记之，若通书我国时，则先以蒙字起草，后华人译之。”[⑤] 实际生活中，语言和文字的使用，产生了矛盾，正如努尔哈赤所言：“汉人念汉字，学与不学者皆知；蒙古人念蒙古字，学与不学者皆知；我国之语，必译为蒙古语读之，则不习蒙古语者，不能知也。”[⑥] 努

① 《朝鲜李朝实录·宣祖》卷一百三十四，二十九年正月丁酉，科学出版社影印本，1959，第 764 页。

② 〔朝鲜〕李民寏：《建州闻见录》，载《清初史料丛刊第八、九种》，辽宁大学历史系清初史料丛刊本，1978，第 3 页。

③ 《满文老档·太祖》第一函第四册，乙卯年，中华书局，1990，第 32 页。

④ （清）福格：《听雨丛谈》卷十一，中华书局，1984，第 216 页。

⑤ 〔朝鲜〕李民寏：《建州闻见录》，载《清初史料丛刊第八、九种》，辽宁大学历史系清初史料丛刊本，1978，第 42 页。

⑥ 《清太祖实录》卷三，万历二十七年至三十九年，中华书局影印本，1985，第 44 页。

尔哈赤本人通女真、蒙古、汉三种语言，掌握蒙古、汉两种文字。万历二十七年（1599），他与女真学者额尔德尼和噶盖经过一番讨论以后，令二人以蒙古文字母与女真语音拼成满文。这种初创的满文，其字形与蒙古文很相似，称为老满文。亦称无圈点满文。满文的创制对满族的形成和发展有着重要意义。

老满文的缺点较多，文法也不完备，满语和蒙古语在语音上存在差别，借用蒙文字母，不能完全、准确地表达满语，以致“上下字雷同无别”[①]，甚至“若人名、地名，必致错误”。[②] 天聪六年（1632），皇太极命精通满、汉文的达海对老满文加以改进。达海在原字母旁加圈加点，改变一些字母的形体，并增加了一些新字母，区别了原来不能区别的语音，增加了拼写借词的符号，这种文字称为“有圈点满文”，也称为新满文。清朝统一中国后，满文与汉文并行，通行全国。

满文创制后不久，满族便迅速进入辽沈地区。介绍汉族先进事物的迫切需要，给满文的发展带来一个特点，即翻译工作很早便已开始，并大量进行。这种情况越往后越显著，这也是满族善于吸收先进事物的一个反映。满族统治者重视翻译汉籍，创设学校，旨在吸取历代统治经验，巩固其统治地位，但是，这客观上对提高满族文化水平，加速集权官僚化，起到了推动作用。

除创立文字，后金还开始铸造货币。货币是商品交换在长期发展过程中从商品世界中分离出来的固定地充当一般等价物的特殊商品，是商品交换发展的必然结果。女真人早在氏族社会末期，随着社会生产力的发展，产品在满足生产者自身需要后有了剩余，于是出现了最初的物物交换。女真人南迁之后，商品交换逐渐变成经常的行为，交换数量日益增多，范围日益扩大。马克思认为，直接的物物交换中常会出现商品转让的困难。因为被交换商品必须对双方都具有使用价值，且商品价值又必须等量。而物物交换不可能永远同时满足这两个条件，必然要求有一个一般等价物作为交换的媒介。最初充当一般等价物的商品是不固定的，它只在狭小的范围内暂时地交替地由这种或那种商品承担，当一般等价物逐渐固定在特定种类的商品上时，它就定型化为货币。

---

① （清）李桓辑《国朝耆献类征》卷一，《达海传》，广陵书社，2007。

② 中国第一历史档案馆、中国社会科学历史研究所译注《满文老档》下，中华书局，1990，第1196页。

以此为据，明代女真地区或女真诸卫社会商品经济发展经历了两个阶段：第一个阶段是从明初至明中叶，即正统初年（1436），女真居民，特别是巴彦阶层[1]，通过朝贡、互市，接受明朝政府赏赐的“钞币”和纻丝、金缎等。除服用之外，多用来买牛、铧等生产工具，或买锅、盐、米、酒等，以满足生活之需。第二个阶段是至正统年间，女真社会的货币经济，在朝鲜和汉区关市的影响下，逐渐发展起来。在扈伦四部和建州三卫形成中，各部女真受先进民族货币经济的影响，在农业经济发展的基础上，各部首领先后致富，他们“华服锦绣、金珠离饰”，甚或以“靡丽相尚”。追求一般生活欲望之满足，不是巴彦阶层的目标。他们开始运用自己手中的货币，以求在货币流通中，得到好处，所谓“夷人以市为金路”，既以“马市为夷货流通之府”，又可借机“兴贩”私货，一举两得。为达到积累财富之目的，巩固统治阶级地位，后金仿明制，以银块为交易媒介，并开始铸铜钱，天命通宝凡二品，一满文，一汉文。天聪通宝也同样是二品。入关后才有一货刻汉满两种字的办法。物价主要论银，如天聪元年（1627）大饥，诸物腾贵，斗米银八两，马一匹银三百两，牛一匹银百两，蟒缎各一匹银百五十两，布一匹银九两。[2]

后金政权建立后，努尔哈赤带领骁勇善战的铁骑攻占辽东，迅速占领农业生产水平较高的大片辽阔土地，吸收大量汉人为自己所用，短时间内，农业、手工业、商业都有了前所未有的发展。为巩固自己的统治地位，也为尽快适应先进的生产方式，实现统一全国的宏图，在努尔哈赤的主导下，后金拥有了自己的文字和货币。但是一个在短短几十年从氏族社会末期进入奴隶制的女真族来说，想要统治早已经进入集权官僚制社会的广大汉族地区，不只是创造文字、铸造货币那么简单，后金的统治阶级如何解决先进的生产力与落后的生产关系之间的矛盾，才是完成全国一统的关键。

---

① 指以世袭酋长为代表的统治阶级。

② 《清太宗实录》卷三，天聪元年四月至十二月，中华书局影印本，1985，第49页。

第七章　后金女真部奴隶制经济向官僚地主制转化

对一个民族而言，支配这个民族命运的当然是本民族内部经济关系，这是内因，是主要矛盾。但是，民族间经济关系作为外因，不是无足轻重和可有可无的，它对民族的命运具有重大影响，有时这种影响甚至是决定性的。[①] 进入明代晚期的后金国，除其社会本身阶级分化外，努尔哈赤实行一系列民族压迫政策导致满汉矛盾激化，为缓和民族矛盾，统治阶级接连实行“各守旧业”“计丁授田”“编丁力庄”等一系列政策，促进了满族短期内从奴隶制生产方式向集权官僚制生产方式过渡。

第一节　民族间经济矛盾推动女真部向官僚地主制经济过渡

女真人大批进驻辽沈之后，奴隶制与汉族官僚地主制两种生产关系并存。满族统治阶级欲推行奴隶制，变官僚地主制生产关系下的汉族自耕农为奴隶，使其受各种非人待遇。[②] 在残酷的阶级和民族压迫下，广大阿哈不堪其苦，纷纷逃亡，各地人民先后暴动，反抗浪潮震动全辽。它表明官僚地主制生产关系对奴隶制生产关系最激烈的反抗。在这种形势下，满族统治阶级不得不作出让步。[③]

一　满汉矛盾激化与后金民族压迫政策

历史上任何的民族融合，都不是一帆风顺的，尤其是落后民族，欲在短时间内使自己跃进先进民族，采取全面民族融合办法，是个捷径，但民

① 杨思远：《中国少数民族生产方式研究》，新华出版社，2013，第 32 页。

② 滕绍箴：《满族发展史初编》，天津古籍出版社，1990，第 288 页。

③ 滕绍箴：《满族发展史初编》，天津古籍出版社，1990，第 289 页。

族牺牲和压迫便不可避免。因为两者要经过一个剧烈、相互适应和痛苦的过程。满族入关前在满汉辽沈大集结中，无论压迫民族与被压迫民族，同样都经历了这一过程，只是被压迫民族付出了更大代价。这就体现出努尔哈赤民族政策的另一面，即除“编户”以外，抗拒者杀、俘虏为奴的政策。努尔哈赤时期，其政策的不稳定性就产生在这里。[①]

明朝统治阶级长期造成的民族歧视，在女真部统治者和民众中，留下了深刻的影响。努尔哈赤在女真各部统一战争中，严重的民族仇视现象屡有发生。[②] 有时攻下某部城堡，内中汉人皆杀之；甚至“享神则杀辽人代牲”，推行民族主义的敌视政策，构成努尔哈赤民族政策中“始事好杀”[③]的阴暗面。

首先是大量奴化汉人。女真部统治阶级在对明战争中，先后攻克抚顺、清河、铁岭、开原、沈阳、辽阳、广宁诸城，俘获大批汉人；在镇压镇江、复州反叛的同时，俘获数万；女真军户在进军辽沈中“滥行占取”汉民，致使“良民在平常人家为奴者甚多”。因此，女真社会的汉人阿哈急剧增加，男女奴隶多达四五十万，汉人托克索（农庄）与女真托克索比肩而立。如天命九年（1624），在分给额驸、格格托克索时，各给“七男之诸申托克索二，汉人托克索二”。事实说明，在明与后金开战以前女真社会内部奴隶制已有较大的发展。进入辽沈后，又吸收大批汉族阿哈，奴隶队伍明显扩大，社会矛盾日益尖锐。

被奴化的汉人常常遭受各种非人待遇。如将奴隶看作牲畜一样，随意赐给他人，并将奴隶与牲畜简单地排列起来，即“赏人十对、马十匹、牛十头、驴十头，共计五十”[④]。或赐给“役使之阿哈五十男，五十女”[⑤]。这些阿哈皆可在人市上，“相互买卖”。阿哈终年在田间劳动，庄头“持棍”督促于后。阿哈更悲惨的遭遇是“殉葬”。努尔哈赤中宫皇后孟古死时，“四婢殉之”。努尔哈赤妹妹死时，“二女殉死”，如此等等。

除此以外，后金占领辽沈地区后还采用了严厉的民族压迫政策。其一是强迫汉人为女真兵民提供住房、粮食、饲料等日常生活物品。天命六年

① 滕绍箴：《满族发展史初编》，天津古籍出版社，1990，第277页。

② 滕绍箴：《满族发展史初编》，天津古籍出版社，1990，第277页。

③ （清）谈迁：《北游录·纪闻下》，中华书局，1997，第377页。

④ 《满文老档·太祖》卷二十七，中华书局，1990，第241页。

⑤ 《满文老档·太祖》卷四十，中华书局，1990，第365页。

(1621) 十一月，努尔哈赤颁布命令曾经说过，“诸申（女真人）、尼堪（汉人）要同住一村，粮一起吃，牲口的草料要一起喂”。诸申不要欺凌尼堪，不要强取尼堪的任何东西，不要抢夺。这种共同居住的办法，实际上是女真人欺压汉人，役使如同奴隶。另外还大量抢夺汉人田地。天命六年（1621）七月努尔哈赤发布命令实行“计丁授田”，当时战争才告一段落，局势还很紧张，征集粮草非常急迫，非常严厉，几近掠夺，汉人惊恐之至。

关于当时女真社会的阶级斗争，从形式来看不成规模，实际上被剥削者阶级中间蕴藏着极大的反抗力量。被压迫者最主要的反抗形式是逃亡。即使努尔哈赤本人也不否认这一客观事实。他曾这样说过：“今汉人（即尼堪）、蒙古并各国，杂处国中。其逃叛、盗贼、诈伪、横逆者，当细查之。”[①] 他的继承者皇太极说得更为明确：“先是（努尔哈赤时代），汉人每十三壮丁，编为一庄，按满官品级，分与为奴。上（即皇太极）即位，念汉人与满洲同住，不能聊生，叛亡殆尽，深为可惜！”[②] 从皇太极的话里，可以充分看出，当时庄奴“叛亡殆尽”的主要原因，是因为汉人战俘不甘为奴。残酷的民族压迫让汉人不惜丢了性命也要逃亡。

被压迫者的另一种反抗形式是集体暴动。努尔哈赤晚年刚刚进攻到辽东地区的十年里，曾将大批降人统统杀掉，所采取的是一种血腥的镇压政策。这样，没有被杀的汉人必然“痛心切齿，宁死不降”而“往往思逃”[③]，甚至被迫举行暴动。1631 年被俘的张春就曾当面对满族统治者指出：“尔国（指女真部统治者）杀人已极，所获亦富，衣食皆足；不识天机，不爱人民，用兵十五年［包括努尔哈赤的天命十年（1625）和皇太极天聪的前五年在内］，专事杀掠，岂能成事？……天下之人，孰不畏死？从尔者杀，不从尔者亦杀，虽田野农夫，亦欲持锹镬而战矣！”[④] 其见于史籍的，有东山、十三山[⑤]、镇江、海州[⑥]等数次较大的反对薙发为奴和反抗奴隶主压迫和剥削的集体暴动。

---

① 《满洲实录》，中华书局影印本，1985，第 306 页。

② 《清太宗实录》卷一，中华书局影印本，1985，第 26 页。

③ 《清初史料丛刊第四种·天聪朝臣工奏议》卷上，辽宁大学历史系编印，1980，第 19 页。

④ 《满洲老档秘录》卷下，中华书局影印本，1990，第 30 页。

⑤ 彭孙贻：《山中闻见录》卷三，第 6 页。

⑥ 《清太宗实录》卷八，台湾华文书局影印本，1985，第 6 页。

对于这些暴动，一方面固然引起后金女真统治者的血腥镇压，另一方面也迫使统治阶级不得不采取一些让步政策来欺骗被征服的广大汉族人民。在东山暴动事件发生后，努尔哈赤就这样对在镇江参加暴动的汉人说："曩者炼银地方（即东山）之人，不肯薙发，杀朕所遣拥旌之士。朕故命督堂一员，副将二员，率兵讨之。杀其为首之一二人，余众悉遁匿山中。我军并不抄剿，仅命薙发归诚、安居乐业。今尔等（指在镇江参加暴动的汉人）若有畏惧之意，可执献首逆之数人，余众悉数薙发归降，朕一视同仁，决不株连无辜。"①

二 奴隶制经济向官僚地主制经济过渡的历史条件

女真人在进入高度农业化的辽沈地区以后，为什么步入官僚地主制而不是奴隶制发展道路呢?② 这可以从女真自身原因和外部因素两方面来解释。

从女真自身而言，第一，它并不具备继续保留奴隶制发展的条件。王钟翰运用恩格斯著作中的经典例证解释了女真不能继续奴隶制的原因。他认为，从努尔哈赤时代起，大量奴隶之出现主要是由于满族统治者对广大的辽东农业地区的迅速扩张，俘虏了大批汉族农民，最多的一次是三十万，几乎全部把他们驱使在田野耕作之上；到皇太极时代，奴隶数量的确又比以前更增多了，即以四次较大的对明侵略战役而论，就俘虏了将近百万。但这些在战争中被强迫变为奴隶的不仅是被俘虏的士兵，还有被征服地方的很大一部分汉族农民，同样他们都被编制到广大庄园里去进行农业劳动。我们都知道，在世界历史上典型的奴隶制国家，只有雅典和罗马。雅典奴隶制的形成，正如恩格斯指出的："大量奴隶的存在，是由于许多奴隶在监工的监督下在房屋很大的手工工场内一起工作。"③ 而在 17 世纪上半期，处在亚洲东部的满族，虽然已从祖国极东北的依兰和更在其南的赫图阿拉，搬到了今天东北南部的辽沈地区，但这一地区也只是高度农业化的地区，最适宜于农业生产，根本谈不上有发展到了"巨大的手工工场"的生产的条件。因此，在当时的客观条件限制之下，满族社会不可能

① 《满洲老档秘录》卷上，中华书局影印本，1990，第 19 页。

② 王钟翰：《清史杂考》，中华书局，1963，第 86 页。

③ 恩格斯：《家庭、私有制和国家的起源》，载《马克思恩格斯全集》第 21 卷，人民出版社，1965，第 135 页。

向奴隶制方向发展。

第二，女真社会孕育着官僚地主制生产关系的萌芽。明代女真部与此前的所有女真集团有所区别，但确属其中一脉。女真人在12世纪至13世纪，曾建立过地跨华北平原、历时一百年左右的强大的金王朝，并且发展到集权官僚制阶段。虽然努尔哈赤和皇太极出于政治目的以“后金国”自称，但无可否认的是，女真在皇太极统治以前很长的一段时间里，早就接受着、吸收着官僚地主制生产关系。蒙古灭金后，入居中原的女真人已与汉人没有区别，留居在东北故地的女真人由于居住环境和元政府经济政策的影响，发展出现不平衡，散居在辽阳等路的女真人早已接受并适应了汉文化的影响。

第三，作为民族首领的核心人物通晓汉文化。嘉靖三十八年（1559），努尔哈赤出生于建州左卫苏克素护部赫图阿拉城的一个满族奴隶主塔克世的家中。努尔哈赤的先人均非等闲之辈，从六世祖猛哥帖木儿开始受到明朝册封。祖父觉昌安、父塔克世为建州左卫指挥，母为显祖宣皇后喜塔腊氏，还有同母弟舒尔哈齐、雅尔哈齐和一个妹妹。喜塔腊氏在努尔哈赤十岁时去世，继母那拉氏为王台族女，对其很刻薄。努尔哈赤十九岁时不得不分家生活，仅获得少量家产。努尔哈赤与舒尔哈齐等人以挖人参、采松子、摘榛子、拾蘑菇、捡木耳等方式为生。他常至抚顺关马市与汉人、蒙古人进行贸易活动。在此期间，努尔哈赤习得蒙古语，对汉语也有了基本的认知。努尔哈赤喜欢读《三国演义》和《水浒传》，自谓有谋略。据一些史集记载，努尔哈赤在抚顺期间，曾被辽东总兵李成梁收养，成为其麾下侍从。

长期跟随李成梁，又通晓汉语、喜爱汉人经典著作，这对于后来不断征战沙场的努尔哈赤而言，都是宝贵的财富，以至于他在很多战争中都运筹帷幄，游刃有余。万历二十一年（1593）九月，正当努尔哈赤率兵东向，征讨长白山各部的时候，海西女真叶赫部首领卜寨联合乌拉、辉发、哈达及蒙古科尔沁等九部向建州发动进攻。双方战于古勒山。努尔哈赤集中兵力，攻其主力，大败九部联军，阵斩卜寨，生擒乌拉部首领布占泰，从而为其统一战争奠定了基础。由于海西势力强大，难以迅速征服，努尔哈赤遂采取远交近攻、分化瓦解，各个击破的策略。在对明廷表示臣服，对朝鲜、蒙古表示友善的同时，重点拉拢势力较强的叶赫、乌拉二部。很难想象，一个如此富有远见又战功卓越的女真首领会故步自封，他必然善于学习先进的生产方式，期望自己民族不断发展壮大。女真各部统一建立后金，继而短期内从奴隶制过渡到官僚地主制，努尔哈赤作为其民族的英雄，他的贡献不可低估。

从外部因素来说，恩格斯指出："雅典人国家的产生乃是一般国家形成的一种非常典型的例子，一方面，因为它的产生非常纯粹，没有受到任何外来的或内部的暴力干涉……另一方面，因为在这里，高度发展的国家形态，民主共和国，是直接从氏族社会中发生的。"① 一个自然发生的民族和一个处在四面有高度文化的其他民族的包围中的民族的发展规律有所不同。像满族，起码从 1440 年定居于赫图阿拉这一时期起，它处在朝鲜、蒙古和明"三大民族"之间，不管在经济、政治或文化上，都长期受这三大民族直接或间接影响。无可否认，到 15 世纪，朝鲜和蒙古早已进入高度封建制阶段，明朝更是处于集权官僚制高度成熟以致衰落的阶段。

首先，女真人南迁后，近居朝鲜，与朝鲜人民"并耕而食"，"借资称贷"；大批汉人、朝鲜族被女真人掠入本区，附居于各个部落，甚至融合于女真人中。比如，努尔哈赤曾收集部分汉人，"数以万计"，筑"板城"，使居住，"给之妇，使生子女，给之牛、马、田土，使孽自耕种"，其中大多数"沿边耕种"，名为"护边"。他们所产粮食，部分上缴，即"纳粮料"。八旗满洲官兵外掠所得财物，分取"十与其三"，在管理方面，分属大小各官，"大酋以数千计，次以千计，又次以百计"。这部分汉人的耕种方式是自耕农身份，纳粮方式是分成制。由此足见，他们维持着原来的官僚地主制生产关系。

其次，抚顺战后，李永芳带去的部下，编民千户，令"其父子、兄弟不使分散，夫妻不使离别"，因战争失散之兄弟、父子、夫妻、亲戚，包衣阿哈等，一切物品，皆令查明相聚、给予。另给马、牛、阿哈、衣物、被褥、谷物，并给一千牛，户给母猪二头、犬四条、鹅五只、鸭五只。管理办法是"仍照明国之制，设立大小官员，令李永芳管理"。同时，满族进入辽东初期，满汉合住，各自耕种，除部分托克索外，一般诸申，基本与汉人同等分田耕作。因为汉人"各守旧业"，满人按汉户住房，分散耕

① 恩格斯：《家庭、私有制和国家的起源》，载《马克思恩格斯全集》第 21 卷，人民出版社，1965，第 136 页。

作。显然，官僚地主制生产关系在辽东占有很大的优势。

最后，满族自其先人开始，土地就是公有的，王公贵族不以土地为私产，只占丁口。由奴隶制向官僚地主制转变，无须进行土地革命，因此，奴隶主向官僚地主转变过程中，其生产资料、社会地位不受任何触动。

可见，官僚地主制生产关系在辽东出现，有深远的影响。当然，满族这一经济制度的转变，亦是在拥有先进生产方式的汉族农民的反抗和推动下，迫使努尔哈赤不断改革、让步的结果。民族间经济矛盾推动女真部向官僚地主制经济过渡，这是金代经济制度演化规律在后金的再次验证。同时，这种官僚地主制，还带有满族社会所固有的奴隶制因素。天命十年（天启五年，1625）的编庄，在一定意义上，是汉族官僚地主制生产关系与满族奴隶制庄园组织形式相结合的产物，对于满族社会发展是个飞跃，对汉族农民来说又是个不小的倒退。作为两个不同历史发展阶段的民族经济结合形成的带有奴隶制特征的庄园经济，亦是暂时、过渡的组织形式。[①]

第二节　努尔哈赤的经济政策加速官僚地主制经济的形成

面对愈演愈烈的逃亡和集体暴动，面对先进生产关系对落后生产关系激烈的反抗，努尔哈赤实行“各守旧业”政策，拉拢汉族地主官绅阶级，辅助满族进行民族统治；参照辽东“田以丁授”制度，宣布“计丁授田”，只是实行劳役地租剥削形式，而不是实物地租。天命十年（天启五年，1625）开始“编丁立庄”，一改土地公有，承认土地私占，官员占丁多者，占地必多，形成贵族官僚土地占有制；旗丁、汉民虽被束缚于土地上，与奴隶相比，可以拥有一部分经济利益，处于向佃农或自耕农过渡的状态。这些政策的实质均为满族贵族剥削汉人提供制度保障，但与奴隶制生产关系相比，亦有进步之处。

一　“各守旧业”

“各守旧业”，是后金国汗、贝勒进入辽沈地区后，对汉民所实施的重要经济政策。后金军进驻辽沈，汉族地主、官绅、富商、大贾，不少死于

① 滕绍箴：《满族发展史初编》，天津古籍出版社，1990，第291页。

兵火，还有部分逃入关内，出现了大量的“无主之地”“无主之宅”“无主之谷”“无主牛马”等大量财产。天命六年（天启元年，1621）七月，努尔哈赤谕示汉民说：“尔等辽阳地区之贝勒、大臣、富人之田，弃者甚多”①，足有三十万日以上。其中，辽东五卫有“无主之田二十万日”，海州、盖州、复州、金州四卫之民耕种有“无主之田十万日”②。田一日，一般为六至十亩，按最低数六亩计算，田三十万日合一百八十万亩。

地方易主，王朝更替，是贫苦农民占耕田地，夺取地主、官绅、富商的马、牛、银、谷的好机会。贫苦农民的这些行为，打乱了旧有统治秩序，破坏了旧的剥削制度，引起了地主阶级的仇视，也刺痛了后金奴隶主贵族。后金统治者施行“各守旧业”政策，束缚住贫困农民的手脚，迫令他们交出斗争果实，退回占有的无主粮谷、财物和田宅。虽则由于种种原因，“各守旧业”在不同时期、不同地区的具体实施情况有所差异，但直至顺治元年（1644）清军入关以前，它始终是后金——清国对待汉民的重要政策。

表 7－1 努尔哈赤时期的“各守旧业”政策

时　间	政策内容
天命六年（1621）四月初一，努尔哈赤谕劝海州、复州、金州民归降	“攻辽东城时，我兵士亦多有死亡矣。如斯死战而得辽东城人，竟待以不死，悉加豢养，使之安居如故。尔海州、复州、金州人，遭遇非若辽东。尔等毋惧……多肆杀戮，能得几何，瞬时亦尽矣。若养而不杀，尔等皆各出其力，经商行贾，美好水果，各种良物，随其所产，此乃长远之利也。”③
天命六年（1621）五月初五，努尔哈赤谕劝镇江民降顺	不会因前往劝降的后金官员被镇江民杀死“而将此处之民俱皆屠戮，此处所出口粮尽皆丢弃”。“我方以民缺少为恨”，应快降，则“各归其家，各操田业”④。
天命七年（1622）二月二十八日，后金国处理日常政务的督堂，下书示谕汉民	取辽东时，民人逃走的，如果归来，则“尔之住宅、耕田、食谷，其苦尤甚也。若欲重得，何不持财向督堂叩首”⑤。意即可以钱财赎取旧有的田宅粮食。

① 《满文老档·太祖》卷二十四，中华书局，1990，第 215 页。
② 《满文老档·太祖》卷二十七，中华书局，1990，第 244 页。
③ 《满文老档·太祖》卷二十，中华书局，1990，第 187～188 页。
④ 《满文老档·太祖》卷二十一，中华书局，1990，第 199 页。
⑤ 《满文老档·太祖》卷三十七，中华书局，1990，第 337 页。

续表

时　间	政策内容
天命八年（1623）四月十二日，努尔哈赤训谕盖州、复州等南部州县汉民不要“叛逃”	“得辽东之后，各自之住宅耕田，原皆全然未动而居也”。后因南人叛逃，故迁至新地，“另给宅田”，诱劝汉民不要叛逃。①
天命八年（1623）六月十五日，努尔哈赤又下谕劝盖州、耀州等地民不要“叛逃”	“该地人之耕田造房，不动而安居度日矣！无论何地之人，若似此勤耕田地，不持叛逃之心而维生，耕田造房不动矣。”②
天命十年（1625）十月初三日，努尔哈赤谕示汉民	“我等得辽东之后，不杀尔等，不变动住宅耕田，不侵犯家中各物而养之”。后来南民“叛逃”，乃迁于北方，“住宅、田谷，悉皆给而养之”③。

资料来源：《满文老档·太祖》卷二十、卷二十一、卷三十七、卷四十九、卷五十五、卷六十六，中华书局，1990，第219页。

如表7－1所述，从努尔哈赤示谕时间的频繁程度和内容可以看出，“各守旧业”是长期推行的对待汉民的重要经济政策，其内容主要包括三个方面：其一是名为稳定农业生产，实则保证可供剥削之源。女真族统一后，逐渐以农业为主要生产部门，开始定居生活。农业渐次成为决定性的生产部门，土地是主要的生产资料，也是提供赋役的主要物质条件。鉴于后金攻战辽东后汉民“叛逃”现象之严重，努尔哈赤反复强调“各守旧业”的首要目的，就是使汉民保有自有的田地和房宅。辽沈地区的土地大都集中在官僚地主阶级手中。努尔哈赤在天命六年（1621）七月十四日下令实行“计丁授田”的“汗谕”中，对汉民说：“昔尔等明国富人，多占田地，雇人耕种，食之不尽，将谷出卖。贫民无田无粮，买粮而食，一旦财尽，沦为乞丐。”④ 可见辽沈平原的广阔田地主要为地主阶级霸占，贫苦农民被剥夺了土地，被迫为人佣工，佃耕度日。在此形势下，推行“各守旧业”政策实质上是为汉族地主阶级服务，保障地主阶级利益。

其二是“经商行贾”，“各出其力”，拉拢汉族地主。凡过去经营从事的行业，都包括在内，各自保有自己原来的祖业，各自从事自己原来从事

① 《满文老档·太祖》卷四十九，中华书局，1990，第454页。
② 《满文老档·太祖》卷五十五，中华书局，1990，第516页。
③ 《满文老档·太祖》卷六十六，中华书局，1990，第642页。
④ 《满文老档·太祖》卷二十四，中华书局，1990，第219页。

的行业，各自保有家中诸物。这样一来，也就意味着富家可以开设店铺，买田典地，贫民则应为其佣工，佃耕度日，照旧劳动，忍受地主、官僚、商人的剥削。对没有任何旧业的佃农、雇农等贫苦农民来说，既不能借此条令收回原已失去的祖业，也不能利用战乱时机夺取田地。已占耕无主荒田，收取无主的马、牛、财、谷，都需退还原主，或被后金汗、贝勒没收。他们只能遵照“各出其力”的规定，照样为地主种田，为富家做工，仍旧过着佃农、雇农的穷苦生活。实际上这就是后金国“各守旧业”政策保护汉族地主财产的阶级实质。

其三，不“叛逃”者才“各守旧业”。“各守旧业”并非绝对不可变更的财产关系，而是拥护金国统治，拥护努尔哈赤的人，田宅等物可以不变动，“安居度日”。留恋故主，敌视新汗的人就难以保持旧业了，如果“叛逃”，则田宅粮谷皆被籍没，旧业尽失。若在规定期限和条件下回来，须“持财向督堂叩首”。总之，“各守旧业”是有条件的。

综上，“各守旧业”使得有机会利用战乱时机暂时取得一定自由的贫民，重新被捆绑起来，遭受地主奴役。“各守旧业”的实质是一项束缚、压榨农民，为地主阶级服务的经济政策。是拉拢汉族地主，为建立以满洲贵族为主的新的满汉统治阶级联合专政提供物质条件的政策。这项政策把汉族地主阶级和满洲贵族第一次联系起来，有了共同的阶级利益。另外，“各守旧业”政策，加上逼民定居、不准叛逃等措施，使辽民各自从事自己的行业，主要是耕田种地，造房居住，为逼令辽民纳赋服役创造了条件。

从阶级实质看，“各守旧业”是维护地主阶级利益的经济政策，它与历代王朝初期推行的“招民复业”政策并无二致。但它的特殊地方，是满洲贵族成为辽沈地区的新主，因此，“各守旧业”就包含了民族歧视因素，对反抗后金的汉族地主从严惩处，对降金拥金的汉族地主、官绅则加以优待。但归根到底，这仍然是阶级压迫政策，仍然是阶级剥削政策，只不过增添了一些民族歧视的色彩而已。①

二 “计丁授田”

后金建立后，努尔哈赤就控制了他势力所及的一切土地。进入辽沈地

① 周远廉：《清朝开国史研究》，故宫出版社，2012，第 158 页。

区后，又占据了明朝官兵田地和所有荒地，在汉人迁徙过程中，所遗留的耕地尽归后金支配。后金的土地所有权掌握在汗的手里，归八旗贝勒占有支配。[①] 当时的情况是："太祖（努尔哈赤）、太宗（皇太极）原将八旗分左右翼，庄田、房屋、俱从头挨次分给。"[②] 以后遇有俘获："有人必八家分养之，地土必八家分据之。"[③]

天命六年（1621）七月十四日，努尔哈赤下令"计丁授田"。这和历代王朝招民垦荒，授民田地有很多相同之处，与明代辽东的军屯亦有一定的联系。他下谕说："海州地方取田十万日，辽阳地方取田二十万日，给与我等驻居该处之士兵……尔等辽阳一带之贝勒、大臣、富人之田，弃者甚多，将该田入于我等所取之三十万日田内，亦可足矣。设若不敷，可于自松山堡以东之铁岭、懿路、蒲河、范河、浑托河、沈阳、抚顺、东州、马根丹、清河直至孤山耕之。如此，若仍不足，则可出境耕种。"[④] "本年所种之粮，准其各自收获。我今计田每丁给种粮田五垧，植棉地一垧矣。尔等不得隐匿男丁，隐则不得其田矣！原为乞丐者，不得乞食，乞丐、僧人皆分与田。每三丁，合种官田一垧。每二十丁，以一丁充兵，以一丁服官役。"[⑤]

天命六年十月初一日，努尔哈赤又下谕："明年兵士所食之谷，饲马之草料，取于耕田。辽东五卫之人，令种无主之田，给与二十万日。海州、盖州、复州、金州四卫之人，亦同样令种无主之田，出田十万日，给之。"[⑥] 这样女真人、汉人都依附于土地，成为后金统治阶级的剥削对象，像奴隶一样被役使。

实行计丁授田，为女真贵族、官将继续剥削阿哈，榨取财富提供了物质条件。过去，汗、贝勒和八旗满官掠夺了大批人丁，建立托克索，迫令阿哈耕田种地，采参打猎。进驻辽沈后，一方面掠民、没民为奴，同时又将原有阿哈大部分移往辽东。这样，劳力是有了，而且相当多，但若无土地，就无法使用这些劳力。通过"计丁授田"制度，解决了这个问

① 李燕光、关捷：《满族通史》，辽宁民族出版社，2003，第 201 页。

② 《清圣祖实录》卷十八，中华书局影印本，2009。

③ 《清初史料丛刊第四种·天聪朝臣工奏议》卷上，辽宁大学历史系编印，1980。

④ 《满文老档·太祖》卷二十四，中华书局，1990，第 219 页。

⑤ 《满文老档·太祖》卷二十四，中华书局，1990，第 219～220 页。

⑥ 《满文老档·太祖》卷二十七，中华书局，1990，第 224 页。

题。女真贵族、官将按丁（主要是占有的阿哈）分取大片土地，役使阿哈耕种，纷纷成为广占良田沃壤、敛取巨额银谷的大土地占有者和大庄园主。[①]

天聪五年（1631）建立六部后，由户部管理全部土地，主持授田。天聪六年（1632），杨方兴《条陈时政奏》："乞皇上亲谕户部，来岁分田，务要足五日之数。"女真人、汉人占田超过男丁定额，被认为是非法的。赛木哈多占壮丁地五百日（垧），受到处罚。佟养性《陈末议疏》："无力者固计数授田，有力者又苦无地耕种。"就是指的定额授田的限制。当时，穷人受田因缺乏牛只耕具，有任田荒芜的，皇太极谕牛录：付有力之家代耕，却没有买卖田地的记载。女真人、汉人受田只有占有权和使用权，并没有所有权，遇有必要时，户部有权调拨。这是典型的集权官僚制土地权利安排。"各国投诚人至，拨给满洲现住屯堡房屋，令满洲展界移居"[②]。即包括耕田一并拨给归附人丁。崇德二年（1637）五月的文献记载："初，户部取赛木哈牛录下地三十垧（日），给本旗安盹牛录猎户济额，即其地筑室居住。"[③] 这又表明，户部可以调拨牛录下土地，给另一牛录的人。这样后金政权通过旗、牛录牢固地控制着所有的土地，大部分是授予女真族、汉族个体农民耕种，在这里地租与国课是合一的。[④]

三　按丁征赋佥差的赋役制度

努尔哈赤很重视征赋佥役问题。天命六年（1621）三月，打下辽阳、沈阳后，他在劝诱汉民降服时就说过，不会因为辽民坚持反对金国统治者的激烈斗争而将全体汉民斩尽杀绝。因为，若将黎民杀光，则把此地"所产之口粮"尽皆丢弃了，也即是说，不能征收国赋，不能佥民入役了，不能进行剥削了。

他在下令计丁授田时，明确强调，兵丁食粮，军马饲料，要取诸田，受田兵民必须纳赋服役。直到天命十年（1625）十月，他下令大杀后金反抗者时，仍专门指出，将"小人"留下，不杀，因为"小人"是"筑城纳赋之人"。所谓"小人"，就是劳动人民。即是说让百姓活着，是为统

① 周远廉：《清朝开国史研究》，故宫出版社，2012，第165页。
② 《清太宗实录》卷十七，中华书局影印本，1985，第225页。
③ 《清太宗实录》卷三十五，中华书局影印本，1985，第456～457页。
④ 李燕光、关捷：《满族通史》，辽宁民族出版社，2003，第202页。

治者筑造城池，纳赋服役；授民以田，是为了上缴军粮、马料、充役。

对赋役的项目和数量，努尔哈赤在天命六年（1621）七月宣布计丁授田的“汗谕”中，曾作过规定：“每三丁，合种官田一垧。每二十丁，以一人充兵，一人应役。”① 所谓“三丁合种官田一垧”的规定，并未付诸实行。这种劳役地租的剥削形式，根本不适合长期实行官僚地主制的辽沈地区的实物地租剥削方式，无法实行，只有另订新规。

据《满文老档》的记载，后金基本沿用明朝征收赋役的“旧例”，但又渗进了后金的传统做法，实行以丁为主要计算单位的计丁征赋佥役制。

表7－2　努尔哈赤时期的田赋

时　间	田赋征收方式
天命六年八月十七日	“从速逼迫催征依照旧例征收官赋之谷草。”②
天命六年九月十六日	“官赋征收之谷，须并征以草。”③
天命六年十二月初十	“依照旧例征收之谷、银、炭、铁、盐等官赋，何故不从速催督遣送”，“遣佟备御率兵一百，令其催征依照旧例征收之赋。若无兵，谁畏殴打也。”④
天命六年十二月十四日	“汗所差遣督催依照旧例征收之官赋，勿得停止”，“将盖州、复州官赋之草取来”，“对未交地方之人，罚以银。”⑤
同月十八日	“依照旧例，汗所规定之各项官赋，勿增勿减，照旧征收”，“汉官私下擅自征收之谷、草、小麦、芝麻、线麻、蓝靛、笔、纸等物，俱皆革除。”⑥
天命七年（1622）正月初七	“依照（辛）酉年旧例征取官赋之各种物品，从速尽行交纳。”⑦

资料来源：《满文老档·太祖》卷二十四、卷二十五、卷二十六、卷三十、卷三十一、卷三十二。

从表7－2这些“汗谕”中可以看出此时征收官赋的几个特点。其一是征赋之急。“从速逼迫催征”“何故不从速催督遣送”“催征”“从速尽

① 《满文老档·太祖》卷二十四，中华书局，1990，第220页。
② 《满文老档·太祖》卷二十五，中华书局，1990，第228页。
③ 《满文老档·太祖》卷二十七，中华书局，1990，第240页。
④ 《满文老档·太祖》卷三十，中华书局，1990，第272页。
⑤ 《满文老档·太祖》卷三十，中华书局，1990，第274页。
⑥ 《满文老档·太祖》卷三十一，中华书局，1990，第277页。
⑦ 《满文老档·太祖》卷三十二，中华书局，1990，第294页。

行交纳”均可体现出快征、逼征的特点。急如星火，刻不容缓，不许迟延，不交，“罚以银”，甚至派遣八旗官兵，武力强迫，殴打鞭挞，逼令交纳。

其二是依照“旧例”。从女真部到后金国，进入辽沈前，辖地并不太广，人口也不太多，主要是称为“女真”的满族，汉民基本沦为阿哈，全部居民编入八旗，没有独立编户的汉民。因此在征赋佥役时，均按八旗制进行，并无成套的、较固定、较正规的赋役制度。一切军费、用费，皆由八旗各牛录临时摊派，更没有专门针对汉民的征赋佥役制度，也就是说没有“旧例”。另天命六年（1621）十二月初十的“汗谕”，“依照旧例征收之谷、银、炭、铁、盐等官赋”与明朝在辽沈征赋的项目基本相同。明代嘉靖年间，辽东都司额田31620顷，额粮364900石，额盐377473斤，额铁395070斤，额草5946300束。可见，此处所讲的“旧例”，乃明朝征收的赋税项目，并非征赋的额定标准。

努尔哈赤并非把明朝征赋制度全盘照搬。后金国所处社会发展阶段与明朝不同，剥削方式及传统习惯，亦与明朝相异，因此，在赋役制度上有其特殊性。主要差别是从天命七年（1622）起，在保留明朝征收赋税的主要项目和正额数量的条件下，实行以丁为计算单位，不似明以田土为纳粮的计算单位。

如天命八年（1623）二月十二日，努尔哈赤以厚赏劝诱恩格德尔来归时说：“曾给汝之一千丁，一年所取之六十六两银、一百一十石谷，仍照旧给与。”这次，若来定居，“将赐尔等八千丁之赋谷，赋银”。“一年取银五百二十两、粮八百八十石，供差役人一百四十人、牛七十头，护身兵士一百四十人”①。这里明确地讲赐八千丁的赋谷、赋银，却不讲赐多少土地的田赋，可见，后金实行计丁纳赋制。再如同年（1623）二月初十，督堂上报丁银的材料中，督堂计算后上奏曰：“一年每男丁应纳之赋，官粮、官银、军马饲料，合银三两。按三两计，淘金之六百丁，年金三百两。炼银之一万男丁，每年取银三万两。”②

四 天命十年十月的编丁立庄

天命十年（1625）十月初三，后金国汗努尔哈赤下谕，指责汉民不

① 《满文老档·太祖》卷四十五，中华书局，1990，第416页。

② 《满文老档·太祖》卷四十五，中华书局，1990，第414页。

忠，叛逃不绝，令八旗满官奔赴各地清查，大杀反金者，将“筑城纳赋”的“小人”，编进汗、贝勒的托克索（庄）。编庄后，努尔哈赤以一部分新设的托克索分赐各将。

> 汗曰：“我等常养汉人，而汉人准备棍棒不止。总兵官以下，各御以上，去各自之村，区分汉人（大杀反金者）……为我等筑城纳赋之人，则养之而编托克索。……一庄以十三丁七牛编成，将庄头之兄弟列入于十三丁之数。将庄头本身带至沈阳，令其与牛录额真之包衣为邻。使二庄头之家，同居一室，若逢有事，则令该二庄头轮班前往督催，女真勿得干预。将庄头之名，庄中十二丁之名，牛、驴之色，尽行书之，交与各村章京，令前去之大臣书之持来。”①
>
> （汗曰：）“以小人筑造城邑，不留奸细，欲逃，则彼只身逃，故育养小人也。育养之人，若置于公中，恐受女真侵害，皆编作汗、诸贝勒之庄。一庄十三丁、七牛，给与百垧田，二十垧作正赋，八十垧尔等自身食用者也。”
>
> 诸贝勒曰：“诸汉官，尔等携取各自之近亲，勿得携取疏远之亲戚，若贪财妄自携取，恐伤尔等颜面。言毕，八固山诸大臣分路而行，逢村堡，即下马而杀。将杀毕后区别而活命者，十三丁、七牛编为一庄，总兵官以下，备御以上，每一备御各给与一庄。”②

后金通过编丁立庄对汉人进行了全面而严格的控制。沈阳和外城所属各屯堡的汉人，除参与反抗后金活动被处死者以外，一律编入农庄，从此辽东汉人就没有独立的编户。至于八贝勒农庄中的汉人，以及诸申家的投充汉人，也照清查事例一体处理。编成的农庄分给总兵以下、备御以上各官，每一备御给一庄，其余大部分农庄则归和硕贝勒所有。该批新设农庄，要超过他们原有农庄数量。原来编户的汉人，被编入农庄，降低了社会地位，“按满官品级，分给为奴”，加强了汉人对满人的人身隶属关系。③

查明真正修筑城池及缴纳贡赋的汉人，都编入农庄，加以恩养。应该

---

① 《满文老档·太祖》卷六十六，中华书局，1990，第643～645页。

② 《满文老档·太祖》卷六十六，中华书局，1990，第646页。

③ 李燕光、关捷：《满族通史》，辽宁民族出版社，2003，第202页。

恩养的善良人丁，若无妻子，即给予妻室、衣服、牛驴、粮食等，编组农庄。这些人都有自己的家庭和财产，当时农庄的剥削关系是："每庄男丁十三名、耕牛七头、田地百日，其中二十日缴纳官粮，八十日给你们自己食用。"从编庄令中的这一段文意来看，"你们"就是编入农庄的汉人。十三人占有田地八十日，仍和计丁授田六日的情况一致；规定二十日纳粮却比以前的剥削重了四五倍。可是，这里明显地指出，农庄的田地划分为纳粮和自食两部分，实际上属于劳役地租的剥削形态。[①]

大量阿哈和汉人被缚于土地上，托克索成为汉族官僚地主制生产关系与满族奴隶制庄园组织形式相结合的产物，而非封建农奴制经济组织。这里的关键区别在于：封建农奴制中，封建主对土地和农奴拥有所有权；而集权官僚制中，官僚地主只拥有土地占有权，所有权归以皇帝名义的中央集权国家，所谓"溥天之下，莫非王土"，至于农民，一律属于皇帝，所谓"率土之滨，莫非王臣"，但农民对官僚地主没有人身依附关系。自耕农不必说了，即使佃农亦不是封建农奴。后金的土地所有权归汗，并没有分封给八旗贝勒，所分土地只是占有权，并非封建制下的世袭领地，这明显表现在户部对所分土地和庄丁有权进行调拨。可见，"莫非王土"和"莫非王臣"的集权官僚制基本生产关系在后金已取得支配地位。但无可否认的是，托克索内部生产关系带有浓厚的奴隶制痕迹。学界常以封建农奴制称之，实为误解。照汗谕的规定，一庄有地百垧、十三丁、七牛，皆为庄主（即汗、贝勒和各满官）占有，即是说，生产资料归庄主占有，这一点，是很清楚的。但是，过去的后金国民现在变为庄丁的人丁，又是什么身份？具体说，是奴隶，还是农奴，或者仍然是民户？汗谕虽未明说，但很显然，这次编丁立庄，是汗、贝勒为惩罚辽民叛逃而采取的措施，束缚很紧，庄丁的身份总会比过去未编时的民户要低一些。

"先是，汉人每十三壮丁，编为一庄，按满官品级分给为奴"[②]。这就明确了，过去的民户、民人，被迫充当庄丁后，就沦落为奴，下降为汗、贝勒、满官等庄主占有的奴仆了。

这种庄丁虽是奴仆身份，但并不是奴隶。"给与百垧田，二十垧作正

---

① 李燕光、关捷：《满族通史》，辽宁民族出版社，2003，第203页。

② 《清太宗实录》卷一，中华书局影印本，1985，第26页。

赋，八十垧尔等自身食用者”中明确区分了“正赋”和“自身食用”的垧田数量。其中“正赋”就是官僚地主制性质的剥削，属于劳役地租。这样的庄丁与过去衣食于主的阿哈不一样，后者耕田所得的全部产品皆被家主直接占有，此时的庄丁作为农庄劳动者，除交纳地租，在个体劳动的基础上有了私有经济。很多庄头攫取一部分地租，也开始富裕起来。农庄中的劳动者，社会地位虽属于奴仆，实质上却已经不是奴隶，而向佃农或自耕农过渡。

可见，这种庄丁不是衣食于主、可以任意杀害的“会说话的工具”的奴隶，而是交纳地租、有少量私有经济、正向佃农或自耕农过渡的庄丁。这次新编的托克索，也就成为满族由奴隶制向官僚地主制过渡的经济组织形式。

努尔哈赤的一系列经济政策，标志着后金国逐渐由奴隶制过渡到官僚地主制。后金各地，原来皆有汗民，或“各守旧业”，或“计丁授田”，经营农业，耕种田地，不论是人丁的数量，还是耕地的面积，都超过了汗、贝勒、八旗官将占有的人丁和庄地。现在，这些汉人已从“民户”下降为奴，编进汗、贝勒的托克索。这样一来，具有过渡性质的托克索星罗棋布，遍及各地，成为后金国中占地最广、劳动力最多的托克索，官僚地主制逐渐成为后金社会中占据统治地位的经济制度。

第三节 后金官僚地主制社会的阶级结构

随着努尔哈赤时代满洲社会生产力水平的提高和经济制度的不断变革，在这一时期的阶级关系也起了变化。

一 汗、贝勒、按班、额真等奴隶主转化为贵族官僚地主

从努尔哈赤颁布的文件中，反映出后金进入辽沈地区前后的阶级结构是：“天之子是汗；汗之子是诸贝勒、众按班（大臣）；诸贝勒、众按班之子是伊尔根（人民）；额真（主人）之子是阿哈（奴仆）。”[①] 汗、贝勒、按班、额真是统治阶级，伊尔根、阿哈是被统治阶级。

汗、贝勒、按班、额真。汗是后金的最高统治者，拥有所有的人民和

① 李燕光、关捷：《满族通史》，辽宁民族出版社，2003，第209页。

土地。万历三十七年（1609），努尔哈赤责备他的胞弟舒尔哈齐时说，作为你生活基础的人民、僚友都是我给你的。万历四十一年（1613）教训他的长子褚英也提到，在你诸兄弟中，优先给你同母兄弟二人，人民各五千家，牲畜各八百牧群，银各一万两，敕书各八十道。[①] 当时的田地依据丁额授给，人民和土地都由汗所有。他把人民连同土地授予子弟，作为经济剥削的基础。贝勒是仅次于汗的女真贵族，特别是八和硕贝勒各掌一旗，占有旗内牛录人丁和旗地。遇有俘获人口则归八家分养，遇有掠来土地则八家分据。按班是后金的大臣，其中也包括少数投降的蒙古贵族和汉族官员；从固山额真到牛录额真则是八旗的各级官员。他们奉行汗和贝勒的命令，统治着女真人，并在从前分拨辽东人民时，满汉一等功臣占有百丁，其余亦照功依次散给。[②] 勋臣、贵族以及汗都占有众多的奴仆，分别设置专管牛录或包衣牛录，作为自己的私属。显然，汗、贝勒、按班、固山额真以至牛录额真都占有土地，剥削奴隶或汉人，属于剥削阶级。额真汉译为主人，凡是占有阿哈的人都可以称为额真。在进入辽沈地区之前，女真贵族还有这样的观念："若无阿哈，额真何以为生；若无诸申，贝勒何以为生。"[③] 后来农庄上的阿哈实质上比奴隶地位提高了，从事家务劳动的阿哈乃是家内奴隶。

二 诸申社会地位下降

随着向官僚地主制社会的过渡和后金国的强大，曾经是自由的氏族成员的诸申，情况更为恶化，地位愈益低贱，从奴隶占有制国家统治的穷苦平民，降低到类似奴隶的身份。这是社会阶级关系的一个重大变化。[④]

天命八年（1623）正月二十七日，努尔哈赤训谕诸贝勒、大臣说：

> 天之子汗，汗之子诸贝勒、大臣，诸贝勒、大臣之子伊尔根，主（额真）之子阿哈。伊尔根以诸贝勒、大臣为父，若敬思弗忘，不萌贼盗奸诈凶暴之念，不违法禁，尽力维生，则忧愁何由而生！伊尔根若违背诸贝勒、大臣之法禁，而为盗贼奸诈凶暴之行，则将为诸贝

① 《满文老档·太祖》卷四十四，中华书局，1990，第402页。
② 《清太宗实录》卷十七，中华书局影印本，1985，第224页。
③ 《满文老档·太祖》卷二，中华书局，1990，第11页。
④ 周远廉：《清朝开国史研究》，故宫出版社，2012，第182页。

勒、大臣所谴，遇逢忧患矣！女真、蒙古、汉人，无论何人，皆弃贼盗奸诈凶暴之心，持公正善良之心，自汗、贝勒以下，取木之男、运水之妇以上，忧患不自外而来，皆出于各自之身也！①

汗谕中所说的“父”与“子”的关系并不是血统意义上的亲缘关系。与官僚地主制下的生产关系相适应，努尔哈赤用“父父子子”的儒家伦理道德观念，认定汗是贝勒、大臣之父；贝勒、大臣是民之父；主人是阿哈之父等，教育臣民。其实质仍是奴役与被奴役的关系，也即统治阶级与被压迫阶级的关系。儒家道统是官僚地主制社会的意识形态，是官僚地主阶级的阶级意识和统治的思想手段。努尔哈赤重视儒家礼教，从文化上也证明后金经济在进入辽沈后已官僚地主化。在后金国中，阶级分野，高于民族分殊，民族问题属于阶级问题。

在这道汗谕中，努尔哈赤把后金国人分成四大类：汗、贝勒与大臣、伊尔根、阿哈。这个分类标准，不是民族，而是阶级。他对四类人的身份、地位及其相互关系都做了明确且根本性的规定。名为四类，实际只是三个阶级：汗和贝勒、大臣这两类是统治阶级。伊尔根情况较复杂，极少数人占有相当多的田地财富，役使阿哈，上升为地主，构成剥削阶级的组成部分。大多数伊尔根被束缚、被奴役，与阿哈同样都是劳动者，都是被剥削阶级。伊尔根包括女真、蒙古、汉人。这里单就女真而言，它指的是当时被称为“女真人”的满族的诸申。

诸申“尽力维生”所遭受剥削的情形主要表现在“计丁授田”和纳赋服役上。

氏族社会时期的女真诸申可以自由开垦、自由放牧，进入奴隶社会后，努尔哈赤规定每牛录必须出十丁四牛屯耕闲地，作为向奴隶制国家缴纳赋税的基础，但并未直接涉及土地问题，仍可尽力垦殖。随着牛录的迁移，在新的地方任意耕垦，诸申没有向汗、贝勒要求田地，也未见到汗、贝勒占有土地授予诸申的行为。

努尔哈赤实行计丁授田，命令诸申丢弃故乡熟田，迁入辽沈地区，计丁授予无主之地，且规定每丁授地六垧，不准多耕。对汉民也是计丁授田六垧。

---

① 《满文老档·太祖》卷四十四，中华书局，1990，第404～405页。

这就表明，无主土地已经成为有主土地，一切无主的土地皆归汗有，皆由汗支配，任何人不得侵占，不管是汉民，或是女真、蒙古，都不得占耕，都得向汗领取，且不能多领，每丁只有六垧。八旗披甲诸申离开老家，留下长期垦种的熟田，进入辽沈，也只能每丁领取汗所授予的无主地六垧。这就彻底地破坏了行之多年的土地公有的古老传统，建立了新的土地所有制，即属于汗和贝勒所有的土地所有制，成为后金的国有土地，属于集权官僚制经济下土地国有制范畴。

原来耕种氏族公有土地的诸申，开始领种汗和诸贝勒所有的无主土地。既领汗、贝勒田地耕种，就得为汗、贝勒纳粮当差了，经济地位下降，但与奴隶相比，拥有小部分经济利益。所谓“每丁给田五日，一家衣食，凡百差徭，皆从此出”，讲的就是这种情形。①

诸申具体缴纳正赋的方式是计丁纳赋，每丁皆有规定缴纳赋税的正额数量。努尔哈赤规定：屡立大功的总兵官、一等大臣额亦都祖孙三代，“食百人之钱粮”。“阿达海，一等备御之钱粮，十人。一千总，四人。三把总，各三人。三守堡，各二人。驻于汗城之甲士、哨探、守门、工匠，各二人”。“守台者，四人”。游击、参将、二等备御、三等备御、巴克什等，皆各食若干人钱粮。② 所谓食若干人钱粮，即系免若干人的官粮，免去本人占有的人丁（子孙及阿哈）应纳的官粮。努尔哈赤规定了各官、各职、各种人应食的钱粮数目。再如“原曾免什罕弟兄之二十丁之赋，后彼等送来，汗命赐以备御之职”③。从“免去二十丁之赋”之记载，可充分说明女真是计丁交赋的。

这里需要着重指出的是，钱粮、官赋，不以亩计，不以石计，不以银计，不是规定免多少亩的赋谷，免多少石的赋谷，而是以丁为计算单位，免多少丁的官赋。这就可以说明一丁应缴的官粮有一定的额数。每丁皆授地六垧，每丁也就必须上交额定官赋，这是必然的结果。计丁交赋反映了后金经济制度带有浓厚的奴隶制色彩。奴隶制对劳动力之重视远超土地。

一丁应交多少正额官赋？数量肯定不小。备御一职是相当高的，既是女真牛录三百丁的额真，又辖属汉丁五百，不少备御担任理事大臣等高级

① 高士俊：《谨陈末议疏》，见《清初史料丛刊第四种·天聪朝臣工奏议》卷上，辽宁大学历史系编印，1980。

② 《满文老档·太祖》卷六十二，中华书局，1990，第592页。

③ 《满文老档·太祖》卷二十八，中华书局，1990，第248页。

职务，努尔哈赤之子塔拜等就当过备御。努尔哈赤在很多场合将备御称为“大臣”。这样一个有实权、地位高的官将，才食六至十人钱粮（一等备御十人，二等备御八人，三等备御六人），六丁、八丁、十丁缴纳的官粮及其耕种计丁授田的土地收获量，就是备御的官俸，可供备御一家吃穿用度，可见，诸申每丁上交的官粮不会太少。

征收官赋，只是后金统治者分授田地与诸申的一个目的，同样重要甚至是更为重要的企图，是逼令诸申为国效劳，为汗、贝勒效劳，主要是佥丁披甲，派遣差役。

披甲当兵是诸申异常艰苦的重役。随着后金辖地的扩大，战争的频繁，人民反金斗争的发展，后金国汗、贝勒更需要加强暴力，增强军力，因此强迫更多的诸申入伍从征，屯驻要地。天命三年（1618）四月，攻明抚顺城时，一牛录有五十甲，即六丁抽一。后陆续增多，到天命六年（1621）十月，已是每牛录佥诸申一百披甲，三丁之中，必征一丁为兵。同年十一月十四日，努尔哈赤下谕，每牛录增披甲五十，分驻辽阳、海州，一牛录共有一百五十甲，诸申二丁必然出一丁当兵。[①] 天命七年（1622）正月攻明广宁时，每牛录一百甲从征，五十甲留守。[②] 二丁抽一，使诸申承担的差役过重。此外，每牛录需出六人以上在汗、贝勒府宅服役。每牛录规定养官马十六匹以上，又需若干余丁饲养牧放。每牛录还要出守台人、铁匠、银匠、弓匠等若干名。[③] 筑造城池，是苦累诸申的重负，既修汗都，又建州县各城，大工屡兴，服役期急，严督修造，真是苦差，满汉兵民皆困。努尔哈赤也不得不承认：“我等旧女真，又有修筑各城官役之苦。”[④] 还有其他临时差派，更其繁重。

诸申在陷于贫困的同时，政治地位严重下降。他们不仅要“赋谷”，要“纳所猎”之物，而且在王权束缚下生活，受严刑重罚威胁。若越边境，至朝鲜采集，必“罚牛一只或银十八两征收，以赎其越江之罪”，如果牛、银皆无，便“捉致家口，定苦役”[⑤]。犯盗窃骡马罪，要“鞭二十七，刺耳、鼻”之刑。窃鞍，“刺刑杀之”，将耳、鼻、面、腰乱刺，直

① 周远廉：《清朝开国史研究》，故宫出版社，2012，第190页。

② 《满文老档·太祖》卷三十三，中华书局，1990，第304页。

③ 《满文老档·太祖》卷二十一，中华书局，1990，第201页。

④ 《满文老档·太祖》卷二十七，中华书局，1990，第240页。

⑤ 《朝鲜李朝实录·宣祖》卷六十九，科学出版社影印本，1959，第405页。

到摧残致死。有时候将诸申“缚吊于树，积草之下焚之”[①]。

诸申社会地位下降，严格隶属于汗、贝勒，生活困顿，束缚更严，奴役沉重，与汉族贫苦农民处境基本相同，成为后金国统治与奴役的伊尔根，成为被压迫的百姓。

三 奴隶性质的包衣阿哈

进入辽沈地区的女真，过去旧有的托克索中的包衣阿哈，已不是奴隶，可以拥有一定独立的经济利益，他们的人数很多，主要从事农业劳动，在生产中起了重大作用。家内奴隶也具有一定的人身自由。

原来在努尔哈赤时代，从事农业劳动的有奴隶，也有农民。进入辽沈之后，编制到大庄园土地之上进行劳动的，主体仍是奴隶。这在天聪元年（1627）皇太极写给朝鲜国王李倧的信上就明确指出了这一点：“辽东之民，久经分给将士，谊关主仆。”[②] 这些被“分给将士，谊关主仆”的人们，绝大部分是在对明战争中被掳的汉人，被迫编制在庄园里进行农业劳动。崇祯十年（1637），明东北边防大臣辽东巡抚方一藻，在上奏崇祯帝时说：“臣看得两河（指辽东和辽西）沦陷以来，辽之被掳者不知凡几。然虏（指满族统治者）性猜忌，皆令夷目（指满官）押之，使居庄屯，农种为活。”[③] 此时的奴隶，挨骂挨打是常见之事，“三姐亦不记年岁，在石大鞑子家为奴，每日打骂，苦捱不过。”[④] 甚至还有被挞死的：“石讷布库以其家人克什特妻，小愆，挞之死。”[⑤] 此时的奴隶可以随意处置，任意买卖，“汉人能为耕作，以此处开城廉价计给，则一人之价，不过十余两银云。开城即城外市肆也”[⑥]。由此可以印证，此时的后金经济制度绝不是封建制，因为农奴不能买卖，只有奴隶才能任意处死、买卖。

进入辽沈地区的“俘虏人口”成为奴隶，和努尔哈赤时代明显不同，文献里将降人与俘虏分别记录，就是强有力的证明。例如在天聪元年（1627）对朝鲜战役中，女真统治者皇太极即曾明白宣布：“朝鲜既经和

---

① 《满文老档·太祖》卷三十五，中华书局，1990，第325页。
② 《满洲实录》卷三，中华书局影印本，1985，第33页。
③ 《明清史料·乙编》第2册，中华书局，1985，第179页。
④ 《明清史料·甲编》第8册，中华书局，1985，第765页。
⑤ 《满洲实录》卷五十七，中华书局影印本，1985，第14页。
⑥ 《沈阳状启》，《奎章阁丛书》本，第390页。

好，其归顺之民，毋得秋毫扰害，仍留彼处……惟我军临阵俘获者，赏给被伤士卒，诸所俘获，俱就彼处区处携回。"[①] 同年在对明的战役中，"俘虏人口"是"分给将士"的："以击败明满桂兵及密云兵……籍所俘获人口马匹，悉赏阵亡将士。"[②] 次年（1628），在对察哈尔的战役中亦复如是。"往略察哈尔……俘获人口尽赏给往略将士"[③]。显而易见，俘虏"分给将士"是当作奴隶处理的，而归附之民则不然，要编户与自由民一律看待。以天聪六年（1632）满族统治者分别处理被俘蒙人、汉人和"归附"民人为例："自归化城及明国边境所在居民，逃匿者俘之，归附者编为户口。"[④] 这一时期，固然时有将招降来的居民"半入编户，半为俘"[⑤] 的事实发生，但从俘获中挑选部分人"编为民户"，已相当普遍。如"天聪二年（1628）二月丁未……察哈尔国多罗特部落多尔济哈谈巴图鲁中伤遁走，尽获其妻子，杀其台吉古鲁，俘万一千二百人，以蒙古、汉人千四百名编为民户，余俱为奴"。"天聪四年（1630）六月……先是上所养永平、迁安官民，阿敏尽杀之，以其妻子分给士卒。至是……命籍孤子嫠妇编为户口，给以房舍衣食，俾无失所"[⑥]。

又如，"崇德元年（1636）六月丁酉，以吴巴海曾率两旗兵往征厄勒约索、厄黑库伦地方，俘虏人口甚多，编为户口，嘉其善于用兵，由一等甲喇章京（满语即参领）升为三等梅勒章京（满语即副都统）"。同年"八月乙亥……是日，驻守海州河口伊勒慎、托克屯珠、傅代，驻守牛庄吴璐稞，驻守耀州英格娜，闻明国有捕鱼船至，遂率甲士一百五十人，乘小舟自辽河而下，过三船，掳人三十二……即以所掳赏同行将士，编其人为民"[⑦]。

不但在俘虏方面是这样，即便原先在努尔哈赤时期早已编入女真人户的属于奴隶性质的尼堪，即汉族农民，到这一时期，也从中挑选一部分出来"编为农户"了。皇太极即位之初，此例开始实行。

先是（指努尔哈赤时代）汉人每十三壮丁、（牛三头）编为一

---

① 《清太宗实录》卷三，天聪元年正月乙酉条。
② 《满洲实录》卷三，中华书局影印本，1985，第 24 页。
③ 《满洲实录》卷四，中华书局影印本，1985，第 8 页。
④ 《满洲实录》卷十一，中华书局影印本，1985，第 36 页。
⑤ 《满洲实录》卷六，中华书局影印本，1985，第 29 页。
⑥ 《清史稿》卷二，《本纪第二・太宗》。
⑦ 《满洲实录》卷四，中华书局影印本，1985，第 7 页。

庄，按满官品级，分给为奴。于是（与满人）同处一屯，汉人每被侵扰，多致逃亡。上洞悉民隐，务俾安辑，乃按品级，每备御（即牛录）止给壮丁八、牛二以备使命；其余汉人分屯别居，编为民户，择汉官之清正者辖之。①

稍后，天聪六年（1632）“管兵部事贝勒”岳托对“编为民户”的办法又提出略加修改。“岳托奏言：……各官（指大凌河‘降附’的汉官）宜令诸贝勒给庄一区，此外复令每牛录各取汉人男妇二名、牛一头，即编为屯，共为二屯。其出人口、耕牛之家，仍令该牛录以官值偿之。”②

由此可见，从早先满汉“同住、同食、同耕”的奴隶中解放出来的汉族农民，这时每屯有五个壮丁和一头牛，或者是“男妇二名、牛一头”。不管怎样，他们不再与满人同处一屯，也不再受满人侵扰了。这就充分说明，这时“分屯别居、编为民户”的汉人，已经从奴隶地位转为自耕农了。

毫无疑问，满族统治者之所以这样做，目的是将大批汉人束缚在土地之上从事农业生产，一方面可使汉民获得一定数量的农产品，以为己有；另一方面更重要的是，满族统治阶级能从汉人身上获得更多的东西。不然的话，本来用强力编制到庄园里的汉人奴隶对农业劳动越发不感兴趣，大有“多致逃亡”之虞。然则汉人奴隶之所以能向自耕农转化，并非出于满族统治阶级的慈悲心肠，恰恰相反，是满族统治阶级为自身利益打算而不得不采取的步骤。

一般来说，家庭奴隶不易获得解放，因为在一定条件下，一个家庭奴隶虽然有时被准许脱离自己的主人，但同时又被强制到另一主人家，仍然当家庭奴隶使唤。天聪三年（1629）满族统治者对奴隶首告离主的，就这样规定：“八贝勒等包衣牛录下食口粮之人（即包衣阿哈，或简称包衣）及奴隶之首告离主者，不准给诸贝勒之家；有愿从本旗内某牛录者，听其自便。”③ 再举崇德元年（1636）的一个例证：“都察院承政阿什达尔汉等奏言：有一仆人告主，及审所告是实，将原告发与他人为奴。”④

① 《满洲实录》卷一，中华书局影印本，1985，第1页。

② 《满洲实录》卷十一，中华书局影印本，1985，第6页。

③ 《满洲实录》卷五，中华书局影印本，1985，第19页。

④ 《满洲实录》卷三十，中华书局影印本，1985，第11页。

这说明首告离主的“仆人”所告虽然属实，结果“发与他人为奴”，家庭奴隶依然还是家庭奴隶。

但这一时期，家庭奴隶“准其离主、听所欲往”的限度，比起努尔哈赤时代来讲，无论如何是扩大了。这显然是受先进的官僚地主制经济关系的冲击而发生的变化。就天聪五年（1631）所规定的“离主条例”来看，即可证实这一点。当时规定的“离主条例”[①] 有下面六条：除八分外，有被人讦告私行采猎者，其所取得之物入官、讦告者准其离主；除八分外，出征所获，被人讦告，私行隐匿者，以应分之物，分给众人，讦告者准其离主；擅杀人命者，原告准其离主，被害人近支兄弟，并准离主，仍罚银千两；诸贝勒有奸属下妇女者，原告准其离主，本夫近支兄弟并准离主，仍罚银六百两；诸贝勒有将属下从征效力战士隐匿不报，乃以并未效力之私人冒功滥荐者、许效力之人讦告，准其离主，仍罚银四百两；本旗人欲讦其该管之主，而贝勒以威钳制，不许申诉，有告发者，准其离主，仍罚银三百两。

这个条例中所说的，包括诸申和阿哈（奴仆）两种人。根据这一规定，诸申和奴仆有很多机会通过讦告诸贝勒而离主，标志着满族奴仆身份地位的提高，也反映了最高统治者汗（皇帝）对奴隶主残余势力控制的加强。[②]

综上所述，原有的奴隶制托克索已经发生了显著变化，包衣阿哈的奴隶地位有所上升，原来衣食于主人，家主可以任意打死，现在纳租服役、家主不能完全占有人身、不能随意杀害。奴隶制托克索的组织形式与官僚地主制生产关系相结合，这是生产关系的重大变化，是满族社会发展的一个重要标志，是广大阿哈长期斗争的结果。[③]

第四节　后金奴隶制向官僚地主制转变在满族经济史上的意义

后金建立后，满汉矛盾不断激化，女真奴隶制生产关系开始衰败，官

① 《满洲实录》卷九，中华书局影印本，1985，第13页。

② 中国科学院民族研究所、辽宁少数民族社会历史调查组：《满族简史》，辽宁民族出版社，1963，第38页。

③ 周远廉：《清朝开国史研究》，故宫出版社，2012，第203页。

僚地主制生产关系初步形成，汗、贵族、大臣等奴隶主阶级向贵族官僚地主阶级转变，阿哈、汉民虽被严格缚于土地之上，但与奴隶相比，亦有进步。尖锐的阶级矛盾成为女真社会发展的真正动力，打击了黑暗的统治势力，改造了落后的生产关系，推动了社会生产力的发展。[①]

一　为满族入主中原奠定了经济基础

女真部族联盟南迁之后，遇到了比自己先进的生产方式，并不需要外力强制就会学习，甚至用自己的土特产品交换朝鲜国或汉区的铁制农具进行研究，这是女真人的正常反应；努尔哈赤攻取辽沈后，落后的奴隶制与先进的官僚地主制相遇，女真贵族欲大量奴化汉人为其所用，但汉人激烈反抗的态度，使女真统治者不得不采用折中办法——采取官僚地主制，同时保有奴隶制残余，这是女真统治者的应对之策。

马克思指出："人们自己创造自己的历史，但是他们并不是随心所欲地创造，并不是在他们自己选定的条件下创造，而是在直接碰到的、既定的、从过去继承下来的条件下创造的。"[②] 满族贵族在官僚地主化中所遇到的既定历史条件正是奴隶制。满族贵族习惯了奴隶制剥削，他们不会轻易放弃奴隶制，即使模仿汉人的官僚地主制，也保留了大量奴隶制的残余。

不论统治阶级对于奴隶制有多么不舍，都不能阻挡后金进驻辽沈后，在汉人疾风骤雨般反抗下向官僚地主制过渡。女真人本以采集渔猎为生，长期居无定所的生活，造就了他们骁勇善战的民族性格，在攻取辽沈之前，凭借英勇的八旗铁骑征战各部，统一女真。而攻取辽沈却是满族经济史上的一个转折点，面对实行先进的官僚地主制经济关系的中原汉族，女真作为一个落后的少数民族，不得不在短期内改变自己的经济制度。

女真从奴隶制过渡为官僚地主制，为后来入主中原奠定了经济基础。第一，获得大量人口，为民族融合奠定了基础。满族以辽沈地区为中心，以原有女真族为主体，吸收蒙、汉、朝鲜等民族新鲜血液逐渐形成新的共同体。明代女真族与汉族就有密切的物物交换关系，后金军进驻辽沈时，大批女真户口向辽沈地区迁徙，同时又有大批汉人向女真地区迁居，一

① 李燕光、关捷：《满族通史》，辽宁民族出版社，2003，第216页。

② 马克思：《路易·波拿马的雾月十八日》，载《马克思恩格斯选集》第一卷，人民出版社，1995，第585页。

时出现房屋、粮食、饲草相互接济的状况。努尔哈赤统一女真各部之后，以赫图阿拉为中心，不仅集中“六镇藩胡、忽温、汝许、于知介”，即朝鲜六镇城底女真，乌拉部女真、叶赫部女真，而且有“蒙古、唐人”，这些所谓“乌合”之众，在都城“络绎往来”，汉族之多，与女真相比，已“半于胡”，皆被努尔哈赤“笼络”为“心腹”。在都城外又有朝鲜族组成的“高丽村”。[①] 努尔哈赤起兵前后，汉人“徐成等七十二人”，或“阎三等一百六十六人”[②] 大批居住女真地区。满族形成初期，这种不分彼此疆界的交往极为频繁，两族“粮则共食，房则共住”[③]。尽管这一政策行之短暂，尽管当时的民族交融，充满着民族歧视和冲突，甚至在流血中进行，然而，不同民族相互了解至同室的程度，毕竟为民族融合史上所罕见。

以“编丁立庄”为契机，满族与其他民族由“合田而耕”到“各自耕种所分之田”，或身处庄园之中，如女真庄、汉人庄、朝鲜庄、蒙古庄。史称各庄，“皆令夷目押之，使居庄屯农种为活”[④]。皇太极曾说，辽沈之民“久经分给将士”，汉民有百万之众，除自由民外，分给诸贝勒以下至各个士兵名下的汉人、蒙古族、朝鲜族人数不少。这种分配在压迫汉民，将其牢牢控制在土地上的同时，使各族与女真族混合搭配，按户居住。民族之间相互交往、杂居共处，共同生产，共同斗争、相互通婚，有利于彼此文化相互吸收，从而构成新的民族共同体。

第二，占有大量土地，改变土地所有制，积聚财富。女真自先人时期，受到自然条件限制，加之各部吞并，不断迁徙，土地实行公有制，王公贵族不以土地为私产，只占丁口。由奴隶制向官僚地主制转变，土地公有变私人占有，将广大汉民束缚在土地上进行剥削，层层搜刮，供养本民族成员及其他归附民族。

第三，重用汉人，以汉治汉。努尔哈赤重用汉人始于起兵前后。汉人文书董大海、刘大海、歪乃等都参加文牍往来和外事活动，在努尔哈赤政

---

① 〔朝鲜〕李民寏：《建州闻见录》，载《清初史料丛刊第八、九种》，辽宁大学历史系清初史料丛刊本，1978，第44页。

② （明）瞿九思：《万历武功录》卷十一，中华书局，1974，第2页。

③ 《满文老档·太祖》卷二十八，中华书局，1990，第251页。

④ 《兵科抄出辽东巡抚方一藻题本》，载《明清史料·乙编》第2册，中华书局，1985，第179页。

权中起到重要作用。统一建州本部后，曾重用浙江会稽人龚正陆，受到“极其厚待”，给予“子姓群妾，家产致万金”①。后金向辽沈进军时，招服抚顺游击李永芳，收为额驸，凡有军政大事均参与谋划。同时，努尔哈赤通过李永芳的关系广布间谍，侦察明关内军情。这些都是后金政权录用和笼络汉官的事实。到皇太极时，则从利用汉官转为重用汉官，调动汉人积极性，取信于汉人。随着后金社会集权官僚化的深入，后金统治阶级从奴隶主向贵族官僚地主转变，与明朝的降官败将相互依存，构成利益一致的统治集团。

综上，入主中原的满族在官僚地主化的过程中逐渐积蓄力量，征战地域不断扩大，人口不断增加，为其入关后统治全国奠定了经济基础。

二　使分散的部族经济向统一的民族经济转化

明朝初年，作为满族主要来源之一的建州女真主要以“打围牧放”为业；海西女真当时居住的松花江呼兰河一带地方“所产獐鹿居多，熊虎次之，土豹、貂鼠又次之”，仍以狩猎为主要生业。尔后，建州、海西女真陆续南迁辽东一带，形成与明朝农业社会直接毗邻的格局，在外部巨大消费需求的刺激下，以交换珍贵皮毛为宗旨的狩猎生产获得进一步发展。②此时已经处于奴隶社会在向集权官僚制社会急剧过渡阶段的满族，传统经济仍有顽强的生命力。

不得不承认处于奴隶社会时期的女真人的社会生产力有了巨大发展，是历史的一大进步。但奴隶制度是最野蛮的制度，奴隶主阶级占有全部生产资料并完全占有奴隶本身；奴隶毫无人身自由，是奴隶主的私人财产；奴隶主阶级与奴隶阶级之间是赤裸裸的剥削与被剥削的关系，奴隶被剥夺一切权利，在暴力下从事最紧张、最繁重的劳动；奴隶主阶级占有和支配奴隶的剩余劳动成果，过着奢侈的寄生生活，奴隶只能获得极少的生活资料以维持生命。相比之下，后金政权集权官僚化的过程使得大部分奴隶得以解脱，有了部分人身自由，贵族官僚地主阶级通过掌握土地，对被缚于土地上的农民通过榨取地租、放高利贷等手段进行剥削，虽其本质依然是一种剥削与被剥削的关系，却能提高生产者的积极性，促进满族

① 吴晗：《朝鲜李朝实录中的中国史料》（第六册），中华书局，1980，第2180页。
② 刘小萌：《满族的社会与生活》，北京图书馆出版社，1998，第351页。

农业经济发展。

清太祖努尔哈赤崛起之际，女真部族经济迅速向农业经济过渡。1621年满族迁入辽沈传统农业地区，实行“计丁授田”，逐渐向官僚地主制经济过渡，农业已经成为后金国经济的主导部门。如果说渔猎经济曾为女真早期的发展做出过重要贡献的话，那么农业经济则奠定了后来满族进入文明社会、建立国家政权的物质基础。后金经济制度的官僚地主化是一个民族大融合的过程，女真统治阶级虽然实行各种政策不断推进这一进程，开始形成自己的民族经济，却是脆弱的、不稳定的、充斥着各种矛盾。农耕生产本身就有“靠天吃饭”的特点，大部分进行农业劳动的农民都是汉人，这就更增加了脆弱的农业经济的不稳定性。努尔哈赤晚年，与明朝的决裂暴露出女真民族经济的脆弱性和不稳定性。后金的另一位民族首领皇太极又将怎样继续民族融合之路呢？

第八章　皇太极的经济事业与满洲的形成

天命年间，满族的农业、手工业、商业虽获得不同程度的发展，但就整个后金国而言，经济形势却呈恶化趋势。[①] 努尔哈赤晚年的错误政策造成民族矛盾加剧，与明断绝市易又使得后金国经济崩溃，皇太极于危难中即位。他清醒地认识到，要解决严峻的社会问题，就必须大力推进官僚地主化进程，扩大农业生产以发展经济，同时加强对外交流。天聪年间，皇太极在政治、经济、军事、民族关系等多方面进行改革，成效显著。最终于1635年定族名为满洲，废除了诸申（女真）旧号。1636年皇太极去汗号，称皇帝，改国号为大清，女真部族联盟转变为满洲民族。

第一节　努尔哈赤晚年后金经济形势的恶化

天命后期，努尔哈赤实行一系列弊政。为防止汉人逃跑，制定异常严厉的《逃人法》，凡是逃跑者，一经抓获，统统处死；对辽东汉民实行编庄，把大量的民户降为农奴，导致汉民激烈反抗；《离主条例》的废除使得汉人奴仆的生命犹如草芥。这些政策都严重延缓了官僚地主化进程，极大地破坏了社会生产，造成社会动荡不安，生产凋敝，后金经济危机日深。

一　民族矛盾、阶级矛盾激化

努尔哈赤起兵初期，推行民族主义敌视政策，有时攻下某部城堡，内中汉人皆“杀之”[②]，甚至“享神则杀辽人代牲”[③]。后金国占领辽沈不久，苦于粮食不济，开始向当地汉民大事征敛。因征用不敷，翌年初向辽

① 刘小萌：《满族从部落到国家的发展》，中国社会科学出版社，2007，第240页。

② （明）瞿九思：《万历武功录》卷一，中华书局，1974，第8页。

③ （清）谈迁：《北游录·纪闻下》，中华书局，1997，第377页。

河西的广宁发起攻势。占领河西后，曾征用牛车万辆将明朝遗弃在右屯卫的80余万石粮食运往河东，[①] 然境内粮价仍居高不下，每金斗粮（合1斗8升）值银1两。[②] 努尔哈赤遂派遣旗兵对境内汉民大肆搜剔，逐村逐户称量汉人粮米，凡存粮不足三四升又无牲畜者，均被列为“无粮人”，全部杀死。[③] 如此残酷之举，不仅未使粮食匮乏问题缓解，反而加剧了社会动荡，“时因粮荒，叛逃者纷纷作乱”[④]。进入辽沈后一段时期，努尔哈赤对其错误有所认识，吸取“多肆杀戮，能得几何”的历史教训，认识到不如“皆不杀，即养之”，使其“各守旧业”，充分利用汉人劳动力，“诸物皆出”，出产物品，以“通商市易，永久之益也”[⑤]。朝鲜人李民寏说：满族人上年“遇唐人则尽屠，今则一切不杀，至于病创，不能步者，则弃之而来云”[⑥]。

努尔哈赤在计丁授田的基础上，建立了带有奴隶制痕迹的官僚地主制托克索，基本接受了官僚地主制生产关系。然而，五年之后，在满族奴隶制生产关系与汉族官僚地主制生产关系的冲突中，终究是代表统治阶级利益的努尔哈赤，对汉官汉民失去信心，政策动摇，对汉民进行了血腥屠杀。其晚年“多疑过杀，不知收拾人心”，造成所谓“天即以辽土限之耳”的后果[⑦]。甚至“得辽人十有其八，杀辽人十有其七”，知识分子中，所谓“绅衿”，亦尽行处死，“儒生得脱者，约三百人”。天聪初考试时，无论优劣全算，仅得“二百人”[⑧]。严重损害了满汉民族关系，摧毁了辽东的民族文化。天聪五年（1631），大凌河之战，明军战至“人皆相食”而不降。祖可法对满族诸贝勒讲述他们不降的原因时说，因为昔日“屠戮降民，是以人皆畏缩耳”；明监军道张春对满族儒臣达海说：“若从尔者杀，不从尔者亦杀，天下之人畏死，虽田野农夫，亦欲持锄镢而战矣”[⑨]，

① 《满文老档·太祖》卷三十七，中华书局，1990，第334页。

② 《满文老档·太祖》卷四十七，中华书局，1990，第438页。

③ 《满文老档·太祖》卷六十一，中华书局，1990，第580页。

④ 《满文老档·太祖》卷六十五，中华书局，1990，第631页。

⑤ 《满文老档·太祖》卷二十，中华书局，1990，第188页。

⑥ 《栅中日录》，载《清初史料丛刊第八、九种》，辽宁大学历史系清初史料丛刊本，1978，第24页。

⑦ 《清初史料丛刊第四种·天聪朝臣工奏议》卷上，辽宁大学历史系编印，1980，第10页。

⑧ （明）陈仁锡：《无梦园初集》卷三，明崇祯六年（1633）刻本影印本，第25页。

⑨ 《清太宗实录》卷十、卷九，中华书局影印本，1985，第146、140、135页。

显然，努尔哈赤屠杀降民，为后金统一东北地区，争取与团结汉民，增加了相当大的阻力。

至天聪年间，汉民逃亡更为普遍。天聪九年（1635）七月，查明三等梅勒章京高鸿中等11名官员，所辖汉民，分别减少15%到50%，有的减少一百多丁，有的减少三百多丁，合计共减丁2211名①。第二年（1636）四月，驻守边疆海州、盖州等八城官员伊勒慎等，分别查获逃人一百多人不等，共捕获1329人。②

不仅汉民大批逃亡，满、蒙人民也在出逃。天聪元年（1627）正月十四日，杜度贝勒属下巴布、瑚拉塔二牛录的15名蒙古人，自奉集堡逃走，后金国高级官将镶白旗佐管大臣吴拜、正白旗调遣大臣阿达海立即率兵追捕，尽杀逃人。③ 十八日，阿敏贝勒遣人回沈阳报告说："自义州驰二百里外，取小铁山，我等之汉人逃亡者及明兵，得获甚多。"④ 后金统治者曾经下达严禁逃亡的命令，"已逃被获者，处死"⑤。但是严刑峻法并不能扑灭满汉人民反对后金统治者、反对奴隶制的斗争；大军追捕，遍设关卡，压抑不了人民争取自由的意愿。仅天聪五年（1631）据守南海皮岛的"逃亡满人"，即已多达数百人。⑥ 崇德元年（1636），被关押的满人330丁、1756口，突破牢笼，逃亡吉林。⑦ 固山额真杜雷旗下公和尔本牛录的新满洲五人，因贫苦无力娶妻，告代善后不给，私行逃走。⑧ 可见，满人逃亡，已属常见，人数日增，持续不断。

随着民族矛盾和阶级矛盾不断激化，致使统治阶级不得不限制奴隶制的剥削范围，奴隶制进一步衰落，官僚地主化程度不断加深，后金国逐渐向中央集权官僚制国家发展。

二 与明朝决裂导致经济濒临崩溃

女真人自其先祖以来，工业品长期依靠对汉区供应，所谓"向以取资

① 《清太宗实录》卷二十四，中华书局影印本，1985，第315页。
② 《清太宗实录》卷二十八，中华书局影印本，1985，第360页。
③ 《满文老档·太宗》卷一，中华书局，1990，第808页。
④ 《满文老档·太宗》卷一，中华书局，1990，第809页。
⑤ 《清太宗实录》卷一，中华书局影印本，1985，第28页。
⑥ 《清太宗实录》卷六，中华书局影印本，1985，第83页。
⑦ 《满文老档·太祖》卷五，中华书局，1990，第44页。
⑧ 《清太宗实录》卷四十七，中华书局影印本，1985，第634页。

他国（汉区）之物为生”，自己从“不以织布为意”[①]。天命、天聪交替之际，满族社会经济出现最困难时期，经济几乎陷于崩溃局面。主要表现在工业品奇缺、物价腾贵、银多无用、土特产堆积，社会流通停滞，人民生活陷于极大的困苦之中。所以如此，是因为失去对强大中原经济的依托。[②]

明与后金市易断绝，给满族人民带来的第一个困难是工业品缺乏。当时的东北地区，除辽南地区产棉织布外，其他地区只产少量麻布。尽管努尔哈赤曾经大力提倡种棉、织布、织缎、帛，但产量极少，远不敷足用。有关后金工业品的生产情况，史书有明确记载：天命元年（1616），努尔哈赤号召部众“养蚕织缎，植棉织布”[③]。八年，有汉人高家宗送来所织蟒缎，受到努尔哈赤嘉奖。[④] 然而，三年后，经济便陷于困境。

由于同汉区贸易断绝，国内工业品库储空虚，努尔哈赤晚年，“不见昔日库中余布，尚无十匹之贮乎”[⑤]。社会各阶层皆陷入困境，物价腾贵。普通百姓由于穿衣“极贵”，造成“部落男女殆无以掩体”，被迫扒取死者衣服护体，即“战场僵死，无不赤脱”[⑥]。物价普遍上扬，成数十倍增长。当初与明朝开市时，“缎一匹值银四五两”[⑦]。马市贸易断绝后，购取一匹蟒缎“取值一百五十两”[⑧]，陡增 40 ~ 50 倍。皇太极即位时，国中已现饥荒，所谓“偷窃牛马，人相惨杀致国中大乱”[⑨]。当时，对于国情进行分析后，曾经公布一份物价表，很说明问题，即“国中银两虽多，无处贸易，是以银贱而诸物腾贵。良马一，银三百两；牛一，银百两；蟒缎一，百五十两；布匹一，银九两”[⑩]。上述严重的经济形势，使天命、天聪之际，社会动荡不安，所谓“偷窃牛马，人相惨杀致国中大乱”[⑪]。

---

① 《清太宗实录》卷十五，中华书局影印本，1985，第 208 页。
② 滕绍箴、滕瑶：《满族游牧经济》，经济管理出版社，2001，第 120 页。
③ 《满文老档·太祖》卷五，中华书局，1990，第 44 页。
④ 《满文老档·太祖》卷二十三，中华书局，1990，第 208 页。
⑤ 《清太宗实录》卷四十六，中华书局影印本，1985，第 618 页。
⑥ 〔朝鲜〕李民寏：《建州闻见录》，载《清初史料丛刊第八、九种》，辽宁大学历史系“清初史料丛刊本”，1978，第 43 页。
⑦ 《满文老档·太宗》卷五十五，中华书局，1990，第 1297 页。
⑧ 《满文老档·太宗》卷六，中华书局，1990，第 857 页。
⑨ 《满文老档·太宗》卷六，中华书局，1990，第 858 页。
⑩ 《旧满洲档译注》（一），（台北）国立故宫博物院出版，1977，第 189 页。
⑪ 《满文老档·太宗》卷六，中华书局，1990，第 858 页。

第二节 皇太极时期恢复经济的政策

努尔哈赤死后，第八子皇太极继位，明天启七年（1627）之时皇太极改元天聪。此时的后金国可谓内忧外患，危机重重：被占领的辽地民众，不堪后金的掠夺和奴役，纷起反抗；后金辖区内田园荒芜，经济凋敝，“国中乏粮，民皆饿死”，“人有相食者”[①]；投降后金的一些汉官也密谋反正。对外而言后金的处境更加艰难：自宁远战后，后金处境不利，处于明朝、朝鲜和蒙古的三面包围之中。朝鲜方面出兵、出粮支援明军；蒙古察哈尔部林丹汗已表示助明抗金；明朝任命袁崇焕为辽东巡抚，加强了关外防御。在逆境中，皇太极对内部政治、经济、军事制度进行改革，调整对外政策，以摆脱困境和增强实力；对外推行积极外贸政策，与朝鲜的李氏王朝、明朝西北边关和蒙古各部，通商买卖，并制定严格的贸易法，致国内经济及时得到恢复和发展。最终，皇太极终承父志，征服明朝和蒙古，建立大清，统一中国。

一 缓和阶级矛盾

辽东久已为农业区域，自明开国以来，就在此建立卫所，兴办军屯，所有居民，均事农业。后金取辽东后，占有广阔土地和数量庞大的汉族农民。后金统治者与贵族不能不考虑如何使用这些民户，相较畜牧和采猎，最为有利的经济活动莫过于经营农业。在努尔哈赤统一女真过程中，俘虏和降服了各个部族和民族的户口，这些户口，或分配给贵族做奴隶；或编为民户，其原因也在于此。“计丁授田”的民户为后金政权提供了财赋和兵源，逐渐成为后金政权的基础。此时的后金统治者占有大量土地，控制大量农民；冶铁的发展也促进了农具的生产；牛是作为畜牧业中重要牲畜之一，并不缺乏。这一切都为他们进一步发展农业提供了便利条件。而旗主、贵族拥有的庄园，由于诸申、阿哈的反抗和逃亡，生产力低下，越来越丧失对后金政权的支持作用。所以处理好满汉之间的阶级矛盾和民族矛盾对于后金国农业发展至关重要。

皇太极继努尔哈赤之后，在推行满汉一国的事业中，取得了前所未有

① 《清太宗实录》卷三，中华书局影印本，1985，第49页。

的成就。在安定汉民、结纳汉官方面，执行了一条相当英明的政策。他刚刚即位不久，重申“至于满汉之人，均属一体，凡审拟罪犯，差徭公务，毋致异同”①。体现民族平等思想。他主张满族、蒙古、汉族不应各自为私，自行“庇护”，应该“彼此和好”，“譬诸五味”，只有“调和得宜，斯为美耳”②。

在对汉民政策上，皇太极采取安定民心，改善处境，诬告反坐、严禁私索、赈济饥民，以便取信于汉民的政策。他即位伊始，公开宣谕军民，“凡汉官、汉民，从前有私欲潜逃及令奸细往来者，事属已往”，既往不咎。目前首举告发者，“概置不论”。今后，只有现行逃犯被获者“论死”。凡是没有逃跑行为者，“虽首告亦不论”。这项安民告示下达后，史称：“汉官汉民皆大悦，逃者皆止，奸细绝迹”③。与此同时，皇太极主动采取措施，努力改善汉民处境。他改变了汉人俘虏在努尔哈赤时期“每十三壮丁，编为一庄，按满官品级，分给为奴”，与满族官民“同处一屯，汉人每被侵扰”的不利地位，令其“每备御止给壮丁八、牛二，以备使令，其余汉人分屯别居”④。即每庄抽出七丁，“编为民户”，当时共有七百多备御，即只留下五六千汉丁，作为奴隶性质的阿哈，供各级满官役使，其余一二十万庄丁被编为民户，摆脱奴隶地位，获得自由，奴隶制的范围大为缩小；⑤ 为防止民族纠纷和满官“侵扰”汉民，皇太极命“选汉官清正者辖之”，“凡汉族军民一切事务”，“悉命额附佟养性总理”；⑥ 严格告讦，所告不实，“按律治罪”，信口妄告，“诬者反坐”；⑦ 贝勒、大臣属下，不许私自索取汉官家财，“违者罪之”，年饥乏食，民为“盗耳”。皇太极认为：“今年国谷损失，民将饿死，故为盗也，捕获者，鞭而放之，未捕获者，免之。粮谷歉收，我等之罪也，民无罪。”随后，“从宽法律”，大发帑金，散赈饥民。⑧

皇太极另一项缓和阶级矛盾的重要措施是正式颁行《离主条例》。

---

① 《清太宗实录》卷一，中华书局影印本，1985，第26页。
② 《清太宗实录》卷四十二，中华书局影印本，1985，第555页。
③ 《清太宗实录》卷一，中华书局影印本，1985，第26页。
④ 《清太宗实录》卷一，中华书局影印本，1985，第26页。
⑤ 周远廉：《清朝开国史研究》，故宫出版社，2012，第256页。
⑥ 《清太宗实录》卷八，中华书局影印本，1985，第109页。
⑦ 《清太宗实录》卷八，中华书局影印本，1985，第109页。
⑧ 《满文老档·太宗》卷六，中华书局，1990，第858页。

1615 年努尔哈赤创立的八旗制度中，八旗的地位是平等的。努尔哈赤在尝试了长子继承制失败后，转向了八和硕贝勒共同治国的政制。八王共治以八旗旗主地位平等，相互制衡为前提，显然不利于汗王集权，这在努尔哈赤时期就有所表现，但还不甚严重。皇太极即位后，为巩固自己的地位，加强集权统治，急需突破八王共治政体，因为八王平等地位显然不利于皇太极作为汗王凌驾于各旗主之上，像旗主之父那样的权威的确立。为打破八王共治，皇太极选择的突破口正是《离主条例》。在八旗制度下，旗人划分为贝勒、诸申、阿哈三个等级，在努尔哈赤时期，凡领有牛录属人且有尊贵身份者，都称贝勒。诸申是女真的主要成员，虽然地位高于阿哈，但隶属于贝勒。在入关前的满文档案中，诸申概念中包括阿哈，阿哈是包衣奴隶，阿哈与诸申均为贝勒的奴仆。奴仆告主准离，在努尔哈赤时期就有苗头。由于奴仆担负着女真生产和战争的任务，又是女真人口主体部分，努尔哈赤十分重视奴仆讦告主子之事，曾以谕告的形式规定主子对奴仆有善养义务，主子违反善养义务，奴仆有权首告主子，并且可以离开对他不加善待的原主。努尔哈赤去世后，各旗议政贝勒为了加强自身对奴仆的控制，维护奴隶制，利用皇太极即位初期地位不巩固，迫使他废除了奴仆通过讦告主子可以摆脱原主的规定。这样，奴仆就失去了保护自己权益的途径，各旗贝勒加强了对旗下奴仆的占有权，且割裂了奴仆与国家之间的隶属关系，对汗权集权极为不利。经过一番铺垫，天聪五年（1631）七月，皇太极正式颁行《离主条例》，共六条，允许奴仆通过讦告主子而摆脱人身控制。《离主条例》缓和了女真社会的阶级矛盾，也缓和了民族矛盾，因为奴仆中有大量早年被俘的汉人和朝鲜人。因此，《离主条例》虽是皇太极加强皇权集权的措施，但使奴仆地位得到改善，奴隶开始向农民转变，经济上官僚地主化进程加快，政治上汗王的中央集权专制得到加强。

皇太极通过一系列的措施，对后金生产关系进行的重大调整，皆效果显著。至此，在后金占据辽东及官僚地主化进程中所爆发出的阶级矛盾和民族矛盾，大为缓解。奴隶制经济遭到重创，官僚地主制生产关系得以确立，为生产力的空前发展开拓了道路。《清太宗实录》中记载："由是，汉人安堵，咸颂乐土云。"①

① 《清太宗实录》卷一，中华书局影印本，1985，第 27 页。

二　政治上由贵族君主制转变为专制君主制，依仿明制

1626 年努尔哈赤逝世后，名义上由他的第八子皇太极继承统治，但实际上仍由包括皇太极在内的“四大贝勒”共同处理国家事务。皇太极即位时的后金国，已是包括满族、蒙古族、汉族在内的复杂社会。满族迁入辽沈汉族地区后，民族矛盾激化，社会贫富悬殊，而外部明朝、蒙古的势力仍然很大。经济的恢复发展、阶级关系和民族关系的调整缓和、社会秩序的稳定，以及对外征服的顺利进行都需要将分散的权力集中到汗，以结束“三分四陆，十羊九牧”的涣散局面。①

由贵族君主制转向专制君主制，对满族人来说是一段相当长的经历，确切地说，清朝入关以后始臻完成，但“千里之行，始于足下”，这关键的一步无疑是伴随皇太极的即位而迈出的。②

首先，增设八旗大臣。皇太极即位伊始，与诸贝勒议定，八旗设八大臣，八大臣即八固山额真。固山额真（后称都统）并非皇太极创设，但从这时起，享有了更大的权限。“总理一切事务，凡议政处与诸贝勒偕坐共议之；出猎行师各领本旗兵行，凡事皆听稽察”。参与议政，削弱了诸王议政之权，出师领旗，削弱了诸王兵权。又设“不令出兵驻防”的 16 大臣和“令出兵驻防”的 16 大臣，“佐理国政、审断狱讼”③。在这 40 名新任八旗高级官员中，除 7 人是宗室觉罗外，其余诸人出自 15 个较大的族姓，其中 6 个是清代与皇族联姻的八大家，共计 18 人，8 个是五大臣的亲属。④ 皇太极增加八旗大臣人数，为宗室贵族以外各族姓参政提供了更多的机会，这有助于分散和削弱诸王特权，是强化汗权的初步尝试。⑤

然后，皇太极于天聪三年（1629）以“一切机务辄烦诸兄经理，多有未便”⑥ 为由，废除了“四大贝勒按月分直”⑦ 的制度，继而于天聪六

① 刘小萌：《满族从部落到国家的发展》，中国社会科学出版社，2007，第 247 页。
② 刘小萌：《满族从部落到国家的发展》，中国社会科学出版社，2007，第 246 页。
③ 《清太宗实录》卷一，中华书局影印本，1985，第 27 页。
④ 陈文石：《清太宗时代的重要政治措施》，载台湾史语所集刊第四十本上册。
⑤ 刘小萌：《满族从部落到国家的发展》，中国社会科学出版社，2007，第 249 页。
⑥ 《清太宗实录》卷五，中华书局影印本，1985，第 67 页。
⑦ 《清太宗实录》卷五，中华书局影印本，1985，第 67 页。

年（1632）又取消了“上与三大贝勒俱南面坐受”仪式而开始“南面独坐”。[①] 这一坐次变化，表明汗权在与旗主并立局面的斗争中渐居上风。结果三大贝勒：阿敏被幽禁十年，于崇德五年（1640）病死狱中[②]；莽古尔泰以“酒醉露刃”，“降居诸贝勒之列”[③]，不得志郁郁而死；代善则处处唯皇太极之言是听，活到六十六岁，仅得善终了事。[④] 所谓“生死予夺之权，一刻不许旁分”，“天无二日，民无二主”，以及“天下定于一”等专制皇权观念，成为这一时期满族社会的唯一标准。随后，皇太极依仿明制，开始大力推行后金国家专制君主制进程。

专制君主制的形成必须具备两个前提：一是在国家政权中，一切权力集中于君主；二是建立起一套保证权力集中于君主的政治制度。在贵族君主制向专制君主制转化的过程中，要树立君主集权和适应君主集权的政治制度，必须排除贵族特权对君权的干扰。天聪年间后金国制度的演进集中表现在排除贵族集团对汗权的掣肘，树立汗的绝对权威，建立适合君主专制的政治机构。[⑤]

首先，是书词、名称的划一。崇德元年（1636）六月，皇太极对此明确规定：

> 我国之人，昔未谙典礼，故言语书词，俱无上下贵贱之分；今阅古制，凡上下问答，各有分别，自今俱宜倣而行之。嗣后凡施之于皇上者，则谓之奏；施之于亲王、郡王及诸贝勒者，则谓之禀；施之于大臣者，则谓之呈。皇上之书词，谓之上谕；言语谓之降旨。臣工对上，无论问答，均谓之奏陈。各库分别定名，谓之曰银库、财库、仓库。桥谓之石井，铺谓之商家。各地方官用牲畜，谓之户部牧养。教场谓之演武厅。禁约者佛家之法，嗣后勿得称呼，谓之国家法律。不可以臣工之有职者，皆谓之官员。照样二字为蒙古之语，以后无论言语书词，照样二字永远禁止；谓之效法。外藩归顺之蒙古使者，不得曰使臣；若来进牲畜、财帛者，则谓之进献牲畜、财帛之人；若来告

① 《清太宗实录》卷十一，中华书局影印本，1985，第150页。
② 《清太宗实录》卷五十三，中华书局影印本，1985，第711页。
③ 《清太宗实录》卷十、卷十二，中华书局影印本，1985，第139页。
④ 《清皇室四谱》（上海聚珍仿宋本）卷三，第4页。
⑤ 刘小萌：《满族从部落到国家的发展》，中国社会科学出版社，2007，第265页。

事，则谓之奏陈。内外和硕亲王、多罗郡王、多罗贝勒等彼此往来之使，则谓之使臣；若亲王、郡王、贝勒、贝子等所遣之使，则亦谓之使臣；未封王之大小贝勒、贝子等之使者，若来亲王、郡王处馈送者，则不曰使臣，谓之馈送之人。[①]

此时，

和硕亲王、多罗郡王、多罗贝勒、固山贝子、固伦公主、和硕公主、和硕格格、多罗格格、固山格格、固伦额驸、和硕额驸、多罗额驸、固山额驸等，等级名号，皆有定制，昭然不紊。[②]

其次，是行政机构模仿汉制。最先设立的有“翻译记注”[③] 和“听掌记注”[④] 文馆，为后来改设内三院（内国史院、内秘书院、内弘文院）张本。时人宁完我在《请译四书五经通鉴奏》中即云：“臣观金史，乃我国始末，汗（皇太极）亦不可不知。但欲全全译写，非十载难成，且非紧要有益之书。如要知正心、修身、齐家、治国的道理，则有孝经、学、庸、论、孟等书；如要益聪明智识、选练战攻的机权，则有三略、六韬、孙、吴、素书；如要知古来兴废的事迹，则有通鉴一书。此等书实为最紧要大有益之书，汗与贝勒及国中大人所当习闻明知，身体而力行者也。”[⑤] 宁完我认为后金统治者应以明为师，把早已达到高度集权官僚化的汉人的文化遗产和历史教训全盘搬运过来。

同时又设立六部，[⑥] 更是全部抄袭明王朝。宁完我十分露骨地指出：“我国六部之名，原是照蛮子家（指明王朝）立的。”[⑦] 应当指出，在推行集权官僚化政策的同时，后金统治者不愿意抛弃本族固有的文化特点。相反地，他们更愿意把这些特点和先进的汉族典章制度结合在一起，使其继

---

① 《满洲老档秘录》卷下，中华书局影印本，1990，第 43 页。
② 《清太宗实录》卷四十二，中华书局影印本，1985，第 550 页。
③ 《清太宗实录》卷五，中华书局影印本，1985，第 70 页。
④ 《清太宗实录》卷二十八，中华书局影印本，1985，第 355 页。
⑤ 《天聪朝臣工奏议》卷中，载“清初史料丛刊”第四种，辽宁大学历史系编印，1980，第 25 页。
⑥ 《清太宗实录》卷九，中华书局影印本，1985，第 129 页。
⑦ 《天聪朝臣工奏议》卷中，载“清初史料丛刊”第四种，辽宁大学历史系编印，1980，第 35 页。

续保存下来。宁完我在天聪七年（1633）就看清了这一点，讨论从明抄袭而来的六部时，提出了自己的看法：

> 其部中当举事宜，金官原来不知，汉官秉政当看（大明）会典上事体：某一宗我国行得，某一宗我国且行不得；某一宗可增，某一宗可减；参汉酌金，用心筹思，就今日规模，立个金典出来。每日教率金官，到汗面前担当讲说，务使去因循之习，渐就中国之制。必如此，庶日后得了蛮子地方，不至手忙脚乱。然大明会典虽是好书，我国今日全照他行不得。他家天下二三百年，他家疆域横亘万里，他家财富不可计数，况会典一书，自洪武到今不知增减改易了几番，何我今日不敢把会典打动他一字？[①]

崇德元年（1636）五月，三院六部以外又依明制设都察院。其职司：向皇帝谏诤，纠举诸王大臣不法事，稽察六部，参加议奏，会审案件。[②]都察院以弹劾监察为职任，与三院六部不相统属。都察院的设立，有助于约束满洲贵族，控制国家各部门官员，维护皇权独尊地位。

三 经济上对内加强“固本”，对外增加交流

照搬明朝的政治制度只是徒有其表，学习汉人先进的生产方式才是后金强大的根源所在。农业经济对于后金国发展至关重要，具体而言有以下三方面原因。第一，明代南迁以后，在统一和扩大战争条件下，女真族逐渐由游猎经济过渡到以农业经济为主，但随着女真人口流动，农业呈现出耕作分散且极不稳定的特点，粮料时常不足。萨尔浒大战前，满族“四围逼束”，有时“无富余之粮”，盐粟不足，“以貂参市之”。[③] 这种农业基础，很难一下子改变，为努尔哈赤创业初期时有致困的主要原因。

第二，女真经济生活起点是狩猎采集，当其向农业经济过渡时，恰好南迁汉区和朝鲜两个发达的农业区。既为本区提供了迅速发展的有利条件，同时也带来了农业经济的依赖性，与明决裂便导致其经济崩溃。天命

---

① 《天聪朝臣工奏议》卷中，载“清初史料丛刊”第四种，辽宁大学历史系编印，1980，第 35 页。

② 《清太宗实录》卷二九，中华书局影印本，1985，第 376 页。

③ （明）熊廷弼：《熊经略集》，载《明经世文编》卷四八〇至四八二，中华书局，1962，第 5280 页。

年间，先是“岁凶人众”，农业歉收，与明朝断绝市易，致使“金帛不资，而实乏粮”①。不久，由于民族关系紧张，农业生产遭到严重破坏，导致天聪初年，出现“国中大饥”，“斗米价银八两”的危机局面。②

第三，除女真本身农业经济脆弱以外，人口增加过速或需求量过大是农业经济发展刻不容缓的原因。皇太极时期，满族社会农业产量，时有不敷，主要是迁入人口过多，两次征朝鲜，五次入明边，多次征蒙古，迁入人口多达数百万。以四次规模较大的对明作战俘获人口为例，如表8-1所示。

表8-1　四次对明作战俘获人口数量统计

时　间	俘虏人数
天聪九年（1635）	“入明边驰略……计俘获人口、牲畜七万六千二百有奇。”③
崇德元年（1636）	入明内地，“过保定府至安州，克十二城，凡五十六战皆捷，共俘获人口牲畜十七万九千八百二十。”④
崇德四年（1639）	左翼多尔衮深入明地，“克城三十四座，降者六城，败敌十七阵，俘获人口二十五万七千八百八十八”；右翼杜度则“共克十九城，降者二城，败敌十六阵……俘获人口二十万四千四百二十有三。”⑤
崇德八年（1643）	阿巴泰深入明地，“至兖州府……计攻克三府十八州六十七县，共八十八城；归顺者六城，击败敌兵三十九处……俘获人民三十六万九千名口。”⑥

资料来源：《清太宗实录》卷三、卷二四、卷三一、卷四五，中华书局影印本，1985，第55页。

前两次伐明都是将“人口”与“牲畜”并计，不知其中俘获人口究竟为多少，姑以三分之一计，两次大概不少于六七万。总计四次共俘获人口将近百万。因此，天聪年间，解决人口与粮食的矛盾已成后金国立足之根本。天聪元年（1627），皇太极在致朝鲜国王书中说：“我国粮石，若

① （明）程开祜：《筹辽硕画》卷四十一，明万历年刻本影印版，商务印书馆，1937，第10页。
② （清）阿桂等：《皇朝开国方略》卷十，清康熙十年（1671）刊本影印本，第14页。
③ 《清太宗实录》卷二十四，中华书局影印本，1985，第318页。
④ 《清太宗实录》卷三十一，中华书局影印本，1985，第392页。
⑤ 《清太宗实录》卷四十五，中华书局影印本，1985，第601~602页。
⑥ 《清太宗实录》卷六十四，中华书局影印本，1985，第889页。

只供本国民人，原自充裕”，近因蒙古部众“来降不绝”或“归附国多”，而致“米粟不敷”。[①] 天聪四年（1630）继征明之后，朝臣奏云：“我国地窄人稠，衣食甚艰。近来俘获官丁甚众，人口渐增，则田土有限，若丰年仅足本家所吃，若遇荒欠，本家不足，安能周济他人。”[②] 天聪六年（1632），佟养性奏称，“目今，地少人多”，苦于“无地耕种”，年岁大收，“官府民间，尽足一年之用”，岁凶歉收，食无积粟，百万生灵，何以济之。[③]

后金农业经济本具有不稳定性和依赖性，加之“归附国多”“地窄人稠”，导致后金国农业生产跟不上国家政权和人口不断扩大的需要。重农，是中国集权专制社会的传统，至关国计民生。农业生产不足已成为后金集权官僚化进程的严重制约因素。皇太极坦言，“粮食失收，咎在我等，不在于民。”[④] 他在力推集权官僚制，削弱奴隶制的同时，高度重视农业生产，以求官僚地主制农业经济的发展。

第一，确立重农思想。后金为新兴国家，建筑工程、军事征战等，需要征调大量劳力，必然影响农业生产。如何调整工筑与农务关系，使工筑不妨农务，一直是难以解决的问题。皇太极即位伊始，首先从理论上阐述这一关系，他说：“工筑之兴，有妨农务，从前因城郭、边墙，事关守御，故劳民力役，事非得已”，嗣后“专勤南亩，以重本务”[⑤]。第一次将农业排在工筑之先，他认为农业生产才是“国之大经”，“立国之本”。时时告诫臣下：“出师征伐，以有土有人为立国之本，非徒为财力也。至于厚生之道，全在勤治农桑耳。”[⑥]“田畴庐舍。民生攸赖。劝农讲武。国之大经。”[⑦] 可见他对农业生产的重要性有清醒的认识。

第二，改良农业生产技术以提高产量。皇太极重视改进农业生产技术，要求耕作时注意“地利”“土宜”。这种注重因地制宜的耕田技术称作“树艺之法”。他数次在告谕中说，“至树艺所宜，各因地利，卑湿者可种稗、稻、高粱，高阜者可种杂粮”，同时指出：“勤力培壅，乘地滋

① 《清太宗实录》卷三，中华书局影印本，1985，第55页。

② 《正红旗固山备御臧国祚奏本》，载《明清史料·丙编》第1册，中华书局，1985，第23页。

③ 《清初史料丛刊第四种·天聪朝臣工奏议》卷上，辽宁大学历史系编印，1980，第8页。

④ 《满文老档·太宗》卷一，中华书局，1990，第858页。

⑤ 《清太宗实录》卷一，中华书局影印本，1985，第26页。

⑥ 《清太宗实录》卷六十五，中华书局影印本，1985，第894页。

⑦ 《清太宗实录》卷十三，中华书局影印本，1985，第179页。

润，及时耕种”，方能“秋成收获，户庆充盈”[1]。“至于树艺之法，洼地当种粱、稗，高田随地所宜种之。地瘠须加培壅，耕牛须善饲养。”[2]“凡播谷必相其土宜，土燥则种黍谷，土湿则种秫稗。”[3]可见，皇太极指导农业的基本思想是因地制宜，根据实际情况决定种植计划。他还根据东北气候特点强调抓紧农时。崇德二年（1637），他在一次谕旨中，令户部抓紧春耕，并分析云：“昨岁春寒，耕种失时，以致乏谷。”今年春天虽然也是春寒，但“三阳伊始，农时不可失也，宜早勤播种，而加耘治焉”。认为只要耕耘及时，则不伤禾稼，可以防灾。如果“播种后时”，耕耘不足，必有“虫灾”。[4]并又谕镇守噶海等官员，“当令其勤饬农民，不可因天气尚寒，欲姑缓以俟暄和，致失春时耕植，有荒农务也”[5]。皇太极对农时了如指掌，充分体现出他的重农思想。

第三，保证农业生产资料——土地与牛具。皇太极即位后，一改努尔哈赤时期不准农民迁移的禁令，规定：“其村庄田土，八旗移居已定，今后无事更移，可使各安其业。无荒耕种，如各牛录所居，有洼下不堪耕种，愿迁移者，听之。”[6]针对一些贫苦农民虽然土地荒瘠亦不愿迁移的情况，他指令地方官“凡田地有不堪种者，尽可更换，许诉部臣换给”[7]。还严令：“如给地之时，尔牛录额真、章京自占近便沃壤，将原瘠之地分给贫民，许贫人陈述。”[8]这就在一定程度上保证农民能够拥有土地且有较好的生产条件。对在农业生产中缺少耕牛农具的汉民，“给以牛具”，使其“乘时耕种”。[9]

天聪元年（1627），皇太极说；“明国及朝鲜、蒙古之人，善于孳牧，以致蕃盛。我国人民既不善于孳牧，复不知撙节，过于宰杀，牲畜何由得蕃?”[10]要求农民对牲畜“务须加意牧养，以期蕃息”[11]。皇太极明确指出：

① 《清太宗实录》卷三十一，中华书局影印本，1985，第399页。
② 《清太宗实录》卷十三，中华书局影印本，1985，第179页。
③ 《清太宗实录》卷三十四，中华书局影印本，1985，第439页。
④ 《清太宗实录》卷三十四，中华书局影印本，1985，第439页。
⑤ 《清太宗实录》卷三十四，中华书局影印本，1985，第440页。
⑥ 《清太宗实录》卷一，中华书局影印本，1985，第26页。
⑦ 《清太宗实录》卷十三，中华书局影印本，1985，第179页。
⑧ 《清太宗实录》卷十三，中华书局影印本，1985，第179页。
⑨ 《清太宗实录》卷六，中华书局影印本，1985，第82页。
⑩ 《清太宗实录》卷三，中华书局影印本，1985，第55页。
⑪ 《清太宗实录》卷三，中华书局影印本，1985，第56页。

“汉人、蒙古、高丽，因善养牲畜，是以牲畜甚多。我国不知孳息，宰杀太过，牲畜何由而多。”① 为保护牲畜，皇太极于天聪元年发布禁止屠杀牛、马、骡、驴禁令，“马骡以备驰驱，牛驴以资负载，羊豚牲畜，以供食用，各有所宜，非可任情宰杀也。嗣后自宫中暨诸贝勒以至小民，凡祭祀，筵宴及殡葬市卖，所用牛、马、骡、驴，永行禁止”。不许随意占用农民的耕牛，“有擅取庄民牛、羊、鸡、豚者，罪之”②。

第四，保证劳动力充足。天聪九年（1635）三月十八日，皇太极视察春耕时，发现某些牛录额真因抢工程，致“民间耕种衍期”，当即严令：“滥役民夫，致妨农务者，凡牛录章京，小拨什库等，一体治罪。”③ 为保证农业生产正常进行，凡有大役，多派“有力者”或“牛录下殷实之家”，不许“累及贫民”④。崇德二年（1637），米价“昂贵”，贫民乏食，亦令牛录下有力之家，或卖或借，调节本牛录生活。若本牛录无力办到，可以向各自旗主贝勒提出，以便“周给之”。可见，为保证农业生产正常进行，清初曾经采取济贫使富政策。平时如此，对明作战时亦要保证农业生产劳动力充足。镇守永平、遵化、滦州副将高鸿中、宁完我以“恐我兵迟一日，则明国有一日之备”为由要求皇太极“速往”，皇太极谕曰：“但明国小民，自谋生理，兵丁在外，别无家业，惟侍官给钱粮。我国出则为兵，入则为民，耕战二事，未尝偏废。先还之兵，俱已各整器具，治家业，课耕田地，牧马肥壮。我兵之种既毕，即令在家之人，经理收获。伊等军器缮定。朕即率之前往。”⑤

皇太极除对内大力推行以农为本的民族经济，还积极开展对外贸易，主要体现对中原地区、朝鲜和蒙古的民族间贸易政策。

第一，与中原地区的贸易。自后金与明开战以来，除个别私商与明朝商人交易外，两国贸易通道基本断绝。努尔哈赤晚年后金的经济困难与此不无关系。皇太极即位后，在经济管理方面，较其父有较大的灵活性和开拓精神。为解决经济困难，他曾长期与明朝进行和谈。⑥ 实则以和谈为名

① 《清初史料丛刊第三种·清太宗实录稿本》，辽宁大学历史系编印，1980，第12页。

② 《清太宗实录》卷三，中华书局影印本，1985，第26页。

③ 《清太宗实录》卷一，中华书局影印本，1985，第29页。

④ 《清太宗实录》卷十三，中华书局影印本，1985，第179页。

⑤ 《清太宗实录》卷七，中华书局影印本，1985，第98页。

⑥ 滕绍箴、滕瑶：《满族游牧经济》，经济管理出版社，2001，第127页。

进行军事掠夺。如天聪六年（1632），皇太极统领八旗兵到明朝宣府原，以和谈加兵威，迫使当地巡抚等官议和、定盟，索取明朝边廷黄金50两、白金500两、蟒缎500匹、布1000匹；[①] 在辽河东西关市贸易不成，就在山西大同、张家口等地，利用明朝边防弱点，将掠夺和贸易相结合，来解决暂时的经济困难。从崇德元年（1636）开始，多次派人外出贸易。是年，遣察哈尔喇嘛额尔德尼囊苏等，率领八家（八旗）“每家十五人”，携带貂皮各五十张，人参各百斤，“往明杀虎口贸易”[②]。崇德四年（1639）五月二十六日，八家各派“达子十五名驮银约十万余两，前往张家口买绫罗缎匹”[③]。同年，将从张家口互市缎匹，赐给诸王、贝勒、贝子、公及承政、固山额真以上各官。[④]

第二，与朝鲜的贸易。皇太极时期对朝鲜的贸易伴随两国政治关系而发展，其实质具有经济掠夺性质。后金于天聪元年（1627）和崇德二年（1637），先后两次对朝鲜用兵，迫使李朝政治上称臣，经济上纳贡。从经济上说，无疑是残酷掠夺。皇太极不得不承认，他的八旗兵“甚无纪律，见利当前，竟忘国献”，致李朝西境的人员、财、物被掠夺一空，“烟火断绝”。究竟掠去多少财、物，无详细记录，但官方供认：士兵所掠不计外，皇帝和八家贝勒所得“财币、牲畜、诸物咸备，不可胜用”[⑤]。除这种公开的经济掠夺外，就是互市贸易。两国互市并不平等，是在军事压力、政治威胁下进行的。在后金的逼迫下，李朝先后开辟中江、会宁和义州各市。通过市易，后金以自己的人参等土特产品，出卖后再购进李朝的粮食、纺织品、牛、马和农具等。[⑥]

第三，与蒙古的贸易。皇太极时期，经常大量使用银两派八家商人到喀喇沁、土默特等蒙古各部经商。崇德二年，命阿尔津率领商人百余及八家官员，“携货往归化城贸易”。[⑦] 崇德三年（1638），“命八家及公以下，梅勒章京以上，各出银两，赴归化城贸易”。[⑧] 崇德五年（1640），命苏

---

① 《清太宗实录》卷十四，中华书局影印本，1985，第189页。
② 《清太宗实录》卷十二，中华书局影印本，1985，第139页。
③ 《清太宗实录》卷十二，中华书局影印本，1985，第138页。
④ 《清太宗实录》卷四十八，中华书局影印本，1985，第635页。
⑤ 《清太宗实录》卷三十六，中华书局影印本，1985，第464页。
⑥ 滕绍箴、滕瑶：《满族游牧经济》，经济管理出版社，2001，第123页。
⑦ 《清太宗实录》卷三十六，中华书局影印本，1985，第465页。
⑧ 《清太宗实录》卷四十一，中华书局影印本，1985，第536页。

拜、朱马喇等，率八家商人及公以下，牛录章京以上家人，前往张家口、归化城“交易”或“购买马匹”。[①]

皇太极时期由于农业经济迅速恢复和发展，加上军事掠夺、通商贸易，使国内经济困难大为缓解。无论是国家公库、八家贝勒，还是各级官吏都富裕起来，这就加强了后金政权的经济实力。在一定意义上说，努尔哈赤之后是皇太极扭转乾坤，奠定了清王朝统一中国的坚实基础的时期。[②]

四 军事上改革八旗兵制

八旗的改革是围绕着集权与分权的问题逐渐展开的。它随着满洲贵族集权官僚化的进展，斗争形式不断地更换，构成了清代前期社会变革的重要内容。以皇太极、福临、玄烨、胤禛为代表的八旗变革派，对以诸王为代表的守旧势力给予打击和制裁。在努尔哈赤过世后的百年中，八旗的改革历尽艰辛，天聪、崇德时期，皇太极以变易旗帜，揭开了八旗改革的序幕。他渐降三旗，南面独坐，八和硕贝勒共议国政体制被肢解。这是君主集权发展的必然结果。至此，努尔哈赤初建八旗时的宗旨，已荡然无存。清代八旗制度这场自身的深刻变革，就满洲社会发展而言，无疑是一大进步。

从国家政权的组织形式看，由女真国发展到后金国，确有其特殊地方，这个国家是在连年战争的形势下，从军事组织发展起来的。对外掠夺，对内镇压，是这个国家的首要任务，它的主要活动就是进行战争。因此，这个国家的政权组织形式采用了八旗制度。[③]

八旗制度是由努尔哈赤创立的，初为建州女真部军事、政治和经济合一的社会组织。“其尊者，无事则为公卿，有事则为将帅；其卑者，时而耕于野，时而蒐于郊”[④]。努尔哈赤后期，后金所实行的政体就是以汗为首的八和硕贝勒共议国政制。八和硕贝勒“各置官属，朝会燕饷，皆异其礼，锡赉均及。是为八分”[⑤]。八旗创立之初，规定“八家但得一物，八

① 《清太宗实录》卷五十二，中华书局影印本，1989，第701页。

② 滕绍箴、滕瑶：《满族游牧经济》，经济管理出版社，2001，第131页。

③ 周远廉：《清朝开国史研究》，故宫出版社，2012，第94页。

④ （清）金德纯：《旗军志·张潮题词》，载《辽海丛书》（第四部），辽沈书社，1985。

⑤ 《大清五朝会典·光绪朝》卷一，《宗人府》，中国线装书局，2006。

家均分公用，毋得分外私取”[①]。“共议国政”制度建立在各旗绝对均等的基础上，是八旗诸王分权共治的组织形式，形成了政治、军事、经济相互独立、势均力敌的八家集团。自清王朝挺进辽沈，至戡定中原，八旗兵金戈铁马，驰骋南北，建立了功勋。同时，伴随满洲贵族集权官僚化的深入，大汗与各旗主间的矛盾日趋激化，其主要问题是大汗或皇帝集权，还是八旗分权共治？[②]

“八家分治”的格局钳制着国家在军事、政治、经济各个领域行使正常职能。天命十一年（1626），众贝勒共举皇太极“嗣父皇登大位”。执政的方式仍是代善、阿敏、莽古尔泰、皇太极四大贝勒平起并坐，同操国柄，未成君臣体统。这种共治状况，在行政上，凡国人朝见，上与三大贝勒俱南面坐受。“国中一切机务，俱令值月贝勒掌理”[③]。在经济上，“有人必八家分养之，地土必八家分据之，即一人尺土，贝勒不容于皇上，皇上亦不容于贝勒，事事掣肘”[④]。在军事上，各贝勒所将之旗兵力均衡，大汗无法支配。八旗出兵向例不设统帅，军政大计只能由出兵诸贝勒大臣集议而定。出兵贝勒各自为政，军权涣散以致贻误战机无可避免；再者，出兵贝勒只关心本旗利益，调兵时自然锱铢必较，有时甚至造成只图保存自家实力，置他旗兵丁生死于脑后的卑劣心态。八和硕贝勒共治国政中的皇太极，虽有“一汗虚名”，实无异于一旗贝勒。

皇太极面对“皇考无立我为君之命”的窘境，忧心忡忡，“若舍兄而嗣立，既惧弗克善承先志，又惧不能上契天心”[⑤]。诸兄弟子侄“推我为君”，“要上敬诸兄，下爱子弟”。但他又深感旗权对皇权的羁绊，不打破共治体制，皇权很难集中。于是，在不完全违背父汗遗教的前提下，他对八旗制度逐步地进行调整和改革，打破四大贝勒俱南面坐的现状，“黄色是憨（汗）”。“黄衣称朕”。八旗伊始，努尔哈赤即领两黄旗。黄色为大汗所专有，是八旗最高权力的象征。嗣后，黄带子是区分宗室和觉罗（系红带子）的鲜明标记。皇太极原为白旗之主，这对摆脱八王共治的桎梏，实现“钦承宸断”，十分不利。于是，在“不削夺皇考所予户口”的情形

① 《清太祖实录》卷四，中华书局影印本，1985，天命十一年六月二十四日。
② 刘小萌：《满族从部落到国家的发展》，中国社会科学出版社，2007，第246页。
③ 《清太宗实录》卷五，中华书局影印本，1985，第67页。
④ 《清初史料丛刊第四种·天聪朝臣工奏议》卷上，辽宁大学历史系编印，1980。
⑤ 王先谦：《东华录》，上海古籍出版社，2008，天命十一年八月庚戌。

下，皇太极大胆地变易旗帜，将自领的两白旗同父汗留给阿济格，多尔衮、多铎的两黄旗更换旗帜，自己成为两黄旗主。皇太极这样变动，既不背离登极时的誓言，又不大伤八旗筋骨，很容易为三大贝勒应允，也能为年幼的三兄弟所接受。同时，皇太极又变化了八旗的装饰，取代了努尔哈赤时期同色旗正镶区别以不画龙和画龙的图案①，易以黄、白、红、蓝四色镶边的装束。这是皇太极对八旗变革之始。

八旗汉军和八旗蒙古从原来的八旗组织中分出，另自编旗，也构成了后金政治制度发展变化的一个重要部分。

1626 年，在汉人的反抗斗争下，皇太极被迫改编庄田，重新恢复了部分汉族的民户身份，缓和了当时紧张的满汉关系。与此同时，他开始进行儒生考试，从而进一步赢得了汉族地主的支持。随着后金政治、经济生活的发展，汉族的重要地位，日益显著：在经济上，汉人民户为皇太极对并立旗主的斗争提供了经济基础；在军事上，汉军炮兵在对明战争中显示了它的威力，补充了满洲骑射的不足。而在皇太极谋求集权过程中，汉族地主知识分子成为不可缺少的参谋。为加强对汉族知识分子的利用，皇太极分编汉人作为八旗组织的一部分。1633 年 7 月，命令满洲八旗各户汉人有十丁者授棉甲一副，共得 1580 人，以旧汉兵额真马光远等统率，正式另编汉军为一旗。② 汉军旗与八旗满洲编制相同。汉军旗的各级统治者与满洲八旗的各级统治者一样占有腴田牲畜和奴仆人丁，成为后金政权的支柱。1637 年 7 月，增编汉军为二旗，1639 年增汉军为四旗，每旗设牛录额真十八员，固山额真一员，梅勒章京二员，甲喇章京四员。③ 以后又不断收降明朝官兵，至 1642 年最后编成八旗汉军。

在八旗汉军增编过程中，1634 年皇太极把蒙古降众和在他统治下的蒙古人也分编成了八旗蒙古。以后陆续有蒙古人被编入。八旗汉军、八旗蒙古、八旗满洲共同构成清代八旗制的整体。

八旗汉军、八旗蒙古编旗后，编旗的丁口与八旗满洲丁口同样称为旗人，同受八旗制度束缚，这就大大分减了原八和硕贝勒的权力，向君主集权制迈出了重大步骤。据统计，皇太极末年，汉军八旗有 167 个佐领（牛录），蒙古八旗有 129 个佐领，满洲八旗有 319 个佐领。满、蒙、汉八旗

---

① 〔朝鲜〕李珲：《光海君日记》卷一六九，刻印本。

② 《清太宗实录》卷十三，中华书局影印本，1985，第 180 页。

③ 《清太宗实录》卷四十七，中华书局影印本，1985，第 626 页。

成员在东北广阔地域内，杂居共处，政治经济地位大体相同，从而在以后长期的历史发展中形成了日益接近的心理状态。

第三节　皇太极主政时期满洲的经济成就

皇太极的一系列经济恢复政策，取得了重大成就。满洲的农业基本达到自给，公库私仓均能满屯；满洲独立的官营手工业摆脱了分散状态，借助汉族匠人的技艺，手工业技术得到提高，手工业品尤其能满足统一战争的军需和满洲贵族日用需要；以农业为基础和手工业的繁荣，促进了满洲商业贸易的兴盛。皇太极时期满洲经济的进步，一方面为统一全国的军事斗争奠定了经济基础，另一方面型塑了这一时期满族经济的民族性。

一　农产品生产已能实现自给

经过长期努力，满族入关前的农业生产，无论从生产力发展水平、粮食产量和积储方面都基本上达到自给水平。一入其境，“家家皆畜、鸡、猪、鹅、鸭，羔羊之属”①，凡“禽兽、鱼、鳖之类；蔬菜、瓜、茄之属皆有”，一派农家景象。“土地肥饶，禾谷甚茂，旱田诸种，无不有之”，产量则“粟一斗落种可获七八石”，秋后收获或“埋于田头”，或输入家中，“掘窖以藏，渐次出食”，或置于仓中。都城赫图阿拉东门外，“则有仓廒一区，共计一十八照，每照各七八间，乃是贮谷之所”②。此为公库，至于各家则“五谷满囤”③，致有“日暖便有腐臭”④之时。至皇太极晚年，盛京及大小城堡、庄屯，只造酒一项，日用米“不下数百石”，年不下“数十万石。”⑤足见满族入关前，农业生产水平，已经达到不亚于中原地区的先进水平，粮食基本能够自给，为满洲民族经济奠定了坚实的基础。

---

① 《朝鲜李朝实录·宣祖》卷七十一，科学出版社影印本，1959，第450页。

② 《东夷努尔哈赤考》，见程开祜《筹辽硕画》卷首，明万历年刻本影印版，商务印书馆，1937，第2页。

③ 〔朝鲜〕李民寏：《建州闻见录》，载《清初史料丛刊第八、九种》，辽宁大学历史系“清初史料丛刊本”，1978，第43页。

④ 《朝鲜李朝实录·宣祖》卷七十一，科学出版社影印本，1959，第449页。

⑤ 《清太宗实录》卷五十八，中华书局影印本，1985，第788页。

二 官营军事手工业的成就

这一时期满族社会的手工业生产，仍然是作为农业的副业。起初女真工业品全靠汉地供给，直到努尔哈赤兴起，俘获汉人渐多，而对明又断绝关系，互市停止，外来的手工业产品，几乎完全断绝，后金才感到有发展自己手工业的重要性。不过根据这样的历史传统，要发展民族独立的手工业，必须将分散在八旗各牛录中的小手工业，通过后金政权严格控制起来。天聪八年（1634）五月丙申，皇太极下谕："多制各色衣服、帽靴、甲胄、弓矢、撒袋、鞍辔等物，每甲喇出工匠二名，每牛录出铁匠一名，镢五、镴五、锹五、斧五、锛二、凿二，每人随带镰刀。"① 又于崇德六年（1641）规定；"每牛录原铁匠六名，王贝勒取一名，退去一名，止许留四名。"② 崇德六年四月甲子诏谕，旧日八旗各牛录中，有银匠五名，铁匠五名，工匠鞍匠若干名，这些匠人都是由统治者指定制造他们所需要的东西，各个匠人不能随意造卖，尤其是汉人工匠，"违禁造卖者治罪"③。这是将旧日分散在各家庭的手工业加以控制，符合后金统治者军需和日用需要，尤其是军事需要。其为副业性质，基本上和努尔哈赤时代并无二致。但城市手工业比起努尔哈赤时代来，有着很大程度的不同。在清初的记载里常常提到"赏工部各色匠役四十五人""八家匠役""赏织造匠役三十二人"等。④ 无疑，他们都是城市手工业的匠人。仔细考察这一时期的手工业者，除上面举示的"织匠"以外，比如"瓦匠""弓匠""矢匠""银匠""铁匠""铸匠""鞍匠""船匠""磁匠"等，无一不齐。⑤ 毋庸置疑，这些手工业者已经从农业中分离出来，专门从事手工业生产而不再具有副业性质。

随着侵明的军事需要，冶铁业在皇太极时期有了突飞猛进的发展。即以"钢铁"一项来说，满人浑塔供认："我携钢铁，只送贝勒阿济格，不送我本贝勒（多尔衮）。此事荆古尔代可证。"⑥ 随着冶铁业的发展，满族

① 《清太宗实录》卷十八，中华书局影印本，1985，第241页。

② 《清太宗实录》卷五十五，中华书局影印本，1985，第744~755页。

③ 《清太宗实录》卷五十五，中华书局影印本，1985，第745页。

④ 《清太宗实录》卷三十九、卷五七、卷六二、中华书局影印本，1985，第849页。

⑤ 《清太宗实录》卷三十六、卷四七、卷五五、卷八、卷五五、卷三三、卷四四，中华书局影印本，1985。

⑥ 《清太宗实录》卷二十一，中华书局影印本，1985，第282页。

不但能自己制造“炮子”“火药”，而且还会制造“大炮”“火箭”。[①] 当时制造“炮子”和“火药”的产量很大。崇德四年（1639）的对明战役中，“汉军所需炮子一万，火药五万觔”[②]。动辄以万计，可见产量之大。“红衣大炮”的铸造，始于天聪五年（1631）。“天聪五年春正月……造红衣大将军炮成。镌曰：天祐助威大将军，天聪五年孟春吉旦造。督造官总兵官额驸佟养性，监造官游击丁启明，备御祝世荫，铸匠王天相、窦守位，铁匠刘计平。先是我国（指满族）未备火器，造炮自此始”[③]。“红衣大炮”的初次铸造，即以“数十”“百”计。天聪五年秋，“其随营红衣炮、大将军炮四十位”[④]。到冬天，“旧汉兵全军载红衣炮六位、将军炮五十四位”[⑤]。同一年所举出的这两条记录合计，即有一百之数，不见记录者，必不在少数，可见数量之多。铸造大炮、炮子、火药的中心地点，在当时满族首府“盛京”（今沈阳）[⑥]，后来在“归化城”（今内蒙古呼和浩特市）和“锦州”［今辽宁锦县（现名凌海市）］。[⑦] 两地同样可以铸造。天聪七年（1633），毛文龙部将孔有德、耿仲明、尚可喜降金，带来明新制葡萄牙炮，皇太极大喜，与孔耿两降将行抱见礼（最亲爱的礼节），女真军事工业赖汉人助力，很快赶上明朝，军事上更占优势了。后金政权对工业的控制，官营军需工业的发展，都影响了民间工业。

三　满洲内外贸易的兴盛

农业的快速发展，军事手工业的进步，加之满族本身善于采集、狩猎，为其商业发展拓宽了道路，大量剩余产品的出现导致商业兴盛。本来只是直接为自身消费而生产的农作物，进而采取商品形式。“官民有余粮者，官籴以给新人之用。……若以闻官买粮用，必不上市，其价必长。价一高，穷民不免受此饿毙。……以后止可照市价给折色银两。……若折银给散，籴买便易”[⑧]。有粮之家，更囤积居奇，乘时射利，即满族统治者

---

① 《清太宗实录》卷九，中华书局影印本，1985，第129页。
② 《清太宗实录》卷四十五，中华书局影印本，1985，第600页。
③ 《清太宗实录》卷八，中华书局影印本，1985，第109页。
④ 《清太宗实录》卷九，中华书局影印本，1985，第129页。
⑤ 《清太宗实录》卷十，中华书局影印本，1985，第137页。
⑥ 《清太宗实录》卷九，中华书局影印本，1985，第129页。
⑦ 《清太宗实录》卷五十六、卷六十二，中华书局影印本，1985，第750页。
⑧ 《清初史料丛刊第四种·天聪朝臣工奏议》卷中，辽宁大学历史系编印，1980，第11页。

皇太极本人亦不以此为讳："米谷所以备食，市粜所以流通。有粮之家，辄自收藏，必待市价腾贵，方肯出粜。此何意耶？今当各计尔等家口足用外，有余者即往市粜卖，勿得仍前壅积，致有谷贵之虞。先令八家各出粮一百石，诣市发卖，以充民食。"① "朕闻巨家富室，有积储者，多期望谷价腾贵，以便乘时射利。……向者国赋不充，已令八家各输藏谷，或散赈，或粜卖。今八家有粮者，无论多寡，尽令发卖，伊等何不念及于此？今后……官民富饶者，凡有藏谷，俱著发卖……令伊等得价贸易。"②

除此之外，畜牧业产品、狩猎、采集产品同样也以商品形式出现于市场之上。天命九年（1624）"……当马、牛、骡、驴、羊、鹅、鸭、鸡之人，务各以自养者售之，以图获利。其买他人之物而售者，人见之，可执售者来告，即以其物令执之者取之。凡售牲畜，以银核计：一两收税一钱，以二分令收税人取之，以一分令牛录额真、代理章京取之……"③ 至于采集和狩猎产品更是这一时期满族劳动人民以其当作商品出售的重要产品。皇太极亦明确指出："我国满、汉、蒙古人等当采参……与之（指明国）交易。"④ 在满族和朝鲜的"互市"中，主要是以两国出产的"土物"或"土产"作为商品交换的。李朝仁祖六年（后金天聪二年，1628）戊辰十二月，"胡差（指满族方面派到朝鲜去的使者）出给人参四百八十余斤，责换青布一万九千余匹"⑤。仁祖十二年（1634）甲戌三月乙卯，"胡差龙骨大（即英俄尔岱）、马夫达（即马福塔）等……率从胡百余以来。……仍言人参八百斤、银子万余两交易之事云"⑥。

商业在这一时期的进展，不仅有已经脱离农牧业的大批商人存在，而且还出现了异常繁华的商业城市。努尔哈赤末年沈阳的繁荣情况如下："无论满洲、汉人，凡设立店肆者，务将肆主之姓名，刻于石木之上，立于肆前。若不号记肆主之姓名，则治以罪；无店肆之记号而携物出售者，概行禁止。"⑦ "（正月）初二日，上（努尔哈赤）率诸贝勒于戌刻出宫，

① 《清太宗实录》卷三十一，中华书局影印本，1985，第 399 页。
② 《清太宗实录》卷三十一，中华书局影印本，1985，第 398 页。
③ 《满洲老档秘录》卷上，中华书局影印本，1990，第 41 页。
④ 《清太宗实录》卷五，中华书局影印本，1985，第 70 页。
⑤ 《朝鲜仁祖实录》第二册，科学出版社影印本，1959，第 93 页。
⑥ 《朝鲜仁祖实录》第二册，科学出版社影印本，1959，第 34 页。
⑦ 《满洲老档秘录》卷上，中华书局影印本，1990，第 31 页。

御城西墙远处之慈爱门。上命肆陈百戏，燃放爆竹泥筒。既毕，至亥刻进宫。”[①] 到皇太极时代，商业税在满族社会的国家财政中占很大比重。皇太极于天命十一年（1626）即位之初，在他的“告谕”中即已指出：“通商为市，国家经费所出，应任其交易，漏税者罪之；若往外国交易，亦当告知诸贝勒，私往者罪之。”[②] “告谕”归纳起来有两条：一是经商纳税，不许偷税漏税。二是以八家官商为代表，有组织的对外贸易与有限制的旗内贸易相结合。八家官商体现为皇室的“包衣交易之人”，贵族的“八家商人”和“府内人”等，经常到境外去贸易。这是一种满族贵族经营商业的特权，受国家法律保护。[③] 可见，此时的贸易并非自由贸易，而是以八家为代表的官商垄断贸易。

在满族的对外贸易中，由于自努尔哈赤时代起，与明长期处于战争状态的缘故，和明朝公开互市并不多见。所以在这个时期，主要是与朝鲜的经济交流特别发达。在《朝鲜实录》中，满族方面的商人被称为“金国商人”“商贾”“买卖人”“贾胡”“商胡”。[④] 这些去朝鲜贸易的满族商人，经常以数十计、数百计，甚至过千（见表8－2）：

表8－2　仁祖六年（1628）女真人去朝鲜贸易人数统计

时　间	去朝鲜贸易的满族商人人数
仁祖六年	“差胡者老等率商胡八十人出来会宁府。”[⑤]
仁祖六年戊辰二月庚申	“郑忠信启曰：龙骨大领开市胡人千余，所豆里领守护军三百余，出来于镇江。”[⑥]
仁祖十三年（1635）	“差胡率商胡七十八人，来到会宁。”[⑦]
仁祖十三年乙亥五月辛亥	“金差马夫达率商胡一百六十人入京。”[⑧]

资料来源：《朝鲜李朝实录》第二册，第23、94、363页；第三册，第4页，科学出版社影印本，1959。

① 《满洲老档秘录》卷上，中华书局影印本，1990，第41页。
② 《清太宗实录》卷一，中华书局影印本，1985，第26页。
③ 《清太宗实录》卷五十三，中华书局影印本，1985，第717页。
④ 《朝鲜仁祖实录》，科学出版社影印本，1959，第二册，第68页；第三册，第68页；第二册，第230页；第三册，第30页；第二册，第43页。
⑤ 《朝鲜仁祖实录》第二册，科学出版社影印本，1959，第94页。
⑥ 《朝鲜仁祖实录》第二册，科学出版社影印本，1959，第23页。
⑦ 《朝鲜仁祖实录》第二册，科学出版社影印本，1959，第363页。
⑧ 《朝鲜仁祖实录》第三册，科学出版社影印本，1959，第4页。

皇太极推行立足于以农业为主，积极开展对外贸易的政策取得巨大经济成就。他自信地说："朕嗣位以来，励精图治，国势日昌，地广粮裕，又以计令各处互市，文绣锦绮，无不备具，尔诸王、贝子、大臣所被服者非欤，往时亦尝有此否也，朕之为众开市，岂属无益。"① 以述其经济政策之正确。

天聪十年间，金国迅速成长为地域广阔、人口民族众多、经济形态多样的国家。崇德元年（1636）改国号为大清，清即金的音转。为了避免惹起汉族人民对历史上金朝侵略者的种族仇恨，故改为清。族称满洲，改元崇德，皇太极由后金汗王进位为大清皇帝。满洲初期的政治，可以说是贵族政治没有得到充分的发展，就直接走向高度的专制主义中央集权制，而且初步形成官僚政治。②

皇太极乃有清一代极具远见卓识、雄才大略的君主，康熙帝在《太宗文皇帝实录序》中，评价其："为定国安民是务。自是建官分职，纲举目张。持赏罚之平，谨贤奸之辨，严贪黩之禁，开谏诤之途。课农桑以固邦本，设科目以罗群彦。情不隔于尊卑，人无歧于新旧。""十七年之间，文教覃敷，武功赫，版图日辟而景运寝昌。"③ 皇太极将后金社会从奴隶制推进到集权官僚制，把后金单一的民族政权演变为多民族政权，并为清政权逐鹿中原建立全国政权奠定了坚实的经济基础。主要表现在：其一，皇太极统治时期的满族已经彻底转变为农业经济为主的定居民族；其二，入关前满族经济繁荣，成为凝聚东北各族人民的经济基础。当然，满族的独立经济地位十分有限，只有入取中原才能彻底摆脱经济发展的困境。④

---

① 《清太宗实录》卷六十五，中华书局影印本，1985，第 894 页。

② 莫东寅：《满族史论丛》，人民出版社，1958，第 125 页。

③ 《清太宗实录·序》，中华书局影印本，1985。

④ 滕绍箴、滕瑶：《满族游牧经济》，经济管理出版社，2001，第 13 页。

第九章　明代女真与其他民族间的经济关系

明初女真部族大多数居住在黑龙江、松花江流域，后因纷纷南迁，分布于我国东北和朝鲜北部的境城、庆源、会宁等广大地区，形成跨境而居的格局。女真人充分利用毗邻先进民族的机会，积极与明廷和朝鲜进行经济交流，提高自身的生产力水平。与此同时，形成了渔猎、贸易与掠夺三位一体的民族经济结构。对于与自己文化渊源颇深的蒙古族，女真统治阶级切断其与中原的经济联系后，采取给予经济利益或者联姻等策略进行拉拢，使得蒙古族成为后金及大清帝国创基立业的一支生力军。

第一节　女真与汉族之间的敕书、朝贡与马市

明政府继承元朝在东北地区的统治后，同样面临如何有效管理女真人的问题。其政策的核心有两点：一是如何使女真人处于分散状态，避免形成一股强大力量；二是把女真人对汉区的掠夺减至最低限度。在这个思想指导下，明政府对女真人采取了一系列政策措施。[①]

政治上，推行“招抚”为主的政策，大量建置羁縻卫所。单是明成祖一代，便建立卫所180多个，并在黑龙江口元奴儿哥征东元帅府故地，设立奴儿干都司，就女真上层加封不同等级的卫所官职，有都督、都指挥使、指挥佥事、千户、百户、镇抚等。给予受封者印信与敕书，并规定其在进京朝贡或马市途中，享受一定的待遇。[②] 敕书开启了女真与汉族贸易的大门，在女真经济发展过程中起到了至关重要的作用。敕书不仅是政治权力之标志，且具有相当高的经济价值。明统治者企图通过这种“各自授

① 中国科学院民族研究所、辽宁少数民族社会历史调查组：《满族简史》，民族出版社，1963，第12页。

② 中国科学院民族研究所、辽宁少数民族社会历史调查组：《满族简史》，民族出版社，1963，第13页。

以官职而不相统属，各自通贡而不相纠合”的办法，分部控制，“销患于未萌”。①

经济上，除准予各受封女真首领到北京朝贡并给予“回赐”外，又在辽东开设“马市”，以便女真各部互市买卖。为方便马市管理，明廷同样规定以敕书作为入市凭证。通过朝贡、互市，大批女真良马、土产源源不断地流入内地，内地先进的手工业品不断输往关外。京城与关外各市易场所、关口、通道，像一条条血管，将关内外连接起来，形成统一的国内市场。汉人通过交易得到女真人的土产；女真人不仅获得了生活必需品，而且吸收汉族文明成果，经济发展充分利用了后发优势。② 因此，敕书、朝贡、马市在明代女真经济发展中，具有举足轻重的作用，为明代女真经济振兴提供了契机。敕书、朝贡、马市是女真部族经济与汉族经济在明代相互补充的三种制度化形式。

一 明朝政府颁发的敕书开启了女真与汉族贸易的大门

明初，为招抚安置东北地区的女真各部，明廷实行“以夷治夷”的羁縻政策，具体内容就是利用女真首领为明朝地方官，管理各部女真。明朝给任命的女真酋长颁发诰敕、官印和冠带袭衣。诰敕是委任状，也称敕书，上面记载着明政府授予的官职和等级，是进京朝贡和接受赏赐的凭证。官印即行使部族管理权的权柄。这样，被正式任命官职的部族酋长就成为明王朝统治女真地区的代理人，并从法律形式上确定了明廷与女真各部的政治隶属关系。对明朝而言，敕书代表着明朝对女真的有效统治，对女真而言，敕书给他们带来更多的是经济利益。

明朝在东北地区设立卫 384 个、所 24 个、站 7 个、地面 7 个。朝廷发给卫所官员敕书、印信，各自统治所属女真部。敕书的主要内容是：告诫各卫所官员效忠皇帝，安定地方，看守边疆。③ 努尔哈赤曾珍藏明朝永乐皇帝颁给毛怜卫的敕书，敕书的全（译）文为：“奉天承运的皇帝说，我想帝王治国，是使天下一家，整顿大兵，安定国民。不分远近都任用大臣管辖。林布尔汗你住在边疆地方，遵从大道，知天时，明事理，因为你

① 《皇明经济文录》卷三十四《蓟州·女直》，全国图书馆文献缩微复制中心，明嘉靖刻本，1994，第 926 页。

② 滕绍箴：《满族发展史初编》，天津古籍出版社，1990，第 142 页。

③ 李燕光、关捷：《满族通史》，辽宁民族出版社，2003，第 143 页。

有远见，才从众人中突现出来。我获悉你的忠义而喜，为什么要加赏赐呢？从前曾任命你为毛怜卫指挥使衙门的指挥佥事，今特意追加授予你怀远将军名号，为世袭该卫指挥同知。你若更加固守大道，敬谨勤勉，统辖你管下的军民，看守边境，安定地方，狩猎放牧，繁殖意欲取得的所有东西，始终不做坏事，天将眷顾，你的子孙世世享福，永远尊贵地生活，不要忽视我这道义。"[①] 景泰三年（1452），明朝皇帝敕谕考郎兀卫都指挥使格哈及大小头目："尔等自祖父以来，世受朝廷官爵，设卫给印，俾尔等管束人民，自在居牧。"[②] 明发敕书给各卫，使其管好本卫女真人，同时要狩猎放牧。各卫女真头人，也深知自己职责，在给明朝的奏疏中表示忠顺。

明朝授予女真部各卫长官权力，敕书成为凭证，它表明女真人官职地位的高低，并可得到相应的政治、经济待遇，因此，女真人对敕书视若珍宝。16 世纪前期海西桑古卫都督指挥佥事皇家奴上书明朝皇帝："奴婢嘉靖九年（1530）二月二十七日得到的职事，至嘉靖十九年（1540）十月二十三日，在开原地方，将原敕书失落了。今可怜见，奴婢肯再给与新敕书，好管人民。"他们认为掌握敕书管理人民才名正言顺。海西别尔真站女真人上奏说："奴婢每（们）祖父在时，每年进贡马匹、貂鼠皮，至今不曾有违。奴婢每（们）永乐十二年（1414）元月十五日除授职事的敕书多年了，奴婢今来各要换新敕书，可怜见，奏得圣皇帝知道。"[③] 努尔哈赤在天命十一年（1626），曾命令部下珍藏他所保留的敕书，并流传于世。

《满文老档》中记载了努尔哈赤及其子侄、后金五大臣等人所持有的，明朝给予奴儿干都司女真人各卫的敕书。档案中记录了明代奴儿干都司的 245 个卫，还保存了许多在 16 世纪明朝给海西女真的敕书。原来明朝颁发给女真各部的敕书，从 15 世纪中期以后，就逐渐为强有力的首领所夺取。属于建州女真的敕书共五百道，最初努尔哈赤只有三十道。[④] 以后"上（努尔哈赤）招徕各路，归附益众，环境诸国有逆命者皆削平之，国势日盛。明亦遣使通好，岁以金币聘问。我国产东珠、人参、紫貂、元狐、猞

① 太祖朝《重译满文老档》第三分册，卷五十八，辽宁大学历史系，1979，第 92 页。

② 《大明英宗睿皇帝实录》卷二百二十四，《废帝郕戾王附录第四十二》，中研院历史语言研究所，1962，第 4583 页。

③ 《华夷译语·肃慎馆来文》，柏林图书馆藏明永乐五年（1407）抄本。

④ 李燕光、关捷：《满族通史》，辽宁民族出版社，2003，第 145 页。

猁狲诸珍异之物，足备服用。于抚顺、清河、宽甸、叆阳四关互市，以通商贾，自此国富民殷云。”①。这就是说，努尔哈赤已掌握建州女真的五百道敕书，获得与明朝互市的特权。属于海西女真的敕书共999道，哈达部强盛时期持有700道，后来被努尔哈赤夺去敕书363道。② 天命四年（1619），努尔哈赤还向明朝要求：“其抚顺所原有敕书五百道，并开原所有敕书千道，仍给我军士，再以彩币三千，黄金三百，白金三千为吾大臣等输焉。”③ 显然，努尔哈赤要攫取女真各部的所有敕书，垄断互市交易。争夺敕书就是争夺经济利益，从而获得生活所需的缎布、铁锅，生产所需的犁铧、耕牛，这都是女真贵族和人民所不可缺少的物品。同时可以看出，明代女真部族经济发展及民族崛起，与敕书的关系密不可分，敕书促进了女真社会的贸易和社会财富的快速增长。

明代女真部持有的敕书，有一个不断集中的趋势，因而有违明初颁发敕书的初衷。明初颁发敕书的目的在于对女真实行分部控制，使授官各部不相统属，然而，随着女真各部走向统一，分授的敕书逐渐集中到努尔哈赤手中。敕书意味着经济利益，敕书持有的集中，意味着满洲作为一个民族的共同经济利益的逐步形成。当努尔哈赤公开要求持有女真各部全部敕书时，表明明朝在民族间经济关系中，已经失去对女真人的控制。

二　明代朝贡政策对女真经济的影响

朝贡是明廷在东北地区实行“以夷治夷”羁縻政策的重要内容之一。明廷规定，羁縻卫所的官员必须“各统其属，以时朝贡”④，即定期向中央政府缴纳贡赋。羁縻卫所的女真官员带领属下进京朝贡，须持有明政府颁发的诰敕或印信，从指定贡道入贡。入关时，要将敕书及贡物交由主管官员检查，然后放行。朝贡者到达都司所在地辽阳，暂居“夷人馆”⑤，

① 《清太祖实录》卷二，中华书局影印本，1986，第35~36页。

② 李燕光、关捷：《满族通史》，辽宁民族出版社，2003，第145页。

③ 《清太祖实录》卷六，中华书局影印本，1986，第77页。

④ 《皇明经济文录》，卷三十四《蓟州·女直》，全国图书馆文献缩微复制中心，明嘉靖刻本，1994，第926页。

⑤ 据毕龚等修，任洛等重修《辽东志》卷二，从东北方各驿道南来贡市的女真人，皆有明廷设置的“夷馆”，给予招待或验收。辽阳设“夷人馆”，在泰和门外西南。广宁设有“安夷馆”，在广宁城迎恩门外。《辽东志》，《辽海丛书》（缩印本），辽沈书社，1985，第136页。

再受审验，后由伴送官员陪送至北京。沿途由驿站接待、转送。抵达北京，由“会同馆”[①] 接待，光禄寺设宴。届时，方可进献贡品。

进献贡品后，可获得朝廷颁发的抚赏和回赐。抚赏又称正赏，据万历《明会典》载：“东北夷女直进贡到京，都督每人赏彩缎四表里、折钞绢二匹；都指挥每人彩缎二表里、绢四匹、折钞绢一匹，各织金纻丝衣一套；指挥每人赏彩缎一表里、绢四匹、折钞绢一匹、素纻丝衣一套。以上靴袜各一双。千百户、镇抚、舍人、头目，则每人赏给折衣彩缎一表里、绢四匹、折钞绢一匹；奏事来者每人赏给纻丝衣二件、彩缎一表里、折钞绢一匹、靴袜各一双。”[②] 回赐，是对贡品的偿付。《明实录》中记载：“外夷赏赐，朝廷已有定制。”此定制为：明廷据女真朝贡者官职大小颁发赏赐，未授职者或奏事来者，也有赏赐；进贡物品皆有回赐。万历《明会典》载：“回赐，进贡马每匹彩缎二表里，折钞绢一匹；貂鼠皮每四个，生绢一匹，零者每个布一匹。”[③]

明廷与女真地区的贡市关系经历了一个鼓励贡市—限制贡市—借贡私贩的过程。初期，入市、朝贡之人多为女真各部首领，人数有限，对于入市朝贡者，制度宽松，无所防限。永乐五年（1407），太宗朱棣敕谕镇守辽东保定侯孟善云：“缘边鞑靼、女真野人来朝及互市者，悉听其便。”[④] 加之建国初期，号令整肃，各路互市，朝贡驿道畅通无阻。史称：“国初，开原幅员甚阔，西路四站，直接广宁，东路九站，直通朝鲜。北路九站，径达海西，虽各站皆安置夷落，非有汉戍，而号令肃，道途无阻。”其中东部女真“诸部，冬夏往来不绝”[⑤]。

明廷对于来贡女真人赏赐优厚，往往超过贡品价值数倍甚至数十倍，还允许朝贡者在京师出售其携带的部分土特产，女真人可获得丰厚利润，各卫所对进京朝贡均十分积极。以建州女真为例，永乐间，尚居“建州老营地”初置二卫，“夷人不过数千耳，然亦岁遣各数百人入贡，以为常”。

① 据谈迁撰《国榷》卷十四，京师接待女真等少数民族，设有“四夷馆”和“会同馆”，四夷馆以翻译文书档案为任。永乐五年（1407）始设四夷馆，初设于长安右门外，共分八馆，即鞑靼、女直、西番、西天、回回、百夷、高昌、缅甸馆。永乐六年（1408），设立北京会同馆。其为招待、食宿、交易场所。《国榷》，中华书局，1958，第1008页。

② 《大明会典》卷一百十二，礼部六十九，《外夷上》，明万历内府刻本。

③ 《大明会典》卷一百十二，礼部六十九，《外夷上》，明万历内府刻本。

④ 《明太宗实录》卷六十四，中研院历史语言研究所，1962，第4583页。

⑤ 冯瑗：《开原图说》卷上，台湾“国立中央”图书馆出版，1981，第10页。

历经半个多世纪，至明天顺、成化间，由于“承平日久”，女真人口繁衍、生息。抚顺关市设立后，朝贡、互市的女真人日渐增加。成化十五年(1479)，礼部尚书邹斡奏称：天顺年间，因建州女真等卫“来朝日众，供给浩繁”，勒令每年一次入朝，决议建州、毛怜等四卫，每卫“岁不过百人”，海西兀者等卫“每卫岁不过四五十人”。然而，这一年从正月至十二月，海西等处女真“进贡到者已有一千八百三十二员，未到者尚多”[①]。女真社会的迫切需求，使得明朝国库资金通过路途供给、马价银、抚赏、私贩等途径，流入女真地区，国库“劳费日多”，迫使明朝政府采取限贡政策。

限贡主要体现在三方面。其一，限制朝贡人数。正统二年十月，鉴于女真来朝者“动辄三四十人”，明廷深以为累，只得再次敕令限制朝贡人数。《明实录》记载：“行在兵部奏：兀良哈及鞑靼女直人等来朝贡者，进马或三五匹，动辄三四十人，有回至中途复来者。多有不逞之徒，诡冒其间，引诱为非，俱无公文照验，道经城镇关隘，总兵镇守等官略不谁何，一概纵放，所过凌辱驿传，骚扰军民，需索剽夺，其害非一，乞禁止之。上是其言，乃敕辽东等处总兵等官，今后外夷以事来朝者，止许二三人或四五人，非有印信公文，毋辄令入境。”[②] 其二，限制朝贡次数。《明实录》正统四年（1439）八月乙未条记载：“敕辽东总兵官都督佥事曹义等曰：今辽东境外女直野人诸卫，多指进贡为名，往往赴京营私，且当农务之时，劳扰军民供送。今因其使臣回卫，已遣敕谕之，如系边报，不拘时月听其来朝，其余进贡袭职等事，许其一年一朝或三年一朝，不必频数；其有市易生理，听于辽东开原交易，不必来京。如仍数遣使，尔等询察，即令退回，脱有违碍，仍奏定夺，庶几不扰军民，亦不失远人归向之意。”[③] 其三，限制朝贡时间。对于女真朝贡的时间，上述敕谕已提到，“如系边报，不拘时月”，可见一般朝贡是要讲“时月”的。《明实录》正统六年（1441）二月条记：“东宁卫及安乐、自在二州寄住达官人等，累年进贡，不限时月，多带家人，贪图赏赐，所过劳扰军民，妨废农务，乞敕辽东镇守总兵等官，谕令今后皆候农隙之时进贡，勿容多带家人，仍踵前弊。从之。”[④]

---

① 《明宪宗实录》卷七十四，中研院历史语言研究所，1976，第1428页。

② 《明英宗实录》卷三十五，中研院历史语言研究所，1976，第692～693页。

③ 《明英宗实录》卷五十八，中研院历史语言研究所，1976，第1117～1118页。

④ 《明英宗实录》卷七十六，中研院历史语言研究所，1976，第1489页。

以上三道敕谕分别从人数、次数和时间上对女真官员朝贡进行限制，但敕谕中均提到一种情况，如“多有不逞之徒，诡冒其间”“进贡为名，往往赴京营私”及“多带家人，贪图赏赐”，均说明女真各部开始“营私”或贸易“私货”。半个多世纪后，正德元年（1506），明给事中吉时说：建州女真“往往多索车马，载送私货，假称接送，久住公馆”①。又百年之后，万历四十年（1612），明礼部主事高继元称：“独女真、回夷，置买私货，迁徙不肯即去。”② 以上诸条，反映出自正统初年至万历晚年，一个半世纪左右，女真人在“指贡为名”的借口下，营私贸易，尽管明廷作了种种限制，私贩在贡市贸易掩护下，依然为女真人带来巨大经济利益。万历四十年，礼部主事高继元说，女真人“借贡兴贩，显以规利”，返回时“行李多至千柜，少亦数百”，且往往“恣买违禁货物（指铁制兵器等物），迁延旬月不回”，致使明廷每每“宴赏、程廪、车马之数，费以数万”③。明人沈德符说：“余于京师见北馆伴（当）、馆夫装车，其高至三丈余，皆鞑靼女真诸虏，及天方诸国贡夷归装所载。他物不论，即瓷器一项，多至数十车。”④ 足见女真人返回时从汉区购买货物数量之巨。

总之，朝贡以及“指贡为名”的借贡私贩，是女真人获取关内物资的一条重要渠道，也是民族间经济交流的一种形式。明中叶至明晚期，贡市贸易规模不断扩大，从官方定例贸易到走私兴贩，反映出贡市贸易和女真社会供求关系不断增长，商品货币经济发展十分迅速。特别值得注意的是，女真公私贸易，多为酋长带领，获利多归酋长。按明廷规定，各部族官员按不同等级有不等的贡马之数。如都督、都指挥等贡马多少各有区别。凡是女真都督进京准许带领十五人，下职官员依次递减。但一般每次一个部族贡马均在十数匹，几十匹，乃至数百匹之多。万历三十七年（1609），海西忽鲁爱卫酋长阿卜害补进两年贡马，共计410匹。最多时竟达千匹。成化十七年（1481），建州李满住之孙完者秃因截持朝鲜使者，受到明廷批评后，一次“贡马千匹”，以示“谢罪”。由此可见，明朝政府的大批财富源源流入这些以酋长为代表的巴彦阶层手中，使他们日益富

① 《明武宗实录》卷十四，中研院历史语言研究所，1976，第419页。

② 《明神宗实录》卷四百九十四，中研院历史语言研究所，1976，第9323页。

③ 《明神宗实录》卷四百九十四，中研院历史语言研究所，1976，第9320页。

④ （明）沈德符：《万历野获篇》卷三十，《夷人市瓷器》中华书局，1959，第780页。

有。从这个意义上说，朝贡贸易培植、养育了这个阶层，加强了他们的经济地位，加速了女真社会贫富分化。[①]

三 马市是女真部与明王朝贸易的重要通道

明朝初年，平定内乱，用兵频仍，以辽东“缺马”，明廷曾令官兵收买高丽马匹。[②] 为能经常得到品种优良的战马，加强边防力量，明廷从福余等兀良哈三卫和女真各部贸买蒙古马。于是，由开原备御邹溶“首创”[③] 开原马市，初立马市于开原东北二十里的“马市堡”。[④] 因此，“初立马市，非资外夷，马市中国（明朝）用”。结果一举两得，女真各部“以马易盐、米，彼得食用之物，我得攻战之具”[⑤]。辽东各市，不久皆为综合市易场所。马市亦掺杂他物交易，成为关内外货物集散地。

明廷明确指出，马市贸易的政治目的“皆羁縻之意”。[⑥] 主要表现在：其一，设立马市的本意是易马、备战；其二，辽东大片领土“诸夷环落”且“性多贪婪”，针对周边兀良哈和女真各部农业落后、工业品奇缺、衣食困难的经济弱点，明廷提出马市抚赏政策，即“朝贡互市皆有抚赏”[⑦]；其三，令女真各部“近边住牧，换盐米，讨酒食”[⑧]，渐使其勇于骑射之长技不得用；其四，分治各部。如正统年间，朵颜三卫在马市中“漏泄边事”，明廷将开原城东和广宁两马市皆罢之，“惟开原南关市独存”，即存海西女真贸易之所，致朵颜三卫“转市”于此。海西女真为朵颜三卫转市货物的同时，“借彼马力”，侵犯边境。为打破海西女真与朵颜三卫“结亲、交通买卖”，决定利用马市令其分离，于是重开广宁及开原东马市。[⑨]

开原马市专为女真人所设，“每岁海西夷人于此买卖”，每月初一至初

---

① 滕绍箴：《满族发展史初编》，天津古籍出版社，1990，第158页。

② （明）毕龚等修，任洛等重修《辽东志》卷三，《辽海丛书》（缩印本），辽沈书社，1985，第242页。

③ 《开原县志》卷八，民国十八年（1929）本，第808页。

④ 《开原县志》卷二，民国十八年（1929）本，第228页。

⑤ 《明孝宗实录》卷一百九十五，中研院历史语言研究所，1976，第3600页。

⑥ 《明宪宗实录》卷一百九十五，中研院历史语言研究所，1976，第3438页。

⑦ 《辽东志》卷三，兵食志，《边略》，明嘉靖刻本。

⑧ （明）毕龚等修，任洛等重修《辽东志》卷三，《辽海丛书》（缩印本），辽沈书社，1985，第243页。

⑨ 《明宪宗实录》卷一七六，中研院历史语言研究所，1976，第3183~3184页。

五开市一次，十六至二十日开市一次。[①] 成化年间，开原等马市条例规定，除定马市地点、开设时间外，尚有如下条例，即女真马到市，一律要经命官“验放入市”；坚持两平交易；平等对待各族，不许“将各夷欺负愚弄”，或“亏少马价及盗窃货物”；来市之人，一律不许进入开原城，更不许住宿、“规取市利”或“透漏边情”。否则，“俱发两广烟瘴地面充军，遇赦不宥”[②]。

开原马市设立后，近边最大的部落是海西女真哈达部、叶赫部。为便于两部交易，在开原城东 60 里靖安堡，设立广顺关，以通哈达部贸易；在开原城东北 70 里镇北堡设立镇北关，以通叶赫部贸易。故广顺关称南关，镇北关称北关。[③] 同时，习惯上又称哈达、叶赫部为南、北关。广宁马市最先开市，除蒙古各部入市外，海西部亦通此市，即海西女真皆“从广宁、镇北关鱼贯而进”。[④]

抚顺马市于明英宗天顺末年（1464），专为建州女真设立。当时，建州左卫大酋长董山主持建州三卫，应其请求，“特开抚顺关，为建州专设马市”。地点设在浑河左岸，“今称关口”之地，即在抚顺城东 30 里。设立抚顺关，使“建州久获利益”，在马匹输送的同时，关内先进文化，“每从马市输入于边郡”，再输至“塞外”，故“非抚顺马市则建州不得发达”。[⑤] 此后，万历年间，应建州女真的请求，在建州东部地区先后设立清河、叆阳、宽甸等市。建州女真各部马匹及大批货物，不断输入各市，加强了女真各部与中原地区的经济联系。

女真人在辽东卖马，有两项收益。一是马价收入；二是抚赏收入。永乐三年（1405）三月，定马价时规定：“上上等每马绢八匹，布十二匹；上等每马绢四匹，布六匹；中等马绢三匹，布五匹；下等马绢二匹，布四匹；驹绢一匹，布三匹。”[⑥] 其后马价虽有变动，但基本与物价持平。明中叶以前，海西、建州和朵颜三卫各部，朝贡互市，多急需粮、绢、布等产品，因此马以物为计价尺度。中叶以后，女真社会商品经济迅速繁荣，

① 《全辽志》卷一，《山川志》，载《辽海丛书》（缩印本），辽沈书社，1985，第 538 页。
② 《大明会典》卷一百二十九，兵部十二，明万历内府刻本。
③ 《全辽志》卷一，《山川志》，载《辽海丛书》（缩印本），辽沈书社，1985，第 538 页。
④ 《明太宗实录》卷四十一，中华书局，2016 年。
⑤ 《全辽志》卷一，《山川志》，载《辽海丛书》（缩印本），辽沈书社，1985，第 538 页。
⑥ 《明太宗实录》卷四十，中研院历史语言研究所，1976，第 667 页。

马价计算，亦有变化。弘治年间，辽东缺马，明廷决定“不论瘦肥，每匹价十四两”①。海西、建州等女真市马价值难以计算，但明朝投入市场的银两是每年11.7875万两。② 明中叶较长时间内，马价银是每匹14两，按价应购马8420匹。明廷买马一项，每年出资多达“数万、十余万或数百万”，支出可谓浩大，明朝白银通过马市流入女真地区。

马市除马价直接收入外，尚有抚赏收入。在辽东马市上，各种到市货物，如马、骡、牛、羊、驴、貂皮、豹、鹿、狍皮、獭皮、狐皮、参、松、蜜、蜡、木耳、蘑菇、缎、袄、锅、铧、绢等货物，按律抽税。开原、广宁、抚顺三城各有市税。开、广两市之税国家收入卫库储存，抚顺税银全部由管市备御官用来抚赏入市的女真、蒙古等族人民，称作抚赏，带有奖励性质。③ 以辽东马市抚赏金额计之，数额递增，其数相当可观。万历二十二年（1594），“费二千四百余金”，二十三年“比旧增至三倍”。二十四年，增至“四千五百余金”。二十五年又增至“六千四百余金”，加上其他费用使明朝政府入不敷出。年税课收入四百万，而“岁出则至四百五十万有奇”。④

通过马市交易，明代汉区，大批货物、金钱，源源不断地流向女真地区。由于明朝辽东马市纷纷设立，交易规模不断扩大，既促进了汉区经济发展，也使女真各部经济生活得到改善，有利于明朝边防稳定和边区人民生活安宁。因此，在相当长的时期内，明朝的马政对女真各部的凝聚作用不可忽视。⑤

第二节　女真对朝鲜国从“依赖”到“掠夺”

明代居住在图们江、鸭绿江流域的女真族农业较落后，手工业不发达，在远离明辽东地区的情况下，所需生活用品只有通过与临近的朝鲜国贸易才能解决。因此，女真与朝鲜的贸易往来较频繁。贸易形式通常有两种：一是女真携带“土物”到朝鲜京城“进献”，以得到朝鲜的“回赐”；

---

① （明）陈建：《皇明从信录》卷五，上海古籍出版社，2002，第1页。

② （明）陈仁锡：《无梦园遗集》卷十，北京出版社，1998，第14页。

③ 滕绍箴、滕瑶：《满族游牧经济》，经济管理出版社，2001，第37页。

④ （明）谈迁：《国榷》卷七十八，中华书局，1958，第4858页。

⑤ 滕绍箴、滕瑶：《满族游牧经济》，经济管理出版社，2001，第23页。

二是边境互市贸易。这种贸易形式补充了各自所需，丰富了双方的经济生活，尤其促进了女真社会经济的发展。

一　女真与朝鲜的贡赐关系

在朝鲜文献中，“来献”是指女真人携货物到朝鲜京城进贡，“回赐”是指朝鲜国王对女真人的赏赐。女真南迁之后，朝鲜政府对新迁居朝鲜境内的女真族实行了安抚政策，使他们相继顺事朝鲜。反映出李朝以大国自居，以待女真之意。女真人前往朝鲜京城进献始于明朝初年。《朝鲜李朝实录》中有如表 9－1 记载。

表 9－1　明初女真与朝鲜贸易情况

时　间	贸易内容
洪武二十六年（1393）	兀良哈女真前往朝鲜来献土物，李朝太祖国王“赐吾郎哈十余人棉布衣”①
洪武二十九年（1396）	斡朵里部女真所乙麻月者等“来献方物，赐苎麻棉布二十匹”②
永乐四年（1406）正月	斡朵里部女真千户金回大等六人来献土物，“赐棉苎布各一匹”③
永乐八年（1410）初	斡朵里女真猛哥帖木儿派人到朝鲜献土物，李朝太宗国王“赐童猛哥帖木儿苎麻布各十匹，清酒二十瓶”④
永乐二十一年（1423）二月	兀良哈女真千户堆帖木儿等“来献土宜，回给棉布有差”⑤
永乐二十二（1424）七月	斡朵里女真千户都乙赤“来献土宜，回赐棉布十匹，又赐衣服笠靴”⑥

资料来源：《朝鲜李朝实录》卷四、卷十、卷十一、卷十九、卷二一，科学出版社影印本，1959。

女真与朝鲜在当时的汉城通过“进献”与“回赐”形式的贸易活动，既补充了各自所需，又有助于边境地区的安定。明朝前期，朝鲜对女真到京城献贡人数未加限制。

---

① 《朝鲜李朝实录》卷四，太祖二年十二月丁亥，科学出版社影印本，1959，第 207 页。
② 《朝鲜李朝实录》卷十，太祖五年十月壬寅，科学出版社影印本，1959，第 384 页。
③ 《朝鲜李朝实录》卷十一，太宗六年正月壬子，科学出版社影印本，1959，第 530 页。
④ 《朝鲜李朝实录》卷十九，太宗十年二月壬戌，科学出版社影印本，1959，第 597 页。
⑤ 《朝鲜李朝实录》卷十九，世宗四年二月壬子，科学出版社影印本，1959，第 227 页。
⑥ 《朝鲜李朝实录》卷二十一，世宗五年七月辛卯，科学出版社影印本，1959，第 303 页。

宣德、正统年间，朝鲜在图们江流域设立六镇，女真人到朝鲜京城献贡人数大量增加。朝鲜渐觉不妥，开始限定女真入京献贡人数。据《朝鲜李朝实录》载："诸种野人每年往来频数，驿路凋弊，若禁其来朝，有乖抚绥之义。自今定每岁来朝之数，兀良哈十行，骨看及吾都里七行，每行酋长则正官一，伴人四。其余则正官一，伴人二，以为恒式。毋使一人每年上来，量其疏数，待满三年轮番上送。且忽剌温地壤隔绝……一岁来朝不过五行，其近居边境林阿车、亏未车、大小居节、南纳、高说、高漆等诸种亏知介来朝者，一岁不过二行。正官、伴人之数如上。"

朝鲜对女真献贡的限制主要是两方面。其一是限制献贡次数，具体而言：兀良哈女真部每年十次，骨看兀狄哈、斡朵里女真每年七次，海西女真即忽剌温每年五次，其他兀狄哈，如林阿车等每年两次；其二是限制进京人数。每次进京限部族首领正官一人，随从四人，其余则"正官一，伴人二"。同一人限三年"轮番上送"。如果诸部女真一时同来，"则驿路受弊，量其多少，必待农隙分运上京"[①]。

宣德元年（1426）十一月，建州左卫指挥权豆等十一人到朝鲜京城"进土物及马，回赐棉布九十五匹"[②]。宣德十年（1425）七月，兀狄哈都指挥豆称哈遣子吾昌哈前往朝鲜京城"献土宜"，朝鲜除"回赐外，别赐豆称哈青木绵六匹，苎麻布各二匹，吾昌哈青木绵三匹，苎麻布各一匹"，及吾昌哈从朝鲜京城归还时，李朝又"赐衣服、笠靴"等物。[③]

女真与朝鲜的进献与回赐同女真与明朝的朝贡，在形式上极为相似，实质却截然不同。明初女真归附明朝后，政治上隶属于明朝，经济上表现为必须按时向明廷朝贡履行义务，如若违反则会受到明廷惩罚。而女真对于朝鲜的"进献"并非女真各部义务，只是碍于农业生产落后，缺衣少食的局面所采取的单纯经济行为。女真各部亦凭借貂鼠、马匹以及各种土特产进京献贡，朝鲜回赐以绵布等女真急需品为主，这种"进献"与"回赐"表现为单纯的以物易物的商品交换。朝鲜对于女真人"进献"马匹的价格有类似的规定："野人进马者，其回赐大马，上等绵布四十五匹，中等四十匹，下等三十五匹；中马，上等三十匹，中

① 《朝鲜李朝实录》卷一百一十，世宗二十七年十一月壬申，科学出版社影印本，1959，第470页。

② 《朝鲜李朝实录》卷三十四，世宗八年十一月癸卯，科学出版社影印本，1959，第513页。

③ 《朝鲜李朝实录》卷六十九，世宗十七年七月壬申，科学出版社影印本，1959，第434页。

等二十五匹，下等二十匹；小马，上等十五匹，中等十匹，下等六匹，以为恒式。”① 若朝鲜官吏故意压低回赐价格，女真人可拒绝交易。成化八年（1472）正月，居住在朝鲜六镇庆兴府的“城底女真”朴豆弄吾进献貂皮一领，朝鲜官员“不准时值，只从旧例，给棉布三匹”。朴豆弄吾“不无含怨”，上诉李朝。成宗国王下令所司按时价“以营所储棉布四匹加给”，并对女真朴豆弄吾说：“汝所进皮物回奉该司例给数少，故特命加给。”② 可见，女真与朝鲜都认为进献与回赐是一种等价的商品交换。一旦这种进献与回赐不等价时，女真就不到朝鲜京城进献。据《朝鲜李朝实录》载：“城底彼人（女真）上京时必以貂皮为进上，而例以下下品为市准而给价，故彼人不喜于上京，以其貂皮之兴产不如昔时，而其价反不如彼处之价也。”③ 由于女真在京城交易貂皮时，有些朝鲜官员不分毛皮质量，以下下品为时价，致使女真不愿到京城交易，而在当地交换。表明这种贸易交换对女真来说是自由的，在何地交换完全取决于是否等价。

二　女真与朝鲜的边境互市

明廷视朝鲜为外臣，要求朝鲜每年按时上交贡物，对朝鲜实行索买政策，使得女真部与朝鲜国之间的贸易地位发生根本变化。《朝鲜李朝实录》中记载，明政府每年都要向朝鲜索买牛、马等方物，少则数千，多则上万。朝鲜“本非多产马匹”，马匹品种多矮小，不得不以女真部所急需的盐、粮谷、铁器、布衣等生产生活用品换取女真部的良马。“今后但有建州卫人民来往买卖，印信文书许令施行，毋得阻拦”。明永乐二十二年（1424）八月，朝鲜政府令庆源，镜城等地居民“于童猛哥帖木儿等处，以其所求之物，交易体大雌雄仲马，孳息使益”④。明成化十八年（1482）六月，建州卫都督李完者到朝鲜“请边邑互市”，朝鲜政府令“彼以好马来贡，则可易以盐、酱、布物”。不言而喻，这场马匹交易女真人又一次获得丰厚利益。朝鲜人求马心切，不得不在交易中做出最大限度的让利，满足了女真人对生产用具和生活用品的大量需求。

在边境互市贸易中，朝鲜需求量最大的商品是貂皮。明成化中期开

① 《朝鲜李朝实录》卷三十一，世宗八年正月壬寅，科学出版社影印本，1959，第465页。
② 《朝鲜李朝实录》卷十四，成宗三年正月乙巳，科学出版社影印本，1959，第189页。
③ 《朝鲜李朝实录》卷七十二，中宗二十六年十一月己未，科学出版社影印本，1959，第161页。
④ 《朝鲜李朝实录》卷二十五，世宗六年八月戊申，科学出版社影印本，1959，第370页。

始，朝鲜宫廷兴起崇尚貂皮之风，上层社会竞相攀比，貂皮需求量大增，价格随之上扬。朝鲜对貂皮需求日增，“妇女服饰，无貂裘羞与为会。即此而观之，习俗之弊，益可想矣”[①]。朝鲜政府便决定向平安道与咸镜道农民每年定期征收貂皮作为贡赋。但人口增加，土地被大量占用，貂鼠早无栖息之地。即“五镇会宁、锺城、稳城、庆源、庆兴人物阜盛，田地窄狭，耕犁所及至于山顶，未有蒙翳之地，有如貂鼠、土豹之类哉?”[②] 苦于无物可贡，朝鲜国民只好高价从女真之地易得。朝鲜政府“国家责贡貂皮于五镇，守令托以进上，诛求于民，而貂皮产于野人之地，故或以农器，或以农牛换之”[③]。“野人以铁物为贵，故边将率以铁物贸买貂鼠皮，至于农锄、箭镞，无所不用，故彼人箭镞今皆以铁为之，诚非细致”。燕山君时期，尚衣院派官员到咸镜道、平安道一次就向朝民征购貂皮两万领，正如朝鲜领事朴元宗所说：“废朝（指燕山君时）征敛貂皮，无有纪极，一皮之直，至一大牛。以此民生日困，牛马卖尽于胡人，稳城牛马见存者，仅四十余口。”[④] 可见，朝鲜人的铁器、耕牛大量流入女真地区。女真对朝鲜耕牛、农具等的需求，在一定程度上反映了其农耕经济的发展。朝鲜国王熟视无睹，置若罔闻道：“貂皮，士大夫之妻，不可一切禁之也。细民则所当严禁。大抵边将多数资来，故自然广布而至有如此之弊也。”崇貂之风日盛，百姓不堪其苦，叹之曰：“宁作胡家佣，莫逢貂鼠役。”由于耕牛大量流失，造成李朝六镇地区“疲敝已极，人民凋残，苟失农作，则反以胡地为乐土而投之”[⑤]。到明嘉靖年间，“边境多以牛只贸换毛物，商贾亦多买牛而来，农牛已尽，耕田之际，人代牛役”，“田多荒芜”。

三　直接掠夺李朝

与先进民族毗邻而居，在促进女真社会生产力提高的同时，也使女真经济形成了明显的民族特色。通过与明廷和朝鲜的朝贡、互市，使女真人的渔猎产品由单一的使用价值进一步发展为具有使用价值和交换价值双

① 《朝鲜李朝实录》卷五十五，成宗六年五月庚申，科学出版社影印本，1959，第499页。
② 《朝鲜李朝实录》卷四十八，成宗五年十月庚戌，科学出版社影印本，1959，第435页。
③ 《朝鲜李朝实录》卷五十二，成宗六年二月辛巳，科学出版社影印本，1959，第465页。
④ 《朝鲜李朝实录》卷一，中宗元年十月庚戌，科学出版社影印本，1959，第15页。
⑤ 《朝鲜李朝实录》卷二十九，明宗十八年八月癸丑，科学出版社影印本，1959，第409页。

重性质的产品，由单纯的渔猎产品转化为商品，通过交换，农业社会生产、生活用品进入女真地区，从衣、食、住各方面提高了女真人的生活水平。[①] 女真人积极进行贸易，促进了女真渔猎经济规模不断扩大，渔猎生产是贸易的条件，贸易又促进了渔猎生产的发展。当贸易不能满足女真日益增长的需要时，渔猎民族所固有的军事掠夺本性显露。加之贸易输入铁器，女真冶铁工艺随之发展，增强了军事实力，极大地刺激了掠夺之心。

渔猎、贸易、掠夺是相互联系、相互制约的，渔猎产品必须通过贸易才能转变为商品，贸易又受到渔猎经济规模的限制，贸易不能满足生产、生活之需时，掠夺便取代贸易，以达到满足女真人需求，促进财富快速积累的目的。这种以渔猎经济为主，以贸易、掠夺为辅的三位一体的经济结构与单一的渔猎经济相比，更能加速提高社会生产力，快速积累社会财富。

女真社会由于文明程度所限，掠夺作为一种特殊手段，长期沿用。海西、建州等女真各部无一例外。建州女真的对外大规模掠夺，始于公元15世纪末期（明弘治时期）。当时掠夺的主要对象便是朝鲜，根据朝鲜人记载，他们掠夺人口之后，“转卖深处，以为生利”[②]。买卖奴隶在建州女真族中已成普遍现象。奴隶“不胜艰苦”，因而逃亡，有些“唐人”奴隶逃入朝鲜，建州女真的酋长们就向朝鲜索取逃奴，甚至说：“我以牛马购奴婢，若不及还，亲操耒耜必矣！”[③] 女真与朝鲜关于逃人问题，自明初即不断发生争执。再如弘治六年（1493），海西女真四十余人，越过李朝边境，掠夺大批“农器与牛而去”。[④] 天顺五年（1461），“建州卫住野人等冒夜潜来义州江边，虏掠大小男妇一百三十八名口，马三十七匹，牛一百二十五头去讫”。[⑤] 掠来的马、牛等牲畜，既充实了女真人的畜群，也直接用来耕田，有力地推动了女真人农业的发展。同时，掠来的人口，还

---

① 栾凡：《敕书、朝贡、马市——明代女真经济的发展契机》，《哈尔滨师范大学社会科学学报》2011年第2期。

② 《朝鲜李朝实录·燕山君日记》卷十六，二年（1496）七月丙寅，科学出版社影印本，1959，第197页。

③ 《朝鲜李朝实录》卷四十五，世祖十四年（1469）三月壬戌，科学出版社影印本，1959，第289页。

④ 《朝鲜李朝实录》卷二百七十八，成宗二十四年闰五月丙申，科学出版社影印本，1959，第473页。

⑤ 《朝鲜李朝实录》卷二十六，世祖七年十月丙子，科学出版社影印本，1959，第446页。

可以当作更大的筹码，牟取更多利益。弘治六年，海西女真人时童介，掠到李朝人后，对李朝官员说："如欲刷还被掠人，以牛三十头、马一匹、甲一、釜十、田器十部、锄十、斧十、鍮钵五、鍮瓶五许我，当以此买来。"[①] 于是，掠夺的奴隶又变成更多的耕牛、田器、马匹和财物。

四 皇太极时期对朝鲜的"强制"贸易

自女真各部纷纷南迁后，与明朝、朝鲜一直保持密切经济关系。明末努尔哈赤时女真商业开始发展，抚顺市上，有中国南北商人收买人参貂皮等特产，中国米盐布帛铁器大量输入女真社会。天命三年（1618）攻取抚顺，两国互市停止，长城诸口，还常有市易，但规模较小，两国贸易渐趋衰落。[②] 后金对外贸易，渐以朝鲜为重心。建州女真与朝鲜，东自豆满江（今图们江），西至鸭绿江沿边接壤，贸易关系一直存在。

后金占领辽沈，为解除后顾之忧，皇太极于 1627 年派兵攻入朝鲜。朝鲜抵抗失败，单单平壤六邑就被掠走朝鲜人"四千九百八十六人"[③]，从西部两道"成册而来"的朝鲜人多至"六百余人"[④]，朝鲜政府被迫订"江都之盟"，与后金约为"兄弟之国"，并议开中江、义州互市，并供应后金粮食。具体而言，中江开市，金欲先得米谷，朝鲜被迫采米三千石，以二千石赠金国，以一千石为商品，在鸭绿江至中洲之中心交易，是在天聪二年（1628）二月，这是中江贸易的开始，中江之地成为商务中心。

后金随后又逼迫朝鲜在会宁开市，朝鲜答以："中江之市虽已许开，兵火之余，人民荡析，远近商贾，晓谕入市，犹恐不能赴期，况两处开市乎？敝邦力实难周。"[⑤] 会宁开市未成，贸易中带有浓厚的强制性。朝鲜王在屡败之后，必须向后金朝贡，贡品是金银布米等。后金与朝鲜的贸易完全控制在后金手里，对朝鲜极不平等。

不但如此，尚在 1637 年以前，就有所谓"春秋信使之行，买卖无异于开市"[⑥]。《朝鲜实录》中还有一个关于"通使"的总结性报道："仁祖

① 《朝鲜李朝实录》卷二百八十二，成宗二十四年九月丁未，科学出版社影印本，1959，第 555 页。
② 莫东寅：《满族史论丛》，人民出版社，1958，第 101 页。
③ 《朝鲜李朝实录》卷十六，仁祖五年五月辛巳，科学出版社影印本，1959，第 401 页。
④ 《朝鲜李朝实录》卷十八，仁祖六年正月戊辰，科学出版社影印本，1959，第 448 页，
⑤ 《清太宗实录》卷四，中华书局影印本，1985，第 58 页。
⑥ 《朝鲜李朝实录》卷二十四，仁祖九年二月丙午，科学出版社影印本，1959，第 614 页。

十四年（1636）丙子二月己卯，自丁卯（1627）以来，输岁币于金国者：杂色紬合六百匹，白苧布二百匹，白布四百匹，杂色木棉二千匹，正木棉五千匹，豹皮五十张，水獭皮二百张，青黍皮一百六十张，霜华纸五百卷，白棉纸一千卷，彩花席五十张，花纹席五十张，龙席一张，好刀八柄，小刀八柄，丹木二百斤，胡椒、黄栗、大枣、银杏各十斗，乾柿五十贴，全鳆十贴，天池、雀舌茶各五十封。今年又因金国诘责，遂加白紬二百匹，白布二百匹，正木棉三千匹，青黍皮四十张，白棉纸五百卷，好刀十二柄，小刀十二柄。"[①] 由此可见朝鲜方面输出贡额之巨，品类之多。1636 年皇太极借口朝鲜败盟，又派兵侵入朝鲜。朝鲜再败，被迫接受屈辱的条件，后金与朝鲜为"君臣关系"，朝鲜同时断绝与明的经济联系。[②]

第三节　女真部与蒙古族的经济关系

明朝初年，东部蒙古部与女真部并处于祖国的东北边地，历明代二百余年，两族经济联系十分密切，但明朝是女真和蒙古经济关系中的楔子。随着 16 世纪末至 17 世纪初，女真首领努尔哈赤崛起，并与明开战，切断了蒙古与明朝的经济联系，蒙古怨怼女真，为了对付明朝，努尔哈赤主动拉拢蒙古诸部，而到皇太极时期则完全征服蒙古，令蒙古"朝贡以时"。

一　女真与蒙古的联姻关系

明廷接替元政府确立了对东北边区的统治之后，蒙古族居西，女真族居东。明政府将女真分为建州、海西、东海三大部，设立卫所进行统治；对西部蒙古"三卫"亦进行敕封。此即明初女真与蒙古的大体格局。明代女真与蒙古长期稳定在明边的重要原因，不仅是明朝的政治统治和军事威慑，还有一个内在的经济因素起着某种决定性的作用。[③] 明代蒙古各部和女真诸部的经济生活有相似之处。明代蒙古诸部以草原游牧经济为主，仍

① 《朝鲜李朝实录》卷三十二，仁祖十四年二月己卯，科学出版社影印本，1959，第 161 页。

② 中国科学院民族研究所、辽宁少数民族社会历史调查组：《满族简史》，民族出版社，1963，第 31 页。

③ 滕绍箴：《浅论明代女真与蒙古关系演变中的经济问题》，《辽宁师范大学学报》1986 年第 5 期。

有传统渔猎经济成分，部分蒙古部族甚至处于半游牧半猎状态。女真各部的经济类型主要是渔猎经济，游牧经济占有一定的比例。但随着生产力发展，蒙古和女真均通过战争扩大疆域，掠夺人口，只有发展农业才能保证其民族继续发展壮大。二者具有相同的经济需求，急于与外部市场进行贸易，以获取日常所需生产生活用品以及农业所需的耕牛、犁、锄等生产工具。与明朝进贡、开市、得岁币、掠夺，均是蒙古和女真贵族共同的财富来源。蒙古和女真各部以贡、市为“金路”。每有互市、朝贡皆乐于携货前往，尤其各部酋长所获甚多，其皆愿听从中央政权调遣，凡“有所征调闻命即从，无敢违期”[①]。女真、蒙古各部首领皆知“抢掠所获不足以当市易之利”，纵然“入寇”亦“得不偿失”[②]，尤其“入犯（边）则利在部落，获贡则利归其长”[③]。在一般情况下，女真、蒙古各部首领不愿轻易犯边。这种以雄厚的中原经济为基础建立起来的经济关系，奠定了明代女真、蒙古在明中央统属下二百余年的稳定局面。

在蒙古与女真之间，由于相近的文化习俗和经济特点，一直保持密切关系。明朝初年即有部分蒙古人进入建州等女真各部，附属于女真部族而居。[④] 女真人也常常因为生活困苦到蒙古人家中充当佣工，连努尔哈赤本人亦曾在蒙古部族中进行过劳作。[⑤] 女真部与蒙古部的亲密关系集中表现在海西部中。叶赫、乌拉、哈达三部，尽管皆称“海西女真”，但其部族首领的族属多非女真之种。北关叶赫首领的“始祖蒙古人，姓土墨特”，由北南迁时改称纳喇姓，成为女真姓氏。[⑥] 乌拉满泰、布占泰的族属亦来自蒙古，是蒙古苗裔。[⑦] 哈达部王忠、王台的族属来自乌拉布占泰族系。因此，海西三大部均与蒙古相互融合、通婚而成。与海西相比，建州似为“纯”女真，但建州与海西各部首领之间却长期通婚。建州大首领李满住有三个妻子，蒙古女居其二。努尔哈赤既娶叶赫首领仰加奴的女儿，又娶乌拉首领布占泰之妹和满泰之女。此种通婚，实质上是在女真与蒙古不同

① 《殊域周咨录》卷二十四，《女直》，中华书局，1993，第734页。

② 《明经世文编》卷四二二，中华书局，1962，第4598页。

③ 《明史》卷一九八，《列传第八十六·翁万达》，中华书局，2013，第5248页。

④ 《朝鲜李朝实录》卷二十七，科学出版社影印本，1959，第466页。

⑤ （明）程开祜：《筹辽硕画》卷二十，明万历年刻本影印版，商务印书馆，1937，第34页。

⑥ 《满洲实录》卷一，中华书局影印本，1985，第24页。

⑦ 《清太宗实录》卷十五，中华书局影印本，1985，第208页。

族属之间进行的。建州女真与蒙古“三卫”亦“俱有亲戚往还”。[①] 努尔哈赤与朵颜宰赛、昂扛诸贝勒“结为婚媾”，并“以女妻小歹青之长子都令”[②]，又娶宰赛部“蒙女为妻”。[③] 可见，明代女真、蒙古相互关系之亲密。

亲密的联姻关系不仅包括聘礼与嫁妆的经济往来，也为平等的贸易提供了条件，只是因为两族经济结构因高度相似而缺乏互补性，贸易不成规模。但是明朝却是打进女真与蒙古经济关系中的楔子。

二 明后期女真与蒙古经济关系日趋紧张

16 世纪末至 17 世纪初，明廷与女真、蒙古长期稳定的经济关系格局被打破，蒙古问题日渐成为明与后金关系中的突出问题，女真与蒙古的经济关系出现巨变。

明中叶以后，皇帝不视朝政，宦官专权，政治腐败，边吏“廉勤者少，贪惰者多”[④]。边将利用马市各饱私囊，亏少马价、诱取财货、殴打市人、无故索钱、罢市绝赏现象不断，朝贡、互市不能正常进行。海西建州诸夷只得入境虏掠而去，守备之军不作为，待敌退去后出境俘斩放牧夷人，“以掩罪冒功，故诸夷愤怨报复，马患不已”[⑤]。“禁货兵器、铜铁”[⑥]，限制贡、市人数，致使女真人“盐不得吃、布草不得穿”；[⑦] 蒙古人焚无釜、衣无帛。明中叶以后，女真、蒙古屡犯明边。

明万历十一年（1583）五月，建州女真部首领努尔哈赤起兵，征战各部，统一女真。明万历二十一年（1593），大败九部联军，自此“威名大震”，接着又先后扫平哈达部（1599）、辉发部（1607）、乌拉部（1613）、叶赫部（1619），“金国之基遂于此定。”[⑧] 自此，以努尔哈赤为代表的女

---

① （明）熊廷弼：《熊经略集》卷一，载《明经世文编》卷四八〇，中华书局，1962。

② 《王司马奏疏》卷二，中华书局，1962，第 17 页。

③ （明）程开祜：《筹辽硕画》卷三十七，明万历年刻本影印版，商务印书馆，1937，第 16 页。

④ 《王张二公疏》［疏（王崇之）疏（张海）］卷一，第 1 页；载《明经世文编》卷四九，中华书局，1962。

⑤ 《明武宗实录》卷一百五，中研院历史语言研究所，1976，第 2155 页。

⑥ 《明英宗实录》卷四十一，中研院历史语言研究所，1976，第 812 页。

⑦ 《李康惠公奏疏》卷一五四，见（明）陈子龙、徐孚远、宋征璧等《皇明经世文编》，中华书局，1962，第 9 页。

⑧ 谢国桢：《清开国史料考叙论订补编》，徐丽华主编《中国少数民族古籍集成（汉文版）》，第 32 卷，四川民族出版社影印本，2003，第 3 页。

真奴隶主势力，在对明朝开战的同时，西逼蒙古各部，逐渐割断蒙古与明的关市贸易，致使蒙古问题在明清关系中日趋突出。

蒙古首先投归后金的是科尔沁部。科尔沁、扎鲁特等喀尔喀部驻牧于嫩江，距中原较远，凡生活所需多市于抚顺、开原及铁岭以北的新安关，或者通过女真“转市”于开原南北两关。努尔哈赤截断开原大市，科尔沁贸易大受影响，引起其部族不满，这也是明万历二十一年（1593），蒙古参加九部联军的经济原因。古勒山九部联军大败后，蒙古族贸易没有出路，科尔沁、扎鲁特等部只能于1594年朝拜后金。天命三年（1618）四月至天命四年（1619）七月，抚顺、开原、铁岭相继陷落，五部喀尔喀市利断绝，加之海西女真亦市路不通，蒙古大量土特产品无转市之路，以宰赛贝勒为首的喀尔喀被迫起兵反抗后金，出兵助明。

明天启元年（1621）三月，后金攻占辽沈，明与后金的关系发生了历史性变化，同时，也触动了漠南蒙古各部市赏之利。明在辽阳长勇堡开木市，沿边所有“游牧络绎”的蒙古部族皆“以木市为命”。泰宁卫伯要儿“六十余酋”，驻牧于辽沈、开铁正北。他们的贡赏之利“俱在新安关”，开原、铁岭、辽沈相继易手，“市赏绝矣”，伯要儿部生计堪忧，蒙古“资以为生料”的经济命脉被割断。

努尔哈赤大败明军，极力缓和同喀尔喀各部的关系，如何满足蒙古各部经济生活需要，已经成为摆在他面前亟待解决的问题。

三　努尔哈赤对蒙古各部的“经济”拉拢

努尔哈赤与明廷都清醒地认识到，蒙古各部的上层何去何从对于自身兴衰有重要作用，皆极力拉拢蒙古部族支持。尤其后金切断了蒙古与明之间贸易通道后，努尔哈赤更极力缓和与蒙古诸部之关系。

攻占开原前，努尔哈赤便积极拉拢察哈尔林丹汗，遣使往来，即“北结插汉……西连哈喇慎、朵颜、顺义王等，结为婚媾”[①]。物质方面亦“贿以金帛”，并适时地“歃血定盟”。

后金军向辽沈推进时，蒙古与女真的关系渐趋紧张。努尔哈赤不只争取林丹汗，对于其属下的科尔沁各部，通过待似一家、遣使往来、申以盟誓、重以婚姻、给予厚利等一切办法加以笼络。

① 《纶扉奏稿》卷二，全国图书馆文献缩微复制中心，2009，第5页。

1593 年，包括科尔沁在内的九部联军败后，努尔哈赤实行“远交近攻”之策。优待、释放其部战俘，使归本部，努尔哈赤被鄂巴等称赞“威德”，亦给予锦衣，厚待来使。1594 年，科尔沁明安贝勒与喀尔喀劳萨贝勒遣使建州，从此，两部“遣使往来不绝。”[①] 从 1612 年至 1626 年，科尔沁明安、莽古思、孔果尔等贝勒皆陆续朝拜努尔哈赤。天命七年（1622），明安贝勒率三千户投归后金。1623 年，孔果尔贝勒入朝。1624 年，后金与科尔沁定盟。1625 年，吴克善贝勒入朝。1626 年，鄂巴与努尔哈赤定盟。总之，努尔哈赤在世时，后金与科尔沁贵族首领最先建立了较为稳定的友好关系。

从 1612 年至清军入关，科尔沁送女至后金约 19 名。后金送女至科尔沁 11 名，其中科尔沁女有两名皇后，即孝端文皇后、孝庄文皇后。察哈尔、喀尔喀各部在此期间送女至后金约 18 名，后金送女给蒙古各部约 10 名。总计蒙古向后金送女约 37 人次，招蒙古额附约 21 人次。

除此之外，努尔哈赤也从物质方面笼络蒙古上层，如 1605 年、1606 年、1618 年、1623 年，巴约特部台吉恩格德尔多次至后金朝拜。努尔哈赤诱以平虏堡土地，给男丁八千，年取贡银五百二十两，贡谷八百八十石，纳贡者一百四十人，牛七十头，役使军丁一百四十人，[②] 期望他留住后金。第二年（1624），恩格德尔果然弃其生父和同胞兄弟，前来投靠后金。努尔哈赤又赐恩格德尔及所尚公主各有七男的女真庄、汉人庄各二，女真男女役使之人五对。[③] 比原来辖属的蒙古二百多户增加了二三十倍。[④] 明万历四十六年（1618），努尔哈赤欲攻抚顺城。他在四月份便“多赍银币等物投送西北诸虏，或欲其助兵同犯，以抗拒内地，或欲分兵各犯，以牵制内地”，其中乃蛮伯要儿等部愿为效力，配合后金牵制明军。[⑤]

四 皇太极时期满蒙经济关系的调整

努尔哈赤时期，后金主要目标是夺取明朝辽东各地，对朝鲜和蒙古基

---

① 《满洲实录》卷二，中华书局影印本，1985，第 46 页。

② 《满文老档·太祖》卷四十五，中华书局，1990，第 416 页。

③ 《满文老档·太祖》卷六十，中华书局，1990，第 573 页。

④ 周远廉：《清朝开国史研究》，故宫出版社，2012，第 241 页。

⑤ （明）程开祜：《筹辽硕画》卷九，明万历年刻本影印版，商务印书馆，1937，第 7 页。

本上采取和平外交，争取其支持。但后金内部争论中，皇太极和莽古尔泰极力主张应先去后顾之忧，再攻明城。皇太极即位伊始，便出兵蒙古，进军朝鲜。努尔哈赤为后金统治蒙古奠定基础，皇太极则实现了稳定的对蒙古的统治。蒙古归顺后金，人口归附，接受官职任命、听调从征、奉金之制、编审户籍、设立八旗、朝贡以时。[①]

努尔哈赤时期，科尔沁、喀尔喀部分人口已经相继归附。天命七年（1622），科尔沁明安等十七贝勒，一次归附后金三千户。天聪九年（1635），蒙古基本上“尽归于一统”，崇德八年（1643），“蒙古国人六万，已归附五万”。[②] 据《清实录》和《满洲实录》记载，天命六年（1621）十一月至崇德八年二月，投归、俘虏蒙古31783户，计70934人。除此之外，“俘人、畜五万六千五百”，“俘人，马、羊以万计”，无法辨清的人口不曾计入。蒙古人口的大批内附，是后金确立对蒙古统治的前提。

努尔哈赤对内徙蒙古与外藩归附蒙古上层，皆“世其封爵”，使听约束。天命七年（1622），设立议政八大臣，其中包括蒙古大臣八人及蒙古听讼官八人。[③] 天聪五年（1631），设立六部，各部皆设蒙古承政。[④] 入关前的清政权中，蒙古贵族与满洲贵族已是“世为柿附（即肺腑），与国休戚”的关系。这就奠定了以满洲贵族为主的满、蒙贵族联合统治的基础。

以满洲贵族为主，即皇帝和八和硕贝勒掌控实权，蒙古各官仍受制于满族统治者。凡有大战，蒙古诸部皆“率师以从”。[⑤] 皇太极征大凌河、锦州、察哈尔、朝鲜和多次入明边，蒙古各部皆统兵参战。皇太极征伐要求各部“宜各勇跃争赴，协力同心，共申敌忾，毋有后期”[⑥]。后金军令规定掌管旗务诸贝勒，年七十以下，十三以上“俱从征”，违令者“罚马百，驼十”，三日不到规定地点的“罚马十”，若大军已入敌境尚未至者，“罚马百匹，驼十头”。会兵时，“每旗大贝勒各一员，台吉各二员，以精兵百人从征，违者罚马千、驼百”[⑦]。在后金军令约束下，勇敢的蒙古骑

① 滕绍箴：《试论明代女真与蒙古的关系》，《民族研究》1983年第5期。
② 《清太宗实录》卷六十五，中华书局影印本，1985，第903页。
③ 《满文老档·太祖》卷三十八，中华书局，1990，第346页。
④ 《清太宗实录》卷九，中华书局影印本，1985，第124页。
⑤ （清）魏源：《圣武记》卷三，中华书局，1984，第3页。
⑥ 《清太宗实录》卷五，中华书局影印本，1985，第70页。
⑦ 《清太宗实录》卷五，中华书局影印本，1985，第70页。

兵，成为后金乃至大清帝国创基立业的一支生力军。

努尔哈赤、皇太极创业初期，尤其是皇太极时期，蒙古无分内外皆属于中国，各项制度渐趋正规。天聪三年（1629）正月，皇太极令科尔沁、敖汉、奈曼、喀喇沁等部“悉遵我朝制度”。[①] 天聪八年（1634），向蒙古诸国“宣布钦定法令”。[②] 自此，蒙古与后金律令一致。

蒙古各部自归附之日起，每年必须按时朝贡。朝贡一般以进贡马、[③]驼[④]为主。崇德元年（1636），皇太极平定察哈尔，改国号为“清”，遣使喀尔喀各部“诏定制，岁献白驼一，白马八，谓之‘九白之贡’”[⑤]。自此，每岁朝贡皆有定制。

随着蒙古诸部归附，人口激增。皇太极坦承：“我国粮石，若止供本国民人原自充裕，近因蒙古汗不道，蒙古诸贝勒携部众来降者不绝”，供不应求，要求朝鲜“开籴助我”，“以济窘乏”。[⑥] 显然，后金财力、生产力水平都无法与地大物博、生产力先进的明代中原地区相比。尽管努尔哈赤大力奖励“织蟒缎、帛子”，皇太极奋力“督耕”，以“裕衣食之源”，亦加紧通商或掠夺中原地区，“以征明所获缎匹、财物之佳者”赐予蒙古诸部，[⑦] 又逼迫朝鲜开中江、会宁、义州等市。但后金欲代明而兴，满洲蒙古日常所需，相当困难，只有进取中原，方能实现宏图大业。

后金女真部族联盟向满洲民族的提升，既是满洲作为民族的建构过程，同时又是作为中华民族“一体”化取得的新进展。后金女真部在与汉族、蒙古族、朝鲜族经常化的经济交往中，推进了这一“双族共构”，一方面是满族的建构，另一方面是中华民族的建构。时至今日，中华民族及其支民族的双族共构过程仍在进行。

满洲民族的出现不仅通过贡赐、贸易形式，也通过明代女真大量南移的迁徙形式；不仅有双方的合意性经济交往，也有强制性贸易和掠夺行为。易言之，无论是满洲民族的建构，还是中华民族经济的“一体”化进

---

① 《清太宗实录》卷五，中华书局影印本，1985，第 67 页。

② 《清太宗实录》卷十六，中华书局影印本，1985，第 212 页。

③ 《满洲实录》卷二，中华书局影印本，1985，第 46 页。

④ 《满洲实录》卷二，中华书局影印本，1985，第 58 页。

⑤ （清）魏源：《圣武记》卷三，中华书局，1984，第 3 页。

⑥ 《清太宗实录》卷三，中华书局影印本，1985，第 55 页。

⑦ 《清太宗实录》卷六十五，中华书局影印本，1985，第 910 ~911 页。

程，并非完全取决于参与“一体”化的“多元”各自的利益与意志，毋宁说这一趋势经常与“多元”各自的直接目的论设定相违背。中华民族经济一体化趋势是在各族目的论设定的相互冲突中，在每个民族经济行为的背后作为结果而实现的，它本身是无目的的规律，但作为经济规律，对各族在经济交往中的目的论设定既有依赖性，又保持自身的独立性。

第三篇

清代初中期满族经济史

第十章 入关后清朝经济的满族民族性

满族作为中国历史上建立过全国政权的两个少数民族之一，在中华民族历史的舞台上具有深远影响。清朝是满族贵族阶层的政权，对满族经济产生了巨大推动作用，也给整个中华民族经济烙下了鲜明的满族民族烙印。清朝是满族对中华民族在经济上影响最为深远的时期。

在考察清满族经济史时，区分清王朝经济和清朝满族经济两个概念十分必要，后者是本书的研究对象。人的本质在其现实性上，是一切社会关系的总和，民族是其中一种社会关系，它规定着族内每个民族成员具有共同的经济利益，同时规定了在族际关系中该民族不同于他族的经济利益，经济的民族性是民族经济利益在族内族际关系中所表现出来的社会属性。满族经济的民族性是满族经济利益在满族内部和满族与其他民族关系中所表现出来的社会属性。清代满族经济的民族性在导论中概括为四个方面，本章考察第一个方面，即清王朝经济制度以满族经济利益为主体，带有鲜明的满族性，清王朝经济制度是阶级经济制度和民族经济制度的统一。

第一节 满族为主体的清朝经济制度

明末清初，战乱持续四十年之久，使社会经济遭到严重破坏。恢复经济、巩固政权成为清入主中原后的首要任务之一。满族作为清朝的统治民族，入关后制定了一系列以本民族为主体的经济制度，在促进本民族经济利益的同时，使得中华民族经济“一体”化呈现出满族特性。

一 土地制度及为其服务的田地圈占、汉人投充与《逃人法》的制定

清统治者进入中原地区，遇到了历代王朝兴起时所遇到的相同问题，即因持久的战乱所导致的土地荒置。因此，恢复生产就成为清统治阶级巩固其统治的当务之急。

清军入关，便宣布“民来复归其业”；定都北京后，又制定了一套“农民复业”则例。顺治二年（1645）四月颁诏：“逃散良民故业，或被贼党势豪乘乱霸占，以致还乡良弱，资生无策，有能省改前非，一一归还本主者，无论贼党势豪，概从赦宥，违者仍以党寇重治。”① 除此之外，清廷还大力推行垦荒政策：有主荒田归本主开垦，若本主不能开垦，以及无主荒田，地方官则招民开垦，给予印信，永为己业。② 可见，清初统治者为巩固政权，笼络汉族地主，在一定程度上恢复了地主阶级的土地所有权。

然而，随着清朝定都北京，满族八旗官兵壮丁大量进关。为解决八旗生计问题，在北京及其周围地区进行大规模圈地，并严格制定《逃人法》，又强迫汉人“投充”。这些措施虽在一定程度上具有历史必然性，但又无一例外都是在维护满族利益。

清朝为安置迁入关内的大批八旗王公、官兵，在近京五百里内——东起山海关，西达太行山，南至河间，北抵长城——先后进行了三次大规模的圈地，总共占地16.6万公顷。③ 顺治元年（1644）十二月谕户部：

> 我朝建都燕京，期于久远。凡近京各州县民人无主荒田，及明国皇亲、驸马、公、侯、伯、太监等，死于寇乱者，无主田地甚多，尔部可概行清查。若本主尚存，或本主已死而子弟存者，量口给与；其余田地，尽行分给东来诸王、勋臣、兵丁人等。此非利其地土，良以东来诸王、勋臣、兵丁人等，无处安置，故不得不如此区划。然此地等土，若满汉错处，必争夺不止。可令各府、州、县乡村，满汉分居，各理疆界，以杜异日争端。④

此次诏书的颁布标志着第一次圈地活动的开始。第二次圈地，在顺治二年（1645）九月，顺治帝谕户部：“河间、滦州、遵化等府州县，凡无主之地，查明给与八旗下耕种，其故明公、侯、伯、驸马、皇亲、太监地，酌照家口给发外，余给八旗。”⑤ 十二月户部尚书英俄尔岱等又奏言：

---

① 《清世祖实录》卷十五，中华书局影印本，1985，第137~138页。
② 李燕光、关捷：《满族通史》，辽宁民族出版社，2003，第294页。
③ 刘小萌：《清代八旗子弟》，辽宁民族出版社，2008，第10期。
④ 《清世祖实录》卷十二，中华书局影印本，1985，第117页。
⑤ 《清世祖实录》卷二十，中华书局影印本，1985，第181页。

"臣等奉命圈给旗下地亩，查得易州安肃等州县军卫，共三十六处无主田地，尽数拨给旗下，犹若不足，其未察地方，如满城、庆都等二十四州县尚有无主荒地，若发给旗下，则去京渐远兵民难处多有未便。议将易州等县有主田地，酌量给兵，而以满城等处无主田地，就近给民，庶几两利。"得旨，派遣官员前往拨给。[①] 第三次圈地，于顺治四年（1647）正月，户部奏请："去年八旗圈地，止圈一面，内薄地甚多，以致秋成歉收。今年东来满洲，又无地耕种。若以远处府州县屯卫，故明勋戚等地拨给，又恐收获时，孤贫佃户，无力运送；应于近京府州县内，不论有主无主地土，拨换去年所圈薄地，并给今年东来满洲。其被圈之民，于满洲未圈州县内，查屯卫等地拨补，仍照迁移远近，豁免钱粮。四百里者，准免二年，三百里者，准免一年。以后无复再圈民地，庶满汉两便。疏入，从之。"[②] 在短短四年间，清廷统治集团就进行了三次大规模圈地活动。不仅如此，在圈占土地过程中，还出现房地并圈现象，"民间田地，拨给满洲，虽已于邻近地方补还，但庐舍田园，顿非其故"。[③] 总的来说，所圈土地，小部分为皇帝及八旗王公贵族占有，建立起官庄和王庄；大部分给八旗官兵作为旗地。[④] 而所圈占的土地不仅包括无主荒地，更多的还有农民自耕地与一部分汉族地主田产。

圈地范围涉及京畿各县至河间、滦州、遵化等州县，后扩展至顺天、保定、易州、永平等四十二府，直隶与山东小规模圈地不断发生。三次圈地规模，皇室与满洲贵族共圈占土地二万二千余顷[⑤]，八旗兵圈占十四万余顷。[⑥] 直隶玉田县"原额民地五千二百一十六顷八十八亩。顺治二年以后，圈拨旗下屯田，投充勋戚食采，止剩民地六百一十七顷五十一亩"[⑦]。雄县"原额民地四千四百五顷七十六亩九分一厘三毫八丝。清初，八旗圈占已达三千五十六顷零，有投充带去地六百一十八顷零，计共三千六百七

① 《清世祖实录》卷二十二，中华书局影印本，1985，第194页。
② 《清世祖实录》卷三十，中华书局影印本，1985，第245页。
③ 《清世祖实录》卷二十五，中华书局影印本，1985，第209页。
④ 刘小萌：《清代八旗子弟》，辽宁民族出版社，2008，第10页。
⑤ 《清朝文献通考》卷五，《田赋五》。
⑥ 《大清会典事例》卷二十一，康熙二十九年刊本。
⑦ （清）李昌时等：《玉田县志》卷十三，光绪十年，"中国方志丛书"，成文出版社影印本，1966～1970。

十五顷零”[①]。

随着被圈为旗地的土地增多，出现了人丁不足现象，满族贵族阶层以及八旗兵丁，甚至庄头，只好强迫当地汉人“投充”以耕种旗地。早在顺治二年（1645）三月，世祖就曾下谕户部：“闻贫民无衣无食，饥寒切身者甚众。如因不能资生，欲投入满洲家为奴者，本主禀明该部，果系不能资生，即准投充。”[②] 由于汉族农民早在秦汉以来的官僚地主制社会就获得自由民身份，“投充”后要降为奴仆，显然是一种倒退，汉族农民不愿自动投充。于是，顺治二年（1645）四月，顺治帝只能再谕户部：“前许民人投旗，原非逼勒为奴。念其困苦饥寒，多致失所，至有盗窃为乱，故听其投充资生。近闻或被满洲恐吓逼投者有之，或误听屠民讹言，畏惧投充者有之。”[③] 事实是，所谓“投充”，实为逼勒。“耕种满洲田地之处，庄头及奴仆人等，将各州县庄村之人，逼勒投充。不愿者即以言语恐吓，威势逼勒。各色工匠，尽行搜索，务令投充”[④]。可见，被迫“投充”者还有汉族手工工匠。顺治十年（1653）前后，“逼勒投充”达至高潮，满汉矛盾激化，激起了朝野一片斥责。然而，满族贵族官员却极力维护投充制度，终清一代，“投充”人数虽在减少，但从未绝迹。

清朝入关后的圈地和投充政策，使满族八旗兵丁的田产和奴仆数量远超关外时期，这虽保证了统治民族经济利益，却遭到汉族农民的激烈反抗。为巩固满族八旗利益，清廷颁布严格的《逃人法》，严惩汉民逃亡。顺治三年（1646）规定：“逃人鞭一百，归还本主。隐匿之人正法，家产籍没。邻右九甲长乡约，各鞭一百，流徙边远。”[⑤] 顺治九年（1652）更定“凡逃人一次拏获者，本人鞭一百，仍归原主；隐匿之人并家产，给与逃人之主；左右邻及甲长，各责四十板；旁人出首者，即以隐匿之人家产，给赏三分之一。逃人二次拏获者，本人正法；隐匿之人并家产，解户部；左右邻及甲长，仍各责四十板……”[⑥] 顺治十一年（1654）正月，在兵部增设督捕衙门，指挥京畿巡捕三营，缉捕逃人。

---

① 刘崇本等：《雄县新志》卷三，民国十八年，“中国方志丛书”，成文出版社影印本，1966－1970。

② 《清世祖实录》卷十五，中华书局影印本，1985，第133页。

③ 《清世祖实录》卷十五，中华书局影印本，1985，第135页。

④ 《清世祖实录》卷十五，中华书局影印本，1985，第140页。

⑤ 《清朝文献通考》卷一九五，《刑一》，商务印书馆，1936。

⑥ 《清世祖实录》卷六五，中华书局影印本，1985，第508页。

总体来说，满族入关后制定相应土地政策，在一定程度上保护了汉族地主阶级的利益。但是，清廷所实施的田地圈占、汉人投充等政策无一例外都是在保证满人的生计，维护满族贵族阶层的利益。在清朝的土地制度中，八旗土地所有制最能体现这一点。

二 《赋役全书》的编订与赋税制度

清代财政基本收入包括田赋地丁、关税、盐课、杂赋等。到1840年，虽然田赋地丁在财政收入中所占比例有所下降，但它始终是清代财政收入的主体，并且是清政府制定支出政策的直接依据。[①] 清代财政收入制度的最初确立，是以确定赋税征收额为出发点，其中，田赋地丁又是最为重要的税源。对赋税人丁册籍的掌握，既是对财政命脉的控制，同时又标示着新统治权的确立。[②] 清代赋税制度建立的基础，也就是清初应征赋额形成和赋役合一的过程。

顺治元年（1644），清廷便于七月颁诏："自顺治元年为始，凡正额之外一切加派，如辽饷、剿饷、练饷及召买米豆，尽行蠲免。"[③] 同年十月甲子，下谕："地亩钱粮俱照前朝会计录原额，自顺治元年五月初一日起，按亩征解，凡加派辽饷、新饷、练饷、召买等项，悉行蠲免。其大兵经过地方，仍免正粮一半，归顺地方，不系大兵经过者，免三分之一。"[④] 并着手清理赋役，但由于明清之际战事不断，各地旧籍多已无存，赋税征收失去依据。到顺治三年（1646）四月，谕户部：

> 国计民生，首重财赋，明季私征滥派，民不聊生，朕救民水火，蠲者蠲，革者革，庶几轻徭薄赋，与民休息。而兵火之余，多借口方策无存，增减任意，此皆贪官猾胥，恶害去籍。将朝廷德意，何时下究？而明季丛蠹，何时清厘？今特遣大学士冯铨前往户部，与公英俄尔岱彻底查核，在京各衙门，钱粮款项数目，原额若干。现今作何收支、销算。在外各直省钱粮，明季加派三项，蠲免若干。现在田土，民间实种若干，应实征、起解、存留若干。在内责成各该管衙门，在

① 何平：《清代赋税政策研究》，故宫出版社，2012，第12页。

② 陈支平：《清代赋役制度演变新探》，厦门大学出版社，1988，第123页。

③ 《清世祖实录》卷六，中华书局影印本，1985，第69页。

④ 《清世祖实录》卷九，中华书局影印本，1985，第95页。

外责成抚、按，严核详稽，拟定《赋役全书》，进朕亲览，颁行天下，务期积弊一清，民生永久，称朕加惠元元至意。[①]

从顺治三年（1646）谕令编撰《赋役全书》，中经几次修订，到顺治十四年（1657）详细而完备的《赋役全书》编成，体现了清廷整顿赋役征收款项，是以万历年间钱粮征收则例为基准的定赋原则。同时，又分晰条明了原额、除荒、实征、起运、存留、本色、改折、豁免、新增等种种事项。[②]

除《赋役全书》外，还有《丈量册》《黄册》《赤册》等作为赋税征收的辅助册籍，即“赋税册籍，有丈量册，又称鱼鳞册，详载上中下田则。有黄册，岁记户口登耗，与赋役全书相表里。有赤历，令百姓自登纳数，上之布政司，岁终磨对。有会计册，备载州县正项本折钱粮，注明解部年月”[③]。

清初，由于安置满洲贵族以及八旗官丁的需要而采取的圈地政策，使得一些地区特别是畿辅地区的经济出现萧条。为使经济快速得到恢复，清廷借“轻徭赋役”笼络人心，强调“轻徭薄赋，与民休息”。实则不然，正如陈支平指出，“清初赋役的实际负担量，普遍高于明代万历年间额”[④]。清代赋税应征额主要由两大部分组成，一是万历年间未加派辽饷前的原额，一是清初新增赋额。清初新增赋额部分，主要是对辽饷加派的沿袭、部分新增加派和因折价提高导致的赋额加增。这样，就使得清代的赋税应征额不仅比万历年间未加派辽饷前的赋税额为高，而且也高于万历末年的赋税应征额。[⑤]

清初确立的高赋额，大大加重了民众的赋税负担，但同时也为清朝政府提供了充足的财源。[⑥] 正是在这一时期，全国范围内经历着一场赋役合一运动。由于清朝的赋役是按地亩、人丁双重标准征派的，而地亩、人丁的数字时常变动，虽有定期丈量、编审的规定，但仍难以清查，不能从根本上解决问题。随着社会经济的恢复和人口的增长，为稳定税收额数，进

① 《清世祖实录》卷二十五，中华书局影印本，1985，第217页。

② 陈锋：《中国财政通史·清代财政史》（上），湖南人民出版社，2015，第128页。

③ 《清史稿》卷一百二十一，中华书局，1976，第3528页。

④ 陈支平：《清代赋役制度演变新探》，厦门大学出版社，1988，第13页。

⑤ 何平：《清代赋税政策研究》，故宫出版社，2012，第97页。

⑥ 何平：《清代赋税政策研究》，故宫出版社，2012，第99页。

一步去除赋役制度在执行过程中存在的弊病和混乱，推行赋役合一势在必行。[①] 顺治十年（1653）四月甲寅谕户部："前代一条鞭法总收分解，责成有司，小民便于输纳，不受扰害，国家亦收实课，不致缺用，立法良善。见行条鞭地方，著官收官解，不得仍派小民。其点解地方，尔户部等衙门，著即详议具奏，以便永远通行。"[②] 同年六月辛亥，又谕："户、兵、工三部遵谕改折各直省本色钱粮，归于一条鞭法，总收分解，请永为例。从之。"[③] 康熙二十四年（1685），下令重修《赋役全书》，规定"止载起运、存留、漕项、河工等切要款项，删去丝、秒以下尾数。名曰《简明赋役全书》"[④]。简化赋税制度，实行赋役合一，是清廷对中国赋税制度的一大改革，在中国赋税制度史上占有重要地位。

康熙五十一年（1712），清朝宣布："盛世滋丁，永不加赋。"即规定以康熙五十年（1711）全国的丁银额为准，以后增加的人丁，不再承担丁役。这一规定将全国征收丁役的总额予以固定，不再随人口的增长而增税，减轻了人民负担。雍正帝即位后，对赋役制度进一步进行改革，全面实行"摊丁入亩"，即将康熙五十年（1711）固定下来的丁银（丁口 2462 万、丁银 335 万余两）摊于田赋银中一体征收。[⑤] 从而，丁银的征收得到保证，而地亩又具有稳定性，其数量变动长期起伏不大，这就使得清政府的赋税收入长期处于稳定的水平，呈现出明显的定额化特点。[⑥]

三　通宝钱币与白银并行的货币制度

满族入主中原，统一全国，面对广袤的地域，有了商品货币流通的条件。自此，开始了有清一代银、钱并用的历史，铜钱真正起到了货币的作用，即所谓"银、钱兼并，实为上下通行之货币"。[⑦]

---

① 王希隆：《各民族共创中华：满族、锡伯族、达斡尔族、鄂温克族、鄂伦春族、赫哲族的贡献》，甘肃文化出版社，1999，第 108 页。

② 《清世祖实录》卷七十四，中华书局影印本，1985，第 585 页。

③ 《清世祖实录》卷七十六，中华书局影印本，1985，第 598 页。

④ 《清史稿》卷一百二十一，中华书局，1976，第 3530 页。

⑤ 王希隆：《各民族共创中华：满族、锡伯族、达斡尔族、鄂温克族、鄂伦春族、赫哲族的贡献》，甘肃文化出版社，1999，第 108 ~ 109 页。

⑥ 何平：《清代赋税政策研究》，故宫出版社，2012，第 120 ~ 121 页。

⑦ 《清朝文献通考》卷十三，台北新兴书局，1963。

顺治元年（1644），清军入关，“置宝泉局于户部，宝源局于工部，铸顺治通宝钱颁行，各省开炉鼓铸”[①]。清廷入关前，就已铸造“天命通宝”钱、“天聪通宝”钱流通，定鼎北京后，即令户部宝泉局、工部宝源局铸“顺治通宝”钱，并次第在各省设局铸造。[②] 此后，清朝历代皇帝都下令铸造以年号为名的制钱，但各钱币样式略有不同。直到清末，制钱才为近代机器制造的铜元所代替。对于白银的使用，在清初的一百年，国内大部分的地方，专用银块，虽然铸成锭形，但仍以两计算。嘉庆以后的八九十年间，外国银元逐渐深入中国内地，在中国变成一种选用货币。[③] 总的来说，清朝虽银、钱并用，但在使用上，大数用银，小数用钱，其中白银地位更加重要。因为，一方面，银钱并用虽是清朝的一定制度，但实际上一般人民日常所使用的只有制钱，纹银不过是国家财政和大宗交易上的计价和结算单位以及富裕人家的一种储藏手段而已。另一方面，清廷重银轻钱，不独见于国家财政收支上始终采用银两为计算单位，且在每次谕旨中表现得更透彻。清廷虽标榜银钱相辅而行，实则以银为本，以钱为末。[④] 正如乾隆十年（1745），《皇朝文献通考·钱币考》中记录的那样：“嗣后官发银两之处，除工部应发钱文者仍用钱外，其支用银两，俱即以银给发，至民间日用，亦当以银为重。”

然而，清廷官方铸币制对于银币的形式并没有法令上的规定，完全随各地的习惯和方便而定；银楼几乎可以任意铸造。不仅如此，石毓符指出：“整个清朝自始至终最主要的货币只有两种，即银两与铜钱。银两和铜钱作为货币同时流通，而彼此之间却没有固定的价值联系，因此银与钱的比价时常变动。”[⑤] 为保持银、钱比价稳定，清政府通常使用的方法是：增减制钱的重量、增减铸钱数量以及变更对铜钱的搭收搭放成数等。[⑥]

总结这一时期的货币制度，杨端六的观点颇为中肯：“清朝在统治中国二百多年间所采用的货币制度，是不完整的银铜平行本位制度。”所谓

① （清）王庆云：《熙朝纪政》卷五，光绪壬寅同文仁记石印本。
② 陈锋：《清代财政政策与货币政策研究》，武汉大学出版社，2008，第578页。
③ 彭信威：《中国货币史》，上海人民出版社，2007，第575页。
④ 杨端六：《清代货币金融史稿》，三联书店，1962，第5、60~61页。
⑤ 石毓符：《中国货币金融史略》，天津人民出版社，1984，第114页。
⑥ 萧清：《中国古代货币史》，人民出版社，1984，第313页。

平行本位制度，是两种金属同时作为货币材料，同时流通，但彼此间没有法定的价值联系。[①] 清朝货币制度的特点是：制钱的铸造虽然有约略一定的法定标准，纹银的成色和单位质量则随时随地不同；制钱的制造和销毁，其权属于政府。人民私铸私销，照例治罪，而银锭银块的铸造，政府不加干涉。[②] 即所谓的“不完整的银铜平行本位制度”。

第二节　满族民族性在清朝中央及地方经济管理机构设置上的体现

顺治初年，清朝统治者以入关前满族社会原有的国家制度为基础，同时吸收明朝建制，设置了一整套国家机关制度体系。无论在中央行政决策机关还是地方经济管理机构的设置上，清朝官僚机构建制都很好地体现了满族民族性。

一　中央行政机构决策系统及各经济管理部门

满族贵族统治阶层所建立的清王朝，其中央行政机构决策系统及其各经济管理部门，仍保留着其固有的民族特点。

首先，在中枢机关设置方面。清初，在国家机构中更动最为频繁，职掌最不确定者莫过于内三院到内阁的演变。顺治初遵循入关前旧名，改明朝内阁为内三院，以翰林院附焉，称内翰林国史院、内翰林秘书院、内翰林弘文院，为二品衙门。顺治十五年（1658），内三院改名内阁，降为五品，翰林院另置。顺治十八年（1661）世祖去世，仍复旧制，又改称内三院，翰林院附之。圣祖亲政之后，重新恢复顺治十五年内、翰分立。此后内阁一名沿用不改。这种频繁更变，说明清初统治者一直未能解决内阁的职能和权限，这也是明清嬗替之际时代特征的反映。[③] 清朝定鼎中原，不用明内阁而用内三院，就是遵循关外的传统，而绝非仅仅名称之别。在使国家机器照常运转的同时，清廷将满族旧制掺杂起来，以保证满族的统治地位。内阁总的职掌是：“钧国政，赞诏命，厘宪典，议大礼、大政。”[④]

---

① 杨端六：《清代货币金融史稿》，三联书店，1962，第 51 页。

② 杨端六：《清代货币金融史稿》，三联书店，1962，第 3 页。

③ 姚念慈：《清初政治史探微》，辽宁民族出版社，2008，第 376 页。

④ 《清史稿》卷一百一十四，中华书局，1976，第 3267 页。

具体地说，凡下达的诏令，由它拟进与宣布。官员奏事的本章，由它呈进，并代拟批旨。在大学士、协办大学士下面还设有典籍厅、满本房、满票签处等机构，分掌各项事务。[①] 其中，饭银库，又叫“饭银处”，其司员由大学士于满洲侍读、典籍、中书内派委，无定员。掌收支内阁员司饭银。此种饭银由各省总督、巡抚及布政使咨送。[②]

雍正以后，为加强中央集权统治和适应民族军事征服的需要，正式设立军机处。军机处总揽了全国军政大权，在皇帝直接掌管下，进行军事集权统治。设置初期，军机处所掌仅限军务，后扩权至军国大计无不总揽。至此，内阁形同虚设。军机处的设立，标志着中央集权制度发展到顶峰，清朝皇帝拥有至高无上的权力，可独揽一切政治、军事、经济等政务。除中枢机关外，另设有吏、户、礼、兵、刑、工六部，分掌各项政务。清代大体与明相同，所不同者，清代之户部为十四司（山东、山西、河南、江南、江西、福建、浙江、湖广、陕西、四川、广东、广西、云南、贵州），刑部为十八司，于十四司之外增添直隶、奉天、督捕（原隶兵部，康熙间改入）三司，另分江南为江苏、安徽二司。[③] 在六部之中，户部为管理全国户籍和财政经济的机关，主管全国疆土、田地、户籍、税赋、俸饷、财政等事宜。[④]

在清代中央机关设置中，不得不提及的是作为清代第二个政治活动中心的避暑山庄与外八庙。其中，避暑山庄的建立，是清王朝贯彻其边防政策的一个重要措施。在清朝皇帝中，康熙帝玄烨十分注意历代王朝兴废盛衰的教训，吸取了汉唐等强大王朝建立统一多民族国家的经验。对于北部边防，康熙摒弃历史上兴修长城、分兵戍守的军事防御和军事隔离政策，代之以怀柔蒙古贵族、依靠蒙古各部力量，以防止民族分裂、加强中央集权、扼制沙俄侵略、保卫北部边防。[⑤]

其次，清代另一新创的中央行政机构为内务府。内务府全称为总管内务府衙门，主管宫廷事务。清朝统治者为防止重蹈明朝阉党专权覆辙，设立内务府。内务府由清初的包衣制度变化而来，实属管理归属皇帝的上三

① 张德泽：《清代国家机关考略》，故宫出版社，2012，第 8 页。

② 张德泽：《清代国家机关考略》，故宫出版社，2012，第 13 页。

③ 杨志玖主编《中国古代官制讲座》，中华书局，1992，第 395 页。

④ 李鹏年、朱先华等：《清代中央国家机关概述》，紫禁城出版社，1989，第 147 页。

⑤ 袁森坡：《避暑山庄与外八庙》，北京出版社，1981，第 42 页。

旗包衣组织，其首领官为总管大臣。[①]

清初，裁明代的二十四衙门并入内务府，专管爱新觉罗一家的日常生活等皇室事务，下分广储、会计、掌仪、都虞、慎刑、营造、庆丰七司，每司各有郎中、员外郎、主事、笔帖式等官若干名，与六部各司同。内务府各司职责，分别掌管宫廷的食飨、典礼、库藏、服饰、赏赐、营造、牧厂等事项。七司之外，尚有武备院，上驷院，奉宸院，总理工程处，养心殿造办处，武英殿修书处，刊刻御书处，御茶膳房，御药房，三旗纳银庄，官房租库，织染局，江宁、苏州、杭州三织造，分别隶属七司，均统辖于总管大臣。[②] 我们看到，内务府所管事务，不仅是皇帝家事，也不限于“宫禁”范围。按其所管事务的性质来说，除宫廷事务及一切生活琐事外，并有工农业生产、建筑工程与制造工程、文教卫生等项事务。内务府本府及所属各司处共有五十多个单位，所用之人员，除匠役、军丁及太监不计外，共有职官三千多人。比掌管全国疆土、田亩、户籍、钱谷事务最繁的户部人数，多有十倍以上。[③] 可见，满族贵族阶层作为清朝的执政者，不惜花费重金设置特殊机构为其服务。

内务府乃清廷独创，其用人制度带有明显的民族特征和机构特点。其一，按清制，官员自一品至十八品乃至未入流者，必须经吏、兵两部铨选任用，而内务府属“文职武职官，皆不由部铨选，其不兼隶于吏、兵二部者，亦不入工部品级考”。其二，清制，文官官缺按官员的不同身份分为宗室缺、满洲缺、蒙古缺、汉军缺、内务府包衣缺和汉缺。按规定，汉司官以上缺与汉军八旗人员可以互补，外官蒙古八旗人员可以补满缺，满、蒙、汉包衣皆得补汉缺，但是内务府包衣缺，自为一系统，升降不与他途一例。其三，内务府官员来源，主要是内务府三旗和上三旗满洲。[④]

最后，设理藩院。理藩院为清代新创的另一中央行政机构。入关前，设有蒙古衙门，因最初与蒙古交往最为频繁，故设此衙门以专管其事。后来清廷与国内各少数民族的往来日密，交往之事日多，故改蒙古衙门为理藩院以适应需要。理藩院只管理内外蒙古、回部（新疆各族）和番部（藏族）事务，西南各少数民族并不包括在内。因为全国最高统治者满族

① 李鹏年、朱先华等：《清代中央国家机关概述》，紫禁城出版社，1989，第 14 页。

② 杨志玖主编《中国古代官制讲座》，中华书局，1992，第 399 页。

③ 张德泽：《清代国家机关考略》，故宫出版社，2012，“叙例”，第 3 页。

④ 祁美琴：《清代内务府》，辽宁民族出版社，2009，第 84 页。

贵族本身也是少数民族，故深知民族问题及其政策在国家行政措施中的重要性，这正是理藩院之所以特创而为二千年来历代王朝所无，成为清代官制中最大特点之一的一个原因。[①]

理藩院内部组织，有旗籍、王会、典属、柔远、徕远、理刑六个清吏司及管理行政事务的满档房、蒙古房、司务厅、当月处、督催所、银库、饭银处等单位。其中，旗籍清吏司分掌“内札萨克”（内蒙古科尔沁等部所属各旗）疆域、封爵、会盟军旅等事。[②] 各旗札萨克之下，有协理台吉、管理章京、参领、佐领、骁骑校等官，管理一旗的户籍、徭赋、婚嫁等事。王会清吏司职官共二十四人，分掌内札萨克各部旗的俸禄、朝贡、赏赐等事。[③] 典属清吏司掌“外札萨克”（外蒙古、青海蒙古及新疆金山、天山之间各部都属外札萨克）各部疆域、封爵、会盟、军旅、蒙藏各地喇嘛之事及俄商来恰克图贸易之事等。柔远清吏司共二十一人，分掌外札萨克及喇嘛俸禄、朝贡之事。徕远清吏司共十八人，分掌回部札萨克及四川土司之政令，并掌回城卡伦外各部族朝贡事务。银库及饭银处掌理藩院财务出纳事务。

清廷在“理藩院”机构设置上，获得了成功的经验，具有任何其他少数民族统治全国时期都没有的政策把握，以此更好地团结各民族来巩固自身统治。正如美国学者司徒琳认为的那样：“恰好是这个机构（理藩院）的政策，比满族从汉族继承的倾向于提倡汉化非汉民族的其他政府机构，为现代中国提供了更多的保持民族文化和给予少数民族一定程度的政治自治权的先例。当然，清政府的首要任务是加强控制和维持屈服，而并非提倡文化多元化。但是通过利用或与清代内亚的当地贵族合作，而达到的控制和屈服，使得清政府统治机构的这部分与同时代的欧洲列强的海外殖民机构的高度复杂达到相当的水平。”[④]

清廷除了在中央行政决策系统及各经济管理部门的设置上突出体现了很强的满族性之外，为保证满族贵族拥有特权的另一项措施是，在中枢机构中重用满族贵族和官僚。虽然，越到后来汉族官僚的数量、地位、权力

① 杨志玖主编《中国古代官制讲座》，中华书局，1992，第 398 页。

② 张德泽：《清代国家机关考略》，故宫出版社，2012，第 156 页。

③ 张德泽：《清代国家机关考略》，故宫出版社，2012，第 157 页。

④ 〔美〕司徒琳：《世纪史及清初中国的内亚因素——美国学术界的一些观点和问题》，载刘凤云、刘文鹏编《清朝的国家认同》，中国人民大学出版社，2010，第 328 页。

越加上升，但有清一代，满族贵族始终紧紧抓住中枢机关的权力，不使其旁落。[①] 我们看到，清朝虽一定程度上沿袭明制，但最不同于明者，清为复职，有一汉员，必有一满员，而满员班列皆在汉员之前。这是由于满族以一少数民族入主中原，统治全国最广大的汉族，不得不以统治民族自居而处处监督、提防汉族之故。[②]

二 各地方经济管理机构的设置

如前所述，政权的重要部门与政事的决定权操于满官之手，尤其管理经济、财政机构，绝大多数是满官。有满汉复职的经济机构中，满官权力大过汉官。中央官为满汉复职，自不能行之于地方，亦无如此众多之满人以充塞于州县父母官之间，况语言与习俗之不同，即使凌驾其上，亦无所措手足。自入关起，满族贵族所重视者为省区一级督、抚人选，口头上讲“不分满汉，一视同仁”，任人唯贤，实际上满多于汉。[③] 对于一般州县官，则几乎全由汉人充任，满族作为一个少数民族统治广大汉族与其他各族人民，自非重用和多用汉人，采取“以汉治汉”之道不可。可见，清政权虽然在表面上民族统治的色彩不如元政权之浓厚，但就其内涵来看，超过以前任何一代异族统治政权。[④]

清统治者建都北京，遂驱师全国，当基本上完成一统后，清政府即逐步地对地方行政管理进行整顿。首先，确定行政区划。对各直省区划，基本依明之设未变；而特以京师及陪都设顺天、奉天二京府。按清制，各行省下设府，与府同级的有直属于布政使司的直隶厅和直隶州；府属的行政单位为县，与县同级的有一般散州和一般散厅。“厅”原非固定的行政单位，由于知府的佐贰官同知、通判多分驻某一地方，遂逐渐以其办事处所“厅”为固定的行政单位。“州”一般是因地特设。清代地方省、府、州、县，均划分等级，其一切经制，均需依照等第，不得逾越。[⑤]

在清代地方政权中，布政使司是地方财政的最高管理部门。掌一省之

① 〔日〕稻叶君山：《清朝全史》，吉林出版集团有限责任公司，2010，第66页。

② 杨志玖主编《中国古代官制讲座》，中华书局，1992，第395页。

③ 杨志玖主编《中国古代官制讲座》，中华书局，1992，第403～404页。

④ 张德泽：《清代国家机关考略》，故宫出版社，2012，“叙例”3。

⑤ 刘子扬：《清代地方官制考》，紫禁城出版社，1988，第7页。

行政，司全省财赋之出纳，并承宣政令，考核所属州、县。每十年将全省户籍、税役、民数、田数，汇报于户部。各项重要政务，报于督抚议行。[①]由于清制各省设巡抚，又有总督，布政使即成为督抚之属官。布政使虽仍有统属府、厅、州、县之责，但已失去行政上的独立性。[②]

各省地方机关，除管理一般军政、民政的督、抚、司之外，尚有漕运、盐政、税关等衙门。漕运，是由水道转运粮食，其长官叫“漕运总督”，下设“督粮道”，专管粮运事务。管理盐务的最高长官，名为“盐政”，下设盐运使与盐法道等官。税关的长官为“监督”，或为“海关道”。

三　关外边区的经济管理机构

清代边区的行政机构，比较复杂，也不统一。总体上说，对于关外地区的管理，有别于各直省区划：以东北地区作为特别区进行管理，只设八旗驻防而不建行省；其内外蒙古、青海、新疆、西藏少数民族地区，亦别于各直省；一些直省内之少数民族聚居地区，也作为特别区进行管理。

东北三省为清朝发祥之地，定为封禁之区。置内大臣为留守，驻辽阳。顺治元年（1644），以内大臣为总管；顺治三年（1646），改为昂邦章京。康熙初，置将军，移驻盛京，称总管盛京等处地方兼管盛京巡抚事，简称盛京将军，一人。康熙中，相继分设黑龙江、吉林两将军，而盛京将军实为之首。东北三省所设盛京、黑龙江、吉林三将军，分掌三省军、民诸政。盛京作为留都，设官同于京师，除吏部不设外，余五部同时并建，而盛京统部实兼辖黑、吉两省之事。盛京将军外，尚有副都统四人、城守尉八人。下设协领、防守尉、佐领、防御、骁骑校等各若干人。以上从将军衙门、都统衙门到旗佐衙门，均为专治八旗旗人而设，只管理旗务而不问民之事。专理民人之事者，又有府、州、县衙门。府、州、县之设，所以专治盛京等处地方之民人，与都统、旗佐衙门之专治旗人，同行于一省之内，实为地方行政上的双轨制。然旗、民户田、婚丧互相争讼之事，不时发生，州、县不敢受理，判处旗人减民人一等，旗人又有折赎。[③]

① 张德泽：《清代国家机关考略》，故宫出版社，2012，第229~230页。
② 刘子扬：《清代地方官制考》，紫禁城出版社，1988，第81~82页。
③ 杨志玖主编《中国古代官制讲座》，中华书局，1992，第408~409页。

清王朝为统治蒙、回、藏各族人民，除在京都设理藩院综汇管理外，并在内外蒙古、青海、新疆、西藏各地方，派将军、都统、副都统、大臣等分别驻扎，就近管理，这是清王朝统治这些地区的军政大员。另外，以各族王、公、贝勒等为各旗旗长，管理本族所属地方事务，但须受清王朝驻防大臣监督。此外，并在一些少数民族聚居区设置文武土官，管理各族事务。[①] 其中也包含各族经济方面的诸多事务。

总的来说，清代官制虽多沿袭明代，却具有很强的民族特点。这里，引用国外新清史研究的著名学者罗有枝的一段话作结："清承明制只是清朝建立自身统治机构的一种方式，在吸收明朝典章制度的同时，清朝宫廷制度和官僚机构建制体现了很强的满洲特色。这些特色政治制度确保了清朝能够最大限度地发挥它的'民族'优势，避免了中原王朝的许多弊病。例如，清统治者建立内廷外朝双重宫廷政治格局，以保证中央最高权力集中在皇帝和他最亲信的大臣手中；清代中央机构管制实行满汉双缺制，不以科举考试限定满蒙子弟入仕途径，这样既可以保证在统治机构中保持相当的满洲成分，又可以抑制汉人科甲党派对皇权的侵蚀；清代规定秘密立储、皇子留居北京、宗室亲王不得干预朝政等制度，防止了在统治集团内部出现争权分裂的现象；清朝设立木兰秋围、皇帝出巡、在承德建立塞外政治中心，这保证了皇帝能够走出京城治理国家，同时保持满洲尚武骑射的传统；诸如此类还有设立内务府、建立理藩院等。"[②]

第三节　满族主政全国在满族经济史上的意义

清国以几十万满人入主中原，从一个地处东北边陲、较落后的民族一跃成为统治民族，其经济也迅速向全国经济融合并得到快速发展，既使满族成为中华民族中极为重要的"一元"，又赋予清代中华民族经济"一体"以鲜明的满族民族性。特别是康雍乾时期，其社会经济发展空前繁荣。因此，满族在主政全国时期的经济发展，为此前任何一个少数民族所不能比拟，更在满族经济史上书写了浓墨重彩的一笔。

---

① 张德泽：《清代国家机关考略》，故宫出版社，2012，第262~263页。

② 转引自马钊、满学《清朝统治的民族特色——1990年以来以英语发表的清史著作综述之一》，载国家清史编纂委员会编译组《清史译丛》第一辑，中国人民大学出版社，2004，第116页。

一　满族摆脱经济发展困境，确立了主体民族的经济地位

天命、天聪交替之际，满族社会经济出现最困难时期，几乎濒于崩溃。主要表现在手工业品奇缺、物价腾贵、银多无用、土特产堆积等方面，社会流通停滞，人民生活陷于极大的困苦之中。换句话说，是失去对强大中原经济的依托所致。[①] 正是由于满人自其先祖以来，手工业品长期依靠与明朝贸易，满人从“不以织布为意”[②]，因而一旦断绝同汉区的贸易，国内工业品库存空虚，就会出现努尔哈赤晚年的经济状况：“库中余布，尚无十匹之贮乎?”[③] 从而出现社会各阶层均陷入困境，物价腾贵。天命、天聪之际，社会动荡不安，是满族依附性经济的表现。面对此种境遇，皇太极执政后，采取积极的内外经济政策，对内加强纺织业生产，于天聪元年（1627），下令督织，使国内工匠一律织造；对外推行积极的外贸政策，与明朝、李朝和蒙古各部，通商买卖，使国内经济得到恢复与发展。[④]

我们看到，正是皇太极推行了一系列正确的经济政策，使得国库充盈，国力增强，八家及各级官吏普遍富有，人民生活安定，完全改变了天聪初年的困难状况。即使如此，入关前满族经济地位独立性仍十分有限。

入关后，满族作为统治民族，其经济制度、政策的制定都带有一定的倾斜性，将本民族与其他民族区别对待。无论官员选拔、任用，还是八旗生计，虽表面上标榜一视同仁，但实则不然。正是在多重政策的保护下，满族经济较其他民族经济发展迅猛，跻身先进民族行列，并确立了主体民族的经济地位。

从满族自身来看，民族特征虽然与民族形成初期的情况发生了很大的变化，但是这些变化是从其传统特征基础上发展而来的，并与其保持着深厚的渊源关系，而且在这些变化中仍然保留着传统的因素。因此，其经济也保持着一定的民族性，但随着入主中原，其经济开始向全国经济融合。

---

① 滕绍箴、滕瑶：《满族游牧经济》，经济管理出版社，2001，第120页。
② 《清太宗实录》卷十五，中华书局影印本，1985，第208页。
③ 《清太宗实录》卷四十六，中华书局影印本，1985，第618页。
④ 滕绍箴、滕瑶：《满族游牧经济》，经济管理出版社，2001，第122页。

二　满族经济与全国经济的融合

顺治元年（1644），满族定都北京，一个以满族为主体的全国性的中央政权得以建立，从此揭开了中国历史新的一页。满族是一个善于学习的民族，他们从蒙古人那里获得了世界帝国继承者的资格，并取得了统治合法性的部分宗教的支持；从满洲本族旗人那里获得了领导征服战争的军事力量和技术；从汉人那里获得了在全国进行合法统治的官僚统治的技能和儒家的道德规范，并取得了对朝鲜与越南进行统治的道德领导权；从藏人那里获得了作为普世的佛教领袖的超自然的权力。[①] 正是从各民族政治、文化等方面不断汲取所需营养，满族建立起全国性政权，并统治达两百余年。这其中最重要的一个原因不能忽视，那就是满族在成为统治民族后，其经济迅速向全国经济融合，使得本民族在共同繁荣中得到快速发展。

清朝入关后，形成了满族新的分布格局，创造了社会发展的有利条件。大清国的统治区域从山海关外的东北向中原地区扩展，满人也迅速向全国扩散，形成散居现象。正是由于散居的形成，满族贵族阶层利用其统治民族的特权地位，从事经济决策、经济管理等非生产性活动，并为清朝结束后，满人生计方式做了一个近三百年之久的历史铺垫。而普通满族劳动阶层无论从事农业、手工业、贸易还是其他行业的生产活动，都积极吸收了先进民族的技术、经营、管理和文化，形成了多元化的生产方式。不仅如此，满人散居现象的形成，建立并促进了与各民族间的经济联系，这种联系使得满人受惠良多，使得满族社会经济不断发展。

我们看到，在清朝二百多年中，满族经济发展迅速，人口大量增长。除居住边远地方的少数人外，整个满族社会经济文化生活的主要方面，都已接近当地汉族的发展水平。勤劳勇敢的满族人民，与全国各族人民一起，进行了长期的辛勤劳动和英勇斗争，使祖国进一步富强兴盛起来。[②] 而满族作为统治民族，其民族经济发展具有国内其他民族不可企及的优越地位，在长期与各族人民密不可分的交往中，经济生活渐渐融入全国经济中。

---

① 孙静：《满洲民族认同的历史追寻——柯娇燕满族研究评介》，载国家清史编纂委员会编译组《清史译丛》第三辑，中国人民大学出版社，2005，第 246～247 页。

② 《满族简史》编写组：《满族简史》，中华书局，1979，第 87～88 页。

总体来说，在以满族贵族为首的清朝中央政权统治下，尤其是在康熙中期国内民族矛盾、阶级矛盾逐渐缓和后，在反对分裂割据、反对外国侵略、维护祖国统一、保卫边疆领土的斗争中，以及在促进各族经济文化的交流和发展中，满族起了很大的作用。与此同时，满族经济生活获得了迅速进步[①]，但也越来越不能作为孤立的民族经济同整个中华民族经济割裂开来。

三 元明清三代经济之比较

中华民族经济一体化是各族经济交融发展的产物，但是在经济史的不同阶段，由于主体民族的不同，这种“一体”化带有主体民族鲜明的民族性。元明清三朝（1206～1911）长达七百余年，分别以蒙古族、汉族和满族执掌全国政权，研究民族经济史，对相继三个不同民族统治下的全国经济进行比较，不无裨益。元明清三代由于主体民族具有不同的民族性，造就了三代经济之差别。这里不是叙述三代中国经济史，而是揭示三代中国经济因主体民族的民族性之不同而具有的各自特点，及其与中华民族经济一体化的关系。

三代社会经济制度的共性在于集权官僚制。与封建制生产资料和农户归封建主领有、主要社会阶级由封建主和农奴阶级构成不同，集权官僚制社会的生产资料归官僚地主阶级和个体农民所有，农民基本摆脱了农奴的地位，官僚地主与农民的矛盾是集权官僚制社会的主要阶级矛盾。元清两朝，主政的蒙满族与汉族之间的民族矛盾也构成社会的主要经济矛盾。三代在处理阶级矛盾和民族矛盾时因民族性而产生的差别，赋予了中国三代经济的基本特点。

首先看对阶级矛盾的处理。元代蒙古族建立了中国历史上第一个由少数民族执掌的全国政权，结束了唐末以来中国长期分裂的局面，重归大一统。元代大一统超越汉唐，疆域辽阔，东尽辽左，西极流沙，南越海表，北逾阴山。为管理这样一个版图辽阔的帝国，忽必烈建立了汉式官僚机构。皇帝之下，以中书省、枢密院和御史台为中央机构，中书省掌决策和行政权，枢密院掌军事权，御史台掌监察权。中书省和枢密院是皇帝的左右手，御史台对中书省和枢密院行使监督。中书省下分设吏、户、礼、

① 《满族简史》编写组：《满族简史》，中华书局，1979，第87页。

兵、刑、工六部。地方行政机构为行省，简称省，最初是中书省的派出机构，后来演变成地方行政区划，沿用至今。元初在全国建立了 11 个行省，包括在高丽建立的较为特殊的高丽东征行省。行省之下设有宣慰司、路、府、州、县等机构。元朝国家军队分为宿卫军和镇戍军两大系统。宿卫军又有怯薛军和侍卫亲军之别。宿卫军沿用蒙古旧制建立，负有大汗宿卫、宫廷近侍、行政管理、官员储备等多项职能。侍卫亲军是仿中原唐宋王朝军制建立的皇帝护卫军队，最多时达 20 余卫。镇戍军由蒙古军和汉军组成，蒙古军又称探马赤军，设三个都万户府，镇守江北，汉军各万户镇守江南。可见，元朝的军政制度是蒙汉兼备。这最典型地反映在元廷在大都和上都之间的“两都巡幸”上，它是游牧民族政治理念和农耕民族政治理念未能充分融合的产物。尽管元代官僚体制杂糅了蒙汉两族政治传统，元代社会基本阶级结构和唐宋并无不同。然而，在游牧经济基础上养成的蒙古族粗犷的民族性格，在处理阶级矛盾时，使得辽阔版图上的中央和地方官僚机构权限过大，层级过多，皇帝难以真正集权，这使得官民矛盾中，蒙古、色目贵族可利用手中权力兼并土地和民户，从而成就了各地的豪强，农民赋税越来越重，红巾军起义终致元朝灭亡。同样的阶级矛盾，同样的灭亡方式，使元代没有脱出历史周期律。

明代治理的权力结构发生变化。朱元璋总结元代灭亡的经验，认为“主荒臣专，威福下移，由是法度不行，人心涣散，遂至天下骚乱”[①]。为此，朱元璋以三大手段处理官僚地主与农民之间的阶级矛盾：一是废除宰相制度；二是坚决惩治官员腐败，整饬吏治；三是建立监察制度，严明法治。洪武初仍元制以中书省及行中书省，分统郡县；洪武九年（1376）改行省为承宣布政使司；十三年（1380）罢中书省，以所领郡县直隶吏、户、礼、兵、刑、工六部。殿阁大学士并非丞相，殿阁也并非掌权内阁，只不过是皇帝的顾问。地方行政体制废行省，设三司，布政司掌民政，按察司掌刑狱，都司掌军政，均隶属中央。明代在汉族地区十五省分统府、州各百数十，县一千一百有余。府州县只领有民户，另置卫、所以领军户。[②] 在少数民族地区实行土司制，土府、土州、土县隶于布政司，宣慰、宣抚、安抚、长官等土司隶于都司。显然，明代治理的权力结构的特点是

---

① 《大明太祖高皇帝实录》卷十四，中研院历史语言研究所，1976，第 176 页。

② 谭其骧：《中国历史地图集・明时期图（一）说》，中国地图出版社，2014，第 62 页。

皇权更加集中。朱元璋惩治腐败在中国史上是空前的，仅胡惟庸案、空印案与郭桓案，几乎将朝廷上下官员一扫而空，处死者达 4 万余人。朱元璋建立的监察制度之严密从南京城墙的墙砖铭文中可见一斑。至于法律，不仅有《大明律》，还有法外之法《御制大诰》《大诰续编》《大诰三编》《臣戒录》等具有法律效力的案例汇编。尽管这些惩治贪官的手段十分严酷，监督机构也越来越严密和复杂，但家天下的本质不能改变明代集权官僚制社会的阶级统治性质。永乐朝后期贪腐之风再次蔓延，明朝和元代灭亡的原因没有什么两样，都是阶级矛盾激化的结果。官僚阶级的本性注定了以农民反抗为朝代更迭机制，明末李自成起义发挥了元末红巾军起义同样的作用。

17 世纪 40 年代，东西方几乎同时进行了朝代更迭。英国于 1640 年爆发资产阶级革命，1648 年查理一世被送上断头台，建立了资产阶级共和国，开启了世界近代史。1644 年明崇祯帝自缢景山，李自成败离北京，清朝入关，建立中国文明史上最后一个帝国。对于采集狩猎民族的满族来说，集权官僚制是最为先进的社会制度，但对于世界来说，这种制度已然陈腐。清朝以入关前满洲国家制度为基础，吸收明制解决中央集权官僚制社会阶级矛盾。内三院和翰林院的关系几经反复，圣祖亲政后，才稳定分置格局，以内三院“钧国政，赞诏命，厘宪典，议大礼、大政”①，固然有确保满族统治地位，排斥汉人的意味，但从阶级关系来看，仍属中央集权体制范畴。雍正帝设立军机处总揽军政大权，进一步加强了皇帝集权统治，皇帝权力至高无上。吏、户、礼、兵、刑、工六部分掌各项政务，与明无异。内务府总理宫廷内部事务，意在避免明朝阉党专权。政权的重要部门与政事的决定操控于满官。清制，各行省下设府或直隶厅和直隶州，府下设州、县、厅，均有等级，不得逾越，虽带有满族特色，这却是一个典型的集权官僚体制。官僚地主阶级与农民阶级的矛盾，同元明两代无异，而与同时期的英国大异其趣。终清一代，官僚地主阶级土地兼并，官僚阶级腐败，从未断绝。作为最后一个专制帝国，清代的灭亡既有民族矛盾的冲突，也有帝国主义入侵的作用，但官僚地主阶级和农民阶级的矛盾的激化是一个不容忽视的内因。清末太平天国运动爆发，与元末红巾军、明末李自成起义属同一个性质。

① 《清史稿》卷一百一十四，中华书局，1976，第 3267 页。

再看三代对民族矛盾的处理。中国是多民族国家，但在元清两朝，国内主要的民族矛盾是蒙汉与满汉矛盾。从民族政策来看，元代蒙古族作为少数民族对多民族国家的统治，受语言、文化、风俗习惯、历史传统的制约，必然要启用汉人。忽必烈因对金莲川幕府中汉族大臣的倚重，早期对汉地的统治一直采取诸侯世袭制。1262 年李璮兵变后，忽必烈开始削弱北方汉人世侯势力，实行中央集权的统治方式，逐步推行选官任人上的四等人制。他将全国民众划为四等：第一等是蒙古草原地区的蒙古人，第二等是西夏回鹘地区的色目人，第三等是原金朝地区的汉人，第四等是南宋统治区的汉人。可见，元代统治者在民族关系上是有民族歧视的，“内北国而外中国”的时人评论，未必准确，但蒙汉杂糅是忽必烈处理民族关系的特点。四等人制使蒙汉民族矛盾成为有元一代的痼疾，元至正二十七年(1367)，朱元璋发布由宋濂起草的《北伐檄文》，正是从民族矛盾视角提出“驱逐胡虏，恢复中华，立纲陈纪，救济斯民”的口号。

明代是汉族政权，在少数民族地区，明朝根据因地制宜特点，设置了军政合一的边疆管理机构以及土司制度、都司制度等不同形式的机构，对维护明朝君主集权和多民族国家的统一，促进边疆稳定和开发产生了巨大作用。但是明末，关外满洲的崛起与明廷的矛盾以及明朝内部官僚地主阶级与农民阶级的矛盾，构成明朝灭亡的两大推力，李自成和皇太极都是明朝的掘墓人。

清代设立的理藩院是中央行政机构之一，但它主要管理少数民族事务。在解决满汉矛盾时，除了在中央行政决策系统设置上突出满族特权地位之外，另一项措施是重用满族贵族和官僚。虽然，越到后来汉族官僚的数量越多，权力也越大，但终清一代，满族贵族始终不使中枢机关大权旁落。① 清朝不同于明朝的地方在于实行复职，满员必列于汉员之前，处处监督、提防汉族。② 清统治者，虽然不像元统治者那样明确划分等级，甚至提出“满汉一家”，“满蒙汉一体”，但实际上，“自家骨肉”的观念十分强烈，不仅垄断军政大权，就是居住也需满汉分离，不得通婚，强迫汉族剃发易服，强制实行民族同化。八旗制在赋予满人政治经济特权的同时，又限制了满人社会活动自由。满汉矛盾直至清末亦未解决，孙中山提

---

① 〔日〕稻叶君山：《清朝全史》，但焘编译，吉林出版集团有限责任公司，2010，第 66 页。

② 杨志玖主编《中国古代官制讲座》，中华书局，1992，第 395 页。

出的“驱逐鞑虏，恢复中华，创立民国，平均地权”的纲领，几乎是元末宋濂《北伐檄文》的清末版。

元明清三代都是家天下的时代，皇族内部争夺皇位的事不绝如缕，有兄弟相争，有叔侄相残，有母子相斗。亲情之间尚且如此，民族之间争夺统治权可想而知，没有必要避讳这一基本事实。民族矛盾激化是三代更迭的主要动因之一。

从生产方式来看，蒙古族在建立元帝国前，主要生产方式是游牧经济。元初曾出现过一些蒙古族贵族变耕地为牧场的现象。但很快，元世祖就开始重视农业，认为国家的富足和稳定需要来自农业的税赋。为了发展农业，专门设立司农司和管理水利建设的机构都水监，颁令禁止毁田为牧场，召集逃亡，鼓励开荒，将屯田制度推行全国，限制蒙古族贵族占有过多的驱口（即俘获为奴者）。元代还编辑了《农桑辑要》《农书》《农桑衣食撮要》等农书，对发展农业生产起到了推动作用。农业生产工具和技术得到改进，镰刀的种类增多，出现了耘锄、镫锄、耘荡等中耕农具，牛转翻车、高转筒等农田水利灌溉工具广泛运用，水轮水磨、水转连磨较前朝更为完善，还从海外引入胡萝卜、南瓜、洋葱等许多新作物品种。农业在蒙古族经济中的支柱地位取代了游牧经济。蒙古族经济原本以畜牧业为主，元朝建立后，不但继续支持游牧经济的发展，还在各地设立政府直接管理的牧场。逐步建立了专门管理畜牧业的太仆寺机构，下辖 14 个官牧场。官牧场大多设在水草丰美的地区。上都官牧场规模很大，元政府经常从这里调运大批牲畜，以满足军需和民用。此外，政府还把一部分牲畜分拨在民间饲养，武宗时民间饲养的马总计达 21 万匹以上。除朝廷直接掌握数量巨大的牲畜之外，元政府将一部分草原分给蒙古诸王、贵族，作为他们的牧地。当时北方不少耕地变成了孳养牲畜的牧场，蒙古贵族占有很多牲畜，动辄以万计。有的贵族“善牧养，畜马牛羊累巨万”。[①]

明朝汉族主政，汉族在古代向以农耕为主要生产方式。朱元璋将农业视为国家之本，认为国家一切需要来自农业。经过元末明初战乱，人口锐减，大量土地荒芜。明初朱元璋面对的首要问题是如何恢复经济。为此他采取多方面措施恢复农业生产。首先是大移民，明初 40 余年，仅洪武一朝就有两千余姓氏，至少 160 万余人，自山西、江西、苏南等地被迁至河

① 《大中国文化》编委会：《中国历代经济简史》，外文出版社，2012，第 25 页。

南、河北、辽宁、山东、安徽、湖北、湖南等18省500多个州县，总趋势是从人口稠密地区迁至人口稀少的地区，富裕地主则迁往贫困地区。其次是洪武十四年（1381），下令核查全国户口土地，编订黄册与鱼鳞册。所谓黄册是政府编制的户籍册，每里一册，详列各户人口、田土、房屋数量。鱼鳞册又称田土册，以里为单位，记录每块土地名称、类别、面积、田主姓名等。田土册图形相接，状如鱼鳞，故名。明初还用绳车和弓丈量土地，绳车丈量大片土地，弓用于丈量小块土地。黄册和鱼鳞册的编订，标志着明初社会秩序得到重构。最后是朱元璋实行休养生息政策，不误农时，不滥征民力。他反复告诫官员，战乱之后的农民如初飞之鸟，不可拔其羽，如初植之木，不可摇其根。经过几十年休养，农业获得空前发展。洪武二十六年（1393），全国开垦土地总量达850余万顷，税粮3000多万石。农耕民族在经过战乱之后，再度将农业生产发展到历史最高水平。

清朝入主中原后，遇到了明初朱元璋同样的问题，即因持久的战乱所导致的土地荒置。清军入关，便宣布“民来复归其业”；定都北京后，又制定了一套“农民复业”则例；与明代实行人口大迁移不同，清初在圈占汉民土地基础上，制定《逃人法》逼勒汉人投充的弊政在康熙朝得到改革，停止跑马圈地，所圈田地归还原主，京畿良乡十三县土地免圈；督促官吏，招民垦荒；丈量土地，绘制鱼鳞图册；将人丁、丁银、地、粮四项编成黄册，即户口册；编纂《赋役全书》，颁行全国；整顿赋税，实行一条鞭法，简化赋税制度，促进了人口增长。

重农是古代中国的治国基本原则，无论哪个民族主政，都不能不贯彻这一原则。蒙古族是游牧民族，忽必烈在灭亡南宋之后，开始重视农业。明初朱元璋如此，满族入关后，同样如此。所不同的地方在于：元代蒙古族重视农业注重从政策、技术、引进国外新品种等多方面入手，同时兼顾本族的传统游牧业；明代以清理户口、土地和迁移人口为主要措施；清代则更关注保证八旗官兵内迁人口安置对土地的需要。

商业历来为蒙古族所重视，游牧经济需要商业作为补充。元代建立的更为完善的站赤制度，是商业发展的基础。建立站赤的直接目的是传递军情政令，但也便利了物资运输，它是辽阔疆土上官员长途跋涉的补给站和各国使节前往大都、上都的休息站。忽必烈建立了通向四面八方的水陆交通网，可达新疆、云南、西藏、东北。大都是整个水陆交通网的中心，从大都出发，往东的道路可到通州、蓟州，在蓟州分四路向东、北延伸；往西到昌平，再到榆林站分道通向上都、山西；往南到良乡，再到涿州南下。水路方面，京杭大运河全线开通。成吉思汗及其后任的三次西征，破除了欧亚大陆交通障碍，东西方经济、文化交流无论在广度和深度上都远超汉唐。古代东西经济文化交流促进了中国科技发明大量涌现，元代郭守敬发明了世界上第一台机械自鸣钟，由水力驱动，能显示时、分，自动报时。他编的《授时历》将一年的时间精确到365.2425天，与地球绕日一周测得的实际时间仅差26秒。交通运输和技术进步，促进了农业生产发展，宋以来的商业城市保持繁荣，东西方贸易勃兴，大都成为国际商业大都会。蒙哥汗去世后，忽必烈与阿里不哥争夺汗位，并与察合台、窝阔台系的后王交恶，导致蒙古帝国分裂与陆路交通的阻滞。元王朝通过海上丝绸之路与海国开展贸易，福建泉州、广州、庆元、澉浦等港的国际贸易繁盛起来，海国的象牙、珍珠、人参、麝香等名贵货物，大宗的香料、药材、布匹等引入中国，出口则以元青花瓷、丝绸、茶叶等为主，中国古代四大发明也在这一时期西传。忽必烈一改蒙古帝国前期征伐杀戮的特点，重视农业和商业，以和平手段开展东西方经济交流。

明代版图远没有元代辽阔，其北的蒙古分为三部：西为瓦剌，中为鞑靼，东为兀良哈。其西察合台汗国分裂为东西两部，西察合台汗国演变为帖木儿汗国，东察合台汗居别失八里，永乐十六年（1418）西迁亦力把里。因此，明代因蒙古人占据西域和中亚，阻碍了东西方经济交流，只能寻求海路贸易。郑和七次出使西洋，除宣扬国威外，还有一个重要的使命是开展海上贸易。虽然出洋宝船在技术上领先于世，但在经济上，海洋贸易由明廷主导，以自给性农耕经济为基础，注定不能也无必要常态化。永乐朝之后，明朝终于成为“一个内向和非竞争性的国家”①。

清初农业和手工业生产的恢复使明代出现的资本主义萌芽有所发展，牙行组织出现，商业城市繁荣，集镇有了进一步发展，票号、钱庄等信用机构产生。鸦片战争后，自给性小农经济开始解体，资本主义性质的近代工业开始出现，传统商业开始衰落并向民族资本主义商业转变，外国洋行和买办商业兴起。在对外贸易上，清初实行海禁政策，康熙二十三年（1684）设立粤海关、闽海关、浙海关、江海关，管理往来商船和征收赋税。乾隆二十二年（1757）只限广州对外贸易，限制商人自由贸易，限制

① 黄仁宇：《中国大历史》，中华书局，2006，第129页。

商船的规模和建造，限制出口货物的品种和数量，限制贸易对象，实行“公行”和包办洋务制度。鸦片战争后，根据《南京条约》开放广州、福州、厦门、宁波、上海五口通商，对外贸易中心由广州转到上海。清廷从清初的“恤商”政策转向“抑商”政策，有清一代，以小农经济为基础的集权官僚制，在外国资本主义入侵下，不仅未能完成中国的商业革命，反成为近代化的制度障碍。

三代的商业经济可从国内外两个方面来看。国内因国家统一和农业、手工业的发展，交通的便利，出现了资本主义性质的商业萌芽，但受到小农经济和集权官僚制度的阻碍，未能获得充分发展。从对外贸易来看，可谓一代不如一代。元代的对外贸易最为开放，明永乐帝之后，日益走向封闭，直至近代被迫门户开放。

中华民族经济体是各民族共同经济活动的产物，却不是目的论设定的结果，没有哪个民族是抱持为了形成中华民族经济体的目的，来从事经济活动的。中华民族经济体是各族有意识经济活动的无意识产物，是各族有目的的经济活动冲突融合的结果。由于不同民族在解决阶级矛盾、民族矛盾，发展生产，开展贸易，推行经济政策上带有维护本民族利益的倾向，因而，不同时期中华民族经济体就被赋予主体民族的民族性。多民族在中华民族经济体中均占有相应的经济地位，做出自己的经济贡献，并获得一定的经济利益。一个具体朝代的中华民族经济体，既是各族经济活动的共同体，也带有主体民族的民族性。民族经济矛盾作为中华民族经济体内部的一个重要维度，在阶级矛盾、地区矛盾、城乡矛盾等维度之外，增添了经济整体运行的内在活力。

第十一章　清初满族经济制度与经济政策

满族统治者入主中原、拥有全国政权后，一方面加深对其他民族的经济剥削，同时巩固自身的特权经济地位，并制定一系列只适用于满族的经济制度与政策，以确保权力集中于满族贵族手中。这些措施的实施，使得满人分散于全国各地，却很好地保证了经济制度向中央集权制转化。本章论述清初满族经济制度的民族性表现的第二个方面，即建立了满族寄生性民族经济制度。

第一节　满族统治阶层的特权经济地位

满族统治阶层利用政治上的特权，对族内使满族贵族阶级与普通旗人同享经济上的优待，对族外加强对国内各民族的剥削，从而保证满族拥有特权的经济地位。满族在相对稳定的生产环境下，虽有奴隶制经济的残余，但集权官僚制经济制度占据主导地位。

一　满族统治阶层经济地位的巩固

顺治帝在立国之初曾多次宣称“不分满汉，一体眷遇”，[①] “满汉人民，皆朕赤子”，[②] “原无二视”。[③] 但为确保满族的统治地位，实际上奉守“首崇满洲”的基本原则，实行的是“以满洲贵族为核心，满、蒙、汉联合主政的政治体制”。[④] 满族贵族统治阶层牢牢掌握军政大权，以此来巩固其经济地位。

满族出身的清朝皇帝是全国各族人民的最高统治者。清朝的权力中枢

---

① 《清世祖实录》卷七十二，中华书局影印本，1985，第570页。

② 《清世祖实录》卷九十，中华书局影印本，1985，第705页。

③ 《清世祖实录》卷九十，中华书局影印本，1985，第705页。

④ 李治亭：《清朝通史 · 顺治朝》，紫禁城出版社，2003，第154页。

重用的都是满臣，入关之初掌握大权的议政王大臣会议参与者主要是宗室、亲王、贝勒。[①] 康熙初年，满洲、蒙古八旗都统和各部尚书俱为议政大臣，唯汉军与汉人无权参与。[②] 并强调“满洲乃国家之根本”，[③] 顺治帝宣扬满洲官兵“露宿风餐，汗马血战，出百死一生以开拓天下”。[④] 康熙帝谕称，“满洲甲兵系国家根本”，[⑤] “满洲乃国家根本”。[⑥] 在清朝军队中，满族贵族直接控制由八旗人丁所编成的八旗军队，是维护清朝政权的主要支柱，也是保障满族贵族特权地位的主要力量。[⑦]

清朝皇帝、八旗王公、官员和少数从事剥削的正身旗人，构成了满族统治阶级。他们主要依靠圈占土地剥削奴隶，通过俸饷剥削全国人民为生。满族统治阶级在清朝中央政权内居于首要地位，按爵职高低，分别领取俸银俸米。他们年领粮，月领饷，并且利用职权，贪赃受贿，获得大量财帛和田地。[⑧] 这个阶级不仅在人口比例上增多了，而且在特权掌控上也加大了，远远超过进关以前的情况。不仅如此，拥有绝对权力的朝廷为了保证普通旗人的生计，从各方面给予特殊的政策，分拨大量土地，发放丰厚的兵饷和各种福利，以维持其寄生性地位。

二　满族统治阶层对国内各民族的剥削

满族贵族阶层为享受其特权经济地位，以牺牲国内各族利益为代价，对其进行剥削掠夺。

圈占、掠夺民人土地，使广大汉族农民失去安家立命之根本。表面上本是圈占明朝皇亲、驸马、公、侯、伯、太监田地以及无主荒田，而当时这些明朝贵族、官僚已被农民起义军打垮，他们的田地早已归农民所有。结果，清朝圈地前后延续几十年之久，实际上是夺取农民起义的胜利果实，是对汉族劳动人民的野蛮掠夺。[⑨] 在圈地过程中，清朝统治者为占取

---

① 汤景泰：《白山黑水：满族传播研究》，复旦大学出版社，2014，第63页。
② 李小萌：《清代北京旗人社会》，中国社会出版社，2008，第18页。
③ 《清圣祖实录》卷三十二，中华书局影印本，1985，康熙九年三月。
④ 《清世祖实录》卷八十八，中华书局影印本，1985，顺治十二年正月。
⑤ 《清圣祖实录》卷三十二，中华书局影印本，1985，康熙九年正月至三月。
⑥ 《清圣祖实录》卷四十四，中华书局，1985，康熙十二年十一月至十二月。
⑦ 《满族简史》编写组：《满族简史》，中华书局，1979，第55页。
⑧ 《满族简史》编写组：《满族简史》，中华书局，1979，第60~61页。
⑨ 《满族简史》编写组：《满族简史》，中华书局，1979，第56页。

靠近畿辅地区的土地，以“圈拨”“兑换”“拨补”的名义，强行占有大量有主土地。顺治二年（1645）二月，“谕各州县有司：凡民间房产，有为满洲圈占兑换他处者，俱视其田产美恶，速行补给，务令均平”[①]。按照规定，民地被圈占后可根据自家土地好坏得到相应补偿，而实际上被圈占的是“膏腴民地”，而得到的是“碱薄屯地”，且有的补拨地“远者七八百里，近者亦三四百里”。虽有拨补之名，而大部分民人田地被圈去之后，并没有得到什么补偿。被圈占地区人民背井离乡，流离失所，人生地疏，困难多端，“田地多占，妇子流离，哭声满路”，一遇水旱灾害，“穷民益无以为命”。左都御史魏裔介记载了畿南流民的惨状：“流民南窜，有父母夫妻同日缢死者；有先投儿女于河，而后自投者；有得钱数百，卖其子女者；有刮树皮掘草根而食者；至于僵仆路旁，为鸟鸢豺狼食者，又不知其几何矣。”[②]

广大汉族人民因房田圈占，无处栖身，或因苛派钱粮无法缴纳，或恐圈地，或恐清廷“屠民”，纷纷被迫投充。而“初谓收养贫民，继则有田有房者，概为滥投”[③]。汉人投充后，身份降为奴仆，主人可以出卖奴婢，奴婢不能随意离开主人，使其失去平民人身自由，成为满族贵族阶层的世袭奴隶。顺治八年（1651）七月，更是指出，“投充者，奴隶也”[④]。同时，旗民进行差别对待，造成满族与其他各族人民地位的不平等，加深民族间隔阂与矛盾。

清朝统治者所采取的种种措施，激起了全国各族人民的反抗，特别是汉族劳动人民的坚决反抗。反对圈地，反对“投充”，反对民族压迫。在民族矛盾和阶级矛盾的激化期间，满族人民也受到一定程度的损害。但正是在反抗斗争的过程中，满族残留的奴隶制经济受到挑战，向着更先进的集权官僚经济制度跨进。

三 奴隶制经济进一步向集权官僚制经济转化

清朝入关之初，它的制度和政策正在发生重大变化。在政治上，带有

① 《清世祖实录》卷十四，中华书局影印本，1985，顺治二年二月。

② 〔日〕稻叶君山：《清朝全史》，但焘编译，吉林出版集团有限责任公司，2010，第78页。

③ 辽宁少数民族社会历史调查组编《满族历史资料选编（第二分册）》，中国科学院民族研究所，1964，第14页。

④ 《清世祖实录》卷五十八，中华书局影印本，1985，顺治八年七月。

原始军事民主的“合议制”日益没落，不得不采用汉族的专制主义集权制，皇权正在日益集中；在经济上，在北京和东北残留的奴隶制碰到了难以克服的矛盾，逐渐让位于租佃制。

清王朝从“合议制”转向专制集权势所必然。但是，这种必然性又是通过统治者的权力欲、残酷无情的内部冲突以及光怪陆离的阴谋事件而实现的。必然性披上了难以捉摸的偶然性的外衣，而在错综复杂的偶然事件中恰恰体现着，并且实现了历史的必然趋势。清代专制皇权的加强，经历了从皇太极、顺治、康熙到雍正一百年时间，皇帝与旗主、诸王以及各种势力集团之间进行了长期斗争，皇权获得了胜利。[①] 从顺治元年（1644）清朝定都北京，满族八旗官兵壮丁大量进关，把固有的奴隶制度在关内推行，直到在北京及周围地区进行圈地、严格制定《逃人法》、强迫汉人“投充”，这几十年清廷所采取的一系列措施激起各族人民的反抗。直到康熙中期，才禁止圈地，停止“投充”，放宽《逃人法》，农民获得较好的生产条件，地主的权利也得到了相应的保障。从康熙年间开始，民族矛盾和阶级斗争才趋于缓和，全国的社会经济因此获得了一定的恢复和发展。在各族农民反抗斗争的强大压力下，在汉族集权官僚制经济的直接影响下，满族的奴隶制经济趋于崩溃。

满族在入关初期，同时存在奴隶制经济和集权官僚制经济。其中，集权官僚制经济占主导地位，奴隶制经济在满族内部依旧存在残余。土地授予者（皇帝）有权向接受土地者（王公贵族）征收贡赋，同时授予者也有权收回土地。这说明满族贵族为维护自身统治，已向先进的中原地区学习了集权官僚制经济制度，权力最终集于皇帝一人手中。然而满族贵族统治阶层为享有特权，在皇庄与王庄的经营上依旧我行我素，继续推行奴隶制经济。这是满族贵族阶层为维护自身经济统治地位，而逆历史潮流存在的经济现象。中国因在农业生产方式上的进步，早在秦统一天下之时就创始了集权官僚制。在集权官僚制经济中，农民较奴隶有了人身权利和自由，他们在自己占有权或租来的使用权范围内的土地上进行耕种，除向国家交税和向地主交租之外，剩余产品归自己所有。

正是在满族与中原地区广大汉族的交融中，到了十七八世纪，旗地的个人私有制代替了“计丁授田”的“份地”制，招佃收租也取代了壮丁

---

① 〔日〕稻叶君山：《清朝全史》，但焘编译，吉林出版集团有限责任公司，2010，第82页。

耕作，集权官僚制经济开始成长起来。进而，在18世纪中期，内务府皇庄和王庄的壮丁，出旗为民，奴隶制开始解体，集权官僚制经济逐渐居于统治地位。经济制度的变化是满族经济发展的巨大进步，它使得满族在生产力和生产关系的主要方面，都大致接近于汉族的水平，满族的发展达到了一个新的阶段。

由秦至清，虽然历代不乏企图恢复奴隶制的势力和思潮，尤其是满洲人入主中原后，曾试图推行其落后的奴隶制，但都未能实现，反而采纳了集权官僚制。[1] 之所以如此，在于入关后的满族日益受中华民族“一体化”经济制度的制约。在“一体”中的“一元”，其经济制度由整体规定，这同游离于整体之外的独立的民族经济是完全不同的。

第二节　八旗土地所有制

满族入关，把原有的八旗国家制度纳入清朝政治体制中，同时将其在关外所形成的具有满族特性的经济形态与生产方式带入中原。可以说，八旗土地所有制是八旗制度的基础，更是八旗制度在经济关系上的反映。

八旗土地包括旗地、王庄、皇庄及牧场与山地。其中，清顺治入关以后，大量圈占土地，作为八旗官员和兵丁的田地，称为旗地；八旗王公贵族分得的庄园称为王庄，王庄主要按照爵位高低领取，爵位授予是根据王公攻城略地的战功；清代皇族所分得的八旗土地称为皇庄，亦称官庄。一般旗地在经营上和土地所有制方面，基本同全国范围内所实行的官僚地主制一致。而皇庄和王庄则无论在所有制关系上还是经营方式上，都带有明显的满族原有土地制度的特征，它是清代土地制度有别于历朝土地占有形式和经营方式的主要标志和特殊性所在。[2] 满族先民由于长期从事采集和狩猎为主的经济生活，入关后其牧业经济与采集经济在满族经济发展中也占有一定比重。为更好凸显满族民族性，我们将牧场与山地单独论述。

一　一般旗地

一般旗地，即包括八旗官兵在内的八旗庄田。但其中八旗官员占有

① 刘永佶：《官文化批判》，中国经济出版社，2011，第94页。

② 祁美琴：《清代内务府》，辽宁民族出版社，2009，第164页。

田地的总和远比旗兵为少，所以这里所说的一般旗地，主要是指旗兵占有地而言。一般旗地可以分为旗红册地、旗余地和旗升科地三种。[①] 从17 世纪后期以来，未经上级批准，旗民在红册地旁边私自开垦荒地，自报或被查出的垦田称为旗余地，以区别于红册地。红册地是朝廷分拨的原圈地或经上级批准开垦的注册地。[②] 乾隆二十七年（1762）以后的三十余年，盛京旗、民人等又开垦了许多余地和荒地。嘉庆五年（1800），清朝规定："首报红册地旁滋开之地，仍作为私产，售卖听其自便；其另段另开及纳租余地边所开之地，一体首报入官，仍交原佃承种。"[③] 每亩征收旗余地平均为赋银的一半（即三分），称为"旗升科地"。因在红册地边开垦的余地，成为旗人私产，所以又称为"升科红地"，共计69022 日 3 亩 3 分，此外则称为"升科余地"。[④]

清初，清廷圈占旗地，并着手为八旗兵丁进行分配。顺治二年（1645）规定，"王以下各官所属壮丁，计口给地六垧[⑤]，停支口粮"[⑥]。后因地不足，于顺治六年（1649）规定，"新来壮丁，每名给地五垧"[⑦]。但又于翌年题准，"八旗旧壮丁，每名撤出地一垧，拨给新壮丁"[⑧]。这里需要指出，规定中所提到的"壮丁"也包含普通八旗兵丁，但八旗兵丁与壮丁不同，旗兵耕种土地的农产品归自己所有，而壮丁则需要依附于所属王庄。按照规定，从此在北京地区，八旗兵丁每人分得土地不超过三十亩，一家丁多者分田不过一二百亩，由自己和家人耕种。八旗兵丁以在这块旗地上获得农产品和兵饷来供养家人。随着清朝定都北京，在畿辅圈地的同时，又将盛京土地进行圈占和划分。顺治五年（1648），规定沙河所以外，锦州以内，八旗官员兵丁，每名拨给耕地六垧。凡从北京回去的人员，若将原圈地缴部者，准给熟地；未缴者，给草菜地五垧；若有余丁者，令该管官具结，给予草菜地。[⑨] 在吉林和黑龙江等地区，旗地出现较早。早在

---

① 王钟翰：《清代旗地性质初探》，载中国社会科学院民族研究所编《满族史研究集》，1988，第 128 ~ 129 页。

② 李燕光、关捷：《满族通史》，辽宁民族出版社，2003，第 353 页。

③ 《大清会典事例》卷二百八十九，光绪三十四年（1908）商务印书馆石印本。

④ 李燕光、关捷：《满族通史》，辽宁民族出版社，2003，第 354 页。

⑤ 注释：这里一垧等于六亩。

⑥ 《八旗通志初集》卷十八，《土田志一》，国家图书馆出版社，2013，第 242 页。

⑦ 《八旗通志初集》卷十八，《土田志一》，国家图书馆出版社，2013，第 251 页。

⑧ 《八旗通志初集》卷十八，《土田志一》，国家图书馆出版社，2013，第 252 页。

⑨ 李燕光、关捷：《满族通史》，辽宁民族出版社，2003，第 344 页。

后金时代，宁古塔一带就有驻防八旗兵丁耕种旗地，但数量较少。自顺治九年（1652）起，八旗兵丁驻防吉林，康熙二十二年（1683）驻防黑龙江，携家戍守，开垦荒地。到乾隆四十八年（1783），就有耕地六十一万多垧，这主要是由八旗人丁开垦出来的。[①]

八旗兵丁按规定计丁领受旗地，同家眷一起耕作。清初规定，“拨给兵丁地亩，有告称不能耕种者，不准”[②]。但由于清初战事不断，导致田地无人耕种，旗兵生活遇到窘境，加上京城八旗兵丁的旗地距城内有数十里或数百里之远，因此在北京地区的旗地首先出现租佃制，一些旗人成了地主，汉人成了佃农。随后租佃制经营方式在盛京、东北等地陆续出现并渐占居主导地位。

清初圈拨给八旗官兵的旗地，原为“八旗世业”不准买卖；但在八旗兵丁脱离生产，租佃制日益扩大的情况下，禁止买卖旗地的命令，约束不住社会发展的潮流。[③] 原本“计丁授田”的原则，到顺治四年（1647）改为：嗣后新增人丁不再添给旗地，人丁亡故也不必退还旗地。这样，八旗人丁的“份地”，就无法长期维持不变。尤其清朝政权逐渐在全国范围内建立起来，征收到大量地丁银两开支军费，于是顺治十一年（1654）规定：“请查壮丁四名以下，地土尽数退出，量加钱粮月米。”[④] 从此，就有一批八旗人丁丧失了清廷所圈拨的旗地，成为破坏“份地”制的开端。[⑤] 其实在清军入关不久，就有八旗人丁典卖旗地。康熙九年（1670）规定：“官员甲兵地亩，不准越旗交易；其甲兵本身种地，不许全卖。”[⑥] 从此，清廷允许土地在本旗内交易，同时承认了八旗“份地”可向个人占有制转化。八旗个人拥有的只是土地占有权及使用权，没有所有权，所有权仍属于国家，即皇帝。

二 王庄

王庄，即八旗王公庄园，是属于满族王公贵族所有的征收“王粮”的

① 《满族简史》编写组：《满族简史》，中华书局，1979，第72页。
② 《八旗通志初集》卷十八，《土田志一》，国家图书馆出版社，2013，第248页。
③ 李燕光、关捷：《满族通史》，辽宁民族出版社，1991，第333页。
④ 《清世祖实录》卷八十，中华书局影印本，1985，顺治十一年正月。
⑤ 《满族简史》编写组：《满族简史》，中华书局，1979，第77页。
⑥ 《八旗通志初集》卷十八，《土田志一》，国家图书馆出版社，2013，第268～269页。

大片土地。[①] 自顺治元年（1644）五月初二日，清军进入北京，建立起以满族贵族为首的清朝中央政权，就为八旗王公贵族掠民为奴、霸占土地、急剧扩大庄园创造了极其有利的条件。[②] 王庄的种类很多，有恩赐地、带地投充地和私庄等。

恩赐地又分为圈地、分封地、赠嫁地等。圈地是拨给王公所属壮丁的地亩。分封地是加封王公各照本爵拨给的园地。赠嫁地是公主、郡主等出嫁时各照品级拨给的园地。[③] 满族入关，大量圈占有主无主田地，并于顺治二年（1645）规定，“王以下各官所属壮丁，计口给地六垧”。后与八旗兵丁一致，每壮丁给地五垧，即三十亩。所分得的地亩属于其主人，八旗王公以所分得的土地和属下壮丁编庄，将大批包衣及其家口安置于庄园中，为其耕作。这是顺治朝八旗官员粮庄的最主要来源。[④] 以后一再增圈民地，作为恩赐地赏给满族王公贵族。可见，清廷使用暴力圈占的巨量土地，王公庄园是其中重要之一部。

除圈地外，按爵位分封赏赐“园”。早在顺治元年（1644）十月就下谕：“一，亲王佐命开国，济世安民，有大勋劳者，宜加殊礼，以笃亲贤，应行典礼，部院大臣集议具奏；一，亲郡王子孙弟侄，应得封爵，该部通察往例，损益折衷具奏；一，满洲开国诸臣，或运筹帷幄、决胜庙堂，或汗马著功、辟疆展土，俱应加封公侯伯世爵，锡之诰券，与国咸休，永世无穷；一，开国以来，满洲将领等官，应得叙荫，该部通察往例，奏请实行。”[⑤] 据此，同年十二月，谕将畿辅田地“给东来兵丁”[⑥]。顺治二年（1645）题准：“给诸王、贝勒、贝子、公等，大庄每所地一百三十垧或一百二十垧至七十垧不等，半庄每所地六十五垧或六十垧至四十垧不等，园每所地三十垧或二十五垧至十垧不等。”[⑦] 顺治三年（1646）谕令将

---

① 王钟翰：《清代旗地性质初探》，载中国社会科学院民族研究所编《满族史研究集》，1988，第129页。

② 杨学琛：《清代的八旗王公贵族庄园》，载中国社会科学院民族研究所编《满族史研究集》，1988，第148页。

③ 王钟翰：《清代旗地性质初探》，载中国社会科学院民族研究所编《满族史研究集》，1988，第129页。

④ 赵令志：《清前期八旗土地制度研究》，民族出版社，2001，第252页。

⑤ 《清世祖实录》卷九，中华书局影印本，1985，顺治元年十月上。

⑥ 《清世祖实录》卷十二，中华书局影印本，1985，顺治元年十二月。

⑦ 《八旗通志初集》卷十八，《土田志一》，国家图书馆出版社，2013，第241页。

“民间田地拨给满洲”[①]。顺治五年（1648）题准：“亲王给园十所，郡王给园七所，每所地三十垧。”[②] 隔一年更改为：“拨给亲王园八所，郡王园五所，贝勒园四所，贝子园三所，公园二所，每所地三十垧。嗣后凡初封王、贝勒、贝子、公等，俱照此例拨给。”[③] 顺治六年（1649）规定，“袭封王、贝勒、贝子、公等，伊祖父所遗园地，除拨给应得之数外，其余地亩不必撤出，仍留本家”，又题准：“凡加封王、贝勒、贝子、公等，各照本爵拨给园地。”[④]

康熙以后，分封皇子的王公庄园不再计丁给田，而是按爵秩从皇庄内拨给。康熙六年（1667）规定，分封皇子时，“给亲王旗下满洲佐领十、蒙古佐领六、汉军佐领四，内务府满洲佐领一、旗鼓佐领一、内管领一。山海关大粮庄二十、银庄三、半庄二、瓜园二、菜园二，关外大粮庄六，盛京大粮庄四，盛京三佐领下人五十户，果园三，带地投充人五百七十六名，新丁八百九十九名，炭军、灰军、煤军各百名”[⑤]。康熙十四年（1675）更改，规模数量略有减少，“给亲王旗下满洲佐领六、蒙古汉军佐领各三，内务府满洲佐领一、旗鼓佐领一、内管领一。山海关内大粮庄十五、银庄二、半庄二、瓜园一、菜园二，关外大粮庄四，盛京大粮庄二，打牲乌拉牲丁三十名、盛京三佐领下人三十户，果园二，带地投充人、给官地投充人各百户，采捕户二十名，炭军、灰军、煤军各百名。”[⑥] 康熙三十七年（1698）定郡王赏赐例，“给郡王旗下满洲佐领六、蒙古佐领三、汉军佐领三，内务府满洲佐领一、旗鼓佐领一、内管领一，山海关大粮庄十、银庄二、半庄一、瓜园一、菜园二，关外大粮庄二，盛京三佐领下人三千户，果园一，带地投充人五十户，给官地投充人五十户，采捕户二十名，炭军、灰军、煤军各五十名”[⑦]。后于康熙三十八年（1699）定贝勒赏赐例，四十九年（1710）定贝子赏赐例。除此之外，恩赐地还包括公主、郡主等赠嫁地。

可见，恩赐地作为八旗王公庄园的重要来源，占有一定地位。此外，

① 《八旗通志初集》卷十八，《土田志一》，国家图书馆出版社，2013，第242～243页。
② 《八旗通志初集》卷十八，《土田志一》，国家图书馆出版社，2013，第248～249页。
③ 《八旗通志初集》卷十八，《土田志一》，国家图书馆出版社，2013，第251页。
④ 《八旗通志初集》卷十八，《土田志一》，国家图书馆出版社，2013，第249页。
⑤ 《大清会典事例》卷一一九八，光绪三十四年（1908），商务印书馆石印本。
⑥ 《大清会典事例》卷一一九八，光绪三十四年（1908），商务印书馆石印本。
⑦ 《大清会典事例》卷一一九八九，光绪三十四年（1908），商务印书馆石印本。

还有带地投充地，即汉民被迫带去投献到王公庄园的土地，其数量远比投献于皇庄的多。及八旗王公贵族因拥有较多特权而私自设立的庄园，即为私庄。

八旗王公贵族通过种种途径获得的地亩，数量之多，难以得到确切数字。据《清朝文献通考》记载：

> 镶黄旗宗室整庄四所，半庄一所，园一所，共地三十六顷六十亩。正黄旗宗室整庄五所，半庄十二所，庄四所，园三所，共地百有六顷五十六亩。正白旗宗室整庄四所，半庄一所，园二所，共地三十六顷。正红旗宗室整庄一百四十五所，半庄三所，整园五十所，半园十一所，共地一千二百四十四顷十六亩。镶白旗宗室整庄一百七十六所，半庄五所，庄八所，整园八所，园二十所，果地、靛地、网户、猎户等地，七十六处，共地千七百一十七顷十有四亩有奇。镶红旗宗室整庄二百九十八所，半庄二十三所，庄五所，整园一百十一所，半园二所，共地二千六百三十顷一亩。正蓝旗宗室整庄五百四十四所，半庄一百五十一所，庄二十二所，整园一百三所，半园十九所，园七十三所，果、菜、牧地五处，共地五千三百十有三顷二十四亩有奇。镶蓝旗宗室整庄二百三十一所，半庄六十三所，庄九所，整园一百二所，半园二所，园三所，共地二千二百五十四顷七十亩。[①]

这里，总计八旗宗室王公庄园有整庄一千四百零七所，半庄二百五十九所，庄四十八所，园一百零二所，整园三百七十四所，半园三十四所。共有田地总数一百三十三万三千九百四十一亩。需要指出，因镶黄、正黄、正白旗为上三旗，大部分庄田属于皇庄范畴之内，故这三旗所属王庄数量较少。仅凭文献记载，清初宗室王公不到百人，就占有一百三十多万亩土地，实则八旗王公贵族的庄园数量远非如此。

从土地所有制来看，王庄土地皆属于王公贵族所有，王庄内各庄头、壮丁及租种庄地的佃农，都无权过问。这些土地是王府的私产，除了清朝初期禁止越旗交易和不许卖予汉民这一点小小限制以外，王公对于庄地有权任意处理，可以迫使包衣隶庄耕种，或招民佃种，也可以传给子孙，赠送亲友，赏赐包衣仆婢，或作陪嫁物品，还可以典当出售。不仅如此，耕

① 《清朝文献通考》卷五，《田赋五》，浙江古籍出版社，1988，考 4903 ~ 4904 条。

种庄地所必需的耕牛、农具等生产资料，清初也多是由王公置备，归王公所有。[①]

入关后，八旗王公王庄在经营上也不同于一般旗地，有多种经营方式并存。首先，八旗王公把在辽东奴隶制庄园上耕作的奴隶，都迁到关内，这些奴隶按丁为其主人分取土地，在关内新的庄园中继续为主人耕种。这些奴隶的境遇与入关前一样，仍一无所有，如同牛驴和其他生产工具一样被分到庄园中，属于八旗王公的私有财产，可以被自由买卖。[②] 对于部分投充者来说，在入旗奴籍后便失去自由民身份。顺治五年（1648）题准："投充人即系奴仆，本主愿卖者听。"[③] 因此，王庄经营在一定程度上保留着入关之前奴隶制的残余。对于多数带地投充人来说，虽然其财产属于主人，但实际上仍由投充人自己使用和支配。如八旗王公设立的投充庄，基本上是由投充人的土地、壮丁、耕牛等设立的，并且委任带地亩较多的投充者为庄头，带地投充者以自己原有的生产资料为主人耕种，庄园主"以丁责粮"，由庄头负责，每年按丁向庄园主缴纳所规定的粮、畜、柴、草等实物。

八旗王公的私立庄园，也基本如此经营。庄园的壮丁可以拥有自己的财产，在完纳庄园主规定的租赋外，自己可以凭借租外剩余和养赡地为生。[④] 此种经营已较奴隶制有所进步，投充人已具有一定人身自由，这是满族由奴隶制向集权官僚制跨越式转化所形成的必然结果。最后，入关后八旗王公庄园中，同样也存在租佃经营方式。其产生过程大体可分为两种，一种是八旗王公因缺少壮丁，将部分投充地亩，交予投充者或令其招民租种；另一种是八旗王公将原来的奴隶制庄园，改变为租佃式经营，或庄头因地多而将部分地亩租与民人者。[⑤] 八旗内部的租佃关系是民人与旗人之间因对土地经营而产生的土地关系，佃户不入旗，是自由民。庄园出现租佃方式经营后，实际是庄头承种庄园主的土地，向主人缴纳定额地租。可见，入主中原后，王公贵族奴隶制庄园经济进一步向官僚地主制经济转化。

总之，八旗王公庄园作为王公贵族的私有财产，庄园收入是八旗王公

① 杨学琛、周远廉：《清代八旗王公贵族兴衰史》，辽宁人民出版社，1986，第225页。
② 赵令志：《清前期八旗土地制度研究》，民族出版社，2001，第263页。
③ 《八旗通志初集》卷十七，《旗分志十七》，国家图书馆出版社，2013，第216页。
④ 赵令志：《清前期八旗土地制度研究》，民族出版社，2001，第266页。
⑤ 赵令志：《清前期八旗土地制度研究》，民族出版社，2001，第268~269页。

的重要经济来源。清代王公贵族庄园的建立、扩展和崩溃，是与王公贵族权势的消长紧密相连的。八旗王公贵族是清王朝最高统治集团，拥有很大权力，他们在政治上享有的特权地位就是王公庄园建立和发展的基本条件。[①] 清初，王公庄园中两种经营形式并存，既有奴隶制经营，也有租佃式经营。到了清朝中叶，占主导地位的奴隶制经营被租佃式经营所取代，其经济制度完成了向官僚地主制的转变。

三　皇庄

皇庄，亦称官庄，是清皇室的私有地，包括内务府官庄，盛京所属户部、礼部、工部官庄以及三陵所属官庄等。内务府官庄是清皇室占有的大片土地，主要可分为带地投充地官庄和承领地官庄两种。带地投充地官庄是“近京百姓带地来投，愿充纳银庄头者，各按其地亩”而设的官庄；承领地官庄则“后有愿领入官地亩，设庄纳银者”，即是承领各种入官地的一部分而设的官庄。盛京所属户部、礼部、工部官庄，分别属于各该部管辖。户部官庄有粮庄、盐庄、棉庄三种，其收入专供永、福、昭三陵祭祀之用。礼部官庄则以祭品供给陵寝、寺庙。工部官庄则供给宫殿、坛庙、陵寝等的一切营缮费用。[②] 皇庄也被赋予了清帝的人格，显得像它的主人一样，拥有无限权威，处于唯我独尊的地位，享有种种特权。因此，清帝凭借全国最高统治者的资格，使全部庄园土地和各种类型的壮丁皆为皇室私属，不载民户册籍，免除了对国家纳粮当差的义务，专由内务府所属各司管治，登储内务府档册。会计司和三旗银两庄头处主管庄园地亩、户口、徭役，庆丰司掌牛羊群牧及口外牧场孳息事务，广储司掌“皇粮”的交纳和收储，掌仪、都虞二司分管牲丁、网户与园丁，慎刑司掌审谳刑狱，是专管惩治内务府人丁的司法机构。户部、刑部和地方官府亦分担管辖之责，如禁止民人侵占庄地，拖欠皇粮，审理庄头、壮丁与民户的纠纷案件。盛京户、礼、工部及三陵所属官庄庄头、壮丁，分由该部及三陵衙门管理。[③]

---

① 杨学琛：《清代的八旗王公贵族庄园》，载中国社会科学院民族研究所编《满族史研究集》，1988，第 146 页。

② 王钟翰：《清代旗地性质初探》，载中国社会科学院民族研究所编《满族史研究集》，1988，第 130 页。

③ 周远廉、杨学琛：《关于清代皇庄的几个问题》，《历史研究》1965 年第 3 期。

皇庄从地区上划分，可分为畿辅皇庄和关外、口外皇庄，即分布在畿辅、盛京、锦州、热河、归化、打牲乌拉等处的皇庄。[①] 从皇庄的用途划分，可分为四类：（1）粮庄，又叫大粮庄、皇粮庄、豆粮庄、豆秸庄等。（2）纳银庄，又叫银庄、钱粮庄。（3）瓜、果、菜园。（4）各种“户”，有蜜户、苇户、鹰户、鸭户、雀户、鹌鹑户、鸦鹘户、皮户及各种打猎户。[②]

清代前期开始在畿辅地区设立皇庄，后数量不断增加。据《八旗通志续志》记载，皇庄数量发展情况为：

> 镶黄旗四十四庄，带地投充人及绳地人共一百五十八名、蜜户八名、苇户六名，共地二千三百六十八顷有奇，后定为大庄一百五十九所、半庄五十九所、园三十二所，共地四千三百八十六顷；正黄旗四十七庄，带地投充人及绳地人共六十三名、蜜户十有八名、苇户一名，共地一千三百九十九顷有奇，后定为大庄一百四十六所、半庄五十四所、园二十九所，共地四千一百二十三顷；正白旗四十一庄，带地投充人九十三名、蜜户十有二名，共地一千九百八十八顷有奇，后定为大庄一百五十三所、半庄五十八所、园三十九所，共地四千二百七十九顷。[③]

可见在顺治年间，皇庄共有投充地及绳地约 5755 顷，庄 132 所。后内务府三旗庄园数及地亩数不断增加，庄园增至 861 所，共有地亩 12788 亩。

清前期皇庄的经营方式基本同八旗王公庄园，皇庄的耕种者，是隶属于总管内务府的壮丁，绝大多数是清初的陈仆、投充或契买之人的后代。其在编庄之时一无所有，土地、房屋、耕牛、农具、粮食等都由内务府配给，其本身也属于内务府的财产。但皇庄壮丁负担非常沉重，除缴纳规定的租银外，还要缴纳名目繁多的附加租税，其剩余部分虽可以由壮丁支配，但所剩无几。皇庄由庄头管理生产，庄头的身份、地位在清初和其他壮丁一样，大多数庄头在壮丁中挑选。随着经营方式的变化，庄头凭借

---

① 赵令志：《清前期八旗土地制度研究》，民族出版社，2001，第 273 页。

② 刘守诒：《清代前期内务府纳银庄的几个问题》，载中国人民大学清史研究所编《清史研究集》第 2 辑，中国人民大学出版社，1982，第 115 页。

③ 《八旗通志初集》卷六十八，《土田志七》，国家图书馆出版社，2013，第 553～554 页。

“皇家庄头”的身份，霸占民地、敲诈剥削壮丁，自身积累的财力不断增长，对庄园的支配权力越来越大。[①] 庄头经济地位上升，具备双重身份，既是皇家庄园的奴仆，又因自身拥有大量土地的实际占有权与使用权，成为新兴地主。庄头身份和地位的变化过程使得皇家庄园的经营方式从奴隶制向租佃制剥削方式演变。

总之，皇庄的经济地位十分重要，它的存在是满族皇家生活开支的重要经济来源，更是满族贵族为维护其统治利益所采行的一种经济制度。

四　牧场与山地

清代满族贵族放养马、牛、驼、羊的牧场与采参、狩猎的山场，是八旗土地制度的组成部分。先受奴隶制生产关系支配，后随王庄、皇庄一起发生经济制度的演变。

满族入关初期，划定八旗牧场，“乃以近畿垦荒余地，斥为牧场”[②]，成为清初圈地的重要组成部分。首先，对于畿辅牧场而言，为安置八旗亲王牧场，于顺治二年（1645）专门设置亲王、郡王牧马场。并于顺治十一年（1654）具体规定，“给亲王牧马场方八里，郡王牧马场方四里”。由于亲王、郡王等王公贵族数量较多，地亩有限，次年又重新规定，“亲王牧马场方二里，郡王牧马场方一里”。后因畿辅耕地少，将牧马场外迁。据《八旗通志初集》记载，畿辅八旗牧场主要分布如下：镶黄旗牧场坐落在武清、宝坻两县，南北四十五公里，东西三十五公里；正黄旗牧场坐落在天津州，西北至东北十七公里，西南至东南二十三公里；正白旗牧场坐落在天津府，东西二十一公里，南北三十二公里；正红旗牧场坐落在瓮山、卢沟桥西高陵，共占地四十二顷六十亩；镶白旗牧场坐落在通州，占地二十四顷八十四亩；镶红旗牧场坐落在丰台王兰等庄，占地东西三十里，南北五十里；正蓝旗牧场坐落在顺义区天主马房村、卢沟桥西，共占地四十余顷；镶蓝旗牧场坐落在距草桥十里，廊坊八里之地。其次，对于盛京八旗牧场，设置于顺治五年（1648），“以奉天屯卫地，令八旗均分为牧场”。康熙二年（1663）又定，“锦州大凌河牧场，东至右屯卫，西至鸭子厂，南至海，北至黄山，仍留备牧马之用，不许民开垦”。东北地

① 赵令志：《清前期八旗土地制度研究》，民族出版社，2001，第288～289页。

② 《大清会典事例》卷一二〇八，光绪三十四年（1908）商务印书馆石印本。

区由于人口稀少、土地广阔，相较于畿辅牧场而言，多设于水草肥美之处。最后，八旗兵丁各驻防地也先后设立牧场，面积不等。例如，广州八旗牧场初设于康熙二十一年（1682），原设有马共八千匹。乾隆三十年（1765）奉旨改为官圈畜养，同时裁撤马2040匹。所定官员马484匹，兵丁马5960匹，匠役马50匹。兵丁的马匹分配是，“每马甲一名，原额马三匹，副甲一名，额马二匹”[①]，实际是每四名甲兵拴养马一匹，共拴养960匹。另有驻防水师营马30匹。乾隆中叶，一律改为圈养，设满汉八旗官圈16处，每圈拴养60匹。设圈于内城西门之将军、都统行署附近，只有一所设在东门外。[②] 此外，还有宁夏、沧州、保定、德州、太原、绥远城等多处八旗驻防牧场。不仅如此，清初规定凡上三旗及下五旗王以下奉恩将军以上，都划给采捕山场。并于“国初定：采参之人，越自己界分采取者，以偷盗论，参交原主；越禁偷禁者，参与人畜俱入官，其主罚责有差，不知情者免议，率领头目鞭一百，余俱准窃盗论，参入官”[③]。有效保障了满族贵族经济利益。

满族贵族尽管大批前往北京，但其生活习俗并未骤然变化。因此，在满族入关后先后建立和完善了畿辅牧场、盛京和各驻防八旗牧场，并划拨采捕山场，有效地维护了清代畜牧业和采集经济。特别是八旗和驻防牧场的建立和有效经营，保证了清初八旗兵的战斗力和政权的稳定，同时也为实现康乾盛世提供了基本的经济保证。[④]

总之，从清廷实施八旗土地所有制可以看出：国家以强制手段圈占大量民地，并逼迫汉人投充等方式，来满足旗人对土地和劳力的需要。分给旗人的土地仍属于“国家”所有，但旗地的国有性质与入关前有区别。入关前，国家是以八旗制形式存在，八旗即为国家，故国家所有实际是八旗所有。入关初期，清王朝没有改变八旗内部的占有关系和八旗制国家的性质，八旗土地仍属八旗所有，但清政府已统治全国，不能仅以八旗制国家形式存在。旗地国有的性质虽然未变，但已具有王朝所有的性质。[⑤]

---

① 《广州府志》卷六十五，《中国方志丛书·第一辑》，台北，成文出版社，1966。

② 滕绍箴、滕瑶：《满族游牧经济》，经济管理出版社，2001，第148～149页。

③ 康熙年修《大清会典》卷一二三，线装书局，2006。

④ 滕绍箴、滕瑶：《满族游牧经济》，经济管理出版社，2001，第158页。

⑤ 赵令志：《清前期八旗土地制度研究》，民族出版社，2001，第303页。

第三节　清廷对满族的经济政策

清廷作为满族统治阶层的代表，在拥有全国政权后，除颁行了全国性的经济制度与经济政策外，还专门制定了只适用于满族的经济政策，以确保旗人的特权经济地位。这些政策的制定，实际维护的是满洲贵族阶层的经济利益，但也限制了满族自力性经济的发展，形成了寄生性的民族经济。

一　八旗旗饷政策

满族是马背上的民族，在关外兵农合一、寓兵于农。随着满族入关取得全国政权，无论八旗武官还是普通八旗兵丁都面临着新的形势。旗籍人丁稀少、不到百万的满族如何统治数以亿计的中原民族及其他少数民族，成为满族贵族统治者考虑的重要问题。为此，八旗官兵成为满族统治者重要的军事、政治工具，被派到战场以及各地主要城镇驻防。为保证八旗官兵的战斗力、维护满洲贵族的统治，清廷开始陆续制定旗饷政策。

旗饷包括清朝发给八旗武官的官俸与发给兵丁的粮饷，总称八旗官兵俸饷。其中，清朝法定的八旗武官俸银又区分为正俸银和养廉银。[①] 据《清世祖实录》《中枢政考》《清朝文献通考》等文献记载，顺治朝将军、都统每年俸银八十一两，副都统每年俸银六十七两，协领每年俸银三十九两，佐领每年俸银二十七两，防御每年俸银十八两，骁骑校每年俸银十四两。到康熙朝，八旗武官年俸大幅度提高，规定将军每年俸银一百八十五两，都统每年俸银一百八十两，副都统每年俸银一百六十两，协领每年俸银一百三十两，佐领每年俸银一百零五两，防御每年俸银八十两，骁骑校每年俸银六十两。除正俸银外，还发放一定的养廉银。养廉银名义上是正式收入的一种补充，实际上也是八旗武官法定的常年收入。而发放给八旗兵丁的银、米，统称为“粮饷”。顺治初规定，八旗前锋、护军、领催、骁骑校，每月给饷银二两，步军一两。康熙中又规定，八旗前锋、护军每月饷银四两，每年饷米四十八斛；马甲每月饷银三两，每年米四十八斛；步兵每月饷银一两五钱，每年米二十四斛。这种粮饷收入，在八旗兵丁中

① 郑川水：《论清朝的旗饷政策及其影响》，《辽宁大学学报》1985 年第 2 期。

已经成为主要的经济来源，从而在经济上，加强了他们对满族统治阶级的依附性质。进关以后，八旗兵的定额粮饷，在全国人民生活水平之上，但是在长期战争中，器械损坏，马匹倒毙，军事开销的负担也非常沉重。[①]因此，清廷除发放这些固定的粮饷，即“坐粮”外；临时打仗出差，还可领取一份数额约略相等的“行粮”。[②]行粮包括出征行装银、出征盐菜银、出征口粮等。[③]顺治年间对行粮的规定几经变更，到顺治十八年（1661），规定为：

> 统兵大臣，月给银三十两，米二斛。参赞大臣，银二十五两，米一斛三斗。都统，银二十两，米一斛二斗。副都统、统领，银十四两，米一斛。署副都统、统领、一等侍卫，银十两，米一斛。参领、学士、二等侍卫，银七两，米四斗。闲散官、侍读学士、三等侍卫、前锋侍卫，银五两，米四斗。委署闲散官、主事、中书，银四两，米三斗。护军校、骁骑校、六七品笔贴式，银三两，米三斗。止照出征执掌，不照官品支给，永著为例。[④]

清廷为八旗所制定的旗饷政策，虽在一定程度上保障了八旗官兵的日常生活，却形成了严格的人身控制，成为满族社会经济发展的障碍。努尔哈赤起兵后，八旗军军事组织实行兵民合一体制，兵丁平时狩猎务农，战时自备武器粮秣，“耕战二事，未尝偏废”。但入关后，昔日的族兵制发展为常备兵制。八旗成为完全由国家供养的职业军队和职业预备役兵团，八旗官兵携家带口，按建制集中居住于军营，驻京畿部队称为“京营八旗”，驻于各地的部队称为“驻防八旗”。军营内生活设施齐全，旗兵及家属不得私自外出，八旗官兵不得从事工商或其他谋生之业，只能专心练武，“生则入档，壮则当兵”。如此一来，昔日自力耕战的满族壮丁，在优厚的旗饷政策下，转变为完全靠朝廷养活的寄生性人口。由于八旗青壮人口占满族经济活动人口的主体部分，八旗官兵及其家口完全脱离生产，就形成了满族寄生性民族经济，这是中国少数民族经济史上独特的民族经济类型。八旗旗饷政策是终清一代“八旗生计”问题由以生发的制度性原因。

---

① 《满族简史》编写组：《满族简史》，中华书局，1979，第62页。

② 傅克东、陈佳华：《八旗制度中的满蒙汉关系》，《民族研究》1980年第6期。

③ 赵令志：《清前期八旗土地制度研究》，民族出版社，2001，第316页。

④ 《八旗通志初集》卷二十九，《兵制志四》，国家图书馆出版社，2013，第532～533页。

二　旗、民分居政策

“入关之后，八旗制度作为清王朝的一个根本制度被保留下来。全国基本上分为两种人，即旗人和民人。旗人就是清兵入关时带来的官兵以及家属，民人则指昔日明政府统治下的普通百姓。八旗子弟就是这批旗人的后代。入关时，民人的人口数量是旗人的上百倍，清政府为了保证国家的安全，将大批八旗兵丁安置在北京内城，原来的畿辅地区市民被迁往外城居住。清政府还将一小部分旗兵安置到全国各地的重要城市驻扎，居住在专门修建的满城里，不与普通百姓杂居。”[①] 可见，清朝统治者在畿辅地区及各驻防地实行旗、民分居政策，使得旗人成为游离于民人之外的一个特殊群体，以此实现旗、民在居住空间上的隔离，来保证旗人政治经济的特权地位。

顺治元年（1644）十月颁诏：“京都兵民分城居住，原取两便，实不得已。其东中西三城官民已经迁徙者，所有田地、应纳租赋，不拘坐落何处，概准蠲免三年，以顺治三年（1646）十二月终为止。其南北二城虽未迁徙，而房屋被人分居者，所有田地、应纳租赋，不拘坐落何处，准免一年，以顺治元年十二月终为止。”[②] 可见，为使“兵民分城居住”而实行的人口迁移，早在清朝定鼎中原之前就已经大规模展开。对于旗、民分居政策，最初由顺天巡按柳寅东在顺治元年十二月提出，理由是：“为避免旗人与汉民杂处而生事端，莫若先以州县大小定用地多寡，使满洲人自占一方。而后以察出无主地，与有主地互相兑换，务使满汉界限分明、疆理各别而后可。”[③] 顺治五年（1648）八月发布上谕：“然满汉各安，不相扰害，实为永便。除八旗充投汉人不令迁移外，凡汉官及商民人等，尽徙南城居住。其原房或拆去另盖，或贸卖取价，各从其便。”[④] 强制民人搬离城内，自此民人尽归外城而旗人居于内城。并给予畿辅城居八旗特殊优待：“自王公以下至官员兵丁，给以第宅房舍，并按八旗翼卫宸居。其官司、学舍、仓庾、军垒，亦按旗分，罗列环拱。”[⑤] 可见清代畿辅地区划

① 郭晓婷：《子弟书与清代旗人社会研究》，中国社会科学出版社，2013，第 29 页。

② 《清世祖实录》卷九，中华书局影印本，1985，第 95 页。

③ 《八旗通志初集》卷二十三，《营建志一》，国家图书馆出版社，2013，第 86 页。

④ 《清世祖实录》卷四十，中华书局影印本，1985，第 219 页。

⑤ 《八旗通志初集》卷二十三，《营建志一》，国家图书馆出版社，2013，第 86 页。

分为：宫城和皇城内是政治中心区，内城是八旗军队驻防区，外城是民人聚集区。内城居住的居民为具有特殊身份的旗人，相对于民人，旗人拥有更高的社会地位。在清代中期八旗生计问题较为严重之前，旗人以其经济地位及俸禄水平都较民人为高，拥有很强的购买力。[①] 总之，我们看到虽然实行满、汉分居的理由被冠冕堂皇地说成是为了避生事端，但在实施过程中却不可避免地引发了大规模的滋扰民人事件。凡居住旗地内的民人，通常被强令迁出，土地、房舍落入新迁入的旗人之手。这样，清朝统治者首先在北京周围方圆五百里内，用暴力手段强制划定了旗、民的畛域。[②]

除畿辅地区外，全国各驻防地也出现旗、民分居现象，形成“满城”（又称“满营”）。“满城”专指各省驻防旗人所居住城池而言，以其与民人隔离为最突出特点。清代各直省八旗驻防，往往多达数千人，连同眷属万余口，集中于一处居住，或筑城垣，或修界址，严格与其他各族主要是汉族居民隔离。这是清廷为避免旗人与当地民人接触而采取的分而治之的重要手段。[③] 在满城之内，除军事设施、驻防将领的官署外，还设置有八旗兵丁居住区及各种文化、生活场所，使得驻防旗人得以不出城门而基本能满足生活需要。[④] 但在满城之内，初期没有任何商业设施。城内居民日常所需或靠到附近汉城购买，或靠民人商贩白日进城贩卖，民人不准留宿城中。在满城内更是严禁设立酒楼、戏院等任何娱乐设施，正如马协弟所说，“满城既是驻防旗人生活的天地，又是困锁驻防旗人的牢笼”[⑤]。

旗、民分居政策的有效实施，使得旗人无论在经济上还是政治上，相较民人，拥有了特权地位。但同时也禁锢了旗人的人身自由，出入满城的规定十分严格，满族主要人口失去了生产性，成为纯粹消费的人口，寄生性民族经济集中表现在满城的消费性质上。旗、民分居政策是“八旗生计”问题产生的又一个制度性安排。

---

① 赵寰熹：《清代北京旗民分城而居政策的实施及其影响》，《中国历史地理论丛》2013年第1期。

② 刘小萌：《清代八旗子弟》，辽宁民族出版社，2008，第11页。

③ 定宜庄：《清代八旗驻防制度研究》，天津古籍出版社，1992，第162页。

④ 定宜庄：《清代八旗驻防制度研究》，天津古籍出版社，1992，第165页。

⑤ 马协弟：《清代满城考》，《满族研究》1990年第1期。

三 以东北地区为主的封禁政策

封禁政策，是指清廷入主中原以后，对祖居地东北地区进行封禁，不许汉人进入的政策。

关于封禁政策何时开始，学术界颇有争议。主要有以下几种观点：一是认为清代对东北地区的封禁缘起于天命年间，形成于康熙，厉行于乾隆，不同时期封禁的范围、实质、作用略有不同[①]；二是认为在顺治八年（1651）柳条边的修筑成为清政府封禁东北的开端[②]；三是将康熙七年（1668）《辽东招民授官例》的废除作为封禁东北开始的标志[③]；四是将乾隆五年（1740）舒赫德奏请封禁东北看作封禁政策的起点。[④] 这里，笔者同意第一种观点，认为封禁政策实则是一个循序演进的过程。在东北地区实行有效封禁，无非是保证满洲贵族的政治、经济统治地位。正如龚维航所说："清人自以为异族入主中原，猜忌之心未泯，畛域之见时存，歧视汉人，以为非我族类，其心必异。故欲保留发祥地之东北，勿使汉人侵入。则一旦中原有事，可以退守，不致蹈元人覆辙。此种疑忌心理之存在，实封锁东北政策之由来也。"[⑤] 除维护政治统治，保护满族发祥地之外，封禁政策主要着眼于维护满洲人在东北地区特殊的经济利益。

一方面，独占东北特产可保护满族在东北的经济利益。东北三省盛产貂皮、人参、东珠等，尤以黑、吉两省为多。此外，满族在东北还拥有包括参山、围场、官荒、旗地、牧场及日常生计等各方面的经济利益。清朝皇室因一己之私，封禁大片良田沃土，作为进贡人参、貂皮、东珠之所，并禁止从事农耕。因需求无度，年年索贡，致使某些贡场资源已经枯竭，仍不准开禁。不仅如此，清廷还在东北设置围场。这些围场是满洲八旗"操演技艺"之所，也是清朝统治者巡幸东北、围场狩猎、贡奉野味之处。因此，清朝政府采用封禁政策，以防止汉人私自进入围场从事垦荒、打猎、采珠、挖矿等活动，损害满族自身的经济利益。

---

① 刘智文：《清代东北封禁政策刍议》，《学习与探索》2003年第6期。

② 李自然：《试论乾隆朝东北禁边与八旗生计之关系》，《中央民族大学学报》2000年第6期。

③ 李普国：《清代东北的封禁与开发》，《吉林大学社会科学学报》1962年第1期。

④ 赵英兰：《有关清代东北地区封禁的几个问题》，《理论学刊》2008年第3期。

⑤ 龚维航：《清代汉人拓殖东北述略》，《禹贡》1936年第6卷。

另一方面，封禁政策的实施可维护旗人生计，避免旗、民纠纷。满族问鼎中原后，旗人大量入关。经过多年的繁衍，旗人数量不断增加，虽然政府多方面对其予以照顾，但由于不善经营，旗人的生计问题逐渐严峻。为使旗人能够自食其力，清朝统治者将关外大量的肥沃良田，视为解决问题的途径之一。但由于旗人并不精通农事，因而多将土地交给汉民佃种。清廷对此虽无可奈何，仍尽其可能加以限制。①

东北封禁政策对维护满族贵族统治，保证其经济利益起到了很好的作用。以东北地区为主，清廷有效地实施了这一政策。正如马越山所说的那样，“到 17 世纪中叶，清军入关后，由于阶级矛盾和民族矛盾都异常尖锐，清廷为了巩固新政权的统治秩序，首先要安定边疆，尽力避免大规模的民族冲突，因而对整个边疆地区都实行了程度不同的封禁，甚至内地也有一些地区实行了局部封禁。而清代东北的封禁也只是清初全国边疆封禁中的一个组成部分，不过是在新的历史条件下，沿袭和扩展了历代东北封禁的内容，从而形成了一套比较完整的规章制度”②。

第四节　满族社会等级结构

满人虽分散于全国各地，却形成了四个不同的社会集团，即京城的满族统治集团、各地满族官僚阶层、八旗兵丁及世居地的满人，不同集团的经济生活条件是不一样的。

一　清代满族人的分布

顺治元年（1644）八月二十日，顺治帝带领盛京八旗人丁南迁，九月初九进入山海关，十九日到达北京城。随着清军进关，统治中原，八旗人丁当兵打仗，转战全国各地，最后被派往各地长期驻防，满族各级地方官员也被派往各地履职，从而改变了满族的分布格局。

八旗兵丁进入北京后，被安置在内城居住。据《八旗通志》记载：“自顺治元年（1644），世祖章皇帝定鼎燕京，分列八旗，拱卫皇居；镶黄（旗）居安定门内，正黄（旗）居德胜门内，并在北方；正白（旗）

① 暴磊：《浅谈清代对东北的封禁政策》，《学理论》2013 年第 9 期。
② 马越山：《清代东北的封禁政策》，《社会科学辑刊》1986 年第 2 期。

居东直门内，镶白（旗）居朝阳门外，并在东方；正红（旗）居西直门内，镶红（旗）居阜成门内，并在西方；正蓝（旗）居崇文门内，镶蓝（旗）居宣武门内，并在南方。盖八旗方位相胜之义，以之行师，则整齐纪律，以之建国，则巩固屏藩，诚振古以来所未有者也。”① 八旗人丁大规模迁徙，具体数目虽不得而知，但从相关文献记载中可知规模之大。据顺治三年（1646）二月朝鲜使臣李基祚报告：“沈阳农民，皆令移居北京，自关内至广宁十余日程，男女扶携，车毂相击。”② 顺治十八年（1661），奉天府尹张尚贤报告：“河东城堡虽多，皆成荒土，独奉天、辽阳、海城三处，稍成府县之规，而辽海两处，仍无城池。如盖州、凤凰城、金州不过数百人。铁岭、抚顺惟有流徙诸人，不能耕种，又无生聚，只身者逃去大半，略有家口者仅老死此地，实无益于地方。此河东腹里之大略也。河西城堡更多，人民稀少，独宁远、锦州、广宁人民凑集，仅有佐领一员，不知于地方如何料理。此河西腹里之大略也。合河东、河西之腹里观之，荒城废堡，败瓦颓垣，沃野千里，有土无人，全无可恃。此内忧之甚者。”③ 可见迁徙居住在北京的满人数量之多。不仅如此，清廷派八旗兵丁前往各地驻防，形成以长城、长江、黄河、沿海以及贯通南北、东西的两条直线，从而使得驻防八旗控制了全国战略要地。

总之，满族从原来聚居的东北地区，散处于北起黑龙江岸，南达南海滨，东自江浙，西至甘肃（乾隆时到新疆）的九十多个城市和据点，其中80%以上的人，居住畿辅地区和东北地区；另外一部分八旗官兵及其家口，就驻防在江宁、京口、杭州、乍浦、福州、广州、荆州、成都、西安、开封、德州、青州、太原、宁夏、绥远城、右卫、凉州等地。满族在全国范围内形成了大分散、小聚居的分布特点，但在各个地方，又保持着“满城”或旗民界限，构成少数满人的聚居区。满族居住的地方，除少数边疆地点外，都是交通要道、经济发达、物产丰富的汉族先进地区。④ 满族人民受八旗制度的束缚，不能自由迁徙和自由出外谋生。在康熙二十二年（1683）全国统一后，康熙帝从战场调回一批八旗兵丁，居住北京及其附近地区。从此，满人分布格局大致稳定下来。

---

① 《八旗通志初集》卷二，《旗分志二》，国家图书馆出版社，2013，第201页。

② 《李朝仁祖实录》卷七，科学出版社，1959年影印本，第518页。

③ 《清圣祖实录》卷二，中华书局影印本，1985，第65页。

④ 《满族简史》编写组：《满族简史》，中华书局，1979，第69页。

二　满族人的四个部分

满族作为清朝时期的统治民族，分居全国各地。但这仅仅是地域上的划分，不能体现以满族为主体的各阶层经济生活条件的差异，并在一定程度上忽略了迁都北京后，满洲贵族阶层的特殊经济地位。

本书结合地域和阶层两个标准，对清代满族人口结构重新进行划分：京城的满族统治集团、各地满族官僚阶层、八旗兵丁以及世居地的满人。其中各地满族官僚阶层既包括地方文职满官，又包括各驻防将领在内的武职满官，意在重点突出满洲官员在经济生活条件上的特殊性。因为我们看到满族建立全国统一政权，其经济制度与经济政策的制定无不为了维护政权统一和其统治地位。满洲贵族加强统治，表面上以汉治汉，避免旗汉冲突，实则满洲贵族掌握经济领域各个要职，在背后操纵。在一定程度上说，满族人民也是其牺牲品。满族人民在关外本是勤劳的，但在制度、政策的束缚下脱离农业生产，靠饷银维持生计。从此一些人染上恶习、不愿耕种。因此，此种划分重点突出了满洲贵族阶层，这对于全面系统研究满族经济，是不可缺少的。此外，作为统治民族的满族，其不同阶层的经济生活条件在不同程度上对清代以后的满族经济产生了深远影响。

首先，京城的满族统治集团。皇帝是实际政治经济权力的掌控者与操纵者，皇帝及其下属利益集团掌握着整个清廷以及满人的一切。除此之外，清朝入关后，因沿袭明代中央集权的统治方式，对皇族采取恩威并重的策略，即令王公居住北京城，并不亲自管辖封地；给予王公爵位，却不给予百姓；给予俸禄，却不给予管事权。[①] 从而更好地遏制了皇族王公分疆据土、割据一方的机会，使权力更加集中化、绝对化。

其次，各地满族官僚阶层。在清廷官僚阶层中，满族官员数量不仅多于汉人，且其实际权力也大于汉臣。为维护民族利益，清廷在各政治、经济要职的选拔任用上，多选用满人。除此之外，满族入关之初，八旗于各地设立驻防，大量派遣宗室王亲等领衔，率往驻地，数月或数年轮换一次，后逐渐由临时性驻防转为长期性驻守。入关前的八旗官员，均是有事征调，无事归旗。后随着驻防制度的确立，一系列驻防官员逐渐产生，他

① 赖惠敏：《清皇族的阶层结构与经济生活》，辽宁民族出版社，2011，第40页。

们名义上虽仍属原来所在旗分，但实际上，却完全受命于皇帝和兵部等中央机关的控制，成为国家的职官。①

再次，八旗兵丁。入关后的八旗，就其内部而言，是一个包括行政、生产、军事等各方面职能的社会组织，但就其外部职能来说，它已越来越变成清廷的一支武装力量、一个镇压工具了。为保证兵源和军队战斗力，将兵丁列入不同于民籍的“军籍”。清廷规定俸银政策，从此“当兵食粮”成为旗人唯一职业，使得八旗兵丁成为在经济上完全依赖于清廷、受其豢养而失去独立性的工具。②

最后，世居地的满人。这是指那些没有进关，或者进关不久又被分拨回去，保留固有民族习俗较多的社会群体。这一社会群体在宁古塔、吉林等地，以辛勤劳动开发了他们的世居地。这部分的满人最大程度上继承了传统的生产方式，过着“半农半猎”的生活。值得一提的是，他们的狩猎活动，不单纯是为了获取猎物，更为重要的是寓兵于猎，也就是通过狩猎达到军事训练的目的。③

三　满族内部的阶级矛盾

从顺治元年（1644）清军进关，到18世纪中期，满族经济制度逐步由奴隶制过渡到官僚地主制。八旗制度也相应地发生了某些变化。皇帝掌握了八旗，各旗王公在旗内已无实权，正身旗人成为皇帝统治下的百姓，一般包衣人丁的身份地位逐渐提高。但是，满族王公贵族仍在清朝政府中保持着特权地位，而八旗人丁仍受着严重的束缚，满族内部正身旗人与统治阶级间的矛盾日趋尖锐化。④

八旗制度的变革，直接体现着满族社会阶级关系的变化。入关之初，王公贵族是奴隶主，正身旗人是“私属”，包衣、壮丁是奴隶或家奴。到18世纪，满汉各阶级、各阶层则适应社会经济变革，出现了不同于以前的阶级关系。变革后的八旗王公，在清朝统治阶级中，仍具有崇高的政治地位，在经济生活上支领俸禄，收取旗租，过着养尊处优的生活；在社会地位上，与八旗高级官员一样，属于清朝地主阶级的最上层。满族被统治

① 定宜庄：《清代八旗驻防制度研究》，天津古籍出版社，1992，第95页。

② 定宜庄：《清代八旗驻防制度研究》，天津古籍出版社，1992，第151页。

③ 赵展：《论清代满族四种社会群体的形成》，《中央民族大学学报》2001年第1期。

④ 《满族简史》编写组：《满族简史》，中华书局，1979，第99~100页。

阶级中的正身旗人，无论是士兵还是余丁，都蜕去与本旗王公的依附关系，不再是奴隶主的私属，而成为皇帝直接统治下的平民，社会地位均有所提高。[①] 因此，加强皇权和中央集权成为满洲贵族之间矛盾的基本线索。皇权加强的过程与改革八旗制度、削弱八旗诸王贵族权力，是在阴谋与残杀中实现的。皇权是中央集权专制的核心，清初中央集权的加强与皇权加强是同一个过程。在清初数十年间，清王朝专制主义中央集权建立起来并得到巩固。

满洲贵族之间虽然有矛盾，但他们的根本利益是一致的，推行民族压迫政策的态度是一致的。有些统治者在一些问题上采取变通的方式来适应社会现实，但这很不够，他们始终不能超越狭隘的民族私利的局限。满洲贵族的民族统治政策，是造成清前期社会发展迟缓的重要原因。[②]

---

① 《满族简史》编写组：《满族简史》，中华书局，1979，第 103 页。

② 杨洪波：《清初统治阶级内部矛盾的多重性及其性质》，《东北师大学报》（哲学社会科学版）1986 年第 1 期。

第十二章　康雍乾年间满族经济的四个部分

入关以降，满族统治者为统治人口众多的国家，将本民族人口分散到全国各地，通过一系列制度和政策安排，到康乾年间形成了具有不同阶层和地域特点的满族经济四个组成部分，即京城满洲皇族贵族阶层的经济，全国各地满洲官僚阶层的经济，满洲驻防八旗兵丁依靠饷银为生的经济，关外世居地的满人经济。清代满族经济的四个部分建立在大散居基础上，构成清代满族经济第三个鲜明的民族性。

康熙初年，大规模战争刚刚停止，经济还没有恢复，满族统治集团在生活上还不敢恣情享乐。清朝皇帝更是躬行节俭，并告诫满族王公等维持简朴风尚。然而到 18 世纪中期，社会经济空前繁荣，清朝满族统治阶层追求物质享乐的风气达于高峰。其中皇族贵族阶层在奢侈浪费方面表现得最为突出；满洲官僚阶层依仗手中权力，收敛钱财，恣意享乐；普通满洲八旗兵丁依靠饷银为生，然而随着人口的激增，渐现“八旗生计”问题；关外世居地的满人仍保留传统的生产方式，勤劳耕作，勤奋的满人已不在关内，而在关外。满人的四个不同部分共同组成了康雍乾年间满人的经济状况，展现了不同阶层的经济生活。

第一节　满族统治集团的经济生活

清代皇族自顺治帝入关以来，享受丰厚优待。特别是进入康乾盛世，以皇帝为首的皇族集团，锦衣玉食，尽享人间富贵；王公贵族位高禄厚，挥金如土；闲散宗室衣食无忧，清闲自在。

一　皇族的城居生活

清代皇族收支由内务府管理，内务府依仗皇权势力，聚敛巨额财富。

据台湾赖惠敏所著《乾隆皇帝的荷包》[①]，可以一窥清代皇室的收入情况。内务府的收入主要有官庄收入、税关的税收盈余、内务府垄断的贸易收入、贡品收入、内务府经营性收入、盐政收入和盐商的“报效”，以及户部定例拨给。

内务府在直隶、盛京、热河等地拥有大量官庄，以出产量可分为四等。乾隆年间，官庄有土地132.73万亩。庄头每年交地亩银两，还有杂粮、畜禽、水果、花草等，其中有些折银。官庄地亩银均有定额，庄头如拖欠，会被革退，甚至抄家赔补。

清代户部税关24处，关税盈余全部交给内务府的有崇文门关税、左右翼税务衙门、归化城、蟠桃口、山海关、张家口、杀虎口诸关；关税盈余部分交内务府的有天津关、淮安关、龙江关、浒墅关、北新关、九江关、粤海关等。浒墅关还替皇室成造玉器、贡墨、金箔等器物，九江关成造官窑瓷器，粤海关、闵海关每年有“办贡”任务。

内务府垄断的贸易有人参、皮张、新疆玉石，崇文门和左右翼税务衙门变卖上驷院老弱牲畜，官房出租。

清朝皇室每年收入大量贡品，如绸缎、高丽纸、高丽布、俄国羽缎、西洋哔叽、氆氇、白丝、胡椒、香料、扇子等，由内务府广储司六库收储，用不完的变卖。

内务府经营当铺26家，经营方式是依靠官员押当，借钱给官员，然后从其俸禄中按季坐扣。因当铺利润低，于是撤本，将本银放给皇商，叫“生息银两”，年利率12%左右。

乾隆六十年里，盐政交给内务府约1881万两，乾隆三十三年（1768）两淮盐引案发，勒令盐商赔补1020万两。清代盐务利润分成比例为：内务府约10%，盐政官员50%~60%，盐商20%~30%，但盐政官员需要向内务府“报效”。乾隆朝六十年里，此项收入在4260万两左右，年均60万~70万两。

据赖惠敏书中统计，乾隆十年到六十年内务府收入总额为6880余万两，乾隆朝六十年内务府总收入约8000万两。此外，户部每年定例拨给内务府60万两，六十年约合3600万两，两项合计，内务府每年岁入约200万两。

① 赖惠敏：《乾隆皇帝的荷包》，中华书局，2016。

皇室支出规模，乾隆三十年（1765）前每年100万至150万两，乾隆三十年以后，约为200万两。常项支出是每月采办皇室所用食品、赏赐、出巡、祭祀、修缮等。园林寺庙建造用银两不属于常项支出。内务府银库盈余常返拨给户部，乾隆时期岁拨百万余两。嘉庆查抄和珅，所得全交内务府，广储司银库存银一度达1240万两，至道光末期还剩约800万两。

皇帝及其皇后、妃嫔、皇嗣等所组成的皇族利益群体，久居皇城之中。为满足其奢华的日常生活，内务府用于皇室每日支出的银两，不仅项目繁多，而且数额巨大。总体来说，皇族奢华的城居生活，可谓是“集天下物用，享人间富贵”。

首先，从皇帝、皇后等日常膳食消耗就可见一斑。清代宫中膳食的管理机构，主要是内务府和光禄寺（有时并入礼部）。具体来说，宫中专门负责膳食的机构是内务府属下的御茶膳房，御茶膳房之下，根据具体事务的不同又分为茶房、清茶房、膳房、档案房、寿康宫茶膳房、皇子饭房和茶房、侍卫饭房、买办肉类处、肉房、干肉房等。[①] 宫中膳食复杂繁多，且其膳食最大的消费者即皇帝及皇室人员，每日开销巨大。宫中帝后妃嫔，也包括皇子和福晋在内，每天膳食所需要的物料，都是各处按一定份例备办的。这里，仅以皇帝每日恭备的份例为例：盘肉二十二斤、汤肉五斤、猪油一斤、羊二只、鸡五只（其中当年鸡三只）、鸭三只，白菜、菠菜、香菜、芹菜、韭菜等共十九斤，大萝卜、水萝卜和胡萝卜共六十个，包瓜、冬瓜各一个，苤蓝、干闭蕹菜各五个（六斤），葱六斤，玉泉酒四两，酱和清酱各三斤，醋二斤。早、晚随膳饽饽八盘，每盘三十个，而每做一盘饽饽需要上等白面四斤、香油一斤、芝麻一合五勺、澄沙三合，白糖、核桃仁和黑枣各十二两。另每天每头牛交乳二斤，共一百斤，又每天用玉泉水十二罐、乳油一斤、茶叶七十五包（每包二两）。[②] 除每日膳食，清代皇族久居宫中，筵宴繁多，仪式繁缛。每次筵宴均由光禄寺和内务府负责恭办宴席桌张。光禄寺备办的筵席分满、汉两种。这里仅以满席为例进行介绍。满席分为六等：一等席，每桌价银八两，一般用于帝、后死后的随筵；二等席，每桌价银七两二钱三分四厘，一般用于皇贵妃死后的随筵；三等席，每桌价银五两四钱四分，一般用于贵妃、妃和嫔死后的随

① 祁美琴：《清代内务府》，辽宁民族出版社，2009，第146页。

② 王玉卿、李鹏年：《清宫史事》，紫禁城出版社，1986，第237～238页。

筵；四等席，每桌价银四两四钱三分，主要用于元旦、万寿、冬至三大节朝贺筵宴，皇帝大婚、大军凯旋、公主和郡主成婚等各种筵宴及贵人死后的随筵等；五等席，每桌价银三两三钱三分，主要用于筵宴朝鲜进贡的正、副使臣，西藏达赖喇嘛和班禅额尔德尼的贡使，除夕赐下嫁外藩之公主及蒙古王公、台吉等的馔宴；六等席，每桌价银二两二钱六分，主要用于赐宴经筵讲书，衍圣公来朝，越南、琉球、暹罗、缅甸、苏禄、南掌等国的贡使。而内务府恭办的筵宴，主要有皇太后圣寿、皇后千秋、各级妃嫔的生辰等日所举行的筵宴，还有皇子、皇孙、皇曾孙婚礼中的初定礼、成婚礼筵宴，普宴宗室及几次大规模的千叟宴等。当然，光禄寺备办的许多筵宴，如元旦、万寿、除夕赐宴外藩蒙古王公等，内务府也同样参与办理。①

其次，皇宫内廷除每日膳食之外，另一项重要开支费用是皇帝及后、妃等的服御用品。“内务府广储司，凡供奉皇太后、皇帝、皇后御用冠服，妃嫔暨皇子、公主朝冠、朝服，皆依礼部定式，敬谨成造”②。古籍、文献等史料对其记载较零散，没有整体数额的记载。但从下面这段对皇后朝服、朝冠的描述，就可见其消费数额之大。

> 皇后服色：朝冠，天鹅绒朝冠一顶，染貂朝冠一顶，金累丝三凤朝冠项一座，嵌三等大东珠一颗，二等东珠九颗，三等东珠四颗，四等珍珠三颗，小珍珠四十八颗。金凤七只，嵌二等东珠六十三颗，小珍珠一百四十七颗，猫睛七块。金翟鸟一只，嵌小珍珠十六颗，猫睛一块。镶青金石金桃花垂挂一件，嵌二等东珠六颗，次等珍珠五颗，三等珍珠六颗，四等珍珠三百二颗。镶青金石金箍一圈，嵌三等东珠十三颗。镶松石、青金石垂挂一件，嵌二等东珠十六颗，次等珍珠五颗，三等珍珠十六颗，四等珍珠三百二十四颗。镶珊瑚金顶圈一分，嵌二等珍珠十一颗，三等东珠四颗，次等珍珠四颗。珊瑚背云二个，松石坠角四个，珥镶头等珍珠十二颗。金珥一副，数珠三等，东珠数珠一盘，珊瑚数珠二盘，琥珀数珠一盘。朝服朝褂色用石青、片金缘绣文，前后立龙各二，下通襞积，四层相间，上为正龙各四，下为万福万寿领后垂明黄绦。基饰珊瑚坠角。又朝褂色用石青片金缘，绣文，前后立龙各二，中无襞积，下幅八宝，平水领，后垂明黄绦，其

① 王玉卿、李鹏年：《清宫史事》，紫禁城出版社，1986，第240～241页。

② 章乃炜等：《清宫述闻》（初、续编合编本），紫禁城出版社，1990，第348页。

饰珊瑚坠角、缎、纱、单、夹，各随其时。[①]

再次，清朝皇帝作为满洲贵族之首，多恩封赏赐，其费用主要有：宫中后、妃寿辰的赏赐，后、妃生子女的赏赐，皇子、公主婚嫁等的赏赐等，这些都是固定的。举例如下：

> 皇后千秋恩赐：金九十两、银九百两、上用缎纱等四十五匹、春绸九匹、绫九匹。皇贵妃千秋恩赐：上用缎六匹、官用缎六匹、春绸六匹、绫六匹，上用果桌一张，赏用果桌八张。贵妃千秋恩赐：上用缎四匹、官用缎五匹，春绸五匹、绫五匹，上用果桌一张，赏用果桌六张。妃千秋恩赐：上用缎、官用缎各四匹，春绸三匹、绫四匹，上用果桌一张，赏用果桌四张。嫔寿辰恩赐：上用缎、官用缎三匹，春绸三匹、绫三匹，中用果桌一张，赏用果桌二张。贵人生辰赏赐：上用缎、官用缎二匹，春绸二匹、绫二匹，内用果桌一张，赏用果桌一张。诞生皇子公主弥月，恩赐：皇后银一千两，币三百端；皇贵妃银五百两，币二百端；贵妃银四百两，币一百端；妃银三百两，币七十端；嫔银二百两，币四十端；贵人银一百两，币二十端；常在银一百两，币二十端；答应银五百两，币十端。[②]

最后，宫殿的修缮，即一年一度的岁修和庆典时的维修。例如，“营造司承办宫内及各等处咨修工程，所需银两每年约用三万”[③]。乾隆四十七年（1781）正月，“内务府总管奏称：拆修昆明湖水操船，俟工竣后，即移知健锐营操演”，又称“现今建造昆明湖喜龙大船，先经由内赏出银三万两，除领用过二万一千七百余两，尚存八千余两”[④]。

皇族居紫禁城之内，衣食住行等日常经济生活全由内务府等特立机构服务，锦衣玉食，可谓是“穷奢极欲”。

二　王公贵族阶层

八旗王公贵族阶层，不管是军功勋旧诸王的子孙，还是恩封王公的后

① 章乃炜等：《清宫述闻》（初、续编合编本），紫禁城出版社，1990，第657页。

② 《国朝宫史》卷十九，《经费三·恩赐》，北京古籍出版社，1994，第427～428页。

③ 章乃炜等：《清宫述闻》（初、续编合编本），紫禁城出版社，1990，第13页。

④ 章乃炜等：《清宫述闻》（初、续编合编本），紫禁城出版社，1990，第363页。

裔，出生之后，就是宗室，成年之日，即可袭封爵位，[1] 并按爵位领取俸禄等恩赏。可见，王公贵族不仅在政治上，而且在经济上享有特权，条件十分优越。

自顺治朝始，王公贵族宗室按不同等级进行分封。乾隆帝于乾隆三十九年（1774），谕内阁："向来王等袭爵惟军功勋旧诸王，例应世袭罔替，此外，如怡贤亲王之公忠体国，经皇考特恩，有世袭罔替之旨，亦应遵守勿替，其余恩封诸王袭爵时，例应以次递降……诸王递降之例，自贝勒、贝子、公以下至奉恩将军，不过六七传，即至奉恩将军，世袭罔替，朕心不忍。嗣后，着加恩，凡亲王以次递降者至镇国公而止，郡王以次递降者至辅国公而止，其公爵均着世袭罔替。"[2] 王公死后，其子均可承袭爵位，使其世世代代尊享荣华富贵。

政治上爵位的分封与世袭，也保证了八旗王公贵族可以在经济上享受特殊优待。他们不仅占有大量庄园和人丁，领取俸银禄米、金银缎帛，而且还可领取大量赏银。康熙四十五年（1706）十二月丙午，赐亲王银各8000两，郡王及受封贝勒之诸皇子各7000两，贝勒6000两，贝子、公各3000两，未受封的皇九子、皇十子、皇十三子、皇十四子，各领银4000两，皇十二子领银2000两。[3] 康熙五十一年（1712）十一月，赐庄亲王博果铎、简亲王雅尔江阿、裕亲王保泰、诚亲王允祉、雍亲王胤禛、恒亲王允祺、淳郡王允祐银各五千两；贝勒允禩，贝子允禟、允䄉、苏努银各四千两；顺承郡王布穆巴，安郡王玘，贝勒延寿，镇国公景熙、吴尔占、准达、登色、额尔图等银各二千两。[4] 可见，王公贵族赏赐不断。

八旗王公贵族，岁岁有俸禄，年年有饷银，"高官厚禄"是他们横行霸道、挥霍浪费的政治基础，兼之亲王、郡王爵位高、权力大，位列朝班之首，文武百官皆须向其叩拜行礼，这种条件自然而然形成其特殊的地位，时时要抖抖王爷的威风，处处要摆一摆王爷的架子，才显得与众不同。因此，一些王公贵族养成了一掷千金、挥金如土的恶习。[5] 不仅如此，有甚者更是仰仗贵族地位，恣意乱为，目无王法。

---

① 周远廉：《清代八旗王公贵族兴衰史》，故宫出版社，2016，第286页。

② 《清朝文献通考》卷二百四十六，《封建一》，台北新兴书局，1963，第7043～7044页。

③ 《清圣祖实录》卷二百三十二，中华书局影印本，1985，第316页。

④ 《清圣祖实录》卷二百五十二，中华书局影印本，1985，第497页。

⑤ 周远廉：《清代八旗王公贵族兴衰史》，故宫出版社，2016，第316页。

皇子王孙“天潢贵胄”，刚出世不久，就当上了王爷、公爷，金银满仓，地跨数省，人丁上千，衣食住行都有奴才服侍，大小事宜皆由属下官员效劳，因此，自然而然地使得许多王公贵族懒惰笨拙，庸懦无能，唯知花天酒地，恣意横行。如郑亲王济尔哈朗之四世孙简亲王雅尔江阿，“人甚卑鄙，终日沉醉，诸事漫不经心”①，结果被削爵处治。其弟神保住袭亲王爵后，荒淫无耻，“不知自爱，恣意妄为，致两目成眚”。这个因酒色过度双目患病之人，竟不念骨肉同胞之情，“凌虐伊兄忠保之女”②，被乾隆帝严加痛斥，革除王爵。克勤郡王岳托的四世孙纳尔图，素性暴戾，横行不法，活活打死“无罪人”罗米，折伤菩萨保（即胤禩之子弘旺）、杨之桂手脚。③ 裕亲王多铎之六世孙裕兴，“不自爱惜，恣意干纪”，好色成性，不顾“亲丧未满，国服未除”，④ 竟强奸侍婢，逼迫致死。异姓贵族也不例外，如辅政大臣一等公索尼之子一等伯心裕，经常凶狠殴打包衣，相继打死三十余人。⑤

正如杨学琛在《清代八旗王公贵族兴衰史》一书中所表述的王公贵族：“皇子王孙，一生下来就注定要袭封亲王、郡王、贝勒、贝子、公等很高的爵位，就可以分取（或世袭）大量的金、银、财帛和庄园、人丁，就当上了成千上万包衣和正身旗人的‘主子’，还能安居王府，岁领俸禄，过着金银满库、奴仆成群、一呼百应、锦衣玉食的豪华奢侈生活，真是享不尽的荣华富贵，说不完的人间乐事。这一切的得来，并不是渊源于王公本人的天资聪睿，也不是因为他们建树了不朽的功勋，更不是由于他们为国争光，为民造福换来的正当酬劳，而仅仅是因为他们是皇帝之子孙和军功勋旧诸王之后，是统治全国人民的最高统治集团。”⑥

三　闲散宗室阶层

清代无爵位的宗室，分为闲散宗室与四品宗室。乾隆四十七年（1782）规定，凡年满二十岁之康熙、雍正的子孙辈，给予四品顶戴、四

① 《清史列传》册一卷二，《济尔哈朗传》，中华书局，1987，第68页。
② 《清史列传》册一卷二，《济尔哈朗传》，中华书局，1987，第68页。
③ 《清史列传》册一卷三，《岳托传》，中华书局，1987，第102页。
④ 《清史稿·多铎传》卷二百一十八，中华书局，1976，第9039页。
⑤ 《清圣祖实录》卷二百一〇，中华书局影印本，1985，第134页。
⑥ 周远廉：《清代八旗王公贵族兴衰史》，故宫出版社，2016，第297页。

品武职补服，称为四品宗室。其余在二十岁以前去世的，或非康熙帝系的子孙称为闲散宗室。[①]

闲散宗室虽属于清代宗室王公阶层，但和王公贵族相比，其经济收入差距甚大，需区别论述。康雍乾时期，历代皇帝十分善待闲散宗室，屡次施恩于皇族阶层。自康熙元年（1662）起，“皇上豢养教诲宗室等屡次所颁上谕”[②]，足见对皇家宗室的重视。雍正帝“由使宗室天潢之中，人人品行端方”[③]。乾隆帝更是以身作则，强调自身“固不敢以亲亲之一节，而忘国家之大法。而宗室诸臣，亦当知国家之法在所必行”[④]。可见，历代皇帝一方面为维护皇权独尊，告诫宗室应恪守君臣纲纪；另一方面对皇亲宗室的经济地位予以保护，使其享受优待。按规定，宗室每个月可以领取俸饷、俸米，凡遇婚丧嫁娶亦可领取恩赏银两。

闲散宗室领取养赡钱粮始自康熙朝，据《钦定大清会典》记载，康熙十年（1671）题准：“无品级闲散宗室年至十八岁者，准于披甲额数外令其披甲，照披甲例支给银米。”[⑤] 到康熙四十二年（1703），明确规定照披甲给食钱粮，即闲散宗室年满二十岁，每月支给三两，每岁给米四十五斛。[⑥] 乾隆十一年（1746），皇帝体谅宗室多子家庭，只给一份钱粮不足以养家糊口，自次年（1747）正月始给年满十岁的宗室子弟食银二两。[⑦] 总体上说，闲散宗室日常养赡钱粮的发放与领取情况如下：“凡年满十岁的宗室，每月支给养赡银 2 两，不给米。凡年满二十岁的宗室，每月支给养赡银 3 两，四季支米，一、二、三季每季支米 5 石 5 斗，末季支米 5 石 7 斗。残疾不能行走宗室，每月给予养赡银 2 两；四季支米，每季支米 5 石 3 斗。”[⑧]

除俸禄之外，清朝皇帝对皇族的恩养几乎无所不至，康熙三十九年（1700），谕：“宗室觉罗等女，有愿与朕养者，朕可养而嫁之。有女年长、父母不能遣嫁者，朕亦代为嫁之。”[⑨] 由于“闲散宗室，有甚贫者，

---

① 赖惠敏：《清皇族的阶层结构与经济生活》，辽宁民族出版社，2011，第 234 页。

② 《清圣祖实录》卷二百八十七，中华书局影印本，1985，第 797 页。

③ 《清世宗实录》卷一百五十一，中华书局影印本，1985，第 865 页。

④ 《清高宗实录》卷一百〇三，中华书局影印本，1985，第 547 页。

⑤ 《钦定大清会典》（康熙朝）卷一。

⑥ 《宗人府说堂稿》，新整档，第 1244 号，乾隆四十九年正月。

⑦ 《宗人府说堂稿》，新整档，第 2249 号，乾隆十一年十一月。

⑧ 倪晓一：《清代皇族养赡恩赏制度研究：以京师地区闲散宗室和觉罗为核心》，中国人民大学 2010 年硕士学位论文，第 12 页。

⑨ 《清圣祖实录》卷一百九十八，中华书局影印本，1985，第 13 页。

遇婚丧之事，每至称贷积逋"[①] 现象频出，凡遇到红白事件，即娶妻、聘女或丧亡，都赏给一定的银两。康熙五十五年（1716）规定宗室婚礼给银百两、丧礼给银一百二十两。[②] 此外，还有岁赏宗室银两、火灾救济银等特殊保障银两的发放。

闲散宗室虽无官、无爵，在皇族中处于劣势地位。但较满洲八旗兵丁，其可领取赡养钱粮，生计状况较为优越。他们拥有一定的钱财与大把的闲散时间，"盖宗室习俗倨傲，不惟汉士大夫不肯亲昵，即满洲亲戚，稍知贵重者，亦不肯甘为之下"[③]。宗室依仗自己是皇族成员，性情骄傲，不肯与达官贵人平等交往。总体上说，闲散宗室的日常经济生活需完全依靠清廷豢养，却因身为皇族成员而自恃清高，骄奢放纵。

一个民族的统治集团，由于统治地位而丧失其生产性，形成了经济生活的寄生性，既是幸运，更是不幸。这种不幸在其统治地位丧失后就充分暴露出来。

第二节　各地满族官僚阶层的经济生活

清代官场上，满人可谓占尽先机。不论文官武官，大多由满人担任。然而，满族官僚阶层为贪保禄位，图求安逸，利用手中职权，贪婪挥霍，过着极其奢华的生活。

一　利用职权，贪贿成性

腐化的出现，成为满洲八旗的一个阴暗面，并始终伴随着清代满洲民族的发展。满洲八旗子弟的贪贿之风早在入关前就已发生，清太宗之时，曾有刑部满洲官员郎位"贪污不法"，被依法"追赃"，并"革职为民"。[④] 清军入关后，贪风日炽。康熙年间，已经出现"执政大臣以下，贪黩成风，贿赂公行"[⑤] 的严重情况。圣祖玄烨目睹社会不正之风，曾指

① 《钦定大清会典》（康熙朝）卷一。
② 故宫博物院编《钦定宗人府则例二种》（乾隆朝）卷三，海南出版社，2000，第16页。
③ （清）昭梿：《啸亭杂录》卷四，中华书局，1980，第494页。
④ 《清太宗实录》卷三十，中华书局影印本，1985，第383页。
⑤ 《朝鲜李朝实录》卷六，科学出版社影印本，1959，第163页。

出："以天生有限之物力，民间易尽之脂膏，尽归贪吏私橐。"① 根源是国家大员贪酷所致。解决办法是先治督抚等大员。明确指出，"民间之疾苦，皆由督抚之贪酷"，并认为"文俭德日彰，贪风日息"。只有"民俗醇"才能使"人心厚"②。如果将康雍以前作为上升时期，乾隆等以下时期作为下降时期的话，那么满洲八旗的腐化始于前期，发展于后期。圣祖玄烨曾说，康熙初年，每年满洲子弟"犯法杀人"之事，最多不过"一二件"。平定三藩之后，"满洲杀人之事渐多"，一度曾经"每月七八件"。③ 然而至雍正初年，八旗"风俗人心，尚属淳朴"。百年之后，经过乾隆朝，八旗子弟大半沾染不良习俗，这些习俗正是仁宗所批评的"不知节俭""华服饮酒，赌博听戏"，甚至"所为之事，竟同市井无赖"④ 等。

按清制，"今太常寺赞礼郎，专用满蒙人。由举贡、生监、官学生选取者，京察卓异，内外兼用"⑤。当时的低级京官大部分人都希望外放，因为京官很少直接接触到盐务、赋税、漕运、贡品等实际事务，这些具体事务都有地方官把持，他们可以借职务之便收受贿赂克扣公款，过不了几年就能发财。发财之后又可以利用银钱四处活动，继续提拔，再次调回京城当高级官员。⑥ 然而，"文官贪赃，武官扣饷，几乎是无官不贪。其中，因为苛敛激变，或是分赃不均而被揭发的贪污案件，层出不穷。仅是满官督抚被查出处死的就有国泰、伍拉纳、勒尔谨等人，他们的赃银动辄数十万。查抄伍拉纳家财时，只是玉如意一项，即多至百余柄"⑦。清朝满族官吏所以明目张胆地进行贪污活动，就是从皇帝以至州县官员全都上行下效，即"非其时人性独贪也，盖有在内隐为驱迫，使不得不贪者也"⑧。

清代满族文官贪冒之源，多来之落地税或官库。如雍正年间，各省征收落地税银，各官交公甚少，"所有赢余，皆入私囊"。以雍正七年

① 《清圣祖实录》卷八十二，中华书局影印本，1985，第1052页。
② 《清圣祖实录》卷二十二，中华书局影印本，1985，第310页。
③ 《清圣祖实录》卷二百二十二，中华书局影印本，1985，第233页。
④ 故宫博物院编《清仁宗御制文二集》卷二，海南出版社，2000，第120页。
⑤ （清）福格：《听雨丛谈》，中华书局，1984，第232页。
⑥ 郭晓婷：《子弟书与清代旗人社会研究》，中国社会科学出版社，2013，第68～69页。
⑦ 《满族简史》编写组：《满族简史》，中华书局，1979，第108页。
⑧ （清）薛福成：《庸庵笔记》卷三，江苏人民出版社，1983，第60页。

(1729) 十二月为例，广西梧州一年收税银“四五万两不等”[①]，只解正项银 11800 两。可见，70% 以上的税银均为各官私吞。不特如此，乾隆年间，在和阗（今新疆和田）任职的八旗子弟德风，“任意贪婪，肆行无忌”[②]，他将库贮官钱 8000 串，私自交给都司生息。各地官员利用手中的职权，营私枉法，日积月累，贪风愈烈。清代八旗子弟贪官不仅贪污数量巨大，且相互庇护，贪婪成性。乾隆三十年（1765），乾隆帝在审办各省贪污受贿之案件时，不禁惊讶于数量之多，“不料仍有肆意婪赃，盈千累万者”[③]。山东巡抚国泰贪污属员“银八万两”[④]；伍拉纳、浦霖贪索赃款“积家产至三四十万之多”[⑤]；侍郎宜昌阿、员外郎卓尔图等查看尚之信家产时，竟侵贪“银八十九万两”。

满族武官贪赃枉法之行为亦甚为严重。雍正朝时，驻防将军因贪污、舞弊等案件而被查处者已见于史乘，到乾隆朝则史不绝书。将军、副都统克扣驻防兵饷，损害兵丁利益以权谋私，最为普遍。如广州将军锡特库等废弛马政，空额五百余，被交部严议。[⑥] 绥远城将军旺昌“动用官方租银，侵冒匠役名粮，需索属员马匹等贪婪各款，应革职”，“至副都统甘国璧、巴兰泰，系协同将军办事之大员，亦各侵冒匠役名粮四分，均应革职”[⑦]。西安将军秦布“擅将额甲钱粮私给笔贴式，以致额兵空缺。迨奉旨赏给体贴式养廉，复不将给与额甲撤出。又挑补凉州、庄浪披甲，令官员家奴充补，致闲散满洲不能得缺，徇私违例……着革职”[⑧]。庄浪副都统色尔固楞，“将赏兵生息银两并未照依原奏开设铺面，省力办理，借给兵丁，索取重利”[⑨]，交部查议。亦有属将军与副都统及其他属员上下勾结侵盗官帑等事：西安将军都赉“擅修教场，侵扣公库银二千余两，并营私取利各款，审明属实，应按律拟斩监候。（副都统）杨桑阿听从都赉，动用公项银三百余两……副都统乌裕齐、沈之

① 《清世宗实录》卷八十九，中华书局影印本，1985，第 193 页。
② 《清高宗实录》卷一千一百三十九，中华书局影印本，1986，第 254 页。
③ 《清高宗实录》卷九百〇五，中华书局影印本，1986，第 94 页。
④ 《清高宗实录》卷一千一百五十四，中华书局影印本，1986，第 463 页。
⑤ 《清高宗实录》卷一千四百八十八，中华书局影印本，1986，第 913 页。
⑥ 《清史列传》册六卷二三，《李侍尧传》，中华书局，1987，第 1707 页。
⑦ 《清高宗实录》卷一百一十六，中华书局影印本，1985，第 116 ~ 117 页。
⑧ 《清高宗实录》卷一百二十四，中华书局影印本，1985，第 825 ~ 826 页。
⑨ 《清高宗实录》卷九十八，中华书局影印本，1985，第 489 页。

仁、王炎等瞻徇同官，不行参奏，应俱革职”[①]。福州将军隆昇，“性情刚愎，管理税口，任意浮收”，“赃迹甚多”，“防御乔树荫，马良通同侵盗……一并革职”[②]。

滕绍箴总结当时清代八旗官员的贪贿之状况：总督、巡抚、司道谄媚上官，馈送京官大臣；大臣“朋比徇私”，推举好交之人；诸王、大臣、将军“志在肥己”，攘取民财；外官为满足督抚大员便借放账之机“苟且侵渔”；刑狱之官，徇情行贿，“一事破数家之产”；税官“肆意花销，亏竭国帑”；八旗包衣下人、诸王贝勒、大臣家人“指称名色，以网市利，干预词讼”[③]。

二　崇尚奢侈生活

满洲贵族入关后，从皇帝到大臣，皆以狐裘为贵，即“闻上御玄狐裘，直三千金，诸臣玄裘最下者千金”[④]。满洲上层的奢侈之风直接影响到八旗官员。清代八旗的奢侈行径，到康熙年间，已经引起朝廷的关注。康熙元年（1662），广东道御史朱裴称，“都下以靡丽相竞，四方以奢侈为尚”。更有甚者，富有之家“一衣一帽，可破家人之产”[⑤]。到雍正初年，八旗官员追求鲜衣美食之风愈演愈烈。有满洲大臣曾说，多有“以口腹之故而鬻房产者，即如无饭必欲食肉，将一月所得钱粮不过多食肉数次即罄尽矣”[⑥]。

具体来说，其奢侈的日常经济生活也体现在衣、食、住、行等各方面。首先，在衣着方面。子弟书中《少侍卫叹》里的侍卫打扮是很经典的富贵武官装束：

> 精奇尼哈番（满语，世袭爵位的一种）顶儿红，俏摆春风的雀翎。时兴的帽样儿拉三水，内造鲜明紫杠缨。翡翠翎管金镶口，翎绳儿在帽外头耷拉着蛱蝶相逢。院样儿靴子三直平底，提字号是京都久寓的内兴隆。外套儿是带嗉的貂皮月白绫子作里，库灰线绉火狐皮袍

---

① 《清高宗实录》卷五百七十六，中华书局影印本，1986，第342～343页。

② 《清高宗实录》卷一百二十，中华书局影印本，1985，第774页。

③ 滕绍箴：《清代八旗子弟》，中国华侨出版公司，1989，第272～273页。

④ （清）谈迁：《北游录·纪邮下》，中华书局，1960，第383页。

⑤ 《清圣祖实录》卷六，中华书局影印本，1985，第114页。

⑥ 《清世宗实录》卷五十六，中华书局影印本，1985，第857页。

> 暖而轻。小荷包平金打子三蓝的穗，天青色扣绉搭包里儿红。表抽儿是顾绣瓜蝶赤金口，羊脂佩是寿山福海喜相逢。带着个油盘三针常行随表，他偏说是钢轮金套单版镂钉。小刀子是镶银什件秦鳇鱼的鞘，大火镰嵌宝镶银式样精。菠菜绿的扳指赤金挂里，水上飘的烟壶儿盖是紫晶。水烟袋是大小两分和阗白的嘴，荷包是红皮太平袋戳纱小胆瓶。马坐褥牛皮托子宝蓝缎面，还有那螺蛳花硬口腰刀嵌宝玲珑。[①]

富贵旗人出门前都要费心收拾打扮，以彰显其尊贵地位与奢侈的日常生活。

其次，在每日膳食方面。不仅讲究吃上的精益求精，还讲究饮食器皿上的精美与搭配。子弟书中《梨园馆》写一个富贵旗人请戏子们吃饭，极尽铺张奢华之能事。饭前盛茶点的器皿都是名贵的古董，“先摆下水磨银镶轻苗的牙筷箸，酒杯儿是明世官窑的御制式。布碟儿是五彩成窑的层层见喜，地章儿清楚花样儿重叠刀裁斧齐。而且是刀刃子一般薄若纸，仿佛是一拿就破不结实。又只见罗碟怀碗纷纷至，全都是宋代的花纹‘童子斗鸡’。足儿下面镌着字，原来是经过名人细品题。插着当儿许多冰碗，照着那时新果品似琉璃。饽饽式样还别致，全按着膳房内派点心局。”[②] 再次，房间陈设最能体现住所的精美华贵与主人的生活品位。比如子弟书《狐狸思春》有这样描写书房的一段文字：“云母围屏多精巧，顶隔绫糊雪一般。花梨桌摆黄金鼎，琥珀盆盛素白檀。古铜鼎内插匙箸，玻璃盘中摆着香橼。锦套诗书左边放，白玉花瓶在右边。内插如意珊瑚树，牙扇拂尘在里安。册页手卷堆满架，玳瑁石花盆栽水仙。文房四宝皆精巧，还有那备写诗稿纸素笺。焦尾瑶琴锦囊套，宝剑龙泉壁上悬。洋漆交椅蜀锦褥，脚搭漫定茜红毡。中间挂定山水画，名公对联列两边。”[③] 最后，车马是贵族官僚阶层的重要交通工具以及财富的象征。官员及其女眷分车而坐，其男女所乘之车风格不同，男性用车讲究豪华款阔气，女性用车则强调精致优美。子弟书中《阔大奶奶听善会戏》中的车是：“槟郎木的车沿

---

① 北京市民族古籍整理出版规划小组辑校《清蒙古车王府藏子弟书》，国际文化出版公司，1994，第 36 页。

② 张寿崇：《满族说唱文学：子弟书珍本百种》，民族出版社，2000，第 383 页。

③ 北京市民族古籍整理出版规划小组辑校《清蒙古车王府藏子弟书》，国际文化出版公司，1994，第 740 页。

藤子低，天罗网紧罩车围晃穗儿青。四面全安玻璃镜，挂上了洋绉的崩弓儿是鸭蛋青。”①

清代旗人及其子弟习尚奢靡，除口腹、服饰等日常用度之外，婚丧嫁娶等事，一概如此。康熙年间，都下至四方奢侈相尚，“一鞍一骑，不惜白金”。圣祖曾指出：“满洲习于嬉戏，凡嫁娶丧祭，过于靡费”②，要都统、副都统及六部满尚书，对八旗官民及其子弟勤加教习，劝善惩恶，“自然感化”，但终无济于事，以致乾隆朝，愈演愈烈。婚嫁葬祭，“曼无等级”，一律讲究奢华。③ 有的旗人遇“父母大故”或喜事办理，本有“恩赏银两”，酌量家私，适宜处理，然而由于习尚之故，“粉饰虚文，过为靡费”，甚至“荡尽家产，子孙无以存活”。④ 在婚娶方面，不但未改“向多靡费”之坏习惯，反而更加“奢靡”。高宗指出，八旗婚嫁之礼，至有“用西洋轿迎娶者”，不得不通谕八旗，“严禁”。⑤

总之，满族官僚阶层无论文官还是武官，皆因一己私欲，贪赃枉法，并利用所贪污之银两，过着奢华的生活，以此来彰显其尊贵地位。

第三节 八旗兵丁的腐化与由盛转衰

清朝初期，满洲八旗兵丁以骁勇善战而著称，昔人有言“满洲兵至万，横行天下无敌”⑥。清廷贵族更是视八旗兵丁为“满洲根本”，为保证兵源和军队战斗力，按月发放饷银、饷米等以维持普通兵丁日常生计。然而随着八旗兵丁的日渐腐化与人口激增，“八旗生计”问题出现。清廷为保障旗人必要的经济来源和生活出路，更是不惜花重金恩赏周济满洲八旗兵丁。

一 八旗兵丁的生计来源

八旗兵丁生活可靠而丰裕，清廷不仅按月发放粮饷，还提供食盐、蔬

① 北京市民族古籍整理出版规划小组辑校《清蒙古车王府藏子弟书》，国际文化出版公司，1994，第113页。

② 《清圣祖实录》卷四十四，中华书局影印本，1985，第583页。

③ 《清圣祖实录》卷六，中华书局影印本，1985，第114页。

④ 《钦定八旗通志》卷七十六，《土田志十五·土田教令》，乾隆元年四月。

⑤ 滕绍箴：《清代八旗子弟》，中国华侨出版公司，1989，第268～269页。

⑥ 《四库全书·集部》，乾隆《御制文三集》卷十六。

菜等生活必需品。同时，在乾隆时期放宽驻防兵丁在驻防地不能置产等相关规定，使得兵丁可以无偿得到房屋甚至墓地。这一时期，八旗兵丁过着一种懒散怠慢、无所事事的生活。

首先，旗兵的饷，究其大者，包括银、米两项，依等级、兵种的不同而有多少之分。总的来说，从顺治朝定例以后，康熙朝又几次提高，后来基本不变。其中的银，规定为领催、前锋每年每名36两，马甲每名24两，炮手24两，匠役和步甲各为12两。米的情况复杂些。按规定，驻防马甲月米为每名二石五斗。其发放方式有两种，一种是直接将米发放给兵丁，称“本色”，另一种是把米折价发银，称“折色”。折银的多少，则依时间、当地情况、米价的不同而有所区别。例如江宁，“本色”“折色”交替发放，“江宁驻防兵丁每年应支兵米，例支本色四个月，折色八个月。其折色内，惟二、三、五、六、八、九等月，每石折银一两二钱，至十一、十二两月，及遇有闰月，每石则折银七钱五分”[①]。除了银、米之外，还有马乾一项。清廷规定驻防兵丁每人需养马三匹，遇征调时一匹乘骑，二匹载军装食具，均由官方发放草豆，这些草豆也有“本色”“折色”之分，如荆州马甲每岁“马乾折银二十两三钱四厘，喂马口分银三两二钱七分六厘”[②]。后因种种原因，马匹数目减少，但仍旧按照原额领取马乾，多余款项则用作生活费用，日久成为驻防兵丁的一项固定收入。[③] 上述粮、饷数目，都是大致而言。事实上，各驻防因地区、兵种不同，在待遇上有所差别。乾隆朝移驻热河的领催，月饷规定为四两，兵丁月饷三两，与京旗相同，而比其他驻防各高一两。[④] 雍正朝设水师旗营，兵丁分两种，一种是从原驻防调拨之兵，原饷银二两，马乾银三两，米二石五斗，一入水师，即去其马乾三两，比以前有所下降。而另一种为原来余丁新补缺者，“每月只领银一两五钱，米三斗，实属不敷”，可见不仅因驻防地点不同而有差别，即使“同一水师，同一操练，新拔者与未汰者食饷相去悬远”。[⑤]

其次，广州、江宁、塔城等驻防地还供给旗兵以蔬菜、劈柴和食盐等

① 《清高宗实录》卷三百八十五，中华书局影印本，1986，第59页。

② （清）希元、祥亨：《荆州驻防八旗志》卷六，辽宁大学出版社，1990，第102页。

③ 定宜庄：《清代八旗驻防制度研究》，天津古籍出版社，1992，第157页。

④ 《清高宗实录》卷四十四，中华书局影印本，1985，第779页。

⑤ 雍正《朱批谕旨》卷二百十一上，程元章，北京图书馆出版社，2008，第16页。

生活必需品。在杭州，浙江巡抚于康熙四年（1665），还奏请皇帝为旗兵提供购买劈柴的资金，因为驻防中的劈柴远不足分配。广州驻防普通官兵可在春秋两季分得每人半包食盐，用来腌泡蔬菜、保存鱼肉，制作酱油、豆腐等，保证兵丁日常生活所需。①

最后，对于驻防兵丁置产规定的变动。早在康熙朝，清廷做出了驻防官兵不准在当地置产的规定。此后不久，清廷又“以江宁、京口、杭州、荆州大兵驻防，各截漕十万石，存仓以备用”②，使驻防兵丁仰给官府之举得到了物质保证。在此之后，凡有田土的驻防地纷纷将田土退出，以使各驻防地情况划一。此后相当长的一段时间，驻防兵丁在当地已无“份地”，而以官发的粮米代替了田土收入。从八旗的内部来说，让孤处广大汉族人口包围之中的驻防兵丁单纯依靠兵饷为生，在经济上加强对朝廷的依赖，也是拉拢和控制他们的上策。而且，让内地各省的驻防兵丁保持亦兵亦农的传统，在客观形势上也是不可能的。③ 然而，到乾隆朝，清廷放开驻防兵丁在当地置产的规定，并根据各驻防地的不同情况为其分配房产，甚至使旗兵无偿得到墓地。乾隆皇帝在乾隆二十一年（1756）制定措施，让旗兵在驻地附近购买墓地，对买不起墓地的旗兵则让其葬入旗人专用公墓，丧葬费用由驻防承担。例如，乾隆二十二年（1757）杭州驻防设立了一块一百八十九亩二分的墓地；在乾隆二十五年（1760），乍浦驻防的墓地占地面积就达五十亩零三分，广州达八十九亩，荆州达一百六十亩。④

总之，满洲贵族为维护自身统治，巩固根本，给予八旗普通兵丁日常生活所需钱粮及其他必需品，以充分维持八旗武力，充当清廷的武装力量、镇压工具。但是，过度的优渥，必然产生过度的依赖和清廷过度的负担。

二　“八旗生计”问题的出现

清朝定都北京，八旗兵丁享受各种优待：圈拨旗地，免除赋役，发放粮饷。虽然随着满族贵族加强对八旗兵丁的人身限制，使得他们逐步丧失

① 〔韩〕任桂淳：《清朝八旗驻防兴衰史》，三联书店，1993，第 85 页。

② （清）王庆云：《石渠余记》卷四，《纪官仓》，北京古籍出版社，1985，第 175 ~ 176 页。

③ 定宜庄：《清代八旗驻防制度研究》，天津古籍出版社，1992，第 156 ~ 157 页。

④ 〔韩〕任桂淳：《清朝八旗驻防兴衰史》，三联书店，1993，第 85 ~ 86 页。

土地并脱离生产劳动，但是每一兵丁的旗饷并无增加。在这种情况下，京旗人丁的经济生活每况愈下。这个问题在康熙、雍正时就已经出现，到乾隆初年更趋严重，以致引起清朝统治阶级的不安，“八旗生计”问题被议论纷纷。[①]

究其原因，我们看到清政府有限的财政无法负担日趋繁衍的八旗人口，正如当时就有人指出：“我朝定鼎之初，八旗生计颇称丰厚者，人口无多，房地充足之故也。今百年以来甚觉穷迫者，房地减于从前，人口加有什佰，兼以俗尚奢侈，不崇节俭，所由生计日消，习尚日下，而无底止。”[②]“今满洲、蒙古、汉军各有八旗，其丁口之蕃昌，视顺治之时盖一衍为十，而生计之艰难，视康熙之时已十不及五，而且仰给于官不已。”[③]乾隆朝大臣赫泰在《筹八旗恒产疏》中的话也很说明问题：“八旗至京之始以及今日百有余年，祖孙相继或六七辈，试取各家谱牒征之，当顺治初年到京之一人，此时几成一族，则生齿之繁衍可知，当日所给之房地是量彼时人数而赏者，以彼时所给之房地养现今之人口，是一分之产而养数倍之人矣。”[④]不仅如此，更有日本学者稻叶君山指出，“八旗生计之困难，其原因由于物价之腾贵，而原来所定饷额亦甚微薄耳”[⑤]。而“顺治康熙时银货之昂贵，物价之低廉。其所定饷额固不为少。无如物价依岁月为推迁，饷额为定例所限制。旗兵生活之困苦，遂有日以加甚而不能免除之势矣”[⑥]。正是由于固有的旗饷无法满足八旗人口的迅速增长，以及物价的提高，“八旗生计”问题出现并迅速蔓延。

满族八旗兵丁的生计问题最早出现在京旗兵丁身上，后逐渐蔓延至各驻防八旗兵丁。进关初期，八旗兵有粮饷，可以维持一家数口的生活。以后，人口大量增加，而兵有定额，饷有定数，既不能无限制地增饷，又不能放松正身旗人参加生产劳动的限制，问题变得严重起来。沈起元在《拟时务策》中说：“甲不能遍及，而徒使之不士、不农、不工、不商、不兵、

① 《满族简史》编写组：《满族简史》，中华书局，1979，第109页。

② （清）贺长龄、魏源：《清代经世文编》卷三十五，《户政十》，中华书局，1992，第865页。

③ （清）仁和琴川居士：《皇清奏议》卷四十一，光绪二十八年（1902）云间丽泽学会石印影印本。

④ 《皇清名臣奏议汇编初集·筹八旗恒产疏》卷145，光绪二十八年（1902）刻本影印本。

⑤ 〔日〕稻叶君山：《满洲发达史》，杨成能译，东亚印刷株式会社奉天支店，1941，第302页。

⑥ 〔日〕稻叶君山：《满洲发达史》，杨成能译，东亚印刷株式会社奉天支店，1941，第303页。

不民，而环聚于京师数百里之内。于是其生日蹙，而无可为计，非旗人之愚不能为生也。”[①] 许多八旗兵甚至“田宅率多转售于人”[②]，或者土地被政府收回，只能完全依赖粮饷维持生计，结果“一家之内，人浮于食，生计日难”[③]。八旗人丁既脱离生产劳动，被安置聚居在北京城内外，除了每日兵差任务之外，终日无所事事，逐渐成为游手好闲的人，又抵制不了满族上层对他们腐蚀的影响。他们就落到这样的处境：一月的饷银不敷数日之需，一年的饷米领出来就粜给米商，银两用光，米价又涨。只有今年借明年的饷，明年借后年的饷，常年靠典当度日。[④] 对于这些超前耗费了自己的口粮和兵饷的旗丁，康熙本人曾专门下谕指出：“八旗官兵将所给之米，未及抵家，止贪得一时小利，辄行变卖，在所得之利甚微，而银两耗去，米价又增，于是众皆怨悔无及。”[⑤] 到了雍正时期，此事态继续恶性发展。有不少旗丁还“指饷借债”。所谓“指饷借债”，又名典押兵饷，即旗丁以未到期的应领兵饷作为抵押物借进的高利贷。“有射利之铺户土豪人等，交结队目，广放营债以取重利，兵丁堕其术中，借银到手，随意花费，及至领饷之时，不足以饱债主之谿壑”[⑥]。“有十个月扣完者，亦有十二个月扣完者。每月关领钱粮之时，勒令清偿，不许暂缓，因而将利作本，利又加利”[⑦]。不少旗丁的两项主要经济来源，即口粮与兵饷，都难以全部到手，扣除了粜籴的差价和应付的债利，这些人只能得回定额的若干成，甚至一无所得。[⑧] 各驻防地的八旗兵丁在经济生活中的处境，大体上与京旗相似。东北地区的满族劳动人民和居住在畿辅乡村而又从事耕作的旗人，一方面保持着简朴勤劳的传统，浮华风气的滋长较慢；另一方面人口增加，有开荒种地、佃种土地或从事其他产业的可能性。所以，在这里所出现的“八旗生计”问题与京城的情况并不相同。但是，繁重的兵差和八旗制度的束缚，也给八旗兵丁的生产和生活方面造成了不少困难。

八旗生计问题产生的根本原因是在民族统治和压迫关系中将主体民族

---

① （清）贺长龄、魏源：《清代经世文编》卷三十五，《户政十》，中华书局，1992，第881页。
② （清）盛昱、杨钟羲、于景祥：《八旗文经》卷二十七，辽宁古籍出版社，1988，第239页。
③ （清）盛昱、杨钟羲、于景祥：《八旗文经》卷二十七，辽宁古籍出版社，1988，第239页。
④ 《满族简史》编写组：《满族简史》，中华书局，1979，第110页。
⑤ 《八旗通志初集》卷六十六，《艺文志二，敕谕二》，国家图书馆出版社，2013，第85页。
⑥ 《清世宗实录》卷八十五，中华书局影印本，1985，第130页。
⑦ 《八旗通志初集》卷七十，《艺文志六，奏议二》，国家图书馆出版社，2013，第390页。
⑧ 韦庆远：《论“八旗生计”》，《社会科学辑刊》1990年第5期。

身份职业固化，形成类似印度种姓制度的东西。这种民族身份职业固化，使旗民只能当兵，阻碍了其全面发展，也阻碍了汉族军事素质的提高和军事才能的发挥。少数民族入主中原本应迅速与多数民族融合，然而，对于满族来讲，这种快速融合不是始于清朝建立，而是始于清朝灭亡。

三　恩赏周济，解决“八旗生计”

为解决日渐凸显的“满洲八旗生计”问题，清廷推行种种措施。雍乾两朝都采取过派京旗前往井田垦种的办法解决八旗生计问题，但“旗人地主在心理上是不适于从事农业的，他们把它视为有失身份的事情；而且，不管军阶多么低微，很多人也不情愿降低自己的身份去耕种土地”。[①] 因此，清廷多采取恩赏救济，保证满洲八旗生计，同时设法将八旗内的非满族成分尽量排除出去，以保证满洲正身旗人的食饷份额。[②]

早在康熙年间，恩赏八旗子弟贫苦兵丁的数量较大，或代替兵丁还债，“代款”免扣，赏给红白喜事银两，无微不至。平定吴三桂等人叛乱之后，曾发帑金五百四十余万“代赏八旗债负”，八旗兵丁每家获赏多达“数百金”；其后，又颁赏655万金。这后一笔“代款”，三年之后，即康熙四十五年（1706），有部分相继扣完还项外，尚有“未完银三百九十五万六百六十两”，虑及八旗子弟贫苦，“通行豁免”。康熙四十四年（1705），又免扣“每佐领下未还官银一千两”，以用“宽八旗甲兵之力”。这笔银两是佐领下护军校、骁骑校、小拨什库、护军、另户披甲、孤子、寡妇之家披甲人“所借债负本银”，是清理甲兵负债后，“以官银借债”部分。康熙朝，除以大批款项借赏兵丁外，令八旗各设官库，解除兵甲后顾之忧，“资济匮绌”，不仅对京旗如此，对八旗驻防兵丁，亦同样给予恩赏、借贷。[③] 康熙四十六年（1707），拨江苏藩库银45000两，借给京口驻防兵丁，“资其生理，按一月一分起息”[④]，十年还清本银外，净得利息91070两，留作京口为“帑本”，以五厘起息，“借给兵丁”，此法在各个驻防点推行，为八旗贫苦兵丁解除诸多经济不便。[⑤] 在解救八旗兵丁经济

---

① 〔韩〕任桂淳：《清朝八旗驻防兴衰史》，三联书店，1993，第118页。

② 定宜庄：《清代八旗驻防制度研究》，天津古籍出版社，1992，第181页。

③ （清）刘锦藻：《清朝续文献通考》卷六，商务印书馆，1955，第7554页。

④ 《八旗通志初集》卷五十四，《典礼志五》，国家图书馆出版社，2013，第452页。

⑤ 《八旗通志初集》卷五十四，《典礼志五》，国家图书馆出版社，2013，第454页。

困难方面，从康熙朝开始，对八旗子弟红白喜事，发给恩赏银两。凡是护军校、骁骑校、前锋、护军、领催等，有喜事赏银十两，丧事赏银20两。马甲等有喜事赏银六两，丧事赏银12两。步兵及食一两钱粮之执事人等，喜事赏银四两，丧事赏银八两。[①]

雍、乾时期，继续恩赏穷苦八旗兵丁，甚至代其祖父偿债。雍正五年(1727)，世宗申谕“朕自即位以来，除持行赏赐外，赏给兵丁一月钱粮者数次，每次赏银三十五六万两”[②]。五年之后又申谕八旗兵丁，于“数十年”前借支公库及广善库银两，至今“拖欠未完”，其数达“四十余万两”。本是周济兵丁不足，以防急需时“向人挪贷”，但由于代代八旗子弟“任意花费”，有的“一人名下多至三四千”两。借主身故，由其“子孙弟侄及家下披甲等俸禄钱粮，坐扣一半”，即“祖父欠帑，日后为子孙之累”。由于欠帑“人数众多”，生活窘困，世宗下令，凡以俸禄之半，“抵补伊祖父旧欠者，开恩豁免”，最后将借欠公库、广善库四十万官银，一并免除。[③]

乾隆年间，广大八旗子弟贫苦兵丁，对朝廷的恩赏已经习以为常，“动辄望赏望借”，不知“感激皇恩”。清高宗将宗室贫苦、失产“无以自活”之人，分为等第，详加赏恤，“最贫者赏银三百两，次者半之”，令其赎回产业，“以资生理”。遇有红白事件，令宗人府给予赏赐，凡“婚嫁者，特赐银一百二十两；死丧者，特赐银二百两，以为妆、赙之费”[④]。这些赏赐，就是清代皇帝所说的“恩赏”，以解救八旗子弟兵饷、宗禄、俸禄之不足。

清代满洲贵族已竭尽全力，设法解决八旗子弟生计问题，然而这些措施的实施，无非拆东墙补西墙，在全年国家总收入一定情况下，求得供养日益增多的八旗人口。

第四节　关外世居地的满族经济

自顺治帝入关至康雍乾年间，东北世居地的满人经历了入关与回迁的过程。然而，关外世居地作为满族和清朝的发祥地，仅辽宁地区就不仅有

---

① 《八旗通志初集》卷五十四，《典礼志五》，国家图书馆出版社，2013，第458页。

② 《清世宗实录》卷五十六，中华书局影印本，1985，第857页。

③ 《清世宗实录》卷一百一十八，中华书局影印本，1985，第563页。

④ （清）昭梿：《啸亭杂录》卷七，中华书局，1980，第206页。

清朝开国皇帝的宫殿和陵寝，还有数以百万亩计的满洲皇室和贵族皇庄、王庄、官庄和属于八旗的耕地以及饲养军马的牧场，每年出产大量的粮食、果蔬、牲畜、布匹等供应其主人之需，既是皇宫和贵族经济收入的重要来源，又是八旗军队军需和给养的主要供应地。而吉林、黑龙江地区广袤的土地山林，虽然开发较晚，却蕴藏着皇室取之不尽的木材、动物毛皮、珍贵药材等经济资源。[①] 世居地的满人辛勤劳动，一方面，自给自足，维持生计；另一方面，为皇族及清廷供应所需物品。

一　关外世居地满人的分布与迁移

自顺治元年（1644），八旗兵丁从东北之地入关，清朝定都北京，“监往代留都之制，续设昂邦章京镇守”[②]。东北地区作为清王朝的“龙兴之地”，清政权迁都北京之后，以盛京城作为留都，也称作陪都，而将整个东北地区称为“盛京统都”。[③] 据《嘉庆重修一统志》记载：“东至海四千三百余里，西至山海关直隶永平府界七百九十里，南至海七百三十余里，北踰蒙古科尔沁地至黑龙江外兴安岭界五千一百余里，东南至锡赫特山朝鲜界二千九百余里，西南至海八百余里，东北至海四千余里，西北至蒙古土默特界六百九十余里。”[④] 可见，清代的盛京统都是由后来陆续设立的盛京、吉林、黑龙江三将军辖区，以及内属蒙古哲里木盟十旗之地所组成，比现在东北三省的总面积要大得多。[⑤]

仅以盛京地区为例，清廷分派八旗兵驻防盛京（今沈阳市）、兴京（今辽宁省新宾满族自治县兴京镇）、牛庄（今属辽宁省海城市）、盖州、凤凰城（今辽宁省凤城市）、广宁（今辽宁省北镇市）、宁古塔（今黑龙江省宁安市）七城。[⑥] 顺治迁都后的初期，留守“根本重地”中心城市的，以满洲八旗人为主。据《八旗通志》记载，顺治元年迁都后，盛京城除设总管等八旗官员留守外，驻防于此的八旗满洲正黄、镶黄、正白、正红、正蓝、镶蓝旗兵各九十名，铁匠四名；镶白、镶红二旗兵各九十名，

---

① 佟悦：《清代盛京城》，辽宁民族出版社，2009，第42～43页。

② （清）吕耀曾：《盛京通志》卷十八，乾隆元年刻本。

③ 张佳生：《满族与长白山》，辽宁民族出版社，2011，第110页。

④ 《嘉庆重修一统志》卷五十七，“中国古代地理总志丛刊”，中华书局，1986。

⑤ 张佳生：《满族与长白山》，辽宁民族出版社，2011，第111页。

⑥ 张佳生：《满族与长白山》，辽宁民族出版社，2011，第106页。

铁匠二名，共有兵七百余名，加上各级官员，应在八百人以上，连同他们的家属（以每户五口计算），总数约四千人左右，这应当是清入关后盛京城中最早的居民。此后未再抽调满洲兵回到这里。至康熙十四年（1675），才又向盛京增派满洲兵每旗二十名，共一百六十人。[①] 八旗兵及眷属结车骑从龙入关，意味着满族全员的一次人口大迁徙。当时入关的人口有多少，史书没有明确记载，只有“罄国入关”“尽族西迁”的说法。据漂流到中国的日本人目睹当时迁徙的情形描述道：“从鞑靼的都城到北京的道路……一路上也经过了几个大城，在这三十五天当中，往北京搬家的鞑靼人，络绎不绝。”这种大规模的人口迁徙，持续了几年时间。[②] 从康熙二十三年（1684）以后，由于清军在平定三藩战事中胜局已定和防御俄入侵的需要，由关内回到东北地区的八旗满洲人开始多了起来，其中康熙二十六年（1687）似乎是比较集中的一年。从流传下来的许多辽东、辽南地区满洲八旗家族的家谱记载中，都可以看到这样的记载：本家族发源于长白山某地，后加入八旗，随着清太祖、太宗开国创业，顺治元年从龙入关，于这一年奉命从北京某旗驻防的某胡同迁回盛京城周围或辽南居住，此后即在此处生息繁衍，扎根落户。因此人们多把这一时期作为关内战事平息，八旗人口从离开东北到返回故乡转变的标志。沈阳城内及周边的满洲八旗人口从此呈逐年增长的趋势，并步入平稳发展的阶段。[③]

二　关外农业经济的发展

东北世居地的土著居民，即世代居住于此的八旗官兵和满族民众，他们既要出征打仗，又要承担繁重的差役，同时在极其不利的自然条件下开垦出大片旗地，辛勤耕作。

清代东北八旗兵丁和满族民众，祖祖辈辈依靠开荒种地为生。迄今为止，有关清代满族研究的论著中，对于满族人的日常生活情况，还未见到较为细致的描述。引用康熙朝旗人金德纯的一段话：“（八旗官兵）平时赏赐优饫，制产：一壮丁予田三十亩，以其所入为马刍菽之费。一兵有三壮丁，将不下十壮丁，大将则壮丁数十，连田数顷。故八旗将佐居家皆弹

① 佟悦：《清代盛京城》，辽宁民族出版社，2009，第94页。

② 〔日〕园田一龟：《鞑靼漂流记》，辽宁大学历史系内部本，1979，第60页。

③ 佟悦：《清代盛京城》，辽宁民族出版社，2009，第96~97页。

筝击筑，衣文绣策肥，日从宾客子弟饮，虽一卒之享，皆兼人之奉。”[①]然而，大量事实证明，金德纯的记载不过是一个神话。实际上，东北世居地的居民终年辛勤耕作，与穷苦百姓一样艰辛度日。

在盛京[②]地区，早在顺治年间，广大满族人民辛勤劳动，因八旗兵入关而抛荒的地亩被重新开垦出来。至康熙初年，清廷继续推行辽东招民政策，并取得很大成效。然而，清朝统治者为维护统治、保护本族肇兴之地，实施封禁，将辽东大片沃土圈为旗地。康熙八年（1669），户部尚书米斯翰疏称：“各旗居处畿辅，生齿日繁，非移屯口外，将来有人满之忧。”[③] 因此，在京畿之外，需要选定新的八旗生计基地。康熙十八年（1679），清朝遣官对山海关外至开原之间的土地实行丈量，丈出可耕地五百四十八万余垧，其中84%被划定为旗地[④]，禁止民人圈占耕种。康熙帝谕示：“盛京田地，关系旗丁民人生计，最为紧要。”[⑤] 乾隆五年（1740）四月，兵部侍郎舒赫德奉命前往盛京。乾隆帝谕示：“盛京为满洲根本之地，所关甚重。今彼处聚集民人甚多，悉将地亩占种。盛京地方粮米充足，并非专恃民人耕种而食也。与其徒令伊等占种，孰若令旗人耕种乎？若旗人不行耕种，将地亩空闲，以备操兵围猎亦无不可。”舒赫德遵旨奏称：“奉天地方为满洲根本，理不容群黎杂处，应使地方利益悉归旗人。”[⑥] 据乾隆朝《钦定盛京通志》记载，至乾隆四十五年（1780），盛京地区总计有耕地18167711亩，其中民地有3510957亩，旗地14656754亩，旗地面积约是民地的4.2倍之多，两者相差悬殊。这种旗地与民地的差别，说明清廷限制和禁止汉人出关垦种，而大力维护旗地。正是清廷封禁政策，使旗人在盛京地区辛勤劳作，大力发展农业生产，为维护清代北方社会稳定、巩固东北边防提供了重要的战略物资。[⑦]

---

① （清）金德纯：《旗军志》，载《辽海丛书》（第四部），辽沈书社，1985，第2页。

② 盛京，春秋战国时期燕国属地，唐代改称“沈州”，后金（清）都城，今辽宁沈阳市。1625年清太祖从辽阳迁都沈阳，并在此着手修建皇宫；1634年清太宗尊沈阳为“盛京”；1644年清朝定都北京后，沈阳为留都；1657年清朝以“奉天承运”之意在沈阳设奉天府，故沈阳又名“奉天”。

③ 方裕谨：《顺治年间有关垦荒劝耕的题奏本章》，《历史档案》1981年第2期。

④ 《清圣祖实录》卷八十七，中华书局影印本，1985，第1105页。

⑤ 《清圣祖实录》卷九十一，中华书局影印本，1985，第1150页。

⑥ 李为：《清代粮食短缺与东北地区土地开发》，吉林人民出版社，2011，第139页。

⑦ 张杰、张丹卉：《清代东北边疆的满族（1644～1840）》，辽宁民族出版社，2005，第149页。

在吉林、黑龙江地区，康熙帝高度重视八旗的粮食生产。康熙二十一年（1682），玄烨亲自前往吉林乌喇城巡视。回京后，专程派人谕令巴海等将领："吉林乌喇，田地米粮甚为紧要，农事有误，关系非细，宜劝勉之，使勤耕种。朕轸念满洲人民生理，欲遣人专往，以驿递疲弊，故因笔帖式来奏，特谕。"[①] 然吉林地区虽土地肥沃，但气候严寒，条件艰苦，出现了至此地的满人"不愿者多"[②] 的现象。然而，正是此地满族人的辛勤耕种，使得吉林地区"有粟，有稗子，有铃铛麦，有大麦，有小麦，有荞麦，瓜、茄、菜、豆"[③]。清政府同样重视黑龙江地区的粮食生产。康熙二十一年（1682）十二月，清廷要求："我兵一至，即行耕种，不致匮乏。"[④] 黑龙江地区"地气早寒，秋霜损稼"[⑤]。当地满族生产的粮食作物都为早熟品种，且因各城气候和土壤条件而有所不同。康熙末年，流放于当地的方式济对农业生产记述说：瑷珲城周围土地膏腴，生产小麦、黍、大麦。墨尔根土质稍逊于瑷珲，出产糜、穬麦，即燕麦，因其果实下垂如铃，又名铃铛麦。齐齐哈尔土地最为贫瘠，唯产糜，糜似小麦而黄，即稷也。"春秋间以未脱者入釜，浅汤熟炽，暴以烈日，焙以炕火，舂而炊之，香软可食"。此外，瑷珲、墨尔根和齐齐哈尔都出产荞麦，"甘香如雪，宜糕饼，中土所未得有"[⑥]。黑龙江将军萨布素移驻齐齐哈尔之初，八旗官兵的主食为铃铛麦，但产量过低，一斗仅出米三升。由于当地不生产糜，其价格比稻米还贵。但不到十年间，满族人就掌握了种糜技术，后来铃铛麦均从墨尔根运来，用以饲养牛马。人们只是偶尔用铃铛麦做粥，颇香滑可口。[⑦] 雍正十三年（1735），黑龙江将军辖区内旗地合计为 113902 垧，另有八旗官兵、水手、拜唐阿等承种公田 8801 垧。至乾隆晚年，齐齐哈尔城旗地计 72371 垧，墨尔根城旗地计 20602 垧，黑龙江城旗地计 36961 垧，布特哈城旗地计 22100 垧，呼兰城旗地计 20685 垧，五城旗地总计

---

① 《清圣祖实录》卷一百二，中华书局影印本，1985，第 32 页。

② 《清圣祖实录》卷一百一十二，中华书局影印本，1985，第 149 页。

③ （清）徐珂：《清稗类钞·植物类·宁古塔植物》，中华书局，1986，第 5716 页。

④ 《清圣祖实录》卷一百六，中华书局影印本，1985，第 83 页。

⑤ 《清史列传》卷十，《萨布素》，中华书局，1987，第 724 页

⑥ （清）方式济：《龙沙纪略》，载（清）王锡祺《小方壶斋舆地丛钞》，上海着易堂铅印本，1891，第 376 页。

⑦ 张杰、张丹卉：《清代东北边疆的满族（1644～1840）》，辽宁民族出版社，2005，第 166 页。

172719 垧。每垧以 6 亩计算，合计为 1036314 亩。故黑龙江八旗兵丁开垦旗地亩数较大，广大满族群众是农业生产的主力军。[①]

三　清代世居地满人的其他生产活动

清代世居地的满人自进入辽沈地区后，深受汉族人民的影响，以农业生产为主。然而，他们仍保留着本民族原有的生产方式，从事多种生产活动。

首先，是采集、狩猎。关外依山傍水居住的满族，部分人从事采集和狩猎活动。俗话说："靠山吃山，靠水吃水。"世居地的满人可谓是采于山，猎于原，渔于江，不可胜食，不可胜用。满族人民在物产丰富的大自然中生息繁衍[②]，辛勤采集松子、蘑菇、木耳、人参、东珠，猎取雉、狍、鹿、野猪、虎、豹、鹰、貂等兽禽。然而清朝皇帝及王公贵族霸占了盛产人参、东珠、貂鼠的山川，派遣内务府和王府人丁前来采捕，并在打牲乌拉（今吉林市稍北乌拉街）专设"打牲乌拉总管衙门"，管理打牲人丁。康熙时，盛京、吉林有万余名满洲旗兵被遣往深山密林刨采人参。[③] 不仅如此，地处东北地区的松花江、图们江、鸭绿江以及流经东北平原的黑龙江、牡丹江、乌苏里江，因水利资源和地理位置优越，为满人提供了丰富的水产资源。[④] 清廷更是把盛京所属的辽河及其支流的水面，划归盛京内务府所属的镶黄、正黄、正白三旗管辖，由内务府上三旗佐领统辖的鱼千总、鱼丁经营。规定这些官渔泡捕贡鱼，每年送交京师内务府有鲜鳊、白鲤、鳌等水产"以礼奉先殿"，"冰杂鱼二万四千斤以供（皇）上用口味"[⑤]。此外，盛京内务府三旗佐领所属捕牲丁于王多罗束围场，每年定例交纳鹿干肉二千七百束，生鹿一百二十头。[⑥] 辛勤的满人不得不为自己的"主子"工作，为皇族提供各种物品。

其次，盛京经营皇家牧场。入关后，清王朝为满足皇室的特殊需要，在盛京官地中划出若干区域，营建规模较大、专业养殖牲畜的三大牧场，

① 张杰、张丹卉：《清代东北边疆的满族（1644～1840）》，辽宁民族出版社，2005，第 167 页。

② 张佳生：《满族与长白山》，辽宁民族出版社，2011，第 458 页。

③ 《满族简史》编写组：《满族简史》，中华书局，1979，第 74 页。

④ 张佳生：《满族与长白山》，辽宁民族出版社，2011，第 466 页。

⑤ 郑川水、陈磊：《大清陪都盛京》，沈阳出版社，2004，第 47 页。

⑥ 丁海斌、时义：《清代陪都盛京研究》，中国社会科学出版社，2007，第 136 页。

即盛京大凌河牧场、盘蛇驿牧场、三陵养息牧场。其中，以位处大凌河西岸的大凌河牧场最为有名。该牧场广布于今锦州南部，原隶属京师内务府上驷院管辖。乾隆十五年（1750）拨归陪都盛京兵部管辖后，盛京将军衙门及时整顿牧政，制定《大凌河马群喂养章程》，从而使陪都盛京的畜牧业管理更趋规范，极大地提高了八旗军马的质量。[①]

最后，在采矿业方面。东北地区原有金、银、铜、铁、铅、煤、硫黄等矿，由于清朝政府的禁止，大多没有开采。只有铁和煤由于当地所需，雍正五年（1727）颁布了“杯犀湖（本溪湖）等处产铁，为居民犁具所需，无须禁止”的命令；乾隆六年（1741）又有“辽阳州煤窑，刨煤人缺，募本地旗人补数，不得仍招民人”[②] 的规定。自此以后，满族人民在煤窑劳动的就不断增加。乾隆十二年（1747），由于本溪湖煤窑开采年久，矿苗缺乏，又在本溪湖南的鹞子峪、复州所属的五虎嘴产煤地方，“招募旗人，自行出资开采”[③]。煤窑的数目不断增多，就有更多的满族人从事采煤的艰苦劳动。当时煤窑在雨季就得停止生产，刨煤工匠要兼顾农业生产。他们虽然还和土地有一定的联系，但是在采煤季节已经具有雇佣劳动者的身份。[④]

总之，一个民族的生存发展永不能彻底摆脱自然环境的束缚。东北地区分布着众多的山川和平原，辛勤的满族人为了生存，认识并利用各种自然资源，逐渐形成了具有民族和地域特色的生产方式。然而，在集权官僚制统治下的满人，除了自给外，仍需为皇族服务，为他们提供各种产品。

---

① 丁海斌、时义：《清代陪都盛京研究》，中国社会科学出版社，2007，第136页。

② 辽宁省人民政府地方志办公室：《奉天通志》，辽宁民族出版社，2012，第1658页。

③ 《清高宗实录》卷九五四，中华书局影印本，1986，第929页。

④ 《满族简史》编写组：《满族简史》，中华书局，1979，第75页。

第十三章　嘉道年间满族经济由盛转衰

嘉道时期，清王朝经历着前所未有的盛衰之变。随着王朝的衰落，作为统治民族的满族，其经济也必然由盛转衰。满族经济的四个部分，即满族统治阶层、满族官僚阶层、满洲八旗兵丁及世居地满人的经济生活，因清王朝走向没落而日趋困顿。清王朝为维护中央集权统治迫使旗人壮者皆兵，长期脱离生产劳动，形成中国少数民族经济史上罕有的寄生性民族经济类型，这是清代满族经济最鲜明的民族性，满族寄生性经济必然历史性地要求自力性经济为补充。

第一节　满族经济四个部分的衰落

嘉道年间，清廷经济日渐衰落，而满族统治阶层依旧利用手中职权奢侈享乐，宗室皇族慢慢走向没落。满族官僚阶层日益腐朽，营私舞弊，安于享乐，因循怠玩，甚至公开贪赃枉法，吏治腐败严重损害国家统治。八旗作为国家统治的重要支柱，一直被清廷视为特殊的阶层来供养，日久奢靡，生计日益困顿；嘉道年间，清朝统治者采取种种措施，整顿旗务来保证他们日常生计，却终究于事无补。世居地的满人，因久未脱离生产，生活虽不富裕，却能自足。

一　满族统治阶层的衰堕

集权官僚统治下的清王朝由盛转衰，财政收支锐减，但满族统治阶层，仍在花天酒地，大吃大喝。皇帝后妃莫不奢侈极欲，恣贪口腹，内务府广招天下名厨，搜罗南北异味，使宫廷宴筵锦上添花，更为丰富多彩，精美异常。[①] 王公贵族倚仗权势，贪赃枉法，收受贿银，盘剥属下人员和

---

① 吴正格：《满族食俗与清宫御膳》序言一，辽宁科学技术出版社，1988，第1页。

包衣、佃户，兼并民产，聚敛财富。整个王朝经济由盛转衰，并没有影响宫内皇族及王公贵族的奢侈生活，他们利用手中职权，依旧奢侈享乐。而对于满族闲散宗室阶层来说，他们随着清王朝的盛极而衰，经济生计日渐困厄。

嘉庆帝曾感叹："近闻宗室觉罗有因无自置住房，于各处浮居者，详究其故，盖因生齿日繁，生计不能充足，或不知节俭，任意奢靡，以致栖身无所。"① 面对此番情形，清统治者对于闲散宗室继续辅以恩赏，除按月领取养赡钱粮外，更规定宗室家庭若有父母、叔伯、兄弟均亡故的孤女，还可额外领取一定的养赡银。《宗人府则例》记载："宗室之孤女，其亲生伯父、叔父及兄弟均无者，每月支给钱粮一两五钱，每季支给三石九斗七升五合，以资养治，俟出嫁后停放。"已故四品宗室文凤之女呈报："我于嘉庆七年（1802）十一月二十日生，我父于嘉庆十二年（1807）九月初四日病故，并无其他亲兄弟，依靠叔父文堪生活，我叔父于去年十二月三日病故，现已无依靠属实，请咨呈宗人府支给孤女钱粮。"② 宗人府根据此呈文，交付黄档房查核该女生年，无误则照例支给孤女钱粮。③ 与此同时，嘉庆帝更加重视解决宗室子弟生计问题，即增加其职位，以便他们自食其力。嘉庆十六年（1811）三月六日曾谕："我朝家法，宗室人员以学习清语，勤肄骑射为重，即文学科名尚非所亟，是以宗室考试之例，从前乾隆年间即曾钦奉高宗纯皇帝圣谕停止，所以定其趋向，壹其心志，不致荒弃本业也。近年以来，宗室生齿日繁，朕虑其无晋身之阶，屡经加恩于六部理藩院添设司员十六缺，并准令乡会试，又添增宗学学生六十名，现在宗室登进之途不为不广……"④ 云云。可见，清朝统治者为维护自身皇族利益，仍在不惜重金拨发各种款项以确保皇族优渥的经济生活。而此时的清廷正历经内忧外患，宗室俸禄因清政府财政困难而缩减，其他恩赏则辄遭裁减。

正因来自政府的皇族经济收入日渐枯竭，贫穷的宗室虽属天潢贵胄，有一定养赡钱粮作为收入来源，却依旧入不敷出。他们要维持表面的衣着

---

① 《清仁宗实录》卷一百一十三，中华书局影印本，1986，第 30647 页。

② 《宗人府说堂稿》，新整档，第 2844 号，嘉庆二十四年闰四月。

③ 赖惠敏：《清皇族的阶层结构与经济生活》，辽宁民族出版社，2001，第 238 页。

④ 《军机处录副奏折》卷一百，嘉庆二十三年正月二十九日绵课等奏，《历史档案》1995 年第 3 期。

光鲜，必须设法另辟财源。因清廷禁止他们从事工商业活动，所以闲散宗室维生之道，除政府所给钱两外，主要依靠祖产收取地租。皇族以出租房屋营生最为常见，由外地来京当官的必须租赁房屋，房租收入丰厚而稳定。一些宗室家族，利用余资，购置铺房，出租赚取租金，维持日常生计。有些宗室在住房之中开设赌场，或租赁房屋聚众赌博。道光十一年(1831)，佟文光托何文煐、李广成作中，将自盖住房一所共计二十四间半典给宗室奕锦，议明典价京钱两千吊，房间仍租与佟文光居住，每月给奕锦房租京钱二十千，立有取租赁折。[①] 不仅如此，日渐衰堕的皇族宗室更不以赊欠账款为耻。老舍在《正红旗下》一书中描写旗人的习性，提到一段话令人玩味："大姊的婆婆没钱，会以子爵的女儿、佐领太太的名义去赊。她不但喜欢自己爱赊，而且颇为看不起不敢赊、不喜欢赊的亲友，虽然没有明说，她大概可是这么想：'不赊东西，白作旗人。'"[②] 小说能这么写，说明旗人有这样的做法和观念。例如道光十年（1830），宗室万济邀同色克慎、杨四前往德胜门外太平营地方全禄茶馆内饮酒，万济醉后欲向全禄写欠账，全禄不允，万济忿将桌上茶碗砸碎，并令杨四将钱柜砸破，又令色克慎拿走锡酒壶三十把，用棉被包裹，连同剥刀、煤锤、擀面杖等物，一并携回万济家中。[③]

随着经济状况的日渐衰退，曾经锦衣玉食，尽奢极欲的皇族群体不知撙节，反"习性倨傲"，日渐堕落。嘉庆帝御制《宗室训》中就说："近年以来，不肖子弟越礼逾闲，干犯宪章者亦尽见迭出，所为之事，竟同市井无赖，朕实不能不加惩治。"[④] 至道光年间，此类事件更是不胜枚举。如贝勒奕绮在道光年间，于京城各茶馆登场度曲，任优伶辱骂，以博众茶客之欢。又宗室侍卫瑞珠开设茶馆，斗蟋蟀。[⑤] 斗殴杀人事件屡见不鲜，道光元年（1821），福增与人在红庙打太平鼓为乐，被人拦阻，富增便喝令众人将他打死，并打伤劝架三人，将人辫子揪吊。[⑥] 道光四年（1824）御史王丙奏称京城前三门外，往往有人自称闲散宗室，三五成群，刁讹百

① 赖惠敏：《清皇族的阶层结构与经济生活》，辽宁民族出版社，2001，第249页。
② 老舍：《正红旗下》，人民文学出版社，1980，第7页。
③ 赖惠敏：《清皇族的阶层结构与经济生活》，辽宁民族出版社，2001，第255页。
④ 故宫博物院编《清仁宗御制文二集》卷二，海南出版社，2000。
⑤ （清）奕赓：《管见所及补遗》，载《佳梦轩丛书》，燕京大学，1935。
⑥ 《宗人府堂稿（来文）》，《历史档案》1983年第1期。

出，并有称为春三爷，也有以外号麻赵为名在外滋扰。经步军统领衙门查获宗室格绷额即麻赵，在李瞎子家宿娼讹诈钱文，交宗人府会同刑部审讯。[①]

不仅如此，仅嘉、道年间因细小事件被削除爵位的就有多人。嘉庆年间，承继礼亲王爵位的昭梿就因殴打庄头被革爵。嘉庆二十一年（1816），庄头程福海等控告昭梿殴打他们，实由程福海等不从昭梿所要求增租之事，昭梿便派人抢走庄稼、拆毁房屋，又将程福海父子、叔侄等人圈禁并殴打成伤。此事经查询后，昭梿被革爵外，还圈禁三年。嘉庆皇帝将昭梿名下的土地共960亩，赏给贝子奕纯，仍由程福海充当庄头。[②] 嘉庆末年豫亲王裕丰因隐匿叛情削爵。贝勒永珠，嘉庆年间已告病散居，年八十余岁，素性鄙吝，凡可生财之道，舍身而行，家中蓄积最厚。据说他之所以不愿出门当差，是因为要在家中"守财"。道光十六年（1836）因盐菜小事，与妻妾酿成口角，盛怒之下命属人将妾用铁链拴缚，使不能动转，逾夜而亡。永珠因此被革爵，不准其子承袭，于是由旁支绵勋袭固山贝子。[③]

总之，嘉道年间，满洲皇族上层仍奢华享受，为所欲为，习性倨傲，目无王法。随着清王朝的衰落，他们生计堪忧，或在京城之内做一些小生意，或向人告贷，聊以为生。

二　满族官员贪腐日益严重

至嘉道之际，随着王朝的盛极而衰，吏治更加腐败。贪污受贿呈普遍化、规模化、集团化特点，整个官僚阶层对国家政务日渐冷漠和麻木，一味追求安逸，以致政务废弛，时人称之"因循疲玩"，中央集权制度全面腐朽。[④] 满族官员，不仅占清廷官僚阶层中的大部分，且多位高权重，腐败现象尤为严重。

总体来说，嘉道年间，八旗子弟为官员者，无论在京城做官还是赴外地任职，皆利用职务之便中饱私囊，以接受下属及他人各种馈赠为平常事。史称：京官以"枢直为最华要"，每年所得"馈赠有至巨

---

① 《宗人府堂稿（来文）》，《历史档案》1983年第1期。

② 《清仁宗实录》卷三一三，中华书局影印本，1987，第33620页。

③ 刘小萌：《清代八旗子弟》，辽宁民族出版社，2008，第209～210页。

④ 陈连营：《帝国黄昏——徘徊在近代门槛的中国社会》，人民出版社，2012，第47页。

万者”。[①] 外差肥缺更多，阿克当阿任“淮鹾”十余年，过客应酬，“少无减五百金者”，交游遍天下，生活极其阔绰，人称“阿财神”。道光年间，其所搜书籍字画、金玉珠玩、花卉食器、衣裘车马等所藏“无百金以内物”，家资百万，只鼻烟壶一种“不下二三百枚”，其余“纷红骇绿，美不胜收”。[②]

当时的满族官僚队伍，除极力搜刮钱财外，就是追求物质享受，对行政国事漠不关心，苟且塞责。福康安进剿苗民起义，“悉以剿事委公（花连布），大营日宴会，或杂以歌舞”[③]。河工之役百弊丛生，每次大工“每于工次搭盖馆舍，并开廛列肆，玉器钟表绸缎皮衣无物不备，市侩人等趋之若鹜，且有娼妓优伶争投觅利，其所取给者，悉皆工员挥霍之赀，而工员财贿，无非由侵渔帑项而得”。堵塞衡口工程时，“工次奢侈挥霍，开廛列肆，玩好生色，无所不有”。[④] 反映了当时官僚阶层的消费状况。不仅如此，他们玩忽职守，纵容下人，聚众赌博，无视王法。嘉庆十六年（1811）六月，颙琰经御史韩鼎晋等人密奏得知，内城聚赌之处甚多，且为诸大臣的轿夫领头开设，立即密谕大学士禄康及英和负责查办，除当场抓获杏花天赌场一并人犯外，还训斥协办大学士兵部尚书明亮的轿夫参与开赌，看衙兵役收受规钱，事发时有明亮家人通风报信，讯明亮得知禄康家人也曾聚赌，结果明亮被革去太子太保衔、内大臣、协办大学士、兵部尚书、镶蓝旗满洲都统、上书房总谙达、清字经馆总裁等职，以及紫禁城骑马、赏戴双眼花翎的荣誉，降为二品顶戴、副都统。禄康身任大学士兼步军统领，专司缉捕，却一味纵容，革去太子少保、内大臣、东阁大学士、管理吏部事务、步军统领、经筵讲官、管理户部三库事务等一应兼职，降为正黄旗汉军副都统。大学士庆桂降二级留用，所有窝赌房屋棚座没收入官，参与赌博者永远枷号或枷号充军。[⑤] 以后嘉庆帝多次训诫满族大臣及八旗都统严行管束宗室、八旗人等，节俭度日，谨慎当差，演习清语及弓马技艺，力戒好勇斗狠、酗酒滋事、各处游荡，违者从重治罪等。

---

① （清）欧阳兆熊、金安清：《水窗春呓》，载《历代史料笔记丛刊·清代史料笔记》，中华书局，1984，第59页。

② （清）徐珂：《清稗类钞·豪侈类·阿克当阿之奢侈》，中华书局，1984。

③ （清）洪亮吉：《更生斋文甲集》卷四，《书提督花连布逸事》，清光绪丁丑授经堂刻本，书林书局复印本。

④ 陈连营：《帝国黄昏——徘徊在近代门槛的中国社会》，人民出版社，2012，第51页。

⑤ 《清仁宗实录》卷二四五，中华书局影印本，1986，第23618~23619页。

满族官员为肆意享乐，谋取钱财，上下勾结，利用国家权力牟取私利。主管官吏选拔和考核的吏部生财有道，不论政务之闲剧，人才之长短，唯较量肥瘠，会计多寡，善逢迎交结者为能员，悃愊无华者为不胜任，以致嘉庆帝无奈地说："大不法小不廉，吏治不清，民生何赖？甚至大缺一万，中缺八千，形诸白简，此非彰明较著者乎？朕澄叙官方，首先责己，力行节俭，永杜贡献。诸大吏受任既重，养廉又优，贡献之费已除，权门之索又绝，必应清白乃心，为国宣力。然而风气未移，俗态犹故，时有在朕前借端尝试，巧言利国，实皆利己，似此者不一而足。"①因此，嘉道时人沈垚于嘉庆初年说："居都下六年，求一不爱财之人而未之遇。"②

可见，与官僚阶层的奢侈生活相伴随的是，政权机构中贪风日盛，贿赂公行。大学士和珅是乾隆后期结党营私、包庇亲信、贪赃枉法的著名人物，为清朝第一贪官。他担任军机大臣二十四年，权势熏天，贪腐最著。清朝满官上行下效，上下勾结，从和珅的贪腐罪行中，可见其严重程度。嘉庆四年（1799）正月，嘉庆帝下诏逮治和珅，查抄他的家产，并列举其悖逆不法、贪赃受贿等祸国大罪二十条，其中有：

> 家内所藏珍珠手串二百余，较之大内，多至数倍，并有大珠，较御用冠顶尤大，其大罪十五。又宝石顶非伊应戴之物，伊所藏数十，而整块大宝石，不计其数，且有内府所无者，其大罪十六。银两衣服等件，数逾千万，其大罪十七。且有夹墙藏金二万六千余两，私库藏金六千余两，窖内藏埋银两三百余万，其大罪十八。附近通州、苏州有当铺、钱店，赀本又不下十余万。以首辅大臣，下与小民争利，其大罪十九。伊家下人刘全，不过下贱家奴，而查抄家产，竟至二十余万，并有大珠及珍珠手串，若非纵令需索，何得如此丰饶，其大罪二十。③

在查抄的家产中，除房舍，有田产八十万亩，当铺七十五座，银号四十二座，赤金五百八十两，生沙金二百多万两，金元宝一千个，银元宝一

---

① 《清仁宗实录》卷六十一，中华书局影印本，1986，第29909页。

② （清）沈垚：《落帆楼文集》卷八，《与张渊甫》，上海古籍出版社，1995。

③ 《清史列传》卷三十五，《和珅传》，中华书局，1987，第2703页。

千个，元宝银九千四百万两，其他如珍珠、白玉、珊瑚、玛瑙、钟表、宝石、绸缎、瓷器、古鼎、人参、貂皮等不计其数。查抄的家产共有一百零九号，其中已估价的有二十六号，价值二亿余两白银。整个家产约折合白银八亿两。当时国库每年收入为四千多万两白银，已估价的财产相当于五年多国岁收入，全部家产约合清廷二十年总收入。甚至和珅两个仆人被抄没的家产也值七百万两之多。[①] 和珅“贪黩营私”“蠹国病民”，所有资财，“俱系不肖之员馈送之物，婪索膏脂”，即以权纳贿所得。和珅可谓满官腐败的一个典型。[②] 嘉庆抄了和珅家，没收了巨量财产，于是民间有“和珅跌倒，嘉庆吃饱”的谚语。

在清政府统治日益腐败的情况下，嘉道年间清政府的财政危机进一步加深，收入日减，支出日增，处于入不敷出状态，加之吏治败坏，各级满官大量侵吞，使得嘉道年间财政亏空问题日益严重。以清廷财政为依托的满族经济伴随着财政危机，慢慢由盛转衰。

三　八旗兵丁的困顿与整治旗务

八旗武力，这座清朝统治者苦心构筑保卫政权的堤坝，到嘉庆朝以后便迅速走向崩溃。八旗兵丁不仅钱粮短缺，且早已养成贪惰习性。清统治者采取种种措施，力图挽回这一颓势，但终究于事无补。

自乾隆中叶开始，年终赏赐八旗兵丁租银的所谓“赏项”，至嘉道年间，渐有减少之势。嘉庆十一年（1806），史称：民人佃种入官旗地，照契约价“以十一取租”，是年奏销册，共征租银463043两。嘉庆十七年（1812），“恩赏八旗兵丁”银两395589两，新满洲租银6080两，合计为401669两。[③] 其后，普赏兵丁一月租银之数，有时每旗分银6250余两，八旗合为50000余两，有时每旗分银26400两，合为211200余两。钱银数量逐年减少。[④] 不仅如此，八旗兵丁当兵领饷，其饷银饷米也逐年削减。可见，自嘉庆帝即位以来，八旗生活状况变得较为严峻。而日渐奢靡毫无撙节的旗人，不以为意，终日居家饮酒唱戏，游荡赌博，每月饷银到手后

---

① （清）薛福成：《庸庵笔记》卷三，《查抄和珅住宅花园清单》，广文书局，1981年影印光绪本。

② 杨学琛、周远廉：《清代八旗王公贵族兴衰史》，辽宁人民出版社，1986，第356页。

③ 《钦定大清会典·嘉庆朝》卷十三，第一册，线装书局，2006，第168页。

④ 《钦定大清会典·嘉庆朝》卷六十八，第十三册，线装书局，2006，第780页。

首先沽买酒肉以供醉饱，不旋踵而资用告匮，只好靠预借饷银、典卖旗地直至靠借贷度日，因而违法乱纪的事件不断发生。嘉庆十五年（1810）二月十一日上谕："阅今数十年后，法令益觉懈弛，习俗更加敝坏，八旗兵丁不知勤苦上进，钱粮恩赏随得随尽，逞一时之挥霍，而不顾终岁之拮据；快一己之花销，而不顾全家之养赡，致房产交易，生计荡然，风气改移。"① 此类状况，动摇了清王朝八旗柱石，也影响到社会稳定，因而嘉道年间，清朝统治者不得不对八旗生计问题给予更多的关注。

嘉道年间清廷整理旗务，主要有以下措施：其一是扭转八旗子弟奢靡之风，具体说是禁止旗人泡戏园子的恶习。早在嘉庆四年（1799）四月，嘉庆鉴于旗人奢华逸乐思想日益滋长，重申京城九门以内不准开设戏园子的禁令，指出：城内戏园子日多，八旗子弟征逐歌场，消耗囊橐，习俗日流于浮荡，生计日渐拮据，危害极大，必须加以解决。不仅如此，清廷厉行赌禁。当时旗人酗酒、唱戏、养鸟、斗鸡、斗鹌鹑、斗蟋蟀、赌博、泡茶馆等恶习愈积愈深，迷而忘返。尤以赌博为害最烈，往往因赌博而负债累累，衣食无着，甚至倾家荡产，因此清廷严厉禁止。在打击聚赌行为的同时，嘉庆帝对八旗子弟进行苦口婆心的教育，特撰《训谕八旗简明语》，其中写道：

> 八旗子弟，国之世仆也。百有余年，美才辈出，不可胜纪。然生齿日众，间有失于教训之子弟，又遇不肯为国家作养人才，只知尸禄保位之都统副都统，加之以作奸犯科开局哄骗之莠民，以致日趋下流，甘为卑污，如蛾投火，不知改悔，唯图片时逸乐，罔恤一世身家，深可怜也。最可恨者无如聚赌，盖开局之恶棍，其意总在敛钱，受其愚弄，昏迷不觉者，诚可哀也。好赌之人其弊有五，为我八旗子弟言之：食禄于朝罔知节俭，妄希恩泽，终至穷困，其弊一也；上不能供父母之甘旨，下不能顾妻子之饥寒，其弊二也；学文习武，俱缺资本，终为无用之人，其弊三也；一入赌局，有败无胜，典卖之物既穷，偷窃之心顿起，其弊四也；偶为鼠窃，未犯王章，胆益放恣，卒至身名俱丧，其弊五也。此五弊，贤者必不犯，不肖者必不改。②

① 《嘉庆道光两朝上谕档》，中国第一历史档案馆藏胶卷，第111号。

② 故宫博物院编《清仁宗御制文二集》卷二，海南出版社，2000。

其二是禁止官民盘剥旗人。如嘉庆十五年（1810）二月八日的上谕称：山东民人在八旗各衙门左近托开店铺，潜身放债，名曰典钱粮，以一月之期取数倍之利，每月届兵丁等支领钱粮，该民人即在该衙门首拦去扣算，该兵丁于本月养赡不敷，因而下令严禁。[①] 他同时申述世宗谕说："八旗为本朝根本，凡系生计禁令习俗等事，屡经申降谕旨。从前皇考之时，恩赏稠叠，历经多年，而满洲等生计并不见滋植，转益减损者，皆法令懈弛之故也。今八旗兵丁贫乏，即将仓粮国帑尽行颁赐，朕固不惜，但使随得随尽，曾不浃旬遽即荡然，亦何济之有？并有将愿置房产变易无遗者，若于此辈加以顾惜，不但恶者无所惩，即善者亦无由劝矣。"[②] 要求严格校阅，教以典礼伦常及照顾其生计。[③]

其三是赈济灾荒，增加旗人养育兵额。嘉庆帝对于各地赈济工作本来就十分重视，对关内八旗兵丁遇灾自然倍加关注，这一点毋庸赘言。增加养育兵额则是嘉庆力图缓解旗人因生齿日繁而生计日艰问题采取的主要办法之一。他曾与禄康等人筹议，将差马拨出两千匹交张家口放牧，节省养马费用以增加八旗养育兵3000人，并亲自选派大臣挑补足额。[④] 嘉庆十一年（1806），他还曾准备恢复业经裁撤的天津满营旧制，使八旗闲散人员食粮当差，只是因河工经费紧张才作罢。[⑤] 但他决定用生息的办法予以解决，令广储司、造办处各拨银十万两，户部拨银五十万两交商生息，所生息银增养育兵若干名。[⑥] 然而，尽管嘉庆帝想方设法增加养育兵额，毕竟是僧多粥少，无法解决根本问题，而且挑选兵员只以生活困难情况而定，也影响兵员素质。如嘉庆二十四年（1819）十二月十六日谕："八旗满洲蒙古汉军旗人，皆系国初时随来者，旗人子弟习性本属淳朴，及今日久，较先渐染流俗，惟尚虚华，不思技艺，此皆由八旗满洲蒙古汉军都统副都统平日不善为教养，于挑缺时只论其家口挑取，并不教训八旗子弟，令其勤习技艺之故。"[⑦]

其四是清理旗地，以保证旗人有所收入。如整顿东北旗地的做法：令

---

① 《嘉庆道光两朝上谕档》，中国第一历史档案馆藏胶卷，第111号。

② 《清仁宗实录》卷二二五，中华书局影印本，1986，第32335～32336页。

③ 陈连营：《帝国黄昏——徘徊在近代门槛的中国社会》，人民出版社，2012，第114页。

④ 《清仁宗实录》卷一五三，中华书局影印本，1986，第31254页。

⑤ 《清仁宗实录》卷一七一，中华书局影印本，1986，第31527页。

⑥ 《清仁宗实录》卷一七一，中华书局影印本，1986，第31527页。

⑦ 陈连营：《帝国黄昏——徘徊在近代门槛的中国社会》，人民出版社，2012，第113页。

旗人私垦地亩自首入官。嘉庆四年（1799）十二月，奉天将军琳宁奏称：奉天旗民私垦余地隐占日久，若不清查办理，恐致妄想争端，请将从前私种之罪并地方官失察处分俱行宽免，赏限二年，令各业户将浮多地亩自行首报，不拘数目，依照红册地纳粮之例一律交纳。嘉庆帝随后加恩每亩酌中纳租三分，折交钱文，自于旗民生计为便。[①] 同年，嘉庆帝还令盛京将军清查距各城较远不能放牧的闲荒地，让旗人耕种升科。次年五月，盛京将军清查出马场地近 39 万亩，令各城旗兵开垦升科，亩征银四分。嘉庆六年（1801）九月，又通谕各旗查丈土地，预备牛具种子，来年试种，按年起科。[②] 对于普遍存在于奉天、吉林、黑龙江各地的民典旗地问题，嘉庆于九年（1804）秋天下令清查，“勒限一年，准其首报”。[③] 次年八月，盛京将军富俊等奏报，“自上年九月至今，业据旗民首报地，约计二十一万余亩”，但指出：“此项民典旗地事阅多年，且尚有辗转接典旗地等事，头绪繁多，该旗民等均系穷苦之人，今既各将地亩呈首，而一则应追典价，一则应追租息，俱不免追呼之扰，且尚有应建罪名，其情究属可悯，兹格外施恩，着将业经首报地亩，所有旗民人等应得之罪并应追典价息银两一并宽免。”[④] 随后清廷只好改为官为赎买。

其五是移民开垦。嘉庆二十一年（1816）正式开始移民，虽然第一年遇上早霜收成不好，但很快便有成效，因此驻防将军富俊奏请续发盛京、吉林旗人各千人往垦，设左右二屯。其中盛京旗人多是自愿入屯，偕族而来。到嘉庆二十五年（1820）已大有成效，当地“比屋环居，安土乐业，有井田遗风。中屯开垦在先，麦苗畅发，男耕妇畯，俱极勤劳”。到道光元年（1821）正月，富俊又上书说：三屯已垦荒地 9 万余垧，成效甚著，请移住京旗三千户，道光得知大为高兴，降谕：“八旗生齿日繁，而甲饷设有定额，屡经筹议加增，于旗人生计仍未能大有裨补，惟因地利以裕兵食，乃万年之长策。富俊筹办开垦阿勒楚喀、双城堡三屯地亩九万数千垧，现已渐有成效……自道光四年（1824）为始，每年移驻二百户，分为

① 《清仁宗实录》卷五十六，中华书局影印本，1986，第 29839 页。

② 《盛京内务府地亩稿档》，嘉庆六年十二月四日，转引自张士尊《清代东北移民与社会变迁：1644—1911》，吉林人民出版社，2003，第 314 页。

③ 《清仁宗实录》卷一四八，中华书局影印本，1986，第 31179 页。

④ 《清仁宗实录》卷一四八，中华书局影印本，1986，第 31180 页。

四起送屯该处。”[①] 为调动驻防八旗屯种积极性，嘉庆帝还改变原来公耕的办法，推行分产承耕。嘉庆十七年（1812）二月，谕令伊犁将军晋昌，将屯田二万余亩分给八旗，俾各专心耕种，永资乐业。而且明确要求“责令八旗闲散余丁自行耕种，既敷养赡，又免游惰，于驻防旗人教养之道，大有裨益”[②]。

但清朝统治者的努力并没有解决八旗生计问题，其所推行的种种措施，大多不过延续康雍乾时期的政策。事实证明不是治本之策，只能缓解一时困难而已。寄生性民族经济制度的存在才是八旗生计困境之根本原因。

四　东北世居地满人的自力性经济

与八旗寄生性经济不同，嘉道年间，生活在东北地区的满人仰赖的是自力性经济。关外满人，不仅有世代居住在此地的满人和驻防旗人，而且还有移居到这里的屯垦群体。

有清一代，东北地区不失为满洲旗人的一片乐土，比当地民籍汉人普遍优越，达至稳定温饱者众，饥而流离失所者寡，旗人家口饥寒毙命者无。清代东北地区满洲旗人生计问题较关内直省驻防八旗、京师八旗旗人为轻，并不意味着这些地区的满洲八旗丁口生活殷实富足。实际上，在清代大多数时间里，尤其到嘉道年间，东北地区广大满洲旗人家口仅能维持温饱，谈不上富足。嘉庆十七年（1812），嘉庆帝在上谕办理广东、福建等省“洋盗会匪”发遣吉林、黑龙江等处时，论及东北地区满人生计状况，是时，“该处兵丁岁支钱粮只敷养赡身家”[③]。在大规模战争到来之前，东北各地满洲旗人的生活仍是自给性经济，大多数生产生活物资均赖本村自力自给。以生活必需的粮食、蔬菜及柴草燃料为例，东北满人的粮食系旗地所产，“房子周围都是菜园，种菜是满洲人喜爱的营生”[④]，所需柴草亦系亲自到村舍附近的山林中砍伐。此时，受东北地区政局影响，以及农业生产力水平制约，满洲旗人的生活中存在隐患。但他们的生活各项开支很少，许多满洲人家的生活是恬静幸福的，尚属温

---

① 清宣宗：《起居注》，中国第一历史档案馆藏胶卷，第16号。

② 《清仁宗实录》卷二百五十四，中华书局影印本，1986，第32746页。

③ 章开沅主编《清通鉴（嘉庆朝、道光朝、咸丰朝）》，岳麓书社，2000，第293页。

④ 〔俄〕A. B. 基尔希纳：《攻克瑷珲》，郝建恒译，商务印书馆，1984，第152页。

饱水平。

嘉道年间，有八旗数十万人聚居北京，他们不农不贾，皆束手待养，因此，清廷鼓励他们到黑龙江、吉林等处移驻屯田，以便减轻政府的财政负担。这些迁来的旗户，由政府赐给土地，并供给必要的生产工具及牲畜。[①] 满族移民聚居村屯的地理环境和自然条件较为优越，处在地势平坦、土质肥沃、水源充裕、适于农耕、交通便利的松花江流域大平原。这一带是满族入关前的活动场所，是金代女真族完颜部的发祥地。返回故里，屯垦种田，能够使这些京旗满人在感情上易于接受。满族移民聚居村屯地点的确定是经过调查而做出的深思熟虑的抉择。当时东北各地尚属人烟稀少、土地辽阔，有选择空间，这时官方有组织地移归故土，完全有条件选择最理想的地方。[②] 虽然，有较大一批移居屯垦的满人因日久脱离生产，懒怠成性，不尽力田作，甚至想重返关内。但仍有一批移居满人，辛勤劳作，自食其力，自给自足，对开发东北做出了贡献。在某种程度上说，清廷推行屯田政策，不仅有利于缓解北京八旗生计问题，而且在东北寓兵于农，对于保卫祖国边疆发挥了重要作用。[③] 更为重要的是，在整个满族深陷寄生性经济危机的同时，东北世居地保留了珍贵的自力性满族经济。

第二节 满族寄生性的民族经济

满族以少数民族入主中原，历经二百余年的稳定统治，十分重视八旗子弟的教育与培养，并视满洲八旗为国家根本。然而，以清廷为依托的满族，其经济完全寄生于清朝财政基础上，发展出满族寄生性经济，大多数满人脱离了生产劳动。满族寄生性民族经济是中国少数民族经济史上独特的民族经济类型。八旗满人依靠国家豢养维持生计，脱离生产，靠饷度日。

一 满族寄生性经济的两面性

自八旗满人入关之日起，为了保卫皇室和满族贵族统治，为了保持八

① 吉林市博物馆编《吉林史迹》，吉林人民出版社，1984，第63~64页。

② 波·少布：《黑龙江满族述略》，哈尔滨出版社，2005，第105页。

③ 赵展：《论清代满族四种社会群体的形成》，《中央民族大学学报》2001年第1期。

旗“生计和种族”，清廷做了一系列规定，采取种种措施，使得八旗子弟脱离生产，壮者皆兵，并建立起一套完备的八旗制度，形成了满族寄生性经济。满洲八旗子弟被限制人身自由，不再从事农耕等体力劳作，只能依靠当兵领饷维持生计，失去了自食其力的本领。不用为生计奔波的满洲八旗子弟，拥有更多时间从事文化娱乐活动。他们在中国传统的经史、文学、艺术等方面取得了令人惊叹的成就，也为清亡后的满人重获新生奠定了历史性基础。因此，满族寄生性民族经济出现了两面性。

古代中国，民分士、农、工、商，人们必须在这四种职业中，择其一二，以为谋生之计。个人如此，对于民族亦复如是，无论社会分工发达与否，均不能脱离生产。大清王朝统治下的清代八旗子弟，罕习四民之业，除了当差，享受俸禄之外，几乎不参加任何生产活动。[①] 清廷财政危机与八旗人口激增，导致八旗子弟生活贫困化，或云生计问题，究其原因，其一，满族贵族自起兵起，随着统一战争和掠夺，社会财富高度集中在少数人手中，广大八旗兵丁拖着几亩田地，尽家资所有，投入战争中，贫困基本上伴随着他们整个战争生涯。这无疑是任何一个社会飞速发展中，所不可避免的，是社会阶级分化合乎逻辑的历史发展过程。满族贵族之所以富有，并握有权势，靠广大满族穷苦兵丁的血汗铸就。其二，为保住满族贵族所获得的一切，广大八旗子弟不得不离开生产岗位，放弃已经分得的田地，拿起武器，靠兵饷度日。在统治阶级政策的桎梏下，八旗子弟除应差之外，皆被“局于一城之内，而不使出，安坐待毙”[②]。从清政府角度说，是出于“豢之”，实际上是“适以苦之耳”[③]；在人丁增长、兵饷有定的情况下，人多食少，困坐都城。清代八旗子弟生活贫困化。其三，多数八旗子弟自身腐化堕落，不知节俭，即“惟满人不克自奋”。[④] 实际上，任何阶层都有部分子弟堕落腐化现象，清代八旗子弟堕落人数之多，主要归因于统治阶层的政策，这种政策造成一个脱离生产、坐食俸饷、抱有优越感的社会阶层。八旗子弟及其家口的繁衍，只是增加了问题的严重性。[⑤]

① 滕绍箴：《清代八旗子弟》，中国华侨出版公司，1989，第294页。
② （清）魏源：《圣武记》卷一四，中华书局，1984。
③ 《辽阳县志》卷二四，第二工科职业学校民国十七年出版（1928）。
④ （清）刘锦藻：《清朝续文献通考》卷六，商务印书馆，1912。
⑤ 滕绍箴：《清代八旗子弟》，中国华侨出版公司，1989，第314页。

然而，凡事都有两面性。正是这种脱离生产、靠饷为生的满族寄生性经济，使得满洲八旗子弟有财力和时间在文学、艺术等领域有所造诣，尤以皇族宗室为典型。正如昭梿在《啸亭杂录》一书中说到的那样："国家厚待天潢，岁费数百万，凡宗室婚丧，皆有营恤，故涵养得宜。自王公至闲散宗室，文人代出，红兰主人、博问亭将军、塞晓亭侍郎等，皆见于王渔洋、沈确士诸著作。其后继起者，紫幢居士文昭为饶余亲王曾孙，著有《紫幢诗钞》，宗室敦成为英亲王五世孙，与弟敦敏齐名一时，诗宗晚唐，颇多逸趣。臞仙将军永忠为恂勤郡王嫡孙，诗体秀逸，书法遒劲，颇有晋人风味……近日科目复盛，凡温饱之家，莫不延师接友，则文学固宜其骎骎然盛也。"①

二　脱离生产的寄生性民族经济

满族寄生性经济使得满洲八旗人身自由受到桎梏，他们脱离生产，坐食饷银，完全依附于清朝统治阶层。

入关前的满洲八旗，皆保有自己的土地，兵农一体，出兵打仗，器械、马匹自备。自从清军入关后，虽"分田授宅"，实则于兵丁无益。一则满洲八旗不习耕作；二则所分土地，有名无实。造成"满洲有钱粮可望，乐于披甲，而又无瘠地之苦。至民间素知地利，复不至于荒芜"②。八旗满洲子弟中主要劳动力基本脱离农业生产，完全依赖兵饷度日。其后，满洲统治者以八旗大臣子弟居乡者甚多，"倚恃父兄之势，希图安逸"或"不守本分，肆意妄为"，决定详查，除"五十岁以上及年虽幼小，在京无所依赖与有废疾之人"外，凡"年纪少壮"者，不管是"系何子弟，具令查明调至京师"，以便"效力行走"。这样，闲散旗人及其子弟，昔日"多有在屯居住，耕读为生者"，皆令移居京城。又使有劳动能力的闲散余丁，亦失去农业生产机会。这种政策一直奉行至道光年间。史称，"实与旗人无益"。③ 这就造成两个问题，即京旗和各省驻防八旗子弟及其眷属完全脱离农业生产；同时，他们一意依赖钱粮为生，成为不事农业生产的武装集团。满洲八旗的生活大受影响，从根本上脱离各业生产，断了财源，只得依靠粮饷度日，失去了民族的正常生机。

① （清）昭梿：《啸亭杂录》卷二，《宗室诗人》，中华书局，1980，第34页。

② 《八旗通志初集》卷十七，国家图书馆出版社，2013。

③ 《清圣祖实录》卷一百四十四，中华书局影印本，1986，第37066～37067页。

清代八旗子弟长期脱离农业生产，渐失本民族艰苦奋斗自立自强的精神，视农业生产为畏途，偷安懒惰，渐致成性。加之统治阶级在相当长时期，不肯令其习农，专以当差为业，甚至对罪犯流徙，也百计迁就。嘉庆朝，由盛京将军富俊经理的双城堡等地屯垦，接纳移入和安插。然而，八旗子弟国初骑射成俗，军令如山，已无耕作习惯。他们求得安闲已成习惯，更是不愿农务。[①] 在东北定居下来的部分京旗人，由于原驻八旗兵丁和京城“不谙力作”或“京旗闲散，素未习耕”，清政府允许他们或“听其招佃开垦”或“契买奴仆”，作其耕作，或“雇觅长工，助其力穑”。[②] 移居新疆伊犁的满洲兵丁，也以“不谙耕作”，助其雇人耕作，即“以取得租息养赡”。[③] 嘉庆八年（1803），清廷大理寺卿窝星额从盛京归京奏称：山东、直隶无业贫民“出口耕种者多”，并“佣工贸易”，而旗人等“怠于耕作，将地亩租给民人，坐获租息”，恐旗人生计“不能充裕”。仁宗谕军机大臣等，传令地方官劝八旗子弟等人，“将现有地亩自行耕种或将未种荒地以次开垦，俾各自食其力”[④]。然而，此种状况并无多大改进，仍旧“招民代耕”，[⑤] 坐享租息生活。

清政府的政策是将京旗移驻东北等地，令其自力更生，但实际移驻的八旗子弟兵丁、闲散人等，仍坐地食租，与清初关内旗人分田，坐食租息，地位相差无几。因此，道光六年（1826），宣宗谕云：“迨佃种既多，旗人咸图安逸，不知力作，必致生计日蹙。”[⑥] 道光初年，珲春旗人“习于游惰，不事生产，因之商务凋零，工艺窳拙”[⑦]。江省八旗子弟分驻各城，“不事生产”，只有各处散居旗丁“从事农业，耕凿相安”[⑧]，或牧猎为生，或“倚樵薪为度日”，皆“各执一艺，足以自存”。[⑨]

事实表明，清代八旗子弟作为征服民族、统治民族和少数民族，面对被统治的多数民族，为维护少数满洲上层的统治，几乎以全民族主要劳动

---

① 滕绍箴：《清代八旗子弟》，中国华侨出版公司，1989，第296页。
② 《清宣宗实录》卷一百五十三，中华书局影印本，1986，第37066～37067页。
③ 《清宣宗实录》卷一百六十五，中华书局影印本，1986，第37281～37282页。
④ 《清仁宗实录》卷一百一十一，中华书局影印本，1986，第36635页。
⑤ （清）刘锦藻：《清朝续文献通考》卷十七，商务印书馆，1912，第7778页。
⑥ 《清宣宗实录》卷一百二，中华书局，1986，第36201页。
⑦ 徐世昌：《东三省政略》卷二十六，《纪垦务》，宣统三年铅印本。
⑧ （清）刘锦藻：《清朝续文献通考》卷二六，商务印书馆，1912，第7778页。
⑨ （清）刘锦藻：《清朝续文献通考》卷二六，商务印书馆，1912，第7778页。

力从事武装自卫，食天下之俸饷，不事生产，不习四民之业，呈现严重的寄生性。满族寄生性民族经济是中国少数民族经济史最具特色的一页，也是少数民族统治多数民族必然产生的经济类型。寄生性民族的收入源泉是财政，财政一旦出现危机，必然生计日艰，走上窒息之路。

三 寄生性经济成为清亡后满族经济重获新生的历史起点

寄生性的民族经济使越来越多满洲八旗子弟从事文化活动，出现不少书法家、画家、文学家和史学家。他们为加强祖国统一，丰富祖国文化宝库，做出重大贡献。① 同时，也为日后清朝灭亡，满族经济重获新生，奠定了历史性基础。

清朝以来，满人在书画领域就颇具才华，开拓了艺术苑地。成亲王永瑆，乾隆帝第十一子，自幼爱好书法，听老太监说过，他的老师年少时，曾亲眼见过明末著名书法家董其昌以前三指握管悬腕写字。② 永瑆对此很受启发，反复思考后，推广其说，作"拨灯法"，谈论书旨，深得古人用笔之妙。他的书法"名重一时"，可谓是"诗文精洁，书法遒劲，为海内所共推"，"士大夫得片纸只字，重若珍宝"③。铁保，字治亭，号梅庵，先世为觉罗，后改为栋鄂氏，满洲正黄旗人。其书法学习《黄庭经》《曹娥碑》，神形兼备，刻有《惟清斋帖》，为一代小楷正宗。著有《白山诗介》五十卷，另辑《熙朝雅颂集》一百三十四卷。④ 耆龄，字九峰，爱新觉罗氏，满族正黄旗人，道光十七年（1837）举人。精通六法，所画巨石，笔力雄健，而士气盎然，真名作也。⑤

在诗歌、小说方面，不少满人也取得了诸多成就。斌良，字笠耕、吉甫、备卿，号梅舫、雪渔，晚号随莽，姓瓜尔佳氏，满洲正红旗人。由荫生历官刑部侍郎、驻藏大臣，善诗赋，以一官为一集，得八千首，后由其弟法良汇刊为《抱冲斋全集》。他早年的诗，风华典赡；后来律诗则纯法盛唐。至奉使蒙古，跋涉古塞，索隐探奇，多历诗人未历之境。⑥ 顾太清，

---

① 杨学琛、周远廉：《清代八旗王公贵族兴衰史》，辽宁人民出版社，1986，第361页。
② 杨学琛、周远廉：《清代八旗王公贵族兴衰史》，辽宁人民出版社，1986，第362~363页。
③ （清）昭梿：《啸亭杂录》卷二，《成王书法》，中华书局，1980，第46页。
④ 李燕光、关捷：《满族通史》，辽宁民族出版社，2003，第530页。
⑤ 李燕光、关捷：《满族通史》，辽宁民族出版社，2003，第807页。
⑥ 李燕光、关捷：《满族通史》，辽宁民族出版社，2003，第782页。

名春，字梅仙，号太清，晚号云槎外史，西林觉罗氏，故又名西林春，满洲镶蓝旗人。她生活在没落的贵族家庭，自幼受到良好的教育，尤其在诗词方面涉猎甚广，为她以后的诗词创作打下良好基础。著有诗集《东海渔歌》四卷、《天游阁集》五卷，诗词情真意切，状物、写景、抒情浑然一体；语言清新流畅，成语、典故信手拈来，驱遣自如，毫无扞格之感。①文康，字铁仙，号晋三，别号燕北闲人，满洲镶红旗人。道光三年(1823) 任理藩院外部，后出任天津兵备道，不久因故降为凤阳府通判、荣昌县知县。著有《儿女英雄传》，以地方风物民风习俗为依托，刻画了一些满族人物形象，反映了当时的社会生活，实为满族文学中一部推陈出新的小说。文康运用京都语言和满语相糅合创作，活泼新颖，文笔具有独到之处。②

清代满人在历史学方面的成就，必须提及《啸亭杂录》的作者昭梿。昭梿，礼亲王代善六世孙，自幼喜欢读书，爱好诗文，写了二百余篇，可惜散佚无存。其编辑的《礼府志》，书成未刻。昭梿性好交游，与当时著名的学者、文学家法式善、鲍桂星等人往还，并和八旗王公贵族、文武大臣以及下层市井优伶，都有接触。昭梿阅读过很多历史书籍，细心研究，反复考证，写成了长达三十二万余字的《啸亭杂录》。其书详细、具体地叙述了清朝前期政治、军事、经济、文化、典章制度等，以及王公贵族、文武官员的趣闻轶事和社会风俗习惯。该书内容丰富，记事严谨，行文流畅，叙事生动，表达清晰、简练，受到学界好评。③

---

① 李燕光、关捷：《满族通史》，辽宁民族出版社，2003，第 783 页。

② 李燕光、关捷：《满族通史》，辽宁民族出版社，2003，第 787 ~ 789 页。

③ 杨学琛、周远廉：《清代八旗王公贵族兴衰史》，辽宁人民出版社，1986，第 363 ~ 364 页。

第十四章　清代满族与其他民族间的经济关系

清廷入主中原，尽管以满族贵族为首的清朝统治者对国内各族人民实行统治，但统一局面的形成却有利于各民族的相互往来和相互融合。满族与汉族广泛杂居共处，使得两个民族经济相互融合，形成满汉经济融合发展的第一个高峰。在与蒙、藏、维、俄等国内外其他各民族的交往中，朝贡、互市成为民族间经济往来的主要形式。清朝在民族间交往中，始终以满族为主体民族，在中华民族经济交往史上留下了重要而独特的一页。

第一节　满汉经济文化的融合

汉族人口众多，历史悠久，文化发达。满族人口少，偏居东北一隅，但最终清政权以十余万八旗兵力打败明军，扫灭义军，定鼎北京。一方面，清代满族人在经济、政治、军事、法律等方面长期享有种种特权，另一方面，在文化上又不能不与汉族陶融，由此形成错综复杂的关系。[①] 坐拥中原地区的满族统治者，为维护自身长久统治，与广大汉族经济交往密切，民族经济高度融合。

一　满人的“汉化”

清代满人对于汉族人民，怀着一种又自大又自卑的复杂心情，一方面意识到自己凌驾于汉人之上的特殊地位，有着一种优越感；另一方面意识到自己经济和文化的落后，不得不仰赖于汉人，又有一种自卑心理，由此产生对汉文化和汉人的仰慕。[②] 因此，满族入主中原后，与广大汉人高度融合，其经济、文化和习俗慢慢趋于“汉化”。

---

① 中国社会科学院近代史研究所政治史研究室编《清代满汉关系研究》序一，社会科学文献出版社，2011。

② 定宜庄：《清代八旗驻防制度研究》，天津古籍出版社，1992，第224页。

首先，经济制度有了根本性变革。满族在入关之前，努尔哈赤统治时期，其经济制度还是奴隶制，到皇太极统治时期，虽落后的奴隶制已被集权官僚制所取代，但相对于中原地区，仍是一种较落后的经济制度。入关后，面对中原地区发达的生产力和先进的生产方式，以适应对汉族地区统治和剥削的需要，必须根本变革经济制度，彻底实行官僚地主制。[①] 清初，满族的包衣人丁，难以忍受反动的奴隶制剥削，不断大批逃亡。顺治三年（1646），摄政王多尔衮惊呼，“自入主以来，逃亡已十之七！”[②] 顺治十一年（1654），下谕亦称：一年间“逃人多至数万，所获不及什一”[③]。在包衣人丁坚决斗争和汉族地区租佃制的强烈影响下，奴隶制日趋衰落，旗地上的租佃关系迅速发展，原来的奴隶主——八旗王公贵族官员转化成地主。[④] 然而，这也是满人不断要求自身变革的结果。满族贵族审时度势，及时促使奴隶制经济向官僚地主制经济转化，从而更好地统治中原地区广大汉人，维护自身政权的长久。

其次，满人国语日渐衰微，“竞学汉文”。语言是交往的工具，满人生活于汉人的包围之中，日常交往不可能离开汉语。满族贵族执掌清朝政权，军事、财政、刑罚等各个方面事务繁多，公务往来，绝大部分使用汉字。对八旗子弟而言，会汉文者，有较为广阔的出路；学习汉语，实乃大势所趋。入关前后，“综满洲、蒙古、汉军皆通国语（满语）。……百年以后，已不能人人尽通”[⑤] 了。到雍正年间，守卫皇宫的“侍卫护军等，弃其应习之清语，反以汉语互相戏谑”[⑥]。越往后越变本加厉。雍正朝，广州将军柏之蕃即奏称：“驻防官兵于康熙二十二年（1683）分驻广州，其子弟多在广东生长，非惟不曾会说，亦且听闻稀少，耳音生疏，口语更不便捷。即有聪颖善学习者，又因不得能教之人为之教习，即今现在学习兵丁，除本身履历之外，不过单词片语尚能应对，如问以相连之语，即不能答对。”[⑦] 不仅如此，生活在东北世居地的满族官员的满语水平也在急剧下降：“正白旗蒙古、带领盛京辽阳保放骁骑校之官保，所奏履历，不

---

① 孙淑秋：《试论清朝对汉族的政策》，《满族研究》2011 年第 1 期。

② （清）史惇：《恸余杂记·圈田条》，中华书局，1959。

③ 《清世祖实录》卷八十四，中华书局，2009，第 2150 页。

④ 杨学琛：《略论清代满汉关系的发展和变化》，《民族研究》1981 年第 6 期。

⑤ （清）盛昱、杨钟羲、于景祥：《八旗文经》卷六十，沈阳书社影印本，2008。

⑥ 《八旗通志初集》卷六十八，国家图书馆出版社，2013，第 223 页。

⑦ （雍正）《朱批谕旨》第三十九册。

成清语。盛京系满洲故地，彼处官兵俱应清语熟练，官保不能清语，是全失满洲旧习，不以清语为重，而该管将军等，平时又不严加教导所致耳。著……令彼处官兵，上紧习学清语，务期精熟。”[①] 黑龙江也不例外，“通国语（清语）者寥寥，满洲多能汉语故也”[②]。

再次，与“国语”相比，“骑射”能力也随着“汉化”而衰退。“骑射”系指满族先祖在狩猎时发展起来的一套骑射特技，此处亦代表满族武力。各地满洲八旗驻防与当地汉族交往日繁，沾染汉俗，以“弃武从文”为风尚。自康熙朝始，杭州兵丁即“渐染陋俗，日打马吊为戏，不整容束带而靸履行者甚多”[③]。雍正朝时更是“日就纵弛，至不堪言”[④]。乾隆四年（1739）谕：“向来满洲兵丁以骑射技艺为重，人各勤习，该管大臣官员等加意训练，是以满兵技艺精强，较绿旗兵丁为更优。近日渐染习俗，惟好安逸，不务勤操，该管大臣又不以训练为事，以致技艺渐劣，迥不如前。”[⑤] 清帝多次敦促满洲八旗子弟应以“骑射”为重，勿忘根本。但久驻汉地的满人，与当地文人名士多交往，“浮慕读书向学之虚名……而于持戟荷戈之地，以文章翰墨相矜尚，是本业在武，而注意于文”[⑥]。日久而轻视“骑射”，重视文学，产生一批儒雅之士。“杭州自顺治五年（1648）创立驻防以来，其将帅类皆敦诗悦礼，故著籍者代有达人”，甚至到了“文章经学之士，后先相望”[⑦] 的地步。

最后，衣冠、发饰方面。清初逼令汉民改易满洲冠服，可是，时过境迁，旗人也仿效汉人服饰风俗。就连雍正帝之宠妃也以扮“唐装”为乐。乾隆“选秀”，“竟有仿效汉人服饰者”。乾隆四十年（1775），高宗下谕：“旗人一耳戴三钳者，原系满洲旧风，断不可改饰。昨朕选看包衣佐领之秀女，皆戴以坠子，并相沿至于一耳一钳，则竟非满洲矣。著交八旗都统、内务府大臣，将带一耳钳之风，立行禁止。”[⑧] 嘉庆九年（1804）下谕，“我朝衣冠及妇女服饰，皆有定制，自当永远奉行，岂可任意更

---

① 《清高宗实录》卷七百三十五，中华书局，2009，第17941页。

② （清）西清：《黑龙江外纪》卷六，中国书店，2008。

③ 《康熙起居注》，二十二年九月初十日，中华书局，2009，第1069页。

④ （雍正）《朱批谕旨》第一册。

⑤ 《清高宗实录》卷一百二，中华书局，2009，第7867页。

⑥ 《清世宗实录》卷一百五十二，中华书局，2009，第6767页。

⑦ （清）张大昌：《杭州八旗驻防营志略》卷二，《撰述志目》，辽宁大学出版社，1994。

⑧ 《大清会典·光绪朝》卷一至卷四，线装书局，2006。

改。……看得此次秀女，衣服袖头甚属宽大，竟为汉人规制，似此任意互相效尤，不惟多事虚縻，于风俗大有关系，将此一并交八旗各参、佐领，严加申禁。”[①] 由此可见，尽管清朝皇帝三令五申，严行禁止，但从康熙以后，满人在服饰方面已逐步汉化。

二　旗内汉人的“满化”

八旗之内的汉人，是指满洲旗内的汉人和汉军八旗人员。满洲八旗内的汉人，主要是满洲王公贵族、官员属下的包衣以及少数因特殊情况而被编入满洲旗内的汉人。[②] 通过包衣、收养子嗣和汉军、外戚的抬旗，大量汉人进入满洲八旗，这对满族的迅速发展和壮大产生巨大促进作用。同时，也使得旗内汉人习得满俗，渐渐“满化”。

清初，满洲八旗内的汉人和八旗汉军，数字之大，远超满洲八旗人丁。顺治五年（1648），八旗男丁总数为346931人，其中满洲男丁为55330人，蒙古男丁为28785人，汉人男丁为262816人（汉军、“台尼堪”“阿哈尼堪”[③] 等），五倍于满洲人丁数。康熙六十年（1721），八旗男丁共696681人，其中满洲男丁为154117人，汉人男丁为481004名，三倍于满洲男丁。[④]

八旗内部的汉人，虽然远超满洲人丁，但在清初数十年中，总的趋势却是旗内汉人满化，多于满人汉化。这和当时的历史条件与清廷的政策分不开。清初的满族处于上升和勃兴阶段。八旗王公贵族掌握清朝大权，竭力强制旗内汉人遵从满制和满俗。当时满汉两族语言、服饰、相貌、习俗都不相同，生活方式及生产关系也不一样。清廷对待编入八旗的汉军八旗人员和包衣，实行了强制满化的政策，命令他们服饰、习俗必须和满人一样。男丁必须剃发，将头上四周头发剃去，中间保留长发，分三绺编成长

---

① 《大清会典·光绪朝》卷一至卷四，线装书局，2006。

② 翁独健：《中国民族关系史纲要》，中国社会科学出版社，2001，第586页。

③ 在满语中，“尼堪”（音译）（nikan 拉丁转写）译为汉人。据《满洲氏族通谱》记载，对于满洲旗份内的尼堪，有六种分类方法，即尼堪、台尼堪、抚顺尼堪、北京尼堪、三藩尼堪、阿哈尼堪。台尼堪指关外要地的汉人，他们隶属于正身旗份，而非包衣。因彻底融入满洲人之中，他们把自己的姓氏改为“台”或者“唐”，以此来彰显自己的身份；阿哈尼堪，指旗下家奴的尼堪人。他们多是投充而来的汉人，没有独立的户籍，是满洲旗份里最下等的一种尼堪。

④ 安双成：《顺康雍三朝八旗丁额浅析》，《历史档案》1983年第2期。

辫一条，垂于脑后，名为辫子。旗人女子不许缠脚，两耳必穿三孔。八旗佐领下幼童，年十岁以上愿入义学者，均可入学，习清书（满文），讲满语，练骑射。并规定汉军八旗都统办理事务，“多用清书”，汉军八旗每佐领要拣选子弟一二人入学，专习清书，兼学马步射。汉军八旗子弟的谋生方式，也和满人无异。正身旗人计丁披甲，自备军马器械从军，负担各种官差，耕种份地，成为清帝及八旗王公贵族的依附民。汉军八旗官、将，按丁领取园地，设立庄园，役使壮丁耕种。[①]

不仅如此，八旗人员之间可互通婚姻。清朝皇帝、王公亦可以选娶汉军、包衣佐领之女子和下嫁公主、格格。清廷规定：八旗满洲、蒙古、汉军官员、兵丁的秀女，每三年由户部行文各旗，挑选入宫，上三旗包衣佐领之女子则由内务府负责挑选送宫。“旗人”之间联姻婚娶不受旗分限制。[②]

在旗内“汉人”任职升迁上，满洲八旗的包衣佐领和汉军八旗人员担任文官武将的亦不少。正白旗包衣佐领人，有任至山西巡抚的张滋德、内阁学士兼礼部侍郎的布达理、内务府总管尚志舜、吏部尚书桑格等人。著名文学家曹雪芹的先祖，世居高官要职。其高祖曹振彦为浙江盐法道，曾祖曹玺任至工部尚书，祖父曹寅为通政使。[③] 镶白旗有雷继宗、雷继尊等，皆任至都统。正蓝旗性桂任至吏部尚书。正黄旗皂保当上内务府总管，食一品官俸。正红旗吴兴祚，在福建巡抚任上，为台湾回归祖国立下功劳，任至两广总督，其家族人员吴义增等二十人，分任参领、知府、知县、道员、翰林院侍读。汉军八旗人员范文程久任大学士，封一等子爵。田雄任浙江提督，加少傅兼太子太傅，封二等侯爵。施琅任总兵官、福建水师提督、靖海将军，对台湾回归祖国功勋卓著，封靖海侯。八旗汉军和包衣佐领旗人为巩固清政权尽力效劳，以满族贵族为主体的清朝政府对于这些“旗内汉人”，同样给以高官厚禄。[④]

旗内汉人日益满化，还表现在他们把原有的汉人姓名改用满族称呼。如汉军旗人李芳之子取名刚阿什泰，佟养性之子取名普汉，正黄旗包衣原姓魏，后改名绥恩。崇敬满俗的“旗内汉人”，渐以满语命名。[⑤]

---

① 翁独健：《中国民族关系史纲要》，中国社会科学出版社，2001，第 590 页。

② 翁独健：《中国民族关系史纲要》，中国社会科学出版社，2001，第 591 页。

③ （清）弘昼：《八旗满洲氏族通谱》卷七十四，辽海出版社，2002，第 808 页。

④ 翁独健：《中国民族关系史纲要》，中国社会科学出版社，2001，第 591 页。

⑤ （清）弘昼：《八旗满洲氏族通谱》卷七十四，辽海出版社，2002，第 805 页。

八旗满洲、蒙古、汉军和包衣旗下人员都是“旗人”，受八旗制度约束，在法律上与民人（汉人）不一样，“旗民有别”。量罪定刑时皆按旗人对待，轻于汉人。如汉民犯法，应笞杖者笞杖，充军者流徙，而旗人则可从轻处理。

编入八旗汉军和包衣汉人，与满人经过上百年的同居共处，互为婚娶，逐步融于满族。旗内汉人迅速满化，成为新兴满族共同体的重要构成部分，给满族注入了新鲜血液。旗内汉人满化是清朝前期民族关系的一个重要特点，对满族发展及对清代的民族关系都产生了重大影响。①

三　满汉关系趋于一体化

入关以后，清朝在民族问题上，为了维护“满洲根本”，一方面实行“旗民有别”政策，规定旗人的特殊权利和某种与汉族隔离的措施，另一方面则强迫其他民族剃发易服，企图同化。但是，客观事物的发展却不以人们的意志为转移。为时不久，北京和畿辅的旗人与汉人又杂居一处了。②各地驻防八旗亦是如此。康熙末年，奉天、锦州两府，已是“旗民土地，相互交错”③，“驻扎成都之荆州满洲兵丁，与民甚是相安”④。

八旗人员与民人杂居共处，联姻婚娶，抱养子嗣，来往密切，积极学习汉族文化，不断融合。在旗下包衣人丁坚决斗争和汉区租佃制的强烈影响下，旗地租佃关系迅速发展。满族原来的奴隶主逐步转化为地主，在生产方式和阶级关系方面，满汉逐步趋于一致，原有的差别逐渐消失。满族吸收汉族文化，满汉交往与融合，是历史发展的必然趋势。虽然清廷制定了“满洲为国家之根本”的方针，厉行“国语骑射”和“旗民有别”政策，企图阻碍满汉融合，但这种违背历史潮流的做法难以长期延续，满汉间的密切交往难以隔断。⑤ 可见，满族入关后，满族人民经历了一个与汉族人民从互相隔阂到逐渐了解、学习，乃至融合的过程，其间充满了诸多坎坷、曲折与痛苦。乾隆中叶，可视为满汉人民从矛盾冲突转为主动相互学习的转折时期。从八旗内部来说，在汉军旗人大部分出旗以后，满族这

---

① 翁独健：《中国民族关系史纲要》，中国社会科学出版社，2001，第591~592页。

② 翁独健：《中国民族关系史纲要》，中国社会科学出版社，2001，第595页。

③ 《清圣祖实录》卷二百六十二；《清圣祖实录》卷四十四，中华书局，2009。

④ 《八旗通志初集》卷二十八，国家图书馆出版社，2013，第467页。

⑤ 翁独健：《中国民族关系史纲要》，中国社会科学出版社，2001，第597页。

个民族共同体开始趋于稳定，尚未出旗的仍占相当比重的各种非满族成分，从此在心理素质、社会地位各方面更加朝着“满化”的方向发展，并最终成为满族成员。从八旗以外来说，旗民的交往开始增多，从经济、文化、习俗等各方面，旗民间严格的界限开始被打破。[①]

总之，经过长期杂居共处，相互学习，联姻过继，无论是生产方式、阶级结构，还是语言文字和风俗习惯，满汉之间的一致性愈益增多，旧有的显著差别陆续减少。清朝中叶以后，在政治、经济、文化等方面，满族已经发展到基本上与汉族相等的水平，满汉民族之间的密切关系有了很大的进展。[②]

从经济史上看，满汉经济交往经历了从远古肃慎人对中原人进贡“楛矢石砮”，到汉至两晋时期挹娄人在“楛矢石砮”之外增贡“挹娄貂”、铠甲、马匹，而中原铁制农具传入挹娄社会，再到北魏至北齐时期勿吉与中原王朝建立了贡赐和掠夺互补的经济交往方式；从唐代靺鞨多次遣学生入唐学习，到宋代女真与汉族经济互补关系因契丹阻挠而泛海绕道力求不断，再到明代朝廷与女真经济关系通过敕书、朝贡、马市三种形式实现制度化。满汉两族经济交往的内容由寡到多，由生产资料到生活资料，由猎产品到农产品和手工业品，由物质资料交往到人员往来，由直接交往到冲破阻力交往，由不定期交往到定期贸易和贡赐，由合法的贡赐市易方式到暴力掠夺方式的出现，由不规则的经济联系发展到制度化形式，最后在清代满族入关后，满汉经济的深度融合，可以清晰地看出满汉经济史的互动性、互补性的形成和发展，这种发展的趋势就是经济融合基础上的一体化，中华民族经济体作为多元性和一体性的辩证统一，是在经济史中完成的，是历史的产物。

第二节　满族与蒙古族的朝贡互市、封授爵职与联姻

满族与蒙古族的经济联系，首先是从漠南蒙古[③]开始的。满族入关前，与漠南蒙古相邻。在入关后，满族统治者面对幅员广阔、人口众多的广大

① 定宜庄：《清代八旗驻防制度研究》，天津古籍出版社，1992，第 227 页。

② 杨学琛：《略论清代满汉关系的发展和变化》，《民族研究》1981 年第 6 期。

③ 漠南蒙古、漠西蒙古和漠北蒙古是明朝末年蒙古各部落分裂成三部分之后出现的地域和部族概念，沿用至清朝末年。

汉族地区，为巩固政权、维护自身统治，奉行对蒙古王公的笼络结盟政策，使蒙古成为清政权巩固的大后方。在漠北、漠西蒙古归附或被征服后，满族统治者通过朝贡互市、封授爵职与政治联姻等方式，与蒙古贵族建立了密切的联盟和亲近合作的民族关系。这对促进满蒙两个民族的经济发展，具有重要意义。

一　满蒙朝贡互市

入关之前，漠南蒙古全部归入清辖区。而漠北喀尔喀蒙古的图汗、扎萨克图汗、车臣汗三部早在崇德年间，派使臣贡异兽、名马、甲胄、貂皮，议结和好，并与清政权商定了“岁贡白驼一，白马八，名为‘九白’之贡”。此后漠北各部与清廷间虽战事不断，但双方来往不绝，贸易关系日益增加，凡遇有争执，呈请“大众之主”清帝裁处。漠西厄鲁特蒙古包括准噶尔、和硕特、杜尔扈特、土尔扈特四部，其中以准噶尔、和硕特部势力较强。在相当长的时间里，准噶尔部与清朝中央政府保持正常关系，使臣来往，互易货物，友好相处。顺治三年（1646），巴图尔珲台吉与和硕特、土尔扈特等部联名遣使向清帝朝贡。顺治七年（1650），巴图尔珲台吉又独自派人入贡，其子僧格执政期间，使者常到北京。康熙九年（1670）僧格在准噶尔统治集团斗争中被杀，其弟噶尔丹战胜了“政敌”，夺取了准噶尔的统治权。噶尔丹欲得到清帝的支持，亦遣使至京朝贡。[①]总之，从清初至乾隆帝止，游牧于漠南、漠北和漠西的蒙古数百万人先后归顺于清。满蒙两族友好共处，其中朝贡互市则是增进满蒙之间关系的重要手段。

清政府为了控制蒙古，巩固其统治，规定蒙古上层需进京朝觐，称为“年班”。而到了顺治时期，由于形势的变化和前来朝贡的蒙古贵族日益增多，给清廷的财政带来了一定的压力。在这种情况下，清廷为了节省财力，从顺治四年（1647）开始适当控制了朝贡的规模。[②] 据《钦定理藩部则例》记载，“喀尔喀图什业图汗、车臣汗、哲布尊丹巴呼图克图，每年均准贡九白。用白驼一只，白马八匹。此外蒙古王、公等不得擅进九白”[③]。而“内扎萨克三十七旗台吉贡进汤羊，各旗台吉等每年贡进汤羊、

---

① 翁独健：《中国民族关系史纲要》，中国社会科学出版社，2001，第 601 页。

② 苏日嘎拉图：《满蒙文化关系研究》，中央民族大学 2003 年博士学位论文，第 16 页。

③ 《钦定理藩部则例》，天津古籍出版社，1998，第 175 页。

乳油、熏猪等物。汤羊于乌珠穆沁旗分每十人内收二只，其余旗分每十人内收一只。共收汤羊五百只，奶油共收五十肚，熏猪共收二十口”[①]。同时明确规定了来京定限，“年班来京之内、外扎萨克汗、王、贝勒、贝子、公、台吉、塔布囊、额驸等，定于每年十二月十五日以后，二十五日以前到齐”[②]。对于来京朝贡的蒙古贵族，清帝给予不同的赏赐，如“每年恭进九白之哲布尊丹巴呼图克图、图什业图汗、车臣汗等，咨行农工商部赏给三十两重银茶筒各一件，银执盂各一件。咨行度支部赏给二等蟒缎各一匹，二等妆缎各一匹，二等闪缎各三匹，大缎各三匹，帽缎各二匹，洋缎各二匹，彭缎各二匹，小洋缎各三匹，小彭缎各三匹，素丝缎各三匹，绫各三匹，纺丝各三匹，绸各一匹，梭布各七十匹。赏正使三等蟒缎各一匹，帽缎各一匹，小彭缎各一匹，梭布各二十四匹；副使洋缎各一匹，小彭缎各一匹，梭布各十二匹；跟役梭布各六匹。由礼部赐宴一次”[③]。

蒙古各部王公按期遣使进京朝贡，不仅可领取清帝赠赐的物品，还可按规定出卖马驼，进行贸易活动。清统治者为规范蒙古与内地的交易，在北方地区设立了许多贸易关卡和交易点。如杀虎口、喜峰口、独石口、古北口、张家口、山海关等关口和归化城、多伦诺尔、肃州、兰州、西宁、乌里雅苏台、科布多、恰克图、库伦等城镇，都是当时有名的贸易中心。这些交易点上每年有大批的牲畜和物资被销售出去。另外，蒙古商人到北京、五台山等地进行交易的亦不为少。[④] 同时，清政府制定了相关的贡市、互市政策。顺治七年（1650）二月，世祖福临谕告户部、兵部：喀尔喀、厄鲁特从边外带来马驼，进入居庸关后，不许官吏、军民沿途迎买。到达京城，章京以下，披甲兵以上，无驼马而愿购买者，每次准买一匹，违例多买者，所买之马入官。[⑤] 买马之人于指定“卖马处所，依次入内，照章购买”[⑥]。蒙古各部皆有指定的互市地点，规定在张家口、古北口设满洲章京一员，驻防其地，“外藩蒙古来贸易者，俱令驻于边口，照常贸易，勿得阻抑”[⑦]。

---

① 《钦定理藩部则例》，天津古籍出版社，1998，第176页。

② 《钦定理藩部则例》，天津古籍出版社，1998，第166页。

③ 《钦定理藩部则例》，天津古籍出版社，1998，第180页。

④ 苏日嘎拉图：《满蒙文化关系研究》，中央民族大学2003年博士学位论文，第11页。

⑤ 翁独健：《中国民族关系史纲要》，中国社会科学出版社，2001，第607页。

⑥ 《清世祖实录》卷四十七，中华书局，2009，第1871页。

⑦ 《清世祖实录》卷十三，中华书局，2009，第1611页。

总之，满族统治者通过蒙古上层的朝贡活动，获取了他们大量的牲畜和生活用品（如汤羊、皮毛、奶制品、工艺品等）。同时，正常的互市，让蒙古族以马匹、皮张换回盐、茶、布匹。这既解决了蒙古族生活用品，又方便了满汉人民所需，在长期经济交流中，促进了满、蒙古、汉族之间的友好关系。因此，朝贡活动不仅是政治行为，也是经济行为。

二　对蒙古贵族封授爵职

为笼络蒙古贵族，清政府对其封授爵职。对率部来归的蒙古汗、王、贝勒、台吉、宰桑等上层人物，按部大小、人口多少、势力强弱和归顺态度，一一封赐爵位，授予官职。其爵位世职，依仿八旗爵职而有所变动，分为和硕亲王、多罗郡王、多罗贝勒、固山贝子、镇国公、辅国公、一二三四等台吉。另有五位汗，即喀尔喀部的土谢图汗、车臣汗和扎萨克图汗，杜尔伯特部的特古斯库鲁克达赖汗，土尔扈特部的卓哩克图汗。这五个汗，其始封者皆亲率领大部来归，立有大功的首领，除特古斯库鲁克达赖汗来归之前，原是台吉以外，另四个汗在直隶清朝之前就自称汗了。①

崇以高爵，厚给俸禄。与爵级相应，蒙古王公贵族享有固定的俸禄，待遇极其优厚，而这些都只有满族亲贵才能获得。例如，一般蒙古亲王年俸银为二千两，俸缎二十五匹；郡王俸银一千二百两，俸缎十五匹；贝勒以下逐级递减。而清朝在京文武一品官员年俸不过八百两。不仅如此，蒙古王公在年班、围班、接驾等活动中，随时都可得到丰厚赏赐。② 此外，蒙古世袭官员同样享有较高的俸银，据《钦定理藩部则例》中记载："世袭一等子岁支银二百零五两，二等子岁支银一百九十二两五钱，三等子岁支银一百八十两；一等男岁支银一百五十五两，二等男岁支银一百四十二两五钱，三等男岁支银一百三十两；一等轻车都尉岁支银一百零五两，二等轻车都尉岁支银九十二两五钱，三等轻车都尉岁支银八十两；骑都尉岁支银五十五两；云骑尉岁支银四十二两五钱；恩骑尉岁支银二十二两五钱。"③

汗、王以下各员来京，按其在京日期，支给廪饩。根据爵位不同，支给的廪饩定额不等，这里仅以汗、亲王本身所支廪饩为例："每日给银三

① 翁独健：《中国民族关系史纲要》，中国社会科学出版社，2001，第607页。

② 张佳生主编《中国满族通论》，辽宁民族出版社，2005，第416～417页。

③ 《钦定理藩部则例》，天津古籍出版社，1998，第141页。

两二钱，米一升五合。应随带护卫二十三名，每日各给银一钱，米一升。伴当七名，跟役十名，每日各给银五分，米五合。每日共合银六两三钱五分，米三斗三升，拴马十五匹，入馆马四十匹。内扎萨克亲王回程路费给银十二两八钱，护卫人等四十名，每日共给路费银三钱，米每名照住京原额，均按路程定限算给。外扎萨克汗、亲王回程路费不计程途远近及本身随带人等，共给银十七两三钱，米四石九斗五升。”① 蒙古王公贵族不仅可以定期得到清政府发放的俸银、俸缎，在京期间还可领取额外的生活补贴。这一举措的实施，进一步彰显了清廷对蒙古族的高度重视与拉拢心态。

三 满蒙联姻

甥舅之姻，永结秦晋。在清朝统治时期，满族统治者进一步巩固了满蒙联盟，扩大了满蒙联姻的范围。满族皇室与蒙古贵族结亲，皇帝、宗室娶蒙古王公的女儿为后妃、福晋，而公主格格又下嫁给蒙古王公子弟，这种持续的联姻活动从入关前一直持续到清末。漠南、漠北、漠西三大部蒙古都有与满族皇室联姻者。仅漠南科尔沁蒙古莽古斯一家，到顺治时为止，就出了三位皇后。这种大规模长期而稳定的政治性联姻，在中国历史上是绝无仅有的。②

为维护与蒙古族的友好，清廷对满蒙联姻进行规范化管理，实行必要的保障措施。据《钦定理藩部则例》规定，下嫁外藩的公主等及其额驸按等级不同，给以不同数量的俸银和俸缎。公主、格格等下嫁蒙古及蒙古额驸，在京居住者，按俸银数目多寡，给予米石；回游牧处所者，给予缎匹。倘额驸内别有兼衔，从其数目多者给予。如有蒙特恩，照宗室王、公给与俸米者，另行办理。③ 公主、格格及蒙古额驸，清廷照例予以发放俸禄，逐年下拨。具体数额见表 14－1 和表 14－2。此外，还采取备指额驸、生子授衔、入京朝觐、回京省亲、赐恤致祭等政策和措施，来保障满蒙联姻在有清一代一以贯之，使建立在姻亲血缘基础上的满蒙政治联盟不断得到巩固。④

① 《钦定理藩部则例》，天津古籍出版社，1998，第 149 页。

② 张佳生主编《中国满族通论》，辽宁民族出版社，2005，第 417 页。

③ 《钦定理藩部则例》，天津古籍出版社，1998，第 138 页。

④ 余梓东：《论清朝民族关系格局的特点》，《内蒙古社会科学》（汉文版）2003 年第 3 期。

表 14－1　下嫁公主、格格等俸银、俸缎

爵　位	在京居住者		在游牧处所居住者	
	俸银（两）	俸米（石）	俸银（两）	俸缎（匹）
固伦公主	400	200	1000	30
和硕公主	300	150	400	15
郡　主	160	80	160	20
县　主	110	55	110	10
郡　君	60	30	60	8
县　君	50	25	50	6
乡　君	40	20	40	5

资料来源：《钦定理藩部则例》，天津古籍出版社，1998，第 138～139 页。

表 14－2　蒙古额驸等俸银、俸缎

爵　位	在京居住者		在游牧处所居住者	
	俸银（两）	俸米（石）	俸银（两）	俸缎（匹）
固伦额附	300	150	300	10
和硕额驸	255	127.5	255	9
郡主额驸	100	50	100	8
县主额驸	60	30	60	6
郡君额驸	50	25	50	5
县君额附	40	20	40	4

资料来源：《钦定理藩部则例》，天津古籍出版社，1998，第 139～140 页。

不仅如此，皇家公主、格格大量出嫁蒙古，不断入居草原，一方面，她们既要入乡随俗，适应草原游牧区的生活习惯，另一方面，又留恋内地尤其是北京的奢华生活。作为娘家的皇家，也为她们创造、提供种种条件，如按照京城的样式为她们在蒙地建造府第、陪嫁大量的在京生活时的各种物品。另外，有些皇家蒙古额驸及其子孙，仿造内地建筑、引进京城的文化生活方式以供享受，从而使这类物质性文明以及其所包含的文化艺术方面的内容，一同传入蒙地，这是大规模长期联姻产生的重要而独特的经济交往形式。嘉庆时期曾任京官的吴振棫曾感叹："国家与蒙古各旗世为婚姻，公主、郡主多下嫁者，每苦游牧地方居处、饮食之异，近来附近内地之蒙古各旗，大都建造邸第，不复住蒙古包。饮馔丰美，亦与京师仿佛。"①

① （清）吴振棫：《养吉斋丛录》，北京古籍出版社，1983，第 264 页。

蒙古学者罗布桑却丹记述："清朝后，蒙古旗地房子大量发展，特别是满族皇帝的公主嫁给蒙古王公后，凡有公主的地方都用青砖和石头建造了瓦房。"[①] 近现代学者达瓦敖斯尔也据其所见记载：内蒙古"豪华的王府多在东蒙地区"，而且"所有豪华王府大多是公主下嫁前后，由清廷拨库银修建的，规模宏大，工艺精细"[②]。有明确记载的公主、额驸府的建造，从康熙年间就开始了，如康熙三十几年以前为嫁与巴林的淑慧公主所建的公主府，五楹彩绘，宽敞壮观，并配有厢房、膳茶房等。[③] 而公主、格格、额驸及其子孙进京探亲、年班后回旗，也会将一些物品带回蒙地。这些物品，诸如锦缎衣物鞋帽、金银餐具茶具、精美之瓷器漆器、各种梳妆用具等，均为蒙地所无或鲜见。而且，这些高档物品，不少都属于工艺水平高超的艺术品。[④] 满蒙联姻，主要是由满族统治者掌握，婚姻礼仪也是由其制定，所以这方面的礼俗是以满族为主，同时加入蒙古的某些习俗。正是满蒙联姻，加强了两个民族的经济交流与往来，将满族物品和文化习俗传入蒙地，给蒙古族带来先进的制作工艺。

总之，清朝满族统治者对蒙古贵族实施的种种政策，加强了蒙古族对祖国的向心力。对维护祖国统一，起到了重要作用。康熙时期，喀尔喀蒙古拒绝俄国的利诱威逼，归顺清廷。乾隆时期土尔扈特蒙古发动了反抗沙俄的武装起义，行程万里回归祖国。康熙帝极为自豪地说："昔秦兴土石之功，修筑长城，我朝施恩于喀尔喀，使之防备朔方，较长城更为坚固。"[⑤] 不仅如此，满族统治者通过笼络等方式，与蒙古族建立了友好合作的民族关系，也促进了满蒙两个民族间的经济往来。[⑥]

第三节　满族与国内其他民族的贡赋关系与民间经济交流

满族在统一中国、经略边疆的过程中，与中国各少数民族建立了密切

---

① 罗布桑却丹：《蒙古风俗鉴》第一卷之二，《关于蒙古房屋》，辽宁民族出版社，1988，第10页。

② 达瓦敖斯尔：《王府内况》，载内蒙古自治区委员会文史资料研究文员会编《内蒙古文史资料》第35辑，内蒙古人民出版社，1989，第12页。

③ 杜家骥：《清朝满蒙联姻研究》，人民出版社，2003，第475页。

④ 杜家骥：《清朝满蒙联姻研究》，人民出版社，2003，第478页。

⑤ 《清圣祖实录》卷一百五十一，中华书局，2009，第4541页。

⑥ 张佳生主编《中国满族通论》，辽宁民族出版社，2005，第418页。

的经济联系，除汉族、蒙古族以外，与藏族、维吾尔族等经济关系也较为密切。同时，促进了中原与边疆的经济交流，使中华民族真正结合成一个稳定的政治、经济实体。

一 满族与藏族的朝贡关系

清朝定鼎中原后，清朝皇帝十分重视与西藏宗教首领的关系，以及内地藏传佛教的发展，相继在北京修建了察罕喇嘛庙、永安寺等藏传佛寺，并派出喇嘛赴五台山主持藏传佛教事务；对藏区前来朝贡的各教派代表一视同仁，并改授印敕，承认其政治地位并继续发展内地与藏族地区的传统经济文化关系；继续发展同藏族上层已建立的良好关系，遣使赴藏，问候达赖、班禅，并熬茶布施，达赖、班禅也派人入京朝贺。[①]

顺治九年（1652），五世达赖在顺治帝的邀请下亲自到京觐见。顺治帝命人在京城内专门为达赖修建一座黄寺，供其下榻，并赏赐了大量金、银、玉器、珠宝、骏马。达赖结束觐见后，顺治帝向其颁发金册、金印，敕封其为“西天大善自在佛所领天下释教普通瓦赤喇怛喇达赖喇嘛”。康熙五十二年（1713），册封五世班禅罗桑益喜为“班禅额尔德尼”，颁赐金印、金册，令他协助拉藏汗管理西藏地方事务，以及在必要的时候出掌西藏教廷。[②] 乾隆四十五年（1780），六世班禅前来热河觐见，乾隆帝给予隆重接待。特仿日喀则扎什伦布寺的型制，在承德修筑了须弥福寿之庙，作为班禅行宫。此外乾隆帝还赏赐大量金银、法器等财宝。终清一代，西藏的宗教首领达赖和班禅，都受到了极高的尊崇。[③]

据《钦定理藩部则例》记载，达赖喇嘛、班禅额尔德尼各每间二年轮班遣使朝贡。由西宁至京，寓居西黄寺，由部奏到，带领瞻觐，恭进哈达、铜佛、舍利、珊瑚、琥珀、数珠、藏香、氆氇等物。其来使亦准附进哈达、铜佛、藏香、氆氇等物。元旦次日进丹书，系五色哈达、银曼达、七珍、八宝、八吉祥、佛像、金字经、银塔、银轮、杵、瓶、红花诸物。均予折赏外，回藏时皆降敕慰问，并赏达赖喇嘛重六十两镀金银茶筒一、镀金银瓶一、银钟一、蟒缎二匹、龙缎二匹、妆缎二匹、片金二匹、闪缎四匹、字缎四匹、大卷八丝缎十四匹、大哈达五个、小哈达四十个、五色

---

① 陈楠、任小波主编《藏族史纲要》，中央民族大学出版社，2014，第 244～245 页。

② 陈楠、任小波主编《藏族史纲要》，中央民族大学出版社，2014，第 257 页。

③ 张佳生主编《中国满族通论》，辽宁民族出版社，2005，第 421～422 页。

哈达十个。正使二等，雕鞍一、重三十两银茶筒一、银执盂一、缎三十匹、毛青布四百匹、豹皮五张、虎皮三张、獭皮五张。跟役喇嘛十八人，每人各给缎二匹、毛青布各二十匹。跟役一名，缎一匹、毛青布十匹。副使三等，蟒缎一匹、方补缎一匹、大缎一匹、梭布二十四匹。跟役喇嘛十二人，每人各给彭缎一匹、毛青布十匹。赏班禅额尔德尼，重三十两银茶筒一、银瓶一、银钟一、各色大缎二十匹、大小哈达各十个。来使，金黄色蟒袍一、重三十两银执盂一、缎二匹、毛青布六十二匹。跟役喇嘛二十八人，每人各给缎二匹、毛青布二十匹。跟役一名，缎一匹、毛青布十匹。俱系会同内务府颁给。[①] 西藏来使所用骡头数目有明确规定："达赖喇嘛所进贡物及堪布等乘骑驮载骡头应给一百六十头。其堪布等自带货物，官为代雇之骡不得过一百头。班禅额尔德尼所进贡物及堪布等乘骑驮载骡头应给一百二十头。其堪布等自带货物，官为代雇之骡不得过八十头，每骡一头驮二百斤。至堪布等所带跟役徒众不得过四十名。到西宁时照定数给与，咨行经过省分督抚一体遵办。"[②] 而对西藏来使骡头价数目，亦有规定，"堪布喇嘛等年班来京到西宁时，除骑骡照例给与外，其驮载正贡及携带货物，照定例数目发给骡价。每头给与脚价银三钱，驮轿之骡价加倍给发，交护送道员按站支给"[③]。

五世达赖回到西藏以后，利用内地所得的金银，在西藏各地新建十三所大寺，总称为"十三林"，并修建了布达拉宫的红宫部分；大力发展寺院经济，巩固了其在西藏的宗教和政治经济地位；同时建立并发展了一整套寺院僧制，包括寺院人数的规定、僧官任免制度、喇嘛学经的程序、寺内纪律仪式等。数百年相沿不变。[④]

二　满族与维吾尔族的贡赐关系与贸易

清初，维吾尔族聚居的南疆地区，是叶尔羌汗国。自从顺治十二年（1655）起，叶尔羌汗国就派使者携带独峰驼、马、璞玉等方物到北京朝贡，清廷回赠缎、绢等物，建立了贡赐关系。由于崇信伊斯兰教的叶尔羌汗国出现了"白山""黑山"两教派的激烈斗争，这就给准噶尔部击败叶

① 《钦定理藩部则例》，天津古籍出版社，1998，第404~405页。

② 《钦定理藩部则例》，天津古籍出版社，1998，第406页。

③ 《钦定理藩部则例》，天津古籍出版社，1998，第407页。

④ 陈楠、任小波主编《藏族史纲要》，中央民族大学出版社，2014，第247页。

尔羌汗国以机会，使维吾尔族聚居区与清朝政府的贡赐关系因此中断。

从康熙到乾隆，经过几十年的斗争，清政府灭准噶尔、“巴图尔汗国”之后，完全建立了对天山南北路的统治权。乾隆二十四年（1759）以后，天山南北路始改称“新疆”。

清政府为加强对新疆的统治，采取了一些有效措施。乾隆二十七年（1762），在新疆地区实行军府制度，建立军政机构。于伊犁设伊犁将军，总管新疆军政事务。在“回疆”设参赞大臣一员，驻喀什噶尔，“总理回疆事务”。[①] 于叶尔羌、乌什、阿克苏、库车、和阗等十一城，各设办事大臣或协办大臣一员。又依“回疆”原有制度，各城设阿奇木伯克，但取消了伯克的世袭权，并分散其权力，使之分受各大臣管理。伯克官阶自二品到四品。喀什噶尔等十一城均派八旗军驻戍。[②] 清政府改定“回疆”的贡赋制度，比准噶尔部统治时期减少。比如，喀什噶尔所属共十城和七十个村庄，有一万六千余户，人口数十万，原来种地年总纳粮食四万八百九十八帕特玛，现减岁征四千帕特玛。[③] 叶尔羌所属七十二城，村计三万户，十余万人口，过去每年贡赋交纳十万腾格（一腾格值银一两），另外还有“金税、贸易缎布、牲支等税”，现改为一年征粮一千四百帕特玛，约折钱一万二千腾格。[④] 清政府在伊犁兴办屯垦，并明确提出“招募回人，屯田贸易”，以期兵民两利。此后，又陆续采取措施开展垦务，“因时制宜，尽地利而足兵食”。[⑤] 从事屯垦的人，不仅有清朝官兵，也调派维吾尔族人参加，并从内地送去“农具、籽种与回部屯垦”。[⑥] 改革伯克制、减轻贡赋、实行屯垦，不仅推动了新疆农业生产迅速发展，而且增进了满、蒙古、汉、锡伯等族和维吾尔族人民间的经济联系。清代新疆的商业发展很快，形成了一批商业中心。乌鲁木齐市街衢宽敞，繁华富庶。

三　满族与国内其他民族间的民间经济交流

清代满族与国内其他民族间的民间经济交流，主要包括关外满人与东

① （清）刘锦藻：《清朝续文献通考》卷八八，商务印书馆，1912。
② （清）刘锦藻：《清朝续文献通考》卷一九一，商务印书馆，1912。
③ 《清高宗实录》卷五九三，中华书局，2009，第16293页。
④ 《清高宗实录》卷五九五，中华书局，2009，第16321页。
⑤ 《清高宗实录》卷五七三，中华书局，2009，第15972页。
⑥ 《清高宗实录》卷五七三，中华书局，2009，第15972～15973页。

北地区各民族间民间经济交流，以及驻防全国各地的满城旗人与汉人的经济交往两部分。

尽管清廷对东北实行封禁，但一直没有禁绝。出关汉民主要来自京畿各县、山东、直隶等地。清初满人大量入关，在京畿、直隶大规模圈地，造成大量汉族农民失去土地，加之灾年山东等地流民，形成闯关的主要力量。他们不顾朝廷禁令，或经长城各口出关，或经海路进入东北。这些流民带去的先进农具和耕作技术促进了满人农业的发展，使满族农业成为主要的经济部门。康雍乾时期，满人开垦的旗地就有上千万亩，使东北成为名副其实的“北大仓”，除满足关外粮食需要外，还能支援关内。[①]

东北是清代流放犯人的重要地区，尤其宁古塔是流人集中之所。对宁古塔流人，地方官防范不严，给假入关者甚多，忽然消遁者亦不乏其人。因罪流放宁古塔的汉人与汉八旗军不同，但当地满人通称为汉人。满人称有爵流者为“哈番”，汉语官也。遇监生、生员，也以哈番呼之。满人尊重流人中的文人，文人有钱可以行商，无钱但通满语者可以代人经商，给人当掌柜，无钱又不通满语者可以当教师，教授满人汉文与汉文化。据《柳边纪略》，流人教书，一年多者可挣二三十金（银两），少者十数金；当掌柜，年可挣三四十金。流人教的书多由关内带去，主要有《五经》《史记》《汉书》《李太白全集》《昭明文选》《历代古文选》《杜工部诗》《字汇》《盛京通志》等。与京城满人瞧不起汉人不同，宁古塔满人“贵汉而贱满”[②]，乍看殊难理解。其实，当地满人与经营商铺流人经济交往频繁，后者有身份、有学问者居多，且多行善事，又与当地将军来往密切，遇有灾荒饥馑，还能捐衣捐粮，所以颇有声望。而汉族流人初到宁古塔，缺少住房，且多数只身流放到此。满人热情好客，关照汉族流人，给他们解决住房问题，教给他们在东北寒冷漫长的冬季如何生活。关内著名文人吴兆骞流放到宁古塔，在经济生活方面得到当地满人的帮助，学会如何建造夹层木制居所、垒炕、食火锅、用烟袋吸烟。吴兆骞还成为将军巴海的座上客。长期的塞外生活使他对当地满人产生深深眷念之情，留下许多诗篇。[③]

清代满族与东北索伦部有着密切的政治、军事和经济联系。索伦部是

---

① 张杰、张丹卉：《清代东北边疆的满族（1644～1840）》，辽宁民族出版社，2005，第149页。

② （清）杨宾：《柳边纪略》，黑龙江教育出版社，2014。

③ 张杰、张丹卉：《清代东北边疆的满族（1644～1840）》，辽宁民族出版社，2005，第149～151页。

明末清初对石勒喀河、黑龙江流域、外兴安岭一带的鄂温克、鄂伦春和达斡尔等部族的总称，是黑龙江中上游土著部族集团。清中期索伦各部农耕化，较清初之所以有较大进步，均与满族的民间经济交往有着密切联系。布特哈八旗索伦部因居住地域的差异和有向清廷贡貂的任务，布特哈鄂温克部经济以放牧和渔猎为主，兼营农业，鄂伦春部以狩猎为主，达斡尔部以狩猎和放牧为主，农业较鄂温克和鄂伦春发展水平为高，但总体来看，清初布特哈八旗索伦部农业均落后。到嘉庆年间，受满人农业经济影响，布特哈八旗的鄂温克、达斡尔牲丁已耕种旗营公田 3166 垧。呼伦贝尔索伦部经济类型以游牧为主，直到清末仍然如此，但鄂温克官兵受满人和达斡尔人的影响，农耕经济有所发展。雍正十年（1732），布特哈八旗三千鄂温克、达呼尔（即达斡尔）兵丁进驻呼伦贝尔，被安置到兴安岭之阳鄂木博齐、雅尔和鼎以及博尔多等地屯田。除呼伦贝尔外的黑龙江驻防八旗的索伦部经济以农业为主，索伦兵丁与满洲八旗官兵比邻而居，在农业生产上学到了先进的耕作技术。引进了先进的农具，提高了产量，引入了小麦种植，达斡尔烟成为远近闻名的经济作物。满人还教会索伦部灌溉技术。清中期，朝廷对索伦部的经济政策也从贡赐转变为帮扶。[①]

清代满城散布全国各地，是满洲八旗兵的驻防地，亦是八旗官兵及其家属的居住地。清初满汉矛盾十分尖锐，圈占民屋令下，不能稍违，被圈之民遽失其所，其汹汹之情可想而知。既圈之后，满汉、满回杂处，矛盾冲突时有发生。满城就是在这样的情形下出现的，目的在于“满汉各安，不相扰害”[②]。清代满城建置是自顺治初到乾隆末近 140 年间逐步完成的。据《八旗通志》记载，直称满城者有二十座：太原满城、江宁满城［均为顺治六年（1649）设］，杭州满城［顺治七年（1650）设］，德州满城［顺治十一年（1654）设］，广州满城、荆州满城［均为康熙二十二年（1683）设］，成都满城［康熙五十七年（1718）建］，开封满城［康熙五十八年（1719）建］，宁夏满城［雍正二年（1724）建］，潼关满城［雍正五年（1727）建］，青州满城［雍正七年（1729）建］，绥远满城［雍正十三年（1735）至乾隆二年（1737）建］，凉州满城、庄浪满城［均为

① 黄彦震：《清代中期索伦部与满族关系的研究》，中央民族大学 2013 年硕士学位论文，第 62～64 页。

② （清）张大昌：《杭州八旗驻防营志略》卷十五，《经制志政》，辽宁大学出版社，1994。

乾隆二年（1737）建]，惠远满城［乾隆二十八年（1763）建]，惠宁满城［乾隆三十年（1765）建]，会宁满城、巩宁满城［均为乾隆三十八年（1773）建]，孚远满城［乾隆四十年（1775）建]，广安满城［乾隆四十五年（1780）建]。[①] 满城内的旗人不似东北或京畿屯居旗人那么行动自由。平日不许离城二十里外（关外四十里），出城要告假，远出要注册，回城要销假。违限不归以逃旗论处。旗兵不许从事工、农、商技艺，只能“国语骑射”，从事军事训练，战时出征。他们的生活用品需要到附近的汉城购买，或靠民人货郎白日入满城贩卖。民人不许留宿城中。满城内禁设酒楼、戏院、妓院、赌场，以维持满人淳朴之风。由于经济生活的需要，满城中逐渐出现汉人开设的店铺。同治年间，清廷放宽对满人就业的限制，旗人的各种行当也现于满城。[②] 可见，满汉民间经济交往是清廷难以限制得住的。

以杭州满城为例。顺治五年（1648），清廷以“杭州为江海重地，不可无重兵驻防以资弹压，于是下圈民屋令”[③]。顺治七年（1650），“以八旗驻防固山额真所统旗兵与民杂处日久，颇有龃龉者，特命礼工二部会议，择地令驻防兵营另立一处。事干巡抚萧启元，谋度十余日，始定城西隅筑城以居，俾兵民判然，不相惊扰”[④]。杭州满城在顺治十五年（1658）驻兵“共四千有奇”[⑤]，到光绪九年（1883），“造册官兵户定共五千三百三十员名口”[⑥]。驻防旗人，有按职任领取规定的饷银、俸米，未任职的妇女儿童，也有规定的一份口粮。但是，随着人口增加，生计问题浮现，为解决生计，杭州八旗驻防将杭州附近数县的面积很大的牧场，交予地方招佃垦牧，收取租金，以补贴旗人。满城的寄生性质，决定了必然与外界发生经济交往，满城的生活用品悉赖外界供应，因此，自建城之日，杭州满城就成为商贾云集之地。民人进入城中，或作贸易，或作佣工，各种酒店、店铺、当铺应运而生，还有“满营各庙内暂住流民”[⑦]，杭州满城建

---

① 《八旗通志·营建志》，吉林文史出版社，2002。

② 马协弟：《清代满城考》，《满族研究》1990 年第 1 期。

③ （清）张大昌：《杭州八旗驻防营志略》卷十五，《经制志政》，辽宁大学出版社，1994。

④ （清）张大昌：《杭州八旗驻防营志略》卷十五，《经制志政》，辽宁大学出版社，1994。

⑤ 徐映璞：《杭州驻防旗营考》，载《两浙史事丛稿》，杭州古籍出版社，1988。

⑥ （清）张大昌：《杭州八旗驻防营志略》卷十五，《经制志政》，辽宁大学出版社，1994。

⑦ 《清高宗实录》卷五百七十五，乾隆二十三年十一月壬寅。《清高宗实录》卷一百二十一，中华书局，2009，第 16009 页。

城初期，大量圈占汉民房屋，“被圈民户，不获庐舍，往往栖止于神庙、寺观及路亭、里社中，历数年而后定”[①]。城门锁钥管理上也体现了民族不平等。杭州满城各城门钥匙由八旗掌管，“惟庆春门外多菜圃，当时号污秽之门，由汉军管辖”[②]。雍正时，年羹尧被贬杭州，就被派到庆春门值班，以示羞辱。驻防旗丁以优越地位，常欺压汉民百姓。“凡遇有肩挑步担之物，恣行抽取，负囊乘舆之人，勒索银钱。甚至妇女往来，则逼其搴帘露面。徒步过门迎婚丧葬之家，则多方阻挠，非赂以重赀，断不轻易放过”[③]。富裕的驻防旗人则放高利贷牟利。“杭州民贷于驻防旗兵，名为‘印子钱’，取息重，至鬻妻孥卖田舍，不偿则哄于官”。“各旗官兵驻防地方，兵民交与，初甚相安。不意自放债之后，旗丁见利心粗，恣意盘剥，占店拆房，拥妻劫女，种种不堪，酿成大狱干渎。”[④] 清廷为保证八旗不“沾染汉俗”，严禁满汉通婚，但随着满汉交往的频繁，旗民通婚现象出现。“杭州乍浦满营婚嫁论财相沿成俗，往往有髫年许字，因男家无力纳亲，婚嫁失时”[⑤]。就是说，旗人内部婚嫁所需费用高昂，满汉通婚是旗人贫困化的结果，旗人娶民女，所费不多；而民人嫁女给旗人可以抬升自己的社会地位。

第四节　满族与国外民族的朝贡、贸易关系

中国历史上包括少数民族政权在内的每个新王朝的建立，无不沿袭前朝制度并有所损益、变通。当清朝取代明朝统治地位后，朝贡一如既往地成为其对外交往的主要形式之一。入主中原的清廷与周边民族、国家的宗藩关系空前强化，视朝贡为怀柔的重要手段，与国外各民族形成良好的朝贡贸易关系。然而随着世界殖民主义的扩张，国外各民族蜂拥而至，西方殖民者更是利用海上非法贸易活动，向中国输送大量鸦片，严重损害了清廷统治与经济利益。

一　与朝鲜、琉球、安南等藩属国的朝贡关系

有学者用“宽严相济”来概括乾隆初政时的统治特征，这一特征同样

① 徐映璞：《杭州驻防旗营考》，载《两浙史事丛稿》，杭州古籍出版社，1988。
② 徐映璞：《杭州驻防旗营考》，载《两浙史事丛稿》，杭州古籍出版社，1988。
③ （清）张大昌：《杭州八旗驻防营志略》卷二十五，《会录志余》，辽宁大学出版社，1994。
④ （清）张大昌：《杭州八旗驻防营志略》卷二十五，《会录志余》，辽宁大学出版社，1994。
⑤ （清）张大昌：《杭州八旗驻防营志略》卷二十五，《会录志余》，辽宁大学出版社，1994。

适用于清朝初期的对外关系。[①] 其实，中国历代统治者在制定外交政策，特别是发展与属国的关系方面，宽严相济，或曰“恩威并施”，乃惯用手段，“宽”则怀之以“恩”；“严”则施之于“威”。通过此法，清廷与周边藩属国建立起合作、亲密的关系，更好地维护自身统治。

清朝统治者早在后金时期，通过武力征服，迫使朝鲜称臣纳贡，确立起宗藩关系，这便是清朝统治者恩威并施的结果。而清朝定都北京后，在南下平定东南沿海各省的过程中，与历代新王朝的建立者一样，对前朝的朝贡国，怀之以恩，使其尽早转换角色的认同，与新王朝建立朝贡关系。顺治四年（1647）二月，顺治帝以浙东、福建平定，颁诏天下，中有语云：“东南海外琉球、安南、暹罗、日本诸国，附近浙闽，有慕义投诚纳款来朝者，地方官即为奏达，与朝鲜等国一体优待，用普怀柔。”[②] 顺治年间，琉球、安南与清朝的朝贡关系刚刚确立，只有朝鲜与清朝保持稳定的朝贡关系。暹罗虽于顺治九年（1652）即以“遣使请贡，并换给印敕勘合”，此后又数度“请贡”“探贡”，但直到康熙三年（1664），才与清朝建立正式的朝贡关系。苏禄、南掌、缅甸则更晚。[③] 据光绪《清会典》记载，直到乾隆年间，除朝鲜外，清朝的朝贡国才增加到六个，详见表14－3。

表14－3　清代主要朝贡国贡、封时间一览

国　别	始贡时间	受封时间
琉球	顺治八年（1651）	顺治十一年（1654）
安南	顺治十七年（1660）	康熙五年（1666）
暹罗	康熙四年（1665）	康熙十二年（1673）
苏禄	雍正四年（1726）	不详
南掌（老挝）	雍正八年（1730）	乾隆六十年（1795）
缅甸	乾隆十五年（1750）	乾隆五十五年（1790）

资料来源：（康熙）《大清会典》卷七二，近代中国史料丛刊本；（光绪）《清会典》卷三九，《礼部·主客清吏司》，续修四库全书本；《清会典则例》卷九三，文渊阁四库全书本；《清史稿·列传三百十三·属国一》，中华书局1977年标点本；《清圣祖实录》卷十二、卷十三，中华书局1985年影印本。

① 戴逸：《乾隆初政和“宽严相济”的统治方针》，《上海社会科学院学术季刊》1986年第1期。

② 《清世祖实录》卷三十，中华书局，2009，第1743页。

③ 李云泉：《朝贡制度史论——中国古代对外关系体制研究》，新华出版社，2004，第136～137页。

清朝根据其与朝贡国政治隶属关系的强弱，详细规定了朝鲜、琉球、安南三个藩属国“正贡”物品的种类、数额，而对其他国家的贡物数额，则没有具体要求。据史籍记载：朝鲜年贡白苎布二百匹、白绵绸二百匹、红绵绸一百匹、绿绵绸一百匹、木棉布三万匹、五爪龙席二张、各样花席二十张、鹿皮一百张、獭皮三百张、腰刀十把、大小纸五千张、黏米四十石；琉球正贡硫黄一万二千六百斤、红铜三千斤、白刚（钢）锡一千斤；安南正贡象牙二对、犀角四座，土绸、土执、土绢、土布各二百匹，沉香六百两、速香一千二百两，砂仁、槟榔各九十斤；暹罗常贡驯象、备象、龙涎香、犀角、象牙、豆蔻、降香、藤黄、大枫子、土桂皮、乌木、苏木、樟脑、树胶皮等物品；南掌常贡驯象；苏禄、缅甸常贡无定额。[①] 在朝贡制度中，与朝贡国“奉表纳贡”相对应的是清朝对朝贡国国王的册封和赏赐。清朝规定：“凡封外国，必赐之诏敕，初内附，则赐之印，皆副以恩赉。”[②] 据此，对朝贡国的册封包括颁诏、赐印、行赏三方面内容。一旦宗藩关系确立，清朝则授予藩属国国王印玺，表示承认其在本国的统治地位。清朝历次遣使册封诸国国王，例有各种赏赐物品。而对朝贡国贡物的回赐清朝典籍所载更为详尽而具体，详见表 14－4。

表 14－4　清朝对朝贡国赏赐物品

国　别	赏赐事由	颁赏对象及赏赐物品
朝鲜	年贡	国王表缎、里各五匹，妆缎四匹、云缎四匹、貂皮一百张；正副使各大缎一匹、帽缎一匹、彭缎一匹、绸一匹、纺丝一匹、绢二匹、银五十两；书状官大缎一匹、彭缎一匹、绢一匹、银四十两；大通官各大缎一匹、绢一匹、银二十两；护贡官各彭缎一匹、布二匹、银十五两；得赏从人各银四两
琉球	常贡	国王锦八匹、织锦缎八匹、织锦纱八匹、织锦罗八匹、纱十二匹、缎十八匹、罗十八匹；贡使各织锦罗三匹、缎八匹、罗五匹、绢五匹、里绸二匹、布五匹；使者、都通事各缎五匹、罗五匹、绢三匹；从人各绢三匹、布八匹；伴送官彭缎袍一件，土官及留边通事、从人赏同；贡使系该国王舅，加赏缎五匹

① 《钦定理藩部则例》，天津古籍出版社，1998，第 155 页。

② （光绪）《清会典》卷三九，《礼部·主客清吏司》，续修四库全书本，第 354 页。

续表

国　别	赏赐事由	颁赏对象及赏赐物品
安南	常贡	国王、贡使与琉球同；行人与琉球使者、都通事同；伴送官、通事官均与琉球伴送官同
暹罗	常贡	国王与琉球同；王妃织金缎四匹、织金纱四匹、织金罗四匹、缎六匹、纱六批、罗六匹；贡使、通事、从人等俱如琉球之例
苏禄	常贡	国王蟒缎六匹、锦缎六匹、闪缎八匹、彩缎十匹、蓝缎十匹、青缎十匹、绸十匹、罗十匹、纱十匹；正副使彩缎六匹、里四匹、罗四匹、纺丝二匹、绢二匹，如来使系内地人，彩缎三匹、里二匹、绢一匹、毛青布六匹；通事彩缎二匹、里一匹、绢一匹、毛青布六匹；从人及留边从人各毛青布六匹；伴送官与琉球同
南掌	常贡	国王与琉球、安南同；大头目、次头目照琉球、安南贡使之例；夷目、后生照从人例；伴送官赏赐与琉球相同
缅甸	常贡	国王、王妃与暹罗同；贡使、通事、伴送官与琉球同；象奴照琉球等国从人之例

数据来源：（光绪）《清会典》卷三九，《礼部·主客清吏司》，续修四库全书本。

除此之外，清廷对朝鲜、琉球、安南三国还有其他形式的赏赐。如琉球："凡遇庆贺及请封、谢恩等事遣使至者，赏赐国王及来使等并同常贡。如附贡使同来者，均不另赏。凡入监官生归国，每名例赏彩缎二匹、里二匹、毛青布六匹，从人每名赏毛青布六匹。"康熙末年以降，对朝贡国的赏赐又有增加，其方式主要有两种：一是"加赐"，即对常贡物品回赐之外的额外赏；二是"特赐"，指清帝对朝贡国国王的特殊恩典。随着时间推移，清廷对朝贡国的赏赐逐渐增加，并通过加赐、特赐这两种方式，使"厚往薄来"的传统原则得以体现。①

二　满族与俄罗斯的互市

17世纪，满族崛起于东北，建立清王朝，夺取了全国政权。此时，世界上正值早期殖民主义势力猖獗、大肆在全球扩张。特别是沙俄侵占东北边境，侵犯中国领土，威胁清朝统治，且黑龙江流域是满族故乡，清朝

① 李云泉：《朝贡制度史论——中国古代对外关系体制研究》，新华出版社，2004，第166～167页。

发祥地，清王朝自然不能容忍俄军侵占。康熙二十一年（1682），因俄罗斯人经常袭扰边境，曾"屡行晓谕，令撤还其众"，"各居疆土，互相贸易，以安生业"，但"总无一次回报"。清大臣马喇奏言，对俄国人"宜刈田禾，绝互市以困之，诏车臣汗诺尔布"[①]。最终，清政府通过军事斗争、外交谈判和充实边防等手段遏制了俄军侵略东北领土的行径。

清廷于康熙二十八年（1689）与俄签订《尼布楚条约》，严禁彼此越境入侵，双方不得收容逃亡者，以减少边境争执；同时条约第五款明确规定："自和约已定之日起，凡两国人民持有护照者，俱得过界来往，并许其贸易互市。"[②] 中俄《尼布楚条约》在满俄贸易史上揭开新的一页，并从条约上肯定了双方边界贸易的合法性。齐齐哈尔是满族与俄罗斯边境贸易的主要地点，每年五月"布特哈贡貂选进后，大开互市，谓之'出勒罕'，华言'会'也，远人皆来，在卜魁城（齐齐哈尔）北十余里，画沙为界，各部落人驻其北，商贾官吏游人驻其南，中设兵禁。俄罗斯人则秋尽始来，百十为群，一官统之，秃袖方领，冠高尺许，顶方而约其下"[③]。18世纪初叶，俄国商队包括官商与私商，来齐齐哈尔市贸易者，每年数次，络绎不绝，甚而有些去北京投送公文的信使，也乘机进行贸易。雍正二年（1724），俄罗斯信使巴什里一行十九人，他们除乘马之外，还带来马一百一十匹，狼皮十九张，堪达汉皮八张，獭皮一百五十张，染色牛皮四张到齐齐哈尔出售。雍正五年（1727）中俄签订《恰克图条约》，规定俄国商队每三年可到北京进行一次贸易，每次人数不得超过二百。其他一些零星贸易者，可在两国边境处的尼布楚、色楞格之恰克图，建造房屋、城垣、栅子，作为货物贸易市场。雍正十年（1732）以后，贸易锐减，清廷决定关闭齐齐哈尔，另在库克多博开辟新的贸易点。

边境贸易的另一种形式为卡座贸易。《尼布楚条约》签订后，中俄双方都加强了边界地区的察边、防边工作。每年向齐齐哈尔城、墨尔根城等处各派遣大弁巡查边境，各国以土产贸易，用中国的烟草、姜、椒、糖饧，易换俄罗斯人的马、牛、毛皮、玻璃等物。到19世纪，"边境哥萨克以及某些前来此处的俄国商人，和前来此处巡视格尔必齐河畔各界碑的满

---

① （清）陈侠君：《筹鄂（俄）龟鉴》卷三上，台北文海出版社有限公司，1972，第174页。

② 步平等：《东北国际约章汇释》，黑龙江人民出版社，1987，第39页。

③ （清）陈侠君：《筹鄂（俄）龟鉴》卷三上，台北文海出版社有限公司，1972，第274～275页。

人，每年均在这里举行交易。这个集市于七月末开市，延续三日。满人从阿穆尔河畔（黑龙江）的瑷珲城，乘几只大船，溯河拉纤而上，来到这个集市。他们运来中国出产的布匹、丝绸、烟叶和酒，用这些商品交换玻璃器皿、肥皂以及其他俄国工业产品。但主要用来交换他们认为十分珍贵的马鹿鹿茸”①。

依据《恰克图条约》，除恰克图外，另一个是尼布楚，后改为祖鲁海图，作为两国的边境贸易市场。祖鲁海图在额尔古纳河左岸。每到夏天，俄国商人便聚集到这里，同来自中国黑龙江齐齐哈尔、墨尔根的商人进行交换。清廷于雍正五年（1727），在祖鲁海图对面的中国境内的库克多博设立了卡伦，作为贸易地点。每年四月开市，由中国方面派官员监视。俄罗斯商人与清国商人，云集于此。

库马拉河口，每年三月、十二月，是集市的时间。满洲官员、商人逢市都到这里来，用中国产的布匹、盐、茶叶、米、烟叶、酒，向马涅格尔人交换毛皮、靴子、手套等。同时马涅格尔人又与俄罗斯、哥萨克人进行贸易。马涅格尔人用毛皮、鞣制过的鹿皮，与俄罗斯人的面粉、火枪、铁制品、枪砂、火药相交换。

黑龙江口的贸易，每年分夏秋两季。满洲商人的船只满载中国产的布匹、丝绸、茶叶、手镯、耳环、烟、酒，同黑龙江北，甚至来自库页岛的一些部族进行频繁的交易活动。19世纪中叶，俄国公司的势力深入黑龙江口，并在“基立亚特地区的这个或那个地方设立商店和贸易机构”。其目的是通过贸易活动，把当地土著居民基立亚克人“争取到俄国方面来”。②

不难看出，从17世纪到19世纪中叶，中俄边境贸易有三个特点：其一，多以物物交换的形式进行；其二，在贸易上俄方显得更为主动；其三，俄方在边境贸易的背后，常常伴随着政治与军事上的扩张野心。

三 英国对清国的鸦片走私

由于西方资本主义的新兴，清朝对外经济交往与资本主义世界市场发生了密切联系。中国著名的茶、丝、土布、瓷器、药材等产品不仅供本国

---

① 〔俄〕马克：《黑龙江旅行记》（中译本），商务印书馆，1977，第64页。

② 〔俄〕巴尔苏科夫：《穆拉维约夫——阿穆尔斯基伯爵》（中译本）第2卷，商务印书馆，1972，第80页。

需求，同时供世界各地消费；欧美资产阶级则竭力把中国开辟为它们的工业品销售市场。[①]

经历了资产阶级革命后的英国迅速崛起，于康熙五十四年（1715）在广州设立商馆，中英贸易趋于正常化，贸易额逐步上升。18世纪中叶，英国对华贸易总值已经超过欧洲其他国家对华贸易值的总和。然而，从英伦运来中国的全部商品总值只抵得上从中国出口茶叶一项的价值，中国长期保持出超地位。为平衡贸易收支，获得大量白银，英国开始进行非法的鸦片贸易。鸦片最初以药品名义输入中国。雍正五年（1727），英国首次向中国输入了200箱鸦片，每箱重133磅；雍正七年（1729），清政府第一次公布了对吸食鸦片的禁令，说明清廷已察觉鸦片的危害；乾隆二十二年（1757），英国占领了印度的鸦片产地孟加拉，输入中国的鸦片随之增加；乾隆三十二年（1767），输入鸦片已达1000箱之多；乾隆三十八年（1773），东印度公司排挤了荷兰、丹麦等公司的势力，垄断了孟加拉、比哈尔、奥理萨等地出产的鸦片，大量鸦片输入中国，以平衡英国对华贸易逆差。

鸦片输入的激增，引起了清廷的担忧。嘉庆五年（1800），清廷再次下令禁止鸦片入口，规定凡外国商船来粤，须先由行商聚结，保证进入黄埔的货船不夹带鸦片；但是，外国鸦片贩子们用贿赂和走私的办法使禁令成为具文，负责巡缉鸦片的清朝官吏在得到一笔贿赂后，便不加过问，甚至于掩护和参与鸦片走私。烟贩们较前更加猖狂地偷运鸦片，鸦片的输入量有增无减。

19世纪上半期，鸦片在英国对华贸易中的地位越来越重要，鸦片输入值远超其他商品总值。19世纪30年代，每年鸦片输入值大约一千数百万元，而毛织品、棉织品、五金等输入的总值，每年只有数百万元。这就使中英贸易发生了逆转，中国从顺差变为逆差。道光十七年（1837）至道光十八年（1838），中国对英输出的商品有：茶叶9561576元，丝2052288元，其他商品976060元，共计输出12589924元，折合3147481英镑。英国向中国输出的商品有：五金620114英镑，棉布1640781英镑，鸦片3376157英镑，共计5637052英镑。其中仅鸦片一项就超过中国全部输出

① 黄国盛、谢必震：《鸦片战争前清朝对外经济交往性质初探》，《福建论坛》（文史哲版）1989年第1期。

商品的总值。[①]

鸦片输入日增，行销地区日广，吸食者日众。道光十一年（1831），刑部奏称："窃查鸦片烟来自外洋，其始间由劣幕奸商，私自买食。浸浸而贵介子弟，城市富豪，转相煽诱，乃沿及于平民。"道光十八年（1838），黄爵滋奏称："其初不过纨绔子弟，习为浮靡，尚知敛戢。嗣后上自官府缙绅，下至工商优隶，以及妇女僧尼道士，随在吸食。置买烟具，为市日中。盛京等处，为我朝根本重地，近亦渐染成风。"[②]

鸦片泛滥，严重影响了清王朝的政治、经济和军事力量，削弱了专制集权统治。清朝满族各级官吏，吸食鸦片者很多，他们终日昏昏沉沉，不理政务，更增寄生性和腐朽性。清朝士兵中也有不少吸食鸦片的，道光十二年（1832），有人奏称，"军营战兵，多有吸食鸦片烟者，兵数虽多，难于得力"。清廷统治者为维护自身的统治利益，查禁鸦片，一场轰轰烈烈的禁烟运动由此展开。而外国资本主义为维护贩毒特权，悍然发动"第一次鸦片战争"。由此拉开了晚清满族经济史的序幕。

① 〔日〕稻叶君山：《清朝全史》，但焘编译，吉林出版集团，2010，第245页。

② 〔日〕稻叶君山：《清朝全史》，但焘编译，吉林出版集团，2010，第245页。

第四篇

晚清至民国满族经济史

第十五章　晚清帝国主义侵略下满族统治阶层经济地位的变化

清朝政权是满族统治阶层政权，其政治经济地位极其优越，成为中国最突出的特权阶层。1840 年鸦片战争以降，清国屡遭列强侵略，风雨飘摇，国家积贫积弱。在各种民族矛盾和阶级矛盾中，晚清统治阶层对外成为帝国主义掠夺中国财富的工具，对内压榨剥削各族人民，自身统治经济地位的稳固性逐步丧失。中国变成半殖民地半集权官僚制社会，散居全国各地的满族也被裹挟进去。[①]

第一节　满族统治阶层成为帝国主义掠夺中国的工具

面对列强欺凌，满族统治阶层被迫抵抗，但没有坚定的抗战决心，又不依靠人民力量。战败受挫后，卑躬屈膝，妥协投降，签订了一个又一个不平等条约，使各族人民饱受压榨和摧残。满族统治阶层成为帝国主义掠夺中国的工具。

一　开辟通商口岸与租界

晚清时期，西方列强企图把中国变为它们的殖民地。以英国为首的西方国家无耻地以鸦片毒品作为敲门砖，他们贿赂清朝官吏，偷运鸦片入境，鸦片流毒于中国各省。就是满族聚居地盛京等处，也是“恶习日深，几成积重难返之势”[②]。锦州的天桥长、海城的没沟营与田各庄、盖平的连云岛、金州的貔子窝、岫岩的大孤山等海口地方，都是烟片贩子“明易

---

① 中国科学院民族研究所、辽宁少数民族社会历史调查组：《满族简史》，民族出版社，1963，第 124 页。

② 中国史学会主编《鸦片战争》，长江文艺出版社，1988，第 23 页。

货物，暗销烟土"[①] 的据点，满族和全国各族同胞一样，深受其害。鸦片贸易致白银大量外流，造成清廷严重的财政困难。道光帝采取了严厉的禁烟政策，派钦差大臣林则徐虎门销烟，英国以此为借口开始大举进攻中国，发动鸦片战争。首次提出赔偿烟价、割让沿海岛屿、开放通商口岸、协定关税、领事裁判权等无理要求。清廷内部分裂为抵抗与妥协两派，首席军机大臣穆彰阿、直隶总督琦善、两江总督伊里布等满族大臣构成妥协派，极力维护满族统治阶层的利益。道光帝在定海失守后听信妥协派谗言"夷兵之来，系由禁烟而起"，在与英国谈判后将林则徐、邓廷桢革职。满族重臣琦善于1841年初与英军谈判签订《穿鼻草约》，包括割让香港、赔偿烟价、开放广州为通商口岸等条款。[②] 其中广州开港恢复贸易，条件是英军归还舟山。[③] 在琦善看来，用虎门口外不毛之地换取舟山，外加英军从沙角、大角撤退是有利生意。[④] 可见，满族贵族已经开始充当帝国主义统治中国的工具，为维护自身利益不惜出卖国家主权以及人民利益。清廷在之后的战争中一再失败，暴露出满族统治阶层的腐朽脆弱，不堪一击，引起广大人民的愤恨。在此情况下，满族贵族担心"外患未除，内乱又起"的局面会不利于其统治，为避免更多"衅端"，对外不断妥协，接受了英国提出的通商、赔款、割地等要求。满族统治阶层向外国出让了关税自主权，将贸易规则和税收的决定权交给了列强。[⑤] 通过不平等条约，列强攫取了在中国设立对外贸易管理机构和控制外国人在华经商活动的权益。[⑥]

道光二十二年（1842），钦差大臣耆英代表清廷与英方代表璞鼎查签订中英《江宁条约》，开放五口通商，中国政府委托各领事，自征其本国商人运输货物的关税，然后转交中国政府。[⑦] 咸丰元年（1851），满族统治阶层主导的清廷提议与各国商定海关征税办法，提出关税应由

---

① 《清宣宗实录》卷三百一十六，中华书局，2009，第39851页。

② 中国科学院民族研究所、辽宁少数民族社会历史调查组：《满族简史》，民族出版社，1963，第100页。

③ 〔日〕佐佐木正哉：《鸦片战争研究》，中信出版社，2012，第27页。

④ 茅海建：《天朝的崩溃》，三联书店，2011，第212页。

⑤ 〔美〕托马斯·莱昂斯：《中国海关与贸易统计（1859～1948）》，浙江大学出版社，2009，第9页。

⑥ 〔美〕托马斯·莱昂斯：《中国海关与贸易统计（1859～1948）》，浙江大学出版社，2009，第9页。

⑦ 曲绍宏、白丽健：《中国近现代财政简史》，南开大学出版社，2006，第41页。

中国派员征收，直到咸丰四年（1854），才协议各条约商埠设税务司。英美法三国各推举一人，以同等权力组织上海海关事务处，这是外国人管理海关之始。[①] 全国海关由总理衙门管辖。1895 年甲午战败后《辛丑条约》的签署，使关税全部成为赔款的担保。甲午战争借款的本息支付，构成清廷的沉重负担。自鸦片战争后，中国先是丧失了关税自主权，不久海关管理大权也被外国侵略者夺去。1895～1949 年，掌握中国海关管理大权的五任总税务司均为外国人，其中英国人赫德掌管总税务司长达半个世纪。[②] 外国人控制中国海关也就掌握了清廷命脉，满族统治阶层实际就是帝国主义侵略下的傀儡政权，充当疯狂掠夺中国财富之工具。

从第一次鸦片战争起，英国、美国、法国等帝国主义国家屡次对中国发动侵略战争，迫使以满族贵族为首的清政府签订了 411 个不平等条约[③]，在中国沿海、沿江以及边界地区，开设商埠，作为鸦片和廉价商品侵入的据点，和掠夺中国农、矿原料和手工业产品的聚集地。[④] 从 1842 年开放广州、厦门、福州、宁波、上海为通商口岸，到 20 世纪 30 年代开放广东中山止，中国通过签订条约形式被迫开放的口岸和自行开放的口岸达到 104 个，再加上胶州湾、旅顺口和大连湾、威海卫、广州湾等四个租借地和香港、澳门两块殖民地，可供外国人通商贸易的口岸达到 110 个。除山西、贵州、陕西、青海、宁夏等少数省份，中国绝大部分省份都有了多个通商口岸（见表 15－1）。

---

① 胡均：《中国财政史讲义》，商务印书馆，1920，第 414 页。

② 中国第二历史档案馆、中国社会科学院近代史研究所：《中国海关密档》，中华书局，1990。

③ 据王铁崖《中外旧约章汇编》（三联书店，1957），列入条约为 1182 件。《中国对外条约词典（1689～1949）》（吉林教育出版社，1994），补充了王书所遗漏的，新增 174 个，总数 1356 件。但此二书均未说明有多少是不平等的。若确立不平等的标准为损害、侵犯我国主权和国家民族利益，近代历届政府与 22 个国家共签订 745 个不平等条约。其中，清政府从 1841 年 5 月到 1912 年 2 月，共签订 411 个不平等条约；北洋政府从 1912 年 3 月到 1927 年 5 月，共签订 243 个不平等条约；国民政府从 1927 年 9 月到 1949 年 6 月，共签订不平等条约 91 个，晚清签订的数量最多，占总数的 55%。“不平等条约制度”是费正清在《剑桥中国晚清史》（上卷）（中国社会科学出版社，2006）中首次提出来的概念，他把不平等条约作为一个体系来研究。

④ 严中平：《中国近代经济史统计资料选辑》，中国社会科学出版社，2012，第 36 页。

表 15－1 1842～1909 年清廷通过合约形式开辟的通商口岸

国家	条约	日期	通商口岸
英国	南京条约	1842 年 8 月 29 日	广州、福州、厦门、宁波、上海
	天津条约	1858 年 6 月 26 日	牛庄（后改为营口）、登州（后改为烟台）、台湾（台南）、潮州（实际在汕头）、琼州（实际在海口）、镇江、汉口、九江
	北京条约	1860 年 10 月 24 日	天津、大沽
	烟台条约	1876 年 9 月 13 日	宜昌、芜湖、温州、北海
	新订烟台条约续增专条	1890 年 3 月 31 日	重庆
	藏印议订附约	1893 年 12 月 5 日	亚东
	续议缅甸条约附款	1897 年 2 月 4 日	腾越、梧州、三水
	续议通商行船条约	1902 年 9 月 5 日	长沙、万县、安庆、惠州、江门
	续订藏印条约	1906 年 4 月 27 日	江孜、噶达克、亚东
俄国	伊犁塔尔巴哈台通商章程	1851 年 8 月 6 日	伊犁、塔尔巴哈台（今塔城）
	北京条约	1860 年 11 月 24 日	喀什、库伦（今乌兰巴托）、张家口
	伊犁条约	1881 年 2 月 24 日	肃州（嘉峪关）、乌鲁木齐、哈密、古城（奇台）、吐鲁番、科布多、乌里雅苏台
法国	天津条约	1858 年 6 月 27 日	台湾（台南）、淡水（台北）、潮州、琼州、江宁（南京）
	续议商务专条	1887 年 6 月 26 日	龙州、蒙自、蛮耗
	续议商务专条附章	1895 年 6 月 21 日	思茅、河口
美国	通商行船续约	1903 年 10 月 8 日	奉天、安东
日本	马关条约	1895 年 4 月 17 日	沙市、重庆、苏州、杭州
	通商行船续约	1903 年 10 月 8 日	长沙、奉天、大东沟
	东三省事宜正约	1905 年 12 月 22 日	凤城、辽阳、新民屯、铁岭、通江子、法库、长春、吉林、哈尔滨、宁古塔、珲春、三姓、齐齐哈尔、海拉尔、瑷珲、满洲里
	图们江中韩界务条款	1909 年 9 月 4 日	龙井、局子街（延吉）、头道沟、百草沟

资料来源：总税务司书造册处：《中国海关起源、发展和业务活动的文件汇编》第一卷，上海总税务司署统计科，1950。

注：根据利益均沾原则，一旦与列强中的一国签订条约开放商埠，则其他国家自动取得在相应商埠地的一切权利。其中，日本在沙市、重庆、苏州、杭州的四处商埠地，被一些中国历史学家算作租界。

晚清开辟的通商口岸和租界是建立在不平等条约基础上的，是以满族贵族为主的清廷战败的产物，反映列强的侵略要求，是中国沦为半殖民地半集权官僚制社会的典型标志。通商口岸的开辟便利了各帝国主义国家向中国倾销商品和鸦片，掠夺中国原料，成为列强对中国进行经济侵略的主要据点，中国各民族经济生活被国外侵略者所掌控。满族和其他民族一起经历着被奴役的悲惨命运，大批农民、手工业者破产。

以满族世居地东北为例。1861 年正式开辟牛庄为通商口岸，资本主义国家的经济活动逐渐猖獗起来。此后，掠夺东北权利愈演愈烈。1896 年沙俄取得修筑东清铁路的权利，并攫取了铁路沿线地带的行政权、采矿权以及贸易减免税厘等特权[①]；1905 年日本夺取了沙俄在长春以南的一切特权，其中包括长春至旅顺的铁路、旅大租借地及其附属权益，进一步向清政府攫取了更多的政治经济特权。从此，日本财阀纷纷在东北设厂开矿，加紧侵略活动。日本和沙俄的政治经济力量从城市深入农村，加紧倾销商品，掠夺东北资源；英、美等帝国主义侵略者不甘落后，极力向东北扩张，帝国主义破坏了东北地区自给性的经济形式，关外满族世居地成为帝国主义国家的原料产地和商品销售市场。满族统治阶层为应对财政危机，偿还外债，维护其腐朽统治，将大量战争赔款转嫁到人民头上。加速了满族农民的破产过程，瓦解了原来的经济结构。

二　转嫁大量战争赔款

赔款和外债支付是鸦片战争后随着国际关系恶化而产生的财政支出项目，也是以满族贵族为首的清政府日益沦为帝国主义统治工具的重要标志之一。[②]它不仅是清廷财政上的负担，而且是中国近代史上的耻辱。满族统治阶层腐朽脆弱，为偿付战败赔款，疯狂地搜刮人民，充当了帝国主义掠夺中国人民的工具。据光绪二十五年（1899）户部奏折称："近年大费有三：曰军饷，曰洋务，曰息债。"[③] 前一项属于经常性财政支出，而后两项属于新增支出项目。

自第一次鸦片战争至清末，在 50 年的时间中，满族统治阶层主导的清廷签订大小赔款一百数十次，"有因战争失败而成立的，有因教案发生

---

① 中国科学院民族研究所、辽宁少数民族社会历史调查组：《满族简史》，民族出版社，1963，第 125 页。

② 曲绍宏、白丽健：《中国近现代财政简史》，南开大学出版社，2006，第 37 页。

③ 范文澜：《中国财政史》，商务印书馆，1962，第 332 页。

而成立的；有由中央政府偿付的，有由地方政府偿付的。”[①] 其中，以清廷的战争赔款与清政府财政关系最为密切，亦最为重要。此类赔款有五次：一是道光二十二年（1842），英国侵略者用武力胁迫清政府赔款2100万元（以一元折银七钱计，合银1470万两）。二是咸丰十年（1860），英法联军勒索赔款1600万两，抚恤银50万两，美国趁机勒索亏银55万两；1874年日本侵略台湾又勒索了50万两。三是光绪七年（1881），俄国向清政府索取“代守”（侵占）伊犁十年费用900万卢布，合库平银500万两。四是光绪二十一年（1895），日本通过《马关条约》向清政府索取了赔款2.3亿两（赔日本军费2亿两，退还辽东半岛赔款3000万两）。五是光绪二十七年（1901）庚子之役，八国联军通过《辛丑条约》更向清政府勒索赔款457605000两。[②] 如果再加上分期偿款的利息，数额更巨，如庚子赔款摊还期39年，年息四厘，本息合计接近10亿两（赔款本额4.5亿两，利息5.3亿余两）。[③]

第一次赔款清政府命令广东、江苏及十三行行商出资偿还并动用部分海关收入，第二次直接从海关四成洋税中扣还。对俄国赔款，满族统治者下令户部从京饷中划拨200万两，其余从厘金、关税和田赋附加下摊还[④]。前三次赔款满族统治阶层东拼西凑分别在地丁、盐课、关税、商捐、兵饷、厘金等项下支付，尚在其承受范围之内。鸦片战争赔款来源及比例如表15－2所示。

表15－2 鸦片战争赔款支出与来源

单位：%，两

赔款来源	银　　两	百 分 比
关　　税	6388000	43.28
地　　丁	3125800	21.18
盐　　课	601200	4.07
兵　　饷	650000	4.40
商　　捐	3995000	27.07
合　　计	14760000	100

资料来源：彭泽益：《十九世纪后半期的中国财政与经济》，人民出版社，1983，第16页。

---

① 陈锋：《清代财政政策与货币政策研究》，武汉大学出版社，2008，第429页。

② 汤象龙：《民国以前的赔款是如何偿付的》，载《中国近代经济史研究集刊》第三卷第二期，1935年11月。

③ 陈锋：《清代财政政策与货币政策研究》，武汉大学出版社，2008，第429页。

④ 金普森：《近代中国外债研究的几个问题》，浙江大学出版社，2011，第19页。

由此可见，在偿付鸦片战争赔款中，关税所占比例最大，从关税中支付的银两，约占粤海关同期税收的75%。事实上已经开了用关税作为赔款主要经费来源的先例。可见，前三次赔款虽在满族统治阶层主导的清廷财力承受以内，但满族统治阶层已经被迫把当时的重要税源作为挹注。后两次巨额赔款将满族统治者的财政推向崩溃。甲午战争对日本赔款2.3亿两，庚子赔款本息则为甲午赔款数倍。如此巨款，清廷的传统办法显得苍白无力，不得不借外债以偿赔款。在国内则通过搜刮勒索各族人民来转嫁天文数字的赔款。所以，这种赔款是帝国主义列强借满族统治者之手来榨取民膏，他们自己也承认实在所用军费及官商民教应请抚恤之款浮溢甚多。① 况且为安葬被义和团杀死的教职人员而建坟立碑所需费用及抚恤教民等费，尚另有规定。② 沉重的经济负担，对于腐朽之满族统治者来说无所谓，它是以人民为牺牲的。对于直接造祸之人慈禧太后来说更是无所谓，列强继续支持已经被驯服的慈禧作其代理人以攫取更多利益。只要保住了其腐朽统治地位，她认为借此出去看看世界，浏览风景，亦一乐也。③《辛丑条约》签订后，"老佛爷"返京，三批人一路浩浩荡荡如过境之蝗虫，勒索搜刮，办席摆宴不亦乐乎。④ 那拉氏直截了当地表示："量中华之物力，结与国之欢心。"满族统治者已经完全成为外国侵略者榨取和奴役中国人民的工具。⑤

然而赔款如何按年偿付，此为关键，亦与中国人民之负担，有密不可分之关系。就清廷当时财政状况，真是"捉襟见肘"，就当时各族人民的经济状况，真是"竭泽而渔"。在无路可走之时，户部奏："此次赔款共本利银九万八千二百二十三万八千一百五十两。中国财力万不能堪，然和议既成，惟有减出款，增入款凑偿，庶几不误大局。谨将增减各款开列：一、虎神骁骑护军各营津贴，二、神机营经费及步军营练兵口分，三、满汉官员八旗兵丁米折，四、南洋经费及沿海沿江防费，并各省水陆勇营绿营一律酌裁。五、房捐，六、地丁收钱酌提盈余，七、盐斤加价，八、各省土药及茶糖烟酒，就现抽厘数，再加三成。惟各省情形不同，即照章筹

---

① 财政部财政年鉴编纂处编印《财政年鉴》下册，民国三十七年（1948），第1430页。
② 王彦威、王亮：《清季外交史料》卷一百五十，书目文献出版社，1987，第5页。
③ 刘秉麟：《近代中国外债史稿》，武汉大学出版社，2007，第21页。
④ 陈钦：《北洋大时代》，长江文艺出版社，2013，第49页。
⑤ 中国科学院民族研究所、辽宁少数民族社会历史调查组：《满族简史》，民族出版社，1963，第113页。

办，凑款需时，仍恐有误还期。”[①] 并强调惟必须凑足分派之数，如期汇解，迟延贻误，惟该督抚是问。此系户部筹措偿还赔款及各省分摊之办法。同年十二月一日，又有“上谕”一道如下：

> 此次赔款载在条约，必须如期筹偿，万不可稍涉迁延，致失大信，著各直省将军督抚，务须遵照全权户部会议办法，竭力筹措，源源拨解，按期应付不准丝毫短欠，致生枝节。倘或因循贻误，定惟该将军督抚等是问，懔之慎之。[②]

显然，满族统治阶层已经成为列强的收款机，将赔款分摊各省，各省再搜刮民脂民膏，置民水火于不顾。实际上，各省财政状况十分困难，实难凑足，尤以各省督抚联衔电奏中所陈：“无论如何，筹加筹捐，无非取之于民”，路有饿殍，尸横遍野何以为捐。尚有“民怨已深，内怨朝政，外愤洋人”，以及“百事俱废，专凑赔款”等语。但各省实际应付由各省摊还和各海关摊还解决。[③]

表 15－3 各省关历年摊还庚子赔款统计

单位：两

年 代	各省摊还数	各海关摊还数	合 计
光绪二十八年（1902）	21212500	3198367	24410867
光绪二十九年（1903）	21162500	3005368	24167868
光绪三十年（1904）	21137500	3641784	24779284
光绪三十一年（1905）	21212500	3756880	24969380
光绪三十二年（1906）	21212500	4172083	25384583
光绪三十三年（1907）	21212500	4109156	25321656
光绪三十四年（1908）	21212500	3849803	25062303
宣统元年（1909）	21212500	3811276	25023776
宣统二年（1910）	21212500	3935118	25147618
合 计	190787500	33479835	224267335

① （清）刘锦藻：《清朝续文献通考》卷七一，商务印书馆，1955。

② 王彦威、王亮：《清季外交史料》卷一百五十，书目文献出版社，1987，第 11 页。

③ 徐义生：《中国近代外债史统计资料》，中华书局，1962。

由各省摊还之数，其主要来源为地丁、盐课、厘金、漕项、常税、捐、杂税等项，就1902年至1910年统计观之，每年约两千一百万两，其中以江苏、江西、广东、四川等省较多。[①] 这样巨大的负担全部加在从事生产的农工身上，各族人民生活困苦不堪，社会经济愈加凋敝。而满族统治者只顾增加苛捐杂税，榨取人民血汗，不仅将赔款全部转嫁人民，还中饱私囊过着骄奢淫逸的生活，为了维护其既得利益完全与帝国主义列强沆瀣一气，充当傀儡，其灭亡之日又迫近了。

三　严禁人民参加反帝活动

满族统治阶层腐败无能导致战争失败，巨额赔款与外债压力使满族统治阶层只能对各民族人民横征暴敛，马克思愤怒地指出："旧捐税更重更难负担，此外又加上了新捐税。"[②] 增加赋税一倍至三倍以上，广大农民饥寒交迫，揭竿而起[③]，点燃了反帝反专制的熊熊烈火。从道光二十一年至三十年（1841～1850），全国各地起义达百次之多。[④] 其中，洪秀全领导的太平天国运动席卷江南数省，但反动的满族统治阶级不甘退出历史舞台[⑤]，他们实行"借师助剿"的反动政策，借助洋枪、洋炮、洋船等西洋先进武器，开征厘金，增加赋税，并大量举借外债以为军饷，勾结外国侵略者残酷镇压太平军起义。

在帝国主义侵略和本国专制统治压迫下，内外矛盾尖锐，社会日益动荡。农民大量破产，还要被迫承受贪官污吏的压榨和各级财政亏空的转嫁。包括满族在内的国内各民族人民生计艰辛，对洋人越发不满。但是清王朝不断加剧的崇洋媚外风气，助长了传教士和教民的霸道。各地传教士和教民相互倚仗，"乡愚被其讹索，孤弱受其欺凌，出入衙门，干预讼事"。"一切罪人讼棍，具以教中为护逃薮，从中生乱"。"强占人之妻女

① 汤象龙：《民国以前的赔款是如何偿付的》，载《中国近代经济史研究集刊》第三卷第二期，1935年11月。

② 马克思：《中国革命和欧洲革命》，载《马克思恩格斯选集》第一卷，人民出版社，1995，第692页。

③ 李燕光、关捷：《满族通史》，辽宁民族出版社，2003，第584页。

④ 李燕光、关捷：《满族通史》，辽宁民族出版社，2003，第584页。

⑤ 金普森：《近代中国外债研究的几个问题》，浙江大学出版社，2011，第20页。

财产及人命重案，不可枚举”[①]。人民的反抗斗争此起彼，至19世纪末期终于爆发了大规模的义和团反帝爱国运动。

义和团运动，是帝国主义侵略加深、民族灾难空前严重的产物[②]，散居各地的满族人民和汉族人民一起参加了这场反帝爱国斗争。奉天省城的大街小巷和附近的乡村，处处在练拳，到处是揭帖。崇信义和团的满族副都统晋昌（满洲镶黄旗人），率领八旗士兵数百名，参加战斗，烧毁教堂，处死了凶恶的法国侵略分子纪隆。河北遵化地区的义和团推举满族农民李虎忱为团头，率领拳民转战遵化各地，向侵略者展开斗争[③]。吉林、黑龙江的义和团在吴福锦（满族）领导下，组织宁安义和团，满人占70%左右，烧教堂、拆铁路，给帝国主义以沉重打击。[④] 北京的义和团声势尤其浩大，在攻打西什库教堂的斗争中，满族士兵恩庆击毙了开枪寻衅的德国公使克林德。[⑤] 然而，义和团运动的兴起，严重威胁到清廷的反动统治。满族贵族为维护其统治，对外投降帝国主义，对内疯狂镇压义和团运动。

1901年8月15日，八国联军占领北京后，以西太后为代表的满族统治阶层逃离北京，西太后匆忙下“罪己”与“剿匪”诏，向各国求和。宣称义和团“实为肇祸之由”，“今欲拔本塞源，非痛加剿除不可，直隶义和团蔓延尤甚，该地方文武严行查办，务绝根株”。所谓“罪己”，也就是请求外国侵略者宽恕她过去“剿匪不力”，所以当“努力效劳”。满族统治阶级，当初要利用义和团保江山时，称为“承义民以血肉之躯，与枪炮相搏”；如今却要各地官吏带兵“相机”“剿办”所谓的“土匪乱民”，“以靖乱源”，作为向侵略者乞怜的礼物。

帝国主义为巩固在华利益，12月底，英、法、美、德、日、俄、意、奥、比利时、荷兰、西班牙等国驻华公使团根据“门户开放”原则，向清政府提出了《议和大纲》十二款，包括惩凶、道歉、赔款、使馆驻兵、毁

---

① 弘治、张鑫典、孙大超：《盛世之毁：甲午战争110年祭》，华文出版社，2004，第233页。

② 中国科学院民族研究所、辽宁少数民族社会历史调查组：《满族简史》，民族出版社，1963，第137页。

③ 中国科学院民族研究所、辽宁少数民族社会历史调查组：《满族简史》，民族出版社，1963，第138页。

④ （清）李鸿章：《李文忠公全书》奏稿，清末金陵刻本影印本，卷二十三。

⑤ 《民族问题五种丛书》辽宁省编辑委员会：《满族社会历史调查》，民族出版社，2009，第77页。

炮台、京榆沿线驻兵、永禁军火入口、设外务部等项内容，强迫清政府接受①。所谓《议和大纲》明显是一个侵略性条约，这是帝国主义加在各民族人民身上的枷锁。可是流亡西安的那拉氏，当她知道帝国主义仍愿意保持她的地位时“曷胜感慨”，立即下令李鸿章，奕劻“所有十二条大纲，立即照允”②。责令他们要早日完成投降卖国的任务。“和约”尚未签字，西太后就匆匆发布悔罪诏书。“今兹议约不侵我主权，不割我土地，念列邦之见谅，疾愚暴之无知，事后追思，渐愤交集”。表示今后要“量中华之物力，结与国之欢心”③。腐朽的满族统治阶层要把中国所有的财富宝藏尽其所能地贡献给帝国主义以博取侵略者欢心，全然不知民族气节为何物，表现出一副奴气十足的卖国嘴脸。

《辛丑条约》的签订，表明清政府完全屈服于帝国主义压力，成为帝国主义疯狂掠夺中国的傀儡和工具，死心塌地充当帝国主义忠驯走狗。满族统治阶层赤裸裸的卖国论调就是要以中国的领土主权与财富，换取帝国主义侵略者的支持，以维持其政治、经济特权。

第二节 满族统治阶层加重对国内各民族剥削

满族统治阶层凭借手里的政权，增加苛捐杂税，减少俸禄，削减兵饷，盘剥各族人民，充当帝国主义列强在中国的收款机，谄媚外国侵略者，以维护自身统治地位和既得利益。这是满族统治阶层在经济上的寄生性所决定的。

一 满族统治阶层的经济特权

清代满族统治阶层是一个特权阶级。到 18 世纪末，居住在中原城市的满族官员，在生活上奢侈腐化之风迅速滋长起来。这个寄生性极强的腐朽阶级在国内外诸种矛盾中逐渐丧失了自救能力。在国内，疯狂镇压人民的反抗，加重对人民的剥削；在对外关系中，丧权辱国，卑躬屈膝，签订一个又一个不平等条约。满族统治阶层只为保全自身利益，不顾人民死活。它之所以能疯狂敛财，依靠的是经济特权。

---

① 李燕光、关捷：《满族通史》，辽宁民族出版社，2003，第 636 页。

② 《清德宗实录》卷四七六，中华书局，2009。

③ 《光绪二十六年十二月二十六日上谕》，《义和团档案史料》下册，中华书局，1959，第 945 页。

清代满族宗室在顺治皇帝入关后，获得优厚的待遇，不仅按爵位等第领取固定的俸禄，还有婚丧嫁娶等赏赐银两。[①] 此外，宗室王公占有京师附近的大量圈地，称为王公官庄。[②] 对于满族统治者来说，圈占旗地不过是沿用关外旧制，但对当地汉民来说，却是赤裸裸的暴力掠夺。[③] 清代王公权势不断扩大，霸占百姓良田，王公土地多达数十万亩，完全无法约束他们的行为。[④]

清朝王公贵胄作为八旗子弟的上层，倚靠祖上世职承袭的爵位，他们不用驰骋沙场，当兵负苦，却可以深居府第，尽享繁华。他们在朝中位居显要，子弟即使有些人不再任职，仍享受优渥的待遇。他们不仅占有大量庄田，收取租银租米，而且领有数量可观的俸米。[⑤] 地位最高的和硕亲王，岁俸银 1 万两，米 5000 石；以下依次递减，至最低一级奉恩将军，岁支银 160 两，米 80 石。[⑥]

宗室与生俱来就有“鸾价银”，逋一出生就有优厚待遇。生男孩要到宗人府呈报，月享鸾价银 1 两 5 钱，每季发米 1 袋，待成年后，鸾价银增至 3 两，米 4 袋。而普通旗家的男孩，须先赴档房呈报挂名，长成后，习满文、练弓箭，遇机会挑缺，文、武考试选中，始获 1 两 5 钱养育兵钱粮。[⑦] 一般来说，宗室男性若受封爵位或任职官员，则按品级领取薪俸，年满 10 岁后（道光年间改为 15 岁），即得一份养赡银二两，年满 20 岁所领钱粮相当于八旗最底层士兵的收入。[⑧] 宗室有身心残障，不能任职者，改发残疾钱粮。另外，红白事件有恩赏钱粮，宗室家遇到意外灾害等，亦可申请补助。[⑨] 觉罗是皇室远支，除做官披甲外，享有的政治、经济特权低于宗室。[⑩]

具有政治经济特权的王公贵族们，国家恩养至优至渥，生来衣食无

---

① 赖惠敏：《清皇族的阶层结构与经济生活》，辽宁民族出版社，2001，第 225 页。
② 邱源媛：《找寻京郊旗人社会——口述与文献双重视角下的城市边缘群体》，北京出版社，2014，第 20 页。
③ 刘小萌：《旗人史话》，社会科学文献出版社，2011，第 12 页。
④ 杨学琛、周远廉：《清代八旗王公贵族兴衰史》，辽宁人民出版社，1986，第 11 页。
⑤ 刘小萌：《清代八旗子弟》，辽宁民族出版社，2008，第 45 页。
⑥ 刘小萌：《清代八旗子弟》，辽宁民族出版社，2008，第 45 页。
⑦ 刘小萌：《旗人史话》，社会科学文献出版社，2011，第 12 页。
⑧ 赖惠敏：《清皇族的阶层结构与经济生活》，辽宁民族出版社，2011，第 236 页。
⑨ 赖惠敏：《清皇族的阶层结构与经济生活》，辽宁民族出版社，2011，第 234 页。
⑩ 刘小萌：《清代八旗子弟》，辽宁民族出版社，2008，第 46 页。

忧，他们不仅占据高官峻爵，而且用多种手段向人民掠夺大量财产。当时一个亲王年俸银一万两，米百担以上，每个王所占的土地都在几千顷以上，遍及河北、东北各地，并在王府内设置庄园，坐收地租。睿王府光地租一项，每年就收入两万两银子。清直隶总督（崇厚）的收入更是惊人，为了维持穷奢极欲的生活，各王府强迫劳动人民为他们营造大量的府邸，每个王府都在几百间甚至几千间以上。[①] 他们到处搜置各类珍珠宝璧，据睿王之后金寄水回忆，王府里的珠宝、玉器和衣物，当时有几百库房。每个王府都设有专门机构，如管事处、庄园处、随侍处、田事处等，管理府内各种事宜。睿王府的机构更是俱全，除以上几处外，并增设总务处、档子房、饽饽房、饭房、火库、灯笼库、瓷器库、衣服库、坛库等，各库都设专人负责。此外，清廷还为每个王府雇用一百人至一百五六十个佣人，私养数名太监，这些仆人被称“包衣旗人”或家奴。[②] 清末，这帮王公贵族享受着高官厚禄，却在官场贪污纳贿，欺骗勒索，不理朝政，生活纸醉金迷，极尽奢华。

清末，京旗衙门中贪污是公开的事，上自都统，下至领催，几乎无官不贪。都统除按一品官领取正俸外，还有养廉银。满洲都统岁支养廉银700两。还有8名随甲钱粮，饷银201.6两。一个都统全年总收入在千两以上，但如此多饷银仍不够挥霍。他们在陋规、旗租、房租等名目下收入的银钱，常和他们的正俸收入差不多，至于克扣兵饷，吞没军费数字则无可计算。八旗官员多数吸食鸦片，吃、喝、嫖、赌，无所不为。受他们压迫和剥削的广大八旗人丁和各族人民生活日益艰困。[③]

满族统治阶层在经济上的寄生性，表现为政治上的腐朽性。他们贪污受贿，追求物质享受，形成因循敷衍、容隐欺蒙的政治风气。19世纪初年，洪吉亮指出：当时官员，“以模棱为晓事，以软弱为良图，以钻营为进取之阶，以苟且为服官之计”[④]。薛福成指出：“非时人性独贪也，盖在

① 《民族问题五种丛书》辽宁省编辑委员会：《满族社会历史调查》，民族出版社，2009，第76页。

② 《民族问题五种丛书》辽宁省编辑委员会：《满族社会历史调查》，民族出版社，2009，第77页。

③ 《民族问题五种丛书》辽宁省编辑委员会：《满族社会历史调查》，民族出版社，2009，第100页。

④ 《清史稿》卷三五六，《洪吉亮传》，中华书局，1976，第11309页。

内隐为驱迫，使不得不贪也。”[①] 清朝官吏之所以敢于明目张胆地贪污，乃是因为从皇帝以至州县官员联成一气，具有经济政治特权而为所欲为。

清代后期，尽管财政危机重重，皇室费用却远超清代前中期，生活花费更加奢侈，浪费成风。光绪十三年（1887），为了供慈禧太后避暑和游憩，重修颐和园，挪用海军经费百分之八九十。此外，户部为筹集颐和园的修建费，裁掉了许多必要的经费，还预征了许多捐税。[②] 除皇室经常性开支外，尚有巨额的临时开支，如同治十一年办理大婚，谕各省添拨饷银100万两。光绪皇帝大婚，耗费银两550万两。[③] 在财政上入不敷出之时，用450万两的外债修建供满族统治阶层寻欢作乐的园林，充分反映出清廷的腐朽和满族统治者的颟顸。[④]

除修建园苑宫殿外，满族统治者还十分重视皇室陵寝的修建。仅光绪十一年至二十年（1885～1894）的九年内，陵寝费每年最少为37000两，最高年份达47万多两，10年中共计支出158万余两。[⑤] 除此之外每年还要有30余万两的祭祀支出，个别年份甚至达到40万两。[⑥]“菩陀峪万年吉地工程银”是为慈禧太后兴建其百年后归宿的专款，属于皇室供应。此款，据四柱册，银库于光绪二十三年（1897）支出40万余两，二十四年（1898）支出16万余两，二十五年（1899）支出28万两，三年总计支出85万多两。[⑦] 皇室经费膨胀、内廷与外府界限不清，是皇室任意挪用国家财政的经济特权之体现。

满族统治阶层奢靡无度，只能靠无所不用其极的搜刮来满足，增加赋税，削减旗饷，满汉人民生活困苦不堪，阶级矛盾和民族矛盾空前激化。

二 土地兼并，赋税沉重

鸦片战争后，在外国资本主义和本国集权专制主义的双重压榨下，土

---

① （清）薛福成：《庸庵笔记》卷三，凤凰出版社，2000。

② 胡钧：《中国财政史》，商务印书馆，1920，第355页。

③ （清）刘锦藻：《清朝续文献通考》卷六十九，《国用六·会计》，商务印书馆，1912。

④ 曲绍宏、白丽健：《中国近现代财政简史》，南开大学出版社，2006，第128页。

⑤ 史志忠：《清代户部银库收支和库存统计》，福建人民出版社，2009，第98页。

⑥ （清）刘锦藻：《清朝续文献通考》卷六十九，《国用六·用额》，商务印书馆，1912。

⑦ 史志忠：《清代户部银库收支和库存统计》，福建人民出版社，2009，第97页。

地兼并盛行，原来的旗地开始急剧转移。[①] 满族正身旗人，皇庄、王庄的壮丁和佃户，一向是以制钱折纳银租，在银价上涨的情况下，都加重了剥削负担；并且在以满族贵族为首的清政府横征暴敛之下，原来的旗地除应征钱粮外，城守卫加征“额外小费”，等于在原定钱粮数目之外增加了一倍。就是从未输纳钱粮的吉林旗地，也在1902年查丈升科。[②] 在清查赋税和旗地升科的丈量过程中，有势力的大户人家，仍然隐匿私占；而自耕小农则查丈纳粮，加重了赋税负担。这也就加速了土地兼并过程。

以满族贵族为首的清政府为弥补《辛丑条约》赔款造成的国库亏空，拼命榨取劳动人民血汗，土地兼并现象日益严重，高利贷、商业资本剥削加重，农村经济日益恶化，社会生产力的发展受到严重阻碍，并促成了贫富分化与阶级对立。满族贵族和官僚地主的“天堂”就是满族穷人的地狱，“一方面是人们受饿、受冻、受压迫，一方面是人剥削人、人压迫人，这个事实到处存在着”[③]。晚清时期，根据东北政书、档案、家谱记载，除少数满族贵族、地主官僚以及各地驻防满人的上层，仍然坐食汉族和包括满族在内各民族人民的“脂膏”，过着骄奢淫逸的腐朽生活外，占满族绝大多数的都是从事“耕凿樵牧”，“各执一艺，足以自存”的劳动人民。虽然还有部分满人在全国各地驻防，有“钱粮俸饷”，但旗兵的情况也不一样。从政治地位和经济地位看，驻防旗兵包括不同的阶级和阶层，一些下级军官和从贵族子弟中挑选的“亲军”是旗兵，占有二三千亩土地和上百个奴仆的富家子弟也有充当旗兵的，这是旗兵的上层，属于统治阶层范畴。他们克扣兵饷，勒索余丁，奴役奴仆，压榨佃户，过着鲜衣美食、奢侈腐化的生活。但是旗兵的基本群体是马甲和步兵，他们大多没有奴仆，得地很少，生活极端困苦。[④]

在东北，清末满族农民约占当地满族人口总数的70%左右，是满族的主要劳动者。土地是农民最基本的生产资料，土地的占有情况直接决定了农民的生活水平。在清初，满族统治阶层为了维护既得利益，笼络满族人民，对本族人民施行小恩小惠，颁布了“俸饷”制度。“八旗王公、官

① 中国科学院民族研究所、辽宁少数民族社会历史调查组：《满族简史》，民族出版社，1963，第132页。

② 《满族简史》编写组：《满族简史》，中华书局，1979，第126页。

③ 林家有：《辛亥革命与少数民族》，河南人民出版社，1981，第15页。

④ 林家有：《辛亥革命与少数民族》，河南人民出版社，1981，第15～16页。

员、兵丁，国初各给分地”[①]。凡官员兵丁，俱计授田，“富厚有力之家，得田每至数百垧；满洲披甲人，或父子兄弟所得之田不过数垧”[②]。到了清代末期，由于满、汉地主阶级的疯狂兼并，东北许多满族农民丧失了土地，生活没有着落，度日十分艰难。20世纪初，畿辅地区的旗地已经典卖十之七八，“现在旗人手内耕种者，大抵十无二三”[③]。奉天地方则是：“从前旗户皆有地产，今者大抵典兑于人。”[④] 1909年奉天省窃呼兰旗有满族三千一百余户，其中无地者实有一千九百一十四户，男女共七千余丁口，无地满人， “既无钱粮养赡，又无地亩可耕，生计日蹙，咸转沟壑”[⑤]。吉林地方的旗户：“原有产业，半皆转相典售。”[⑥] 满、汉族地主趁机兼并土地，使许多旗人破产。

满族占有旗地的自耕农户，大量典卖田地，生活就发生了严重问题。清朝统治阶层曾试图用“迁旗移边”的办法，把丧失土地的满人重新固定在土地上继续盘剥。1910年东三省总督锡良（镶蓝旗蒙古人）奏请，迁徙奉天旗人100户到安图垦荒，结果因为“旗人生计日艰，困苦已极”，报名移垦的竟达5000户之多。[⑦] 虽然，“移旗实边”可以“垦荒辟土”，但因为以满族贵族为首的清政府诸多盘剥，“劳碌终日”，竟无一钱到手，饥寒交迫。选择继续留在本地租种地主土地的佃户，身受地主剥削，他们缴纳的地租不断增加。1876年奉天省地租，一般是土地收益的1/3至1/7；1888年则增至“占收成的三分之一，五分之二，或七分之三不等”[⑧]。他们终日勤劳却不得一饱，痛苦不堪。

以满族贵族为首的清政府由于财政困境，不断向各省摊派巨额款项，其结果导致旧税不断加重，新税层出不穷。田赋加征使1911年预算数达5000万两，较1900年增加近2/3，各种新税，如房捐、牲畜屠宰税等名目繁多，给民间造成极大的扰害。各种新税加征在宣统三年（1911）预算

---

① 《钦定户部则例》（乾隆朝）卷十，清乾隆间刻本，香港，蝠池书院出版有限公司，2004。

② 《清世宗实录》卷一二七，中华书局，2009。

③ 《北洋公牍类纂》卷一，北京益森印刷有限公司排印本，光绪三十三年（1907）。

④ 辽宁省档案馆藏《奉天旗务处档》，庚字第132号。

⑤ 辽宁省档案馆藏《宣统元年十二月奉署档》第三卷，第28807号。

⑥ 徐世昌：《东三省政略》卷八，《吉林省地亩庙》，宣统三年（1911）铅印本。

⑦ （清）金梁：《试办迁旗实边报告》（初编），中央民族大学图书馆藏，宣统二年（1910）铅印本。

⑧ 李文治、章有义：《中国近代农业史资料（1840～1911）》（第一辑），生活·读书·新知三联书店，1957，第357页。

“正杂各税”项下的岁入为2616万余两，而在1900年以前这项收入仅仅为100万~200万两。[①] 增加了10余倍。满族与其他各族人民的辛勤血汗被盘剥榨取。

马克思在《中国革命和欧洲革命》中说：“中国在1840年战争失败后被迫付给英国的赔款、大量的非生产性鸦片消费、鸦片贸易所引起的金银外流，外国竞争对本国工业的破坏性影响、国家行政机关的腐化，这一切造成了两个后果：旧税更重更难负担，旧税之外又加新税。”[②] 满族统治阶层没落腐朽，为维护其自身利益，作为帝国主义掠夺中国的工具，全然不顾人民水深火热。巧立名目，税赋杂捐多于牛毛，加上地方官敲诈勒索，广大民众濒于绝境。

三 折发制钱，削减兵饷

八旗子弟“生则入档，壮则当兵”，当兵后有饷银，有饷米，收入非常稳定，人譬之为“铁杆庄稼老米树”[③]。兵饷，俗称“钱粮”，包括月饷和季米，康熙朝定制：京旗前锋、护军、领催，月饷4两，马兵月饷3两，每年饷米均46斛；步兵领催月饷2两，步兵月饷1.5两。出兵时另有行粮，这种待遇到清中叶基本保持不变。

到清中后叶，散放钱粮流弊丛生。如克扣饷银，领催吃“空缺”及私自将空缺钱粮典予他人的“典缺”等，使八旗兵丁饷银收入减少。八旗兵丁的钱粮，是其赖以为生的收入。晚清由于人口不断繁衍，额缺有限，生齿日繁与收入日绌的矛盾造成了以“一份之产而养数倍之人”的状况。不仅八旗贵族官员盘剥，民间高利贷也对旗饷虎视眈眈。八旗兵丁月饷季米，发放有期，一旦临时急用，只能典当借贷，高利贷资本趁机网罗射利。[④] 八旗官员利用职权对兵丁贷放银两，借方命运完全操纵在他们手中。满族贵族的腐败是自上而下的，他们共同勾结，舞弊分肥的事尽人皆知。

鸦片战争后，以满族贵族为首的清廷内忧外患，交相煎熬，财政拮据不堪。白银外流，每年达数百万两至数千万两不等。这种“漏银”随时间

---

① 曲绍宏、白丽健：《中国近现代财政简史》，南开大学出版社，2006，第41页。

② 马克思：《中国革命和欧洲革命》，《马克思恩格斯选集》第一卷，人民出版社，1995，第692页。

③ 刘小萌：《清代八旗子弟》，辽宁民族出版社，2008，第35页。

④ 刘小萌：《清代八旗子弟》，辽宁民族出版社，2008，第216页。

推移而递增。鸿胪寺卿黄爵滋在道光十八年奏称："自十四年至今，渐漏银三千万两之多。以中国有用之财填海外无穷之壑，易此害人之物，渐成病国之忧。"① 加之战争消耗和对列强之巨额赔款，清政府库存白银骤减。随之出现银贵钱贱，人民不堪其苦。剿灭太平军起义的军费消耗巨大，而赋税收入减少，又无异于雪上添霜。为筹措军费，清廷在发行官票宝钞纸币的同时，自咸丰三年（1853）开始铸造铜铁大钱。制钱的面值越大，铸造利益愈多。当时清廷官府文书中也不得不承认铸大钱利厚。滥铸大钱，搜括人民，直接增加了国库的收益，是满族统治阶层剥削人民的货币政策。据彭泽益《1853～1868 年的中国通货膨胀》的研究，咸丰年间铸造大钱、发行票钞的直接收益，折合成银两，至少达到 6129 万多两。②

由于所发银票"无从取银"，钱钞"不能取钱"，而大钱则"有整无散"，因此"民间怀疑而不用"，市肆采取各种方式加以抵制，"故有终日持钱竟至不能买得一物者"③。银票、铜铁大钱贬值，物价腾贵，人民生活贫困不堪。折发制钱对于旗人兵饷来说相当于大打折扣，加大了剥削程度。咸丰三年（1853）清朝规定：八旗官兵饷银折发制钱，制钱 2 串折银 1 两，并搭放铁制钱 2 成。④ 当时已出现"银贵钱贱"局面。饷银折发制钱，八旗官兵的实际收入已经减少。更严重的是，从 1860 年起规定减成发饷："骁骑校等项官兵，按四成实银、二成钱折开放；技勇养育兵等，按五成实银，二成折钱开放。"⑤ 这就是说，一般兵丁只能领到原饷的六七成，有的甚至欠饷不发。所发制钱与铁钱等贬值，八旗官兵"现因铁钱不能畅行，诸物昂贵，奸商把持"，"一切用度无不拮据"⑥。咸丰年间，对京师旗人的所有优恤全部中辍，旗人生活陷于绝境。青州旗人"因粮饷缺乏，已将所有物件变卖糊口。现在无可折变，衣敝履穿，形同乞丐"。

---

① 中国人民银行总行参事室金融史料组：《中国近代货币史资料》，中华书局，1964，第 30 页。

② 彭泽益：《1853～1868 年的中国通货膨胀》，载《十九世纪后半期的中国财政与经济》，中国人民大学出版社，2010，第 96 页。

③ 彭泽益：《十九世纪后半期的中国财政与经济》，中国人民大学出版社，2010，第 72 页。

④ 李燕光、关捷：《满族通史》，辽宁民族出版社，2003，第 705～706 页。

⑤ 《大清会典事例》卷二五四，光绪三十四年（1908）商务印书馆石印本。

⑥ 张福记：《清末民初北京旗人社会的变迁》，《北京社会科学》1997 年第 2 期。

入冬以后，“男妇赴乡乞食，死者甚多”[①]。京郊屯居旗人大半衣食不足，甚至女子十三四岁犹不能有裤子，困苦万状。[②] 北京城内，满族统治阶层世家贵宦却骄奢无度，贫寒旗人借债无门，谋生乏术，区区甲粮不足赡养一口，何论家人。“于是横暴者流为盗贼，无赖者则堕为娼优，比比有之”[③]。

光绪末年（1908），京城诸旗营兵丁每月按规定可领饷银二两八钱，觉罗前锋护军每月可领饷银三两五钱，但每次发饷，经层层克扣，实领只有七八成；另据时人回忆，光宣之际，实际发放给旗丁的饷银数目不过是规定的1/5。[④] 按当时的粮价，旗丁连自身一月的生计亦难以维持，遑论养活全家。不少旗丁“面有菜色，衣皆蔽徙”，或“全家待饷而活，而饷为官吏所扣，不得已而质其子女以为奴婢”，常有“逃无所归，则相率为盗”，更有“穷到尽头，相对自缢”者。至清亡前夕，已有数十万旗民沦为饥民。[⑤]

一方是骄奢无度的统治者，另一方是衣食无完的被统治者。以满族贵族为首的朝野上下，昧于时世，在经济上寄生于其他民族，追求奢靡生活，骄奢淫靡和腐败之风遍及官场内外。

第三节　满族统治阶层经济地位开始动摇

晚清财政内忧外患，内支战费，外偿赔款，赋税沉重。清廷财政陷入严重的危机之中。随着清廷统治地位的弱化，满族贵族官庄制度趋于崩溃。与此同时，愈发严重的“八旗生计”问题引发了旗兵闹饷及抗捐抗税运动，清初八旗军的支柱作用，到清末完全走向反面，满族统治阶层经济地位开始动摇。整个晚清满族经济史是这种满族寄生性经济危机日益深化的历史。

---

① 《清穆宗实录》卷八八，中华书局，2009，第50164页。

② 刘小萌：《清代八旗子弟》，辽宁民族出版社，2008，第220页。

③ 张福记：《清末民初北京旗人社会的变迁》，《北京社会科学》1997年第2期。

④ 《民族问题五种丛书》辽宁省编辑委员会：《满族社会历史调查》，民族出版社，1963。

⑤ 张福记：《清末民初北京旗人社会的变迁》，《北京社会科学》1997年第2期。

一 清廷财政危机

财政是国家政权的基石。[①] 晚清财政危机是满族统治阶层经济地位动摇的直接体现。晚清内忧外患，战费、赔款、外债使清廷财政状况不断恶化。从鸦片战争开始，清廷财政即出现了入不敷出的状况。太平天国运动的爆发使清廷财政迅速陷入空前严重的危机之中。[②] 在经过 19 世纪 70 ~ 80 年代的短暂休整后，甲午战败后清廷财政收支赤字更为巨大，成为晚清财政步入崩溃的转折点。《辛丑条约》则标志着晚清财政的彻底崩溃，直接成为清廷覆灭的经济根源。[③]

清廷增加财政收入的办法有二：加重旧税，增开新税。如田赋、盐税、常关税、茶税、商税等更加繁重，同时新增了关税、厘金、矿税等以前没有开征的税种。[④] 名目极其复杂，多如牛毛，这些成为当时财政搜刮的主要手段，清廷财政收入变态性地膨胀。

清廷晚期财政支出主要有军费、洋务费、赔款、债务本息支付几大项。自第一次鸦片战争失败，清廷支出增加巨大，仅咸丰、同治、光绪三朝在 60 多年里，支出递增约 2.7 倍，而收入仅递增 1.7 倍，清廷财政日趋窘迫。在财政支出中军务费居首位，据估计从鸦片战争起，经历中法战争、英法联军入侵、中日战争和八国联军侵华战争，耗银不下 1 亿数千万两，镇压太平天国运动的军费开支当不下数亿两。[⑤] 以满族统治阶层为主导的清廷每次对外抗敌总是以失败告终，而每次失败都负担着巨额的赔款。清代赔款，开始于道光时期的《江宁条约》，最大一笔则为庚子赔款，总额 4.5 亿两，限 39 年还清，年息 4 厘，本息总计 9.82 亿两。满族统治阶层由于支付战争费用或战后赔款而财政拮据时不得不多次举借外债以救一时之困，本息偿还成为清廷不堪承受的重负。

光绪十二年（1886）户部奏称："一款未清，又借一款，重重计息，愈累愈多，近来所偿息款，将近千万，上捐国帑，下揭民膏，艰窘情形，

---

① 叶振鹏、陈锋、蔡国斌：《中国财政通史》，湖南人民出版社，2012，第 25 页。
② 叶振鹏、陈锋、蔡国斌：《中国财政通史》，湖南人民出版社，2012，第 26 页。
③ 曲绍宏、白丽健：《中国近现代财政简史》，南开大学出版社，2006，第 35 页。
④ 曲绍宏、白丽健：《中国近现代财政简史》，南开大学出版社，2006，第 31 页。
⑤ 《清史稿》卷十三，中华书局，1976。

日甚一日。"[①] 光绪二十四年（1898），因"日本赔款尚欠七千二百五十万两，若不续借巨款，照约于二年内还清，则已付之息不能扣回，威海之军不能早撤，中国受亏甚巨"，又向英德续借1600万镑（约合银1.12亿两）之巨款。[②] 每年的偿还外债支出遂达到2400万两左右，约占岁出的25%。此后，外债与赔款俱增，据户部所编宣统三年（1911）预算，每年的外债与赔款支出已达5164万余两。[③] 仍是岁出之大宗（见表15-4）。

表15-4 甲午赔款举借外债情形

借债时间	借债名称	借款额	折合银两	年息	期限
光绪二十一年（1895）	俄法借款	4亿法郎	90517516两	4%	36年
光绪二十二年（1896）	英德借款	1600万英镑	97622400两	5%	36年
光绪二十四年（1898）	英德续借款	1600万英镑	112776780两	4.5%	45年

资料来源：据徐义生《从甲午中日战争至辛亥革命时期清政府所借外债表》编制，中华书局，1962。

以上三项借款共计3亿余两，赔款转而成为长期的外债负担，此三项借款分别以关税、货厘、盐厘担保，清廷财政更受制于债权国。[④] 外债支出与赔款支出不但标志着清廷的腐败和财政的崩溃，更是满族统治阶层反动性与腐朽性的集中体现，晚清满族统治经济地位已经丧失。

晚清财政具有以下特点。第一，晚清财政成为列强提款机，西方列强用枪炮驯服了晚清政权，而财政是政权的经济存在。晚清财政服务于确保给付战争赔款、偿还对外借款、保护列强利益不受损害。晚清海关由外国人管理，充当列强收款机器。清末，晚清财政完全坠入殖民地财政深渊，满族统治阶层完全丧失财政自主权。列强控制的海关不仅直接管理沿海各通商口岸的洋关，还将内地常关税纳入其控制，插手内地关税、厘金的管理。庚子赔款9.82亿两，而清廷岁入不足8000万两。为偿付赔款、海关税、常关税、盐税和厘金等主要财政收入均被指为外债抵押，以满族统治阶层为首的清廷彻底变成了西方列强的征税机构。[⑤]

---

① 〔日〕滨下武志：《中国近代经济史研究》，人民出版社，2008，第68页。
② （清）刘锦藻：《清朝续文献通考》七一，《国用九》，商务印书馆，1912，第8273页。
③ 《清史稿》卷一百二十五，《食货六》，中华书局，1976，第3709页。
④ 陈锋：《清代财政政策与货币政策研究》，武汉大学出版社，2008，第431页。
⑤ 叶振鹏、陈锋、蔡国斌：《中国财政通史》，湖南人民出版社，2012，第20页。

第二，以起运、存留为标志的中央财政与地方财政的划分，在晚清已徒具虚名，兵饷协拨的欠解异常严重，甚至协饷欠解的情况下，过境协饷也遭到过境之地大员的“截留”。[①] 清廷威严不在，满族统治阶层经济地位与清前中期不可同日而语。地方财政的形成是以满族贵族为首的清廷财政权下移的必然结果。在筹饷、筹款的名目下，财政权下落到地方督抚之手。各省藩司逐渐成为督抚之属官，听命于地方督抚。各项财政制度名存实亡，满族统治阶层的经济地位丧失了。

第三，财政管理混乱，财政危机频繁。内有外患之际，以满族统治阶层为首的清廷，财政管理制度陷入混乱无序之中，完全失去了对各省的控制。地方政府为完成摊派肆意加捐，搜刮民财，而清廷只求地方按时完成摊派，对如何筹款则不闻不问。对各省财政支出实情，中央政府无从了解，地方督抚则多隐瞒。[②] 满族统治阶层的权力衰落可见一斑。满族统治阶层为维持其统治地位，开办捐输，卖官鬻爵，致使官僚队伍膨胀。此外，还经常采取扣款、减成、减平的办法，减少官员俸禄和养廉银，官僚生计日益突出，促使官僚腐败风气，大量浮费被加到民众头上，税赋加剧导致社会矛盾尖锐。

二　满族贵族官庄制度的崩溃

清顺治入关后，连续三次大规模圈占畿辅田地，分拨给八旗官兵壮丁作为旗地[③]，王公则编庄扩充庄田，皇帝也编庄（即内务府官庄）扩充庄田[④]。清朝皇帝所有的旗地，通称内务府官庄，也就是皇庄。[⑤] 定都北京后，颁布的圈地文告中就有“安置诸王（包括宗室与异姓王公）勋臣兵丁”的说法，并准诸王公在锦州、盖州两地各设一庄，“其额外各庄，悉令退出”[⑥]。当时八旗官兵壮丁旗地类似“份地”，王庄与皇庄的奴隶制在满族社会经济中占有支配地位。清初旗地，尤其是皇庄与王庄都是役使壮丁耕种。壮丁的来源主要是从盛京迁来、强迫投充、买置人口及俘虏人

---

① 陈锋：《清代财政政策与货币政策研究》，武汉大学出版社，2008，第 561 页。

② 何烈：《清咸同时期的财政》，台北，“国立”编译馆，1981，第 406 页。

③ 赖惠敏：《清皇族的阶层结构与经济生活》，辽宁民族出版社，2001，第 134 页。

④ 李燕光、关捷：《满族通史》，辽宁民族出版社，2003，第 363 页。

⑤ 李燕光、关捷：《满族通史》，辽宁民族出版社，2003，第 364 页。

⑥ 李燕光、关捷：《满族通史》，辽宁民族出版社，2003，第 370 页。

丁。这些人被安置在皇庄进行生产劳动，处于奴仆地位，受到残酷的剥削和压迫。[①]

畿辅地区皇庄落后的生产关系也受到汉族地主制经济的冲击。首先是壮丁大量逃亡；其次是经营方式的变化，即汉族地主的租佃制取代满族“以丁责粮”的奴隶制。[②] 官庄、王庄内部生产关系发生根本改变，官庄壮丁出旗为民，可以自谋生计。满族土地私有制已经确立，租佃生产关系占了主要支配地位。[③] 满族奴隶制庄园崩溃。

晚清，在外国侵略者和满族贵族剥削下，税赋加剧，满族人民日益贫困。20 世纪初，畿辅地区的旗地已经典卖十之七八，官庄和旗地已无法继续固定在八旗之内。清政府无力阻止旗地转入汉族地主手中，不得不在法律上承认这个早已存在的事实。1852 年公布《旗民交产章程》，正式承认旗地可以卖给汉人。1889 年开禁，几经反复，终于在 1907 年将东北地区的旗地包括在内，彻底消除了旗民不准交产的限制。[④] 旗地大量缩减，存留的旗地除租赋较为轻微外，早已与民地无异。

清政府为了开垦升科，进一步丈放东北各地的官荒、围场，内务府的牧地也征收地价银两大量放垦。因为“马厂放而马价变，各庄头养马官差，已形同虚设，坐拥官地，辗转典售，积弊滋丛”。于是在 1905 年裁撤锦州“庄粮衙门并各庄头缺额，将官庄地一律丈放收价”。[⑤] 在当时的条件下，丈放旗地对清朝最高统治者是有利的，既收地价银两，又按年征收田赋。至 1909 年共丈放官庄地 1356700 余亩，收地价银 1821000 余两。丈放庄田由庄头、壮丁、佃户交价承领，“发给印照，付该领户收执，永准为业”。承领庄田即为私产，向所属州县纳两，这就从法律上改变庄头、壮丁的依附关系，正式确定了他们的佃农身份。官庄制度的崩溃在清末已成定局。[⑥]

---

① 李燕光、关捷：《满族通史》，辽宁民族出版社，2003，第 366 页。

② 李燕光、关捷：《满族通史》，辽宁民族出版社，2003，第 368 页。

③ 中国科学院民族研究所、辽宁少数民族社会历史调查组：《满族简史》，民族出版社，1963，第 74 页。

④ 中国科学院民族研究所、辽宁少数民族社会历史调查组：《满族简史》，民族出版社，1963，第 126 页。

⑤ 李燕光、李林：《清代的王庄》，《满族研究》1988 年第 1 期。

⑥ 中国科学院民族研究所、辽宁少数民族社会历史调查组：《满族简史》，民族出版社，1963，第 127 页。

1911年爆发的辛亥革命，推翻了专制王朝，摧毁了王公庄园存在的基础，加上广大壮丁、佃农的激烈斗争，使得王公庄地陆续变卖和丈放。1912年内务府办事处呈请派员分路清丈庄地。1914年毓公府也派人到奉天请派员清丈庄地，变价出售。[①] 在短短几年之内，便结束了中国历史上最后的一批王公贵族庄园。[②]

清朝王公庄园之所以能够建立和不断扩展，完全取决于满族统治阶层拥有的政治经济特权，庄园建立就是倚靠这个特权而延续。民国初年，虽然有优待皇室、皇族的规定，皇族私产受到民国政府保护，王公贵族仍可占有广阔庄地，继续剥削壮丁、佃农。但是，这时各王公只有“世爵”空衔，特权全部丧失，因此，王公庄园也就成为无源之水，无本之木，必然要灭亡了。这从王公及地方州县官员对待壮丁、佃农、庄地的态度变化，表现得十分清楚。过去，壮丁、佃农须向王府交纳租银，不能拖欠，不能典卖庄地，否则将受到王府的重惩，只要王府官员拿着“王谕”，通知州县，地方官就必须遵谕处置违法佃农[③]，就要逼迫佃农纳租交地。

当昔日高贵的王爷，降为无权无势的普通百姓，“王谕”也成为分文不值的废纸。[④] 正是在王公贵族丧失了统治权力的时刻，长期蕴藏在广大壮丁、佃农心中的怒火一下子爆发出来，他们纷纷抗租夺地，痛惩逼租的王府官员。并且壮丁、佃农还联合进行夺取王庄土地的斗争，“散布通告，私结团体，竟将各王公府产地亩概行注销”。当时的情况是抗租，或将地私自投税，转为民田己产，出现“自共和成立，各庄佃对于王公地产，时生野心，抗租不交者有之”的局面。[⑤]

统治权力的丧失和壮丁、佃农纷纷抗租夺地的强大压力，使得王公贵族难以征收租银保存庄地，无法维持昔日的剥削。可这些王公贵族长期挥霍无度，旧习未改，支出照旧，经济情况日益紧张，唯有变卖庄地。“生计艰迫”、庄佃抗租，正是各王公贵族变卖庄地的主因。

满族贵族的统治地位及经济特权，是清代王公庄园建立、发展和长期

① 李燕光、李林：《清代的王庄》，《满族研究》1988年第1期。

② 中国社会科学院民族研究所：《满族史研究集》，中国社会科学出版社，1988，第169页。

③ 辽宁省档案馆藏《东北各官署底契据表册》。

④ 明清档案部藏《宗人府堂稿》，宗人府：《为咨行事》。

⑤ 《奉天省公报》，民国二年十二月，第628号。

延续的根本前提。赖此特权，满族王公贵族使他们的庄园从无到有，从少到多，从偏僻山区扩大到辽宁、河北、内蒙古、山西诸省。王公庄园是造成整个满族统治阶层寄生、腐朽生活的基础之一。有了这些庄园，就可以饱食终日无所用心，坐享俸禄，靡费千金的豪奢生活。数量众多的庄园构成王公贵族集团腐朽性、寄生性的重要经济条件。它加重了人民的灾难，引起了社会动荡。1911 年的辛亥革命推翻了满族贵族的统治，貌似根深蒂固、持续将近三百年之久的王公庄园瞬间土崩瓦解。①

三　旗兵闹饷与各民族抗捐抗税运动

清朝入关后，对于八旗人丁采取了若干优待措施：圈拨旗地，免除赋役，发给官兵粮饷。清初八旗兵都可维持较富裕的生活；清中晚期人口大量增加，而兵有定额，饷有定数，既不能无限制增加，又不能放松正身旗人参加生产劳动的限制，问题严重起来。② 在晚清大量战争赔款、外债以及多如牛毛的苛捐杂税下，八旗兵丁所能领到的钱粮无法维持生活，他们的反抗斗争逐渐发展起来。

清末，由于“俸饷有数”“兵额有定”，多数“闲散”及其家属都不能“赖饷而食”，生活十分窘困。③ 马甲、步兵和余丁不仅在生产、行动、婚姻等方面受到满族贵族的严格控制，且受到八旗将领折扣兵饷、盘剥、辱骂和殴打，生计异常艰难。④ 同治元年（1862），乌鲁木齐八旗兵“即先聚众乞饷”；热河八旗兵包围都统衙门乞饷；驻防广州八旗寡妇四五十人，拥至将军署外，请求发饷；同治二年（1863）驻防西安八旗兵丁，饥饿而死者达 2000 余人；⑤ 同年驻防青州八旗“男妇赴乡乞食，死者甚多”⑥；同治五年（1866），清朝调吉林八旗官兵至奉天，沿途逃散 150 人余，“旋在吉林呈递匿名揭帖，捏称永不发饷，各思回家”⑦；光绪十二年

---

① 中国社会科学院民族研究所：《满族史研究集》，中国社会科学出版社，1988，第 177 页。

② 中国科学院民族研究所、辽宁少数民族社会历史调查组：《满族简史》，民族出版社，1963，第 102 页。

③ 杨学琛：《清代旗兵和余丁的地位和反抗斗争》，《民族团结》1963 年第 9 期。

④ 林家有：《辛亥革命与少数民族》，河南人民出版社，1981，第 16 页。

⑤ 李燕光、关捷：《满族通史》，辽宁民族出版社，2003，第 706 页。

⑥ 《清穆宗实录》卷八十八，中华书局，2009，第 50164 页。

⑦ 《奉天通志》卷四十二，辽海出版社，2003。

(1886)，驻防新疆八旗兵600人，反对减成发饷，“一时人情汹汹，几酿事端”[①]。

光绪三十三年（1907），光绪帝曾谕“裁停旗饷”，虽未见诸实行，却已暴露出清廷的窘境。在此前后，欠饷甚多。光绪三年（1877），“陕西藩库积欠该满月饷甚多”；北京八旗官兵实发饷银不过定额1/5；光绪三十一年（1905），奉天省城内外八旗、三陵、内务府、宗室、觉罗、官员、兵丁，每年额定俸饷40余万两，因库帑支绌，两年实发9个月俸饷318000余两，除去摊派受累外，每兵所得则不及饷额的十分之一二[②]；光绪三十一年起停发八旗世职官俸，吉林财政收支不敷360余万两，八旗兵每人每月应领饷银2两，实得银仅5钱；黑龙江八旗官兵俸饷，到光绪九年（1883）已积欠至270万余两，以后越欠越多，遂决定自光绪三十一年起，八旗官兵世职俸饷全部停发。[③]

清朝内忧外患、交相煎熬，而停止发饷对陷入困境的旗人来说更是雪上加霜。满族统治阶层的买办化政权，充当帝国主义掠夺中国之工具，外债，赔款等沉重负担全部转嫁到百姓头上，八旗兵丁也未能逃脱。从1900年以后的清廷财政收入中可看到，除地丁杂赋、租息、粮科、耗羡、盐课、常税、厘金、洋税、节扣、续完、捐征等旧有收入外，还增加了许多捐税、粮捐、盐捐（盐斤加价、盐引加课、土盐加税、行盐口捐）、官捐、加厘加税、杂捐（彩票捐、房捕捐、户捐、东户捐）等。税赋种类繁多，不胜枚举，民人负担沉重，可见一斑。

清廷财政危机重重，各种筹款政策的接连出台，田赋征收中的各种“附征”成为普遍现象，有所谓“田赋征借”“按粮津贴”“按粮捐输”“亩捐”“赔款新捐”等种种名目。各种“附征”，各省不尽相同，就其性质而言，是为避加赋之名而征收的田赋附加税，“名称虽殊，实与加赋无大异”[④]。从全国情况来看，大致各地田赋附加比田赋原额加征数倍至十数倍不等（见表15－5）。

① 《光绪邸报全录》十二年。

② 李燕光、关捷：《满族通史》，辽宁民族出版社，2003，第707页。

③ 李燕光、关捷：《满族通史》，辽宁民族出版社，2003，第707页。

④ 《清史稿》卷一二一，《食货二》，中华书局，1976。

表 15－5　晚清各省田赋附加

年份	地区	田赋标准	加派前原额		加派后赋额		增加（%）
			单位	数额	单位	数额	
1868	江西南昌县	地丁银	银两	1.0	银两	1.5	50
1877	四川各大县	地丁银	银两	1.0	银两	10.5	900
1877	四川各小县	地丁银	银两	1.0	银两	5～6	400～500
1908	江西南昌县	地丁银	银两	1.0	银两	1.9	90
1908	江苏上海县	地每亩	银文	13	银文	70	438
1908	河南浚县	地每亩	银两	0.037	银两	0.096	159
1908	河南新乡县	地每亩	银两	0.054	银两	0.216	300

资料来源：李文志：《中国近代农业史资料》（第一辑），三联书店，1957。

四川各地区赋税加征幅度之大，苛扰商民、诸弊丛生。以加重人民负担而抽取的巨额赋税，并没有“涓滴归公，实征实解”，有相当大一部分被官吏中饱、地方耗费侵蚀截流掉了（见表 15－6）。[①]

表 15－6　晚清四川田赋附加比例

单位：两，%

年　份	州　县	田赋正额	按粮津贴	按粮捐输	附加合计	增加
1901	渠　县	6458	6458	32500	38958	6.03
1901	泸　州	12670	12667	83600	96267	7.60
1902	华　阳	8196	8196	44000	52196	6.37
1902	合　州	4998	4998	61500	66498	13.30
1903	峨　眉	5373	5052	20000	25052	4.96
1905	广　安	9808	9808	59000	68809	7.02
1907	南　充	9012	9012	18000	27012	3.00
1908	东　乡	2981	2981	14600	17581	5.90
1909	南　川	2462	2400	23000	25400	10.58
1909	巴　县	6781	6657	51000	57657	8.66
1910	富　顺	12366	12366	71000	83366	6.74
1911	江　津	5996	5996	50700	56696	9.46

资料来源：鲁子健：《清代四川财政史料》，四川省社会科学出版社，1984。

① 陈锋：《清代财政政策与货币政策研究》，武汉大学出版社，2008，第 394 页。

满族贵族拥有特权，运用国家机器残酷剥削民脂民膏。大量农民流离失所，家破人亡。出现了“海内无贫富、无良贱、无官民、皆惴惴焉莫保其身家”[①] 的动荡不安局面。雇工与佃户在层层剥削下，过着“衣不遮体，食不果腹”的生活，甚至沦落为乞丐。[②] 满汉人民奋起反抗，激化了当时已经十分尖锐的民族矛盾和阶级矛盾。随着满族内部阶级急剧分化，满汉劳动人民间的阶级地位更加趋于一致。共同的阶级利害关系决定了满汉劳动人民奋起反抗满族贵族的残暴统治。

抗捐抗税是清末劳动人民抵制清朝统治者横征暴敛的群众性斗争，正身旗人和汉族农民共同反对统治阶层的苛捐杂税。1844 年，盛京内务府庄佃吴逢春、吴锦春耕种官地八日，“硬行抗违，永不给租”[③]；1854 年，牛庄丁佃“伙抗官租，概不交纳”[④]；同年，辽阳旗佃黄玉发、民佃周永兴等，聚众抗交马厂伍佃官租；1852 年，抚顺旗人王佩环、民人刘福等“反抗庄头勒索，率领数十人手持火枪大刀”，“抢夺官租地契，又复聚众拒捕”[⑤]；1904 年复县赫家沟旗民，聚集“百余之众，反抗盐捐”，并持械驱逐税吏[⑥]；1906 年冬，清廷为开税源，拟丈量山荒征收捐税，引起农民不满，凤城爆发“抗山荒”斗争。在满族同胞鲍化南与刘纯领导下，农民掀起“暴动”，清廷官厅被迫答应撤销垦局、停止清丈，并以二百元赔偿农民损失，未得起科。[⑦] 广宁辽中等地八旗壮丁反抗官府“苛派杂差”的事件层出不穷。各地正身旗人愈来愈多地卷入反抗帝国主义侵略、反抗苛捐杂税勒索的斗争之中。

---

① 郑川水：《清末满族社会特点初探》，《学术月刊》1982 年第 2 期。

② 《民族问题五种丛书》辽宁省编辑委员会：《满族社会历史调查》，民族出版社，2009，第 45 页。

③ 辽宁省档案馆藏道光部行档 479 号之一。

④ 辽宁省档案馆藏道光部行档 479 号之一。

⑤ 辽宁省档案馆藏咸丰部来黑图档 527 号之四。

⑥ 中国科学院民族研究所、辽宁少数民族社会历史调查组：《满族简史》，民族出版社，1963，第 135 页。

⑦ 《民族问题五种丛书》辽宁省编辑委员会：《满族社会历史调查》，民族出版社，2009，第 45 页。

第十六章　晚清关外满人的经济生活

东北三省地处边陲，是满族的“龙兴之地”，以驻防八旗为主。清朝入关后一直将东北视为国之门户。八旗体制长久保持了关外旗民高高在上的特殊社会地位和优越的经济生活条件，但这种体制对旗民长远发展所产生的负面作用随着近代政治、军事、经济形势的变化逐渐凸显。在帝国主义入侵的影响下，关外满族经济近代化因素迅速积累，促进了社会变迁。与近代中国社会剧变相呼应，关外满族经济自给性经济开始解体。

第一节　关外满族自给性经济的解体

19 世纪中期以来，帝国主义势力侵入东北，日俄两国控制了大连、哈尔滨及其铁路沿线地区，清政府还被迫开放东北地区商埠 29 处。[①] 帝国主义势力从商品输出至资本输出，设立工厂、开采矿山、创办商业，扩大了商品流通范围，改变了商品流通性质，破坏了关外满族自给性经济的基础。日俄等帝国主义疯狂的经济掠夺阻碍了民族资本的发展，给关外满族人民带来灾难，社会矛盾加剧。

一　满族世居地开辟通商口岸

在中国，近代意义的“商埠”出现于鸦片战争之后，而东北地区则始于《天津条约》。随着列强对东北侵略和掠夺的加深，东北开放区域渐次增大。晚清满族世居地商埠变迁历程大致经历萌芽、雏形、形成、发展四个阶段。

萌芽阶段始于 19 世纪 50 年代至 80 年代。1858 年，满族钦差大臣桂

① 李燕光、关捷：《满族通史》，辽宁民族出版社，2003，第 689 页。

良、花沙纳与英国签订《天津条约》，英方要求牛庄（后改营口）[1] 作为东北唯一开埠之地。1861 年 6 月 11 日营口开港，由于运输条件优越，营口迅速发展成为东北的首要港口。1861 年驶入港口的外轮仅为 33 艘，计 11346 吨位，到 1864 年则多至 302 艘，计 88281 吨位。[2] 据统计，营口港同治十一年（1872）贸易总额为 5371791 两（海关两），计输入 3371289 两（内含国内输入 1156789 两），输出 2000502 两；光绪七年（1881）总额为 6333909 两，计输入 2256393 两，输出 4077516 两；光绪十七年（1891）总额 14752930 两，计输入 6589502 两，输出 8163428 两；光绪二十七年（1901）总额 42263309 两，计输入 23519989 两（内含国内输入 6463176 两），输出 18743220 两；宣统元年（1909）总额达到 55173134 两，计输入 29090776 两（内含国内输入 9918122 两），输出 26082358 两（见图 16－1）。[3]

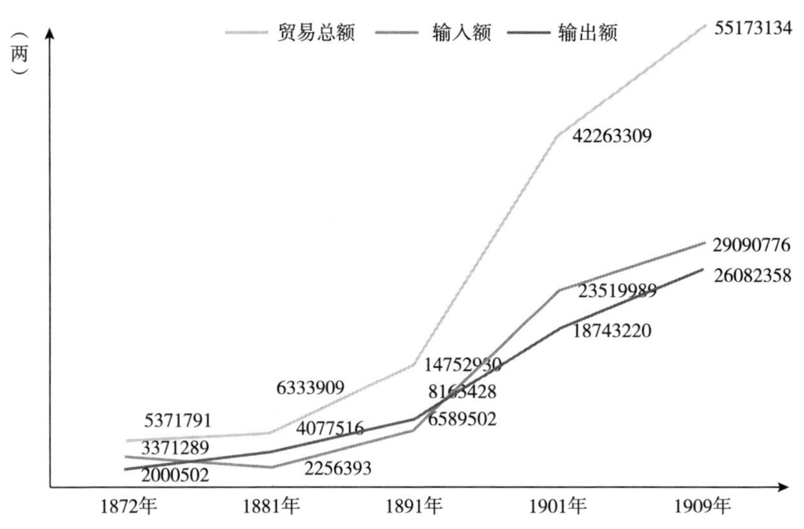

图 16－1　营口港部分年份贸易统计

资料来源：彭泽益：《中国近代手工业史资料》第二卷，生活·读书·新知三联书店，1957，第 99 页。

---

① 1864 年，英国迁领事馆于营口，以“条约文字，不便改易”为由，强行将营口成为牛庄。从此，营口便以牛庄的名字列入帝国主义掠夺的名册。引自李成义《帝国主义利用营口港对旧中国东北的经济侵略》，《辽宁师范大学学报》（社科版）1988 年第 1 期。

② 费驰：《晚清东北商埠格局变迁研究》，《史学集刊》2007 年第 2 期。

③ 李燕光、关捷：《满族通史》，辽宁民族出版社，2003，第 690 页。

在输入商品中，主要是布匹、棉花、火柴、石油、砂糖、卷烟、瓷器、钢铁等，消费资料进口远大于生产资料进口；在输出商品中，主要是大豆、豆饼、豆油、柞蚕丝、人参、鹿茸、粮食、皮毛等，农牧产品远大于工业产品。[①] 由此可见，不断增加的输入额是列强用大量廉价剩余商品疯狂进行倾销的体现。而急剧增长的输出额，正是列强对满洲廉价原料不断疯狂掠夺的反映。仅最盛时的1905年，营口进口洋货为31003143两，全国77%的豆饼和40%的豆子均由该港运出。[②] 这种贸易在东北地区不仅扩大了商品流通范围，深入城乡各个角落，而且被纳入国际市场之中，商业的发展具有瓦解旧社会制度的作用，却没有创造新社会制度的能力。[③] 关外自给性小农经济趋于解体。

为了达到控制营口港，进而控制整个满洲之目的，列强采取了一系列侵略措施：首先控制东北政治主权[④]，其次控制海关主权[⑤]，以超低进口税率敞开营口海关大门。[⑥] 另外，对豆油实行免税制。虽然在《天津条约》之后的《通商章程善后条款》中规定了29种免税商品，可是列强又用在华外国人“船用品”免税的特权，将豆油释为“船用品”，“虽多千数百斤皆以自用为名，不肯纳税”。[⑦] 同时，列强觊觎并控制满洲大豆加工业。1867年，英国怡和洋行“为和中国制造商进行竞争”，在营口建立榨油厂，丹麦紧随其后，东北的榨油业逐渐为列强所控制。伴随着商品倾销，列强对东北廉价原料的掠夺可谓不遗余力。

---

① 彭泽益：《中国近代手工业史资料（1840～1949）》第二卷，生活·读书·新知三联书店，1957，第100页。

② 《光绪三十二年通商各口华洋贸易情形》，《东方杂志》1907年第11期。

③ 李燕光、关捷：《满族通史》，辽宁民族出版社，2003，第690页。

④ 英国、法国、瑞典、荷兰、挪威、美国、俄国等先后在营口设立领事馆。他们划馆区“租界”，称“新市街”，同时，拥有“领事裁判”的特权，其他特权与“举国通商大埠尽如”。

⑤ 营口海关一成立，便由赫德派来的亲信所控制，营口海关规定：“船舶入港向海关提出货物目录时，买主必须用英文提出卸货请求书”，输出商品时，须“以英文和清文记载商品之重量、数量或其他明细”。

⑥ 低于值百抽五的税则。两次鸦片战争给中国所奠定的相当低的进出口货税值百抽五的税则，在营口海关也没能兑现。1858年中英修改税则时，英国又把一些货物的税率降到了低得不能再低的程度，如棉花为2.17%、印度棉纱为2.85%、日本棉纱为2.81%。如此低的税率，等于敞开了营口海关的大门。

⑦ 李成义：《帝国主义利用营口港对旧中国东北的经济侵略》，《辽宁师范大学学报》（社科版）1988年第1期。

雏形阶段始于19世纪90年代至20世纪初。甲午战争后，日本的崛起及其对中国东北的谋夺野心日渐暴露。加之英、美等势力向满族世居地的持续渗透，在与企图独霸满洲的俄国角逐权益过程中，增开了大连、安东（丹东）、奉天府（沈阳）、大东沟（东沟县）四处商埠。[①] 1899年8月，沙俄迫于英、美等国的压力开放租借地大连为商埠。为侵占东北，俄致力经营大连港。日俄战争后，日本继承了旅大（即今大连）租借权，由“南满洲铁道株式会社”（简称南满）负责扩充大连商埠。随着大连港口建设的推进及腹地市场的开拓，其地位不断上升，并最终取代营口成为东北贸易中心。自中东铁路及南满铁路支线T字形格局在东北形成后，辽河水运逐渐衰落，但是地处铁路交通枢纽的奉天府商埠弥补了该区域之不足。[②] 开埠后，“洋人之营业于此者，络绎不绝。尤以日商为多，而俄商次之，英、法、德、美亦相继而至”[③]。大连的民族资本主义得到发展，同时也受帝国主义排挤，只能在夹缝中生存。

形成阶段始于20世纪初期。除奉天府外，无论萌芽时期开放的营口，还是雏形阶段开放的大连、安东，都集中在沿海一线，商业贸易的发展和外国侵略者日益膨胀的野心，促使市场向东北进一步推移，日俄战争后，东北又增开了“奉天省内之凤凰城、辽阳、新民屯、铁岭、通江子、法库门；吉林省内之长春（宽城子）、吉林省城、哈尔滨、宁古塔、珲春、三姓；黑龙江省内之齐齐哈尔、瑷珲、海拉尔、满洲里”16处商埠。[④]

发展阶段（清末民初时期）。由于绥芬河优越的地理条件，通过中东铁路既可与中俄边境城镇相连接，也可经哈尔滨商埠至东北东南沿海港口，因此1907年开埠后成为对俄贸易中心。葫芦岛于宣统年间清廷设立开埠局一并开放。

至此，自1861年《天津条约》开辟营口为通商口岸始，历经俄日租借大连商埠，中外商约谈判使东三省增开商埠，及至日俄战争后满族世居地全面开埠，晚清满族世居地商埠开放类型有：被迫约开、约定自开及租借等（见表16－1）。

---

① 费驰：《晚清东北商埠格局变迁研究》，《史学集刊》2007年第2期。

② 费驰：《晚清东北商埠格局变迁研究》，《史学集刊》2007年第2期。

③ 《承德县志书》下，奉天交涉司路南作新石印局，1910。

④ 王铁崖：《中外旧约章汇编》第二册，三联书店，1957，第340页。

表 16－1　晚清东北开放商埠年表

批准开埠日期	商埠名	省别	开埠依据	开埠类型
1858 年	牛庄（营口）	奉天	中英、中法《天津条约》	约开商埠
1898 年	大连湾	奉天	中俄《旅大租地条约》	租借商埠
1903 年 10 月 8 日	奉天府（沈阳）	奉天	中美、中日《通商续定条约》	约定自开商埠
1903 年 10 月 8 日	安东县（丹东市）	奉天	中美《通商续定条约》	约定自开商埠
1903 年 10 月 8 日	大东沟（东沟县）	奉天	中日《通商续定条约》	约定自开商埠
1905 年 12 月 22 日	辽阳	奉天	《中日会议东三省事宜》	约定自开商埠
1905 年 12 月 22 日	凤凰城（凤凰县）	奉天	《中日会议东三省事宜》	约定自开商埠
1905 年 12 月 22 日	铁岭	奉天	《中日会议东三省事宜》	约定自开商埠
1905 年 12 月 22 日	新民屯（新民市）	奉天	《中日会议东三省事宜》	约定自开商埠
1905 年 12 月 22 日	通江子（同江子）	奉天	《中日会议东三省事宜》	约定自开商埠
1905 年 12 月 22 日	法库门（法库县）	奉天	《中日会议东三省事宜》	约定自开商埠
1905 年 12 月 22 日	吉林省城（今吉林市）	吉林	《中日会议东三省事宜》	约定自开商埠
1905 年 12 月 22 日	宽城子（今长春市）	吉林	《中日会议东三省事宜》	约定自开商埠
1905 年 12 月 22 日	哈尔滨	吉林	《中日会议东三省事宜》	约定自开商埠
1905 年 12 月 22 日	宁古塔	吉林	《中日会议东三省事宜》	约定自开商埠
1905 年 12 月 22 日	珲春	吉林	《中日会议东三省事宜》	约定自开商埠
1905 年 12 月 22 日	三姓（依兰）	吉林	《中日会议东三省事宜》	约定自开商埠
1905 年 12 月 22 日	齐齐哈尔	黑龙江	《中日会议东三省事宜》	约定自开商埠
1905 年 12 月 22 日	瑷珲	黑龙江	《中日会议东三省事宜》	约定自开商埠
1905 年 12 月 22 日	海拉尔	黑龙江	《中日会议东三省事宜》	约定自开商埠
1905 年 12 月 22 日	满洲里	黑龙江	《中日会议东三省事宜》	约定自开商埠
1907 年	绥芬河	吉林	《中日会议东三省事宜》	约定自开商埠
1908 年	葫芦岛	奉天	东三省总督奏准	自开商埠
1909 年 9 月 4 日	龙井村	黑龙江	《图们江中韩界务条约》	约定自开商埠
1909 年 9 月 4 日	局子街	黑龙江	《图们江中韩界务条约》	约定自开商埠
1909 年 9 月 4 日	头道沟	黑龙江	《图们江中韩界务条约》	约定自开商埠
1909 年 9 月 4 日	百草沟	黑龙江	《图们江中韩界务条约》	约定自开商埠
1910 年	旅顺口西澳	奉天	日本占据	租借商埠

资料来源：孔庆秦：《1921 年前中国已开商埠》，《历史档案》1984 年第 2 期。

列强势力蔓延东北全境，即使后来清政府为避免东北被瓜分，采取了自主开埠通商的措施，但在满族“龙兴之地”的主权几乎丧失殆尽，诸凡沿海、沿边、沿线、沿江的交通、商业甚至军事要地，大多辟为通商口岸。开埠通商“使近代资本主义的生产方式和经济因素传入中国，导致传统经济结构和运作方式的变化”[①]。晚清满族世居地商埠格局适应了列强侵华利益的需要，便利了其对东北地区的经济掠夺。

东北的开埠，使沉寂的内地农村自给性经济受到口岸商品经济冲击而逐渐瓦解。八旗土地制度根基逐渐崩溃，加速了满族的阶级分化。在被统治阶级中分化出更多佃户、雇工、手工业者，并出现了少数近代产业工人，促进了关外满族经济的近代化。统治阶级所维护的落后生产方式逐渐解体，采用汉族地主制剥削形式，其中也有满人向富农方向转化，尤其是经营工商业的满人参与近代企业活动，发展为民族资本家。

二 日俄对关外满族经济的掠夺和压榨

清末，随着内地移民的大量涌入及富庶资源的迅速开发，东北成为各国列强争夺之焦点。[②] 自营口港开辟，列强敲开满族世居地大门，几乎所有的资本主义国家都把魔爪伸入东北。列强通过他们所获得的种种特权对满族世居地的东北进行疯狂掠夺，其中，日俄两国凭借地缘优势，先后染指满族“龙兴之地”并展开激烈争夺。

1896 年沙俄取得修筑东清铁路的权利，并攫取了铁路沿线地带的行政权、采矿权以及贸易减免税厘等特权。[③] 为加强对地区控制，拓展殖民经济，沙俄垄断交通运输业，不断修筑铁路，并雇佣满汉劳工充当苦力。经费也由原来陆军部门支出，改为从地方经费中支出。[④]

沙俄侵占大连伊始，即组织人员调查旅大租地的耕地面积、作物及产量，以增加税收。清朝金州政府官员不同意将大连地区之耕地、土地所有者名单及历年课税账簿拱手交给沙俄侵略者。在并未掌握确切人口、耕地面积以及土地所有者名单的情况下，沙俄悍然武装强征地税，镇压包括满族在内的各族人民的反抗。[⑤] 1900 年，沙俄武装占领金州城，通过殖民统

① 乐正：《开埠通商与近代中国城市化问题》，《中山大学学报》1991 年第 1 期。

② 姚永超：《1906～1931 年日俄经济势力在东北地区的空间推移》，《中国历史地理论丛》2005 年第 1 期。

③ 《满族简史》编写组：《满族简史》，中华书局，1979，第 125 页。

④ 朱诚如：《辽宁通史》第三卷，辽宁民族出版社，2011，第 311 页。

⑤ 朱诚如：《辽宁通史》第三卷，辽宁民族出版社，2011，第 310 页。

治的力量，以征用、收购、官用、军用等名义不断巧取豪夺农民土地。仅三四年间，沙俄掠夺、侵占城乡人民宅地613俄亩，庭院用地21俄亩，畜养牛羊的牧场768俄亩，开辟植树地带53俄亩，划归俄官有地1233亩。几年后，沙俄以各种名目攫为己有的土地有5000多俄亩。[①] 满人土地被大面积攫取。

沙俄掠夺满族土地方式有：（1）廉价收买。1901年，俄国就占地达152600俄亩之多。[②]（2）越界私垦。1907年5月，额尔古纳河西岸“俄民越界私垦，占地三百余亩，计数百家”，侵占“成熟地二十万亩”[③]。（3）利用不平等条约。1907年8月，中东铁路公司代表达聂尔先后强迫吉林、黑龙江地方官签订《铁路公司购地合同》，“在吉林省内，从小绥芬河交界站起到阿什河站止，占地5.5万垧；在黑龙江省内，从满洲里起到哈尔滨松花江北岸石当止，占地12.6万垧”[④]。

另外，沙俄殖民当局大幅度增加渔业税，海盐税，导致渔、盐产量大幅度下跌，部分满族经营者不得不停产，承包者陷入绝境。[⑤] 在沙俄初占旅大地区时，实行禁止采矿政策。满族贵族所经营矿坑多被掠夺，关东州地下资源为俄人所独占。在金融业方面，“关东州”最早的大银行是“华俄道胜旅顺支行”，主要经办国库业务，为沙俄在远东的经济扩张提供资金保证。与满族世居地人民息息相关的租税名目繁多，征收方式可谓横征暴敛，沙俄禁止商民向中国政府纳税，独立征收国税和地税两种。国税是沙俄政府为上缴国库而征收，有土地税、酒特许税、烟草制作专卖税和盐税四种。沙俄征税采取武力强行征收，虽有中国各族农民声势浩大的集体抗税，但面对武力镇压却无济于事。沙俄征税队在金州东西山，“挨家挨户催征，令各户自报亩数，与底册相符丈量，地多归俄。不分旗民，每亩东山收制钱70文，西山收制钱300文……意在驱民顺从”[⑥]。“东西山俄队逼征，乡民老幼，哭声彻四野。俄又言，民间若不允，惟华官是问，并

---

① 〔日〕日本关东厅庶务课调查系：《1900、1901年二於ケル关东州统治状况二关スル“アレキセーフ”总督ノ上奏文》，商务印书馆，1931，第120页。

② 〔苏〕罗曼诺夫：《帝俄侵略满洲史》，商务印书馆，1937，第502页。

③ 傅孙铭：《沙俄侵华史简编》，吉林人民出版社，1992，第354页。

④ 王铁崖：《中外旧约章汇编》第二册，三联书店，1957，第430、418页。

⑤ 朱诚如：《辽宁通史》第三卷，辽宁民族出版社，2011，第311页。

⑥ 王彦威：《清季外交史料》卷一二九，书目文献出版社，1987，第2534页。

把守金州四门，禁出入”[①]。

日俄战争给满族人民带来了无尽灾难。沙俄将东北变成了“俄国大军的粮食基地”，仅1907年掠去的农副产品价值达8900多万卢布[②]。详见表16-2。

表16-2 1907年沙俄从我国东北运往俄国的主要农副产品及其价值

品名	价值（卢布）	品名	价值（卢布）
茶叶	55204000	棉花	481000
大米	4434000	水果	457000
棉织品	3776000	罐头	395000
牲畜	3005000	豆油	344000
木棉制品	2778000	皮革制品	308000
食品	3016000	服装	267000
饲料	27733000	小商品	260000
毛皮	2370000	饮料	285000
丝织品	2184000	糖果	241000
木材	1038000	毛皮服装	178000
毛织品	724000	蜡	139000
皮革	645000	盐	137000
生丝	595000	编织品	133000
毡	510000	其他	114600
蔬菜	48200		

资料来源：王魁喜、吴文衔、陆方：《近代东北史》，黑龙江人民出版社，1984。

晚清之满洲，不仅有丰富的自然资源，还是当时中国经济最发达地区之一，全国79%的钢铁，93%的石油，55%的黄金开采，铁路总长的41%，对外贸易的37%，发电量的23%出自满洲。[③]资源短缺的日本觊觎已久，通过对东北的经济侵略，攫取巨额利润，掠夺大量物产资源和工业原料。1861年东北第一个通商口岸营口开埠以后，东北的对外贸易发展迅速。由于大豆是日本喜爱的农产品，豆饼是日本主要粮食水稻生产的肥

① 王彦威：《清季外交史料》卷一二九，书目文献出版社，1987，第2160页。

② 傅孙铭：《沙俄侵华史简编》，吉林人民出版社，1992，第354页。

③ 包奕诚：《论日本经济危机与九·一八事变》，《新疆大学学报》1980年第2期。

料，1901 年日本成为东北农产品的最大进口国，但同时由于输往东北的商品较少，日本对东北的贸易长期逆差。通过控制港口来控制东北市场，便于从进出口贸易中获取巨额利益，成为日本在东北攫取经济利益的重要途径。1905 年日本攫取了南满铁路一切权益。① 日本在得到 3460 平方公里旅大租借地和 16 处商埠②地后，各大财团纷纷在东北设厂开矿，加紧侵略活动。③其政治经济力量，从城市一直深入农村，加紧倾销商品，掠夺东北资源。

日本对于东北土地之掠夺早已开始。据资料记载，1905 年，日本霸占安东县民人的苇塘熟地，经呈诉交涉终未退还，结果“所有界内塘地山峦尽被日军霸买，不论价值，上田每亩只按十四元，中田按七元”④。1907 年，安东县知县呈报了一些日人占房产、地亩的情况，“宣统二年（1910）额续升科地亩数如旧……日人置买占用各地九千零九十九亩七分九厘，又安奉铁路购地四千零十九亩四分六厘五毫”⑤。

到 20 世纪初年东北的情况是：“近复交通四辟，远来物品，充斥市场。吾民无创造之才，何自而筹抵制之法。其大而精者无论已，即粗如布匹，小如纸张，尚不能不仰于外方之输入。在昔无此漏卮，虽日涸于内，尚可以弥缝接续，而不即暴露。今则日用之品，南北交驰，大半为外国制造，一若全球生计竞争之点，集此一隅，其涸固可立而待也。”⑥ 光绪三十三年（1907）奉天工商局长熊希龄指出：“华商既生机日尽，国家亦课税日微，两败俱伤，恐此六十万方里之沃壤，将为各国殖民之尾闾矣。夫论抵制外货之术，固宜以振兴实业为第一要义。然商务情况日迫，危在旦夕，制造工场非咄嗟所能办。而目前只东三省者，茫茫大陆所有者，不过农品而已，民间需要器物，求过于供。无论何国之货，皆可乘虚而入，有勃不可遏之势头。”⑦

帝国主义破坏了关外满族自给性经济体系，农产品卷入商品流通过

① 中国科学院民族研究所、辽宁少数民族社会历史调查组：《满族简史》，民族出版社，1963，第 125 页。

② 宋燕：《日俄战后至“九一八”事变前日本对中国东北的经济侵略及后果》，《东北亚论坛》2003 年第 5 期。

③ 中国科学院民族研究所、辽宁少数民族社会历史调查组：《满族简史》，民族出版社，1963，第 125 页。

④ 孔经纬：《东北经济史》，四川人民出版社，1986，第 393 页。

⑤ 乔弘德：《安东县志》卷四，上海社会科学院出版社，1989。

⑥ 徐世昌：《东三省政略》卷十一，《吉林省地亩庙》，台北，文海出版社，1964。

⑦ 明志阁《满洲实业案》卷下，上海广智书局，1908。

程，输出国外。为外国资本主义所需要的经济作物如大豆、柞蚕、烟、麻的种植面积开始扩大。当时，奉天、吉林生产大豆的州县，播种大豆的面积，约占全部耕地面积十之二三，包括大量的旗地在内；柞蚕主要产地在盖平、凤城、岫岩，柞蚕树多在八旗的旗界山场中。种植大豆和放养柞蚕的人，有汉族也有满族，他们都成为外国洋行掠夺的对象，饱受剥削与压榨。“每值夏秋之交，辙以贱价，向农民予先订货，兵取民人地契作押”①。这就加速了满族农民破产过程，瓦解着原来的经济结构。②

第二节 关外八旗生计的窘迫与土地制度崩溃

有清一代，是极富特色的八旗制度的创制、发展与崩溃的时代。任何一种制度的灭亡都会给曾受惠于此种制度的社会阶层带来痛苦。因而在晚清八旗制度瓦解的过程中，受影响最大、痛苦最深的就是各旗所属旗人。自 19 世纪下半叶以来，随着八旗恩养制度的崩溃，八旗生计开始恶化。清廷采取了兵俸减成发放，允许旗民交产、移旗实边、开垦升科等措施来缓解财政危机。但关外八旗土地制度的崩溃成为一种必然。

一 粮饷兵俸减成发放

八旗粮饷制度是清朝借以维系八旗驻防制度的根本经济措施。清朝规定，八旗兵饷包括银和米两种，依不同兵种品级发放。高者如八旗亲军、前锋、护军，每人月给饷银 4 两，年支米 48 斛，低者如八旗步军月给银一两五钱，年支米 24 斛。③ 这种经常的饷，时人称“坐粮”。此外，出征时的“行粮”以及清统治者的临时“赏银”是驻防旗人的不固定收入。清朝统治者经常把这种维持八旗制度的“粮饷”措施说成是对满族旗人的“恩惠”。清朝颁布的“八旗箴”中说：满族驻防旗人“不耕而食，不织而衣”，是由于得到皇帝“月赐钱粮”的“恩养”。④ 但“恩养”的结果是断送了驻防旗人从事经济活动能力的培养。凡受人恩养者，必难自力。

① 《锡良遗稿奏稿》第二册，中华书局，1959，第 1086 页。

② 中国科学院民族研究所、辽宁少数民族社会历史调查组：《满族简史》，民族出版社，1963，第 126 页。

③ 《大清会典事例》卷二百五十四，光绪三十四年（1908）商务印书馆石印本。

④ 郑川水：《清末满族社会特点初探》，《学术月刊》1982 年第 2 期。

驻防旗人曾在八旗制度束缚下，当差服役、赖饷而食，不得自谋生计。[①]然而八旗人丁生齿日繁，“盛京”内务府三佐领下，有未入旗档人丁“六七千人”，“不食钱粮，又无官地耕种，用度未免拮据”[②]。尤清季末年，粮饷不能照发，他们的生活陷于无以自存之境地。

鸦片战争后，帝国主义国家经济侵略深入东北地区。[③] 外国资本主义侵略者的掠夺赔款，使得清廷财政日益拮据，不得不削减兵饷。[④] 1853 年八旗官兵饷银，折发制钱，并搭放“铁制钱二成”，官兵收入大大降低。自 1860 年起规定减成发饷：“骁骑校等项官兵，按四成实银、二成钱折开放；技勇养育兵等，按五成实银，二成钱折开放。”[⑤] 此举意味兵丁只能得到原饷十之六七。有的地方甚至欠饷不发，黑龙江官兵俸饷至同治九年（1870）亦积欠达“一百六十余万之多”[⑥]，使广大旗人陷入困境。因此，所有旗人，尤其中下层广大官兵及其家属都面临着生计困难，承受着八旗制度衰敝给他们带来的痛苦。

由于东北地方财政不能自给，俸饷、军饷全部仰仗各直省协拨，自第二次鸦片战争后清廷财政危机，东北军饷受到严重影响。同治五年至九年（1866～1870）各省积欠东北协拨银 416.9 万两，致使吉林防区所属“官丁俸饷八年未放”[⑦]。黑龙江防区所属自咸丰朝以后，“岁岁短解，官兵无力自垫”，以咸丰三年至光绪十三年（1853～1887）的 25 年间，积欠黑龙江协拨银 270 万两，几乎是全境防军七年饷银的总合。[⑧] 因无款养兵练兵，在营部分官兵为基本生计，大都名为兵实为农。如吉林防军“皆屯居务农”，“仓猝有事不能一呼而至”[⑨]。吉林防军大多是马队，但穷到“实无马匹、马鞍”程度。吉林将军哀叹：“兵力过于单薄也”，防军风烛残年，

① 中国科学院民族研究所、辽宁少数民族社会历史调查组：《满族简史》，民族出版社，1963，第 128 页。

② 《清实录》乾隆六年十一月丙辰，中华书局，2009。

③ 姜相顺：《近代沈阳满族的经济生活和民族资本的发展》，《满族研究》1987 年第 3 期。

④ 中国科学院民族研究所、辽宁少数民族社会历史调查组：《满族简史》，民族出版社，1963，第 128 页。

⑤ 《大清会典事例》卷二，光绪三十四年（1908）商务印书馆石印本。

⑥ 《清穆宗实录》卷二百八十三，中华书局，2009，第 53594 页。

⑦ （清）长顺修、李桂林纂，李澍田等点校《吉林通志》，卷三十八，吉林文史出版社，1986，第 673 页。

⑧ 田志和：《论清代东北驻防八旗的兴衰》，《满族研究》1992 年第 2 期。

⑨ 田志和：《论清代东北驻防八旗的兴衰》，《满族研究》1992 年第 2 期。

战斗力“昔强劲而今劣弱”①。

由于生计窘迫，东北及各地驻防旗营制度很难照旧维持。清廷不得不打破八旗“不农不贾，坐食天庚”，“不得在外省经商贸易”②的旧习，1864年下谕“旗民生计维艰，听往各省谋生”之规定，取消逃旗佣工处罚。光绪二十年（1894），“弛宽其禁”，允许旗人“各习四民之业，以资治生”③。光绪三十四年（1908），慈禧太后和光绪帝被迫颁诏：“我朝以武功定天下，从前各省分设驻防，原以绥靖疆域起见。追承平既久，习为游惰，坐耗口粮，而生齿滋繁，衣食艰窘，徒恃累代豢养之思，不习四民之业，应另筹生计，俾各自食其力。著各省督抚会同各将军，都统等查明驻防旗丁数目，先尽该驻防原有马厂庄田各产业，妥拟章程，分划区域，计口授地，责令耕种。一面仍将各项实业教育事宜，勒限认真分别筹办，以广旗丁谋生之计。”④宣统元年（1909）又提出改各旗“旧有摊派兵饷地租之弊”，八旗官员“出缺不补”⑤，既可逐渐削弱八旗旧制的约束与依赖，又可消弭旗民之界限。

东北满族生计维艰，正所谓：“当年紫气指辽东，武帝旌旗在眼中。三百年来一刹那，日云暮矣更途穷。”⑥八旗制度已处于瓦解并最后消亡的前夜。

二　租赋贡差沉重

在东北地区，清朝对东北旗人形式上采取与关内驻防旗人一样的“八旗”统治制度。清末，东北的官书说：“凡贡赋之征，农牧之给，户口之数，刑罚之施，婚丧疾苦之恤，皆于旗是属，盖以旗统兵，即以旗统人。”⑦这种“以旗统人”的制度虽说1907年（光绪三十三年）在东北地区推行“新政”过程中已进行改革⑧，但尚未兑现，清朝就被推翻。因此，专事统治东北旗人的都统、城守尉、防守尉、佐领等一套“旗署”衙门，一直维持到民国初年才告结束。

---

① 徐鼐霖主修《永吉县志》卷三十一，吉林文史出版社，1988。

② 康波：《清末东北旗人的实业与生计初探》，《北方文物》2000年第4期。

③ （清）刘锦藻：《清朝续文献通考》卷七，商务印书馆，1912。

④ 《光绪朝东华续录》卷二〇九，上海古籍出版社，2007。

⑤ 康波：《清末东北旗人的实业与生计初探》，《北方文物》2000年第4期。

⑥ 杨米人等：《清代北京竹枝词》，北京出版社，1962，第149页。

⑦ 徐世昌：《东三省政略》卷八，《旗务篇》，宣统三年铅印本。

⑧ 《光绪朝东华绪录》卷二〇五，上海古籍出版社，2007。

尽管关内外旗人政治上同样在清朝“八旗衙门”的治理之下，但由于清朝统治者对东北地区旗籍人丁剥削的着眼点是“贡赋之征”，所以东北屯居旗人所受旗佐制度的限制与关内驻防城市不同。在东北，自清初开始，满洲贵族并不禁止八旗人丁自谋生计和劳动生产，甚至通过旗署衙门维护奴隶制的强迫劳动。这样，清朝所谓“旗人不得离开本佐领居住”[①]的规定，实际上是满族奴隶主把东北旗籍人丁固着于官庄旗地上的措施。同时清朝还准许东三省驻防官兵参加农业生产。清朝规定，东三省驻防官兵随缺地亩，“就近均匀拨给，令其耕种”[②]。避免军操影响兵丁耕种，又规定每年旗兵操练时间由四个月减至两个月。[③] 对于东北屯居旗人从事工商业活动亦并不禁止。可见，东北地区除少数“充兵应差”外，多是从事劳动生产的平民。清末民初有些人仅根据关内驻防城市的局部情况，笼统地说满族是“八旗子弟，人尽皆兵”[④] 的统治民族，并不确切。

在东北除少数“披甲当差”的八旗兵丁外，绝大多数满族屯居旗人都从事农业生产。关于东北地区屯居旗人的总人口，并无十分精确数字。据清朝官书记载，清末东北屯居旗人总人口一百五十多万人，其中奉天省（今辽宁）963116 人，吉林省 318415 人[⑤]，黑龙江省 25 万多人。[⑥] 东三省城市驻防官兵总数只有 35361 人，[⑦] 官兵只占东北满族总人口的 4.9%。[⑧] 另据《承德县志书》关于满族人口就业情况的调查，详如表 16－3。

表 16－3　承德县人口职业一览

职业	官吏	士绅	差役	军人	医	农	工	商	杂业	佣	劳	渔
数目	494	245	622	670	25	12759	640	470	736	679	341	1069
兼职				兼农		兼工	兼商	兼农	兼工	兼农		
数目				46		79	56	29	60	22	7	

资料来源：都林布、李巨源、李守常、金正元、张子瀛、闻鹏龄：《承德县志书》上册，宣统二年（1910）。

---

① 《大清会典事例》卷一一三，光绪三十四年（1908）商务印书馆石印本。
② 《八旗通志》卷六六，东北师范大学出版社，1989。
③ 《清高宗帝实录》卷六百九十一，中华书局，2009，第 17468～17469 页。
④ 《清史稿》卷一百三十七，中华书局，1976。
⑤ 徐世昌：《东三省政略》卷八，《旗务篇》，宣统三年铅印本。
⑥ （清）徐宗亮：《黑龙江述略》卷四，光绪十七年（1891）徐氏观自得斋刻本，第 61 页。
⑦ 《大清会典事例》卷八十六，光绪三十四年（1908）商务印书馆石印本，第 79 页。
⑧ 辽宁省档案馆藏《奉天旗务处档案》。

不同于城居八旗，驻防旗人备受八旗粮饷制度的腐蚀和军差兵役的干扰，陷于“不事生产，赖饷而食”的寄生生活；东北地区绝大多数屯居旗人被束缚于官庄旗地制度下从事农业生产，备受沉重租赋贡差的盘剥。带有残余奴隶制色彩的官庄旗地制度阻碍了满族社会进步，迫使屯居满人陷于十分痛苦的生活境地。

满洲皇室、王公贵族在东北地区霸占了大片肥美土地，组织官庄、王庄、菜园、瓜园、果园、豆园，设置庄头园头，驱使八旗壮丁耕种。庄地例由庄头承领，分别由八旗壮丁和佃户承种纳差。除银庄纳银两外，粮庄主要缴纳米、麦、杂粮，还要缴纳一定数量的鸡、鸭、蔬果等副食品。据不完全统计，18 世纪后期，盛京内务府有粮庄 84 所（内一等庄 35 所，二等庄 7 所，三等庄 8 所，四等庄 34 所）。果园 136 所（内有盛京果园、广宁果园、果子山场等）。[①] 19 世纪中叶，盛京户部官庄还有报粮庄头 118 名，共应报粮 32391 石。[②] 到民国初年的官书统计：盛京户部官庄 118 所（内一等庄头 12 名，二等庄头 20 名，三等庄头 37 名，四等庄头 49 名），计占有官庄地亩 289980 亩，[③] 此外盛京内务府“庄地约计五十万亩，分处各属”[④]，并占有“壮丁老幼不下十余万口”。[⑤] 除盛京内务府外，一般满族王公贵族也占有大量庄田和壮丁。据 1912 年和硕礼亲王、睿亲王、郑亲王、豫亲王等五十二户满洲王公贵族呈文中的不完全统计，“五十二户所属庄头共有二千多家，男女丁口不下数万”[⑥]。庄丁失去人身自由，既不准逃亡或冒入民籍，也不许应试为官，还由皇室任意赏赐给官吏，甚至严格限制婚姻。[⑦] 庄丁由庄头量给口粮、衣服、耕牛、种子、房屋和器皿等，庄丁自己几乎一无所有，却要担负沉重的贡赋，如拖欠钱粮，则“枷号”“鞭笞”[⑧]。在清朝政权的庇护支撑下，王宫贵族庄园主对八旗庄丁之剥削可谓惨无人道。

处于官庄之外耕种小块旗地的“正身旗人”的阶级分化也日益加剧。

① 《大清会典》卷八七，线装书局，2006，第 818 页。
② 乾隆《盛京通鉴》卷一，《满蒙丛书》本。
③ 辽宁省档案馆藏《奉天省公署档案》。
④ 辽宁省档案馆藏《奉天省公署档案》，第 11308 号。
⑤ 辽宁省档案馆藏《奉天省公署档案》，壬旗字第 1178 号。
⑥ 辽宁省档案馆藏《奉天省公署档案》，第 8674 号。
⑦ 关伟、关捷：《辛亥革命时期东北满族活动的考察》，《满族研究》2012 年第 3 期。
⑧ 雍正《大清会典》卷二三二，线装书局，2006，第 3778 页。

旗租、赋税、杂捐、高利贷的盘剥日重一日。据盛京将军奏报，1905 年征收旗民各税计 382.5 万余两，较之往年增加 200 多万两[①]。

满族聚居地奉天省，苛捐杂税，各县不一，有的多达数十余种，诸如牲畜税、小麦税、苞米税、皮货税、木税、地亩捐、车捐、警学亩捐等。各种税捐，满人、汉人一体缴纳，连一向作为八旗兵饷特殊支给形式的随缺田，也要每亩交学堂经费二百文。[②] 反动的地方官僚、地主还经常污蔑说他们"隐种偷种黑地"，要缴价升科。除苛捐杂税外，农民要交纳的地租逐年增加。流民开垦的土地自开垦四年后便分上中下地纳租，本来由于耕作粗糙，这些新垦地所剩无几，但不管收成好坏，都要"上地每垧每年纳租九斗，中地六斗，下地三斗，租分谷子、豆子、高粱三班"。另外，还巧立名目，随便起租，加收捐款。从未纳粮的吉林旗地，1902 年也要"通省旗户自占土地，出卖之地及站丁、官庄等地，悉行报明，派员查丈，一律升科"[③]。

列强、地主、商人的高利贷盘剥亦极酷虐。从 1909 年到 1916 年的七年中，仅扶余、宁古塔、伊兰等满族聚居较多的农村，借贷利率增加了将近两倍。[④] 东北满族农民破产日益增多，各地"正身旗人"丧失土地达到空前严重地步。

三　《旗民交产章程》允许关外旗地买卖

清朝禁止旗人置买民间房屋地亩。顺治七年（1650），朝廷颁布法令，"民间土地房屋，禁止满洲置买"。顺治十八年（1661）重申这一法令，宣布禁令颁布之后，所买房屋土地"尽行入官"，"买者卖者，一并治罪"。[⑤] 而对于控制旗人房、地流入民人手中，规定更为严格。在清代各类文献中，有关这方面的条例记载比比皆是，如《清史稿》载"凡官地，例禁与民交易"[⑥]。《八旗通志》则记述："凡旗地，禁其私典私卖者，犯

---

① 《盛京时报》光绪三十四年十二月十二日。

② 《奉天通志》卷一〇八，辽海出版社，2003。

③ 姚贤镐：《中国近代农业史资料》，载《中国近代经济史参考资料丛刊》，三联书店，1957，第 273 页。

④ 严中平：《中国近代经济史统计资料选辑》，中国科学出版社，1955，第 349 页。

⑤ 《八旗通志初集》卷一十八，国家图书馆出版社，2013，第 255 页。

⑥ 《清史稿》卷一百二十，中华书局，1976，第 3495 页。

令则入官。”[①]《钦定八旗则例》中的记载尤为详细。其一，关于典卖旗地，规定：“旗人认买公产及回赎民典旗地均不许典卖与民人，违者将业主、售主均照地亩例治罪，地亩价银一并追出入官，失察之该管参领、佐领交部分别议处；八旗汉军出旗为民人员及满洲、蒙古、汉军出旗为民之另记档案，养子、开户人等随带旗产，禁止典卖与民人，违者交部治罪，田产入官；旗人将地亩租给民人，一租不得过三年，违者、业主租户照例治罪，该管参领、佐领等交部议处。”其二，关于典售旗人所住官房，规定：“京城盖造官房，交八旗大臣查明，实无住址之兵丁赏给居住，造册交查旗御史稽察。如有因罪革追者，将房撤出，另赏别人。若升迁及另置房屋，不愿居住者，听其自便。值年旗将八旗满洲、蒙古、汉军都统、副都统职名开单奏请，每旗各派大臣一员，令其管辖，倘有私行私典与人者，从重治罪。该管大臣、参领、佐领并步军统领失于觉察，一并交部议处。各旗管官房大臣、查旗御史，将官房并无送私行租典、倒坏之处共同出结，送值年旗于岁底汇奏。”[②]

清朝之所以禁止旗、民交产，“盖谓旗人恃房地为生，民间恃地亩纳粮”[③]，如不对双方房、地产交易加以限制，于民人、旗人俩无裨益。但实际上，这一政策的侧重点主要在于防止归旗人使用而名义上仍属公产的地亩、房宅流入汉人手中，从而影响旗人生计，并进而危及满族的特权地位。因此，所谓旗、民交产双方的限制，不久就变为针对民人置买旗产的单方面限制。

清朝统治者虽一再禁止旗民交产，但实际上大批旗地早已被汉族地主兼并。庄头盗典庄田、八旗兵丁典卖旗地，以至长租旗地，都是变相买卖旗地。[④]东北满族在大量汉族农民出关种地，以及汉族地主商人强大经济力量的冲击下加速了阶级分化，旗地逐渐转移到汉族地主手中。[⑤]

咸丰二年（1852），清政府为增加财政收入，公布《旗民交产章程》[⑥]，规定除奉天一省旗地外，“俱准互相买卖”。由于对过去清查出的

---

① 《八旗通志初集》卷七十，国家图书馆出版社，2013。

② 《钦定八旗则例》，乾隆七年（1742）武英殿刊本。

③ 《八旗通志初集》卷七十，国家图书馆出版社，2013。

④ 李燕光、关捷：《满族通史》，辽宁民族出版社，2003，第691页。

⑤ 姜相顺：《近代沈阳满族的经济生活和民族资本的发展》，《满族研究》1987年第10期。

⑥ 中国科学院民族研究所、辽宁少数民族社会历史调查组：《满族简史》，民族出版社，1963，第126页。

沈阳民典旗地都是不了了之，所以有此规定后沈阳地区旗民交产当然也更随便。咸丰九年（1859）清廷又以“旗民交产升科无多，徒滋涉讼，拟请仍禁民人典卖旗地，而复旧制”[①]。然自道光二十年（1840）至咸丰九年（1859），英法侵略者发动两次鸦片战争，镇压太平天国战争尚未结束，赔款与军费造成清朝财政危机，八旗生计问题日益严重。同治二年（1863）御史裘德俊便以旗籍生计艰难，请求恢复旗民交产之例。“一切章程，均准照案办理，庶旗民有无，均可相通。例禁既宽，人情自顺，于八旗生计似属不无裨益”[②]。光绪十五年（1889）户部奏称：“自开禁以来，三十余年，检查臣部档案，民置旗地已五千余顷。虽核办升科，尚无窒碍之处；而深惟本计，终非久远之图……若旗民交产，常开此禁，则旗产日见其少；而八旗生齿日见其繁，俸饷而外，他无恒产，非所以重根本也。臣等共同商酌，拟请仍复旧制，嗣后京屯旗产，无论老圈、自置，永远禁止卖与民人。”[③] 光绪三十二年（1906），盛京将军赵尔巽发现：“奉省各项纳租地亩皆民佃官地，定例不准买卖、不征税契。历年既久，暗相交易。”“实则与买卖无异”。因此决定“一律发给执照，征收更名税”[④]，予以承认。清统治者认识到“不准旗民交产”，终属有名无实，不得不在法律上承认全国各地“旗人房地准与民人互相买卖”[⑤]。光绪三十三年（1907）度支部在“预备立宪”的喧嚣声中，奏准旗地自由买卖，将东北包括在内，彻底消除了旗地不准卖给汉人的限制。[⑥] 清朝在法律上承认了这一既成事实，标志着在东北延续几个朝代的八旗土地制度彻底崩溃。

在反复争论旗民交产期间，汉族地主加快了兼并旗地的过程。据记载，到1890年前后，盖平正白旗屯170户满族农民中已有40户丧失土地，其中30户沦为佃户或雇工，10户依靠乞讨为生。金州、复州、海城等地不少破产农户都逃往松花江和黑龙江省就食垦荒。至20世纪初，奉

---

① 《户部井田科奏咨辑要》上、下卷，见国家图书馆藏《清代税收税务档案汇编》，缩微中心，2008，第10373页。

② 《户部井田科奏咨辑要》上、下卷，见国家图书馆藏《清代税收税务档案汇编》，缩微中心，2008，第10378页。

③ 《户部井田科奏咨辑要》上、下卷，见国家图书馆藏《清代税收税务档案汇编》，缩微中心，2008，第10554～10555页。

④ 《奉天通志》卷四十九，辽海出版社，2003，第1029页。

⑤ 《经济选报》光绪三十四年（1908）一月二十二日。

⑥ 中国科学院民族研究所、辽宁少数民族社会历史调查组：《满族简史》，民族出版社，1963，第126页。

天地区“从前旗户皆有地产，今则大抵典兑于人”[①]。吉林地方的旗户也是：“原有产业，半皆转相典售。”[②] 这对满族统治阶层企图垄断旗地的企图确实是一种沉重的打击。

四 移旗实边

1860 年咸丰皇帝迫于内忧外患的严峻形势，开始对奉天、吉林、黑龙江三省广阔土地开禁放垦，但又担心流民大量涌入威胁清朝统治，一直到同治时期，清廷开禁放垦的决心始终不坚定，实施力度有限。从 1860 年到 1895 年，是东北的局部开禁时期。从咸丰十年到光绪初年，清政府对东北开禁的态度始终犹豫，朝野上下对此争议不休，大量荒地还在封禁之列。

从官庄、旗地上抛出来的大量旗人，加剧了朝野正在议论的八旗生计问题。同治七年（1868）山西巡抚沈桂芬奏称：“其上策无过移屯边方……查照旧档，于奉天、吉林一带，及独石口外红城子、开平等处，与张家口外之兴和、新平等城，昔年富俊、孙嘉淦所勘旧地”屯垦。奉谕沈桂芬《筹费移屯恤旗民而实边》一折，所筹尚属周妥，即着八旗都统依照推广办法执行。光绪二十四年（1898），太常寺卿袁旭条陈八旗生计问题，上谕：“着户部详查嘉庆、道光年间，徙户开屯，计口授田成例，切实订立新章，会同八旗都统迅速奏明办理。”[③]

清朝在东北实行封禁政策以来，并未能遏制住蜂拥而来的汉族流民。咸丰五年（1855），将军景淳（满洲正白旗人）奏请开五常厅夹信沟、凉水泉荒地 250000 余垧；同治五年（1866），吉林将军富阿明（汉军正白旗人）等奏准《安插挖金流民并私垦浮民情愿认领输租办理善后章程》，开垦桦皮甸子等处沿边荒地，免缴押荒地价，第三年起缴租。光绪六年（1880），省城设立“荒务总局”，清查荒地。光绪十四年（1888），将军希元（蒙古正黄旗人）设局立制，定十年后升科。这是招揽汉族流民垦荒，征收租赋，借以缓解日趋严重的地方财政困难。[④] 到光绪二十四年（1898），“将军延茂（汉军正白旗人）悯各旗之毫无经费也，爰令各旗官

---

① 辽宁省档案馆藏奉天旗务处档庚字第 132 号。

② 徐世昌：《东三省政略》卷八，宣统三年铅印本。

③ （清）刘锦藻：《清朝续文献通考》卷七，商务印书馆，1912。

④ 李燕光、关捷：《满族通史》，辽宁民族出版社，2003，第 696 页。

兵饟资，置方正公田一万一千余垧，而派员设局开垦"[1]。后开垦出熟地三千余垧，至光绪三十四年（1908）共收租粮三千六百余石，从而达到招民实边，开荒济用，就地筹饷，补救八旗生计之目的。

黑龙江地方，自雍正十三年（1735）以来，除呼兰、墨尔根、齐齐哈尔等百余处设立官庄屯田，其他地方封禁如故。[2] 光绪二十一年（1895），特简派大臣延茂来江，创办屯垦，其禁令遂从此弛矣。但宗旨所在，"第为安插旗屯，而旗丁不谙耕作，招民代垦，其轇轕遂多，未可究诘"[3]。光绪十八年（1892），清丈呼兰等处地亩时，奏准绥化府北团林子所辖铁山包地方，安设屯田旗丁 1200 户，巴彦苏苏所辖之山林地方，安设屯田旗丁 600 户，如尚有余荒，再安设 600 户。原定每户拨地一方，计 45 垧，合计 5400 垧。又于每户一方内，以 15 垧归各屯丁管业，免纳其租，以 30 垧定限 6 年起科。宣统元年（1909），奏请勘拨省城八旗官兵生计地，每官拨地两方、每兵拨地一方，共计地 188190 垧，垦务总局发给执照。与此同时，清朝还奏准《黑龙江招垦章程》，其中第五章附则有"本省各城无业旗丁及各省驻防无业旗丁，资遣来江安插者，免征经费银两，以示体恤"的规定。在《瑷珲招垦章程》中则认为：瑷珲八旗满洲、蒙古、汉军，"同隶该处旗籍，自应计口授田，不收地价，颁发大照"[4]。均由现管地方，按照户口，每人拨给两垧。

清朝实行迁徙北京八旗余丁前往边疆屯垦的计划，虽未达到预期目标，然而奉天境内丧失土地的旗丁却有许多人到吉林、黑龙江地方开垦营生。19 世纪前期，满族统治阶层为解决八旗生计问题，准备将京旗 3000 户移到吉林双城堡，结果由于京旗人丁长期脱离生产劳动，受城市奢华生活的影响，前往的只有 690 户。而从盛京拨去的八旗兵丁则欣然前往，有一家多至十五六人的，询知吉林双城"地甚肥美，多愿跟来充作帮丁"[5]。1909 年，奉天省窃呼兰旗有满族 3100 余户，无地满人减转

---

① 李燕光、关捷：《满族通史》，辽宁民族出版社，2003，第 696 页。

② （清）吕耀曾：《盛京通志》卷二十四，乾隆元年刻本。

③ 徐世昌：《东三省政略》卷八，宣统三年铅印本。

④ 李燕光、关捷：《满族通史》，辽宁民族出版社，2003，第 697 页。

⑤ （清）长顺修、李桂林纂，李澍田等点校《吉林通志》卷三十一，吉林文史出版社，1986。

沟壑[①]。宣统二年（1910），奉天旗人报名移垦的竟达 5000 户之多。[②]这些前往吉林、黑龙江地方重新与土地相结合的旗人，已不再是清初“计丁授田”耕种“份地”的旗丁，而是向汉族自耕农靠拢的农民。

五 开垦升科与丈放马厂庄田

正在筹划移屯实边之时，清廷内阁会议政务处议复直隶布政使增韫（蒙古镶黄旗人）奏《推广旗丁生计借实边陲》折，认为“若先从东三省办起，似亦因时制宜之法”，此折要求执行光绪三十三年八月二十日（1907 年 9 月 27 日）上谕：驻防八旗，“不习四民谋生之业，亟应另筹生计，俾各自食其力。著各省督抚会同各将军、都统等，查明驻防旗丁数目，先尽该驻防原有马厂、庄田各产业，妥拟章程，分划区域，计口授地，责令耕种，其本无马厂、庄田，暨有厂田而不安插者，饬令各地方官于驻防附近州县，俟农隙时，各以时价，分购地亩，授给领种”[③]。在垦荒浪潮中清廷被迫宣布开始丈放马厂（以及围场）、庄田（包括皇庄与王庄），借以缓解八旗生计问题，同时开垦升科缓解清廷财政危机。

马厂系指清朝牧场。在东北地区，光绪二十八年（1902）开放西厂，光绪三十二年（1906）设清丈局，重新勘丈养息牧地，劝垦升科，先后共丈放生熟地 618800 亩。宣统元年（1909），颁布《瑷珲招垦章程》规定：各屯附近地亩，剩有成片荒段，土人皆称为马厂，以马厂夹荒，都招难户开垦。[④] 同年颁布《吉林省清丈六旗马厂章程》，勘丈收租。如有浮多地仍照旧章，不收荒价。在独石口、张家口的牧场，也先后放荒，其中热河除留牧外，尚有地一千四五百顷，更以三一留牧，余皆招垦。[⑤]

既然兴起开垦牧场之风，自然会波及八旗官兵进行军事演习的围场。光绪二十八年将军锡良请求“开办围场荒地，以兴垦务”。原先清朝封禁的马厂（牧场）与围场，便由旗、民陆续开垦成为农田了。

清朝官庄、皇庄，自 17 世纪后期以来便开始出租，以致庄头盗典、卖给旗民人等。因此在壮丁逃亡反抗、庄头盗典庄地、官庄赋租无着的情

---

① 辽宁省档案馆藏《宣统元年十二月奉署档》第三卷，第 28807 号。

② 金梁：《试办迁旗实边报告》初编，中央民族大学图书馆藏，宣统二年（1910）铅印本。

③ 《清朝续文献通考》卷九，浙江古籍出版社，2000。

④ 李燕光、关捷：《满族通史》，辽宁民族出版社，2003，第 699 页。

⑤ 李燕光、关捷：《满族通史》，辽宁民族出版社，2003，第 199 页。

况下，光绪三十一年（1905）十月垦务大臣延杰（满洲正白旗人）奏称：锦州府设有北京内务府料理庄粮的事务衙门，所管大粮庄头 216 名，各领地四五千亩不等，现清厘各项地亩，自应先从此入手，清丈官庄庄头地亩，再推及他处，并制定《办理锦属官庄旗民各地章程》八条，主要内容是：庄田先尽庄头缴价承领，若庄头无力缴价，再尽原佃报领。上则地每亩征银 2 两 1 钱，中则 1 两 4 钱，下则 7 钱，并随地价缴一五经费。熟地当年升科，上地每亩征钱 8 分，中则 7 分，下则 6 分。丈出浮多地而未经首报者，加倍缴价，领回升科。已经领地升科，均赴各该府厅州县衙门完粮，自此清丈后，永为定额。在锦州府城内设立总局，并设二分局，承办清丈、收价、造册等事务。从此陆续撤销料理粮庄事务衙门以及官庄庄头。①

清统治者为了开垦升科，进一步丈放东北各地官庄、皇庄、内务府牧地，征收地价银两，按年征收田赋，增加了财政收入。② 在东北地区，奉天各项旗地实占全省地亩之大半，旗地四至，册载甚详。唯租佃典卖且纠纷颇多，旗地浮多，十居六七。至于旗地租额、定额甚微，不及民地十之二三，而官兵随缺地亩，其额尤少，且有不照定章缴纳者。光绪三十一年，盛京将军延杰（满洲正白旗人）奏称："奉天各府厅州县旗民各地，亦未便任其隐种，遂援照直隶奏准首报无粮黑地办法，开办清赋，令其自行首报，熟地不分等则，酌中每亩价银 1 两 5 钱，当年升科每亩银 5 分，荒地 4 年升科。"③ 这种任民首报办法，结果冒领旗地的更多。不久东三省总督徐世昌主张恢复旧制，按照旗名领户，旗地官册，一律清查。现在自种者，即归其执业；现为他户佃种者，则复其领名。各发执照，照章征课。截至 1911 年，奉天清丈旗地共 1570983 日又 1959060 亩；后来东三省屯垦总局报告书说明，当时旗地清丈发照的约有 1600000 余亩；1916 年重丈随缺、伍田共 1086963 亩。④ 吉林旗地向不升科，光绪二十八年（1902）开始"通省旗户自占之地，出卖之地及站丁、官庄各地，悉行报明，派员查丈，一律升科"⑤。每年征饷 600 文。从光绪三十年（1904）至光绪三十四年（1908）旗地升科；原报无钱粮各项旗地 766520 垧、照

① 李燕光、关捷：《满族通史》，辽宁民族出版社，2003，第 701 页。

② 姜相顺：《近代沈阳满族的经济生活和民族资本的发展》，《满族研究》1987 年第 10 期。

③ 李燕光、关捷：《满族通史》，辽宁民族出版社，2003，第 703 页。

④ 李燕光、关捷：《满族通史》，辽宁民族出版社，2003，第 703～704 页。

⑤ 徐世昌：《东三省政略》卷七，宣统三年铅印本。

章俱按七成折扣实地 536552 垧，1911 年查勘新增旗地 837400 垧。[①] 光绪三十一年（1905）清查屯站地亩升科，次年署将军程得全奏准：裁撤各城屯官，“所有屯丁，改归民籍，照屯地一律升科”[②]。

第三节　晚清关外满族经济的近代化

从 19 世纪末向 20 世纪过渡之际，满族经济发生重大变革。近代化因素的累积对作为清廷“国之根本”的旗民经济的深刻变化起到促进作用。随着旗、民居住和交产壁垒的打破，出外自谋生计的允准，帝国主义列强的侵略加剧，旗、民分治的社会基础不复存在。关外满族在农业、制造业、商业、矿业等多方面出现了近代化趋势。

一　农业经济的发展

通过满族世居地开禁放垦，出现耕地面积扩大、人口剧增、先进生产工具引进，耕作技术传播、农作物品种增加、亩产量提高等现象，极大促进了土地开发和农业生产，满族农业开发取得了显著成效。

辽宁省耕地面积，据咸丰元年（1851）统计，是 11524200 亩，至宣统元年（1909）增长到 68222611 亩，共增长 6 倍。吉林土地咸丰元年只有 1439600 亩，仅是辽宁的 1/10。至光绪三十四年（1908），增至 49324179 亩，增长十几倍。而黑龙江原来的耕地面积极小，到光绪三十四年，已拥有土地 21203970 亩。[③] 清末东北三省的土地将近 1.4 亿亩，已成为全国耕地面积最大的新兴农业耕作区。在清朝末年，东北三省的耕地尤数辽宁面积最大，几乎等于吉、黑两省的总数。

伴随清廷开禁放垦政策实施，满族世居地人口急剧增长。据统计，1840 年前后，东北地区人口总数约为 270 万；1887 年，东北人口总计约为 520 万；1911 年，东北三省的人口达到 1841 万，为 1840 年东北人口数的 6.8 倍。[④] 自鸦片战败，清廷内外交困，战乱频仍，加之自然灾害，使

---

① 李燕光、关捷：《满族通史》，辽宁民族出版社，2003，第 704 页。

② 《黑龙江志稿》上，黑龙江人民出版社，1992，第 391 页。

③ 朱诚如：《辽宁通史》第三卷，辽宁民族出版社，2011，第 458 页。

④ 高强：《清末东北移民实边政策述论》，《宝鸡文理学院学报》（社会科学版）2007 年第 5 期。

中国人口长期徘徊在4亿左右。而东北地区的人口增长如此迅速，乃开禁放垦引入大批移民之故。关内汉族人民的陆续迁入，是改变东北地区民族构成的关键。[①] 移民剧增，农业发展，交换活跃，商贾云集[②]，推动了满族经济的近代化进程。

先进生产工具引进。关内人多地少，加之自然灾害严重，成千上万汉民"闯关东"，涌入大批山东、河北、河南、山西等省移民。关内数千年农业文明所创造的先进农具，随之在满洲广泛应用（见表16－4）。

表16－4　东北农业生产工具

类别	农具名
整地用器具	（1）耕垦用器具：开荒犁、种犁、趟犁 （2）附属农具：铧子、铧筋、打耳铧子、打边铧子、犁剜子、斜板、分板、顶犁、平板、插板、弓子、镐头、铁锹、筒锹、洋镐 （3）耙碎用农具：铁齿耙子、刨铲、捞子、耙子 （4）压用弄器具：木头辊子、囤轱轳子、大囤轱轳子、双蛋磙子
耕种用器具	（1）积肥用器具：镐头、二齿钩、粪耙 （2）起土用器具：耙、双心耙、对犁、趟犁 （3）对犁耙附属器具：耙心子、小铧子、拉棒、分土板、镐头、锄头 （4）覆土用器具：牛样拉子、板拉子、捞子 （5）播种及施肥用器具：点葫芦、种斗子、木锨、粪筐
管理器具	（1）除草用器具：锄头、小锄头 （2）中耕器具：镗犁
收割器具	（1）收割器具：镰刀、韭菜刀、钐刀 （2）起获器具：二齿及多齿杈子
加工器具	（1）脱粒器具：石头磙子、连枷、苞米川子、木叉子、扫帚、木耙子、扬锨、赏板 （2）筛选器具：扇车子、筛子、簸箕、箩、箩床子。 （3）碾子、磨
杂具	垛杈、垛钩、筐、撮子、竹耙子、粪廉子
运输器具	大车、小车、花轱辘车、大轱辘车、爬犁、爬拉架子、抬廉子、扁担、抬筐
饲养用具	铡刀、马槽子、料斗子、腰子箩筐、水桶

资料来源：石方：《黑龙江区域社会史研究》，黑龙江人民出版社，2002，第286页。

① 孙冬虎：《清代以来东北地区民族构成及地名的变迁》，《社会科学战线》1998年第5期。
② 刘永伟：《晚清东北城市化探究》，大连理工大学2010年硕士学位论文。

在满洲农业工具的改进方面，还体现在奉天农业实验场的开办。试验场由日本及欧美各国输入农具，如日本输入洋犁、方形马耙，美国输入杆犁、铁制弹齿马耙、刈麦器、刈草器、收集器、玉蜀黍自束器等，试验其适于使用与否。此外还有从日本输入的轻便农具数种。农业试验场引进的一些先进的生产工具，为以后东北农具的改进起到了很好的示范作用。①

关内移民不仅广泛传播和使用先进农业生产工具，而且还带来了先进农业生产技术，这就极大提高了满洲农业的生产效率。

据《黑龙江志稿》记载，“若砂碱地则用休闲法，每年耕作一分，休闲一分。至轮作法最为普遍，即高粱、谷子、黄豆之类，每三年轮作一次，又名翻茬，为与获茬互相轮种也”②。至清末休闲轮作之法仍被普遍运用。据《黑龙江满族社会历史调查》记述，不管是耕种和运输，都需要畜力牵引，所以牲畜在生产中占有极其重要的地位。③ 在选种方面，有田间选种、风选、水选等数种选择方法；在耕作上，实行轮作，一般实行燕麦、黑豆、谷子、小麦轮流种植。秋后翻地，防止虫害。由于地广人稀，耕作较为粗放。田间管理，一般是两铲两蹚，铲为锄草，蹚为培土。如大豆在豆苗高二寸许铲头遍，停几天蹚头遍；豆苗六寸许铲二遍，停两天蹚二遍。经两铲两蹚，田间管理就算结束，唯盼秋天收获。④

先进耕作技术的传播推动了农业开发。《黑龙江述略》记载：“江省向不产米，土著旗丁率以糜麦杂牛羊肉食之。市米是多由奉天载运以资汉民，石约八十斤，价银四两，麦面上白亦在一两二钱，糜则为价稍低，此据秋收中稔时言之然。惟呼兰垦产为多，各城官运而外至江冰大合，则粮载之车，日夜不绝，号买卖大宗，其运赴吉林省各属，亦略相等。”⑤ 呼兰开禁放垦后，先进耕作技术的传播，粮食有了提高，且有剩余，谓之江省粮仓。

农作物品种增加。满洲气候寒冷干燥，地广人稀，农业开发较晚，农

---

① 李晓光：《1904～1911年日俄对我国东北农业发展的影响》，《安徽农业科学》2012年第3期。

② 程墨秀：《清代山东移民开发东北农业述略》，《齐鲁学刊》1991年第4期

③ 《民族问题五种丛书》黑龙江省编辑委员会：《黑龙江省满族朝鲜族回族蒙古族柯尔克孜族社会历史调查》，民族出版社，2009，第11页。

④ 《民族问题五种丛书》黑龙江省编辑委员会：《黑龙江省满族朝鲜族回族蒙古族柯尔克孜族社会历史调查》，民族出版社，2009，第12页。

⑤ （清）徐宗亮：《黑龙江述略》卷六《丛录》，光绪十七年（1891）徐氏观自得斋刻本，第90页。

作物品种数量不多。据《呼兰府志》记载，谷之属有大麦、多小麦，有荞麦、黍、散糜子，呼兰河西岸有玉秫。凡谷皆可食、可面、可酿酒、可饲牲畜，乡人以小米为常食。豆之属多黄豆，有黑豆、花豆、豌豆、豇豆、绿豆。凡豆均可食、可酱、可充蔬、可饲牲畜。蔬之属有大萝卜、小萝卜，小葱、大葱、白菜、菠菜、韭、芥、椒、茴香、土豆子、山药、木耳、黄蘑、榛蘑，韭蒜。瓜之属有西瓜、苦瓜、倭瓜、冬瓜、丝瓜、角瓜、黄瓜、苏子。烟之属有片烟。蓝之属有靛，果之属有桃、李、苹果、沙果、榴、杏、葡萄、山葡萄、山梨、棠李、山楂、山核桃、樱桃、瓯李、松子、榛子、洋柿。[①] 晚清以来，随着东北开禁放垦政策的实施，关内很多农作物被流民带入关外，满洲作物品种日益丰富。

满洲开禁放垦后，土地开发程度提高，农民积极提高粮食产量，很多地方粮食出现剩余。根据《新民府志》记载，宣统元年（1909）新民府农业亩产，旱稻五斗，大豆和高粱四斗，小麦二斗。粮食亩产平均为百八十斤。[②] 由于满洲人少地多，人均消费较低，尚有余粮，东北素有粮仓之称。东北的农产品自20世纪初年，向国内其他地区出口数量逐年增加。奉天绥中县每年运出的粮食达五万余石，豆饼七万余块，花生五万余斤。[③] 辽阳每年产粮，两年吃不完，大豆、高粱、豆饼大宗运出，铁岭年运出达四十万石，高粱七八万石。

满洲粮食出口，以大豆、豆饼和豆油为大宗。出口国主要是沙俄和日本，同时远销欧洲。1895年出口港为营口，20世纪主要从大连港运出。全满洲生产的大豆70%～90%皆为出口商品，出口额占粮食调出量的80%。[④] 大豆、棉花、柞蚕、水果、烟草等几种农作物属于东北农业特产。大豆在国内外贸易中占有十分突出的地位，由一般作物上升为经济作物。甲午战争后，尤其是日俄战争后，因国际市场需求，直接刺激了大豆大幅度种植和产量增长。

甲午战争后，农业资本主义因素开始增长，出现了资本主义的经营方式。首先是地主制土地经营，由于经济作物较粮食作物种植更有利可图，地主便从佃农手中收回土地，发展商品生产。地主雇工经营，转变为大农

① （清）黄维翰：《呼兰府志》，呼兰县史志办，1983年重印本。

② 朱诚如：《辽宁通史》第三卷，辽宁民族出版社，2011，第459页。

③ 徐世昌：《东三省政略》卷八，宣统三年铅印本。

④ 朱诚如：《辽宁通史》第三卷，辽宁民族出版社，2011，第459页。

场经营主。

据史料记载，1908年奉天省占有土地3000亩以上的有93户地主，其土地的雇工经营数量已达30%。[①] 因商品经济刺激，出现了资本主义性质经营地主。在满洲地主的土地上，已有30%土地是雇工经营，辽阳县的地主土地已有60.6%雇工经营。[②] 与地主租佃方式相较，资本主义性质的农场经营有其进步性。奉天省雇工经营地主情况见表16－5。

表16－5　奉天省雇工经营地主情况

单位：户，%

地区	地主户数	土地经营的百分比	
		农场经营	佃
沈阳	2	18.7	81.3
辽阳	2	60.6	39.4
铁岭	2	14.2	85.8
开原	2	10.3	89.7
新民	5	18.9	81.1
锦县	6	4.9	95.1
义县	2	5.5	94.5
北镇	2	20.9	79.1
营口	11	29.6	70.4
西丰	3	4.2	95.8
庄河	6	7.1	92.9

资料来源：李文治：《中国近代农业史资料》（第一辑），三联书店，1957，第682页。

满族统治阶级中的王公、大臣们，原本依恃俸禄以及占有的庄田旗地、壮丁而“以丁责粮”剥削为生，后来逐渐雇工耕种或招佃收租。在商品经济发展和典买田地时，分化出采行汉族地主剥削方式的满族地主，逐渐取代了“以丁责粮”的旧制。[③] 岫岩县《傅氏谱书》记载：“岁礼袋多事农耕，而深居仕版，职业工商者，亦不乏人。”觉罗福荫在沈阳大北关与人合营聚合粮店。[④]

① 李文治、章有义：《中国近代农业史资料（1840～1911）》第一辑，生活·读书·新知三联书店，1957，第682页。

② 朱诚如：《辽宁通史》，辽宁民族出版社，2011，第467～468页。

③ 李燕光、关捷：《满族通史》，辽宁民族出版社，2003，第716页。

④ 李燕光、关捷：《满族通史》，辽宁民族出版社，2003，第714页。

宣统元年（1909），奉天农业试验场出版的《奉天全省农业调查书》第1期第3册刊载：调查承德、兴仁、海城、盖州、辽中、铁岭、开原、新民、镇安、昌图、怀德、康平、奉化、辽源、西安、西丰、广宁、义州、洮南、兴京、法库等20余县85个村屯主雇农、自作农、自作与主雇各半农的百分比，统计主雇农占20%，自作农占39%，自作与主雇共占37%。[①] 在前列州县和村屯中，有不少是满族聚居地方，它们的成分与总的调查比例是一致的。

农业经济发展催生了农牧垦殖公司和近代农场。奉天省的垦牧公司较多，从光绪二十六年（1900）到光绪二十八年（1902），首先创办的是在锦州府锦县县城的奉天天一垦务公司。随后设立的有奉天牧养公司、八旗垦务公司、华兴垦务公司、畜牧股份公司、天利公司、瑞丰农务公司、兴农垦务公司等。大量满族人成为近代产业工人。八旗垦务公司专为满人而设，分为办事处和营业部，办事处承办之事为“划拨荒地以备移垦，开通道路以便行旅，审量地势以兴水利，规画村屯以期久安，建筑房舍以便安居，招待垦户以广招徕”；营业部专司兴办工商，以便利垦户，如“运食粮以济民食，备牛具以待购领，办百货以便日用，贷资本以资接济，督耕种以征租息”。针对旗人贫富不同，垦务公司所招旗户分为两类，第一类为垦户，为有能力缴纳领地照费，自备牛具籽粮，租购公司房屋的开垦者，其所垦之地即归其所有，如其资本稍有不足，允许以地照或其他产业作抵息借款，分年偿还；第二类为佃户，为承种公司地亩，房屋牛具籽粮等均由公司垫给者，其地亩为公司所有，五年内于所得产物中分年提还垫款，五年后即按普通民地征收地租，亦可分年带缴地价，如数交足，其地便归其所有。[②]

半殖民地半集权官僚制的中国，农业生产虽然出现上述资本主义因素，但从总体上并没有产生农业资本主义，其发展方向，仍然是半殖民地半集权官僚制经济形态。

二　三大粮食加工业的发展

满洲粮食加工业在甲午战争后发展尤为突出，是近代东北农业发展的

① 李燕光、关捷：《满族通史》，辽宁民族出版社，2003，第716页。

② 《八旗垦务公司总章》，《盛京时报》宣统三年（1911）四月七日。

体现。满洲大豆产量高、质量佳，享誉中外。东北榨油加工工业在近代东北民族工业中占据首要地位。同样，由于东北高粱、玉米、薯类、小麦等粮食产量大，为酿酒业提供了优越条件，使东北造酒和面粉业发达。榨油、酿酒、面粉是清代前期三大家庭手工业和手工作坊业，甲午战争后发展为东北三大地方民族工业。[①]

东北的榨油业历史悠久，随着满族世居地城市数量和人口的增加，晚清东北榨油业获得了进一步的发展，营口、大连、奉天、新民、哈尔滨都是著名的榨油业中心。甲午战争后，东北的榨油手工作坊发展为新式机器榨油业。光绪二十五年（1899），营口怡和源油房购买机器，由手工榨油转变为近代机器榨油。光绪二十六年（1900），怡东兴油坊也发展为近代机器榨油厂。日俄战争前，营口已有12家榨油工厂。[②] 日俄战争后，大连的榨油业很快发展起来，超过营口，成为东北榨油业的中心。1906年，日俄战争刚结束时，大连仅有一家华商榨油厂。第二年增设少数几家，设备陈旧。1908年，新式榨油厂在大连出现，当年设立16家。到1910年增至32家，1911年又达到42家，全部采用新式机器压榨法。

据满铁调查报告，东北油坊创设数大致在1903年以前为35家，1904年至1908年为11家，1909年至1911年为51家，且这些油坊大都采用机器压榨方法。[③] 东北近代机器榨油业的产品，豆饼在日本尤为畅销，豆油销往欧洲，民族工业中机器榨油获利较大，许多满族贵族也投身其中。据东北档案馆记载，满族人查顺、荣庆皆从商起家，榨油获利。[④]

东北的机器面粉加工业主要集中在哈尔滨，起因是沙俄修筑中东铁路和日俄战争，筑路工人和俄国军队需要面粉。同时，俄人购买中国面粉运回沙俄，从而刺激了东北面粉加工业的发展。1903年哈尔滨出现第一家面粉厂，到1911年增加到11家。从19世纪末年起，由于满族贵族阶层所依恃为生的俸禄制与官庄制已经动摇，许多满族有识之士积极投身工商业谋生。原宁古塔副都统之子富宪臣，出资本20余万吊（约合6万余元），在阿什河（即阿勒楚喀市）恒发裕粮栈院内新建四层楼，聘俄国技

① 朱诚如：《辽宁通史》第三卷，辽宁民族出版社，2011，第472页。

② 潘喜廷：《东北亚研究——东北近代史研究》，中州古籍出版社，1994，第7页。

③ 《满铁经济调查汇编》，《满洲油坊现势》，1933，第1页。

④ 中国科学院民族研究所：《满族历史资料选编》第三分册，辽宁民族出版社，1964，第62页。

师1名，开办新式（机器）面粉厂[①]；光绪三十一年（1905），宁古塔人裕凤在海林机器面粉厂，聘请俄人4名，雇佣工人110名[②]。满族的有识之士已步入近代企业经营。

满族人喜欢饮酒，其酒文化历史悠久，史书早有记载。据《魏书》载："勿吉嚼糜酿酒，饮至能醉。"嚼糜酿酒，糜就是黄米，是当时酿酒的主要原料。辽金时，女真人已懂得用糜制酒，至清代，制酒更普及，主要品种为米儿酒和烧酒。米儿酒，满语称"詹冲努力"。东北是满族等少数民族的聚居地，因天气严寒，人们往往用烧酒壮气御寒，饮酒习惯在各民族流行。满洲粮食产量高，为酿酒业提供了充足的原料。所以，东北酒类产品市场大、需求高，酿酒业由此不断发达。

晚清东北的造酒烧锅业十分发达，有清一代，奉天省共有烧锅119家，其中辽阳33家、开原7家、盖州2家、凤凰城4家、山由岩5家、广宁10家、查界16家、锦州5家、义州5家、兴京5家、海城6家、牛庄7家、新民府10家、铁岭4家；黑龙江共有38家，其中呼兰12家、巴彦17家、兰西7家、木兰2家；吉林省1908年时共有266家。[③]

晚清以前，东北烧锅业大多使用畜力，手工操作，清末在东北才开始使用近代机械进行生产，烧锅造酒业迈入近代化。甲午战争后，辽宁经营的规模较大的烧锅，一般不少于50家左右，仅沈阳一个地区就年产白酒约400万斤。[④] 辽宁造酒驰名中外，其销路不仅遍及东三省，还进入内地和南方各省市。同时远销日本、朝鲜和俄国。年输出的白酒值银数十上百万两，且呈逐年增长之势。[⑤]

三　工艺传习所

从光绪末年开始，清廷在东北着力兴办实业，"推广学堂，创办工艺厂以广成就"[⑥]。光绪三十四年（1908），首先在吉林省城创办"旗务处工厂"，建筑费、开办费及各科成本银28000两，常年经费7000两，均拨官款。

① 李燕光、关捷：《满族通史》，辽宁民族出版社，2003，第719页。
② 李燕光、关捷：《满族通史》，辽宁民族出版社，2003，第719页。
③ 孔经纬：《清代东北地区经济史》，黑龙江人民出版社，1990，第435页。
④ 朱诚如：《辽宁通史》第三卷，辽宁民族出版社，2011，第474页。
⑤ 朱诚如：《辽宁通史》第三卷，辽宁民族出版社，2011，第475页。
⑥ 徐世昌：《东三省政略》卷八，宣统三年铅印本。

> 招集旗籍艺徒百六十名，先分五科：曰革工科，专制军警两界应需靴鞋、箱带、马鞍、提包等件；曰金工科，专制革工上所需铜钩、铁片等类，与革工科相辅而行；曰织工科，专制冬夏军、学、警各界操衣布匹兼织腰带鞘绳等件；曰染工科，专染本厂所出物品，与织工科相辅相行；曰纫工科，购买缝纫机器，就本厂所出布料制造成品，与织工、染工两科相辅而行。以上五科均先供军、警两界及学堂之用，所出成品，即随时设所出售，以广销路。如能办有成效再行添设他项。工科绩制商品以臻完备，所有购置材料及造成货品于路过各处关卡，拟仿照京师工艺局章程由本厂填照送验，免征厘税。取天生之原料，招土著之工徒，延聘匠师教以艺术，毕业后优先出身，分别派往各处转相传授。如有才艺出众，自出心裁造成特别用品，应准照章立案，分别专利请奖。但使一人习有片长，即一人多一生路，倚赖之性质既除，立宪之资格自备。十年以后，必能普及全球。①

从这段材料可看出，清政府对旗人工厂给予多种优惠政策。② 在筹划旗人生计，促进满族经济发展上用心良苦。宣统二年（1910），“此厂产品曾赴南洋赛会参展，获得超等文凭一张，银牌奖凭各两张，经吉林旗务处呈请，省方通饬民政司、提学司和兵备处等一律购买该厂产品，以挽利权而维官业，自开办起共得官利7600余吊”③。

宣统元年（1909），东三省总督徐世昌奏办奉天八旗工艺厂：“窃谓奉省为八旗根本之地，满汉杂处，畛域不分，惟旗人世蒙豢养，素乏恒业，生计情形，实较艰困。今欲为八旗筹生计，自应谨遵迭次谕旨，以实业、教育为重务，养成自谋生活之力，已渐去专恃俸饷之心。爰饬旗务司创办八旗工艺厂，招集旗籍艺徒，设额五百名，分设木工、漆工、铁工、织工、毡工、染工、缝工、陶工、造胰、造纸、皮革、玻璃等十二科。”④ “主要生产各式家具、织布木机、铁轮布机、布匹、毯子、军装、军鞋、胰皂等，在厂里和城内设售品处，定货和产品销路颇旺。”⑤ “附设讲堂，授以普通教育。聘募

---

① 徐世昌：《东三省政略》卷八，宣统三年铅印本。
② 康波：《清末东北旗人的实业与生计初探》，《北方文物》2000年第4期。
③ 孔经纬：《清代东北地区经济史》第一卷，黑龙江人民出版社，1990，第435页。
④ 《奉天通志》卷五十，辽海出版社，2003，第1088页。
⑤ 辽宁省档案馆藏《奉天调查局档案》卷三一二一。

工师，分科传习。”[①] 专收12岁至40岁无业旗丁，也收自愿入厂学习的兵丁，学习期限分别为半年或一年，“使八旗子弟，人人皆能各执一业，以为谋生自立之基，实于筹划旗人生计，裨益非浅”[②]。宣统元年（1909）二月，在锦州设立“八旗工艺分厂”，专取无业旗丁入厂学习，“定额一百名，先就本地所宜暂设毡、毯、皮革等科，与奉天八旗工艺厂联合办理”。又，“先后从旗务处拨银一万四千余两，常年经费五千余两，因所制货品不能销售，资金周转困难，宣统三年（1911）底暂行停办，改属劝业道主管”[③]。宣统二年（1910），奉天省旗务处拨银五万两，开办辽阳和营口八旗工艺分厂。辽阳分厂于当年秋季开办，设铁、木、漆、缝四科，招工徒一百名。次年，营口分厂开办。民国元年（1912），二厂归劝业道接管。宣统元年（1909）九月，成立奉天八旗女工传习所，招集八旗妇女入所学艺。宣统三年（1911）七月，将奉天第一女工厂并入，改为官立女工传习所，无论旗、民一律收学，官拨资本银五千两。“所内共分缝纫、裁绒、刺绣、编物、织布、堆花六科，有缝纫机、织布机、提花机、毛巾机、织袜机八十余部，女工二百五十名，生产各种绣品、军衣洋服、布匹、毛巾、线袜、编物、纸花等，至宣统三年（1911）底共盈银四百六十余两”[④]。

可以说奉省所开办的旗人工厂及工艺所的数量最多，亦最有成效，对旗人的教育取得了很好的效果。“奉天为三省先进，则效宜殷。”所以黑龙江省还派官员来奉调查过，“以江省实业与奉省比较，凡事皆相形见绌之势”[⑤]。宣统二年（1910）十月，黑龙江省开办八旗工艺厂，旗人子弟均可入厂学习。并将以前开办的工艺制造局和贫民习艺所一律合并入内，共合银一万五千余两，又由民政司借垫银一万两，合计银两万五千余两作为资本，分设木漆、毛皮、织染、缝纫、印刷等六科，招收艺徒八十余名。[⑥] 工师聘自北京、沈阳，工厂包办本省军警学界衣装物品等。“并于厂内特设讲堂，造成货物实系佳品，方给毕业文凭”[⑦]。可见，旗人在工厂内不仅可以做工，同时还能接受教育，甚至发给毕业文凭，真是双利双收。这些八旗工艺厂的设立，其宗旨

① 《奉天通志》卷五十，辽海出版社，2003，第1088页。
② 徐世昌：《东三省政略》卷八，宣统三年铅印本。
③ 辽宁省档案馆藏《奉天行政公署档案》卷三二〇〇。
④ 辽宁省档案馆藏《奉天总务科档案》卷一二八二。
⑤ 黑龙江省档案馆藏《黑龙江政府档案》卷科二十。
⑥ 康波：《清末东北旗人的实业与生计初探》，《北方文物》2000年第4期。
⑦ 黑龙江省档案馆藏《黑龙江政府档案》卷科二十。

是“以实业教育为重，务养成自谋生活之力”。《东三省政略》有载：

奉天旗人其总数及百二十万以上、户口繁庶、生计艰难，教养之术所宜先也。八旗学校无多，拟自小学以至高等学堂均由官筹广行设立，旗丁子弟秀颖者使之立学，俟其毕业优予进身，并资派出洋，以广早就。次则练兵，八旗人士武德世传，八旗兵涂轨相合，择其壮者挑练新军，稍逊者教练巡警，未成年者入陆军小学肄业，干戈讲学，免堕遗风。至于济之专法，则以劝业为先，劝农为次。设实业学堂，工艺筹厂。以俟老弱失学之伦，愿入者视其所能加之教导，工艺厂亦如之。其农业讲习所及拟办学馆二事，则转为务本之计。无论农工士兵皆纳民轨物之要图也。以东三省地产之高腴，人民之诚朴，富源之所密为天下先，使能眉慧早开，旧传下派，不必仰给于内地，已是以雄捍东陲矣。①

这股以振兴实业、推广教育为重的新风，促使了满人猛醒前非，逐渐改变其依赖思想，对满族社会经济的发展具有深远意义。②

表 16－6 晚清满族世居地工艺传习所一览

工厂名称	投资规模	经营项目
吉林旗务处工厂	开办经费 28000 两，常年经费 7000 两	靴鞋、箱带、马鞍、提包、铜钩、铁片、腰带、鞘绳等
奉天八旗工艺厂	开办经费银 48000 余两，常年经费银月 20000 两，定额 500 名	出产木漆、铁、布、毯、染、缝、陶等 12 类产品
锦州八旗工艺厂	开办经费 14000 余两，常年经费 5000 余两，定额 100 名	出产毡毯、皮革
奉天八旗女工传习所	官拨资本银 5000 两	绣品、军衣洋服、布匹、毛巾、线袜、编物、纸花等
奉天八旗女工传习所	开办经费不到 2000 两，常年经费 3600 两，定额 100 名	裁绒、编织、刺绣。
黑龙江八旗工艺厂	开办经费 25000 两	木漆、毛皮、织染、缝纫、印刷等

资料来源：中国社会科学院、辽宁少数民族研究所编《满族社会历史调查报告》，1963；《东三省政略》卷八；《奉天府总务科档案》卷一二八二。

① 徐世昌：《东三省政略》卷八，宣统三年铅印本。

② 李燕光、关捷：《满族通史》，辽宁民族出版社，2003，第 713 页。

清廷百般调济、举措，兴办实业、吸纳旗人就业，使其渐去持俸饷之心。东三省由于基础较好，八旗工厂的规模和发展程度也好于他处。旗民工厂的设置不仅为旗人子弟提供了就业机会和生活出路，同时也促进了满族经济的近代化。

四　工矿业发展

满族官员处于商品经济日益发展时期，俸饷与旗地收入已难以维持其奢侈生活，便有人通过经营工商业来聚敛财富。[①] 清朝的灭亡，加快了这个过程。原总管内务府大臣的后人查存耆之父，就在天津开了三家当铺，每年收入约三万元，还在大连、沈阳、上海、天津、北京等处经营房产[②]，但这仍在传统的经营范畴之内。19 世纪后期，清朝逐渐放松矿禁，满族官员开始经营近代工矿业。光绪十七年（1891），吉林将军、珲春副都统以下等官组织公司，开采天宝山银矿："光绪甲午以后，特弛禁律并迭催开矿。将军依克唐阿奏准试办，于是贵铎、阮玉昌等集股开采。"[③]

抚顺煤田因临近满族皇室祖陵，清廷下令禁止开采。[④] 光绪二十七年（1901），满人翁寿与王承尧同时呈请开采。王承尧筹集资金，邀请满人英凯、荣伦入股，俄国胜道银行也投资六万两；翁寿则与华籍俄人纪云台合伙兴办，结果是划区分采[⑤]。1904 年帝俄"远东森林公司"攫取了抚顺煤矿开采权。[⑥] 日俄战争后，日本人便借口此矿为俄国人产业，设立抚顺采煤所，强行霸占。抚顺煤矿虽经王承尧奔走交涉，也没有收回原有利权。宣统元年（1909），满人葆真开采瓢儿屯煤，后来与沈海铁路局合办；还有满人佟松森开采金沟煤、满人忠厚开采蛮子沟煤、满人佟良开采老虎沟与佟家坟煤、佟恩升开采搭连咀子煤。[⑦] 佟恩升的搭连咀子等煤矿，亦被

① 李燕光、关捷：《满族通史》，辽宁民族出版社，2003，第 717 页。

② 《民族问题五种丛书》辽宁省编辑委员会：《满族社会历史调查》，民族出版社，2009，第 30 页。

③ 《奉天通志》卷一一六，辽海出版社，2003，第 2682 页。

④ 《民族问题五种丛书》辽宁省编辑委员会：《满族社会历史调查》，民族出版社，2009，第 214 页。

⑤ 中国科学院民族研究所、辽宁少数民族社会历史调查组：《满族简史》，民族出版社，1963，第 130 页。

⑥ 《民族问题五种丛书》辽宁省编辑委员会：《满族社会历史调查》，民族出版社，2009，第 214 页。

⑦ 李燕光、关捷：《满族通史》，辽宁民族出版社，2003，第 717 页。

日本划入抚顺矿区，强行霸占。[①]

早在18世纪，清廷就准许招募旗人开采本溪煤矿，至19世纪后期颇为兴盛；清朝皇子分府，皆分拨给佐领、庄田、壮丁以及灰军、炭军、炸军三项；盛京工部有炸子厂官山坐落在奉天辽阳府蚂蚁沟村、黄旗沟、柳塘、新洞等处，除官庄壮丁开采外，还有向盛京将军衙门领票开采的窑户。[②] 光绪二十九年（1903）整顿矿业时，窑子峪、本溪湖领取采煤票的尚有40余户。报领矿区的满人有：关明忠开采红脸沟煤、翁恩熙开采赛马焦煤、恩魁开采徐家坟煤、佟万海开采矿洞沟煤，白永贞开采王家林子煤等（见表16－7）。[③] 光绪三十一年（1905）日商大仓组径向日本关东总督府报领开采本溪煤矿，经盛京将军派员交涉，宣统元年（1909）成立本溪湖中日商办煤矿有限公司，后又兼并庙儿沟铁矿，日本人逐步控制了本溪湖煤铁公司。[④]

表16－7　清末奉省满人开办煤矿

县别	矿所在地名	领户	开办年月	距城里数
本溪	红脸沟前央	关明忠	光绪三十四年十一月	东南三十
本溪	庙子沟	赵文禄	宣统元年二月	东北三十
本溪	赛马集东沟	翁恩熙	光绪三十四年九月	西北一百八十八
铁岭	大台山	锡珍	光绪三十三年五月	正西二十五
辽阳	八合洞	辛茂弟	光绪三十二年八月	正东一百二十
辽阳	张家沟	曹佩文	光绪三十三年十一月	东北六十
宁远	尖山子	秦顺	光绪三十三年九月	正北五十
义州	北大坪	句德徽		西南九十五
义州	缸窑沟	句德徽		西北九十
辽河县	辽河流	赵登佣		东南三十二
开源*	相木林子	伊秉和	光绪三十四年十月	东南一百二十
抚顺	飘儿屯	葆真	光绪三十四年	
锦西	黑鱼沟	关水清		

*开源县相木林子矿为铅矿。

资料来源：据徐世昌《东三省政略》卷十一，《实业篇》编制，宣统三年铅印本。

---

① 中国科学院民族研究所、辽宁少数民族社会历史调查组：《满族简史》，民族出版社，1963，第131页。

② 李燕光、关捷：《满族通史》，辽宁民族出版社，2003，第718页。

③ 中国科学院民族研究所：《满族历史资料选编》第三分册，辽宁民族出版社，1964，第63页。

④ 李燕光、关捷：《满族通史》，辽宁民族出版社，2003，第718页。

满人参与开采的其他矿藏有：光绪三十四年（1908），伊秉和开采辽阳相木林子铅矿，民国四年（1915）忠林开采辽阳弓长岭铁矿，后由奉天省政府与日商组织中日官商合办弓长岭铁矿无限公司。[①] 在吉林有吉林将军、珲春副都统投资的天宝山银矿。据《支那经济书》记载：天宝山在珲春西北五十余里，延吉厅之南十里，为满洲县有名之银矿，矿在天宝山之南支岗地方，计有矿坑三处。矿系光绪初年发现，当地私行采挖。光绪十七年（1891）组织公司开采，其股东主要为吉林将军珲春副都统以下等官吏。李鸿章亦加补助，实具有半官方之性质。嗣后几经变迁，曾全归珲春副都统直管；其后复改为纯粹商办。采矿方法幼稚，机器技术颇不完全，矿事难见功效，几濒停顿。[②] 三姓金矿亦是满人投资，但未稳定生产，就被官僚资本的压制和帝国主义侵略所摧毁[③]，这反映了在半殖民地半集权官僚制社会中，满族官僚地主经营工矿企业所走过的崎岖道路，也反映出官僚买办资本对民族资本的压制作用。

奉天境内八旗占有庄田、旗地、马厂、山场、围场地方广阔。抚顺翁寿、王承尧承领采煤地段，都在正黄旗境内；复县陈、刘两户开采的五虎嘴煤，乃郑亲王地面；光绪三十四年（1908），查明本溪煤矿原是礼亲王围场，东三省总督徐世昌先奏照临城案办理，以地作股，后又请照井陉案办理，乃备资 50 万元，日商出房屋机器，联合办理。[④] 他还认为清颁《矿务章程》第二十八款，凡违犯法律的中国人、僧道、教会教徒，“以其教为业者”，都没有开矿权力的规定，未尽妥当。主张“既为业主，而其地适蕴积矿质，或资源开采，或愿以地作股，招商合办：若为乙字类矿，地主仍得占三成之权利；倘并为丙字类矿，则地主亦有应得之权利；如甲字类矿，则专归地主开采”[⑤]。因此，满族贵族显宦参与采矿业的人数较多。

在 19 世纪至 20 世纪之交的满族经济中，满族工人先于满族资本家出现。宣统三年（1911）以前，在奉天八旗人丁职业统计表中，按人数多少排列，各种职业的顺序是：农业、工业、商业、官兵、杂业、雇佣、劳

① 李燕光、关捷：《满族通史》，辽宁民族出版社，2003，第 718 页。

② 《支那经济书》卷十。

③ 中国科学院民族研究所、辽宁少数民族社会历史调查组：《满族简史》，民族出版社，2009，第 131 页。

④ 李燕光、关捷：《满族通史》，辽宁民族出版社，2003，第 719 页。

⑤ 徐世昌：《东三省政略》卷十一，宣统三年铅印本。

力。在北京土木工程、纺织刺绣、特种工艺等行业中都有旗人学徒和工匠，小商小贩占据人数最多。满族产业工人早于满族资本家出现，是因为晚清政府重视八旗官兵学习西洋军工的结果。同治三年（1864）即派八旗官兵48人到苏州学习外国人制造炸弹及各种军火、机器与工作母机。光绪七年（1881），吴大澂开办吉林机械局，预计两三年后，吉林八旗官兵耳濡目染，遇事讲求精益求精，渐开风气，派充工匠。光绪十三年（1887），李鸿章奏《漠河金矿章程》中，还有“流淌民不敷遣用，所有瑷珲等处八旗苦寒之人，愿充斯工者，亦一体招入”[①]。他们便与开始使用机器的奉天、吉林、黑龙江开采铁矿、金银矿的满族雇工一样，步入近代产业工人行列。

① 《李文忠公全书》奏稿，卷十，清末金陵刻本影印本。

第十七章　清朝灭亡与满族统治经济地位的丧失

1911 年，辛亥革命爆发，推翻了清王朝，结束了中国历史上长达两千多年的帝制统治。清朝灭亡后，不少地方的八旗兵丁被解散，驻防制度被取消，多数旗人家庭失去昔日由政府派发的粮饷，家庭财产又极度缺乏保障，生计更加困难。旗饷及旗产制度的取消，标志着满族经济统治地位彻底丧失。

第一节　满族统治经济地位的丧失

清末新政并未能挽救清王朝被推翻的历史命运，苦心经营的旗制改革也没能改善日益恶化的旗人生计。长期形成的满汉畛域和革命党人错误的民族主义思想，加之清末高涨的大汉族主义情绪，引发了清末多年的反满风潮。辛亥革命爆发，满族丧失了一系列经济特权，其统治经济地位随着王朝覆灭而成既往。

一　旧民主主义革命推翻满族统治

清朝末年，腐朽的清王朝，对外“量中华之物力，结与国之欢心”，一味卑躬屈膝，丧权辱国，对内仍顽固地维持“首崇满洲”的祖制，将满洲权贵凌驾于全国人民之上，使满汉矛盾再趋激化。当西方列强侵略势力步步深入，中华民族危机日益严重的关头，满汉民族的不平等以及旗民的差别待遇愈来愈令人无法容忍。光绪三十一年（1905），以孙中山为首的中国同盟会成立，在政治上提出“驱除鞑虏，恢复中华，创立民国，平均地权”的革命纲领。[①] 可以说是蓄之既久的积怨猛烈喷发的表现。

---

① 韩效文、杨建新：《各民族共创中华》，甘肃文化出版社，1999，第 140 页。

将满族排除在中华民族之外，以为“驱除鞑虏”，才能“恢复中华”，表明资产阶级革命初期民族主义的局限，直到民国初年孙中山提出“五族共和”，这种错误才得到改正。但中国同盟会成立时，革命党人借抨击清廷歧视汉人而号召人心。在内外交困的窘迫处境下，清廷进行旗制改革，对满汉异视、旗民差别待遇的传统政策陆续做出重大调整。光绪二十八年（1902），明令宣布准许旗民通婚。光绪三十一年（1905）颁布废除“旗民交产”禁令。光绪三十三年（1907），在汉族官员的强烈要求下，又被迫命令满汉大臣“现在满、汉畛域，应如何全行化除”展开讨论。讨论集中以下问题：第一，官缺问题，主张“满、汉分缺，宜行删除”，也就是要求政治地位上的平等；第二，要求删除旗人犯罪免发遣照例折刑的旧例，照民人一体发配，也就是改变旗、民在法律上的不平等地位[①]；第三，主张“变通驻防旧制，俾占籍为民”，也就是改变旗、民分治的成规而统一于州县管辖；第四，主张“满汉通婚，宜切实推行”，还要求满人姓、名并列，汉人妇女停止缠足，进一步消除满、汉间的差别。制定《筹议奉天旗务办法大纲》明确指出，筹办生计的路径是：“生计之谋，务在实事。如学校虽广设，而尤期教育之普及；工场（八旗工场）虽创立，而更求实业之振兴。”将学校与实业并重，以取代当兵授田的传统，就其谋生途径来说，与汉人大致相同。而将八旗人口纳入各省州县的倡议，意味着八旗制度行政职能即将消失，八旗制度的瓦解指日可待。[②]

清廷颁布“化除满汉畛域”和“变通旗制”之明令，虽标榜改革，但并不打算放松对国家权力的控制。新设各部，虽明言不分满汉，实则多用旗人，尤其陆军部、度支部、农工商部等部尚书，都是近支宗室。宣统三年（1911）颁布新订内阁官制，裁撤军机处等机构。摄政王载沣任命奕劻为内阁总理大臣，成立新内阁。[③] 在总理、协理大臣和各部尚书 13 人中，满族贵族 9 人，汉族 4 人，而在 9 名满族贵族中皇族又占 7 人，于是被舆论抨击为“皇族内阁”。[④] 这么多的皇室成员位居要津、专权擅权的局面，即使在过去清王朝二百多年的历史上，也未曾有过。“近支排宗室，

① 李燕光、关捷主编《满族通史》，辽宁民族出版社，2003，第 672 页。
② 刘小萌：《旗人史话》，社会科学文献出版社，2001，第 167 页。
③ 李燕光、关捷：《满族通史》，辽宁民族出版社，2003，第 673 页。
④ 陈钦：《北洋大时代》，长江文艺出版社，2013，第 23 页。

宗室排满，满排汉”之谚，不胫而走，民怨沸腾。[①] 清廷勉力维持满族统治，视天下大势而不见。[②]

清皇室在集权的同时，复以“筹办立宪新政”为名，向各地加征田赋钱粮，开征苛捐杂税。清初顺、康年间岁入仅三千余万两，雍乾嘉极盛，也不过四千余万，光绪末年竟至九千余万。[③] 然仅以部库表册为据，并不准确。光绪三十四年（1908），清理财政，简派监理官员，分驻各省调查，各项陋规隐没和盘托出，全国财赋之数始汇总于京师，是年岁入骤增至二亿两。宣统元年（1909）至二亿六千余万，宣统三年（1911）清廷预算岁入二亿九千余万两，较之光绪末年九千余万两，激增至三倍以上，与清初比较，更高达十倍。[④] 因实行新政，国用骤增，疆吏冒滥挥霍，百姓负担加重，社会矛盾激化，反清浪潮不断高涨。山雨欲来风满楼，清廷的有限改革已不能阻止革命的爆发。[⑤]

面对清廷腐朽专制，资产阶级革命派将原本“潜伏的”“躲躲闪闪”隐藏于民间的“排满”与反对专制压迫相结合，揭橥为公开的政治态度，[⑥] 并充分发挥其以“极哀愤”之说，“动民众之情感”的传统优势。[⑦] 进行了成功的社会动员，乃至“一言排满，举国同声”。1911 年 10 月 10 日，首倡于武昌的辛亥革命，如火如荼地向全国蔓延。到 11 月下旬，全国 24 个省区中，就有 14 省宣布脱离清朝统治。散居全国各地的满族，迅速被卷入革命浪潮。[⑧] 清朝下令各地驻防八旗对起义军实行武装镇压。[⑨]

在山崩地拆的社会巨变中，北京、东北及内省一些驻防地的八旗官兵顺应大势，放下武器，身家性命得以保全。但是也有一些地方的八旗驻军在将军的指挥下与革命党控制的新军发生了激烈冲突，结果引火烧身。[⑩] 在西安，驻防将军文瑞驱使旗兵固守城池，多有死伤，未能顶住新军攻

---

① 李小萌：《清代北京旗人社会》，中国社会出版社，2008，第 793 页。
② 关凯：《中国满族》，宁夏人民出版社，2012，第 69 页。
③ 罗继祖：《枫窗脞语》，中华书局，1984，第 36 页。
④ 罗继祖：《枫窗脞语》，中华书局，1984，第 36 页。
⑤ 刘小萌：《旗人史话》，社会科学文献出版社，2001，第 167 页。
⑥ 费正清、费维恺：《剑桥中华民国史（1912～1949）》，中国社会科学出版社，1993，第 71 页。
⑦ 常书红：《辛亥革命前后的满族研究》，社会科学文献出版社，2011，第 126 页。
⑧ 《满族简史》编写组：《满族简史》，中华书局，1979，第 147 页。
⑨ 韩效文、杨建新：《各民族共创中华》，甘肃文化出版社，1999，第 140 页。
⑩ 刘小萌：《旗人史话》，社会科学文献出版社，2001，第 168 页。

势。新军破东门，巷战一夜，旗兵死两千余人，妇孺投井自尽者尤众。福州将军朴寿敌视革命，拒绝新军提出的和平解决条件。当新军攻占城内制高点于山后，朴寿仍率旗兵负隅顽抗，组织“杀汉团”，最后旗兵失败，朴寿被新军生擒后击毙，总督松寿吞金自尽。[①] 这一役，新军阵亡十三人，旗兵阵亡多达二百八十余人。与此同时，在南京、杭州、荆州等地还发生了杀害旗人的事件。[②] 自武昌起义后，各省纷纷独立，清朝统治土崩瓦解。清廷明知大势已去，不得不接受《优待皇室条件》，宣统三年十二月廿五日（1912 年 2 月 12 日），宣统帝宣布退位。[③]

辛亥革命推翻了清朝政权，改变了满族贵族在政治、经济上的统治地位，解除了八旗制度对满族人民的束缚，对满族经济发展具有深远影响。[④]

二 满族统治地位丧失的经济表现

清末最后十年间，义和团运动的爆发、八国联军侵华战争以及巨额的庚子赔款，使清政府财政危机进一步加深。受晚清财政恶化影响，八旗“恩养”制度已濒临崩溃。辛亥革命后，满族经济特权被彻底取消。这是自清入关 268 年以来，满族发生的陵谷之变。[⑤] 满族统治地位丧失的直接经济表现主要有满洲官员不再领取俸禄，八旗兵弁不再支放饷银，旗人甲粮被停发，王庄旗田被丈放。

满洲官员不再领取俸禄。辛亥革命以后，八旗王公贵族失去了政治经济特权，再也不能依靠爵位、官职为所欲为；绝大多数贵族的俸禄被取消了，只有一小部分人通过优待皇室条件，暂时保留了一定的官职和经济待遇。[⑥]

八旗兵弁不再支放饷银。晚清八旗兵士的俸银收入本身比其他军人的收入低很多。太平军兴起时，组建的各地勇营月饷多在四两二钱以上，例如，张国樑勇营月饷五两四钱，胜保勇营和江南大营月饷四两五钱，湘军亲兵、护勇月饷四两五钱，正勇四两二钱，马勇七两二钱[⑦]，而晚清八旗

① 刘小萌：《清代八旗子弟》，辽宁民族出版社，2008，第 230 页。
② 刘小萌：《清代八旗子弟》，辽宁民族出版社，2008，第 228 页。
③ 陈钦：《北洋大时代》，长江文艺出版社，2013，第 24 页。
④ 《满族简史》编写组：《满族简史》，中华书局，1979，第 151 页。
⑤ 阎崇年：《北京满族的百年沧桑》，《北京社会科学》2002 年第 1 期。
⑥ 刘小萌：《旗人史话》，社会科学文献出版社，2001，第 168 页。
⑦ 周育民：《晚清财政与社会变迁》，上海人民出版社，2000，第 481 页。

士兵月饷通常在二两左右，最高也不过四两，待遇远差于其他军人（见表17－1）。

表17－1　晚清八旗士兵月饷①

驻防八旗	马兵	战兵	守兵		
	0.3石2两	0.3石1.5两	0.3石1两		
京师八旗	亲军、前锋、护军等营领催	马甲	步军营领催	步甲	养育兵
	1.85石4两	1.85石3两	0.883石2两	0.833石1.5两	0.133石1.5两

资料来源：茅海建：《天朝的崩溃——鸦片战争再研究》，三联书店，2005，第64页。

八旗如此微薄的饷银根本不足以养家糊口，且清政府又不能保证八旗饷银如期、足额发放。清廷财政捉襟见肘，八旗欠饷、减饷情况屡有发生，八旗生计雪上加霜。光绪末年，“北京八旗官兵实发饷银不过定额五分之一”。光绪三十一年（1905）起，八旗世职官俸停发，八旗“恩饷”制度基本崩溃。辛亥革命后，各地旗营裁撤，大多只发三个月“恩饷”，八旗兵丁实质上完全丧失领取饷银的经济特权。

旗人甲粮被停发。满人经济特权的削弱直接影响其社会地位和名誉。因此，就连宗室生计也变得十分困顿：“宗室文武仕途，设立员缺无几，且多系京职。以前人数尚少，似觉道路甚宽，今则人数日盛，有志上进者，每因入仕艰难，不能不退而思转。其闲散宗室养赡钱粮，年至十岁始食二两，年至二十岁始食三两。后复改为十五岁始食二两。当初食饷者有限，各府之甲亦足分赡宗族；今则红名不下数千余人，钱粮按现放章程，食二三两者仅得一两有余，虽养一身不足，何能仰事俯畜。况谁无父母，谁无妻子，更何所赖。足见宗室案件层出不穷。”②

王庄旗田被丈放。清代王庄在辛亥革命前后，清丈庄田过程中消逝。1905年清朝决定裁撤锦州“庄粮衙门并各庄头额缺，将官庄地亩，一律丈放收价”。1912年内务府办事处呈请派员分路清丈庄地。1914年毓公府、裕亲王府也派人到奉天请派员清丈庄地，变价出售，奉天官地清丈局遂订立查丈王公庄田办法。后来统计，清丈辽宁省十九州县八十七家王公

① 茅海建：《天朝的崩溃——鸦片战争再研究》，三联书店，2005，第64页。

② 朱寿朋、张静庐：《光绪朝东华录》第一册（光绪二年九月英震奏），中华书局，1958，第294页。

府第的庄田共有1077176亩。[①] 保留庄田，仍要到州县纳粮，逐渐消除旗、民地之界限。到1925年又规定："凡未经呈清丈之各王公庄地、房园，自应一律收为省有。"[②] 从此，三百年来的清朝王府庄田制度彻底消亡。[③]

旗人原来主要靠俸饷、钱粮为生计之源，辛亥鼎革，沧桑巨变，俸银不发，俸米亦停，"铁杆庄稼"绝收，满人何以为生?[④] 满洲八旗原来"不农、不工、不商"，尔后却要务农、务工、务商，这是何等的巨变!

对于许多贫困的满人来说，经济优势的丧失以及比汉人更加贫困的境遇，使得他们名义上的政治地位变成了精神负担。贫困却又拥有很高政治地位的满人成为清末一道奇特的风景。[⑤] 清末，在英国驻北京的公使馆内就有一名苦力是佩戴着钦赐黄腰带的"皇亲国戚"，他一身肮脏，头上还戴着非常破旧的帽子。[⑥] 历史与现实的反差，经济境遇与政治地位的反差，反映了满族人窘迫而尴尬的处境。过去依靠经济优待而维系的民族优越感，随着旗人整体经济困顿，已变得毫无意义。[⑦]

辛亥革命废除了三百年之久的八旗制度，解除了八旗子弟在生产、生活等方面受到的限制，各州县都听任他们自由入籍，作为他们自谋生路的前提。清王朝的垮台使八旗子弟的一切特权化为乌有，可是对于世代当兵食饷，习于寄生生活又处于优越地位的八旗子弟来说，重新培养劳动习惯，掌握劳动技能绝非一蹴而就，因此，一旦失去"铁杆庄稼老米树"的依靠，无异于断绝了经济来源，他们的生活更加困厄。

被统治民族是不幸的，但统治民族仰赖统治地位所获取的优渥生活条件，同样不幸。这种不幸在于丧失了民族独立的经济生活能力，因而，当它失去了这种统治地位，虽然一时陷入困厄，却重新获得了自力生存的机会。从这个意义上说，有一种优渥生活叫不幸，有一种困厄生活叫幸运。

---

① 李燕光、李林：《清代的王庄》，《满族研究》1988年第1期。

② 辽宁省档案馆，辽宁省兴京第九区档案，总字第42号。

③ 李燕光、李林：《清代的王庄》，《满族研究》1988年第1期。

④ 阎崇年：《北京满族的百年沧桑》，《北京社会科学》2002年第1期。

⑤ 孙静：《满洲民族共同体形成历程》，辽宁民族出版社，2008，第199页。

⑥ 郑曦原：帝国的会议：纽约时报晚清观察记》，三联书店，2001，第127页。

⑦ 孙静：《满洲民族共同体形成历程》，辽宁民族出版社，2008，第200页。

第二节　清朝灭亡与满族贵族地位骤变

在清廷覆亡之际，皇室和满洲贵族虽然享有一定特权，但凭借庄田进行剥削遇到重大阻力。高额俸饷停发，剥削所得日益减少，宗室贵族无法再仰食于“天子”。他们中部分人坐吃家产，过着苟延残喘的没落贵族生活。另一部分人则用家产投资工矿企业，成为工商业者，向资产阶级转化。

一　满族贵族阶层的腐败

清朝末年，兵连祸结，经济萧条，满族统治阶层却恣意豪奢，纵情声色。八旗贵族世袭高爵厚禄，养尊处优，日以游乐为嬉，平居积习，尤以奢侈相尚。居家器用，衣服饮馔，无不备极纷华，争夸靡丽。

世事流迁，盛衰相递。随着满族统治阶层的日趋腐败，八旗子弟中“文不能谏，武不能战”的庸懦无能之辈越来越多。[①] 京城朝阳门外灵官庙尼僧广真蓄雏姬兼教歌唱，京城勋戚大吏多与往来。接踵而至的是贝勒奕绮赴各茶园登场唱曲而被革去贝勒、重责四十板的事件。[②] 对于宗室贵族，端方认为：“近时宗王，渐不任事，贤者事文墨而不知大体，食租税而不知民事，甚或沈溺声伎，跳刀抚视，以为美乐。”[③] 一个王朝单凭外力压迫很难在短时间内被推翻，只有统治阶层自身堕落，才会一败涂地。[④]

满族贵族官员大兴土木，大讲排场，过着穷奢极欲的寄生生活。庞大的军费开支和宫廷额外花销，皇帝向权臣索要，权臣则转索各省督抚府，督府又索之于州县，这样层层搜刮，都是索一敛十。文官贪赃，武官扣饷，几乎达到无官不贪的地步。[⑤] 贪污腐败成风，加重了人民负担，阻碍了经济发展，败坏了社会风气。[⑥] 八旗王公贵族及官僚腐化堕落，是清王朝百务废弛、财政亏缺、吏治败坏、案牍山积、内忧外患的一个缩影。一

---

① 刘小萌：《清代八旗子弟》，辽宁民族出版社，2008，第 205 页。
② 赖惠敏：《清皇族的阶层结构与经济生活》，辽宁民族出版社，2001，第 240 页。
③ 沈云龙：《近代中国史料丛书》，文海出版社，1982，第 40 页。
④ 刘小萌：《清代八旗子弟》，辽宁民族出版社，2008，第 210 页。
⑤ 张佳生主编《中国满族通论》，辽宁民族出版社，2005，第 79 页。
⑥ 张佳生主编《中国满族通论》，辽宁民族出版社，2005，第 79 页。

个朝代，当它的统治集团暮气沉重、丧失治理社会的能力而变为暴殄天物的赘疣时，这个朝代的颠覆也就为期不远了。[①]

即使清廷面临覆亡危机之际，不少满族亲贵更关心的乃是一己私利。当清廷内帑告罄，动员满族亲贵认捐爱国公债，毁家纾难时，竟没有一个人肯拿出私人财产以充军费。当时仅庆、恭、礼、肃四亲王和载洵、载涛、那桐等十余名满族贵族存于北京外国银行的存款，即达三千七百余万元之多，而他们在“如不允民主之请，则须将自己所有资产和盘托出，以供北军作战军费”[②] 的压力下，只是敷衍认捐了极少一部分，却将大量存款从大清银行提出，在外国银行购买金镑藏于府邸，或干脆携款逃命。[③]拥有巨额家产的载洵还故作为难，向袁世凯声言：“余于此项公债非不勉力输捐，实因身在任海军大臣以来不过两年，而亏空已不知凡几，每月所得尚不能敷衍，目前安有余资可以报效国家?”[④] 庆亲王奕劻的表现更令人瞠目结舌：武昌起义爆发后，锡良曾自告奋勇率兵督陕，向以卖官而拢财的奕劻竟向其索贿八万金，难怪锡良为之忿忿然：“生平不以一钱买官，况此时乎?”[⑤]

辛亥革命爆发后，满族亲贵非但无心抵抗，反而“一犬吠声，百犬吠影，风声鹤唳，人人相惊以伯有”[⑥]。据报载，当时北京“王公贵人之府第，平添警备，持戟荷戈之士，夹陛而纷陈。趋朝赴督之时，则武夫前呵，壮兵后拥，不敢一露其颜色，甚且托病不出，以谋藏身之固”[⑦]。此外，一些满族亲贵带头携资出逃，京城各官则相率效尤，造成清政府虽屡屡下令禁阻，而逃亡出京者却有增无减，火车轮船，几无容足地，“人烟稠密之京华，将有十室九空之叹矣”[⑧]。亲贵之一时尚难以脱身者，则遣家眷先行出京。据报道，当时京奉快车之头等车厢内，“亲贵夫人占其大半”。[⑨] 惶惶之中，谣言蜂起，有谓旗人将大杀汉人者，有称

① 刘小萌：《清代八旗子弟》，辽宁民族出版社，2008，第212页。
② 《清末档案史料丛编》（八），中华书局，1982，第232页。
③ 《大公报》1911年10月29日。
④ 《申报》1912年1月6日。
⑤ 金梁：《光宣小记》，《锡良》，1933年铅印本。
⑥ 《大公报》1911年10月26日。
⑦ 《大公报》1911年10月26日。
⑧ 《大公报》1911年11月3日。
⑨ 《大公报》1911年11月3日。

革命军正在血洗各满城者，于是人心愈加恐慌，民政部大臣桂春甚至请求将城门暂行关闭，以备不虞，并奏准临时从京旗及香山健锐营、外火器营擢选警兵2000人，分配内外城各警区，以资保卫。[①] 更为严重的是，随着王公贵族的出逃和谣诼纷传，京师的恐慌情绪迅速向天津等各大城市蔓延，各地官兵，都以为清廷气数已尽，士气全无。时人感叹："是乱党之势力未能骚扰至全国，而政府先自骚扰也；乱党之气焰未能摄天下之心，而政府反助之扩张也。"[②] 可见，从某种意义上来说，正是满族亲贵自身加速了其统治的覆亡。清朝虽然已趋衰落，但仅凭外力冲击很难在短时间内瓦解，只有伴随统治集团的自戕自害，但求私利，才会步入绝境。[③]

二　清帝逊位与签订《清室优待条件》

武昌起义胜利一个多月时间，先后有十四省宣布对清廷独立。清廷岌岌可危，清统治者惊慌失措。内阁总协理徐世昌看到时机已到，便同内阁总理庆亲王奕劻、协理那桐等人一齐向载沣保举袁世凯重新出山。[④] 载沣在穷途末路之际，只好听任摆布，将大权拱手交给袁世凯。[⑤]

宣统三年（1911）九月二十六日，袁世凯就任内阁总理大臣，收编载涛掌握的禁卫军，同时逼迫载沣辞去监国摄政王之位，以醇亲王名义退归藩邸。至此，他已把清王朝军、政大权完全攫为己有。随即，与革命军达成清帝退位交出总统之位协议，同时以革命势力逼迫清帝退位。

当时满族贵族已无力量维护他们的特权经济地位，以隆裕太后为首的一派满族统治者，不得不接受优待条件。宣统三年十二月二十五日（1912年2月12日），溥仪宣布退位，结束了以满族贵族为首的清朝集权专制统治。[⑥] 优待条件包括三个部分：《优待清室条件》《清皇族待遇之条件》《关于满、蒙、回、藏各族待遇之条件》。前两个条件规定：清帝辞位后，尊号仍存不废；待以国君之礼，每年供其新币四百万元费用，暂住宫中，

① 常书红：《辛亥革命前后的满族研究》，社会科学文献出版社，2011，第129页。

② 《大公报》1911年10月26日。

③ 刘小萌：《旗人史话》，社会科学文献出版社，2001，第155页。

④ 《满族简史》编写组：《满族简史》，中华书局，1979，第150页。

⑤ 李小萌：《清代北京旗人社会》，中国社会出版社，2008，第795页。

⑥ 《满族简史》编写组：《满族简史》，中华书局，1979，第176页。

以后迁居颐和园，宗庙陵寝及其私产派兵保护；王公世爵概仍其旧，免予当兵，享有一般公民权。[①] 后者规定：旗人与汉人平等；先筹八旗生计，于未筹定之前，八旗兵牟俸饷，仍旧支放。从前营业居住等限制，一律蠲除，各州县听其自由入籍，满蒙回藏原有之宗教，听其自由信仰。[②] 这些条例的颁布，宣布了包括清皇族在内的旗人被废除了前清时所拥有的一切特权。这正是经历"革命排满"风暴的荡涤后，满族得以迅速跻身"五族"之列向"平民化"转轨，以及民国初年我国民族融合空前加速的根本动因。[③]

但同时也不可否认，《优待清室条件》中"关于清帝辞位之后优待之条件"各节，在民初产生了一定消极影响。主要表现在。

其一，"以民国首都而容此虚拥名号之皇帝，衣冠体制，俨然一小朝廷"，[④] 未免不伦不类。

其二，在艰难的平民化历程中，"贫苦旗人，至有日不得一餐者，比比皆是"，而"清室已逊位不殊一个平民，而尤有若干臣役，每年虚耗至巨"[⑤]。因而社会舆论呼吁，"应该在亡清的数百万里，提出几分之几，作为旗民谋生的资本，免得他们只管密卖淫！免得他们只到灰堆里爬煤渣捡字纸！免得他们老老幼幼只在街市上喊老爷讨铜子！若只单为少数的亡国王公，硬要消耗我们几百万的血汗钱，供他们的挥霍，只管合家一人福，全不顾人家的一路哭，真是太不公平太无人道。"[⑥] 就连溥仪自己也感到愧疚。

据溥仪《我的前半生》记载，1924 年出宫之前，紫禁城里"仍然过着原封不动的帝王生活，呼吸着十九世纪遗下的灰尘"[⑦]。皇宫里的奢华一仍其旧，上至于溥仪、太妃，下到后宫嫔妃，从饮食到娱乐，生活保持着一贯的皇家气派。御膳房一个月就要用肉 4000 斤，鸡鸭近 400 只，其中 800 余斤肉和 200 余只鸡鸭是由只是一个孩童的溥仪消耗的。[⑧] 据溥仪

---

① 《满族简史》编写组：《满族简史》，中华书局，1979，第 176 页。
② 《满族简史》编写组：《满族简史》，中华书局，1979，第 181 页。
③ 常书红：《辛亥革命前后的满族研究》，社会科学文献出版社，2011，第 147 页。
④ 冯玉祥：《国事刍言》，载《冯玉祥选集》，人民出版社，1998，第 10 页。
⑤ 《大公报》1924 年 11 月 14 日。
⑥ 《晨报》1920 年 6 月 16 日。
⑦ 爱新觉罗·溥仪：《我的前半生》（上），东方出版社，2007，第 46 页。
⑧ 爱新觉罗·溥仪：《我的前半生》（上），东方出版社，2007，第 50 ~ 52 页。

婚后的一本账册记载，后妃们每年使用衣料的定例，计缎 136 匹，绸 169 匹，纱 81 匹，绫 4 匹，布 234 匹，绒和线 100 斤，棉花 180 斤，金线 106 绺，貂皮 400 张。① 小朝廷时期，清室开支较逊位以前，有过之而无不及。1915 年，内务府支出款项达 279 万两，相当于慈禧时期的四倍。

无论“古董式”的小朝廷如何奢靡浪费，以旗饷旗地为核心的八旗经济制度破产后，满人日益从社会中心走向边缘。有的满族贵族投身经济活动，财富暴涨；有的则大肆挥霍，坐吃山空，在社会地位和生活水平上的差距日益拉大。

三 坐食家产的没落贵族

满族宗藩亲贵优游颐养百有余年，玩物丧志，不思进取，成为寄食天下的赘疣。② 这些天潢贵胄金枝玉叶，抑尊就卑，甘心沦落，在腐化的环境里完全忘了先辈创业的坎坷。他们既耽于享乐又不善于理财，一些人的家境在无度的挥霍与管家之流的欺蒙侵蚀下迅速败落。③ 他们将土地租给民人或旗下壮丁，设庄头管理，年深日久，子孙往往不知田土所在，册籍也苦于钩稽。层层侵蚀，岁岁消磨，于是庄头与管家富而主人贫。所以当时人称“大抵天潢贵胄，凡事诿诸管家，犹之民间富贵人家，财产属他人经理，不数传无不中落者。其势使然也”④。这样的子弟除了热衷于营第宅、美衣服、饰厨传、蓄姬侍、宠奴仆，酒肉弃于衢，罗绮照于市以外，可以说一窍不通。有的还沾染了吃喝嫖赌、吸食鸦片种种恶习。许多世宦人家，外表虽然硬撑着富贵的空架子，实际上早就入不敷出。⑤

清朝覆灭后，长期挥霍成性的八旗贵族子弟，穷至无钱买水仍不惯以凉水洗面，而且割不断腐化生活的诱惑，出卖老宅广招优伶，结局很是悲惨。⑥ 宗室子弟中的有识之士盛昱⑦说：“穷奢二字，实为我满人写照。愈

① 爱新觉罗·溥仪：《我的前半生》（上），东方出版社，2007，第 53 页。
② 刘小萌：《旗人史话》，社会科学文献出版社，2001，第 154 页。
③ 刘小萌：《旗人史话》，社会科学文献出版社，2001，第 155 页。
④ 德刚：《春明梦录·客座偶谈》，上海古籍出版社，1983，第 46 页。
⑤ 刘小萌：《清代八旗子弟》，辽宁民族出版社，2008，第 211 页。
⑥ 刘小萌：《旗人史话》，社会科学文献出版社，2001，第 156 页。
⑦ 盛昱字伯熙，肃恭亲王永锡曾孙。

穷愈奢，愈奢愈穷，此二字当作如是解也。”这二字若用以涵盖全部满人行止，难免不辨良莠，如果用指腐朽贵族子弟，是恰如其分的。[①] 据爱新觉罗·廉珍说，1924 年，他祖父肃亲王善耆和其四姨太同时死在旅顺，全家人把两副用黄缎和红缎裹罩的棺材由火车送回北京，从火车站到祖坟，沿途还设了祭棚，一路上摆尽排场。实际上是打肿面充胖子，全家靠典卖祖产度日还要保持表面的虚荣。[②] 仗着雄厚的家底，他们短时间内沉溺于花天酒地、狂欢豪赌之中，生活之“风光”与“排场”丝毫不见逊色。庆王府里，吃穿用度，无不精益求精。衣着方面，尽管库房里各色稀有名贵的皮毛、绫、罗、绸、缎应有尽有，但一家男女老幼并不穿用，而是经常定制最新潮的各式花色绸缎。一家十五六口人每日消耗的鸡鸭鱼肉及海味达 50 斤以上。[③] 醇王府里，铺张浪费的场面同样令人瞠目结舌，民国政府“优待”的几万两俸银，竟被载沣的嫡福晋瓜尔佳氏一人花个精光。[④] 睿王府里，不仅购入汽车两辆，还给下人们每人购入一辆英国制自行车。[⑤]

可惜如此坐吃山空的生活终难维持。这些王公贵族们一则挥霍无度，二则因于经营之道懵懂无知，三因昔日高额俸饷全部裁停，没有经济来源。满族贵族习于寄生生活，不思也不愿自谋职业，只能坐食“家产”。[⑥] 最终大多落得家破人亡的悲惨下场。[⑦] 京城宗室之家“倍形困苦，温饱者少，饥寒者多，甚有流为乞丐者”。[⑧] 清末煊赫一时的辅国公载泽，后来生计日绌，被迫托家中管事四处挪借，并将地租凭照及其他动产一一押出；[⑨] 荣寿固伦公主临终之前，家中十分窘困，将自己的凤冠送进当铺换钱度日；[⑩] 溥仪的堂兄弟溥涧家产吃完，靠卖画为生；顺承郡王后裔文仰

---

① 刘小萌：《旗人史话》，社会科学文献出版社，2001，第 157 页。

② 赵书：《辛亥革命前后的北京满族》，《满族研究》1989 年第 3 期。

③ 汪荣堃：《记庆亲王载振的家庭生活》，载《文史资料选辑》编辑部编《文史资料精选》，中国文史出版社，1990，第 210 页。

④ 陈宗舜：《末代皇父载沣》，北方文学出版社，1987，第 51 ~ 52 页。

⑤ 蒋芫苇、隋鸿跃：《爱新觉罗的后裔们》，上海人民出版社，1997，第 255 页。

⑥ 姜相顺：《近代沈阳满族的经济生活和民族资本的发展》，《满族研究》1987 年第 10 期。

⑦ 常书红：《辛亥革命前后的满族研究》，社会科学文献出版社，2011，第 215 页。

⑧ （清）宝廷《长白先生奏议》卷上，《请教养宗室折》，载（清）夏震武编《嘉定（徐致祥）、长白（宝廷）二先生奏议》，台北，文海出版社，1969，第 291 页。

⑨ 朱德裳：《三十年闻见录》，岳麓书社，1985，第 106 ~ 107 页。

⑩ 阎崇年：《北京满族的百年沧桑》，《北京社会科学》2002 年第 1 期。

辰先生，虽有王爷称号，家道没落后靠为人代笔为生；睿王的后代钟氏兄弟不仅卖掉花园，抵押掉400多间房屋，还因生活无着而私掘祖坟，生活十分凄惨；[①]《北京满族调查报告》中还出现更多可怜的贵族，像庄亲王的后代，饿死在南横街的空房里，死了也无人收尸[②]。身为天潢贵胄却食不果腹，衣不蔽体，的确可怜。[③] 他们的命运正是民初绝大多数满族贵族、显宦命运的缩影。

杨学琛等认为，满族贵族与清朝政权枯荣与共，盛时，王公万亩圈地，败时，穷困潦倒而亡。[④] 他们面对时局转变，似乎无警惕之心，亦无应对之举，民国政府成立时更是坐以待毙，造成衰亡悲剧。[⑤]

许多京师满族官员生活亦极端贫困，平时依靠救济，不少人终因生活困难而饿死。[⑥] 北京出现了各种名目的八旗生计救济机构。以宗人府为代表的皇族，也成立了宗族生计维持会，其由知名王公贵族发起成立，主要为解决皇室子弟生计而设。它规定凡皇族男子在20岁以上，并有普通知识者皆可入会。该会首先请求将东陵荒地拨给宗人府，分给无业宗室，招商开垦，利用租金和募来的资金开办教养工厂，以求“收养孤苦幼稚，教以工艺，三年卒业，可以自谋生活”。[⑦] 1924年，八旗生计处向富裕的王公募捐，创立两座工厂。宗人府第一工厂收容左翼宗室，第二工厂收容右翼为主的宗室。凡年龄14岁以上18岁以下，愿意学习工艺、石刻、中西乐器、国画、算学等，都可入学。[⑧] 宗人府同时还办过商品陈列所，后改为筹划八旗生计处、孤儿院、养老院救济性机构。[⑨] 宗人府经费来自王公捐助，而王公的经济来源又依靠土地，至民国时期王公土地陆续被放领后，资助金额日益缩减。

① 中国科学院民族研究所辽宁少数民族社会历史调查组：《北京满族调查报告》（二），载《满族社会历史调查报告》（下）第5辑，民族出版社，1963，第13～15页。

② 中国科学院民族研究所辽宁少数民族社会历史调查组：《北京满族调查报告》（二），载《满族社会历史调查报告》（下）第5辑，民族出版社，1963，第96页。

③ 赖惠敏：《清皇族的阶层结构与经济生活》，辽宁民族出版社，2001，第258页。

④ 周运廉、杨学琛：《清代八旗王公兴衰史》，辽宁民族出版社，1986，第365～372页。

⑤ 赖惠敏：《清皇族的阶层结构与经济生活》，辽宁民族出版社，2001，第258页。

⑥ 张福记：《清末民初北京旗人社会的变迁》，《北京社会科学》1997年第2期。

⑦ 秦国经：《逊清皇室迭事》，紫禁城出版社，1985，第13页。

⑧ 赖惠敏：《清皇族的阶层结构与经济生活》，辽宁民族出版社，2001，第240页。

⑨ 赖惠敏：《清皇族的阶层结构与经济生活》，辽宁民族出版社，2001，第241页。

四 投资工商企业

清末民初，满族贵族的皇庄、王庄相当一部分被丈放，没有丈放的也与当地汉族的经营方式趋同。由于出旗为民和庄丁的大量逃亡，庄园里能种地的庄丁越来越少，庄头们将地亩租与佃户，他们具有了二地主的身份，成为土地经营者，产生了农业资本主义萌芽。另外一部分占垦荒地和兼并农民土地的满族贵族、八旗官员，靠招佃收租为生，与汉族地主处于同样的经济地位。[①]

一些王公贵族凭借雄厚资产，开始投身经济活动，如开办古玩铺、当铺、饭店、茶肆和钱庄等，有的摇身转变为金融界、工商界之翘楚。[②]《四川成都满族调查报告》记载，由于清末满族内部贫富悬殊，辛亥革命后走上了不同道路。大部分贫苦满民从事体力劳动，一些有钱人则进行商业活动——开绸缎庄者不下五家。[③]《满族历史调查报告》记载，“总管内务府大臣之后（察存耆之父）在辛亥革命后两年，在天津开办三个当铺，两个独资，一个集股，每年利润约三万元银洋，后来当铺发展到 40 余家，房产遍及大连、沈阳、上海、天津、北京等地，多达七八百间”。[④] 庆亲王之后金友之不仅在天津独办“龙泉澡堂”，其子复于民国十七年（1928）在天津劝业场及交通旅馆投资 30 万银元，并创办北京动物园。[⑤]张绍曾则先后任北平银行董事和盐业银行的第一任董事，经营着三个颇具规模的当铺，到其子张寿崇手里，还在北京保有 800 多间房子，成为北京有名的富翁之一。[⑥]

有些满族贵族开设油坊、粮栈，参加商贸活动，直接或间接地为外国商行收购粮食，还利用高利贷资本对农民进行剥削；饧珍、保安、伊秉

① 李燕光、关捷：《满族通史》，辽宁民族出版社，2003，第 716 页。

② 中国科学院民族研究所辽宁少数民族社会历史调查组：《北京满族调查报告》（二），载《满族社会历史调查报告》（下）第 5 辑，民族出版社，1963，第 79 页。

③ 中国科学院民族研究所：《满族历史资料选编》第三分册，辽宁民族出版社，1964，第 202 页。

④ 中国科学院民族研究所辽宁少数民族社会历史调查组：《北京满族调查报告》（二），载《满族社会历史调查报告》（下）第 5 辑，民族出版社，1963，第 80 页。

⑤ 中国科学院民族研究所辽宁少数民族社会历史调查组：《北京满族调查报告》（二），载《满族社会历史调查报告》（下）第 5 辑，民族出版社，1963，第 80 页。

⑥ 中国科学院民族研究所辽宁少数民族社会历史调查组：《北京满族调查报告》（二），载《满族社会历史调查报告》（下）第 5 辑，民族出版社，1963，第 81 页。

和、伊良、忠林等满人则加入了采矿行列。[①] 由官僚地主向资产阶级转化。这些新兴的资产阶级在同外国资本、军阀和官僚地主的斗争中，表现出极大的软弱性和妥协性。[②]

第三节　关外满族的经济生活变化

东北地区是满族发祥地，是满族统治的腹心区域，控扼蒙古，俯视中原，进可攻、退可守，且“东三省为陪都重地，曰奉天、曰吉林、曰黑龙江，尤为重要”[③]。辛亥革命后，满族发祥地王庄、官庄全部丈放，驻防体制消亡，八旗体制改制。旗人丧失原有经济特权，生计维艰，通过计口授田，旗丁归农，部分旗人摆脱了寄生性生活方式，走上自力性经济道路，旗民的职业选择出现多样化趋势。

一　旗丁归农，计口授田

清末，旗人农民化的趋势开始出现。1907 年 9 月 27 日，清政府发布上谕，拟将旗丁计口授田，取消旗饷，“旗丁归农”，“所有丁粮词讼，统归有司治理，一切与齐民无异”[④]。“旗丁归农”的前提是计口授田，要实现计口授田，就必须有充分的土地安置给旗户。清末，随着旗丁一般份地的民田化和私有化，众多旗户早已失去他们的份地。新政期间，清政府为了获得大量资金筹划旗人生计，不断清理并大量出售旗地摆脱经济困境，旗地日渐丧失。1901 年，奉天开始全面丈放大凌河八旗牧厂旗地，至 1907 年，总计丈放出让土地 1800000 多亩。[⑤] 吉林乌拉凉水泉子、三姓等地之旗地也多被卖给民户成为私产。[⑥] 以原有旗地计口授田并不现实，政府进行购田安置困难重重。由于财政极端匮乏，各地地价奇高，政府无法筹措足够资金购买土地。[⑦] 另外，土地不易获得。旗人习惯以旗饷为生，转而从事耕作心理一时无法接受。旗民向以当兵为业，不事稼穑，缺乏农

---

① 李燕光、关捷：《满族通史》，辽宁民族出版社，2003，第 7188 页。
② 李燕光、关捷：《满族通史》，辽宁民族出版社，2003，第 719 页。
③ 李德新、刘晓东：《清代东北封禁与流人遣戍》，《满语研究》2013 年第 2 期。
④ 朱寿明：《光绪朝东华录》，中华书局，1958，第 5740 页。
⑤ 刁书仁、车今顺：《略论清代东北八旗牧厂地的开放》，《社会科学战线》1997 年第 4 期。
⑥ 刁书仁、车今顺：《略论清代东北八旗牧厂地的开放》，《社会科学战线》1997 年第 4 期。
⑦ 戴迎华：《清末民初旗民生存状态研究》，人民出版社，2012，第 82 页。

业生产技术也大大影响其耕作自力之决心。

各地驻防推行旗丁归农，计口授田情况略有差别。因为土地较多，北方计口授田情况好于南方。东三省土沃人稀，良田广阔。旗民生活状况优于各省驻防。此次“旗丁归农，计口授田”在黑龙江、奉天都取得一定成效。[①] 1908 年，黑龙江巡抚周树模就旗丁生计状况及酌筹办法奏陈朝廷，呈文反映了黑龙江劝业归农的推行情况：“臣德于通垦务变章一事，为旗丁筹出款项五十余万，东布特哈则奏准酌提一成荒价，为办理新政津贴官兵之需，于省城附郭荒地，凡旗丁已垦之地，皆奏明拨给，永远为业，所有余荒并减价，先尽旗丁承领，以劝务农。”[②] 奉天旗务处为解决旗人生计，制订移旗实边计划，首迁 300 户旗民移居长白山麓的安图县，每户给田 500 亩，屋 3 间，耕牛、粮食由官方提供，路费也由官方发给，从而“既筹生计，兼事开垦，又顾实边，一举三得”。[③] 旗户迁居安图，生活水平日渐提高，旗丁甚为满意。

《辽宁省沈阳市满堂乡七个村的满族社会情况调查报告》记载，“到辛亥革命前，上满堂的黄带子已有百分之二十从事农业劳动了”[④]。民国初年，政治、经济特权丧失，有少量无地或少地的满族贵族沦为贫农、雇农。而对于一般旗人，成为贫农和雇农非常普遍。[⑤] 旗丁归农成为旗民社会发展的一大趋势。1912 年吉林都督颁布《筹划旗人生计简章》，展开一系列调查。主要调查旗属公田、马场、随缺地、津贴地、办公地、官庄地、贡山以外的官产、旗署办公衙署房间及地基、旗属食租房产地等，做到心中有数。[⑥] 并对各处官荒做了记录，为授田做了充足准备。其次，统计全省旗丁户口，查明各户经济状况。为实行授田之预备，当以贫富为衡，官而贫也以贫论，丁而富也以富论。[⑦] 并把贫穷者分为极贫和次贫，

① 戴迎华：《清末民初旗民生存状态研究》，人民出版社，2012，第 249 页。

② 中国第一历史档案馆藏《黑龙江巡抚奏陈江省旗丁生计情形并酌筹办法奉旨由》，会议政务处，分类目录第 143 号。

③ 金梁：《光宣小记》，民国二十二年（1933）铅印本，第 36 ~ 37 页。

④ 中国科学院民族研究所辽宁少数民族社会历史调查组：《北京满族调查报告》（二），载《满族社会历史调查报告》（下）第 5 辑，民族出版社，1963，第 6 页。

⑤ 戴迎华：《清末民初旗民生存状态研究》，人民出版社，2012，第 247 页。

⑥ 潘景隆、张璇如：《吉林旗人生计》，载《清代档案史料选编》，天津古籍出版社，1991，第 3 页。

⑦ 潘景隆、张璇如：《吉林旗人生计》，载《清代档案史料选编》，天津古籍出版社，1991，第 177 页。

这样就能保证把贫困旗户全都纳入授地之中。而且根据贫穷程度，优惠政策也不完全一样。[①] 其极贫者，一切垦费全数由本处核发，其次贫之户，除川资照数核发外，至得地亩均按全数2/3核发，以示区别而昭公允。[②] 这次售地由旗务处提供经费，经费由出售旗产所得。各旗户分赴荒段所有川资、牛具、籽种、建筑等费，均由本处计口发给，此项即由所售之地价提充等语。[③]

计丁授田办法的实行，使得东北一部分驻防旗人完成了向农民的转化。东北满营的部分旗人逐渐转向农业生产，有一部分成为地主，更多人则成为普通农民。[④] 除各驻防以外，守卫清代园陵的旗人也有相当部分转向以耕地为生。1914年，东北清室守灵长官因旗丁生计困苦，“请准将后龙陵荒九百四十余顷，定为陵地旗租，分给宗人府、礼工部、八旗内务府、绿营五项旗丁，各一百四十四顷三十亩作为津贴，由该旗丁自由佃种”[⑤]，得到核准，部分守陵旗丁由此开始以耕地为生。

民国时期，计口授田在东北各界社会人士中引起较大反响，很多社会团体认为它是解决旗人生计的行之有效的办法。它在安置无业、贫困旗丁，缓解旗人生计方面起到了积极作用。[⑥]

二 驻防体制消亡

东三省为满族发祥地，八旗体制根深蒂固。相较其他地区，东三省驻防保留时间最长，有些甚至延存至国民政府统治多年之后。

清末以来，东三省处于奉系军阀张作霖统治下，其为绿林出身，但一直与清王朝关系紧密，对旗人政策相对宽松。辛亥革命后，东三省各驻防八旗旗官的升补一如旧制。以吉林省为例，民国元年至民国十四年（1912~1925），东北各驻防八旗官佐的升补十分频繁。如1914年6月，和绷额补

---

① 李剑峰：《民初吉林省筹办旗人生计述评》，《赤峰学院学报》2010年第9期。

② 潘景隆、张璇如：《吉林旗人生计》，载《清代档案史料选编》，天津古籍出版社，1991，第180页。

③ 潘景隆、张璇如：《吉林旗人生计》，载《清代档案史料选编》，天津古籍出版社，1991，第237页。

④ 戴迎华：《清末民初旗民生存状态研究》，人民出版社，2012，第248页。

⑤ 《关于教育部拟将清室东西两陵核拨充教育基金之提议——1924年至1925年》，中国第二历史档案馆藏，内务部，全宗号1001，案卷号5840。

⑥ 李剑峰：《民初吉林省筹办旗人生计述评》，《赤峰学院学报》（汉文哲学社会科学版）2010年第9期。

布尔图库边门防御[①]；1918 年 9 月，北洋政府对阿勒楚喀、吉林、三姓、宁古塔四城八旗佐领进行升补[②]；1920 年 3 月，乌拉、珲春、伯都讷、吉林各驻防升补协领，佐领、防御等旗员的升补活动也正常进行。[③] 东北易帜前，吉林省八旗组织仍然相对完整，存在的旗务组织“有旗务工厂，省城十旗协参领，乌拉、乌常、拉林旗务分处，宁古塔、伯都讷、三姓、阿勒楚喀、珲春、双城堡协领，伊通、额穆赫索罗佐领，四边门防御”[④]。其他地区，如黑龙江、奉天等地的旗官升补也时有进行。

东三省驻防的裁撤伴随着东北行政体制的变革。光绪三十一年（1905），黑龙江将军程德全奏请裁撤齐齐哈尔、呼兰、布特哈、通肯等 4 个专城副都统。[⑤] 其因在于该地已经设治。程全德主张“应除积习，力求整顿”，“统一政令而重边防”。光绪三十二年（1906）“依议裁撤”[⑥]。这一举措使黑龙江驻防序列首先动摇，揭示了东北驻防全局。清政府光绪三十三年（1907）谕令改革东北官制，裁撤盛京、吉林、黑龙江三将军，设置奉天、吉林、黑龙江三个行省，旗民两系，一统于东三省总督，八旗驻防体制宣告解体。[⑦] 中华民国成立后，旗、民二元管理体制被行省的单一管理体制取代。行政体制改革前，东北实行旗民二元管理体制，即以管理旗人的旗署管理体制与管理民人的民署管理体制[⑧]，“旗民杂处地方，系民则为府县管辖；系旗人则查各该旗，分入该佐领册内管辖”[⑨]。二者各司其职，互不相涉。旗署管理体制的最高长官为将军，下设副都统，再下分设协领、佐领、防御、骁骑校、领催、前锋、甲兵等。层层统辖，构成严密的驻防体系与行政管理体制。旗署行政管理体制将旗人生活和驻防戍卫紧密结合在一起。生活在将军掌控下的旗人以当兵为业，无法自由选择

① 佟佳江：《八旗制度消亡新议》，《民族研究》1994 年第 5 期。

② 《政府公布》1918 年 9 月第 954 号。

③ 戴迎华：《清末民初旗民生存状态研究》，人民出版社，2012，第 247 页。

④ 佟佳江：《八旗制度消亡新议》，《民族研究》1994 年第 5 期。

⑤ 《清德宗实录》卷五百五十一，中华书局，2009。

⑥ 王先谦：《东华录》，上海古籍出版社，2008，第 5460 页。

⑦ 《清德宗实录》卷五百七十一，中华书局，2009。

⑧ 田志和：《论清代东北行政体制的改革》，《东北师大学报》（哲学社会科学版）1987 年第 4 期。

⑨ 田志和：《论清代东北行政体制的改革》，《东北师大学报》（哲学社会科学版）1987 年第 4 期。

谋生职业。[①] 经济生活形式单一，全靠饷银为生。

行省的单一管理体制在变革中，许多原有的重要驻防如宁古塔、伯都讷、三姓、珲春、阿勒楚喀、瑷珲、齐齐哈尔、摩尔根、海拉尔、布特哈、呼兰等旗屯、旗镇的原有意义不复存在。[②] 旗营的裁撤和相继消亡，意味着存在长达三百年之久的八旗制度彻底终结。满族与汉族经济在八旗制度消亡的过程中越发趋于一致。

民国十八年（1929）6月22日《盛京时报》载，全省八旗官兵俸饷，六月底一律停发，即日原款移作补助旗生学费之用。[③] "民国初撤旗归农议起，政府原有明文在旗民生计未酬定以前一切饷项，照旧支发，故尚可维持，其后日绌，积欠旗饷多至数十万，当然无补发之望……遂至壮辈将有束手待毙之势，沦为乞丐"[④]。东北八旗驻防裁撤，旗饷停发，旗人丧失经济来源，生活彻底陷入困顿。

三　王庄、官庄全部丈放

东北驻防体制的消亡伴随着王庄、官庄的清理丈放。清初，满族贵族为扩大剥削范围，在东北以掠夺、圈占土地手段建立皇室庄田（官庄）。许多满族成为庄丁，实为世代皇家奴仆，他们失去了人身自由，既不准逃亡或冒入民籍，也不许应试为官，还被皇室任意赏赐给官吏，甚至严格限制婚姻。[⑤] 庄丁由庄头量给口粮、衣服、耕牛、种子、房屋和器皿，一无所有却要担负沉重的贡赋，如拖欠钱粮则"枷号""鞭笞"[⑥]。作为满族劳动人民主体一部分的"奴仆"，不彻底解放出来，满族社会经济就无法发展。[⑦] 辛亥革命后，随着庄田制的取消，种地的庄丁摆脱奴仆身份，满族经济基础的重大改变，对满族社会的经济发展产生了重大而积极的意义。

---

① 欧阳琳：《光宣时期吉林旗人生计研究》，《东北师大学报》（哲学社会科学版）2014年第5期。

② 戴迎华：《清末民初旗民生存状态研究》，人民出版社，2012，第248页。

③ 《盛京时报》1929年6月22日。

④ 中国科学院民族研究所：《满族历史资料选编》第三分册，辽宁民族出版社，1964，第204页。

⑤ 关捷：《辛亥革命时期东北满族活动的考察》，《明清论丛》2011年第1期。

⑥ 雍正《大清会典》卷二三二，中国线装书局，2006。

⑦ 关捷：《辛亥革命时期东北满族活动的考察》，《明清论丛》2011年第1期。

辛亥革命后，满族世居地王庄、官庄的丈放清理全面而彻底。民国初年，奉天省财政拮据，为扩大税源，赠加财政收入，就把目光盯向了为数不少的旗地。1912 年，奉天省在原清三陵设立清理皇产处，开始着手处理皇产。1913 年 1 月 16 日，奉天省设立丈放官地总局，负责丈放八旗官兵的随缺、伍田等旗地。1915 年 1 月，奉天省成立了奉天全省官地清丈局，开始丈放原盛京内务府官庄地。1913 年至 1925 年，奉天省陆续颁布了《奉省丈放内务府庄地章程》（1913 年 5 月）、《奉天全省官地清丈局章程》（1915 年 1 月）、《查丈王公庄地章程》（1913 年 11 月）、《改订丈放王公庄地章程》（1921 年 9 月 8 日）、《丈放省有三陵内务府各种官地房基章程》（1925 年 8 月 8 日）等旗地清丈章程。[①] 1915 年至 1924 年，奉天省丈放王公地亩达 190 多万亩。1913 年至 1924 年，丈放随缺伍田等旗地达 170 多万亩。伴随大规模的旗地丈放工作，奉省官庄、王庄旗地的土地占有形式被废除。

吉林省各旗属荒地进一步出放。如 1914 年勘放坐落在扶余、榆树两县津贴浮多荒地约 20000 垧；双城堡旗屯牧荒约 12000 多垧；拉林地区双滨晾网地约 17000 垧，旗屯牧荒约 10000 垧，共计 60000 余垧。1915 年 4 月 17 日，吉林省巡按使呈请设立吉林全省土地清丈局，吉林道尹王树翰被委任为该局局长，全省旗民新、旧各旗地统归该局“照章清丈”。[②] 此后吉林省相继制定了一系列章程，如 1916 年公布的《修正变卖吉林省旗署官产章程》、1918 年颁布的《变卖官兵粮租随缺地办法》，加快了旗地出放的速度。[③]

黑龙江地方当局在 1914 年后通过定章收价，先后丈放皇庄、王庄和随缺地、伍田地。1914 年 3 月，黑龙江省制定《黑龙江省清丈兼招垦章程》《黑龙江省放荒规则》《黑龙江省清丈规则》等相关章程，包括旗地在内的官、荒土地逐渐被丈放销售。至九一八事变前，东北旗地丈放工作基本完毕。大规模的旗地丈放，“其结果使官庄、旗地”在法律上彻底失掉奴隶制性质，“变成纯粹私有地”。[④] 随着官庄旗地向民地的转化，东三省旗制彻底消亡。

---

① 戴迎华：《清末民初旗民生存状态研究》，人民出版社，2012，第 248 页。

② 戴迎华：《清末民初旗民生存状态研究》，人民出版社，2012，第 249 页。

③ 付百臣、刘信君：《吉林建省百年记事》，吉林人民出版社，1995，第 1410 页。

④ 章有义：《中国近代农业史资料（1912～1927）》第二辑，三联书店，1957，第 52 页。

四 满族人遭受军阀和帝国主义双重压迫

辛亥革命后，军阀的苛敛和帝国主义的侵略，使东北满族人民的负担与日俱增。他们激烈地反抗剥削与压迫，对满族社会的资本主义发展是有益的。其反抗斗争被宗室王公认为是“该庄佃等，际兹民国，藐视王公”[①]。由于东北满族人民入籍州县，成为平民，王公无权干涉，其壮丁得以摆脱奴仆的身份地位。受革命形势影响，有部分王公准许壮丁开户入民国籍。“豫亲王分支信郡王后裔主祭宗室载立，为开放壮丁出户，恳请立案”[②] 的文献中，有“现在民国告成，若令该户久在本府交差，未免有屈人格”，反映东北满族社会经济中的落后生产关系得到进一步清除，取消了依附身份的农民更加积极地从事生产劳动，有利于东北满族资本主义的发展。[③]

为管理东北八旗事务，篡夺了革命派权力的军阀设立了旗务处。1914年，为加重对东北满族人民的剥削，实行“田赋划一”，将官赋较轻的旗地与田赋较重的民地征税率划一，加重旗地田赋。民国政府为夺取东北满族人民财产，在丈放官庄、王庄过程中把八旗官兵的随缺地、伍田地一起丈放，收取地价，然后才允承租耕种。“随缺、伍田，虽云公产，而随缺均有领名，与册地一律纳课银，均由兵等自行交纳，向有前户部及度支司库收执照为证。以此性质言之，与个人私产无异”[④]。这种做法实际是敲诈满族人民。民国政府当局甚至不放过“附近闲荒暗被侵垦，名谓浮多”的土地，因为“浮多既不纳粮，又不应差，厚利所在，遂为庄佃互争之点”[⑤]，也成为民国新贵争夺的对象，提出所谓“私垦浮多，一律收归国有，变价充公”[⑥]。满族人民的血汗钱流入民国新贵的腰包。

东北军阀数目超过清末驻东北新旧军的总数，豢养虎狼军队需要大批军费，除保留清末所有赋税搜括制度外，新的苛捐杂税层出不穷，如亩捐、车捐、肉捐、商捐、戏票附加捐、菜园捐、牲畜捐等。军阀政府还以

① 辽宁省档案馆：《奉天公署档》，第9415号。
② 《大清会典事例》卷二五四，光绪三十四年（1908）商务印书馆石印本。
③ 姜相顺：《近代沈阳满族的经济生活和民族资本的发展》，《满族研究》1987年第10期。
④ 姜相顺：《近代沈阳满族的经济生活和民族资本的发展》，《满族研究》1987年第10期。
⑤ 姜相顺：《近代沈阳满族的经济生活和民族资本的发展》，《满族研究》1987年第10期。
⑥ 《东三省公报》，民国三年（1914）十二月十一日。

"清丈"土地来勒索农民，每丈必有"浮多"，除可增收赋税外，还可追索地价，一举双收。

为弥补财政赤字，军阀大量发行国内公债。虽名公债，实则对满汉商民硬行摊派。对农民按亩加收，实则变相捐税。纸币的发行，是资本主义发展的要求。奉天省发行的纸币为奉小洋，票面为一角、二角两种。发行之初，尚可随时兑换现银。民国成立后，奉天军阀以"军政实用均形支细，乃向官银号挪借款项以济公用，而许银号以增发纸币权。自是发行日多，民国二年（1913 年）已达千元之巨"[①]。以后发行愈增，准备金愈薄，于是限制兑现，形成恶性通胀。奸商乘机低价收进货币，与日本侵略者勾结依势到银行强行兑现，居间渔利，使银号无法支持，纸币成了不兑现纸币，持有纸币的满汉人民深受其害。

民国以来，各省军阀"苦于筹饷乏术，乃视鸦片为其绝大利源。于是包庇贩运，抽收烟税，明目张胆行之，甚至于强迫人民种烟，借收亩捐，而裕饷糈"[②]。满族上层宗室王公与帝国主义、军阀买办、地主阶级紧密勾结。清末冲破封禁政策的满汉劳动人民开垦的土地，大部分被汉族大地主占有。清朝宗室贵族占有的土地，大部分"在法律上一律承认其为前清皇室的私有地，并特别加以保护"[③]，只有少数没收为军阀政府所有，这正是满洲贵族与军阀勾结的经济基础。内务府官庄，"庄头管理地给庄头承领，丁佃分耕地给丁佃分领"[④]。民国军阀索取地价，与满族上层共同按成分肥。1915 年 1 月奉系军阀政府颁布《奉天全省官地清丈局章程》，名义上把清朝的官庄丈放给满汉人民，实际仅是承认了庄头作为新地主的土地所有权，土地关系没有改变。东北农村土地大部分掌握在军阀、官僚、地主手中，东北满汉广大农民没有或只占有少量土地，却承担着大部分捐税和高额地租的剥削，生活异常贫困。[⑤]

为反抗日本帝国主义侵略，东北满汉人民进行爱国反日斗争，大张旗鼓地抵制日货，从经济上打击了日本帝国主义的侵略，也刺激了民族资本

① 《奉天通志》卷一四七，辽海出版社，2003。
② 章有义：《中国近代农业史资料（1912～1927）》第二辑，三联书店，1957，第 210 页。
③ 章有义：《中国近代农业史资料（1912～1927）》第二辑，三联书店，1957，第 52 页。
④ 章有义：《中国近代农业史资料（1912～1927）》第二辑，三联书店，1957，第 52 页。
⑤ 陶菊隐：《督军团传》，台北，文海出版社，1971，第 121 页。

的发展。[①] 由于东北满族农民贫困破产，劳动力自由，这就为资本主义的发展创造了条件，不少人被迫走进中外资本家开办的工矿企业做工。旗民的职业选择开始多样化，工、商、医、教等行业里有了旗人的身影，推动了旗民社会的近代转型。

第四节　旗下兵丁与关内各地驻防满族的生活状况

辛亥革命后，旗下兵丁与关内各地驻防满族的生活状况发生了极大改变。他们从前清时期的特权阶层沦为普通平民，从曾经的"赖饷而食"转为自谋生计；从崇尚"满语骑射"改为接受普通国民教育，从之前的"高人一等"变为备受歧视与排斥。整个旗人生计不断恶化，生活苦不堪言，难以为继。

一　旗营解散，驻防制度被取消

光绪三十三年（1907）八月二十日，清政府发布上谕，定以十年为期，裁撤旗饷，将旗户编入民籍的同时将驻防尽行裁撤；拟裁之旗丁生计，给予计口授田、兴实业、办教育等解决方案。[②] 虽有一定效果，但困难重重，问题颇多。

旗人生计困难，主要原因是旗人只能当兵食饷，饷银不足生活，却又没有人身和从业自由，不能经营他业。谕令一下，十年为期，全行裁撤驻防意味着彻底取消八旗制度，顿时引起旗人极度恐慌与激烈反对，各地旗人抗议事件屡有发生。广州驻防旗丁"有全家病哭者，有疑信参半者，有彷徨无措奔走□汗，以冀联名禀恳者"[③]，后由旗长及马甲数十人到将军府，请将军代为奏请，希望收回成命。四川成都驻防旗民涌入将军衙门，砸毁门窗器具，打伤将军绰哈布头部，两名协领亦被殴受伤。1907 年 10 月 17 日的《盛京时报》报道："闻各处驻防旗丁，自奉上月二十日裁粮授田明谕，皆大形恐慌，纷纷集议。近接西安及广州两处来函，该处各旗丁生计骤失，或议遣代表赴京扣阍，或环请将军代奏，恳请收回成命。"[④]

---

① 姜相顺：《近代沈阳满族的经济生活和民族资本的发展》，《满族研究》1987 年第 10 期。

② 贾艳丽：《清末旗人的民间自救》，《首都师范大学学报》（社会科学版）2008 年第 2 期。

③ 《广州旗丁要求收回成命》，《盛京时报》光绪三十三年九月十二日。

④ 《各处驻防之恐慌》，《盛京时报》1907 年 10 月 17 日。

由于惧怕生乱，清政府又于光绪三十四年（1908）十二月四日发谕，宣布“所有钱粮、兵饷仍均照常”[①]。直至清末，旗户也没有真正编入民籍，驻防也并未彻底撤销。

然而无力的挣扎无法阻滞历史的车轮，受辛亥革命形势影响，在进步与保守、现代与传统的激烈交战中，京师旗营和各地驻防在民国初年逐步消亡。各地旗营的消失与政局变化密切相关。辛亥革命后各地旗营消亡时间不一，消亡过程不尽相同。从时间顺序看，大致是南方较早，北方较晚，其中畿辅和京师地区残留至北洋政府统治时期结束，东北地区由于特殊历史原因，消失最晚。[②] 从旗营的裁撤过程来看，一种方法是在一次性发放旗民生计费用的基础上，直接裁撤和解散旗营；另一种是虽未直接裁撤，但随着旗营的拆除和改造，旗产的清理、湮灭，八旗组织的“物质遗存”逐步丧失，旗营名存实亡，以致自然消亡。

广州旗营于1912年6月被正式裁撤。粤防八旗原有财政机关被取消，八旗财产全部归公，广州生计交由广州筹办八旗生计处筹划，广州驻防由此消亡。福州驻防随着福州独立而迅速裁撤，旗民“甲粮丁饷全裁”，八旗街也被改称为光复街，“光复街一带土地概归官产”，将“衙署、局所、箭道、操场、庙宇、园池、旷地收为官产”，并开始征收地租，相关旗产基本被征收，此后“旗界已无痕迹”。[③] 杭州驻防“旗营社区”在辛亥革命后可谓“骤然消失”。光复后，杭州旗兵不仅武器尽数上缴，而且通过消灭旗营计划和旗营善后计划将杭州驻防多种营产充公处置。[④]

宁夏、新疆满营均于1914年裁撤。1914年，宁夏扩军使兼满营将军马福祥与满营官兵达成筹办满民生计和解散满营的协议，满营官兵交出武器马匹，官佐、马兵每人发给生活费50两，步兵25两[⑤]，这就标志着近二百年的宁夏八旗驻防制度结束。[⑥] 同年，新疆驻防八旗制随着清朝退出历史舞台而寿终正寝，其存在近一百五十年。[⑦] 1917年9月，山西驻防旗

① 《大清光绪新法令》第1册，商务印书馆，宣统元年铅印本，1909，第31~32页。

② 戴迎华：《清末民初旗民生存状态研究》，人民出版社，2012，第228页。

③ 《筹画驻防八旗生计事项有关文件——1914年6月至1917年11月》，中国第二历史档案馆藏，内务部，全宗号1001，案卷号4474。

④ 戴迎华：《清末民初旗民生存状态研究》，人民出版社，2012，第239页。

⑤ 李自然：《试谈宁夏八旗驻防的特点》，《满族研究》2005年第4期。

⑥ 李自然：《试谈宁夏八旗驻防的特点》，《满族研究》2005年第4期。

⑦ 佟克力：《清代伊犁驻防八旗始末》，《西域研究》2004年第3期。

地清丈完毕，旗民获得四个月“恩饷”之后，太原城及右卫城守尉同时裁撤，山西八旗驻防历史终结。

二 旗民原有秩序被打破

清王朝被推翻后，旗人社会的生存状态随之改变，甚至一度流于失序。为图生存，旗人被迫乔装打扮，四处逃散。[①] 在江西，光复前“候补府县班中一般满人”，惧于“排满风潮”，“纷纷扯去衔籍公馆名条，改易汉装，以谋避眼前之祸”，“而贡院旁边八旗会馆及百花洲八旗奉直公馆名牌均已卸下，搬避一空，以免战火焚毁”[②]。“旅居赣省旗民因听信谣言大都四处逃散”[③]。西安满城被攻破之时，“所有满人，潜逃一空”[④]。太原驻防男女老幼原额一千五百余人，驻防城北攻破以后，“旗民散居四乡者占多数”，“在城者男女老幼共计三百上下余口”[⑤]。镇江和平光复前夕，旗兵“纷纷然隐匿财产，迁移妻子”，[⑥] “驻防满兵逃去甚多，满营房屋全空”[⑦]。1911 年 11 月 6 日的《申报》报道说：“京师满人得保定失守消息，连日向秦皇岛进发，闻秦皇岛目下已有五千余人。”[⑧] 未逃走的“旗民大半改易西装寄宿东交民巷使馆内”。此外，满人被骗，财产被席卷者时有发生，“那桐曾以八十万金之珠翠金银付诸某处，保费甚廉，不意斯人持物一去不返，那因之大懊丧”[⑨]。

失去王朝庇护的满族，一夜间从社会的“上等人”沦落为千夫所指的“道德罪人”，不仅生计困难，在社会实际生活的各个层面遭受不同程度的偏见与排斥。[⑩] 已然光复的杭州、镇江等南方驻防，在旗民居住等善后问

---

① 戴迎华：《清末民初旗民生存状态研究》，人民出版社，2012，第 111 页。

② 《满籍之候补官》，《申报》1911 年 11 月 5 日。

③ 《赣省新□种种》，《申报》1911 年 11 月 17 日。

④ 郭孝成：《陕西光复记》，载柴德赓等编“中古近代史资料丛刊”《辛亥革命》（六），上海人民出版社、上海书店出版社，2000，第 39 页。

⑤ 《关于太原驻防旗民向山西都督陈述辛亥九月以后太防变化情形并要求解决旗民生计抄件》，中国第二历史档案馆藏，陆军部，全宗号 1011（2），案卷号 711。

⑥ 张立瀛：《镇江光复史料》，载扬州师范学院历史系编《辛亥革命江苏地区史料》，香港大东图书公司，1980，第 266 页。

⑦ 《专电》，《申报》1911 年 11 月 15 日。

⑧ 《译电》，《申报》1911 年 11 月 6 日。

⑨ 《呜呼可怜之京师》，《申报》1912 年 2 月 12 日。

⑩ 关凯：《中国满族》，宁夏人民出版社，2012。

题的安排上体现出种种歧视，京口驻防对于旗民私置房屋，鉴于旗人归顺，遂允准“概给原人执业”，但必须一律完纳地丁，而对旗人私置房屋用来自行居住，须“有妥实汉人担保”。[①] 此外，民初“各种书报、刊物、充斥歧视满族的宣传，许多街谈巷议流露着排满的情绪”[②]。就业方面，为避免旗籍歧视，诸多旗人申请冠姓更名改籍。[③] 1914 年，仅陆军第一师旗籍官兵申请冠姓更名易籍的人数达 268 人之多。[④] “原开封知府崇泰之子，向政府申请行医执照，时因旗人，不予照发。他只好放弃满姓瓜尔佳氏，改取汉族姓名李承荫，并改满洲旗籍为房山县民籍，才获准发照行医”[⑤]。旗人申请冠姓更名改籍，改变了满族的民族特征，加速了满汉民族融合。巨大的社会变迁和每况愈下的生计水平，给民初旗人带来了无尽的困惑、痛苦与迷惘。

三　旗饷的愆期与停发

“基于作为征服者的特殊地位，旗人被认为对皇室永远是忠诚的，他们可以终生享受薪饷、特权及特别赏赐”[⑥]。各地驻防旗人以固定薪饷为唯一经济来源，家属也能得到不同额度的给养，这是旗民生活稳固的保障。[⑦] 辛亥革命后，俸饷的按时发放已成既往。

清廷覆亡，民国政府虽颁行了优待满族大纲，拟“先筹八旗生计，于未筹定之前原有口粮暂仍其旧”[⑧]。各地民军对于旗民的生活虽有所考虑，但均为短期行为。在荆州，军政府允诺给予旗民中极困苦者“恩饷”六个月，但因“财政支绌”，“迁延”数月，终未及时发放。其余各地，多数仅给予三个月左右俸饷，至于以后旗民生计，无法筹划。广州的驻防旗兵在光复后改编为粤城军，三个月后解散，每兵发给 10 元，听凭就业。[⑨] 京口旗营也仅发三个月口粮以资生活。新疆旗营解散，每兵发银 10 两，或

---

① 戴迎华：《清末民初旗民生存状态研究》，人民出版社，2012，第 125 页。

② 阎崇年：《北京满族的百年沧桑》，《北京社会科学》2002 年第 1 期。

③ 戴迎华：《民初旗民生存状况述论》，《长白学刊》2009 年第 6 期。

④ 《一九一四年各地旗人请求冠姓更名改籍有关文书》，中国第二历史档案馆藏，1914 年 1 月至 11 月，内务部，全宗号 1001，案卷号 1295。

⑤ 阎崇年：《北京满族的百年沧桑》，《北京社会科学》2002 年第 1 期。

⑥ 〔韩〕任桂淳：《清朝八旗驻防兴衰史略》，三联书店，1993，第 118 页。

⑦ 戴迎华：《民初旗民生存状况述论》，《长白学刊》2009 年第 6 期。

⑧ 赵继敏、王文锋：《末代皇帝的紫禁城》，吉林大学出版社，2013，第 4 页。

⑨ 孙静：《满洲民族共同体形成历程》，辽宁民族出版社，2008，第 88 页。

分给土地，“化兵为农”，奇台的满族、伊犁的满族只得到短期恩饷。[①]

民国三年（1914），吉林省财政会议议定核减三年度五成旗饷，是年三月，旗族生计会会长白家驹呈文国务院，称“我省披甲每名原饷年计银二十四两，除搭票减成扣平外，仅领银十有余两，已照原数减去一半，如再核减二分之一，则每兵每月只得钱二三吊”，使旗兵“饥不能以自食，寒不能以自衣”[②]，恳请吉省旗饷仍照旧发放。保定等九处驻防旗丁俸饷基本停发，守尉荣荫等人向民国政府呈文，“请求大总统俯念旗兵困苦，生计未筹，保定驻防与京外八旗视同一律，应支饷项仍请照旧拨发”[③]。几乎每逢饷银发放，都得“咨催财政部，希速发放以济兵艰”[④]。另外，根据民国初年满族人的回忆，民初所领的饷银时断时续，有些只能在正月、五月或八月等传统节日才偶有发放。饷银数额很有限，只有十几个铜圆，饷银变成救济费。[⑤]

民国十三年（1924），随着第二次直奉战争的爆发和清逊帝溥仪被逐出故宫，北京及各省驻防旗饷停止发放。[⑥] 至此，旗民完全失去了终生领取固定薪饷的特权，旗民的生计危机达于顶峰。

四　旗产、营产的清理与处置

清王朝统治时，旗地作为一种特殊的土地形态，不仅是清皇室、王公以及一般八旗官兵的主要经济来源，也是清廷财政收入的重要支柱。清朝覆亡后，北洋政府接收了“东北、直隶等省的旗地数十万顷”[⑦]，北方的多数旗人失去了生活的又一来源。中原及南方旗营的土地拥有量虽不及北方，但相应的旗产和营产也保证了清盛时期驻防旗民生活的优裕。各处驻防的旗产与营产自辛亥革命后，陆续被处置。

民国元年九月（1912 年 9 月），江苏都督程德全委任谭道南、朱大斌

---

① 孙静：《满洲民族共同体形成历程》，辽宁民族出版社，2008，第 90 页。

② 《吉林旗族生计会请仍旧照支旗饷以维旗丁生计有关文件》，1914 年 3 月，中国第二历史档案馆藏，内务部，全宗号 1001，案卷号 1848。

③ 《核发保定等九处驻防旗丁俸饷有关文书》，中国第二历史档案馆藏，内务部，全宗号 1001，案卷号 1847。

④ 《值年旗通知颁发旗营饷银有关文书》，1915 年 6 月至 1923 年 12 月，中国第二历史档案馆藏，内务部，全宗号 1001，案卷号 34。

⑤ 赖惠敏：《清皇族的阶层结构与经济生活》，辽宁民族出版社，2001，第 240 页。

⑥ 戴迎华：《民初旗民生存状况述论》，《长白学刊》2009 年第 6 期。

⑦ 王立群：《北洋时期直隶旗地问题浅探》，《历史档案》2005 年第 3 期。

二人设局清查江苏各属营地公产，并拟定《清查营产之大纲》，指出“各处营产现应分派委员，分赴调查坐落何处何区，何地何人承种……期以造册迅速而免迟延以及盗卖隐匿等弊”，营产清查后，“凭会商官绅酌定价值，令其原领之户升，予几月缴价，领照执业，逾期再行另召承领，应照市价仍给予原领之户半价，以示体恤，外人不得加价攘夺，恐激生变”[①]。

国民政府为防死灰复燃，急于尽快处理营产、消灭驻防。[②] 浙江省在制订消灭旗营计划时，提出“自光复后旗营既归消灭，则所谓旗民者应及时遣散，即以经济之绌之故，一时遣散为难。然仍使聚居一隅，于事实上殊多窒碍，不独死灰复燃也，旗营存在一日，即可谓驻防不消灭一日，且使中心城市日就旷废”[③]。江宁驻防光复后，旗民“大半逃走，所遗房甚夥”，江浙联军司令下令“特派委员二人在高等巡警学堂内设局清查旗营房产，一并充公以助军饷”。[④] 同时，明确表示“变卖旗地之所得代价”，除充军用以外，余皆“供遣散旗民费用”。[⑤] 浙江省不仅变卖旗营地亩、房屋、官署、营产，甚至连旗营围墙也尽数拆卖。规定变卖所得除供遣散旗民费用外，还用于工钱支付、军用补充、道路建造等其他费用。

旗产、旗营的清理所得款项表面上用于救济旗民，但真正用到旗民身上的甚为有限。据民国元年（1912）《保护旗人公私财产文》，“上年军兴之际，各省旗人，公私财产，间被没收。现在五族共和，已无畛域之分”，“凡八旗人民公私财产，应由地方官及公正士绅清查经理，以备筹划八旗生计之用”。[⑥] 而事实是，多数地方旗营变卖或处置后的财产常被挪作他用，用于旗民的仅占很少部分。荆州光复后，据驻防受降条款，荆州驻防“原有公田公产，一律没收”[⑦]，其没收旗产，多被挪作他用。民国元年元月（1912年1月），杭州每名旗丁仅得饷银两元，变卖旗产所得用于旗民之数，于此可以想见。广州驻防大部旗营房产光复后悉数充公。为解决旗

① 《清查营产之大纲》，《申报》1912年11月9日。

② 戴迎华：《清末民初旗民生存状态研究》，人民出版社，2012，第116页。

③ 《浙省消灭旗营之计划》，《申报》1912年1月4日。

④ 《南京军事种种》，《申报》1911年12月20日。

⑤ 《浙省消灭旗营之计划》，《申报》1912年1月4日。

⑥ 参见《临时大总统令》，《政府公报》1924年11月6日，第35号。

⑦ 李一：《荆宜施鹤光复记》，载柴德庚等编《中国近代史资料丛刊·辛亥革命》（五），上海人民出版社，2000，第258页。

民私人居住问题，允许旗民居住的甲房以原价150倍的代价税契，改为私人财产。生计日蹙的旗人，尤其贫苦旗丁无力承担高昂房价，契约方式根本无法解决旗人居住问题。

至19世纪20年代中后期，除了江、浙两省外，京畿及其他各处驻防的旗产、营产亦陆续清理完毕。俸饷的终结以及旗产的清理、处置，意味着旗民这个特殊的社会群体彻底丧失了八旗制度所赋予的优待和特权。随着以旗饷旗地为核心的八旗经济制度的破产，旗民政治经济地位急速滑落。

五　旗民生计的困厄

动乱的时局、时有时无的有限俸饷和营产的清理，断绝了旗民原有经济来源，其生计陷入了无尽的困厄与窘迫，贫困旗人苟延残喘的现象比比皆是。

各驻防旗人困苦情形尤为窘迫。绥远旗人“有朝不保夕，日只一餐者；有仅能糊口，身无一缕者；有冬之短褐，男女输服出乞人者；有生已数儿，辗转图存，终至绝嗣者。若而人者，其色皆菜，无年不荒”①。西安驻防旗兵“自上年月饷不继，饿殍相望”，因饥殒命者“不下二千余人”②。杭州驻防自军民光复后，粮糈全停，生计断绝，“致穷苦旗丁饥寒交迫，自相侵夺”。“驻防旗丁因军政府财政困难，阴历十一月份旗丁每名仅给两元，以致贫困旗民竟至无所得食”③。宁夏满营官兵“户口无资，官员之家，日仅一餐者殊属不少，兵丁啼饥号寒，不甚其苦，甚至甘心自尽”④。广州驻防八旗兵丁，自民国后一律被编入民籍，所遗满人男妇老幼“二万数千余口”，其生活“颠沛流离，道殣相望”，“朝不保夕，饿死及自尽者，日有所闻，惨不忍睹”⑤，“察其原因，由于向恃粮饷度日，遵守定制，不能出外营生……旗户向无盖藏，一旦饷项骤裁，已属无以为炊，加以旗中原有财产既议归公”，军政府又将“旗界房产收回”，所以

---

① （清）《绥远城将军贻谷奏妥筹旗丁生计并办理情形折》，《政治官报》光绪三十三年（1907）十一月初一日，第41号。

② 《清穆宗实录（二）》，卷六三，中华书局，1986，第231页。

③ 《申报》1911年11月27日。

④ 《清穆宗实录（一）》，卷五二，中华书局，2009。

⑤ 《筹画粤省八旗生计事项有关文书》，1914年6月至1917年11月，中国第二历史档案馆藏，内务部，全宗号1001，案卷号1853。

旗民濒临“食棲两绝”之境地。[①]

由于衣食无着，旗人因贫自尽时有所闻。1912 年的 1 月 30 日的《申报》报道了数起杭州旗民自杀事件：“前日钱塘江内荆州帮某马甲竟将一子两女缢毙后，夫妻悬梁自尽。不料隔日鸿福桥某家又有一门七口举室自杀，初九日晨刻，某旗妇往乞施粥，因人多被挤打碎钵，伤及头部，归而愤泣，竟将十岁、七岁两女砍毙，复将怀中幼子掷入河中，己亦投井而亡。”[②]

由于生计所迫，旗人“世裔降入娼优，老弱流于乞丐”者日渐增多。有目击者形容说：“不必去观看新闻栏目，任何人今天都可以看到高贵的满人在拉洋车，他们的妇女被人雇为女佣，最悲惨的是，他们的姑娘过着不名誉的生活，其目的只是为了自己的生存和家庭的生存，众所周知，北平城里至少有七千妓女，其中大部分是满族人。人们也知道，满人家的姑娘和妇女们化装或者蒙上头在夜里拉洋车。”[③] 荆州遗有“满人男妇老幼不下二万余人，自共和宣布月饷无着，本其少年子弟素工京调，只得三五成群，手执板鼓丝弦，于西城一带沿街卖唱”[④]。时人讥为“商女不知亡国恨，隔江犹唱后庭花”。[⑤] 旗民沦为匪盗现象，在当时亦不鲜见。1913 年 11 月 12 日的《申报》，以《旗民为盗》为题，对一宗镇江旗民盗抢的案例进行了较为详细的报道。这一现象的出现，表明民初旗人失去生计来源，群体边缘化加剧。

为了生存，贫苦旗人已经顾不上往日的尊严与颜面，沦为佃户或雇工有之，沦为乞丐者有之，堕之娼门者有之，沦为匪类者亦有之。旗民丧失经济来源，迫于生计而沦为人人不齿的娼妓、盗匪，说明八旗制度走到历史尽头。[⑥]

六 八旗生计救济机构的设立

清朝的垮台使旗人的经济特权化为乌有。[⑦] 对于世代当兵食饷，习于

---

① 《筹画粤省驻防八旗生计事项有关文件》，1912 年 9 月至 1917 年 11 月，中国第二历史档案馆藏，内务部，全宗号 1001，案卷号 1853。

② 《杭州旗人之苦况》，《申报》1912 年 1 月 30 日。

③ 定宜庄：《关于〈最后的记忆〉一书的说明》，《北京航空航天大学学报》（社会科学版）1999 年第 1 期。

④ 戴迎华：《清末民初旗民生存状态研究》，人民出版社，2012，第 121 页。

⑤ 《鄂省旗人之近状》，《申报》1912 年 4 月 1 日。

⑥ 戴迎华：《民初旗民生存状况述论》，《长白学刊》2009 年第 6 期。

⑦ 刘小萌：《旗人史话》，社会科学文献出版社，2001，第 169 页。

寄生生活而又在经济上处于优越地位的旗人来说，可谓“别有一番滋味在心头”。时任民国参议院议员的旗人讷谟图，在《征求关于筹划八旗生计启事》中曾描述：“我旗同胞，痛苦流离，饿殍载道者有之；悬梁投井，或卖儿鬻女者有之。种种惨情，言者痛心，闻者落泪。”[①] 因此，民国时期，各地驻防旗人在失去赖以生存的经济保障的同时却没有基本的生存技能，长期养成的奢侈浮华的生活习性一时又难以根除，生活极端贫困，苦不堪言。[②]

民国以后，针对旗民生计恶化与旗民贫困的状况，在旗籍人士的多方呼吁以及旗民生计问题的压力下，各地程度不等地开展了一些旗民生计筹划与旗民救济的具体工作。

开办旗民工厂和慈幼院等相关机构。京师地区，首善工艺厂是当时影响较大的旗人工厂，吸纳了一定数量的旗丁。其资金来源主要有旗租、各旗资助和王府资助。辛亥革命后，各旗和王府命运自不待言，旗租不能保证，资本十分短缺。香山慈幼院及四所附属小学，仅能收容200余名幼弱孩子，但“额满见遗，时来恳求者络绎不绝”。[③] 1912年12月15日，南京善后工艺厂开业，工艺厂以旧都统为基址，初次接受男女工人200余人。其中，“男工学造革货、竹货，女工学习织布，每日给工资银八分”[④]。但对于3500余名贫困旗人来说，所收容人员亦不过区区小数。由于资金短缺，各地收容旗籍人数有限，于整个旗民生存状态的改善，收效甚微。

成立多种组织的旗民社会团体。民初，旗民社会团体遍及各地，相对集中于北京地区。这些团体依性质大致可分为三类：一是政治团体，主张辑合五族感情，敦睦“旗族”私谊，如满族同进会、内务府三旗共和协进会等；二是实业团体，专注于筹谋八旗生计问题之解决；三是公益团体，组织慈善活动。实际上他们的宗旨往往交错融合，活动内容大同小异。无外乎向政府发起请愿、组织旗民进行生产以及筹集、发放善款，解旗民燃

① 刘小萌：《旗人史话》，社会科学文献出版社，2001，第168页。

② 刘小萌：《旗人史话》，社会科学文献出版社，2001，第169页。

③ 《香山慈幼院院长熊希龄以京师旗民困苦请令各部罢免官产地租有关文件》，1925年8月至12月，中国第二历史档案馆藏，内务部，全宗号1001，案宗号4451。

④ 《南京善后工艺厂开厂志盛》，《申报》1912年12月18日。

眉之急等，而重心皆落在为八旗筹划生计的范畴。[①]

就地域而言，这些团体遍布各地，以北京最为集中。从规模和范围来看，成员人数多则数千人，少则数十人。有的来自全国各地驻防，有的则限于地区。主要团体如表 17 -2 所示。

表 17 -2 民初部分八旗团体一览

名称	成立时间	创办人	参加人数	地址
满族同进会	1912 年 4 月 19 日	斌魁	400	灯市口迤北三巷余园首善第一工厂内
筹办八旗生计会	1912 年 4 月 21 日	殷炳继	216	阜成门大街白塔寺庙内
五大民族生计会	1912 年 7 月 8 日	黎光薰等	50 余	皇城根西长安门 15 号宏恩堂及米市胡同
两翼八护生计研究会	1912 年 8 月 16 日	松联	2230 余	西四牌楼广济寺
三旗共和协进会	1912 年 9 月 12 日	赵庆宽	240 余	箭厂胡同三旗学校内
满族生计研究会	1912 年 10 月 21 日	庆泽等	180	德胜门草场大坑北沿正黄蒙学堂
旗籍生计促进会	1912 年 11 月 18 日	李俊润等	50 余	北京王府仓胡同路北6 号
宗族生计维持会	1912 年 11 月	溥彩	46 名皇族成员	北京右二区仰祖胡同
驻防八旗同乡自治会	1912 年 12 月 1 日	关雎	41	中一区北河沿
旗籍筹备生计研究会	1912 年 12 月	万修		北京北闹市口上岗正红旗小学内
八旗生计会	1912 年	张文凯		北京中一区三眼井
八旗世爵世职生计联进会	1913 年 3 月	志钧、锡明		
清室五处生计维持会	1926 年 3 月 26 日	李定全	119	北新桥北箍筲胡同 24 号

资料来源：《逊清皇室轶事》，紫禁城出版社，1985，第 12 ~ 18 页；于彤、袁风华：《北洋政府时期北京社团一览》，《北京档案史料》1991 年第 1 ~ 3 期；刘小萌：《清代北京旗人社会》，中国社会出版社，2008，第 824 ~ 825 页。

旗民团体为解决旗民生计而积极筹划。满族同进会曾向京旗各营兵丁

① 常书红：《辛亥革命前后的满族研究》，社会科学文献出版社，2011，第 205 页。

发放赈款，并竭力维持旗人一般物质利益。成立于 1926 年 3 月 26 日的清室五处职员生计维持会，在维持清室旧有都虞司、会计司、掌礼司、营造司、钱粮衙门五处旗民之生计的同时，设立庄园地亩清理处、贫民工厂以及筹办各种公益事业，为旗民积极谋划生计。[①] 这些团体在八旗社会转型过程中提供了一定助力，但由于规模较小、经费匮乏及旗民贫困团体过于庞大，其发挥作用十分有限。[②]

民国初年旗民社会团体的出现，是旗民经历社会巨变后通过努力适应新的社会体制的体现。一方面，他们深知专制政权已然推翻，八旗制度必定消亡；另一方面，他们充分认识到八旗体制下旗民惰性及旗制积弊对重整旗民生计的阻碍。旗民社会团体的成立及其工作，是旗民摆脱寄生性经济生活走向自力生活的重要体现。

① 戴迎华：《清末民初旗民生存状态研究》，人民出版社，2012，第 252 页。

② 常书红：《辛亥革命前后的满族研究》，社会科学文献出版社，2011，第 209 页。

第十八章　民国初年满族自力性民族经济的开创

清朝灭亡后，满族八旗完全失去生计来源，困窘至极，不得不纷纷走向了自力更生的道路。民国初年的满族经济史的重点是满族寄生性经济类型向自力性经济类型转变的历史。原有生产方式再生产条件的丧失，是一个民族生产方式转型的内在压力，新生产方式的开创又必充分利用本民族既有的资源，利用历史上统治民族较高的文化水平，在士、农、工、商各个领域都留下了自己的身影，满族经济掀开崭新的一页。

第一节　满族寄生性民族经济的终结与自力性经济的开创

寄生性经济，指的是不从事生产活动但大量消耗财富的一种经济形式。一般来说，这种特殊的经济形式和其民族垄断性的生产资料所有制直接联系在一起。八旗子弟的经济生活脱离生产、分配、交换等环节，成为一个单纯消费群体，为寄生性经济的典型。一个民族的长久发展需要有自己独立的经济基础，发展自力性经济而不是依赖其他民族。满族寄生性民族经济的终结与自力性经济的开创，在满族经济史上具有重大意义。

一　满族寄生性经济的终结在满族经济史上的意义

有清一代，旗人是维系清王朝统治的重要支柱。自入关起，清廷就宣布“永远免征八旗人丁差徭、粮草、布匹，从此只承担兵役”[①]，不从事其他职业。并通过创立粮饷制度，圈拨旗地，解决所有旗人的生计问题。在这样的“恩养”政策下，旗人退出生产领域。[②] 另外，八旗兵丁因频年

---

① 宋莉莉、王桂芳：《民国时期东北旗人生存状态变迁原因探析》，《黑龙江史志》2015 年第 9 期。

② 《空头钱粮》，《大同白话报》光绪三十四年十一月初七日，第 112 号。

出征，无力躬耕畎亩，只得将土地转租给民人。旗人不事农耕工商，假使外出谋生，则被当作“逃旗”受到惩处，条条清规戒律犹如无形绳索，束缚住他们的手脚。[①] 只能当兵食饷，仰食于统治者的赏赐，过着完全寄生的经济生活。[②]

由于不事稼穑，无须生产，越来越多的八旗兵坐享钱粮赏银，四处游嬉；或三五成群，臂鹰架雀，郊外闲游；或结帮聚伙，在酒肆茶馆中消磨时光。乃至嫖妓聚财，变卖家产挥霍。[③] 骁勇善战的优良传统日益丧失，八旗兵丁逐渐成为浮荡子弟。各级旗员更加腐败，他们克扣军饷，优游享乐；遇有战争，沿途勒索，中饱私囊。由于被好逸恶劳的陋习所浸染，八旗一步步蜕变为寄生性质的社会组织。

晚清学者魏源指出：“聚数百万不士、不农、不工、不商、不兵、不民之人于京师，而莫为之所，虽竭海内之正供，不足以赡。”[④] 他们不仅丧失谋生之技能，且养成追逐享乐之嗜好，仍不知撙节。由于生齿日繁，旗人生计问题由来已久，清朝历代帝王及北洋政府采取多种措施缓解，然而所起作用可谓隔靴搔痒，未能入里。

辛亥革命，历史以一种极端的形式，使“八旗生计”问题最终获得解决。[⑤] 表面上看，清政府倒台后，满族所有政治经济特权被取消，但从本质上看，辛亥革命终结的只是满族的寄生性经济形式，却推动了满族经济史的进步。寄生性经济的终结在满族经济史上具有划时代的意义。

首先，扩大了满族劳动者队伍，促进了满族社会的进步。清朝对满族人民的统治可谓腐朽残酷。八旗制度束缚着满族人民及社会经济发展，其最大的危害便是禁锢旗民参加生产劳动。[⑥] 辛亥革命冲毁了满族权贵二百多年来确立的一套奴役本族人民的八旗制度。随着旧制度裁废，使旗人得以参加正常的生产劳动，开始了新生活。例如，甘肃驻防 1914 年撤销旗营时，便停发粮饷；武威、永登在同年 3 月成立的“旗人善后局”，给每个旗兵发银 40 两，作为“生计银子”，让旗兵去参加生产劳动。四川省成

---

① 李小萌：《清代北京旗人社会》，中国社会出版社，2008，第 732 页。

② 宋莉莉、王桂芳：《民国时期东北旗人生存状态变迁原因探析》，《黑龙江史志》2015 年第 9 期。

③ 李小萌：《清代北京旗人社会》，中国社会出版社，2008，第 737 页。

④ 魏源：《圣武纪》第十四卷，中华书局，1984，第 563 页。

⑤ 关捷：《辛亥革命时期东北满族活动的考察》，《满族研究》2012 年第 3 期。

⑥ 林家有：《孙中山与辛亥革命史研究的新审视》，广东教育出版社，2011，第 483 页。

都满族约 14000 余人，其中能自立者不过 1/10。不能自立者，均参加各种体力劳动或从事小商贩，以谋补“衣食艰难”。宁夏辛亥革命后余下满人 500 多户，1914 年解散旗营时，除少数孤寡酌予救济外，其中绝大部分分送到附近开荒种地，小部分学习手艺或制售食品为业。[①]

满族人民是勤劳、智慧的，大多本是自食其力的劳动者。但由于八旗军差干扰，使北京及驻防各地的满人多有游手好闲者。究其根源便是清朝对满族实行的八旗特权制度。随着旧制度的裁废，从前清朝对他们的限制，一律蠲除，各州县满族“听其自由入籍”[②]。这就给驻防满人参加正常生产劳动创造了条件。这不仅改变了满人的精神面貌，而且随着劳动者队伍的扩大，满族自力性经济产生了。[③]

其次，根除了满族奴隶制生产关系的残余，促进了满族生产关系的进步。满族权贵为保证兵源并扩大剥削范围，在畿辅及关外大建皇室庄田。皇庄为清皇室私产，官庄土地主要由掠夺、圈占汉人土地和强迫“百姓带地投充”得来，由庄头对庄丁实行带有奴隶制剥削的残余。庄丁世代充当皇家奴仆，严禁逃亡与冒入民籍。这种落后的生产关系不根除，作为满族劳动人民主体一部分的“奴仆”不彻底解放出来，就严重阻碍着满族社会经济的发展。辛亥革命后，畿辅和东北的官庄、王公的庄丁激烈地掀起反抗人身隶属和剥削关系的斗争，他们“藐视王公”[④]，径自入籍州县。经长期斗争，终于摧毁了奴隶制残余。辛亥革命后，随着庄田制的取消，种地的庄丁及时摆脱奴仆身份。满族经济关系发生了深刻变化。

最后，摧毁了清朝满族贵族隔离民族关系的藩篱，加强了满、汉各族人民的团结，促进了民族间的经济交往。清朝定都北京后，清廷实行民族歧视政策，满族贵族享有特殊待遇。政治上，满族占有统治地位；经济上，任意圈占汉人土地，给满人“计丁授田”，“富厚有力之家占田多至数百垧”[⑤]。此外清朝还实行封禁政策，强迫旗、民分居分治，不通婚，不交产，划分地界，限制汉人出关等，人为造成满汉畛域。辛亥革命后，

① 林家有：《孙中山与辛亥革命史研究的新审视》，广东教育出版社，2011，第 483 页。

② 《宣统政记》卷七十，北京大学出版部印行，1926。

③ 林家有：《孙中山与辛亥革命史研究的新审视》，广东教育出版社，2011，第 484 页。

④ 辽宁省档案馆藏《奉天公署档》第 9415 号。

⑤ 张海林：《辛亥革命前后革命派认识“民族主义”重探》，《江苏社会科学》2002 年第 4 期。

取消了满族的特殊待遇，并在《关于满蒙回藏各族待遇之条件》中明确规定：满人“与汉人平等”[①]。这就摧毁了清朝满族贵族所设置的隔离民族关系的藩篱和不合理的民族制度，加强了兄弟民族的团结，促进了民族间的经济交往，为统一的中华民族经济的形成创造了有利条件。

二　满族自力性经济创造的历史前提

辛亥革命后，当财力日绌的北洋政府无力照旧支放俸饷时，旗民不得不步上自食其力的道路。国家无力供养和个人生计乏术的双重因素，使其生活状态极其贫困。

丧失“寄生”特权是促使满族自力性经济开创的关键。在清朝统治时期，即便旗人生计恶化，钱粮时有拖延克扣，但旗人由国家豢养的政策并未取消。虽然下层旗丁寅吃卯粮或极度贫困，不得不从事其他职业，但是总有钱粮可以期待。1912 年 2 月 12 日，隆裕太后代表宣统皇帝颁布了逊位诏书。各地相继停发粮饷，旗人全部化旗为民。至 1924 年，旗兵饷银完全停发，八旗兵彻底解散，走出营房各自谋生。[②] 在备受歧视的舆论环境中，旗人自谋生计非常困难，甚至上学、就业、经商也时常受到欺辱。[③] 除部分较早涉足农工商等其他职业的旗人尚能保持与清亡前同等的生活水平外，大部分失去依赖的旗人陷入了他们有史以来最艰难的境遇。虽南北和谈《清室优待条件》的签订，延缓了旗民旧有的生活条件走向消亡的步伐，为旗民自力更生，创造新的经济生活赢得一定时间。但无可否认的是辛亥革命急剧改变了旗民的历史命运，旧的经济生活条件的丧失与新的经济生活条件的获得相比，还是一场急速的变化。

中华民国的建立，从政治、经济、社会生活等方面构建了中国现代国家的雏形，“一律平等，无种族、阶级、宗教之区别”的“五族共和”基本原则得以确立，从理论上为满族自力性经济的开创提供了政治前提。民初以后，虽然真正的民族平等并未完全实现，旗人遭受歧视的现象普遍存在，但从民族关系的发展方向来说，“五族共和”思想所提倡的平等民族精神有利于旗人社会的长远发展和现代转型[④]；也有益于旗人跳出经年生

---

① 《宣统政纪》卷七十，北京大学出版部印行，1926。

② 赵书：《辛亥革命前后的北京满族》，《满族研究》1989 年第 3 期。

③ 赵书：《辛亥革命前后的北京满族》，《满族研究》1989 年第 3 期。

④ 戴迎华：《清末民初旗民生存状态研究》，人民出版社，2012，第 271 页。

活的狭小圈子，以现代国家和社会中平等公民的身份，准确定位其在现代国家中的社会角色，寻找自食其力的社会存在方式。

民初旗民生活艰窘状态可谓一面历史的镜子，反映出动荡不安的社会环境是迫使旗人开展自力性经济的时代诉求。民初以后，大小军阀轮番上台，割据称雄，连年混战，国家政潮迭起、政治腐败，给各族人民带来无尽灾难。北洋时期是近代中国社会重要的转型与过渡时期，同时，这一时期也促进了旗民社会真正的新生。北洋时期正经历着“中国几千年的手工劳动为基础的小生产向近代化社会的迈进与过渡，从一家一户为单位的小农业、家庭手工业相结合的自给自足的自然经济形态，向近代商品经济形态的迈进和过渡；从集权官僚制度向军事分权政治、民主共和政治的迈进与过渡；从世袭政治权利、家庭、血缘、宗法关系向竞争政治权利、‘法制’名义下的‘自由’‘平等’‘独立’的社会秩序的迈进与过渡。北洋政府所经历的这种迈进与过渡，是一种大变动时代的由旧质向新质的迈进和过渡”①。在这种社会转型中，旗民社会失去了原有的“寄生”特权，失去了世袭的政治权利，失去了封闭狭窄的旗营和旗民社会圈子，也失去了悠然自得的生活。但这种“失去”正是他们开创自力性经济形式的代价，是社会大变动时代的新旧交替所不可避免的。

自食其力是各社会群体，尤其是弱势群体赖以生存的根本。1912 年 9 月，孙中山先生在北京广济寺会见北京各界旗人代表时，就曾强调说，解决旗民生计问题，主要靠旗人自食其力。而如何实现自食其力？对于旗人自身来说，需要转变思想观念，变革生存方式，自觉脱离国家和社会的供养，积极从依赖其他民族的寄生性经济向自力性经济转化。事实表明，民国建立后，那些较早失去俸饷供养的旗人，融入现代社会生活的速度相对较快。对于国家和政府来说，要使旗民能够自食其力，除了正确的引导以外，应该给予他们更多的就业机会，只有实现充分就业才能促使他们自立自养，正如孙中山先生所指出的，要“使各界旗人均有生计”，应“免致失业”。②

北洋政府给旗人从警、从军、从政、从文、从医提供了一定的机会和舞台，如禁卫军的改变、护英军的改组等。北洋政府在京畿、东北等北方

① 郭剑林：《中国近代社会的转型与过渡——北洋政府时代》，《历史教学》2001 年第 2 期。

② 广东省社会科学院历史研究室、中国社会科学院近代史研究所、中华民国史研究室、中山大学历史系孙中山研究室合编《孙中山先生全集》，中华书局，2006，第 469 页。

旗地集中地区计丁授田、劝旗归农的实践，也使得部分旗人成功转化成为农民，使他们觅得一息生机。[①] 20 世纪初民族工业得到较快发展，年轻力壮的旗人进入工厂，成为工人，旗人多元化趋势在这一时期进一步凸显，旗人不再徘徊于四民之外。历史的车轮将旗民推向了自谋生计，自食其力的自力性经济道路，满族经济由此获得真正意义上的新生。

三　民初满人冠姓、更名与改籍

民国初年，满人掀起了一股冠姓、更名与改籍的浪潮。这股浪潮的出现有其深刻的社会背景和政治经济原因，它大大加速了满族汉化进程，此后满族的民族性几近消失。冠姓、更名与改籍，促进了满汉经济融合发展第二个高峰的到来，是中华民族经济一体化进程中的重要事件。

清初满族入关后，曾颁剃发令，要求汉民“剃发留辫”，甚至提出“留头不留发，留发不留头”的口号，强制汉民更服剃发易俗，何以到民初，满族自己却要冠姓、更名、改籍，主动汉化呢？这其中有着深刻的社会背景和政治经济原因。中华民国成立后，“五族共和”成为国内处理民族关系的基本原则。1912 年元旦，孙中山在《中华民国临时大总统宣言书》中宣布“合汉、满、蒙、回、藏为一人，或曰民族之统一”。《中华民国临时约法》规定：“中华民国人民一律平等，无种族、阶级、宗教之区别。”在共和肇始，国体更新，“五族一家，无分满汉”的新时代，有旗民认为，满清统治时期的“积习”应当消除，包括只书名不书姓的习惯。直隶蠡县知县在 1912 年 8 月 13 日呈文中说：“窃职向隶旗籍，相沿成例，只书名而不书姓。现在共和既已建设，一切从前积习理应删除”，“若旗族仍旧隐姓，未免自居岐异”，“恳请乞恩复姓，转详注册，删除旧例，以归画一。”[②] 北京旗民普景呈文：“现在共和底定，五族平等，八旗制度将来当然消灭，而欲实行化除畛域，要再去观听分歧之弊，旗人指名为姓，异于他族……殊乖大同。”[③]

---

① 戴迎华：《清末民初旗民生存状态研究》，人民出版社，2012，第 273 页。

② 《一九一二年各地旗人请求冠姓更名改籍有关文书》，1912 年 5 月至 12 月，中国第二历史档案馆藏，内务部，档号：1001—永久—1293。

③ 《一九一三年各地旗人请求冠姓更名改籍有关文书》，1913 年 1 月至 11 月，中国第二历史档案馆藏，内务部，档号：1001—永久—1294。

表面看来，冠姓、更名、改籍是满族主动要求汉化，实际是满人政治经济地位和生活方式发生了根本性变化后的被迫行为。清代旗民享有的政治经济特权和优渥的俸禄在民初丧失，昔日的民族歧视在民初以相反的形式出现，在清代是满族歧视汉族，民初则是汉人排满情绪高涨。“各种书报、刊物充斥歧视满人的宣传，许多街谈巷议流露着排满的情绪”[①]。如果仅仅是宣传和议论，倒也不至于迫使满人冠姓、更名、改籍，由于在排满氛围下，满人在子女教育、就业资格、婚姻祭祀、居住条件等方面感受到很大压力，被逼易俗。阎崇年记录了原开封知府崇太之子，向政府申请行医执照，因是旗人，不予发照的例子，后来放弃满姓瓜尔佳氏，改名李承荫，并改满洲旗籍为房山县民籍，方获准发照行医。[②] 随着旗产营产清理、满汉通婚，满人的社会流动性增强，为适应与汉族交往的新的生活方式，要求旗民改取汉族姓名。清代，旗籍限制了旗民只能当兵食粮领饷，不能从事其他行业，严重限制旗民的自由，特别是八旗生计日艰，促使旗民纷纷要求改籍。民国成立后，南京临时政府与北京清政府议和，南北双方通过了《关于满蒙回藏各族待遇之条件》，第一条规定：满人“与汉人平等”；第六条规定：满人“从前营业、居住等限制，一律蠲除，各州县听其自由入籍”。此后，改籍现象日渐增多。

据戴迎华的研究，民初冠姓、更名、改籍的旗民具有四个特点：一是团体化特征明显，这与八旗官兵在各地集中驻防相联系；二是公职人员为数甚多，包括军警、地方官员、学校教员、公职部门办事员、驻外领事等；三是文化层次较高，相当一批人接受过法政专门学堂、武备学堂、巡警传习所、医学馆等高等专业教育；四是姓氏选择和入籍地选择的地域特征明显。[③]

民初旗民冠姓、更名、改籍，一方面反映了民初民族歧视和民族偏见的存在，另一方面也反映了时人甚至资产阶级革命派对现代民族国家概念的认识模糊。但更为重要的是，冠姓、更名、改籍是民初旗人对新的政治经济环境的一种调适，是满人从单一的当兵生活向多元生活的转变，从满汉分城居住向杂居共处转变。由于在迫不得已的环境下冠姓、更名、改

① 阎崇年：《北京满族的百年沧桑》，《北京社会科学》2002 年第 1 期。

② 阎崇年：《北京满族的百年沧桑》，《北京社会科学》2002 年第 1 期。

③ 戴迎华：《冠姓、更名、改籍与民初旗民身份变化》，《江苏大学学报》（社会科学版）2008 年第 5 期。

籍，体现了满人急于求得社会认同和在命运巨变中的痛苦与辛酸。正是这令人痛苦和辛酸的易俗，满汉畛域得以化除，满人经济生活从此不再局限于当兵领饷，而向多元化、自力性方向迈出了关键一步，从此，满人在教育、就业、婚姻、居住等各方面与汉族的差距消失了，满汉经济融合发展出现了第二个高峰，中华民族经济一体化不是因此后退了，而是前行了。

第二节　满族职业的多元化

就业问题是旗人社会民生的根本问题，也是旗人自力性经济形成的关键。它涉及国家政治改良、经济社会发展、政府执政水平、教育普及程度、思想观念变化等社会生活的各个领域。民国建立后，旗人再也不能依赖俸饷为生，开始涉足多种行业，开辟新的生存之道。在旗人职业多元化的过程中，整个旗民社会群体从社会的上层走向了社会的下层，旗人的生存方式和社会地位发生了深刻变化。

一　政府机关人员

一般旗人职业的选择受到多种因素的制约，包括文化程度、资历、人际关系、技术水平等。[①] 一般来说，文化水平越高，其就业的机会就越多，职业选择也相对较好。受过较高程度文化教育的旗人，通常有机会进入政府机关，成为政府部门的工作人员或管理人员。

满人张润普，做过北洋政府户部主事，民国时任财政部部员。[②] 满人关正华为小官吏家庭子弟，其叔伯在清代曾任参领，辛亥革命后，也在北洋政府工作，官至蒙藏委员会副处长。[③] 这一阶层的人多半有一定文化水平。德安，原系镶红旗满洲英桂佐领下，毕业于北洋警务学堂，民国初年，先充任保定警察东区署丈，1916 年以后，担任察哈尔警察厅稽查

① 戴迎华：《清末民初旗民生存状态研究》，人民出版社，2012，第 258 页。

② 中国科学院民族研究所、辽宁少数民族社会历史调查组：《北京满族调查报告》（二），载《满族社会历史调查报告》（下）第 5 辑，民族出版社，2009，第 84 页。

③ 中国科学院民族研究所、辽宁少数民族社会历史调查组：《北京满族调查报告》（二），载《满族社会历史调查报告》（下）第 5 辑，民族出版社，2009，第 84 页。

员。[①] 曾经就读过各类专门学堂的旗人，如法政专门学堂、武备学校、巡警传习所、医学馆等，因为受过专业的培训，毕业后得以进入司法、军警、政府等各相关部门。王凯，原系前清奉天省盖平县驻防正黄旗满洲柏祥佐领下人，1906 年考入奉天法政学堂，1908 年毕业后，历任前清奉天旗务司职员、总务科科员、知县补用、天津劝业道工艺科科员。1912 年 9 月后，先后充任官山余地总局收支委员、采木局收支委员等职，1919 年，官至高等检察厅代理书记官。[②] 托克津布，镶白旗满洲连永佐领下人，1906 年考入陆军部医学馆，1909 年毕业，1912 年 6 月，被派充陆军第一师步队第四团第二营医生。海外留学归来的旗人大都谋得较好的职位，有的甚至担任政府的高级官员。富尔逊，前清荆州汉军旗人，光绪甲辰进士、翰林院庶吉士，1906 年毕业于日本政法大学，1913 年起，担任北京商税征收局科员。[③] 柏山，原籍广州驻防镶白旗满洲人，1904 年由京师译学馆派俄国，留学圣彼得堡帝国大学校法政科，1911 年毕业，1912 年任职于司法部。[④] 王凯、富尔逊、柏山等人，他们的学历和文化知识水平为他们迅速适应剧变后的民初社会奠定了良好的基础。[⑤]

旗人进入政府部门尤其是政府重要职能部门的，大多有着丰富的从政经历。桂福，原系正白旗满洲下人，1912 年，分发山西任用县知事。旗人国璋，从政经验丰富，人际关系较广，在民初政界十余年，“历任盐务、税务、军警、地方各要差缺”[⑥]。

二　文化工作者

由于特定的时代背景，能够进入军政、法务、政府部门的旗人毕竟凤毛麟角，大部分有文化的人开始涉足其他行业，如教育、艺术行业等。镇江光复后，有文化的多从事教育工作。做九门提督的徐锋家庭到民国时，

---

① 《一九一六年各地旗人请求冠姓更名改籍有关文件》，1916 年 1 月至 12 月，中国第二历史档案馆藏，内务部，全宗号 1001，案卷号 1297。

② 《一九一六年各地旗人请求冠姓更名改籍有关文件》，1916 年 1 月至 12 月，中国第二历史档案馆藏，内务部，全宗号 1001，案卷号 1297。

③ 《一九一六年各地旗人请求冠姓更名改籍有关文件》，1916 年 1 月至 12 月，中国第二历史档案馆藏，内务部，全宗号 1001，案卷号 1297。

④ 《一九一六年各地旗人请求冠姓更名改籍有关文件》，1916 年 1 月至 12 月，中国第二历史档案馆藏，内务部，全宗号 1001，案卷号 1297。

⑤ 齐黎明：《辛亥革命后的满族：生活贫困职业多元》，《中国民族报》2011 年 10 月 14 日。

⑥ 戴迎华：《清末民初旗民生存状态研究》，人民出版社，2012，第 259 页。

祖父做了教师。[①] 在北京，有文化的除从事教育工作外，还从事如绘画、唱戏等艺术行业。在西安，少数有文化的旗人充当了职员或教员。也有不少人因在诗棋书画或戏曲艺术上有较高造诣，成为有名的作家、画家、音乐家、戏剧家，有的则在科技领域里有很高成就，成为满族知识分子队伍的一员。[②]

三　军警

旗人世代当兵。民国以后，有相当一部分旗人仍然以军警为业。以1912年8月间的陆军第一师步队第一团第二营为例，其来自各旗的人数达到21人。

同样充当军警，状况各不相同。文化层次高的旗人一般依然在军、警界中担任较高职位。如贵宣、祥安、明海、连距、瑞亮、文厚、常善均毕业于高等巡警学堂，1918年前后，分别充任京师警察厅署员、一等巡官、二等巡官、三等巡官、二等巡长、委长各职。[③] 文化基础较弱的贫困旗人如闲散、旗下兵丁而言，他们只充当普通士兵或警察。1914年陆军第一师工程第一营的各连官兵中，来自旗籍的军人多达268人，他们多为旗民社会下层，包括护军、枪甲、委前锋、养育兵、闲散、幼丁、敖尔布等（见表18－1）。

表18－1　1913年陆军第一师工程第一营旗籍官兵统计

原旗籍身份	人数
委前锋	33
护军	27
枪甲	8
披甲	17
马甲	31
敖尔布	10

① 常书红：《辛亥革命前后的满族研究》，社会科学文献出版社，2011，第147页。

② 北京市地方志编纂委员会：《北京志·民族·宗教卷·民族志》，北京出版社，2006，第76页。

③ 《一九一八年各地旗人请求冠姓更名改籍有关文书》，1918年4月至12月，中国第二历史档案馆藏，内务部，全宗号1001，案卷号1299。

续表

原旗籍身份	人数
幼丁	14
养育兵	64
闲散	64
总计	268

资料来源：《一九一四年各地旗人请求冠姓更名改籍有关文书》，1914年1月至11月，中国第二历史档案馆藏，内务部，全宗号1001，案卷号1295。

选择以军警为业的旗人来自各个旗营。1914年的陆军第一师工程第一营中的旗籍士兵，分别来自圆明园内务府健锐营、吉林驻防、喜峰口驻防、镶黄满、正蓝满、冷口驻防、镶白满、镶红汉、密云驻防、清东陵、青州驻防、外火器营、罗文峪驻防等，广泛涉及京师各大旗营、畿辅驻防，甚至东三省驻防。在其他省地的驻防旗人也多选择以军警为业。在西安，满族有部分当兵或当警察，在镇江，旗人中“无甚文化的多在本城或上海等地当警察”。绥远驻防士兵在光复以后，大部分被改编，依然以当兵为业，直至1924年以后，才被全部解散。①

警察虽任公职，但社会地位很低。虽月有薪金，却不足以养家糊口。警察往往“穿的是有窟窿的破皮鞋，掉毛的破皮袄，帽子也没有。平时还得经常巴结巡官，给他送烟敬酒，吃饭时还得孝敬些酱菜，就这样低三下四地伺候，还常受欺负！”② 据20世纪30年代的社会调查，在当时北京9000名警察中，至少6000人是满族。③

四 农民

旗丁归农是民初旗民社会发展的一大趋势。由于旗地主要集中在北方地区，所以这种现象尤其明显。民国时期，由于丧失政治经济特权，越来越多的无地少地贵族及一般旗人沦为贫农、雇农。辽宁凤城地区旗人务农素有传统，清初满洲旗人来此“当差”，凤城地带“还是一片未开垦的处

① 中国科学院民族研究所、辽宁少数民族社会历史调查组：《内蒙古自治区满族社会历史调查报告》，载《满族社会历史调查报告》（下）第7辑，民族出版社，1963，第2页。

② 中国科学院民族研究所、辽宁少数民族社会历史调查组：《北京满族调查报告》（一），载《满族社会历史调查报告》（下）第5辑，民族出版社，1963，第14页。

③ 常书红：《辛亥革命前后的满族研究》，社会科学文献出版社，2011，第221页。

女地”，兵丁及家属在此安农落户后，开发土地，称为占山户，清政府对这里也采取“轻赋薄敛”政策[①]，因此这里自耕农比重较高。

北洋时期，计丁授田办法的实行，使得一部分驻防旗人完成了向农民的转化。1919 年至 1920 年，察哈尔都统为筹划张家口旗民生计事宜，提出将“原有旗地不论是否开熟，划归旗民耕种，以资养赡”[②]，八旗随缺地亩均被分给旗民耕种。1914 年至 1916 年，直隶沧县筹划旗民生计办法也将原有旗产计丁授田，改归农业。新疆满营解散后，伊犁的满族大部分到伊宁县二区苏拉宫乡从事农业生产。[③] 除了各驻防以外，守卫清代园寝的旗人也有相当部分转向以耕地为生，成为农民。据《宁夏满族历史调查报告》记载，宁夏满族在民初，大多开荒植园，或生产、制作食品为业。当地旗人尤以种植葡萄园而闻名。[④] 重新获得土地的旗人学习农业技术，从事农业生产。

五　工人

满族工人阶级的出现较早，几乎与汉族工人阶级同时出现。第一次世界大战后，中国民族工业的进一步发展和帝国主义在华企业的增加，使中国工人阶级不断壮大，这时期也正是辛亥革命以后，城市满族阶级分化最剧烈的时候，许多满族人民在这时走进了工厂。在日益壮大的中国工人阶级中，满族工人队伍也在不断地成长。[⑤]

清末，八旗工厂和习艺所相继出现，北京首善工厂、江宁八旗工厂、西安驻防工艺传习所等，都吸纳了大量满族工人，由此开始向产业工人转化。满族工人在这些工厂中逐渐掌握工业技术，为向产业工人转化提供了有利条件。

---

① 中国科学院民族研究所、辽宁少数民族社会历史调查组：《辽宁省凤城县红卫星人民公社后营子作业区满族社会历史调查报告》，载《满族社会历史调查报告》（下）第 2 辑，民族出版社，1963，第 16 页。

② 《陆军部核议密云察哈尔都统拟设筹办驻防张家口满蒙八旗生计处办法》，1919 年至 1920 年，中国第二历史档案馆藏，陆军部，全宗号 1011，案卷号 3379。

③ 中国科学院民族研究所、辽宁少数民族社会历史调查组：《新疆满族调查报告》，载《满族社会历史调查报告》第 7 辑，民族出版社，1963，第 22 页。

④ 中国科学院民族研究所、辽宁少数民族社会历史调查组：《宁夏回族自治区银川市满族人民的历史概况》，载《满族社会历史调查报告》，民族出版社，1963，第 40 页。

⑤ 国家民委《民族问题五种丛书》编辑委员会、《中国民族问题资料·档案集成》编辑委员会：《中国民族问题资料档案集成》第 2 辑，中央民族大学出版社，2005，第 190 页。

20世纪20年代以后，越来越多的满族人选择学徒做工。1922年，上海中国济生会在京师健锐营设立济生工厂，解决八旗就业难题。[①] 广州满族在民初从事手工业成为主流，满族妇女主要是穿牙刷。[②]

“初步掌握一些生产技术的满人逐渐多起来”。一些满族子弟为图生存，自十二三岁始便进入工厂做学徒工。12岁的崔爽义1926年进入北京地毯厂做学徒，14岁的吉洪义同年进入北京地毯厂做学徒工。20世纪20年代末期以来，外资实力在中国日益扩大，部分旗人进入外资工厂做工。20年代日本在青岛大办工厂，青州满族青年结伴去青岛，成为日商大唐纱厂、钟渊纱厂、大英烟草公司等外资公司的养成工。[③] 1929年，青州八旗组织彻底解散以后，数千旗人被迫到青岛四方机车车辆厂和沧口多家日本纱厂做工，许多青州旗人转化为纺织工人、卷烟工人和机械工人。1914年新疆奇台满营解散以后，旗人大多前往乌鲁木齐、独石等地做石油工人和小手工艺人。[④]

六 零工

民初十余年间，旗人纷纷自谋生路。他们当中，除了粗识文字，并积累了一定社会经验的人尚可谋得一分差使外，大多数没有文化也无一技之长的下层旗人只能打零工，如小商小贩、人力车夫、打短工等，这种情况实则占据了旗人绝大多数。他们放下所谓的“身份”，甚至隐瞒这一“身份”，要么学点手艺[⑤]，要么做点小本生意，要么走上街头卖艺糊口，否则就干脆卖点力气。[⑥] 广州、西安、成都、北京等一些大城市里，做小商小贩、人力车夫和打短工的旗人占据多数。在北京，从事小工业的、小商小贩的、拉洋车的，加上当兵的，占据了京旗的绝大部分。在西安，旗人

① 常书红：《辛亥革命前后的满族研究》，社会科学文献出版社，2011，第217页。

② 汪宗猷：《二百年来广州满族经济生活的变迁》，《广东文史资料》1988年第35期。

③ 李凤琪：《青州旗城》，山东文艺出版社，1999，第264页。

④ 中国科学院民族研究所、辽宁少数民族社会历史调查组：《新疆满族调查报告》，载《满族社会历史调查报告》，民族出版社，1963，第22页。

⑤ 满族人对北京民俗文化的贡献十分突出。据调查，北京现在70%的民间艺人是满族，而满族人大量涉足民间手工艺行业正是从辛亥革命后开始的。参见刘一达《京城玩家》，经济日报出版社，2004。

⑥ 常书红：《辛亥革命前后的满族研究》，社会科学文献出版社，2011，第218页。

“大部分加入了经营小贩，出卖零工”[①] 的行列。“旗人赵永禄，在战后得到汉族亲友的资助，开始做起挑担贩卖杂货的小商贩，晁文则学会了做油条的技术，卖油条，后又开面食小铺，长达二十年之久”[②]。“满人赵海山去钟表铺学技术，从事修表营生”[③]。在镇江，“等而下者做小贩、卖苦力……为数不少”[④]。成都满人稍有劳力者，主要从事做零工、当苦力、拉人力车等体力劳动，也有相当一部分人经营小生意。[⑤]

截至 20 世纪 20 年代初，北京满人从事生产劳动者已占到 70% ~ 80%。[⑥] 许多人从事临时性工作，以求饱腹。如红白日厨工、子弟和尚，打执事。[⑦] 女性则多为保姆，奶妈或仆妇。在香山健锐营，旗人有的靠山吃山，买头毛驴驮游人逛香山，有的为香山慈幼院拆洗被褥，给香山慈幼院孤儿做衣服鞋子。[⑧] 强壮劳力还上山割草，卖给养牲畜的人家。靠水井的则给人挑水收取肩费。也有的满族人开煤球厂、油盐小铺，或挑担卖些毛绒玩具、糖豆食品为生。[⑨] 其他散居的满族一般春秋干瓦匠，冬天做小买卖，空闲拉排子车，甚至下街卖半空儿[⑩]和烤白薯等。此外他们也卖一些应时令的东西，如七月卖莲花灯，八月卖兔儿爷等。

总体来看，民初旗人从业具有以下特点。第一，职业类型和从业人员都呈现多元化的态势。从职业类型来看，旗人除很少部分继续从政或当兵外，其余人已涉足商业、金融、工业（手工业）、农业、服务业、娱乐业等各个部门；[⑪] 从从业人员来看，不仅壮年的旗丁，而且老人和妇孺也纷

---

① 中国科学院民族研究所、辽宁少数民族社会历史调查组：《陕西省西安市满族社会历史调查报告》，载《满族社会历史调查报告》（下）第 7 辑，民族出版社，1963，第 48 页。

② 中国科学院民族研究所、辽宁少数民族社会历史调查组：《内蒙古自治区满族社会历史调查报告》，载《满族社会历史调查报告》（下）第 7 辑，民族出版社，1963，第 3 页。

③ 中国科学院民族研究所、辽宁少数民族社会历史调查组：《陕西省西安市满族社会历史调查报告》，载《满族社会历史调查报告》（下）第 7 辑，民族出版社，1963，第 48 页。

④ 王凝庶：《镇江“旗人”琐忆》，载《镇江文史资料》第七辑，镇江文史资料编委会，1984，第 97 页。

⑤ 刘显之：《成都满蒙族片段史》，载《成都文史资料选辑》第四辑，四川民族出版社，1995，第 161 ~ 162 页。

⑥ 《民国日报》1920 年 5 月 23 日。

⑦ 在婚丧嫁娶典礼中的跑腿司仪者。

⑧ 金启宗：《北京郊区的满族》，《满族研究》1985 年第 4 期。

⑨ 赵书：《正红旗下的人们》，《民族文学》1999 年第 2 期。

⑩ 半空儿：指筛下来的花生，瘪的、没有仁儿，或仁儿小的。

⑪ 常书红：《辛亥革命前后的满族研究》，社会科学文献出版社，2011，第 220 页。

纷加入了职业大军。[①]

第二，职业结构不平衡，“脚重头轻”。就全国范围来看，依收入和稳定程度，旗人所从事的职业大致可分为三类：一是收入较高且稳定的，如开饭店、茶馆、古玩铺、珠宝铺，经营银行、当铺、钱庄等，在政府机关任职以及从事文化艺术事业等。这类人属于“头”等人，但是数量很少。二是警察、教员等职业，他们薪资和社会地位很低，根本无法达到温饱。三是收入微薄、技术含量低级的零工，比如说小商贩、人力车夫及打短工等，这类人占绝大多数。在成都，“以五里之城，骤添无数之小卖，供多用少，无路畅销，终归鲜济”[②]；而在北京，旗人最现成的选择就是去当既不需要手艺也不需要文化的人力车夫。仅仅从 1919 年至 1923 年短短的四年间，在警局注册登记的洋车夫就从 17815 人飚升到 33100 人以上，几乎翻了一倍，其中旗人起码占 20% 以上。[③] 旗人整体生活水平低下，随时面临失业威胁。

第三，妇女从业状况尤其堪忧。旗人妇女从业，一般是做保姆或做手工活，所得报酬很少。广州穿牙刷的最高工资，每百把不过一元，普通的只有五六角钱，熟练工每天不过完成三四十把，收入仅得三数角钱而已。而北京一名普通保姆的月工资，也只有一元半至三元。这样的工作，只具补贴家计的性质。由于不少满族男人好逸恶劳，不愿出去工作，家庭重担压在妇女身上；有的男丁已死、失踪或在外当兵等，女人必须自食其力。再说像奶妈、保姆这样的工作，也并非可以轻而易举地找到。这就迫使不少满族妇女或者女扮男装[④]，加入夜间拉车的行列；或者忍辱托身妓院，甚至沦为暗娼。

民初旗人的职业结构，直接影响到他们的收入水平和生活水平。旗人所从事的职业中，以人力车夫与巡警为最多。巡警每月薪水约 6 元，北京清华园人力车夫 1924 年平均月薪 14 元，海淀区由于通汽车，对人力车夫

---

① 常书红：《辛亥革命前后的满族研究》，社会科学文献出版社，2011，第 220 页。

② 《筹办八旗生计事宜陆建章等呈大总统据成都旗人代表前四川峨眉县知县铭恒等呈称成都旗民生计中绝恳请代呈以救危急等情请鉴核施行文并批》，《政府公报》1914 年 3 月 20 日，第 670 号。

③ 李景汉：《北京人力车夫现状的调查》，《社会学杂志》1925 年第 2 卷，第 4 号。

④ 由于女人拉车跑得慢，人们不愿坐，因此女扮男装。

生意造成致命冲击，收入每月不足7元。[①] 对照当时粮价，每100斤白面价值7.47元，小米面5.65元，白米7.49元，豆面7元。[②] 这样算来，巡警月收入即使无其他任何开销，也至多买百十斤粮食，而一个车夫家庭每月收入，不过分别买一二百斤白面而已。况且，这些钱不可能全部用来购买粮食，房租、燃料、衣服等都需支出。因此，一名巡警或车夫吃苦受累一个月所得，维持个人生计尚且勉强，要养活一家人何其难矣。其他职业，比如手艺人、小商贩等也是收入微薄，生活困顿。民初，满族自力性经济在极其艰难中得以形塑。

第三节　民国初年文化事业成为满族就业的重要领域

1911年资产阶级领导的辛亥革命，推翻了清朝政权。失去特权庇护之后的满族，一夜间从社会的"上等人"沦落为千夫所指的"道德罪人"[③]，不仅生计困难，在社会上也到处受到歧视。满族的社会形象一落千丈，他们似乎只会"提笼架鸟"，游手好闲。[④] 然而，事实并非如此，恰是因为清朝闲散宗室、满洲官员和八旗子弟的生计有保障，满族中才涌现出大量的知识分子和文艺人才。尤其五四运动后，加速了思想解放进程，新文化迅猛发展。这一历史进步，促进了民初满族文化事业的繁荣。[⑤] 满族文化事业作为满族特色产业的雏形正是从这一阶段开始的，它是满族经济史演化的产物。

一　满族文化事业发展的历史积淀

有清一代是满族文化大幅度嬗变的历史时期。严酷的八旗制度，把世代旗人无一例外地圈定在当兵吃饷的唯一人生轨道里，统治者用少得可怜的"铁杆庄稼"，买走了其终身自由。不论生计如何艰难，也不许擅离驻地，不许染指经济活动。除有战事，须赴前线杀敌，平常岁月，人像笼中

---

① 甘博、孟天培：《二十五年来北京之物价工资及生活程度（1900～1924）》，北京大学出版部印行，第409页。

② 甘博、孟天培：《二十五年来北京之物价工资及生活程度（1900～1924）》，北京大学出版部印行，第24页。

③ 关凯：《中国满族》，宁夏人民出版社，2012，第69页。

④ 关凯：《中国满族》，宁夏人民出版社，2012，第69页。

⑤ 李燕光、关捷：《满族通史》，辽宁民族出版社，2003，第780页。

大鹰般忍受煎熬。即使是“天璜贵胄”王爷贝勒们也并不痛快，他们虽无冻馁之忧，但亦无随意离京出游外埠的权利，任凭有多少财富，却没有起码的人身自由。八旗制是满族在关外后金时期奴隶制在入关后的残存，直到清朝灭亡才归于消失。

在世代承袭的牢笼里，旗人精神上愈发苦闷抑郁。他们为规避人生悲剧的笼罩，普遍出现了追求艺术情趣的倾向，以找寻暂时的安慰和平衡。在文化艺术领域，他们忘情投入，渐渐养成了几乎整个民族的艺术嗜好。起初，上层清闲子弟多在琴棋书画等较为书斋式的领域里展露才华，而下层穷苦旗人则往往到吹拉弹唱等习见的文娱形式里寄托时光。后来，贵族阶层在艺术生活方面呈现世俗化走势。全民族生活的“艺术化”倾向，后来近乎脱缰野马，竟至于把原本饱含尚武精魂的民族，改造成了一个文化气息十足的群体。[①] 八旗制度笼罩下的旗人们，群体性的文化艺术倾向已然在日常生活中展露。[②] 满族富有艺术创造力，在拜汉族文人为师而研习文化的路上，没有亦步亦趋，而是有胆有识地标示出自身的民族文化风采。[③]

满族是十分重视教育的民族。清代对满族教育无论在办学种类或普及教育等方面，均超过了历代王朝对少数民族的教育。在办学形式上，既有教育八旗的官学，又有教育宗室的宗学，还有教育普通族人的义学等。[④] 清末，出现近代教育学校。许多满族子弟摒弃了读书考秀才、举人、进士的办法，纷纷到理工科学堂学习。如西安的满族子弟到当地的医科传习所、蚕业科学校、农业学校、测绘学校就读。光绪三十一年（1905）以后，在东北又先后设立奉天仕学馆、旗员仕学馆等。[⑤] 另外，随着门户被打开、外交事务增多，中国开始派遣留学生，至辛亥革命前后掀起了出国留学高潮。外务部奏派出国留学生分三等，第一等是贵胄子弟，当时出国

① 北京市哲学社会科学规划办公室、北京市教育委员会、北京学研究基地编《北京文化发展研究报告》，同心出版社，2006，第36页。

② 关纪新：《老舍与满族文化》，辽宁民族出版社，2008，第185页。

③ 北京市哲学社会科学规划办公室、北京市教育委员会、北京学研究基地编《北京文化发展研究报告》，同心出版社，2006，第39页。

④ 关捷：《中华文化通志（满、锡伯、赫哲、鄂温克、鄂伦春、朝鲜族文化志）》，上海人民出版社，1998，第36页。

⑤ 关捷：《中华文化通志（满、锡伯、赫哲、鄂温克、鄂伦春、朝鲜族文化志）》，上海人民出版社，1998，第36页。

的留学生中，按人口比例，满族子弟最多，特别是京师大学堂，对满族贵族优先录取，满族子弟比例很大。[①] 于是产生了许多较早的满族近代知识分子和技术工人，也有的成为科学家。[②] 教育提高了满族的整体文化素质，造就了一大批满族知识分子。[③] 使民初满族文化领域呈现百花盛开的态势。

马克思指出：人们"是在直接碰到的、既定的、从过去继承下来的条件下创造"[④] 历史，旗民自力性经济的创造也有自己的历史前提。民国初年文化事业成为满族就业的重要领域，正是满族利用历史上自己作为统治民族而获得的较高文化教育为历史条件的。

二　文学事业

近百年的动荡历史，反映在满族文学领域，主题多为现实矛盾的再现，呼吁族人奋发图强，与全国人民共同投入追求新生活的斗争。

民国初年，涌现出许多有名望的诗人。金剑啸（1910～1935），1927年进入《晨光报》任文艺副刊《江边》编辑，开始发表诗歌、散文。1928年参加了反日本修筑铁路的斗争，被警察打伤。次年退学，担任报社编辑，开始写作。他与舒群、萧军等人边在报刊上披露、抨击日本侵略罪恶，边为《满洲红旗》刊物绘画。他发表了许多诗文，叙事长诗《兴安岭的风雪》、小说《云姑的母亲》和独幕话剧《咖啡馆》为其代表作。[⑤] 阅读他的作品，分明可以读出一个民族的沧桑史。

田贲（1912～1946），满洲正红旗人。在奉天省立第三师范学校读书，在校主办校刊《青年心声》，宣传抗日救国。1934年毕业后被分配到熊岳三区区立小学任教员，并开始文学创作，发表诗歌、散文，抨击时政，宣传抗日。在主编之校刊《春风》《秋潮》《飞浪》上发表大量诗歌。其作品有《幽静的山谷》《荒城故事》《二人行》《凌云街的惊异》及诗作

① 《满族简史》编写组：《满族简史》，中华书局，1979，第183页。

② 关捷：《中华文化通志（满、锡伯、赫哲、鄂温克、鄂伦春、朝鲜族文化志）》，上海人民出版社，1998，第63页。

③ 霍文达、许树沛：《中国少数民族高等教育发展史研究》，广西民族出版社，2008，第54页。

④ 马克思：《路易·波拿巴的雾月十八日》，载《马克思恩格斯选集》第一卷，人民出版社，1995，第603页。

⑤ 李燕光、关捷：《满族通史》，辽宁民族出版社，2003，第791页。

《到前面去》《沙滩》等。[①]

专门从事诗文创作与研究的满族作家，代表作有布尼阿林的《金缕曲》《木兰围场设置三百周年有作》，胡昭的《心歌》《山的恋歌》，戈非的《我拾拣这些花瓣》，中流的《日出》《春雨》等，多获各类奖项。

现代满族小说创作硕果累累，满族老中青小说家所创作的长、中、短篇小说，在少数民族文化发展史上均占有一席之地。其中老舍是跨越新民主主义社会到社会主义社会两个时期的著名作家。[②]

老舍（1899～1966），满洲正红旗人。1920年，他被聘为英国伦敦大学东方学院中文讲师，五年后回国，任齐鲁大学和山东大学教授。从1931年至1935年，陆续写了许多短篇小说以及诗歌散文，分别发表在全国的报刊上。他身兼各种领导职务，不辞辛苦，仍辛勤笔耕，创作了大量格调全新、形式多样的作品，从长篇小说、诗歌、话剧，到京剧、太平歌词、相声、河南坠子、数来宝等优秀作品。综观老舍的创作生涯，其作品的内容都具有强烈的时代气息和爱国精神，而且在许多作品里都以满族生活为素材。如《骆驼祥子》《我这一辈子》《方珍珠》《龙须沟》《春华秋实》《西望长安》《茶馆》《四世同堂》《正红旗下》等作品，[③] 大多描绘了半殖民地半集权官僚制社会北京旗人的物质生活、精神状态，并揭示出前因后果。[④] 展现的正是半殖民地半集权官僚制社会八旗制度“日落西山的残景”。[⑤] 他的《茶馆》对社会百态的精准描绘，对底层社会的准确观察，所取的正是清末民初满人的视角。

三　艺术事业

京剧，顾名思义，是在北京这座城市形成的一个剧种。清代中晚期一百多年，是京剧形成并且逐渐完善的历史阶段。这一阶段，也正是京师八旗族众空前热衷于文化艺术的时期。[⑥] 京剧是全国最大的剧种。[⑦] 满族正

---

① 李燕光、关捷：《满族通史》，辽宁民族出版社，2003，第792页。

② 李燕光、关捷：《满族通史》，辽宁民族出版社，2003，第794页。

③ 李燕光、关捷：《满族通史》，辽宁民族出版社，2003，第795页。

④ 李燕光、关捷：《满族通史》，辽宁民族出版社，2003，第796页。

⑤ 李燕光、关捷：《满族通史》，辽宁民族出版社，2003，第798页。

⑥ 北京市哲学社会科学规划办公室、北京市教育委员会、北京学研究基地编《北京文化发展研究报告》，同心出版社，2006，第39页。

⑦ 傅波：《赫图阿拉与满族姓氏家谱研究》，辽宁民族出版社，2005，第209页。

黄旗人汪笑侬被誉为“剧班第一革命巨子”。他博采众长，结合自身嗓音特点，形成独特的汪派艺术，是活跃在京剧舞台上的一颗璀璨的艺术之星。时至今日，京剧因其高贵典雅的唱腔艺术、充满着神奇魅力的脸谱艺术、虚实结合变化无穷的舞台艺术而成为“国粹”。[①]

辛亥革命后，旗人们挣脱了八旗制度的捆绑，断绝了当兵吃饷的经济来源，必须改行自食其力。先前颇有艺术修养的某些旗人票友，为穷困所迫，只好变先前的艺术爱好为谋生手段，“下海”成为专业艺人。自民国初年起，不同阶层的旗人从业者，摩肩接踵地进入了京剧界，人数上简直不可胜数。[②]

这中间堪称大家级的艺术家，就有“十全大净”金少山、“四大名旦”之一程砚秋、“四大须生”之一奚啸伯。以及慈瑞泉、金仲仁、双阔亭、瑞德宝、唐韵笙、文亮臣、杭子和、李万春、厉慧良、李玉茹、关肃霜等。这些满族出身的艺术家，对京剧艺术发展发挥过重要作用。由旦角“程派”艺术创始人程砚秋创制成型的流派唱腔，缜密绵延，幽咽委婉，低回多变，旋律丰富，具有异常动听的艺术美感，是最让“戏迷”们痴醉流连的唱腔音乐。出身于票友的奚啸伯，凭借着对艺术的执着求索，登上演艺高峰，唱腔以“委婉细腻、清新雅致”著称，虽嗓音先天不足，却能靠后天修养，展现出近似洞箫般美好的音色和深沉幽远的穿透力，从而成为京剧须生艺术的“阳春白雪”。[③]

相声，这种起源于北京，流传于全国并且受到国内外观众喜好的曲艺样式，源自满族曲艺八角鼓。早期的八角鼓演唱形式之一“拆唱”。常由多人表演，以插科打诨的丑角为主要角色。道咸年间拆唱八角鼓的著名丑角张三禄，因与同行不睦，无人与他搭档而改说相声，是为单口相声之始。八角鼓艺术讲究的“说、学、逗、唱、吹、打、拉、弹”中的“说学逗唱”也就成了相声的主要表现手段。相声创始人张三禄三位直系传人之一的阿彦涛，是因家道贫寒而由票友被迫“下海”的穷旗人。他与自己

---

① 傅波：《赫图阿拉与满族姓氏家谱研究》，辽宁民族出版社，2005，第209页。

② 北京市哲学社会科学规划办公室、北京市教育委员会、北京学研究基地编《北京文化发展研究报告》，同心出版社，2006，第39页。

③ 北京市哲学社会科学规划办公室、北京市教育委员会、北京学研究基地编《北京文化发展研究报告》，同心出版社，2006，第45页。

的徒弟春长隆、恩绪[①]（都是满族人），创建了相声史上的早期流派之一“阿派”，该派编演了许多属于文字游戏类的段子，从内容到手法都趋向文雅，他们讲求幽默含蓄，取笑而不庸俗。这显然与旗人们有着舞文弄墨的习性分不开，又以旗人特定的经济生活条件为前提。

相声艺术在长达一个半世纪的发展中，众多表演艺术家的名字为听众所熟知：常连安、侯宝林、赵霭如、郭启儒、白全福、赵佩茹、常宝霖、常宝霆、常宝华、苏文茂、杨少华、常贵田、侯耀文、杨议……他们本人或前辈，全是旗人。此外，像老舍、何迟等满族文学家，也都为相声提供过很受欢迎的演出脚本。[②]

评书，是满族人特别喜好的另一项曲艺艺术。20 世纪早期，京旗满族出身的双厚坪，与“戏界大王”谭鑫培、“鼓书大王”刘宝全齐名，被誉为“评书大王”，三人鼎足而称“京师艺坛三绝”，影响极巨。到了 20 世纪中期，京城评书界又出现了品正三、连阔如两位满族评书表演艺术家。前者曾被冠以“评书泰斗”的盛名，而后者 50 年代初期通过广播电台播讲传统评书，家家收音机旁挤满听众，北京市内甚至有了“千家万户听评书。净街净巷连阔如”的美谈。

四 科学事业

在 19 世纪中期，清朝就选拔八旗青年学习天文算学，随后又选派满汉幼童出国深造，学习外国先进的科学技术，并在国内设立大学、专科学校，教授近代科学技术。五四运动以后提高了科学在社会文化领域中的地位。在国内外学习的满族学生，在学术上取得的成就，为国内其他少数民族所鲜见。在自然科学方面，涌现出许多著名的科学家。[③]

秉志（1886～1965），满族，动物学家、教育家。中国近代生物学的主要奠基人。刊行中国最早的综合性学术刊物《科学》杂志。从 20 年代起，长期从事中国生物学的教学、研究和组织工作。秉志是中国第一个生物学系和第一个生物学研究机构的创办人，中国动物学会的创始人，

---

① 已故著名相声大师马三立（回族）之父，是春长隆的徒弟；而恩绪则是马三立的外祖父。

② 北京市哲学社会科学规划办公室、北京市教育委员会、北京学研究基地编《北京文化发展研究报告》，同心出版社，2006，第 45 页。

③ 李燕光、关捷：《满族通史》，辽宁民族出版社，2003，第 815 页。

培养出一批不同分支领域的早期动物学家。在脊椎动物形态学、神经生理学、动物区系分类学、古生物学等领域进行了大量开拓性研究；50年代后，全面地研究鲤鱼实验形态学，充实和提高了鱼类生物学的理论基础。

白希清（1904～1997），满族，病理学家，辽宁省新民县人。1930年在奉天医专毕业，留校任教。1933年赴英国留学，进修病理学，1935年返国，继续在母校执教。1945年出任沈阳市中苏友协会长、沈阳市市长兼辽宁省卫生厅厅长等职。新中国成立后，历任东北行政委员会卫生局局长、中央卫生研究院副院长、中华全国医学总会会长兼党组书记等职。先后发表的学术论文20余篇，主编《病理学》上下册。[①]

吴英恺（1910～2003），满族，辽宁新民县人。1933年毕业于辽宁医学院。1941年留学美国，返国后于1943年任重庆中医院外科主任。是中国胸心血管外科和心血管病流行学的奠基人之一，在中国最先成功地进行食管癌手术；对食管癌的病理、发病因素、防治均有创见；开创了中国的胸外科事业，建立了中国第一所胸科专科医院。在中国率先研究心血管病的流行学及人群防治。他组建的三个医院和五个外科都具有时代特色，并在医疗、预防、科研、教学和国际医学学术交流等方面做出了杰出贡献。

在社会科学方面，满族科学家贡献相当大。著名的语言学家有罗常培等。罗常培（1899～1958），字莘田，号恬庵，笔名贾尹耕，斋名未济斋，北京人，满族，萨克达氏，正黄旗人[②]，北京大学毕业，语言学家、语言教育家。历任西北大学、厦门大学、中山大学、北京大学教授，历史语言研究所研究员，北京大学文科研究所所长。[③] 新中国成立后，筹建中国科学院语言研究所，并任第一任所长，中国文字改革委员会委员。罗常培毕生从事语言教学、少数民族语言研究，方言调查、音韵学研究，与赵元任、李方桂同称为早期中国语言学界的“三巨头”，其学术成就对当代中国语言学及音韵学研究影响极为深远。[④]

① 李燕光、关捷：《满族通史》，辽宁民族出版社，2003，第817页。
② 傅懋勣：《罗常培纪念论文集》，商务印书馆，1984，第405页。
③ 李燕光、关捷：《满族通史》，辽宁民族出版社，2003，第818页。
④ 《中国当代满族人杰罗常培》，《满族文学》2014年第2期。

第四节　民国初年满族经济的发展

民国初年是满族从寄生性经济走向自力性经济的发端。这一过程满族经历了多种艰难困苦，在奋力开创文化产业的同时，满人也在畜牧业、手工业、工业、商业多个领域获得发展。

一　畜牧业

民国时期，尽管八旗制已瓦解，但满族的畜牧业仍在发展。据奉天实业厅调查，1920 年辽宁省的七个满族自治县家畜数目统计如表 18－2 所示。

表 18－2　1920 年奉天（辽宁）满族家畜统计

牲畜／县别	马		牛		驴		羊		猪	
	公	母	公	母	公	母	公	母	公	母
兴京县	5271	3319	942	1442	4374	3088	7360	5147	19325	19128
凤城县	9437	7039	3473	5129	3740	1548	2356	3830	34199	52300
宽甸县	2185	1944	6384	7319	5391	3132	7429	5882	23109	24583
恒仁县	13210	9508	4820	10318	3418	4052	7448	6339	54698	72576
岫岩县	346	389	5742	12739	173	159	1175	1096	14798	20190
本溪县	194	201	13702	22850	284	392	1375	1577	14280	54349
北镇县	2572	2258	1842	2537	1574	1802	8940	9230	12705	10730

资料来源：《丰天通志·实业八》卷一二〇。

可见，当时畜牧业马、牛、猪产量最多的是满族聚居度最高的东部山区。其中岫岩县 1926 年养牛为 4.4 万头。东北沦陷期间，由于日本帝国主义的大肆掠夺，饲养量减少到每年不超过 2 万头。

二　手工业

清定都北京后，满族手工业的性质是与农业相结合的家庭手工业。在农闲季节进行生产，有磨坊、碾坊、油坊、粉房、烧锅、染坊、鞋帽制作等。[①] 但由于清代满族人民受八旗制度的限制，很少有从事手工业者。在

① 张佳生主编《中国满族通论》，辽宁民族出版社，2005，第 474 页。

八旗军队内部，虽有少数工匠，从事弓箭或其他军事手工业，但数量很少。还有部分为清政府的军事、宫廷生活服务的手工业。如承德地区滦平县生产军用马鞍粗料；加工木杆、木板；东西陵（遵化、易县）地区从事祭陵用的糕点制作等。晚清，出现糊棚、木工、糕点等小手工业者，数量甚微。

辛亥革命后，八旗制度解体，农庄制度瓦解，满族人民在职业上发生巨大变革，从事手工业生产的满族人逐渐增多，出现了专业的皮毛加工、制酒、制粉、制油、木器家具制造、柳编以及美术工艺品制作等。[①]

以围场满族蒙古族自治县为例：1917 年，全县长年性生产的烧锅（制酒）有 17 户，工人 79 人；油坊 20 家，工人 72 人；粉房 7 家，工人 21 人。全县有手工业作坊 25 类，43 家。到 1933 年，增加到 53 户，有流动资金 7.7 万元。产酒已达 39.4 万公斤，麻油 13.35 万公斤，粉条 5.96 万公斤。仅 1929 年一年，向日本出口酒 24 万公斤。向县外输出酒 25 万公斤，油 10 余万公斤，粉条 15 万公斤[②]。东北各满族自治县在民国初期的手工业统计如表 18－3 所示。

表 18－3　民国初期东北各满族自治县手工业统计

县别＼手工业	油坊	烧锅	粉坊	染坊	备考
兴京	11	1	19		堡 6，永陵 5
凤城	2	3	5		
宽甸	3	有	有		数额不详
恒仁	4	4		5	
本溪	9				
岫岩	5	4	2	7	
北镇（北宁市）	10	1	20	6	粉坊 20 余
伊通	12	2	62		

资料来源：据〔日〕山田久太郎《满蒙都邑全志》（日文）日刊支那事情社，1926 年，上卷第 233～356 页；下卷第 37～43 页、182～188 页制表。

① 张佳生主编《中国满族通论》，辽宁民族出版社，2005，第 474 页。

② 《围场文史资料》第 2 辑，围场满族蒙古族自治县印刷厂，1984。

三 工业

满族的工业生产，在晚清已出现。八国联军之乱后，各旗都统共议设立八旗生计处[①]，一方面收容贫困满民，并力图抵制外货，生产爱国布、斜纹布、刺绣、绸缎、玻璃等产品。[②] 民国初年，宗人府共办了两个工厂——一个手工艺厂，另一个厂织布、印刷、制乐器等，但仅仅收容爱新觉罗氏家族子弟，他们边做工、边读书，名为“家族子弟教养工厂”，后改为一般合营生产组织。同时，还办理过“售品陈列所”，后改作“筹划八旗生计处”“孤儿院”“养老院”等救济机构。[③] 八旗工厂的资金来源主要有旗租、各旗资助、王府捐助三个方面。北京满族工厂多由官办开始，这些工业并不健全，不能解决一般满民的就业问题。

与此同时，榨油业、酿酒业、面粉业、纺织业和矿业在东北满族工业发展中较为突出。以榨油业的油坊和酿酒业的烧锅为中心的农产品加工业，在清康熙年间还是手工业作坊，到光绪年间“日俄战争”（1904～1905）之后，东北的榨油业油坊工具、榨油技术，已改进为螺旋式压榨、水压式压榨法的机器油房，发展为近代工业企业。

到民国初期，本溪满族自治县就有机器油坊两家。较典型的是满、汉共居的安东县榨油坊。1925 年油坊有 23 家，1928 年时发展为 27 户。[④]

1914 年，榨油业初创时，木制榨油机 30 台，当年秋又增设了木制榨油机 15 台。直到民国 15 年（1926），油坊业才废除了木制榨油机，完全采用螺旋式和水压式榨油机，满族榨油业由手工业发展到机器工业。

河北省满族聚居地区，晚清及民国初年，只有少量的采矿业。从光绪二十六年（1900）到民国初年，“青龙满族自治县有金矿点 12 处，钨、石棉、水晶矿各一处。民国期间，丰宁满族自治县有金矿 2 处、砂金 3 处、银矿 2 处、煤矿 2 处，其产量不详。围场满族自治县有煤矿 3 处，均为劣质煤，年产 1350 吨至 1450 吨”[⑤]。河北省满族聚居区的工业从无到有，从

---

① 八旗生计处，又名首善工厂。

② 中国科学院民族研究所、辽宁少数民族社会历史调查组：《满族社会历史调查报告》（下）第 5 辑，民族出版社，2009，第 83 页。

③ 中国科学院民族研究所、辽宁少数民族社会历史调查组：《满族社会历史调查报告》（下）第 5 辑，民族出版社，2009，第 83 页。

④ 张佳生主编《中国满族通论》，辽宁民族出版社，2005，第 447 页。

⑤ 《河北省志·民族志·满族》第 1 章，文物出版社，2011，第 60～61 页。

小到大，至新中国成立时，发展为极具民族特色的地方工业。

辽宁省岫岩满族自治县自然资源享誉海内外，其中菱镁石、玉石、理石、滑石、花岗石、硅石量多而质好，享有岫岩“六大宝石”美誉。其矿业中的采玉石业，始自清乾隆年间。当地以其特产为资源兴办玉器作坊，出现了玉雕生产。[①] 民国初期继续采玉生产玉器，满族参与者众多。

四 商业

民国初由前清“爵邸”“勋阀”摇身变为金融界、企业界翘楚的为数不少。根据《北京满族社会历史调查报告》记载，满族的商业有的起源于“官当铺”。据说远在明朝，宫内太监就开过当铺。清康熙、乾隆年间为解决内务府病、老、残废的太监的生活费问题，由内务府主管，所属各司，各钱粮衙门提出一部分公款各开当铺，后来统归内务府堂郎中管理。[②] 经理者看到当铺有利可图，便暗中和外部汉商发生了联系。察存耆家在 1908 年前有投资的当铺三四十个，被八国联军掠夺后还有三个，每年利润三万银圆，后当铺发展到四十余个。[③] 其家产遍及大连、沈阳、上海、天津、北京等地。烟袋斜街的“中和当铺”的直接经营者也是满人，但名字不得知。[④]

满人王亨年的曾祖父曾做过内务府“协堂郎中”，开过“元顺当”，和“修木厂”，出售寿材及开展木材加工业务。他的祖父仍很有钱，不仅置买了大量房产，而且开设“元顺堂”饭庄，民国初年歇业，后来又在天津开设“元顺”当铺，直至“七七”事变前停业。满人刘崇谦的父亲做过内务府奉宸院书正，在民国时期经营“东兴楼饭店”。[⑤] 还有满人投资的“利元当”“德和当”“协合成绸缎庄”“花汉冲绸缎庄”“利丰绸缎庄”等。满人萨昌荣学习西服手艺，后自开服装加工厂。由于手艺出众，进而又开办了北京有名的“花茂服装行”，公私合营时，定股金 21500 元。

---

① 张佳生主编《中国满族通论》，辽宁民族出版社，2005，第 449 页。

② 中国科学院民族研究所、辽宁少数民族社会历史调查组：《满族社会历史调查报告》（下）第 5 辑，民族出版社，1963，第 17 页。

③ 中国科学院民族研究所、辽宁少数民族社会历史调查组：《满族社会历史调查报告》（下）第 5 辑，民族出版社，1963，第 17 页。

④ 中国科学院民族研究所、辽宁少数民族社会历史调查组：《北京满族调查报告》（二），载《满族社会历史调查报告》（下）第 5 辑，民族出版社，1963，第 17 页。

⑤ 中国科学院民族研究所、辽宁少数民族社会历史调查组：《满族社会历史调查报告》（下）第 5 辑，民族出版社，1963，第 17 页。

第十九章　近代东北的工业化与伪满洲国统治下的满族经济

东北地区为满族世居地，清末洋务运动开启了东北近代工业化进程。中日甲午战争后，日本与沙俄对东北地区的资本输入进一步推动了工业化进程，第一次世界大战期间，列强忙于欧洲战事，东北民族资本有较快增长，并与国外输入资本竞相发展，使东北渐次成为中国重要的工业基地。“九一八”事变后，东北大片土地沦为日本帝国主义殖民地。那里的近两百万满族人民和各族人民一起，惨遭日本帝国主义践踏，经济命脉被日本帝国主义所控制，大量资源遭到掠夺。在国家、民族生死存亡的紧要关头，满族贵族集团的代表人物——清朝末代皇帝溥仪，被日本帝国主义扶为伪满洲国傀儡皇帝，而整个东北经济实际掌控在日本殖民统治者手里。东北的满族人民承受了长达十四年的法西斯残暴统治，过着极其悲惨的殖民地生活。

第一节　近代东北的工业化

东北地区是满族世居地，近代以降逐步发展为中国重要的工业基地，工业化取得了一定进展。但是，这种工业化是畸形的，它以外国输入资本为主体，以控制东北经济命脉和掠夺东北资源为目的，辅以民族资本的发展。东北近代工业进程以清末洋务运动、甲午战争及辛亥革命为节点，可分为三个时期。

一　清末洋务运动开启东北工业化

清末的洋务运动开启了东北近代工业化。19 世纪 80 年代和 90 年代，清廷在东三省筹边设防中，以官督商办、官商合办和商办形式举办军事工业、电报电讯业、矿业和农产品加工业。由于洋务运动的官僚资本主义经营方式，东北近代工业发展初期，官僚资本就与民族资本一同发展，但以官僚资本为主。

从1880年到1894年中日甲午战争爆发的15年间，东北地区在军事工业、电报电讯业、造船业、金属矿业等领域，创办了18家初具规模的近代企业。代表性的有：光绪六年（1880），洋务派首领李鸿章在吉林三姓地区（今属黑龙江省）建造轮船厂，制造小轮船。光绪七年（1881），北洋军务会办吴大为在吉林省城设立“吉林机器制造局”[①]，光绪九年（1883）竣工，耗银24万两，厂区占地近20万平方米。设备由欧美购进，主要生产枪械、子弹、大炮、火药，是洋务运动中东北地区唯一的兵工厂，其设立的目的在于为应对沙俄入侵而供应吉林、黑龙江两省武器弹药。1900年，沙俄入侵吉林后，捣毁吉林机器制造局，之后只能铸造铜圆，1905年改吉林机器制造局为吉林造币局，铸造银圆、铜圆，1909年又建吉林军械专局。[②]

1880年李鸿章修建的唐胥铁路是中国第一条实用铁路，自唐山一号煤井至胥各庄，长约10公里，使用4.8尺半85磅的标准轨。1894年清廷修建山海关—中后所的关东铁路，与唐胥铁路相接。为通边报，东北电讯业在此期间得到重视。1884年李鸿章委派知府周冕架设旅顺至锦州、山海关、天津、奉天、吉林、宁古塔、珲春、黑河间电报线。同年，在锦州、营口、金州、旅顺设立电报局。次年在盛京（沈阳）、辽阳、凤凰城，1886年在伊通、吉林、宁古塔、珲春的电报局也相继设立。1887年，齐齐哈尔、黑河、海兰泡电报开通。[③]

东北矿藏资源丰富，尤其金矿远近驰名，但由于清廷对龙兴之地长期实行“封禁政策”，丰富的资源未得到开发利用。直到19世纪80年代，东北矿业才开始兴起。黑龙江金矿尤为突出，漠河金矿、余庆沟金矿、观音山金矿、吉拉林金矿相继开采；吉林金银矿有夹皮沟金矿、三姓金矿、珲春天宝银铅矿；热河有承德府平泉州铜矿、建平金矿、三山铜矿，时热河地区属于东北；奉天省有柴河沙金矿和金州洛马山煤矿。[④] 这些矿业的资金多来自招商集股，经营方式采取股份公司形式，设有股东和经理，采

① 孙毓棠：《中国近代工业史资料》第一辑上册，科学出版社，2016，第496页。

② 《吉林省文物保护单位》（第六批），吉林机器局旧址，第112号。

③ 葛玉红：《东北近代工业的形成和发展》，《辽宁大学学报》1990年第1期。

④ 葛玉红：《东北近代工业的形成和发展》，《辽宁大学学报》1990年第1期。

用机器生产，实行雇佣劳动制度，产品销售收入除报效国家外，有“官利”和“红利”之分，工人获得工资，是资本主义性质的经济。例如，1889年成立的漠河金矿，其总股本为白银20万两，股权结构为：黑龙江将军恭镗4万两，李金镛从上海、天津等地招股6万两，李鸿章从商人那里筹借10万两。金矿章程规定对入股者填发股票，息折一扣，认票不认人，是股份公司筹资和分配的典型做法。

这一阶段，外国资本建立的近代企业主要在农产品加工方面。如1867年英国怡和洋行在营口建立的机器榨油厂①，1884年丹麦人在牛庄建立的蓖麻油苏尔兹洋行机器榨油厂②等。这两个企业虽属东北最早的近代企业，但规模小，雇佣工人少。东北工业化起步于帝国主义排挤、倾轧和官僚专制压迫的社会环境中，每个企业的经办均遇到重重压力。

二 甲午战争后日俄资本的输入

1895年中日甲午之战结束到1911年辛亥革命，是外国对中国东北资本输出的关键时期，也是东北工业化畸形发展阶段。马关条约的签订，使日本在中国东北取得修路建厂之合法权利。沙俄以修建中东铁路为借口，逼迫清政府签署了一系列不平等条约，取得了在东北的巨大利益。1905年日俄战争结束后，根据《朴次茅斯条约》，日本又取得原属沙俄的南满铁路所有权。日俄将中国东北作为首要的掠夺目标，大肆修建铁路、开矿建厂。

1895年10月4日，俄国驻华公使喀西尼照会总理衙门，要求给俄国人员颁发护照，以便查勘地质，修建连通西伯利亚的铁路。接着又迫使清廷同意在中国东北“借地修路”，准其在“中国黑龙江、吉林地方，接造铁路以达海参崴”。这些目的达到后，沙俄并不满足，又准备在待修干线上修建南满支线。1897年8月27日，沙俄的中东铁路（清代称东清铁路）在黑龙江小绥芬河右岸三岔口附近开工，次年3月又强迫清廷签署《东省铁路公司支线合同》，掠夺了从哈尔滨经长春到旅大全长1100多公里的中东铁路支线的修筑权。这样，东北全境的铁路权均为沙俄独占。同月，沙俄在旅大修建旅顺孙家沟电厂。1898年6月9日哈大支线开始修

① 孙毓棠：《中国近代工业史资料》第一辑上册，科学出版社，2016，第122页。
② 孙毓棠：《中国近代工业史资料》第一辑上册，科学出版社，2016，第239页。

建。1903 年 7 月中东铁路干支线全部竣工通车，形成长达 2800 公里的东北“丁”字型铁路格局。1898 年 6 月英国政府同清廷签订了《山海关—营口铁路借款合同》，1900 年帮沟子—营口铁路建成。1904 年日俄战争爆发，日本临时铁道大队于 7 月 12 日登陆我国安东，擅自修筑安奉窄轨铁路，1905 年 7 月 15 日完工。①

铁路的修建为日俄在东北开矿建厂创造了有利条件。沙俄借口铁路修建需要，在沿线和满洲里、海拉尔等地建有铁路工厂、机器厂和铸铁厂。在哈尔滨建立了 7 家电厂，控制了东北电力工业。1900 年俄国人在哈尔滨创办了第一家制粉公司，资金 30 万卢布，是哈尔滨第一家机器制粉厂。第二年中东铁路公司建立第二家制粉厂，即松花江面粉公司。1900 ~ 1903 年，沙俄在中东铁路沿线共建面粉厂 34 家，其中 24 家设在哈尔滨，其余 10 家分设于齐齐哈尔和长春等地。榨油厂 4 家。到 1914 年沿线酒厂 46 家，其中以一面坡啤酒公司和哈尔滨生产伏特加的农满酒厂最为驰名。同时，还创办了阿什河糖厂和老巴夺烟厂。1901 年到 1902 年，沙俄强迫清廷签订《中俄吉林煤矿条约》和《中俄黑龙江煤矿条约》，掠夺了黑吉两省铁路沿线附近的煤矿开采特权。同时，还以“租借”“合办”和收买等形式，霸占了辽宁境内炸子窑煤矿、烟台（今辽宁灯塔）煤矿和抚顺煤矿等。1907 ~ 1908 年，中东铁路局又和吉黑两省当局分别签订《吉林省铁路伐木合同》与《黑龙江铁路伐木合同》，不久，中东铁路沿线就出现了不少俄国人经办的林场。②

日本明治维新后，走上军国主义扩张道路，制定了并吞朝鲜，侵占满蒙，征服中国，进而称霸亚洲的所谓“大陆政策”。1894 年中日甲午战争之后，日俄均垂涎中国东北。当沙俄在中国东北修筑铁路、开矿建厂、独霸东北利益时，不仅触动了英、美、德、法等国在华利益，更主要的是阻碍了日本大陆政策的实施，日俄矛盾凸显。1904 年 2 月 18 日，在英、美、德等国支持下，日本对俄不宣而战，发动日俄战争。两个帝国主义国家在中国领土上进行了一场利益争夺战，战争以俄国失败而结束。1905 年日俄签订《朴次茅斯条约》，《条约》第六款：“俄国以中国政府之承认，将长春、旅顺间之铁路及其支线并同地方附属一切权利、特权及财产与一切

① 宓汝成：《中国近代铁路史资料》第 2 册，中华书局，1963，第 560 页。
② 葛玉红：《东北近代工业的形成和发展》，《辽宁大学学报》1990 年第 1 期。

经营之煤矿，无条件让与日本。”[①] 也就是将长春以南的南满铁路让给日本，而长春以北的北满铁路仍归俄国所有。东北的利益主要为日俄所瓜分。

这一时期，日本为了从俄国人手里接管工矿业，不仅将满铁投资的银行和保险公司改换股东名义，还将资本金从卢布改为日元。“哈尔滨松花银行于本年（1919）7月7日来函通知：最近经股东大会决议，将资本金俄币1000000卢布，改换为150000日元，分为3000股，每股款额为50日元，并全部缴足。因此，拟将本社（指南满洲铁道株式会社）所持有的股票280股（包括新股和旧股）改换为按日元计算的股票，并将其名义由国泽新兵卫变更为社长名义”[②]。

据有关资料统计，日本自1905年《朴次茅斯条约》签订后至1911年，在东北开设的工厂有57家，其中有车辆、船舶、机械修理和制造、电力、自来水、冶铁、制盐、水泥、砖瓦、药品、火柴、肥皂、卷烟、榨油、面粉和印刷等，并开采烟台（今辽宁灯塔）、抚顺、本溪湖等矿业。[③]

由此可知，这一时期东北主要工业，如铁路、煤矿、铸铁和轻工业，均为外国资本主要是日俄资本所控制。外国资本利用东北的资源和廉价劳力，修路、开矿、建厂，操纵东北财政金融，掌控交通命脉，控制丰富的资源。1902年各帝国主义国家在东北的投资占整个中国投资总额的43.1%[④]，严重阻碍了东北民族资本主义的发展。但外国资本的进入，使近代科学技术和设备逐渐传入，加之清末推行“新政”，奖励工商业政策、收回利权和设厂自救爱国运动的兴起，在不同程度上刺激和推动了东北民族资本主义的发展。

东北民族资本主义的发展主要集中于农产品加工业。近代的东北是中国大豆主产区，榨油业在东北民族工业中占据首要地位，而大连的榨油业又位列其首。1907年只有4~5家旧式油坊，1908年正式开工生产的华商油坊已达11家，1911年增至35家。此外还有营口、开原、伊通、哈尔滨

① 沈燕：《满铁殖民统治政策的确立、实施及影响》，《满铁研究》2014年第4期。

② 苏崇民主编《满铁档案资料汇编》第十卷，《工商矿业统制和掠夺》，社会科学文献出版社，2011，第667页。

③ 汪敬虞：《中国近代工业史资料》（第二辑）下册，科学出版社，1957，第422~425、84页。

④ 葛玉红：《东北近代工业的形成和发展》，《辽宁大学学报》1990年第1期。

等地油坊业。“油房向以制饼为有利，近来豆油为外人所争购，想嗣后此油销路必有驾豆油而上者”[①]。酿酒业和磨坊业亦有较快发展。酿酒业主要分布于奉天省各地、伊通县和延寿县等地，磨坊业主要分布于奉天、铁岭、长春、哈尔滨、双城、宁安、海林等地。

轻工业中的其他民族资本主义企业还有：1907 年陈佑庭创办的兴华玻璃厂，1908 年裕康创办的吉林机器砖瓦厂，李仕铭创办的永衡电灯公司，1909 年奉天的火柴厂，1910 年在安东设立的华安丝厂和运记丝厂，印刷业有吉林官方印书局，造币业有吉林银圆厂，航运业有松黑两江航运公司、内港轮船公司和图长航运公司等。日俄战争前后，东北地区还出现了民族资本经营的具有资本主义性质的农牧垦殖公司。如，1902 年李厚“在锦州大凌河一带创办的垦务公司，集股 60 万两，承领牧场地 10 万余亩”[②]。1907 年华侨陈某创办黑龙江兴东公司，集股 16 万 ~ 17 万元，购买荒地，置备火犁，经办垦务。[③]

受外国资本排挤，东北民族资本涉足重工业的寥寥无几。19 世纪末，民族资本开采的烟台（今辽宁灯塔）、本溪湖等煤矿，均被日本帝国主义所攫取。1907 年满铁掠夺了民族资本家王承尧在抚顺一带开办的煤矿。锦西大窑沟煤矿是当时东北最大的商办煤矿。1909 年由官绅创办的齐昂铁路（齐齐哈尔—昂昂溪）竣工，全长 25.3 公里，共设三站，全部员役均为华人。[④] 这些资本主义性质的企业在规模、资金、设备等方面，均无可与日俄所办企业相提并论。

三　辛亥革命后东北民族资本与外国输入资本竞相发展

辛亥革命后，东北民族资本发展速度加快。这主要是因为中华民国政府制定了鼓励工商业发展的政策，同时第一次世界大战使帝国主义列强忙于欧洲战事，无暇东顾，此外，1915 年反对日本提出的灭亡中国的“二十一条”和抵制日货运动，也刺激了民族工业的发展。

① 汪敬虞：《中国近代工业史资料》（第二辑）下册，科学出版社，1957，第 84 页。

② 李文治：《中国近代农业史资料（1840 ~ 1911）》第 1 辑，生活·读书·新知三联书店，1957，第 696 页。

③ 李文治：《中国近代农业史资料（1840 ~ 1911）》第 1 辑，生活·读书·新知三联书店，1957，第 216 页。

④ 宓汝成：《中国近代铁路史资料》第 3 册，中华书局，1963，第 1147 页。

1912年吉林省尚无棉织业，1915年就开设39家，职工达405人。[①] 奉天省1912年棉织业只有1家，职工仅30余人；1913年增为51家，职工达522人。[②] 东北主要港口城市营口，新设织布厂4家，每厂日产布100匹（每匹长40码）。纸烟厂的贸易“大有蒸蒸日上之势”[③]。这一时期，榨油业从1914年到1918年增加了54家[④]；1914年北满榨油厂只有3家，1918年增至25家。[⑤] 面粉业，1913年黑龙江机制面粉厂有4家，其中“瑷珲近亦设有面粉二所者，每年可制出面粉22万普特，亦足以与黑河之面粉相竞争也”[⑥]。一战结束后，东北许多使用机器生产的外国企业转入中国人之手，如火柴业。辛亥革命前，东北火柴业几乎被日资所垄断。1913年，民族资本在营口首创东北火柴股份有限公司和三明火柴厂，到1922年东北各地民族资本经营的火柴厂增至7家，年产量305000箱。

这一时期东北的商办矿业有：1912年开办的辑安县松马川金矿，1914年9月朱尧佐在吉林县火石岭子开办的裕吉煤矿公司，1905年王岐山、单永春等组建锦西县通裕煤矿公司，1912年王承谟、马泮春主持的复县义和粘土公司和盖平的几家矿业。1915年珲春县的三处金矿和四处煤矿被官本商股所开采。官僚资本所开办的企业有：1916年张作霖利用沈阳大东边门造币厂的设备，创办奉天军械厂，机器百余部，工人400余；次年又在沈阳小东关创办陆军被服厂，工人达1700人；1918年曹汝霖在哈尔滨创办戎通轮船有限股份公司，资本200万元，有船50只。

第一次世界大战不仅给中国民族工业发展以历史性机遇，也给日本帝国主义独霸中国以机会。日本除在加紧对东北的政治、军事侵略外，经济上也加强控制，日本对东北的投资与贸易在一战时期都急剧扩大。战前的1913年日本对东北商品输出为2977.5万元，一战结束的1918年增长到6945.2万元，增长1倍以上。这期间，日本在东北的工厂数量也大大增加。1912年在东北建立了炼铁高炉。1915年5月为掠夺中国东北的森林资源，与中国签订伐木合同，成立了二道河子公立公司、宁安森林公司。

① 汪敬虞：《中国近代工业史资料》（第二辑）下册，科学出版社，1957，第433页。

② 汪敬虞：《中国近代工业史资料》（第二辑）下册，科学出版社，1957，第422~425页。

③ 海关总税务司：《通商各关华洋贸易总册》，牛庄口，1913年中英文本，第217页。

④ 〔苏〕阿瓦林：《帝国主义在满洲》，商务印书馆，1980，第304页。

⑤ 〔苏〕阿瓦林：《帝国主义在满洲》，商务印书馆，1980，第303页。

⑥ 海关总税务司：《通商各关华洋贸易总册》，哈尔滨口，1914年中英文本，第21页。

同年，在大连创办轮船公司。1916年设鞍山铁矿公司，同年12月设立奉天南满制糖株式会社——为日资在沈阳的最大工厂——并在铁岭设立分厂。1917年设满洲制麻株式会社。1918年设奉天满蒙毛织株式会社。1919年设鸭绿江制纸株式会社。截至1919年，日本在东北设立工厂总数达615个。[①]

一战结束后，各帝国主义国家卷土重来，加之1918年奉系军阀派兵5万入关参与段祺瑞对南方“护法运动”的镇压，加重了对东北人民和民族工商界的勒索与搜刮，东北民族工业发展受到严重阻碍。东北近代工业化是在帝国主义侵略和国内专制统治挤压下艰难推进的，利用一切有利条件和机遇，走出了一条救国兴业的道路。

第二节　满族世居地经济命脉被日本帝国主义所夺取

东北作为满族发祥地，是一个物质资源丰富，工业、农业、交通运输和对外贸易都很发达的地区。即按已耕地来说，每年农作物生产额即达17400万担之多，输出贸易额最高达47800万海关量（1931年统计），1932年仍然达28700万海关量，假如未耕地全部或一部分开垦后，再加上矿产森林及其他天然富源，东北之富庶，必然有凌驾各国之上之势。[②]

日本帝国主义侵占大多数满族人民居住的东北地区，其直接目的是摆脱国内经济危机。同时使东北成为它扩大侵略的战略基地及销售商品、输出资本、掠夺物资、工业原料及农产品的重要场所。[③] 早在1905年日俄战争结束时，日本就取得对南满铁路的控制权，为“经营满蒙”，1906年依照日本国家特定法律设立了南满洲铁道株式会社，直接对中国东北进行殖民统治。日本政府赋予满铁的任务，是使它和关东都督府——日本统治旅大租借地的军政机关——互相配合“经营满蒙”，采用政治的、经济的、军事的和文化的一切手段变东北为日本的商品市场、原料产地、投资场所和独占的殖民地。因此，满铁的经营是以日本天皇政府的“满蒙政策”作为最高指针，以日本大地主大资产阶级的对外扩张要求为其根本的动力。

---

① 蒋坚忍：《日本帝国主义侵略中国史》，上海联合书店，1931，第345页。

② 东北三省中国经济史学会编印《东北经济史论文集》下册，吉林教育出版社，1983，第219页。

③ 中共辽宁省委党史研究室编《历史永远不能忘记——辽宁人民抗日斗争图文纪实》，辽宁人民出版社，2005，第178页。

满铁设立时资本号称两亿日元，在当时是日本的头号大企业和日本在海外的最大投资，作为闻名世界的满铁康采恩，它也是各帝国主义国家在华企业中首屈一指的大垄断组织。满铁，根据不平等条约和日本恃强造成的事实，拥有帝国主义在华企业所能得到的一切特权，包括铁路、港口、电信、航运的建设和经营权，煤矿、山林的开采权，自行决定运价等各种费用及取得沿线土地任意修建房屋权，免缴不动产税、所得税、铁路材料的进口税和交易税、印花税等各种税款的特权。满铁依靠这些特权，以经营南满铁路、抚顺煤矿和大连港为中心，兼营各种有利可图的事业，实行“综合经营”，获取高额垄断利润。它拥有把持各种行业的几十个“关系会社”（子公司及投资公司），长期垄断中国东北的交通和主要工矿企业。[①]“九一八”事变，特别是建立伪满洲国傀儡政权后，日本帝国主义千方百计地夺取东北的经济命脉。使得日资逐渐垄断中国东北经济，又通过经济“统制”政策，加深了满族世居地经济的殖民地化。日本帝国主义统治的罪恶历程也就是对满族世居地进行疯狂经济掠夺的过程。

日本对满族世居地经济的垄断，从铁路到金融，从矿业到海关，几乎攫取了东北的一切经济权益，其掠夺程度世所罕见。[②]

一 路权

铁路交通是经济发展的动脉。近代以来，铁路开发是殖民主义者惯用的侵略方式。“九一八”事变后，日本把控制和修筑东北铁路，作为扩张殖民势力的一个主要途径。

“九一八”事变前，东北地区已经构筑起铁路的主要架构，初步形成纵横交错的铁路网，铁路里程发展到6065公里。[③] 满铁作为日本帝国主义在伪满洲国的经济殖民机构，其势力不限于南满地区，而是延伸至吉林东部和黑龙江省。

1931年11月1日，满铁总裁与伪吉林省政府签订了《吉长铁路借款及经营合同》，并对吉五线、延海铁路、依兰铁路、扶余铁路进行换文；[④]

---

① 苏崇民：《絮絮叨叨说满铁》，《满铁研究》2012年第3期。

② 宋恩荣、余子侠：《日本侵华教育全史》东北卷，人民教育出版社，2005，第63页。

③ 解学诗：《伪满洲国史新编（修订本）》，人民出版社，2008，第146页。

④ 中央档案馆、中国第二历史档案馆、吉林省社会科学院编《东北经济掠夺》，中华书局，1991，第595页。

11 月 28 日签订了《吉海铁路经营合同》；12 月 1 日签订了《四洮铁路借款及经营合同》；12 月 28 日伪吉林省政府与关东军高级参谋交换了铁路协定；1932 年 1 月 8 日又签订了《呼海铁路经营合同》，从而攫取了这些铁路的经营权。1932 年 1 月 5 日，设立奉山铁路局，满铁派出 700 多人，从各方面控制了由英国人借款和参与经营的奉山铁路。[①]

1932 年 8 月 7 日，伪国务总理和关东军司令签订了《关于满洲国政府铁路、港湾、航路、航空线等的管理和铁路线的敷设、管理的协定》，协定规定日方“对铁路、港湾、航路、航空线进行管理”，并委托给满铁。1933 年 2 月 9 日伪满交通部部长与满铁总裁签署了《满洲国铁路借款及委托经营细目契约》《松花江水运事业委托经营细目契约》《敦化、图们江铁道外二铁道建造借款及委托经营契约》等，从而满铁垄断了经营东北的铁路交通事业。[②]

日本攫取东北最后一条既成铁路是中苏合办的中东铁路（满洲里—绥芬河）的路权。自 1933 年 6 月起日本就不断迫使苏联与其进行让售交涉。利用殖民统治者的特权，破坏中东铁路的经营。1935 年 3 月 23 日，苏联终于让步。于是，“满铁”受伪满委托，派 2135 人接受了中东铁路管理局及所属各部门全部财产。[③]“满铁”对其进行改造，将 1524 毫米轨距改为 1435 毫米标准轨距。[④] 至此，满铁完全垄断了东北铁路交通的经营权。[⑤]

二　邮电、通信权

邮电、通信是交流信息的社会神经，须臾不可无。它同铁路、水路等同属交通这一大范畴，深具经济命脉性质。[⑥]

日本帝国主义在霸占满族世居地交通设施的同时，还夺去了邮电、通信大权。“九一八”事变后，日军占领东北各城市，同时占领了各城市通信设施。在沈阳，日本拼凑成立伪东北电政管理处，作为夺取通信设施的工具。1932 年 4 月，关东军要求满铁经济调查会第三部拟制《满洲电信

---

① 解学诗：《伪满洲国史新编（修订本）》，人民出版社，2008，第 148 页。

② 宋恩荣、余子侠：《日本侵华教育全史》东北卷，人民教育出版社，2005，第 64 页。

③ 《“九一八”后日本控制东北铁路：编织掠夺经济的大网》，《辽宁大学学报》2014 年第 6 期。

④ 宋恩荣、余子侠：《日本侵华教育全史》东北卷，人民教育出版社，2005，第 65 页。

⑤ 齐福霖：《伪满洲国史话》，社会科学文献出版社，2011，第 70 页。

⑥ 解学诗：《伪满洲国史新编（修订本）》，人民出版社，2008，第 153 页。

及广播事业统制方案》。7月2日，关东军正式提出《对满洲国通讯政策》，明确要求由关东军司令官指导伪满的通信政策，由日本军官参与拟议设立的“满洲电信电话会社”创设与经营，用投资使会社的实权把握在日本手中。[①] 1933年3月26日，关东军与伪满政府签订《关于设立日满合办通信会社的协定》。9月1日，日伪合办的“满洲电信电话会社”成立，经营关东州、满铁附属地及伪满行政管辖区的有线、无线通信事业，还接管了东北各县营、民营及县民合办的四乡电话事业。[②] 1935年3月接管中东铁路时，该会社也接管了中东铁路沿线的通信设施。至此，该会社垄断了东北的通信事业。

三 金融垄断

“九一八”事变前，日本对我国东北已开始金融侵略。为操纵东北的经济命脉，日本首先夺取中国的主要金融机构，即东北三省官银号、吉林永衡官银号、黑龙江省官银号和边业银行等所谓四行号，并成立伪满中央银行。

伪满中央银行是伪满洲国傀儡政权的“国家银行”，为日本侵略者服务，完全依附于日本帝国主义，是日本帝国主义掠夺我国财富的工具。伪满中央银行受关东军全面控制，它为关东军提供军费和筹集军需物资。日本银行在伪满行内设有参事室，监督该行所有业务，实际上伪满中央银行是日本银行的特殊分支机构。[③] 此外，日本侵略者1933年11月9日发布了《银行法》，对满族世居地的银行业进行了整顿，排挤资本弱小的民族资本银行。通过这些法西斯的掠夺行为，日本基本垄断了满族世居地的金融业。

1937年6月10日，日伪实施了新的《产金收买法》，废除了1933年以敕令47号发布的《产金收买法》，对黄金从严统制。这保证了伪满中央银行对黄金的垄断。收买黄金，增加黄金储备，是日伪实施财政金融统治的重要手段。

对资金的统制，是金融统治的重要组成部分。因产业开发五年计划需要大量资金，日伪统治者采取种种办法，强制积聚资金。1938年9月16

---

① 齐福霖：《伪满洲国史话》，社会科学文献出版社，2011，第75页。

② 解学诗：《伪满洲国史新编（修订本）》，人民出版社，2008，第153页。

③ 宋恩荣、余子侠：《日本侵华教育全史》东北卷，人民教育出版社，2005，第65页。

日，日伪当局发布《临时资金统制法》，并于企划委员会内设立金融贸易委员会，加强对资金的统制，即对社会资金供求双方加以统制，尤其是垄断放款，全力支持“军事”产业部门。[①] 具体做法：由伪满中央银行垄断资金贷放；严格汇兑管理，控制资金外流；发行并强制摊派国债公债和强制储蓄，以搜刮人民财富，扩大资金来源。

四　矿权

矿产资源是一个国家发展的重要物质来源，煤、铁、金、石油等资源的储备与利用足可以左右一个国家经济的兴衰。中国地大物博，矿产资源丰富，因此便成为资源匮乏的日本，窥视和掠夺的目标。中日甲午战争特别是日俄战争后，日本势力侵入满族世居地东北。日本为掠夺中国东北的资源，特别是矿产资源，在满铁内部特设调查部，对东北的矿产资源展开了大规模调查，为日本对中国东北矿产资源的掠夺提供了可靠情报。[②] 1923 年满铁地质调查所详细统计了 1918 ~ 1922 年大连、奉天、抚顺、本溪湖、鞍山等城市的各项矿产，内容囊括各矿区面积、矿区数量、矿产价值、矿工数量等，各项调查条分缕析，为侵占矿权做足了准备。[③] 满族世居地许多矿产资源被日资大规模攫取。

1932 年 9 月 9 日，关东军司令官与伪满国务总理大臣签订了《关于规定国防上必需的矿业权的协定》，将矿山开采权出卖给日本帝国主义。1935 年，日伪统治者对东北矿业实行统制，成立了完全由日本资本和日本人员控制的“满洲矿业开发会社”。1935 年 8 月 1 日，又以伪满政府名义发布了《矿业法》，规定了未经开采之矿物为国有，凡欲经营矿业者应呈请产业部大臣批准，从而实行了矿业垄断。[④] 这为日本垄断资本在满族世居地开发矿产提供了条件。

日本侵占东北后，大力发展电力工业建设，1934 年 11 月建立了满洲电业株式会社，总部设在长春，统一经营满铁之外的火力发电事业。

---

① 中央档案馆、中国第二历史档案馆、吉林省社会科学院编《东北经济掠夺》，中华书局，1991，第 105 页。

② 李雨桐：《日本对中国东北矿产资源的调查与掠夺（1905 ~ 1931）》，东北师范大学 2015 博士学位论文。

③ 梁波、冯巧：《满铁地质调查所》，《科学学研究》2002 年第 3 期。

④ 宋恩荣、余子侠：《日本侵华教育全史》东北卷，人民教育出版社，2005，第 66 页。

东北的钢铁冶炼业，“九一八”事变前已操纵在日本资本手中。满铁属下的鞍山制铁所和大仓财阀控制的本溪湖煤铁公司属下的本溪湖制铁所生产的生铁，几乎占当时全中国生铁产量的97.3%。[①]

日本侵占东北后，我国东北地区的钢铁业基本上由日本人投资，从而使日本资本垄断了东北的钢铁冶炼业。其他金属工业，日本都逐步进行了垄断。[②] 1936年，根据关东军的指令，满铁和伪满政府共同出资，设立了满洲轻金属制造株式会社，后成为满铁的子公司。

五 海关及对外经济贸易被控制

日本帝国主义侵占东北后，便急于掌控海关，以掠夺东北丰富的物质资源，并企图变东北经济为殖民地经济。伪满傀儡政权成立后，日本更是千方百计劫夺作为国家经济门户的海关。[③]

1932年6月，日本侵略者首先利用傀儡政权强夺了大连海关。在日本方面的策动下，6月26日大连海关宣布断绝和中国海关的关系。日伪统治者在劫夺大连海关的同时，对东北的其他关卡也先后进行了劫夺。6月27日，日伪统治者又以武力强行接收了营口（牛庄）海关；6月28日，日伪统治者强行接管安东海关；6月29日又强行接收龙井村海关；此外，日本还强行接收了哈尔滨和珲春海关；8月，强行接收奉天海关；1933年1月，日伪统治者又强行接收了绥芬河海关。至此，东北的海关全部被日本帝国主义强行夺取。此外，1932年3月，日本侵略者还通过伪满政府接收了营口的盐运使公署、沈阳盐务稽核所和长春吉黑榷运局3个盐税机关，控制了满族世居地的盐税。[④]

日本帝国主义强行劫夺海关，利用海关，通过关税政策，控制东北的对外贸易，以保证日本商品的倾销和对东北资源的掠夺。

“九一八”事变前，东北的对外贸易，出超达2亿多元，而从1933年开始，输出大量减少，输入则不断增加，从出超变为入超。[⑤] 事变后的5

① 〔日〕满洲国史刊行会编《满洲国史》，黑龙江省社会科学院历史研究所译印，1990，第123页。

② 解学诗主编《满铁史资料·煤铁篇》第4卷第2分册，中华书局，1979，第280页。

③ 〔日〕满洲国史刊行会编《满洲国史》，黑龙江省社会科学院历史研究所译印，1990，第123页。

④ 齐福霖：《伪满洲国史话》，社会科学文献出版社，2011，第74页。

⑤ 齐福霖：《伪满洲国史话》，社会科学文献出版社，2011，第74页。

年，平均每年入超达4000多万元。在东北向外输出的品种中，大豆、豆油、豆饼占重要地位。东北在事变前5年，平均每年出口大豆、豆油、豆饼420万吨，而事变后1932年大豆出口为409万吨，1936年为286万吨，呈现下降趋势。[①] 其他农产品、煤、生铁占输出的重要部分。至于输入，则以纺织品、面粉、烟草等产品为主，以后钢铁、机械、车辆等生产资料显著增加。

在满族世居地东北的输入贸易中，日本在事变前已居首位。自伪满政权成立后，日伪夺取海关，为日本向满族世居地倾销商品和掠夺原料提供了极大便利。东北对日输出，1932年为23500万元，占输出总额的38%，到1936年则为28500万元，占输出总额的47%，即在东北向外输出总额中，有近一半输往日本。在输入贸易中，1932年从日本输入为19700万元，占输入总额的58%，1936年则为53400万元，占输入总额的77%。东北对日本贸易总额1932年为43200万元，比率为45%，1936年为81900万元，比率增为63%。[②] 这表明伪满对外贸易直接反映日本的需要和伪满的需要，加深了伪满经济对日本的依附，表明满族人民受日本殖民经济的影响越来越大。

日本通过对中国东北的铁路、通信、矿业、金融和海关等经济命脉的强取豪夺，垄断了东北地区的经济。此后，日本侵略者在我国东北地区又加强了经济“统制”，使满族经济进一步殖民地化。[③]

第三节　遭受双重剥削的满族农业

东北沦陷后，满族人民的生活受到了官僚势力和日伪统治者的严酷剥削，在经济层面满族人民和其他各族人民一样，承担着繁重的“出荷粮”、苛捐杂税和严格的生活必需品配给制。

一　满族世居地的农业

在东北地区，农业生产占据重要地位。1943年，包括满族农民在内

① 王承礼：《中国东北沦陷十四年史纲要》，中国大百科全书出版社，1991，第129页。
② 齐福霖：《伪满洲国史话》，社会科学文献出版社，2011，第75页。
③ 宋恩荣、余子侠：《日本侵华教育全史》东北卷，人民教育出版社，2005，第66页。

全东北共有511万农民，占东北总户数的70%。[①] 在东北居住的满族绝大部分仍是农民。他们和汉族农民一起从事农业生产，其发展水平已经和当地汉族相同。[②]

满族农民所使用的主要生产工具有：翻地用具犁、耙，播种用具耲耙和点葫芦，夏锄用具小犁杖和锄头，收获用具镰刀和石磙，运输用具大车和雪橇。无论耕种和运输，都需畜力牵引，所以牲畜在生产中占有十分重要的地位。

居住在黑龙江沿岸一代的满族农民，其所用生产工具，除上述外，尚有洋犁、钐刀、割地马神等数种，都由俄罗斯传入。洋犁即双轮单铧犁，每天能翻地七亩，深达半尺；钐刀是长柄大镰刀，站着收割，生产效率很高；割地马神即马拉收割机，马神一词属俄语，机器的意思；打场马神即是马力脱谷机。[③] 这几种生产工具的传入，大大地提高了生产效率，减轻了劳动强度，促进了农业生产的发展。

伪满时期，主要农作物有小麦、高粱、大豆、谷子和苞米。由于气候的差异，播种时间略有不同。小麦在清明前后播种，大豆、高粱、谷子、苞米在谷雨以前播种。小满头两天种苞米，立夏种大豆。

在田间管理方面，一般是两铲两蹚，铲之目的为锄草，蹚之目的为培土。大豆在豆苗高二寸时铲头遍，停几天再蹚头遍；豆苗六寸左右时铲二遍，停两天蹚二遍。一般都是经过两铲两蹚，田间管理就算结束，等待秋收。[④]

满族人民在长期与自然斗争的过程中，积累了丰富的生产经验，在选种方面，有田间选种、风选、水选等方法；在耕作上，实行轮作，一般实行燕麦、黑豆、谷子、小麦轮流种植。秋后翻地，防止虫害。

由于地广人稀，耕作较为粗放。农作物施肥量很少，有些地方从无施肥习惯，遑论追肥。在田间管理上，耕作较为粗放。农作物产量很低，是典型的粗放经营和广种薄收。伪满时期，由于小农经济本身的弱点，再加

① 《满族简史》编写组：《满族简史》，中华书局，1979，第188页。

② 中国科学院民族研究所、辽宁少数民族社会历史调查组：《满族社会历史调查报告》（下）第5辑，民族出版社，2009，第11页。

③ 中国科学院民族研究所、辽宁少数民族社会历史调查组：《黑龙江满族社会历史调查报告》，民族出版社，2009，第12页。

④ 中国科学院民族研究所、辽宁少数民族社会历史调查组：《黑龙江满族社会历史调查报告》，民族出版社，2009，第11页。

上帝国主义和官僚资本的敲骨吸髓，广大满族农民困苦不堪，因而在自然面前显得十分软弱，农业生产长期听天由命，根本无力抗拒自然灾害。①

二 土地集中与地主剥削加剧

据1940年统计资料，东北的耕地面积为174万公顷，每农户平均耕种为3.45公顷。② 但是，这些土地除了日本帝国主义圈占一部分安置“开拓团”和经营农业外，大部分为地主所占有，并且地主倚仗日伪势力继续兼并农民土地，社会日益两极分化。黑龙江省农村土地占有情况如表19－1所示。

表19－1 伪满时期黑龙江省农村土地占有情况统计

单位：%

每户土地占有数	100公顷以上	50～100公顷	20～50公顷	5～20公顷	5公顷以下	无土地
占农户数	2.9	3.1	8.1	10.5	12.5	63.2
占土地数	50	16.6	21.3	10	2.1	0

资料来源：中国科学院民族研究所、辽宁少数民族社会历史调查组：《满族社会历史调查报告》，民族出版社，2009，第81页。

满族较为集中的黑龙江拉林县，在伪满洲国统治终结前，农村各阶级占有土地、财产情况如表19－2。

表19－2 拉林县农村各阶级占有土地、财产情况

阶级	户数	占有土地数（垧）	占有房屋（间）	园田（垧）	车	马
地主	2216	48274.85	21567	12226	885	5576
富农	4209	29838.16	10962	1134.04	828	5825
中农	4756	16091.6	9869.5	1149.68	595	4456
贫农	7901	4668.79	7832	508.35	148	1018
雇农	9580	6.2	2142	24.65	3	111
其他	55		2	0.5		
合　计	28717	98879.6	52374.5	15043.22	2459	16986

资料来源：中国科学院民族研究所、辽宁少数民族社会历史调查组：《黑龙江满族社会历史调查报告》，民族出版社，2009，第81页。

① 中国科学院民族研究所、辽宁少数民族社会历史调查组：《满族社会历史调查报告》（下）第5辑，民族出版社，2009，第11页。

② 《满族简史》编写组：《满族简史》，中华书局，1979，第188页。

形成这种情况与日本帝国主义对东北的农业政策有关。日寇扶植大地主、富农经济，实行资本主义经营，这势必集中大量土地，雇佣大量廉价劳动力，从而出现了掌握大量土地的经营地主和为数众多的被奴役的农民。据新宾县外和睦村的调查统计，伪满 14 年中，地主增加 8 户，农民的土地被兼并去 487 亩，致使 20 户满族农民丧失土地。[①] 凤城县白旗村后营子屯，共有土地 2479 亩，6 户地主皆为满族，握有土地 732 亩，占全屯土地 29.5%，平均每户为 126 亩，最多的占有 180 亩。[②] 而占全屯人数 71.4% 的贫雇农，共占有 494.1 亩地，平均每户只有 2 亩 5 分地，每人平均 8 分地。地主阶级凭借所占有土地残酷地剥削农民，在农业生产衰退和粮食紧张时期，地主普遍收实物地租，占收获量的 50% 以上。这样一来，满族佃农除去“出荷粮”和地租，一无所剩，结果是“一年劳动一年光，秋后还得拉饥荒”。

表 19－3 伪满时期凤城县白旗后营子屯各阶级占有土地情况

阶　级	户　数	百分比（%）	土地亩数	百分比（%）
地　主	6	2.2	732	29.5
富　农	6	2.2	141	5.7
中　农	66	24.2	111.9	44.9
贫　农	161	59	492.1	19.9
雇　工	34	12.4	2	0.1
总　计	273	100	2479	100

资料来源：中国科学院民族研究所、辽宁少数民族社会历史调查组：《满族社会历史调查报告》下，民族出版社，2009，第 53～54 页。

无粮可食的满族农民，被逼无奈，只好向地主借贷，春借一斗，到秋后要还二斗、三斗，乃至五斗，甚至复利翻滚。在“青黄不接”时，农民需钱买粮，不得不向地主和商人以低价“卖青粮”，到秋后无论粮价多高，也要如数交付粮食。[③] 在粮食紧张、粮价不断上涨的年月，“买青粮”的

① 中国科学院民族研究所、辽宁少数民族社会历史调查组：《满族社会历史调查报告》（下）第 5 辑，民族出版社，2009，第 53 页。

② 中国科学院民族研究所、辽宁少数民族社会历史调查组：《满族社会历史调查报告》（下）第 5 辑，民族出版社，2009，第 54 页。

③ 中国科学院民族研究所、辽宁少数民族社会历史调查组：《满族社会历史调查报告》第 1 辑，民族出版社，2009，第 6～7 页。

地主和商人有利可图。因此，这种剥削形式在农村很普遍。外和睦村地主关化堂利用其村长职权以“卖青粮”、放高利贷形式剥削贫苦农民。农民关文焕和吴恩林等，曾于1942年春“卖青粮”一斗，地主关化堂只给四角钱（伪满币），秋后农民还要还一斗黄豆，但秋后一斗黄豆价值三元多。[①] 又如关文焕于次年借地主关化堂一斗高粱，第二年地主硬要他还五斗。该村耕种关化堂土地的佃户，均以收成的十分之六交给他，剩下十分之四还要交纳村办公费、兵饷、积谷粮等名目繁多的苛捐杂税[②]，农民剩下的微乎其微。给地主扛活的长工更是苦不堪言，张永俭给地主关化堂当长工，每天早出晚归，除庄稼农事，还要打柴、捡粪，终年不得分文，还经常食不果腹。每到冬天，地主家新棉新裤，而张永俭只能以麻袋片掩体。[③]

地主阶级对满族农民进行残酷压迫，其剥削手段，各地不一，最常见的有如下几种（见表19－4）。

表19－4　地主阶级对满族农民的剥削手段

剥削形式	类别	特点
劳金	雇佣长工	年工十月，一次付清。吃住由地主负责。吃劳金劳动强度高，地主剥削残酷。据调查，劳金的工钱，一般可折合7石高粱；而一个人在正常情况下可种4垧地，每垧以收7石计算，地主剥削达3/4，劳金仅得1/4。
长工	长工短月	按月计工，事先约定工期、工钱、何时下工。
短工	零工	按天计工，可几天也可每天结算。
租地	地主土地出租	根据级差地租，租种一垧好地，每年交租300斤，租种一垧坏地，必须交租150斤。在伪满洲国时期，东北最好土地，其收获量垧产不过800斤，农民除租地外，还要租耕牛；租一头耕牛，每年交租1800斤粮食和200捆谷草；另还需租种子（安宁县调查情况）。在五常县，租种1垧地，地租是2~8石，一般是2石5斗。种大豆，每垧纳租2石；种高粱、谷子，每垧纳租3石。除纳地租外，每垧多纳1石牛租，再加上纳税，农民仅得1/4。

① 中国科学院民族研究所、辽宁少数民族社会历史调查组：《满族社会历史调查报告》（下）第5辑，民族出版社，2009，第34页。

② 中国科学院民族研究所、辽宁少数民族社会历史调查组：《满族社会历史调查报告》（下）第5辑，民族出版社，2009，第35页。

③ 中国科学院民族研究所、辽宁少数民族社会历史调查组：《满族社会历史调查报告》（下）第5辑，民族出版社，2009，第36页。

续表

剥削形式	类别	特点
榜青①	租种土地形式	分榜里青与榜外青两种。佃户无马是四六分，佃户有马是对半分。
借贷	借钱借粮	借钱付利，有五分利、七分利、十分利，甚至复利翻滚。借粮食春借秋还，借1石还1石5斗，需要抵押物品或找人担保。
买青粮	典卖	农民低价春卖秋粮，秋天收获后，无论价格高低，如数交付粮食。
超经济剥削	无任何报酬	地主征用农民劳动力，不支付任何费用。

资料来源：中国科学院民族研究所、辽宁少数民族社会历史调查组：《满族社会历史调查报告》，民族出版社，2009，第81～82页。

表19－4中的剥削方式，往往同时并用。如佃户租地一垧，同时又给地主当长工，忙时妇女也去当短工，一家还经常入不敷出。一个劳金，为了全家吃饭，总得预支半年钱，一年下来负债在身，下年不管条件如何苛刻，还得给地主当劳金。一个劳金在一家地主家干十几年、几十年的情况也很普遍。据五常县背阴河乡营城子屯调查，占总农户82.3%的农民没有或只有极少的土地，靠租地、吃劳金生活。②

由于日本帝国主义和地主对农民的残酷掠夺，东北的农业生产日益萎缩。主要表现在如下几个方面。（1）耕畜的减少。耕畜头数若以1931年为100，则1940年降低到93，直到1943年，才仅仅超过1931年水平的2%。1943年时，耕地每公顷的平均头数为0.24头。③（2）在使用肥料方面，1941年时作为肥料而消费的硫酸铔仅46000吨，按耕地面积平均每公顷仅及2.5公斤，如此少的肥料无法提高地力。④（3）收获量不断下降。1943年每公顷高粱的收获量仅及1935年的89.4%，谷子的99.1%，苞米

① 榜青，是一种土地关系，清代和民国时期，这种制度盛行于东蒙和满洲一带。榜青起源于华北，即所谓“帮租”或“佃工分收制”。这是一种分益雇佣制，兼雇佣和租佃两种性质。其内容是地主提供土地，并负责一切生产费用，包括种子肥料、役畜和农具，甚至住房。佃农只提供劳动力，但没有经营自主权，不像一般佃农那样有劳动自由，作物选择、耕种全程由地主控制。被雇佣者只分得产量的一小部分。

② 中国科学院民族研究所、辽宁少数民族社会历史调查组：《黑龙江满族社会历史调查报告》，民族出版社，2009，第11页。

③ 东北解放区财政经济史编写组：《东北解放区财政经济史资料选编》，黑龙江人民出版社，1988，第254页。

④ 东北解放区财政经济史编写组：《东北解放区财政经济史资料选编》，黑龙江人民出版社，1988，第255页。

的 88.3%，棉花产量下降更多，为 70.9%。[①] 在农产品产量减少的情况下，日伪实施了统制政策。

三　"粮谷出荷"与掠夺农产品

伪满洲国成立之初，日本侵略者尚能将收购粮食的数额和价格，限定在农民可以勉强承受的程度。1937 年春，关东军促令伪满政府成立"满洲农业政策委员会"。[②] "七七"事变后，日伪颁布《米谷管理法》，开始对农产品采取垄断政策，即实行"统制"，规定稻米、小麦、大豆、棉花等农产品购销、加工等均由伪满政府控制，并统由"满洲粮谷公司"购销、加工，实行压价收购。

随着侵略战争的持续与扩大，日本帝国主义为满足庞大的战时需要，将粮食购销由严格"统制"变为强制购销。从 1939 年起，日伪推行所谓"粮谷出荷"政策，强迫农民售粮。出荷是日语，意为出售。每年春天，按伪满国务院召开省长会议的决定和伪满兴农部下拨的指标，由省（市）、县（市、旗）公署逐级下达征购数额，再由区、村政权分配到各农户。秋后，不管收成如何，一律按指标强行征纳，违者罚款或拘押。[③]

1941 年 12 月 7 日太平洋战争爆发，22 日，日本为全面统治伪满洲国经济，强化战时经济体制以全力支援日本的侵略战争，实现变东北为"大东亚粮谷兵站基地"的目的，[④] 特制定了《战时紧急经济方案要纲》，旨在加快对中国东北战略物资的掠夺，加强日本本土和日军战场的物资供给。《战时紧急经济方案要纲》关于农副产品要求应积极增产、征收，做到最大限度的对日输出。1942 年 11 月制定出《农产品强制出卖法》，随后又颁布《战时农产物搜荷对策》，实行所谓"决战搜荷方策"，以暴力强制民众出售农产品。还推行了所谓"报恩出荷"，即对已完成出荷计划的地区，在原计划之上再增出荷任务，并强令完成。[⑤] 1943 年 1 月 20 日，

① 《满族简史》编写组：《满族简史》，中华书局，1979，第 180 页。

② 宋恩荣、余子侠：《日本侵华教育全史》东北卷，人民教育出版社，2005，第 17 页。

③ 万仁元、方庆秋、王奇生：《中国抗日战争大辞典》，湖北教育出版社，1995，第 691 页。

④ 孙邦主编《伪满史料丛书·经济掠夺》，吉林人民出版社，1993，第 203 页。

⑤ 孙邦主编《伪满史料丛书·经济掠夺》，吉林人民出版社，1993，第 203 页。

日伪当局又制定了《战时紧急农产物增产方案要纲》，规定对伪满洲国农业资源要全面控制和掠夺，实行“粮谷出荷”和严格的消费限制以及严密的配给制度。伪满当局规定，农民必须向伪满洲国农村统治机构的“兴农合作社”交售“出荷”粮。

“出荷粮”是日本帝国主义对满族农民进行的极其残酷而又刻毒的一种掠夺手段。农民种植粮食不得己有，被迫出卖。表面上由“兴农合作社”收购，美其名曰交易市场，收购数量按各村所产多少而定。[①] 规定收购价格为 1 斗 1 元 5 角，等于城市市场 1 斤之价格，购销差价达 30 倍。[②] 根本不存在公平的交易市场，日伪如此强征豪夺置满族农民于死地。

1938 年，满族聚居地岫岩粮食总产 4200 万公斤，交纳“出荷粮”1189 万公斤，占总产量的 28.8%。[③] 随着战事的发展和日伪掠夺的加剧，“出荷粮”任务数越来越大，农民苦干一年，去了出荷粮所剩无几。[④] 1943 年，辽宁外和睦村满族村民关德心种地 10 亩，产量 10 石，交出“出荷粮”8.8 石。一个普通农家所缴纳的“荷粮”数占产量的 88%，致关德心辛苦一年食不果腹，全家人不得不借债度日。[⑤] 1945 年，凤城白旗乡后营子村满族农民李景昌种 13 亩地，每亩以产量 1 石计，共计产粮 13 石，而“出荷粮”的任务数是：大豆 2250 斤，高粱 200 斤，苞米 300 斤，小豆 37 斤，共 3057 斤，合 7 石 6 斗多粮，约占全年产量的 58%。[⑥] 以放蚕为业的满族关文荣，1945 年农畜产物责任数是春蚕 40 千，秋蚕 30 千，荞麦 40 斤，牛毛犬毛 1 两，鸡蛋 40 个。[⑦] 如此沉重的负担，使满族农民饱

---

① 中国科学院民族研究所、辽宁少数民族社会历史调查组：《满族社会历史调查报告》（下）第 5 辑，民族出版社，2009，第 21 页。

② 中国科学院民族研究所、辽宁少数民族社会历史调查组：《满族社会历史调查报告》（下）第 5 辑，民族出版社，2009，第 21 页。

③ 辽宁省地方志编纂委员会办公室主编《少数民族志》，辽宁民族出版社，2000，第 75 页。

④ 中国科学院民族研究所、辽宁少数民族社会历史调查组：《满族社会历史调查报告》（下）第 5 辑，民族出版社，2009，第 33 页。

⑤ 中国科学院民族研究所、辽宁少数民族社会历史调查组：《满族社会历史调查报告》（下）第 5 辑，民族出版社，2009，第 23 页。

⑥ 中国科学院民族研究所、辽宁少数民族社会历史调查组：《满族社会历史调查报告》（下）第 5 辑，民族出版社，2009，第 23 页。

⑦ 中国科学院民族研究所、辽宁少数民族社会历史调查组：《满族社会历史调查报告》（下）第 5 辑，民族出版社，2009，第 25 页。

受折磨。满族雇农卢德芳没有地，也要被迫交6斗“出荷粮”。[①] 沈阳满堂乡中水泉满族赵恩荣一家，有地15亩，一年收入4500斤，支出地亩税270斤，国课77斤，“出荷粮”1500斤，保甲费等苛捐150斤。除缴粮纳税以外，剩余2500斤，全家8口人，平均一天每人只有粮8两，每顿还不到3两，因此连稀饭都喝不上。[②] 又如满族农民赵恒英，家有十来亩地，一个劳动力。一年收4石高粱，三个月便吃光。根本无力缴纳“出荷粮”，全家没有一条棉衣。每年平均缺8～9个月的粮食，只能半年粮食半年树皮、草根加苞米糠勉强维持生命。[③] 诸如此类，不胜枚举。除“出荷粮”外，广大满族农民还要缴纳各种各样的苛捐杂税，入国课、保甲费、警察费、积谷费、官草、官料、门户税、人头税、劳工费、协和费、义勇奉公费、爱路团费、国防献金、飞机献金和强制储蓄等杂费，日伪政府层层敲诈，满族农民不堪忍受。[④]

据日伪统计，1943年各种“出荷粮”占总收获量的百分率是：大豆为74%，稻米为70%，玉米为39.1%，高粱为38.2%，小麦为36.6%，谷子为17.1%，平均“出荷”量占总收获量的42%。[⑤] 后来规定任务量，到秋后每当送“出荷粮”，不分收歉如数“出荷”。伪官吏和警察一齐下乡催逼，强迫农民如数送粮。[⑥] 然而村、屯长及有势力的乡绅不“出荷”，或少“出荷”。他们把自己的任务量转嫁到农民身上，农民的负担更加重了。[⑦] 如吴家屯长吴秉权（满族）把自己应纳的“出荷粮”，全转嫁到4个佃户身上。[⑧] 满族地主富农把“出荷粮”的任务转嫁到农民身上的现象十分普遍。

---

① 中国科学院民族研究所、辽宁少数民族社会历史调查组：《满族社会历史调查报告》（下）第5辑，民族出版社，2009，第36页。

② 中国科学院民族研究所、辽宁少数民族社会历史调查组：《满族社会历史调查报告》（下）第5辑，民族出版社，2009，第24页。

③ 中国科学院民族研究所、辽宁少数民族社会历史调查组：《满族社会历史调查报告》（下）第5辑，民族出版社，2009，第22页。

④ 中国科学院民族研究所、辽宁少数民族社会历史调查组：《满族社会历史调查报告》（上）第2辑，民族出版社，2009，第52页。

⑤ 东北财经委员会调查统计处编《伪满时期东北经济统计（1931～1945）》，1949。

⑥ 《满族简史》编写组：《满族简史》，中华书局，1979，第190页。

⑦ 《满族简史》编写组：《满族简史》，中华书局，1979，第190页。

⑧ 中国科学院民族研究所、辽宁少数民族社会历史调查组：《满族社会历史调查报告》（下）第5辑，民族出版社，2009，第25页。

按照规定：每年秋季出荷，一般是大豆、稻子，其次是玉米、高粱。1942 年，日伪统治当局通过“粮食出荷”政策，从东北各族农民手中夺取粮食 492 万吨，1944 年则达到 879 万吨。[①] 从 1940 年到 1944 年，东北粮食产量只增加了 6.5%，而“出荷”量却增加了 78.7%，“出荷”量占产量比重由 26.4% 增至 45.6%。[②] 除“荷粮谷”外，还有麻、生猪、猪肉、猪毛、猪皮、鸡蛋……可见，满族农民需承担“出荷粮”的数额巨大，种类繁多，伪满洲国政府为保证计划征购数量，从伪中央到地方各省县，均设立了“搜荷督励班”，采取各种手段强行搜刮。[③] 自实施“粮谷出荷”后，如有私人买卖粮食，一经警察发现，不但没收粮食，还要严加惩处。同时，为防止农民藏匿粮食，派警察密探深入民间，一旦查出被认为是“恶质隐藏”者，则从严处办。从 1943 年起特别加强了经济警察的权力，在“督励”“出荷”时可使用武力。有的警察在竹竿上绑上粮探子，凡草垛、炕洞、棚顶，甚至厕所都要捅一捅，称之为“绝后枪”。[④] 日伪警察和协和会、兴农会的汉奸搜索粮谷时翻箱倒柜、殴打农民、焚烧民房，甚至将交不出粮食的农民投入监狱等暴行比比皆是，闹得人心惶惶，鸡犬不宁。有的农民被逼自杀，有的外出躲避不敢回家，有的交完“出荷”粮后逃荒要饭或被饿死。可见“粮谷出荷”政策对满族农民盘剥之深、掠夺之酷。

在日本帝国主义疯狂掠夺和官僚地主阶级残酷剥削下，许多满族农民陷于破产，农业经济遭到严重破坏。[⑤] 出现了大量“种粮不吃粮”，农民被饿死的现象。“粮谷出荷”政策是伪满时期日本侵略者掠夺农民财富的重要手段，是日本帝国主义对中国东北各族推行“竭泽而渔”式掠夺的有力罪证。这项政策自 1939 年出台至 1945 年结束，从东北各族农民手中掠夺了大量农产品，使东北各族农民遭受了无尽的痛苦与灾难。

---

① 〔日〕满洲国史刊行会编《满洲国史》，黑龙江省社会科学院历史研究所译印，1990，第 367 页。

② 孙激扬：《港口史话》，大连海事大学出版社，2006，第 57 页。

③ 万仁元、方庆秋、王奇生：《中国抗日战争大辞典》，湖北教育出版社，1995，第 691 页。

④ 〔日〕满洲国史刊行会编《满洲国史》，黑龙江省社会科学院历史研究所译印，1990，第 367 页。

⑤ 辽宁省地方志编纂委员会办公室主编《辽宁省志·少数民族志》，辽宁民族出版社，2000，第 75 页。

四 “配给制”加重盘剥

粮食配给制和粮谷统制，是同一枚硬币的两面，共同构成日本帝国主义全面掠夺农产品的完整政策。[①]

1938 年《米谷管理法》公布后，成立了满洲粮谷株式会社，粮食配给制开始实行。[②] 其后在伪满各地设立了 10 个粮区，各粮区又设立了支店，具体负责小麦粉、大米的配给。当时农产品统制刚刚实施，除了大米、小麦粉之外，其他粮食来源较充足，所以，粮食配给制并不十分严格。[③]

伪满洲国后期，日伪当局为了竭尽全力掠夺大量的战争物资，把主要的生产、生活资料都纳入各种特殊统制机构的操纵、控制之下。[④] 1940 年，粮谷统制高度强化，粮食及其他生活必需品的配给日益严格。根据《主要生活必需品配给要纲》[⑤]，各种农产品及其加工品都由伪满农产会社实行统制和配售。该要纲规定：政府根据物产计划制定年度、季度配给计划，确定各省的分配数额；省长根据中央数额确定各县分配数额，最后村长将数额通知消费者。配给时，行政机关、警察、协和会要一致行动，确保配给按计划执行。[⑥]

日伪当局将各种物资分为四类实行配给，并由特殊机构控制。第一类有盐、面粉、火柴等，由伪满专卖局控制；第二类有米谷、煤炭、化学药品、钢铁、汽车等，由特殊会社或准特殊会社控制；第三类有碱、海产品、乳制品等，由输入联盟控制；第四类有棉花、农机具、毛线、酱油等，由各类商业统制组合控制。[⑦]

太平洋战争爆发后，重要的生产、生活物资十分紧张，甚至火柴、灯泡、食盐、鞋袜等日用品也严重短缺，因此，日伪当局于 12 月 22 日发布

---

① 藤利贵：《伪满经济统治》，吉林教育出版社，1992，第 167 页。

② 高晓燕：《东北沦陷时期殖民地形态研究》，社会科学文献出版社，2013，第 232 页。

③ 藤利贵：《伪满经济统治》，吉林教育出版社，1992，第 167 页。

④ 东北沦陷十四年史总编室、日本殖民地文化研究会编《伪满洲国的真相：中日学者共同研究》，社会科学文献出版社，2010，第 215 页。

⑤ 王方中：《1842～1949 年中国经济史编年记事》，中国人民大学出版社，2014，第 553 页。

⑥ 王方中：《1842～1949 年中国经济史编年记事》，中国人民大学出版社，2014，第 554 页。

⑦ 哈尔滨市地方志编纂委员会：《哈尔滨市志・粮食・供销合作社》，黑龙江人民出版社，1997，第 224 页。

了《战时紧急方策要纲》，明确提出加强配给制。[①] 1942 年 5 月，在《满洲国基本国策大纲》中，规定了实施配给统制的具体措施。[②] 据物价物资统制法，规定实行售票制和配售账制度。

在粮食配售上，日伪当局还以照顾各民族生活习惯为借口，推行民族歧视政策。[③] 日本人和中国人的配给有很大差别。法律上明确规定，出荷粮（公粮）中的大米、白面、大豆为甲类，高粱、玉米、小米等杂粮，为乙类。甲类粮（细粮），只供给优秀的大和民族，乙类（粗粮）供给劣等民族。日本人的"通帐"（即 32 开小本子）叫作"大米通帐"，规定每人每月供应大米、面粉 30 斤，黄豆 10 斤。不仅可以买到大米，还能买到食糖、棉布等生活必需品。中国人处长以上的伪官吏，可以买到部分大米，叫作"特殊配给"。对于普通民众，朝鲜族配售混入大米的小米；汉族、满族则只配售高粱米、玉米面 24 斤和部分杂豆。[④] 就连这样最低等的配给也不能保证按时发放，而且配给数量逐年下降。大米白面等细粮，成为日本人的专用。对满、汉等民族来说可谓奢侈品，只有在像中秋节这样的传统节日，才能够配给，按人口每人配给一斤面粉、一个月饼。

在全面配给中，特别是日本战败和伪满洲国垮台前夕，为了从东北人民嘴里攫取粮食，配售的粮食少得难以维持生命，且都是劣质杂粮。[⑤] 1943 年的《经济情报》说：兴安北省自 1942 年起，每人每月粮食配给量递减，2 月份为 9 公斤，4 月份为 5 公斤，5 月份在 5 公斤的配给中掺进 3.5 公斤发霉的玉米面，7 月份起停止 30 ~ 35 天的配给。[⑥] 许多群众只好以橡子面、豆腐渣、糠菜充饥。[⑦] 苦难的满族人民不仅遭受帝国主义压迫，同时遭受本民族败类的压迫。据《满族社会历史调查报告》记载，满族人民的生活必需品极其短缺。在农村中，配给没有固定时间，但有固定数

---

① 东北沦陷十四年史总编室、日本殖民地文化研究会编《伪满洲国的真相：中日学者共同研究》，社会科学文献出版社，2010，第 214 页。

② 东北沦陷十四年史总编室、日本殖民地文化研究会编《伪满洲国的真相：中日学者共同研究》，社会科学文献出版社，2010，第 215 页。

③ 藤利贵：《伪满经济统治》，吉林教育出版社，1992，第 167 页。

④ 伪满洲农产公社总务部调查科：《满洲农产物关系参考资料》，1942，第 19 页。

⑤ 孙海延：《长春市志粮食志》，吉林人民出版社，1996，第 72 页。

⑥ 东北沦陷十四年史总编室、日本殖民地文化研究会编《伪满洲国的真相：中日学者共同研究》，社会科学文献出版社，2010，第 214 页。

⑦ 吉林省地方志编纂委员会编纂《吉林省志》卷三十二，《国内商业志·粮食》，吉林人民出版社，1991，第 72 页。

量，一切日常生活必需品均需配给，如油、盐、米、面粉、布、火柴、香烟、肥皂等，皆在配给之列。[①] 村中掌管配给的人，皆是一些民族败类，他们从中勒索，投机倒把。如中水泉配给站的周任桥（满族），仗势欺人，从中盘剥。一般人所得配给数量极少，质量很差。日用火柴，皆不能用，农民只好点火绳。配给的更生布，表面色泽鲜艳，但一穿就破。[②]

日伪征集的粮食，优先确保军需和对日供应。统制物资配售对象区分为七类：第一类，军需[③]；第二类，准军需[④]；第三类，官需[⑤]；第四类，特需[⑥]；第五类，准特需[⑦]；第六类，重要民需[⑧]；第七类，民需[⑨]。民需被摆在最后一类，这种配给顺序，使各民族群众根本维持不了最低的消费水平。[⑩] 而日本要求伪满提供的粮食，其数量与年俱增：1942 年 220 万吨，1943 年 250 万吨，1944 年 270 万吨，1945 年 300 万吨。[⑪] 大量供应朝鲜和华北的部分，还未包含在内。剩余部分供应伪满各方面的需要。对一般城镇居民实行极低标准的定额配给，造成普遍的饥饿，粮食配给和“粮谷出荷”一样，都是剥夺人民口粮。奉天市 1943 年 7 月民需食粮配给标准是：大人每月 7 公斤，青少年每月 4 公斤，儿童每月 2 公斤。这样低的配给标准无法保证最低需要，人们只好用树皮、野菜充饥，饿死人的现象到处发生，很多地方出现请愿、抢粮、暴动。

据伪满皇帝爱新觉罗溥仪的回忆：“在统制粮谷、棉布、金属等物资的法令下，人民动不动就成了‘经济犯’。例如，大米是绝对不准老百姓吃的，即使从呕吐物中发现是吃了大米，也要算‘经济犯’而被治罪。仅仅 1944 年到 1945 年的一年间，被当做‘经济犯’治罪的就有 317100 人。

---

① 中国科学院民族研究所、辽宁少数民族社会历史调查组：《满族社会历史调查报告》（下）第 5 辑，民族出版社，2009，第 25 页。

② 中国科学院民族研究所、辽宁少数民族社会历史调查组：《满族社会历史调查报告》（下）第 5 辑，民族出版社，2009，第 21 页。

③ 日军直接需要。

④ 军需相关的物资需要，如交通、通信等单位。

⑤ 伪满各官署的需要。

⑥ 重点门户、重点公司的需要。

⑦ 与重点门户、重点公司直接相关部门的需要。

⑧ 一般民需中，特别重要部门的需要。

⑨ 维持一般生活的需要。

⑩ 《长春文史资料》编辑部：《伪满洲国十四年史话》，吉林人民出版社，1988，第 301 页。

⑪ 解学诗：《伪满洲国史新编（修订本）》，人民出版社，2008，第 939 页。

就是在伪满的学校里也严格执行日伪统治下的配给制度。”[①] 对于违犯者，轻者没收全部物资和罚款，重者判刑充当劳工。各级伪警察部门均设立了经济警察，检察院、法院也把审理经济犯罪作为一项主要任务。[②]

形势恶化和粮食配售标准低下、配售粮食质量低劣，成正相关发展。而且，粮食配给经常中断，人们无米下锅。[③] 黑市交易虽未根绝，粮价却高得惊人，绝大多数人，只能望而兴叹，无力问津。当时，人民健康水平下降，患病和死亡率上升已司空见惯；[④] 随之而发生的惨剧不绝于耳。尤其青黄不接之际，东北大地，自南至北，噩耗频传，命案迭起，令人倍感心寒。粮食配给将东北各族人民逼入绝境。

第四节 满族世居地工矿业遭受的掠夺

日本帝国主义对满族世居地经济和资源实行了严厉的统制和疯狂掠夺，其重点是煤、铁、石油等矿产资源和基础工业。在日本帝国主义的掠夺和严厉统治下，东北工矿业完全殖民地化。

一 宗主国对满族世居地工矿资源的需求

20 世纪 30 年代初，东北地区包括辽宁、吉林、黑龙江三省和设在哈尔滨的东省特区[⑤]，其矿产资源十分丰富。据 1936 年伪满洲国国务院资源调查报告，煤炭储量约为 30 亿吨，铁储量约 40 亿吨，其他矿物有黄金、菱镁、铝矾土、油页岩、金刚石等。[⑥]

另据民国世界书局刊本《中国的资源》一书记载，东北物产丰富，面积之大超过德法二国之幅员，其对于中国本部，经济上意义亦大。[⑦] 东北大陆所能贡献于国家者为其无穷之物力。东北境内有高山大川、平原沃野、农林既富、物产更多，实为中国边疆唯一宝库，诚不愧地大物博之称。矿产以铁、石油、煤、沙金为四大宗，辽宁一省铁之储量居全国首位。

① 爱新觉罗·溥仪：《我的前半生》，群众出版社，1991。
② 朱志峰：《东北抗日战争研究》第六卷，吉林文史出版社，2007，第 733 页。
③ 解学诗：《伪满洲国史新编（修订本）》，人民出版社，2008，第 939 页。
④ 解学诗：《伪满洲国史新编（修订本）》，人民出版社，2008，第 940 页。
⑤ 齐福霖：《伪满洲国史话》，社会科学文献出版社，2011，第 3 页。
⑥ 李一鸣：《川岛芳子传》，吉林大学出版社，2010，第 339 页。
⑦ 张沦波：《中国的资源》，世界书局，1943，第 85 页。

东北煤之产量占全国1/3以上。抚顺石油矿占全国总储量52%，若每年产油200万吨，足敷一百年之用。黑龙江产金最富，几有遍地黄金之感。凡此与国防经济有极其重要之意义，此东北天然富源之大概也。[①]

日本帝国主义对这块宝地垂涎已久，疯狂叫嚷“满蒙是日本的生命线”，“满蒙是日本国防的第一线”[②]，必欲独占而后快。

日本走上资本主义道路后，工业生产力快速提升。随之而来的原料和市场问题对于日本至关重要。[③] 利用武力攫取并维持经济权益，是日本政府长期以来的基本国策。[④] 明治时期，日本统治阶级就认为，日本作为一个岛国，资源贫乏，市场狭小，人口过剩，唯一的出路就是向外扩张，通过侵略战争攫取更多的经济权益。日本将东北地区作为扩张的首要目标，企图借助于武力征服，建立起以日本经济为中心的东亚经济新秩序。[⑤]

1927年，积极推行对外侵略政策的田中义一内阁，召开了制定侵略政策方针的“东方会议”，会后田中将基本方针上奏天皇，即臭名昭著的“田中奏折”。[⑥] 其中说道：“惟欲征服支那，必先征服满蒙；如欲征服世界，必先征服支那。……以支那之富源而作征服印度及南洋各岛以及中、小亚细亚及欧罗巴之用。”[⑦]

1929年资本主义世界爆发经济大危机，以英美等国为首的资本主义国家经济遭到沉重打击。对外实行产品倾销，对内实行关税壁垒，不断强化对本国产业的保护政策，国际的经济矛盾异常尖锐。日本作为后进资本主义国家，资源贫乏，资金不足，技术落后，无力与其他列强竞争，日本的垄断资本先后从一些世界市场被排挤出去，大大加强了国内阶级矛盾和经济危机。这时，中国东北地区的民族解放运动日益高涨，收回国家主权，抵制日货的斗争迅猛发展，严重威胁日本垄断资本的特殊地位和经济

① 张沦波：《中国的资源》，世界书局，1943，第85页。

② 齐福霖：《伪满洲国史话》，社会科学文献出版社，2011，第3页。

③ CCTV《走近科学》编辑部编《二战纪实远东国际军事法庭审判纪实》，巴蜀书社，2014，第74页。

④ 藤利贵：《伪满经济统治》，吉林教育出版社，1992，第1页。

⑤ 陈致远：《日本侵华细菌战》，中国社会科学出版社，2014，第17页。

⑥ 1929年，中国报刊刊登这份密件。从那时到现在，许多中外历史学者曾对“田中奏折”的真伪提过种种质疑，因为当时的日本政府矢口否认有这份文件，战后日本政府也说没有找到这份文件。然而，第二次世界大战期间的日本外相、战犯重光葵承认：“后来东亚发生的事态，和随之日本采取的行动，恰似奏折所提出的步骤而进行的一样。”

⑦ 人民教育出版社历史室编《世界近现代史》，湖南人民出版社，2005，第27页。

权益。[①] 日本帝国主义为摆脱困境，选择了对外侵略为本国垄断资本开辟市场的道路，实现了日本垄断财团多年的夙愿。

“九一八”事变后，日本帝国主义策划建立了伪满洲国傀儡政权。为使长期占领中国东北“合法化”[②]，关东军司令武藤信义与伪满洲国总理郑孝胥在长春签订了“日满议定书”。双方秘密协定：日本有权开发东北的矿业资源，对“国防”上所需的矿业资源由日本政府决定等，把东北变成了它的殖民地。[③]

1932 年到 1936 年是满铁的全盛时期。在这一阶段，满铁在伪满洲国境内，推行以“一业一社”（一行业一个公司）为原则的经济统制政策，企图将东北建成在经济上完全从属于日本的殖民地和扩大侵略的军事基地。满铁在总裁林博太郎和松冈洋右的先后主持下，将其活动范围迅速扩大到包括辽、吉、黑、热四省和东部内蒙古的伪满洲国全境。以交通和工矿业为中心，垄断对东北经济的综合开发。1933 年，满铁的额定资本再次增加为 8 亿日元，并扩大了其公司债的发行。该年 3 月 1 日满铁在沈阳设立铁路总局经营所谓伪满洲国“国有铁路”（满铁称之为“国线”），将中国自办铁路 2937.6 公里攫取到手。1935 年又接管了中东路 1732.8 公里。1936 年，满铁实行机构改革，成立铁道总局统一经营东北铁路、港口、水运和公路汽车运输，同时成立产业部实行工矿业经营的一元化。在此期间，满铁新修了以敦图、图佳、滨北、锦承、京白等为主干的殖民地军事铁路网，截至 1936 年 9 月，共修成通车 2831.4 公里。创办了昭和制钢所、满洲炭矿、满洲轻金属、满洲电业、满洲化学工业等一系列重工业和化学工业企业，还有满洲拓植、满鲜拓植等主持大量移民的公司，满洲林业、哈尔滨林业所等掠夺吉黑两省广大林区林木资源的机构。满铁还扩大商业活动，设立了垄断生产资料交易的日满商事和经营日货进口的满洲输入株式会社，在多种经济领域形成垄断局面。[④]

第一，日本把满族世居地的中国东北变为扩大侵略战争的基地，牢固地控制着工矿业资源，以适应日本帝国主义的兵器和其他军工生产的紧迫

① 藤利贵：《伪满经济统治》，吉林教育出版社，1992，第 4 页。

② 戴逸、史全生：《中国近代史通鉴（1840～1949）》，红旗出版社，1997，第 215 页。

③ 戴逸、史全生：《中国近代史通鉴（1840～1949）》，红旗出版社，1997，第 215 页。

④ 苏崇民：《絮絮叨叨说满铁》，《满铁研究》2012 年第 3 期。

需要。[①] 抚顺西露天煤矿是当时世界上最大的露天煤矿，年产煤炭 700 多万吨，是当时日本满铁株式会社辖下最为重要的军事战略资源基地。[②]

第二，在工矿业领域，有效利用资本的需要，把有限的资本投向军需工业和基础工业。“满铁”“满业”均以企业形式作为日本帝国主义掠夺满族世居地资源的经济殖民机构。

表 19－5 日满商事会社经销主要商品发往地

（1938 年 4 月 1 日至 1939 年 3 月 31 日）

单位：吨

品种	合计	满洲国	日本内地	朝鲜	台湾	海外	其他
煤	13845289	11171131	1367970	481880	3030	22584	798694
焦炭	127148	120833	4136	2179			
铣铁	216705	108893	105189	4770		853	
钢、钢材	861601	719772	141760			69	
重油	79068	4856	64067			46	10099
粗蜡	18593		18593				
苯	14892	4011	10741	50		90	
煤、焦油	15180	13051	995	1121		13	
木馏油	17210	8870	4789	609		2933	
硫胺	104021	23645		58282	14628	7469	
黏土	410704	137537	268269	4598		300	
菱镁矿	52232	5802	46430				
滑石	51379	7829	41030			2520	
矿石总计	517821	151565	358838	4598		2820	
苏打灰	49693	28806	20482	405			
盐酸	616437	616437					
硫酸	3271	3662		50		9	
硝铵	5369	4759	590			20	
沥青	34194	27539	1955	4700			
精萘	41969	9799	25420	780			
硬化油	898980	4020	767360			127600	
水泥	172055	172055					

资料来源：满铁：《关系会社统计年报》，昭和 13 年（1938），第 876～885 页。载苏崇民主编《满铁档案资料汇编》第十卷，《工商矿业统制与掠夺》，社会科学文献出版社，2011，第 660 页。

① 李燕光、关捷：《满族通史》，辽宁民族出版社，2003，第 780 页。

② 《矿工满洲》月刊，1941 年 4 月第 2 卷第 4 期，第 10～11 页。

第三，变东北为日本经济附庸的需要，充分利用满族世居地的经济、资源优势，弥补日本资源不足、市场狭小和人口过剩等致命弱点，以形成同其他列强抗衡的力量。

1939 年伪满洲国发生炼铁用原料煤供应危机，在 1940 年美国对日本实行废铁禁运之后，日本帝国主义立即着手制定“以日、满、华为一体的钢铁增产计划”，妄图将“日、满、华”的整个钢铁政策置于确立东亚共荣圈的钢铁资源自给自足，结束依靠第三国的基础之上。[①] 而且，鉴于伪满洲国资源丰富，并拥有相当的钢铁生产的设备能力，日本帝国主义要求伪满洲国承当日、满、华钢铁生产力扩充的主要部分。

伪满康德九年（1942），《日满商事株式会社第七期营业报告书》充分证明了伪满钢铁生产对日本帝国主义侵略战争的意义。

> 由于大东亚战争进展，本年度（1942 年 4 月 1 日至 1943 年 3 月 1 日）钢铁部门的生产和运输受到了深刻地影响，但本社很好地应付了这种形势，在生产和配给计划的实际上采取了妥善的对策，相信已大致符合了政府的意图。其中，如生铁对日供应，由于有关各机关的极大援助和合作，克服了运输困难，同时实行了国内重点配给，取得超过物资动员计划的成绩。其次，关于价格问题，由于增加了高价华北煤炭的使用及其他原材料的涨价，生产成本高昂。鉴于这种现状，从 4 月 1 日以后修订了收买价格，以应付时局的要求。但是，对特殊钢、合金铁及碎铁，特别要求当局给予协助，维持上年度价格不变，因而适应了当局的低物价政策。此外，从去年开始统制的钢铁产品，在生产和配给方面进入本年度已上轨道，目前正在适应当局的要求。鉴于圣战下钢铁的重要性，朝野上下都为增产而集中全力，但还必须搜集私藏于国内的碎铁之类，使之更生为国防以致产业开发用资财，现正基于政府方针，同各有关机关打成一片，努力进行搜集工作，并已大致达到目的。[②]

① 苏崇民主编《满铁档案资料汇编》第十卷，《工商矿业统制与掠夺》，社会科学文献出版社，2011，第 655 页。

② 苏崇民主编《满铁档案资料汇编》第十卷，《工商矿业统制与掠夺》，社会科学文献出版社，2011，第 353 页。

表 19－6　第二个产业五年计划工矿业生产指标

部门	单位	1942 年	1943 年
生铁	千吨	1600	2590
钢坯	千吨	705	1318
钢材	千吨	517	952
煤炭	千吨	27500	44930
铝	吨	10000	15000
镁	吨	1000	2000
铜	吨	1100	5200
铅	吨	9000	9000
亚铅	吨	3820	8920
石棉	吨	7200	10000
页岩油	吨	282000	667000
煤炭液化	千公升	269500	625000
碱	吨	68000	128000
硫氨	吨	246400	301400
盐	千吨	1262	2332
纸浆（人造丝）	吨	29000	40000
纸浆（造纸）	吨	92000	138000
金	吨	3436	7032
水泥	千吨	1862	2890
水力发电	百万千瓦	970	5000

资料来源：满洲中央银行调查课：《满洲国产业（矿工业）的最近倾向》，第 27 号。

必须指出，为适应日本帝国主义的兵器和其他军工生产的紧迫需要，伪满的特殊钢生产，在第二个产业五年计划期间增长幅度较大。生产特殊钢的工厂有三：满铁抚顺煤矿制铁工厂，1941～1944 年各种特殊钢产量，从 3200 吨增至 8200 吨；本溪湖特殊钢株式会社，同一时期，特殊钢产量从 1700 多吨增加到 3200 多吨；大华矿业会社大连工厂，同一时期，特殊钢产量从 300 多吨增加到 2400 多吨。

二　宗主国对满族世居地工矿业的掠夺

殖民地的一个基本职能是为宗主国提供工业原料，伪满洲国正是承担了这一职能。伪满时期，日本假伪满政府之手对满族世居地的工矿业资源大肆掠夺，主要表现为实行统制经济政策和“竭泽而渔”的掠夺方式。

1932年3月，傀儡政权伪满洲国成立，爱新觉罗·溥仪粉墨登场就任伪执政。[①] 1932年9月，制定所谓“满洲经济统制根本方策案”，强制推行所谓“日满经济一体化”。伪满洲国的策划者参照有关国家的经济模式，在伪满洲国实行了所谓有计划的统制经济，确立了以经济统制为核心的伪满经济新体制。

所谓经济统制，就是日本帝国主义用暴力强制维持其既得的经济权益，把伪满经济完全置于关东军的武力控制之下，实行所谓国家垄断，使伪满经济为其侵略战争服务。[②] 所谓有计划性，就是根据日本帝国主义侵略战争的不同发展阶段和日本国内的需要，有计划地对伪满经济实行掠夺。由此可见，伪满经济就是为日本帝国主义侵略战争服务的殖民地经济。[③]

1933年3月1日，日伪提出所谓“满洲国经济建设要纲”，实行经济统制。1934年6月27日，日伪又颁布所谓“产业统制声明”，对重要经济事业实行完全控制或半控制，对一般的或不十分重要的经济事业也予以控制。

在工矿业方面规定，所谓由官家或特殊公司控制的工矿有：（1）“国有”矿区的采掘；（2）铁、石油、轻金属原矿等国防上必要的矿产采掘；（3）轻金属制炼；（4）炼铁及炼钢；（5）油母页岩；（6）电气；（7）火药制造；（8）其他军事工业；（9）度量衡制造。[④] 所谓须由伪政府掌管的工矿有：（1）羊毛及棉毛的加工业；（2）“国有”沪区以外的采金业；（3）煤的采掘及其他；（4）石油精炼；（5）瓦斯；（6）汽车工业；（7）硫酸铔工业；（8）酒精工业；（9）制碱工业；（10）烟草工业；（11）制盐业。所谓得由私人掌管的工业（但生产贩卖亦受限制）有：（1）农业畜产加工业；（2）木浆及制纸业；（3）制糖业；（4）制粉业；（5）酿造工业；（6）食品制造工业；（7）油脂工业；（8）水泥工业；（9）纺织工业；（10）染织工业；（11）皮革工业；（12）一般制药工业；（13）机械

① 东北是清代发祥地，旧清官贵族对废帝溥仪仍抱有遗存之思，推出溥仪还可利用“大清尊帝”之名来平息中华民族抗日的怒火。

② 藤利贵：《伪满经济统治》，吉林教育出版社，1992，第1页。

③ 藤利贵：《伪满经济统治》，吉林教育出版社，1992，第1页。

④ 孔经纬：《伪满时期的东北经济状况》，吉林教育出版社，1994，第123页。

工业；（14）窑业。[①]

垄断可以说是伪满工业殖民地化的主要特征之一。[②] 伪满前期，伪满洲国的工业主宰部门为满铁。满铁曾经被称为“日本侵华的大本营”，是日本帝国主义推行其大陆侵略政策特别是其“满蒙政策”的主要执行机构。[③] 它以经营南满铁路和抚顺煤矿为重点，同时插手一切有利可图及扩大日本侵略势力的各种事业，实行所谓的“综合经营”[④]。日伪“王国”在很大程度上等于“满铁王国”。

1937 年 5 月，日本通过伪满政府颁布《重要产业统制法》规定：所谓国防上或国民经济上的重要产业全由“特殊公司”或“准特殊公司”掌管，所谓国内原始生产品的加工工业及设备生产能力有过剩状态者，属于受“统制”的产业。许多与日本相冲突的工业，如纸浆、洋灰、纺织、制糖、制粉、火柴等，归于“统制”；煤矿、汽车制造、硫酸铔、酒精等，亦改归日伪独占。

从 1937 年起实行所谓“第一次产业开发五年计划”，开始对煤、钢铁、液体燃料和某些化学工业的掠夺。一方面，“满铁”的势力继续扩张，总资产从“九一八”前夕的 11 亿多日元升至 1944 年 9 月底的 50.928 亿日元，额定资本从 1920 年的 4.4 亿日元升至 1933 年的 8 亿日元、1940 年的 14 亿日元。[⑤] 另一方面，日本在 1937 年 12 月特设“满洲重工业开发株式会社”，专营钢铁、轻金属、汽车制造、飞机制造、煤矿等重工业，并把“满铁”所属重工业公司（抚顺煤矿除外）和别的一些大公司收为子公司。[⑥] 此外，还成立了伪满洲电信（电话电报）公司、伪满洲机械制造公司、伪满洲矿业公司、伪满洲航空公司、伪满洲人造石油公司、伪满洲纺织公司、伪满洲毛织公司、伪满洲化学工业公司、伪满洲林业公司、伪满洲采金公司、伪满洲畜产公司、伪满洲水产公司、伪满洲烟草公司、伪满洲农产公社、伪满洲开拓公社等四十多家特殊公司。[⑦]

伪满洲国推行所谓的产业开发五年计划期间，给予“满业”以特殊的

---

① 孔经纬：《伪满时期的东北经济状况》，吉林教育出版社，1994，第 133 页。

② 东北物资调节委员会研究组编《东北经济小丛书》，吉林教育出版社，1983，第 11 页。

③ 苏崇民：《满铁史》，中华书局，1990，第 23 页。

④ 苏崇民：《满铁史》，中华书局，1990，第 25 页。

⑤ 孔经纬：《伪满时期的东北经济状况》，吉林教育出版社，1994，第 136 页。

⑥ 李一鸣：《川岛芳子传》，吉林大学出版社，2010，第 339 页。

⑦ 李一鸣：《川岛芳子传》，吉林大学出版社，2010，第 339 页。

优惠政策，使其在伪满洲国赐予的温室之内，肆意掠夺满族世居地重工业资源，大发战争财。从 1937 年到 1944 年，短短 7 年间，“满业”控制了整个东北采煤业的 80% 以上，化学工业的 25%，武器制造的 50%，钢铁冶炼业的 80%，飞机与汽车制造业的 100%。日本投降前，“满业”一直居于日伪重工业的垄断地位，是继满铁之后日本掠夺中国东北经济资源的又一个侵略工具。

日本在东北殖民的工矿业是殖民地的畸形产物，其重工业乃以掠夺资源为主。东北经济的殖民地性质注定了其机械工业的脆弱性。日本的机械工业本来较为落后，但 1939 年的产值，仍占工业生产总值的 22.5%。[①]但东北机械工业的产值，1940 年时不过仅占生产总值的 13.5%。不能独立制造机器设备，1943 年东北机械生产仅能供给需要量的 40.2%，其中机械工业的主要基础工作母机的自给能力仅及需要量的 8.3%，在机械化上所需的机械如蒸汽机等，仅能自给 2.1%，精密机器的自给率仅为 15.9%。[②] 1940 年使用原动机的工厂，仅占工厂总数的 33.1%，大部分是小规模工业，完全停滞在落后的技术水平上。鞍钢，在伪满生产率最高的 1943 年生产了 420 多万吨矿石，131 万吨生铁、84 万吨钢、45 万吨钢材。[③] 炼铁生产能力大于炼钢生产能力，炼钢生产能力又与轧钢能力极不平衡。机械生产比值不能满足需用，所谓机械工业多为中小型修配厂，只能生产一些部件半成品。日寇只为掠夺矿产资源，攫取经济利益，穷奢极欲地采取“竭泽而渔”的掠夺方式，并没有提高东北工业的机械化水平。

三　日本帝国主义对满族世居地工矿业掠夺的后果

第一，伪满时期满族世居地工业的急剧膨胀，并非正常的工业化进程，而是工业殖民地化的重要表现。伪满时期虽有工业产值的明显增长趋势，但此种增长不过是为日本侵略扩张和殖民统治提供更多的物资保障。工业产量的提高也是为了满足日本侵略扩张对工业品的需求，是日本“以战养战”政策的结果。产业“发展”得越快，日本对东北产业的控制力

① 东北解放区财政经济史编写组：《东北解放区财政经济史资料选编（第二辑）》，黑龙江人民出版社，1988，第 254 页。

② 东北解放区财政经济史编写组：《东北解放区财政经济史资料选编（第二辑）》，黑龙江人民出版社，1988，第 254 页。

③ 孔经纬：《东北经济史》，四川人民出版社，1986，第 123 页。

就越强，东北产业的殖民地化亦越明显。以1945年特殊会社和准特殊会社的资本为例，在工业中日本私人资本和日本政府资本占62.5%，伪满政府资本占37%，中国民族资本仅占0.5%；在矿业中，日本私人资本占83.7%，伪满政府资本占16.3%，中国民族资本基本被排斥于该行业之外。[①] 可见，日本已经完全实现了对东北产业经济的绝对垄断。产业的跃进不能简单地归结为"工业化的发展"，相反，它为日本在东北的殖民统治提供了物资保障，并为日本把东北打造成进一步侵略中国的兵站基地创造了可能。[②] 那种认为殖民地能够带来现代化的谬论，是对中国革命史的虚无主义，也是对满族经济史的阉割。

第二，以掠夺资源为主要目的的伪满工业政策，阻断了中国东北自主发展工业的近代化之路，造成东北民族资本的凋零，破坏了东北工业化建设的后续基础。

"九一八"事变前，包括官僚资本在内的中国资本经营的工厂达3081家，占东北工厂总数的80%，其中包括金属工业、机械器具、窑业、纺织业、化学工业、食品工业和杂类工业等，投资额总计6798万元，占东北工厂投资总额的28%。[③] 至此，东北工业已经初步进入近代化的正轨，工业格局初具规模。但"九一八"事变后，日寇破坏了东北原有的工业近代化历程，将之纳入日本侵华和掠夺东北资源的殖民地工业体系。整个伪满时期，东北民族工业发展完全被窒息。以1943年为例，在有关工矿业私人资本中，民族资本在工业中占4.2%，日本私人资本占95.8%；在矿业中，民族资本占0.4%，日本私人资本占99.6%。[④] 可见，民族资本在伪满经济体系中所占份额可以忽略不计。

第三，伪满工业的掠夺本质决定其开发的剥削性和压迫性。伪满工矿业的膨胀完全服从于日本统治和侵略需要，是一种粗放的、无节制的膨胀，不仅欺骗性地招募和捕捉大量中国劳工，在役使时采取杀鸡取卵的方式。

---

① 东北财经委员会调查统计处编《伪满时期东北经济统计（1931～1945）》（东北经济参考资料二），东北财经委员会出版，1949，第29页。

② 孙瑜：《日本对中国东北的经济掠夺——以伪满水泥工业为例》，《暨南学报》（哲学社会科学版）2015年第11期。

③ 〔日〕西村成雄：《中国近代东北地域史研究京都》，法律文化社，1984，第146页。

④ 东北财经委员会调查统计处编《伪满时期东北经济统计（1931～1945）》（东北经济参考资料二），东北财经委员会出版，1949，第30页。

据港铁职工会1947年的工作总结："日本会社让工头到中国内地煽动，到河北、上海等地去招募工人。为了多招工人给他做奴隶，就用奖励的办法，在中国内地招来一个工人给工头金票100元，在本地招来一名给50元。招工最高潮的时期，是在抗战爆发以后，当时日本会社根据日本的'大陆政策'到中国沦陷区去捉，在各沦陷区的乡村成立'爱护村'，直接和福昌招工办事处联系，招募老百姓去修道，就把老百姓装上火车发到大连，挑出力壮的在码头干活，其余送到北满煤矿下煤窑或修筑满苏国境线日寇的军事防地。据不完全统计，招来、捉来和自愿来的工人共达80余万人，加上家眷约有100多万人，其中逃走的死亡的不在少数，根据死人埋葬的先生口头报告，共死了5万多人，找出根底的，只在1942年3月初至当年9月底就死了3520多人。"①

1941年仅在工矿、工业和交通方面的工人就有1754000人，其中包括许多满族工人在内。② 日本对各族工人实施了惨无人道的奴役和迫害，在极其恶劣的环境和待遇下从事着最繁重、最危险的劳动，遭受精神和肉体的摧残与折磨，生活极为悲惨。他们每天不分昼夜，一律工作12小时，全年无休，劳动强度极大。③ 而且任意延长工作时间和增加劳动强度的情况屡见不鲜。太平洋战争期间，日军为加紧掠夺，将工人的劳动时间强行延长至工人身体与精神之极限，很多工人过劳死亡。

满汉工人在工厂中，受到监工和特务的严密监视。凡言论或行动稍有嫌疑，就有被逮捕、坐牢甚至残杀的危险。工人遭受非人的待遇，挨打受骂为家常便饭。大连地区的满汉工人被禁止说中国话，不准自称是中国人。在劳动中，没有安全设备，瓦斯、爆炸、冒井等生产事故层出不穷，工人生命无法得到保障。像1944年辽阳市的"防水作业"中，2000名青年劳工因劳动过度，不到一年就被折磨致死的竟有170人。

虽然日本对中国工人采取长时间的剥削和压迫，但是给东北工人的工资却很低，实行民族歧视政策。东北满汉工人比同种的日本工人工资低3～

---

① 苏崇民主编《满铁档案资料汇编》第六卷，《水陆交通工人和运输工人》，社会科学文献出版社，2011，第621页。

② 中国科学院民族研究所、辽宁少数民族社会历史调查组：《满族社会历史调查报告》（下）第5辑，民族出版社，2009，第43页。

③ 中国科学院民族研究所、辽宁少数民族社会历史调查组：《满族社会历史调查报告》（下）第5辑，民族出版社，2009，第44页。

5倍。[①] 在工资上的差异是日本进行殖民统治最露骨的表现，伪满工业的掠夺本质决定了其开发的剥削性和压迫性。

第四，日本帝国主义从伪满工业中获取了大量超额垄断利润，而且利润率与年俱增（见表19－7）。这里仅以满洲火药贩卖株式会社为例，可窥一斑。

表19－7　满洲火药贩卖株式会社营业收支及利润

年度	收入（元）	支出（元）	利润（元）	分红率（%）	收益率（%）
1935	5134	14878	－9744		2.3
1936	1772655	1751061	21594		5.8
1937	3257187	3199621	18750	5.0	15.4
1938	5945309	5827976	117333	5.0	23.5

资料来源：苏崇民主编《满铁档案资料汇编》第十卷，《工商矿业统制与掠夺》，社会科学文献出版社，2011，第663页。

伪满洲国14年的残暴统治使满族人民在苦难的深渊中挣扎。在残酷奴役、剥削和毒害下，到伪满末年，满族人口急骤下降。满族曾经统治过其他民族二百余年，也在民国、军阀、伪满时期遭受过其他民族统治。回溯满族统治其他民族时造成的灾难，以及其被统治时期所遭受的悲惨待遇，一个基本的教训就是：作为中国的一个少数民族，要想真正求得经济发展，民族之间平等的经济关系是前提，既不统治其他民族，又不被其他民族所统治。

① 中国科学院民族研究所、辽宁少数民族社会历史调查组：《满族社会历史调查报告》（下）第5辑，民族出版社，2009，第45页。

第二十章　新民主主义革命时期的满族经济

日本帝国主义对东北地区长达 14 年的殖民统治，东北满族人民过着亡国奴的生活。日本帝国主义统治结束后，国民党取而代之，灾难深重的满族人民在中国共产党领导下，投入新民主主义革命，最终获得了彻底解放。在新民主主义革命经济纲领[①]指引下，满族土地改革顺利完成，使“耕者有其田”的民主革命使命得以实现，标志着满族史真正步入人民当家做主的新时代，开启了满族经济史新篇章。新民主主义革命中，满族人民的经济斗争和满族经济的新生，是满族经济进入新中国时期的历史转折点。

第一节　日本帝国主义和国民党统治下满族人民遭受的苦难

1931 年日本帝国主义发动了“九一八事变”，不到半年占领整个满洲。从此开始到 1945 年日本投降，统治东北长达 14 年之久，中国抗战亦长达 14 年，并非 8 年。[②] 在这漫长的时期，东北满族人民沦为亡国奴。日本帝国主义对满族聚居区的搜刮，遭到包括满族在内的全国各族人民的反抗，满族人民的抗日斗争是中国新民主主义革命的重要组成部分。本章从新民主主义革命的视角阐述满族经济从殖民地、半殖民地半官僚地主制经

---

① 新民主主义革命三大经济纲领为：“没收封建地主的土地归农民所有，没收蒋介石、宋子文、孔祥熙、陈立夫为首的垄断资本归新民主主义的国家所有，保护民族工商业。”新民主主义经济理论是伴随着新民主主义革命的历史进程不断地丰富和发展的。半殖民地半集权官僚制社会的中国经济状况加上新民主主义革命形势和其赖以依托的、共产党领导的革命根据地及其人民民主政权，这一切构成了新民主主义经济的社会背景。载于张彩玲《毛泽东的新民主主义经济思想探析》，《辽宁经济管理干部学院学报》2008 年第 4 期。

② 2017 年初教育部下发通知，要求各级各类教材进行修改，落实“14 年抗战”概念。2017 年春中小学语文、历史等课程已完成修改任务。

济向新民主主义经济的转变，这是满族经济史上的一个极为重要的转折点，由于上一章已经论述了日本帝国主义对东北的经济掠夺，为避免重复，本节重点论述国民党统治对满族经济的破坏。

抗日战争胜利后，满族人民迫切要求国内和平，重建家园。然而，以蒋介石为首的国民政府，代表大地主大资产阶级利益，为夺取抗战胜利果实，蓄意破坏国内和平，挑起国内战争。[①] 国民党军队以“恢复主权”为名，在美帝国主义支持下，进犯的首选地就是满族聚居区的东北。在国民党占据地区，军队堪比土匪，到处杀人放火，奸淫掳掠，满族及其他兄弟民族重陷苦难深渊。

一　满族城区、工矿区企业遭到大肆破坏

在国民党军队践踏下，城市及工矿区满族人民，遭受空前严重的灾难。国民党盘踞较久，破坏工矿企业，而使广大的满族工人失业，生活十分窘迫。[②]

在国民党统治北平的几年中，北平满族工人所受痛苦，比日伪时期有过之而无不及。北平通货膨胀，物价腾贵，民怨沸腾。在电车公司工作的满族老工人何德福，一个月工资不足以维持五口之家一星期的最低生活。[③]很多工人被迫在下班后靠蹬三轮、拉洋车、卖报纸等微薄收入以补贴生计。资本家经常克扣及拖欠工人薪资，逼迫工人加班加点以榨取剩余价值。四〇一厂满族女工连续三个月交不上甲、乙等活就要被开除。甲、乙等活工作量大，一个人难以完成，尤其女工更加困难。造纸厂一位满族工人，由于一次连续工作两班，身体不支而昏倒在机床上，造成严重工伤事故，不但未获抚恤，还被工厂开除。[④]

燕京造纸厂光复后重归资本家杜荣时所有。全厂各族工人忍受饥饿，与全市人民一起发起示威游行，满族工人白富华等都参加了这次斗争，他

---

① 中国科学院民族研究所、辽宁少数民族社会历史调查组：《满族简史》，民族出版社，1963，第201页。

② 中国科学院民族研究所、辽宁少数民族社会历史调查组：《满族简史》，民族出版社，1963，第202页。

③ 中国科学院民族研究所、辽宁少数民族社会历史调查组：《满族社会历史调查报告》（下）第5辑，民族出版社，2009，第89页。

④ 中国科学院民族研究所、辽宁少数民族社会历史调查组：《满族社会历史调查报告》（下）第5辑，民族出版社，2009，第89页。

们走在东西长安街时喊出“反饥饿，反内战，反迫害”等口号。1948年工人的生活更为悲惨，杜荣时欠工人一半工资，因此不敢进工厂，工人们去他家交涉，结果仅把他自己的高粱米粉发给工人充饥，工资问题仍未解决。维持至九月，情况更加严重，生产全部停顿。最后工人们派代表与杜交涉，决定把全厂的废物、废料全部变卖发给工人四个月工资作为遣散费，所有工人又一次经受了失业的痛苦。①

在国民党反动统治的残酷剥削和勒索下，满族人民贫困、失业的现象非常普遍。一些稍有文化的，尚可在机关、团体等部门谋得职员、文书的职位，没有文化的只能做小商、小工。据呼和浩特新城区满族自治区1948年统计，新城满人在机关工作的约35%，从事农业的约10%，失业的约15%，而职业不固定的（包括小商、小工）达40%。② 失业率极高，满族人民生活处境十分悲惨。

成都在解放战争时期，是一个被国民党反动派、军阀、买办把头严密控制的城市。广大满族人民同各兄弟民族一样，处于被压迫、被剥削的地位，过着朝不保夕的生活。真武宫38户共70名满族人中，失业人数高达40%。另外，受失业威胁的约47%。③ 成都真武宫地区满族从事教育和医务工作的约50人，他们中间最高的工资收入是每月四斗米，按当时物价只能买一件粗布衣服。因此他们说：“穿上衣服，吃不饱饭。”这些人随时都受到失业的威胁。满族老人回忆说：“一天喝不上两顿稀饭，常年穿不上一件新衣，晚眠无床地板替，身上无衣裹草席。”到了冬天“只好怀抱烘笼④以保暖度日”⑤。真武宫38户满族人中，吃不上干饭，一天只吃一顿稀饭，成都满族人民称其为吃“对时饭”。⑥

抗战胜利后，国民政府历时三年有余，进行经济接收，就是将日伪手

① 中国科学院民族研究所、辽宁少数民族社会历史调查组：《满族简史》，民族出版社，1963，第201页。

② 中国科学院民族研究所、辽宁少数民族社会历史调查组：《满族社会历史调查报告》（下）第5辑，民族出版社，2009，第89页。

③ 中国科学院民族研究所、辽宁少数民族社会历史调查组：《满族社会历史调查报告》（下）第5辑，民族出版社，2009，第163页。

④ 一种小型竹火炉。

⑤ 中国科学院民族研究所、辽宁少数民族社会历史调查组：《满族社会历史调查报告》（下）第5辑，民族出版社，2009，第164页。

⑥ 中国科学院民族研究所、辽宁少数民族社会历史调查组：《满族社会历史调查报告》（下）第5辑，民族出版社，2009，第164页。

里的一切工矿企业、铁路银行、港口码头、房屋财产予以接受。中文“接收”是中性词，其含义为收到或接受。[①] 但随着国内各族民众不断经受国民党的接收，表示洗劫及明夺暗抢的同音异义词“劫收”就替代“接收”，流行起来。[②]

人民生活极端困苦，而国民党接收大员却大发横财。当时，接收大员大批涌入收复区，打着接受日伪财产的旗号，却干着劫掠侵吞国家及人民资财的勾当。每至一处，就抢占房子、条子（黄金）、车子、票子（钞票）、女子，被人民称为“五子登科”。[③] 他们接收工矿企业，并不为恢复和发展生产，而是卖机器、器材，换成金条，中饱私囊。在日本投降前夕，抚顺煤矿已遭到敌人严重破坏。1946 年 6 月到 1948 年 10 月，国民党统治时期，又在日寇破坏的基础上，再次大洗劫，使附属所有工矿企业均陷于瘫痪。据不完全统计，在两年半中，国民党对煤矿的破坏如下：矿井巷道坍塌 68 千米，积水 165 万立方米，露天剥离及崩岩欠债 6500 万立方米，矿井密闭火区 500 处以上，铁路破坏 60 千米以上，电机车破坏 129 台，铁翻车破坏 490 台，电铲破坏 21 台，其他破坏无法统计。[④] 同时，本溪煤矿也遭严重破坏。石油产业也是如此，石油一厂 6/7 的设备遭到损毁，140 台干馏炉当时只有 20 台开动。一万多工人逃的仅剩下 1500 人左右。[⑤]

国民党所谓“接收”大员，不仅肆无忌惮地贪污盗窃国家财产，还千方百计克扣工人工资。那时工人饿得有气无力，连走路都困难。西露天煤矿满族工人赵荣生，饥饿难挨，上下班只有半里路，还要休息两次。[⑥] 当时在工人中流传着咒骂国民党的歌谣：“国民党真混蛋，劫收大员装洋蒜，来到矿山到处窜，拆机器可不慢，有机车有风扇，到沈阳把钱换，吃喝嫖赌抽大烟。”[⑦] 这首歌谣形象地反映了当时国民党破坏矿山设备的情景。

---

① 禹露：《战后国民党对日占区的接收及其后果》，《绵阳师范学院学报》2005 年第 2 期。

② 胡素珊：《中国的内战：1945～1949 年的政治斗争》，中国青年出版社，2014，第 7 页。

③ 高德步：《百年经济衰荣》，中国经济出版社，2000，第 202 页。

④ 中国科学院民族研究所、辽宁少数民族社会历史调查组：《满族社会历史调查报告》（下）第 5 辑，民族出版社，2009，第 215 页。

⑤ 中国科学院民族研究所、辽宁少数民族社会历史调查组：《满族社会历史调查报告》（下）第 5 辑，民族出版社，2009，第 215 页。

⑥ 中国科学院民族研究所、辽宁少数民族社会历史调查组：《满族社会历史调查报告》（下）第 5 辑，民族出版社，2009，第 215 页。

⑦ 李德：《满族歌舞》，《满族研究》1987 年第 2 期。

国民党接收工作流弊丛生。第一，中央与地方、军队与政府及其各系统子部门同时干涉，致使接收机构众多，鱼龙混杂。[①] 在各接收机构间的争夺战中，往往“封条重重”“此封彼揭”。有些敌伪资产，竟被国府、省府和市府三道封条并贴。这些机关只为争夺权利，矛盾重重。长春中央警官学校东北分校尚在筹建中，竟然以制作桌凳为由，擅自接收大规模锯木厂。以将来要制学校服装为由，接收服装厂。[②] 照此逻辑，则所有事业，无论敌伪与否，皆无不可接收者。第二，国民政府官员，明抢暗偷，贪污中饱。他们营私舞弊，化公为私，伪造账册。第三，接收粮食及生活物资，因保管不善致霉烂变质，损失严重。苏州第一〇二粮食仓库被上海第一补给区司令部接收，由于接收后无人过问，所存大量麸皮、小麦、信封、信纸、白纸、饼干等，皆堆置露天，霉烂生蛆。[③] 南京长江碾米厂仓库被粮食部接收大麦一万余石均遭虫蛀，实为可惜。[④] 满族人民终日食不果腹，而国民党反动派却暴殄天物，枉顾人民死活。第四，国民政府的接收极大破坏了社会正常生产，大批企业工厂倒闭、停业，生产规模急剧萎缩。[⑤] 第五，收复区有企业房屋被任意指为敌产，后加以没收。[⑥] 国民政府接收大员贪赃枉法，肆无忌惮侵吞财产，给包括满族在内的东北各族人民带来巨大损失。

民心的背离是国民政府经济接收失败所导致的必然后果。经济接收本可以把被日伪掠夺去的财富，重新夺回，为增加积累，恢复生产提供有利条件。然而，国民党官僚极端腐败，借接受敌伪资产之名，行搜刮人民之实，在获取大量资财的同时，却丧失了比资财更重要的民心。[⑦]

二 货币贬值，物价猛涨

利用币制改革，大搞通货膨胀，加强对各族人民的掠夺，是国民党统

① 戴绪恭、谭克绳：《中国现代史研究概览》，华中师范大学出版社，1990，第401页。

② 刘信君、霍燎原：《中国东北史（修订版）》第六卷，吉林文史出版社，2006，第802页。

③ 高德步：《百年经济衰荣》，中国经济出版社，2000，第203页。

④ 高德步：《百年经济衰荣》，中国经济出版社，2000，第203页。

⑤ 戴绪恭、谭克绳主编《中国现代史研究概览》，华中师范大学出版社，1990，第401页。

⑥ 丁永隆：《浅议抗战胜利后国民党政府的经济接收》，《苏州大学学报》1985年第1期。

⑦ 孙宅巍：《国民政府经济接收述略》，《民国档案》1989年第3期。

治时期财政的一个突出特点。[①] 生产凋敝，通货膨胀，物价暴涨，1949 年 5 月与 1937 年 6 月相比，物价上涨了 2500 亿倍[②]，纸币发行额增加了 1768 亿倍。[③] 通货发行额急剧扩大，远远超过了市场承受力，币值急剧下降，通货膨胀恶性发展。[④]

国民党政权曾于 1948 年进行了一次以发行金圆券为中心的改革。金圆券就是国民党政府于 1948 年在货币改革中为搜刮人民的金银和外汇而发行的一种新货币。1948 年 8 月 20 日，国民党政府公布了四项办法：《金圆券发行办法》《中华民国人民存放国外外汇资产登记管理办法》《整理财政及加强管制经济办法》《人民所存金银、外币处理办法》。[⑤] 其要点是：发行 20 亿元金圆券作为本位币，限期以 1 比 300 万的比价用金圆券收兑法币，等于用金圆券代替法币流通。限期收兑人民手中所有的黄金、白银、银币和外国币券，禁止任何人持有。这样在不足两个月内，就从人民手中榨取了价值 2 亿美元的金银和外币，并欺骗性地规定金圆券每元含黄金 0. 222117 克[⑥]，扬言金圆券有金银外汇作十足准备，发行额 20 亿元。[⑦] 而到 1949 年 5 月 25 日，发行额增至 60 亿元，但没有一个人能用金圆券从国民党政府手中换回一个金元。[⑧] 1948 年至 1949 年 5 月，物价又上涨 6441326 倍，1 元金圆券的购买力只相当于 9 个月前的 0. 000000155 元，连一粒米也买不到。一粒米的价格便达到 130 元金圆券，如果换算成法币是 3. 9 亿法币。[⑨] 国民党统治下的中国货币在 1937 年 6 月至 1949 年 5 月的 12 年间，贬值了 1932. 4 万亿倍。[⑩] 表 20 - 1 数字说明了国民党通货膨胀的情况。

---

① 赵梦涵、武普照、张国光：《中国财税商贸史论》，山东大学出版社，1997，第 371 页。

② 纸币是由国家发行作为法定流通手段的货币符号。纸币本身没有价值，它代替金、银货币来执行流通手段的职能。马克思说："纸币流通的特殊规律只能从纸币是金的代表这种关系中产生。"这一规律简单说来就是：纸币的发行象征地代表的金的金银货币量就会减少，纸币就贬值，引起物价上涨。如果纸币的发行量大大超过了商品流通中所需要的金银货币量时，纸币贬值愈大，物价上涨的幅度也愈大这是纸币流通所特有的一条规律。

③ 高哲、高若千泽：《开国领袖毛泽东》，中央文献出版社，2013，第 110 页。

④ 曾康霖：《百年中国金融思想学说史》第一卷，中国金融出版社，2011，第 306 页。

⑤ 赵梦涵、武普照、张国光：《中国财税商贸史论》，山东大学出版社，1997，第 371 页。

⑥ 俞鸿钧：《财政年鉴》第三篇，中央印书局，1948，第 109 页。

⑦ 赵梦涵、武普照、张国光：《中国财税商贸史论》，山东大学出版社，1997，第 371 页。

⑧ 新中国成立后，新中国以人民币一元兑换金圆券十万元的比率，把金圆券全部收回作废。

⑨ 闵纬国：《当通胀来了》，机械工业出版社，2012，第 59 页。

⑩ 闵纬国：《当通胀来了》，机械工业出版社，2012，第 60 页。

表 20-1 法币一百元 1937 年至 1949 年购买力变化

时间	法币一百元的购买力
1937 年	二头大牛
1938 年	一头大牛一头小牛
1939 年	一头大牛
1940 年	一头小牛
1941 年	一头猪
1942 年	一条火腿
1943 年	一只母鸡
1944 年	半只母鸡
1945 年	一条鱼
1946 年	六分之一块肥皂或一个鸡蛋
1947 年	一只煤球或三分之一根油条
1948 年	三粒大米
1949 年 5 月	一粒大米的千万分之二点五粒

资料来源：闵纬国：《当通胀来了》，机械工业出版社，2012，第 59 页。

战争带给人民的是严重的灾难，工人失业，工厂倒闭，粮商们为牟暴利大搞投机活动，发战争财。这一时期的满族人民和全国人民一样历经层层洗劫，贫困到可怕程度。1948 年满族工人那爽义在海淀振亚工厂当工人，每天挣七角钱，中秋节借了资本家十元钱买了二百斤棒子面，计划十天就可还清，但是可怕的物价突然涨高七倍，当还钱时资本家不再收钱而要棒子面，可怜的那爽义不得不用七个月的时间才还清这笔债。[①] 这一时期的满族人民普遍吃不饱，穿不暖，面黄肌瘦，精神萎靡。

在通货膨胀的背景下，虽然名义工资不变，但实际工资之降低无异于施加了一种无形租税。[②] 工人实际工资不断降低，物价却在暴涨，资本家就能从中获取超额利润。[③] 同时，商业资本家也能利用商品价格不同程度的波动进行投机。小生产者，如农民、商贩、手工业者遭受着通货膨胀的巨大损害。通货膨胀导致他们的生产成本大增，而他们的产品却很难以同

① 中国科学院民族研究所：《满族简史》，民族出版社，1963，第 201 页。

② 曾康霖：《百年中国金融思想学说史》第一卷，中国金融出版社，2011，第 306 页。

③ 超额利润是指其他条件保持社会平均水平而获得超过市场平均正常利润的那部分利润，又称为纯粹利润或经济利润。

样高的价格出售给中间商。一般中下级职员在通货膨胀下，其薪金不会随着物价的高涨而按比例增加，因此其实际收入减少。这样，通货膨胀引起有利于剥削阶级而有害于劳动人民的国民收入的再分配。[①] 通过这样的再分配，剥削阶级就可以暗中剥夺人民大众的一部分收入，对劳动人民进行残酷压榨。[②] 严重的通货膨胀极大地削减了满族人民的实际收入，大大降低其生活水平[③]。

三　满族农村惨遭洗劫

东北地区，大多数满族人民居住在农村。国民党剥削人民的苛捐杂税名目之多，不胜枚举，可谓物物皆要税。同时还肆无忌惮地公然行抢，一切生产资料和生活资料都是他们抢劫的对象。抓猪、抢鸡司空见惯，甚至连青菜也抢夺，是名副其实的强盗。其掠夺之彻底达到了令人难以置信的地步，甚至连地瓜、寿衣、破被子都不放过。满族聚居区辽宁省凤城县满族农民郑国占的三百斤地瓜，傅庆安的一袋苞米面，满族农民张氏的寿衣，郭世新的破被子都被抢。[④] 国民党反动军队吃韭菜不用刀割，用铁锹连根铲掉。当时满族人民有“揪黄瓜、拔大葱、顶花的茄子往下拧；拳头大的倭瓜不让成”[⑤] 的歌谣，反映了他们对国民党军队深恶痛绝。

《辽宁省新宾县永陵乡外和睦村满族调查报告》载道：“国民党反动派几乎每天都来该村要柴、要粮、抢猪、捉鸡、拉牲口、拉车、抓人，害的农民种不上地，生产遭严重破坏。人民挨冻受饿，生活极为痛苦。1946年的一天，国民党十三军在外和睦村住了一夜。第二天逃跑后，许多老乡发现自己家的被褥、衣服、各种什物都被国民党军队偷走了。”[⑥] 国民党军队暗偷明夺，逼农民交粮交税，稍不顺心绑打穷苦百姓更是常事。“满族吴文起老大爷，年纪大，腿脚不利落，没有来得及跑远，被国民党抓

① 曾康霖：《研究通货膨胀也应解放思想》，《金融研究》1993年第5期。

② 高哲、高若千泽：《开国领袖毛泽东》，中央文献出版社，2013，第111页。

③ 高哲、高若千泽：《开国领袖毛泽东》，中央文献出版社，2013，第111页。

④ 中国科学院民族研究所、辽宁少数民族社会历史调查组：《满族社会历史调查报告》（下）第5辑，民族出版社，2009，第22页。

⑤ 中国科学院民族研究所、辽宁少数民族社会历史调查组：《满族社会历史调查报告》（下）第5辑，民族出版社，2009，第24页。

⑥ 中国科学院民族研究所、辽宁少数民族社会历史调查组：《满族社会历史调查报告》（下）第5辑，民族出版社，2009，第35页。

住，逼他交粮，他说了声‘没有粮’，结果被绑在树上，连打带踢。他儿子跑回来，也被国民党军队捆上，老乡们求情无效，吴老头和其子均被打得不省人事。国民党军队还把父子俩关押了多天。”满族农民吴德昌，在人群中小声说了一句“要粮，你们给不给钱?”国民党军官听见了，上去就给他一棍子，接着一阵毒打，险些被打死。满族老乡们说：“国民党幸亏没住长，不然我们的罪可要受大了。”①

1945 年前后，在国民党反动派的残酷压榨和盘剥下，山东省益都县北城四门封锁，群众出入生产不得自由。近城的 972 亩土地无人敢耕种。有人冒生命危险偷偷抢种后，却被国民党反动派以“妨碍治安”的罪名，把青苗拔掉，而国民党反动派却照常苛收田赋杂捐。满族农民那绍一家四口人，耕种土地兼经营小商业日夜辛劳，然而庄稼被国民党的军马吃掉，自家门窗还被强拆盖了堡垒，辛苦整年的收成不够半年口粮。即便如此，仍被强迫在一个月内交纳小米 136 斤，杂款九万余元（伪币）。以此推算，各种名目杂税，全城平均一年所纳折粮 36 万余斤。北城地区 666 户（包括少量汉族），吃不上饭以及间或要饭的有 299 户，包括常年乞讨的 91 户，无衣可穿的 441 户，逃亡关外的 45 户，24 户卖掉妻女，15 户卖了自家婴儿，73 人被反动派活埋和枪杀。② 另据满族聚居区辽宁省兴城县满族佃农计算，租种地主土地一垧，每年打粮六石，其中交租二石三斗，交出税粮及各种杂税一石五斗，扣除了费用九斗，总计四石七斗。种地一年除去这些固定支出外，还剩下一石三斗，全家人口就只有用糠菜充饥。③ 在国民党统治时期，满族人民冻饿致死的难以数计。

不仅如此，国民党军到处修筑碉堡工事。辽宁省沈阳市满堂乡东陵，南北长五里，东西长十里的松树林，全部被砍光作修筑工事之用。甚至老人为自己准备的棺材，亦要抬走。同时，到处拉丁抓夫，甚至连儿童也抓去修碉堡。1946 年冬至 1947 年春，复县大甲河地区的满族男人，几乎都

① 中国科学院民族研究所、辽宁少数民族社会历史调查组：《满族社会历史调查报告》（下）第 5 辑，民族出版社，2009，第 35 页。

② 定宜庄：《辛亥革命后的八旗驻防城：山东青州满城个案考察（1911～2003）》，《满族研究》2008 年第 12 期。

③ 中国科学院民族研究所、辽宁少数民族社会历史调查组：《满族社会历史调查报告》（下）第 5 辑，民族出版社，2009，第 186 页。

被抓去修过碉堡。在风雪寒冬挨饿受冻地劳动，90%以上的农民冻坏手脚，甚至落下终身残疾。[①] “青壮年为避免抓兵，常有装疯、隐瞒年龄的事，辽宁省沈阳市满堂乡满族聚居村白恒顺就是装疯才被放回来的”[②]。由于国民党强盗式掠夺，加之物价暴涨，一斗粮，只能换上几尺布或几斤盐。广大满族市民不仅无粮可食，就连菜都要分吃，处于饥寒交迫、衣不蔽体的悲惨境地。[③] 成都满族关淑清老人说：“一年四季只有一条裤子，要换洗时，只好围着围腰，关着大门洗。”[④] 这些遭受国民党军队蹂躏的满族农民，热切盼望共产党和解放军，期盼新生活。

国民党还放纵地主还乡团、花子队，在农村作恶行凶。凡是进行过反奸清算、减租减息的农村，国民党军队占据后，地主便向农民反扑。吉林、凤城、新宾、兴城等地，都有满族农民惨遭还乡团毒打或被杀害。[⑤]

1946年春，中国共产党领导满族聚居区辽宁省凤城县后营子屯群众对地主开展了清算斗争。满族农民王世烈、王瑞范等积极地参加工作。[⑥] 首先是分青苗，将地主的青苗没收，按人口分给贫穷的农民。满族农民关玉田一家大小五口人，地无一垄，以扛活为生，分得五亩青苗地。满族农民傅玉清终年为人扛活，或租种地，亦分得了青苗地。同时又召开群众大会，没收地主吴干臣、何凤武、关老全等人的财产，作为政府的费用分给贫雇农使用。[⑦] 然而，国民党反动派发动内战，企图掠夺人民的胜利果实。共产党军队出于战略需要，于1946年10月撤离该地。地主及反革命分子吴干臣、王益山、焦国栋、何凤武、王万训等去迎接国民党军队，计划疯狂反扑。他们组织所谓“警察所”，声言要“保护地方治安”。实则为

① 中国科学院民族研究所、辽宁少数民族社会历史调查组：《满族简史》，民族出版社，1963，第21页。

② 中国科学院民族研究所、辽宁少数民族社会历史调查组：《满族社会历史调查报告》（下）第5辑，民族出版社，2009，第25页。

③ 中国科学院民族研究所、辽宁少数民族社会历史调查组：《满族社会历史调查报告》（下）第5辑，民族出版社，2009，第24页。

④ 中国科学院民族研究所、辽宁少数民族社会历史调查组：《满族社会历史调查报告》（下）第5辑，民族出版社，2009，第24页。

⑤ 中国科学院民族研究所、辽宁少数民族社会历史调查组：《满族简史》，民族出版社，1963，第203页。

⑥ 中国科学院民族研究所、辽宁少数民族社会历史调查组：《满族社会历史调查报告》（下）第5辑，民族出版社，2009，第57页。

⑦ 中国科学院民族研究所、辽宁少数民族社会历史调查组：《满族社会历史调查报告》（下）第5辑，民族出版社，2009，第57页。

“清剿队”，祸害地方。满族农民傅恩清，因分得满族地主关玉福一亩地，被残酷吊打，致其遍体发黑，几乎丧命。不仅如此，关玉福还威胁道：“粮食凑不够，用人头也得填上。”[①] 农民鞠万树分得满族地主王万训的青苗地，收割时本是用小筐量的苞米，而王万训非要他用大筐还不可。满族农民王翠年由于购买了张彦青所分得地主王万训的一头牛，也遭毒打，赔偿牛价才了事。满族农民王崇贵分得王贵生三亩三青苗地，此时所收苞米所剩无几，但王贵生逼迫王崇贵不仅把剩下粮食交出，连木箱、瓦罐都一起抢走。满族农民常凤臣所租满族地主周殿清的地，本为老姜头所分去，自己分了地主“鬼子心”的青苗地，却被周殿清和“鬼子心”两头要粮食。周殿清对常凤臣说：“没这么便宜的事，红口白牙吃了我的粮食，凑不够粮食就割头填斗。”[②]

在国民党军队的破坏下，房屋多被拆毁。满族居住地到处一片瓦砾，遍地碉堡壕沟。满族人民生活极端贫困，多数人过着室不挡风、衣不蔽体、依靠乞讨的生活。

四 各行各业的满族市民在死亡线挣扎

在国民党统治下，广大满族人民和各族人民一样，处于被压迫、被剥削的地位，过着颠沛流离的生活。很多人房无片瓦，身无分文，家无床被，体无完衣。一贫如洗的无产者，只好靠出卖劳动力挣点微薄的收入度日，这种劳动方式称做“卖工”[③]。这一时期，散居在国民党统治区的大、中城市的四五十万满族市民，多是工人、手工业者、车夫、小商小贩及公教人员。由于内战和法西斯独裁统治政策，他们挣扎在饥饿与死亡边缘。

资本家为应对经济危机，加重剥削工人，不仅克扣而且不按时发放工资。每月工资不抵五口之家一星期的最低生活费用。因此，许多工人每天下班后，还要拉洋车、蹬三轮、卖报纸维持半饥半饱的生活。

拉洋车、蹬三轮收入甚少，没有出路的满族市民不得不从事此职业。

---

① 中国科学院民族研究所、辽宁少数民族社会历史调查组：《满族社会历史调查报告》（下）第5辑，民族出版社，2009，第58页。

② 中国科学院民族研究所、辽宁少数民族社会历史调查组：《满族社会历史调查报告》（下）第5辑，民族出版社，2009，第58页。

③ 中国科学院民族研究所、辽宁少数民族社会历史调查组：《满族社会历史调查报告》（下）第5辑，民族出版社，2009，第51页。

北京、成都满族市民蹬三轮和拉人力车的特别多。仅成都真武宫 38 户满族中就有 18 户以拉车为生。他们被看作是“下等职业”，经常受国民党军警、官吏以及豪绅和资本家的欺辱。因此他们有“三不敢去”：“小街小巷不敢去；阴天雨天不敢去；道远和出城不敢去。”① 一是怕军警打骂，二是怕被抓去当兵。实际上车夫挨打受气屡见不鲜。满族人力车夫田玉丰有一次拉一个国民党军官，他年近五十，腿脚不灵便，国民党军官拿鞭子抽着让快跑，当他累得头晕眼花，直冒金星的到达目的地时，国民党军官不仅不给钱，还把他暴打一顿。每天如牛马般在大街上奔跑，挣几个钱，扣除车租，所余无几，甚至不够一天饭钱。由于过度劳累，不少人吐血而亡，1948 年仅成都真武宫就这样累死五人，命运极其悲惨。②

北京、西安、广州、成都的满族市民，许多以作商贩为生。小商贩经济的特点是资金流通快，缺乏积累，“当天挣当天花”，受卖主和买主的限制，很不稳定。③ 据北京一条街的调查，一百户满族中有七十户经营小商贩。成都的满族小商贩主要卖泡菜、卖香烟、卖红苕、卖旧衣、卖火柴、卖破烂等零散小物件。④ 一般来说，他们受着四种限制：一是受市场限制，卖饮食及家用百货者太多，供多需少，小本生意利润极其微薄，一天收入极少；二是受气候限制，天气一冷，身上无衣，无法出门；三是受天黑限制，从事小贩者多为妇女或老年人，一则晚间货物需求少，二则老年人、妇女晚间行走不便；四是受物价上涨的限制，前一日货品出售，第二天进货又涨价。⑤ 物价一日三涨，社会财富被统治阶级攫取，小商贩无利可图，甚至经常赔钱，即使不赔钱，也常常受国民党军警的敲诈勒索，生活异常艰难。

满族曾经是统治民族，有一批具有较高文化水平的知识分子，他们从事各种职业，遍布各个部门，其中教育工作者最多，其次是医务工作者，

① 中国科学院民族研究所、辽宁少数民族社会历史调查组：《满族社会历史调查报告》（下）第 5 辑，民族出版社，2009，第 62 页。

② 中国科学院民族研究所、辽宁少数民族社会历史调查组：《满族社会历史调查报告》（下）第 5 辑，民族出版社，2009，第 62 页。

③ 中国科学院民族研究所、辽宁少数民族社会历史调查组：《满族社会历史调查报告》（下）第 5 辑，民族出版社，2009，第 27 页。

④ 中国科学院民族研究所、辽宁少数民族社会历史调查组：《满族社会历史调查报告》（下）第 5 辑，民族出版社，2009，第 62 页。

⑤ 中国科学院民族研究所、辽宁少数民族社会历史调查组：《满族社会历史调查报告》（下）第 5 辑，民族出版社，2009，第 62 页。

还有一些自由职业者。北京满族知识分子和手工艺人数量较多，据北京满族社会历史调查组的调查材料，1949年教育界910人，医务工作者362人，手工艺界的满族为245人，工程技术人员、作家、演员、科研工作者也较多。一般来说，知识分子比劳动人民的处境要好，但知识分子中，除一部分“御用文人”和“文化买办”外，失业、贫困、受压迫、排挤也十分正常，他们和全国各族人民一样，随着社会动乱而陷于艰难处境。譬如，著名的中国人民大学新闻系汪金丁教授，国民党统治时期，当过报贩、教师、交通警、商人、工人等，多次失业，坐过牢狱，还被迫到马来西亚、印度尼西亚流亡过，生活极不安定。[①] 满族教员赵淑华家自“七七”事变后就靠典当财物为生，甚至把当票拿去再卖掉。即便如此，全家连混合面也买不起，她的三个兄妹都是因贫而死。[②] 满族人郎绍安是著名的捏面人，技艺炉火纯青，所得报酬却甚微。一些投机商将他捏制的艺术品大批转卖到外国，获取高额利润，只给他一丁点报酬。他食不充饥，衣不御寒。满族手工艺人奔波于各大城市，风餐露宿，受尽欺凌。满族玉器加工艺人崇文起被无故解雇导致失业，靠拉洋车维持一家老小生计。后不幸负伤，一家人沦为乞丐。在那个不得温饱的年代，满族手工艺人、知识分子亦不能幸免。

最苦的是失业者，他们整日食不果腹，或以甜菜充饥，常年穿不上一身旧衣，出门遮蔽靠披草席，木头草把充当睡枕，铺盖棉被无从谈起，贫困无床就席地而息。无房无屋的贫困满族，马架子仓房苟且度日。生活的折磨，使不少人冻饿而死，至于卖儿鬻女之事，时有所闻。如成都满族关培德的弟弟、田玉丰的女儿、关淑清的儿子，都因父母抚养不起而被迫卖掉。[③] 国民党统治下的满族人民，挣扎于饥饿与死亡线上。

为了改变自己的命运，生活在国统区的满族人民，奋起投入反饥饿、反内战运动，积极开展与国民党统治的斗争。与此同时，生活在解放区的满族人民，在中国共产党的领导下，积极投入了土地改革，支援解放战争。

---

① 中国科学院民族研究所、辽宁少数民族社会历史调查组：《满族社会历史调查报告》（上）第1辑，民族出版社，2009，第100页。

② 中国科学院民族研究所、辽宁少数民族社会历史调查组：《满族社会历史调查报告》（上）第1辑，民族出版社，2009，第101页。

③ 中国科学院民族研究所、辽宁少数民族社会历史调查组：《满族社会历史调查报告》（下）第5辑，民族出版社，2009，第204页。

第二节　新民主主义革命中的满族

在新民主主义革命中，满族人民同其他兄弟民族一起，共同进行反对阶级压迫和民族压迫的斗争。特别是日本帝国主义侵占满族世居地东北以后，在中国共产党的领导下，满族人民对日寇的侵略进行了不屈不挠的斗争，对祖国的独立统一事业，对中国人民的解放事业做出了重要贡献。

一　共产党组织在东北的发展

1921 年中国共产党成立，李大钊指出："今后中国的汉、满、蒙、回、藏五大族，不能把其他四族作那一族的隶属。"[①] 在国内民族问题上，自党成立之日起，即主张各民族一律平等，并发动各族人民参加革命。满族由于不事稼穑，不善农耕，在清代又作为统治民族拥有较高的文化水准，因此，满族工人阶级出现较早，且为数众多，他们散居在革命活动的中心地区，有机会接受先进的革命思想，较早参加党领导的革命活动。[②] 正是由于党正确的民族政策和广泛的宣传教育，使不少满族人走上新民主主义革命道路，并对新民主主义革命事业做出了卓越贡献。

中国共产党推动了工人运动的发展。自 1922 年 1 月至 1923 年 2 月出现了第一次罢工高潮。[③] 在这次此起彼伏的罢工高潮中，共发生大小罢工一百多次，参加的工人在三十万以上。[④] 在满族工人较多的东北地区，出现了汹涌澎湃的罢工浪潮。其中，1923 年罢工 27 次，4117 人参加，持续 80 天；1925 年罢工 59 次，8886 人参加，持续 225 天；1927 年罢工 94 次，223539 人参加，持续 383 天。[⑤] 随着剥削的加剧，参加人数及持续天数成倍增长。罢工绝大多数发生在沈阳、长春、大连、抚顺、鞍山等工矿企业里。大量的满族工人卷入罢工浪潮，和各族工人一起进行反剥削反压迫的斗争。

---

① 中共中央统战部：《民族问题文献汇编》，中共中央党校出版社，1991。

② 李燕光、关捷：《满族通史》，辽宁民族出版社，2003，第 174 页。

③ 中国科学院民族研究所、辽宁少数民族社会历史调查组：《满族简史》，民族出版社，1963，第 176 页。

④ 中国科学院民族研究所、辽宁少数民族社会历史调查组：《满族简史》，民族出版社，1963，第 176 页。

⑤ 中国科学院民族研究所、辽宁少数民族社会历史调查组：《满族简史》，民族出版社，1963，第 177 页。

1927 年中共中央决定建立“中共满洲省委”，以加强对东北各族革命力量的领导。[①] 1928 年 11 月 9 日，哈尔滨爆发了反对日本帝国主义强行延长吉敦（吉林—敦化）、长大（长春—大赍）、吉海（吉林—海龙）、天图（天钢—图们江）、洮索（洮南—索伦）五路的运动。[②] 哈尔滨各学校中的满族学生都参加了反对修筑五路的示威游行及新民主主义革命宣传活动。学生的爱国运动遭到反动军阀的镇压，酿成的惨案引起东北各界人士极大愤慨。吉林省满族上层以“旗族生计会”的名义联合商会、农会通电反对日本修筑五路，并声讨军阀镇压学生的暴行。[③]

即使党的革命活动遭到东北军阀镇压，然而东北地方党组织仍然日益壮大，越来越多的满族工人和爱国学生参加革命工作，一些满族农民在党的影响下开始组织武装起义。在满族聚居地的东北，新民主主义革命的影响日益扩大。

二 东北抗日斗争中的满族

1931 年“九一八”事变后，日寇大肆侵入东北。落入敌手的几百万满族人民和各族人民一起，惨遭日本帝国主义蹂躏，沦入殖民地的苦难深渊。[④]

为建立殖民统治，日本帝国主义采取了血腥镇压的手段。实行惨无人道的“拉大网”“平沟”等办法，“无辜群众被屠杀，血染遍地红。”[⑤] 日寇一面血腥屠杀东北各族人民，一面推行殖民统治。通过伪政权掌握了东北资源，大肆掠夺财富和压榨东北各族人民的血汗。

在日本帝国主义步步进逼，国民党节节退让，中华民族到了危亡关头，中国共产党发出“一致对外，武装起来驱逐日本侵略者”的庄严号召，揭露国民党政府的卖国罪行。中共中央提出“组织东北游击战争，直接给日本帝国主义以打击”的指示，[⑥] 大批满族优秀儿女同其他兄弟民族热烈响应，奋起抗击日本侵略者。自此，中国共产党领导东北各族人民开

① 中国科学院民族研究所、辽宁少数民族社会历史调查组：《满族简史》，民族出版社，1963，第 176 页。

② 中国科学院民族研究所、辽宁少数民族社会历史调查组：《满族简史》，民族出版社，1963，第 181 页。

③ 中国科学院民族研究所、辽宁少数民族社会历史调查组：《满族简史》，民族出版社，1963，第 181 页。

④ 李燕光、关捷：《满族通史》，辽宁民族出版社，2003，第 801 页。

⑤ 中国科学院民族研究所、辽宁少数民族社会历史调查组：《满族简史》，民族出版社，1963，第 184 页。

⑥ 李燕光、关捷：《满族通史》，辽宁民族出版社，2003，第 801 页。

展了抗日武装斗争。

抗日战争开始后，根据地和抗日游击区的满族农民团结在党和抗日救国会的周围，忘我地支援了抗日联军的活动。农民常用“背架子”将粮食运到山上，供应抗联粮食，并积极地提供敌人活动情报，替抗日联军购买食品、药品、布匹、鞋袜、纸张等；农村的满族爱国人士参加反日会后不辞劳苦到处奔走，宣传抗日救国真理，散发革命传单；有的满族人民直接拿起武器对日作战。

在城市的满族工人和学生，响应中国共产党的号召，踏上抗日征途。满族较多的哈尔滨工业大学、哈尔滨医专、商专、一中和二中等校爱国学生，纷纷走出课堂，奔赴抗日战场①。这一切表明了东北满族人民和各族人民一样对日寇同仇敌忾，誓不两立的决心。②

满族共产党员，致力于指导抗日军队的工作。满族党员胡泽民出任救国军前敌总指挥部参谋长，对于改造军队和对敌作战均有重要作用。③ 勃利地区的满族党员富振声，为建立军队筹备武器。由于资金匮乏，他就和同志们一起靠打皮子、打柴换来的钱购枪，同时在战斗中收缴敌人枪械以武装自己，终于在1934年春建立起一支游击队，这支队伍为中朝人民联合军四军二团的前身。④

在全国抗日高潮的推动下，东北各族人民奋起开展武装抗日斗争。辽东地区的自卫军、辽西方面的义勇军、牡丹江流域的救国军，相继建立。在这些军队里的满族战士，在战斗中表现出大英勇无畏的气概，与日寇浴血苦战，许多人把他们宝贵的生命献给了民族解放事业。⑤

热爱和平的满族人民，在日寇的侵略和法西斯统治下顽强不屈。他们表现出高尚的爱国热忱，纪律严明，作战英勇；他们冒着严冬酷暑，克服缺少粮弹的困难，不惧日本关东军和伪军的疯狂扫荡。在极端艰苦的环境中，满族战士与其他民族战士紧密团结，翻山越岭，爬冰卧雪，并肩作

---

① 冯仲云：《东北抗日联军十四年奋斗简史》，冀中新华书店，1946，第60页。

② 张海鹏、李丹：《论“九一八”事变后东北满族对日斗争的特点》，《通化师范学院学报》2006年第5期。

③ 中国科学院民族研究所、辽宁少数民族社会历史调查组：《满族简史》，民族出版社，1963，第185页。

④ 中国科学院民族研究所、辽宁少数民族社会历史调查组：《满族简史》，民族出版社，1963，第186页。

⑤ 中国科学院民族研究所、辽宁少数民族社会历史调查组：《满族简史》，民族出版社，1963，第185页。

战，抗击日寇。[1]

东北满族人民在日伪统治年代，一直和其他兄弟民族一起进行着顽强的抵抗。[2] 满族人民不仅把自己的子弟送到抗日联军里，且千方百计地支援子弟兵。依兰县的满族农民协助游击队购买武器、棉布及其他军用品[3]；吉林省抚松县抽水乡北沟村、大维沙河村与万良乡黄泥村的满族农民，经常给游击队送给养，传递情报[4]；宁安县南部山区的满族农民协助联军与日寇作战。各地的满族妇女和儿童在抗日斗争中做了许多工作。[5] 红色游击队在中国共产党领导下日益发展壮大，成为东北武装抗日的主要力量，继续对敌伪作战。这就使东北的武装抗日斗争得以坚持下来，给日本帝国主义以沉重打击。[6] 在残酷的斗争中，党组织经常遭到破坏，很多满族党员被杀害，但满族人民没有后退，他们顽强地与日军周旋。

1937 年“七七”事变爆发后，全面抗战开始。在日军进攻面前，国民党军队节节败退，日寇所到之处，烧杀淫掠，无恶不作。散居各地的满族人民惨遭蹂躏，但是，在中国共产党的领导下，满族人民和全国人民一道共同进行了艰苦卓绝的 14 年抗战。

三　满族人民全力支援解放战争

抗日战争胜利后，代表官僚资产阶级和地主阶级利益的国民党，积极准备并发动内战，妄图消灭共产党和人民解放军。中国共产党坚持以和平谈判与军事斗争两手准备，一方面揭露国民党假和平真备战的和谈阴谋，一方面以战斗对付国民党军队对解放区的军事进攻。1946 年国民党军对中原解放区发动全面进攻，内战全面爆发，满族人民热烈响应党的号召，

---

① 中国科学院民族研究所、辽宁少数民族社会历史调查组：《满族社会历史调查报告》（下）第 5 辑，民族出版社，2009，第 215 页。

② 中国科学院民族研究所、辽宁少数民族社会历史调查组：《满族简史》，民族出版社，1963，第 195 页。

③ 中国科学院民族研究所、辽宁少数民族社会历史调查组：《满族简史》，民族出版社，1963，第 194 页。

④ 中国科学院民族研究所、辽宁少数民族社会历史调查组：《满族简史》，民族出版社，1963，第 194 页。

⑤ 中国科学院民族研究所、辽宁少数民族社会历史调查组：《满族简史》，民族出版社，1963，第 194 页。

⑥ 中国科学院民族研究所、辽宁少数民族社会历史调查组：《满族简史》，民族出版社，1963，第 186 页。

纷纷起来支援前线，参军参战形成了不可抗拒的革命洪流。①

解放区土地改革的胜利，使农村阶级关系发生了根本变化。几千年的剥削统治被彻底推翻，农民在政治上、经济上获得了解放。他们更加信赖中国共产党，更加信赖人民政府。解放区人民的人力、物力支援是解放战争胜利的一个主要源泉。东北解放区的各族工人、农民和学生先后有百余万人参军，其中包括数万名满族青壮年。特别是翻身的满族农民报名参军更为踊跃，在各地都出现了父母送儿郎，妻子送丈夫，兄弟争相上战场的动人事例。黑龙江省宁安县一个 71 户的满汉杂居屯，先后有十几名满族青年在前线作战，1947 年又有 14 名满族青年入伍，其中有 6 人立下战功，满族乡亲引以为荣；吉林省永吉县北兰屯有 18 人参军，其中满族青年占到 13 名。满汉杂居的新宾县关家屯先后有 100 多满汉青年参军。在凤城县白旗村参军的 73 人中，满族青壮年 46 名，占 63%。② 新宾满族自治县向辽东军区输送两批兵员，共 4270 余人。③ 国民党侵占的东北南部城乡随着战事的发展相继解放。在国民党军队践踏下饱尝被压迫之苦的满族人民，对国民党军恨之入骨，因此满族青年踊跃参军参战。据不完全统计，1947 年 9 月至 12 月辽宁省先后有 2300 人参军；到 1948 年，仅桓仁、宽城、新宾、岫岩、凤城等满族聚居地方，就有 7000 余名满族青年入伍。随着大批满族青年踊跃参军，解放军中满族指战员的数目越来越多，从高级指战员到战士都有满族，尤其是新战士在东北野战军中为数甚巨。④

翻身的满族农民，不仅积极送子弟参军，并踊跃出民工和车马支援前线，每次战勤满族农民都十分积极。在满族农民热烈要求参战的情况下，仅后营子屯就有三百多人出过战勤。⑤ 新宾满族自治县的担架队频频出动，曾经沈阳战役一次就出动担架 520 副，计 3780 人，还有 50 台大车

① 李燕光、关捷：《满族通史》，辽宁民族出版社，2003 年，第 777 页。

② 中国科学院民族研究所、辽宁少数民族社会历史调查组：《满族社会历史调查报告》，第一辑第二分册，民族出版社，2009，第 33 页。

③ 《新宾满族自治县概况》编写组：《新宾满族自治县概况》，辽宁大学出版社，1986，第 79 页。

④ 中国科学院民族研究所、辽宁少数民族社会历史调查组：《满族简史》，民族出版社，1963，第 213 页。

⑤ 中国科学院民族研究所、辽宁少数民族社会历史调查组：《满族社会历史调查报告》，第一辑第二分册，民族出版社，2009，第 34 页。

(每台车三匹马)，随人民解放军征战了半个月。[①] 当战勤期满，许多人还要求留下来，继续在前方工作，愿意把自己的力量贡献给人民的解放事业。[②]

广大满族农民还积极参加民兵，担负起维持地方秩序、保卫家乡的任务；同时，在革命根据地积极开展大生产运动，争取多打粮食，支援前线。满族农民把最上等粮食交公，且主动多交。[③] 满族妇女积极为军队做鞋缝衣及晒干菜、制咸菜，并参加慰问解放军的活动。他们表示要“多生产粮食支援解放战争和国家建设”[④]。在积极支援前线的同时，满族农民还尽心照顾军烈属，包耕、代耕军烈属土地及做其他零活，使前方战士安心作战。[⑤]

满族工人为支援解放战争，积极参加恢复和发展工业生产，以更多的工业品供给战争需要。在重工业部门，满族工人积极制造和修理武器；在轻工业部门，满族工人努力生产各种军用品。满族工人积极主动地付出更多劳动，有力地支援了解放战争，发挥了工人阶级在革命斗争中的先锋作用。[⑥]

在辽沈战役中，各地满族农民纷纷赶赴前线，配合解放军作战。兴城、新民、开原、铁岭及其他地区的满族民兵与民工，参加破坏敌人的交通、运送物资和救护伤员的工作。北镇县有 305 人参加解放军主力部队，1225 人参加地方武装队伍，并由 28000 余人参加担架队。[⑦] 还献出大量猪肉、鸡蛋、粉条、蔬菜、水果、大米、白面等[⑧]，慰问人民解放军，为辽

① 《新宾满族自治县概况》编写组：《新宾满族自治县概况》，辽宁大学出版社，1986，第 79 页。

② 中国科学院民族研究所、辽宁少数民族社会历史调查组：《满族简史》，民族出版社，1963，第 212 页。

③ 中国科学院民族研究所、辽宁少数民族社会历史调查组：《满族简史》，民族出版社，1963，第 212 页。

④ 中国科学院民族研究所、辽宁少数民族社会历史调查组：《满族简史》，民族出版社，1963，第 213 页。

⑤ 中国科学院民族研究所、辽宁少数民族社会历史调查组：《满族简史》，民族出版社，1963，第 212 页。

⑥ 中国科学院民族研究所、辽宁少数民族社会历史调查组：《满族简史》，民族出版社，1963，第 213 页。

⑦ 《北镇满族自治县概况》编写组：《北镇满族自治县概况》，辽宁大学出版社，1986，第 101 页。

⑧ 《北镇满族自治县概况》编写组：《北镇满族自治县概况》，辽宁大学出版社，1986，第 101 页。

沈战役的胜利做出了重要贡献。在平津战役中，东北和华北野战军的全体满族指战员都投入战斗，关内的满族农民对于平津战役也给予了有力支援，仅满汉杂居的易县周家庄就出动民工500人，大车28辆；[①] 遵化地区的满族人民出动了大量民工参加作战。

第三节 满族聚居区的土地改革运动

中国的新民主主义经济，是一种特殊的经济形态。它既不是纯粹资本主义经济，也不是纯粹社会主义经济，而是既有资本主义经济成分，又有社会主义经济成分，还有各种个体经济的多种经济成分同时并存的社会经济形态。[②]

新民主主义革命中，殖民地经济、半殖民地半集权官僚制经济、新民主主义经济在不同地区同时并存，但只有新民主主义经济彻底打破了束缚中国发展进步的半殖民地半集权官僚制经济关系；[③] 也只有新民主主义经济才能更好地解决民生问题，尤其是中国革命的中心问题——农民土地问题，大大解放和提高了社会生产力，改变了落后的生产关系，促进整个社会的发展。[④] 满族经济在新民主主义革命中获得了新生。

一 满族聚居区解放时的土地占有情况

帝国主义侵略和国民党统治下的满族聚居区，农村各阶级急剧分化。军阀、官僚、商人和地主趁机兼并土地。有的认领官荒地，有的霸占民地，有的放弃索地契抵押，攫取满族农民良田。满族农业中出现了一批新的地主，大批满族自耕农则丧失土地。乡村经济凋敝，农民生活日趋恶化。

东北聚居区的满族大部分是农民，他们先后处于日本帝国主义及国民党的沉重压迫和剥削之下。除帝国主义及军阀抢掠土地，大部分土地操控

① 李燕光、关捷：《满族通史》，辽宁民族出版社，2003，第777页。

② 王桧林、郭大钧、鲁振祥主编《中国通史》第12卷，“近代后编（1919～1949）”，上册，第2版，上海人民出版社，2013，第584页。

③ 王桧林、郭大钧、鲁振祥主编《中国通史》第12卷，“近代后编（1919～1949）”上册，第2版，上海人民出版社，2013，第584页。

④ 朱有霞：《解放战争时期中共局部执政经验研究》，山东师范大学2010年硕士学位论文。

在地主手里。当时土地集中情况非常严重，仅占东北人口4%的大地主，占有全部耕地面积的40%～50%。其中满族人口最多的省份辽宁，全省有耕地6273万亩，地主富农握有绝大多数田地，而占人口71.4%的贫雇农却只有耕地的14%。[①] 东北地主阶级中大地主居主导地位，他们以各种手段扩大土地面积，是农村中最主要的剥削者。[②] 在满族集中的辽宁东部，许多县土地90%以上掌握在地主手中。庄河县棒槌沟村有地3972亩，地主董庆丰一家就占了其中的1740亩[③]，相当于全村耕地的43.8%。清原县新民屯一大地主竟占地一千顷，几乎占全县土地一半以上。

据《东北土地关系史》的资料整理，1934年东北农村各阶层土地占有关系如表20－2所示。

表20－2　1934年东北农村各阶层土地占有关系

单位：户，%

地域＼阶级		大土地所有者	中土地所有者	小土地所有者	零细土地所有者	无地者
黑龙江地区16县17屯681户	基准	100垧以上	20垧以上	5垧以上	5垧未满	—
	户数	2.9	11.2	10.5	12.2	63.2
	面积占比	50.0	37.9	10.0	2.1	
吉林地区10县10屯401户	基准	500亩以上	100亩以上	30亩以上	30亩未满	—
	户数	0.2	16.7	17.5	16.7	48.9
	面积占比	3.2	69.0	22.3	5.5	
辽宁地区10县10屯569户	基准	70～500亩以上	20～100亩以上	10～50亩以上	10～50亩未满	—
	户数	4.2	14.8	15.5	33.0	32.5
	面积占比	40.4	35.9	13.7	10.0	

资料来源：乌廷玉、张云樵、张占斌：《东北土地关系史研究》，吉林文史出版社，1990，第211页。

另据满族少数民族聚居区县志资料，土改时期满族聚居区的农村各阶级占有田地状况，如表20－3、表20－4所示。

① 潘喜廷：《东北亚研究——东北近代史研究》，中州古籍出版社，1994，第51页。

② 潘喜廷：《东北亚研究——东北近代史研究》，中州古籍出版社，1994，第52页。

③ 潘喜廷：《东北亚研究——东北近代史研究》，中州古籍出版社，1994，第52页。

表 20－3　辽宁省部分满族农村各阶级占有土地情况

单位：户，亩

乡屯名称	总户数	地主		富农		中农		贫农		雇农		总亩
		户数	亩数	户数	亩数	户数	亩数	户数	亩数	户数	亩数	
辽宁省沈阳市满堂乡	102	33	2251					69	121			2372
辽宁省凤城满族自治县后营子屯	164	6	662	5	112	57	1034	83	410	13	2	2218
辽宁省新宾满族自治县外和睦村	24	3	373	5	326	32	424	14	12	2	0	1135
辽宁省兴城县上坎屯	39	4	238					35		208		238

资料来源：《辽宁省凤城满族自治县县志》《辽宁省新宾满族自治县县志》《辽宁省兴城满族自治县县志》。

表 20－4　东北部分满族自治县农村各阶级人口与土地占有比例

地点	地主与富农		中农与贫雇农	
	人口百分比	占有土地百分比	人口百分比	占有土地百分比
沈阳市郊满堂乡	13%	74%	87%	26%
辽宁省凤城满族自治县后营子屯	6.7%	39.8%	93.3%	60.2%
辽宁省新宾满族自治县外和睦村	33.4%	67.5%	66.6%	32.5%
辽宁省兴城县上坎屯	10.3%	63.4%	89.7%	36.6%
吉林省北兰屯	12%	70%	88%	30%
黑龙江营城子	7.6%	80%	92.4%	20%

资料来源：《辽宁省凤城满族自治县县志》《辽宁省新宾满族自治县》《辽宁省兴城县满族自治县县志》。

由表 20－2、表 20－3、表 20－4 可见，东北农村满族各阶级占有土地数量悬殊，土地关系极不合理。少数人占有大量土地，广大贫苦农民却少有土地或者没有土地，地主与农民阶级对立鲜明。满族贫雇农缺少田地，甚至一垄皆无，东北南部没有土地的农户，占总农户的50%；东北北部没有土地的农户，占总农户的60%。

其他满族聚居区情况亦大致相同：内蒙古呼和浩特市新城区有地主八户占地260亩，富农五户占地240亩，中农百余户占地540亩，贫雇农百余户占地仅60亩。[①] 甘肃兰州市永登区23户占地仅30亩，都是贫雇农。[②]

满族地主的剥削方式，虽因地而异，但本质相同，占总人口约10%的剥削阶级拥有耕地总额高达百分之七八十，对90%的贫苦农民进行地租剥削。丧失土地的满族农民，无论佃耕还是受雇，都忍受地主的沉重剥削，简单再生产难以为继，生活异常困苦。

满族佃农租种地主土地，要纳实物地租或货币地租。实物地租分定额制和分成制两种，定额地租平均每垧660斤到880斤[③]；分成制是对半分，四六分或三七分。在吉林省满族聚居区，地租还有"管增不管减"的规定，就是粮食增产按成增租，减产原租不动，地主是这项剥削制度的制定者和受益者。由于军阀征收税种多如牛毛，且额度逐年增高，在商品经济发展的条件下，实物租转为货币租。这种地租形态在东北南部满族聚居区十分发达，它加重了满族佃户的负担。[④] 农民在收成好时勉强维生，一遇水旱灾害，立即陷于绝境，重者家破人亡，妻离子散；轻者债台高筑，在"利滚利""驴打滚"的重利盘剥下永世不得翻身。[⑤] 此外，贫穷的佃户还要被迫向地主"送礼"，或者为地主无酬劳动，这是地主对佃户的超经济剥削。

满族雇工所受剥削更重。贫雇农出身的满族子弟，在幼年就给地主放猪放羊。年长当长工，起五更爬半夜为地主富农干活，累得腰酸背痛，并时遭打骂，遭受非人的待遇。雇工所得工资根本无法维持家庭的最低生存水平。雇工往往是"地了场光衣裳破，到了冬天又挨饿"[⑥]。满族农民关

① 李燕光、关捷：《满族通史》，辽宁民族出版社，2003，第775页。
② 李燕光、关捷：《满族通史》，辽宁民族出版社，2003，第775页。
③ 章有义：《中国近代农业史资料》第二辑，三联书店，1957，第103页。
④ 章有义：《中国近代农业史资料》第二辑，三联书店，1957，第98~99页。
⑤ 中国科学院民族研究所、辽宁少数民族社会历史调查组：《满族社会历史调查报告》（下）第5辑，民族出版社，2009，第66页。
⑥ 于是：《民谣无本句句真》，《今日辽宁》2014年第2期。

井珍[①]，十岁始给地主放猪，十五岁做长工，一家虽只有两口，却连一件旧衣服都买不起，只能穿短裤和半截布衫[②]；满族农民毕文志兄弟，由于没有棉衣，冬天不能出门，只能围着火盆转[③]；赵宪五一家五口皆无衣可穿。[④]

勤劳的满族贫雇农无论怎样日夜辛勤劳作，依然缺衣少穿，不得温饱。据调查，满族聚居区黑龙江省五常县营城子的满族农民，在新中国成立前有70%的人衣不蔽体，常年吃糠咽菜维持生存。[⑤] 满族农民白云祥家两口人，不仅稀粥吃不上，甚至穷得连裤子都穿不起，即便如此还要起早贪黑为地主服劳役[⑥]；满族农民连基本温饱都无法保障，根本无尊严可言。

苛捐杂税之多，劳工劳役之苦，债利地租之重，满族民生之多艰。无地或少地之满族农民贫困、落后的根源，是帝国主义与官僚地主阶级的残酷剥削。[⑦] 从根本上铲除地主阶级剥削的土地制度，实现耕者有其田，是新民主主义革命在满族农村的一项重要任务。

二　《土地法大纲》与满族聚居区的土地改革

在新民主主义革命的不同历史时期，中国共产党根据革命形势的变化，曾提出不同的土地政策：1928年中国共产党第六次代表大会，提出了建立农村革命根据地、实行分配土地的任务。[⑧] 第二次国内革命战争时期执行平分地主土地的土地改革政策。[⑨] 抗日战争期间，中国共产党为团结全国各党派、各阶级结成抗日民族统一战线，宣布暂时停止没收和平分

---

① 关井珍、赵宪五、白云祥、毕文志皆为黑龙江省五常县背阴河乡营城子屯满族农民。

② 中国科学院民族研究所、辽宁少数民族社会历史调查组：《黑龙江满族朝鲜族回族蒙古族柯尔克孜族社会历史调查》，民族出版社，2009，第13页。

③ 中国科学院民族研究所、辽宁少数民族社会历史调查组：《黑龙江满族朝鲜族回族蒙古族柯尔克孜族社会历史调查》，民族出版社，2009，第13页。

④ 中国科学院民族研究所、辽宁少数民族社会历史调查组：《黑龙江满族朝鲜族回族蒙古族柯尔克孜族社会历史调查》，民族出版社，2009，第13页。

⑤ 辽宁少数民族社会历史研究所：《黑龙江省五常县营城子调查资料》。

⑥ 中国科学院民族研究所、辽宁少数民族社会历史调查组：《黑龙江满族朝鲜族回族蒙古族柯尔克孜族社会历史调查》，民族出版社，2009，第13页。

⑦ 《新宾满族自治县概况》编写组：《新宾满族自治县概况》，辽宁大学出版社，1986，第77页。

⑧ 许汉琴：《"八七"会议前后毛泽东对中国革命的杰出贡献》，《湖北第二师范学院学报》2010年第7期。

⑨ 刘一民：《抗战时期国共两党在土地政策上的合作与互动》，《湖南师范大学社会科学学报》2005年第6期。

地主的土地，实行减租减息政策。抗战胜利后，内战危机日益严重，这就需要充分发动广大农民保卫解放区，粉碎国民党军队的进攻。[①] 在反奸清算、减租减息斗争中农民要求消灭官僚地主阶级的剥削，彻底解决土地问题。[②] 在此情况下，中共中央及时做出决定，改变土地政策，由抗日时期减租减息改为没收地主阶级的土地分配给农民。[③] 1946 年 5 月 4 日发出《关于反奸清算与土地问题的指示》，就表现出土地政策的转变。

为消灭落后的土地剥削制度、解放生产力，使满族人民获得彻底解放，必须进行土地改革。满族聚居的东北地区，从 1945 年冬天开始土改，整个运动分为清算分地、“煮夹生饭”、砍挖浮财、平分土地四个阶段，至 1948 年春全部结束。[④]

1945 年“九三”光复后，东三省满族居住的农村都成为解放区，东北行政委员会和各省对满族农民的土地分配问题，都做过明确指示：1946 年 3 月，中共松江省工委在颁行的《关于敌产处理初步办法》中，规定“满族所分得土地，有永远使用权”[⑤]。1946 年 9 月，绥宁省群工会议《关于土改中几个问题的结论》中提出：“对满族应一视同仁地分给土地，并一样给他们土地所有权。”[⑥] 1947 年 12 月，东北行政委员会颁布的关于解放区实行《土地法大纲》的补充办法中规定：“在东北解放区境内各少数民族，应与汉族同等分地，并享有所有权。”[⑦] 满族农民在各级党委的领导下，同汉族农民一起参加了伟大的土地革命运动。[⑧]

1946 年底和 1947 年初，土改工作队到各地之后，依靠贫雇农，巩固联合中农，消灭官僚地主阶级土地制度的路线，放手发动群众。经过访贫

---

① 李燕光、关捷：《满族通史》，辽宁民族出版社，2003，第 774 页。

② 杨奎松：《战后初期中共中央土地政策的变动及原因——着重于文献档案的解读》，《开放时代》2014 年第 5 期。

③ 潘永强、郝艳梅：《新民主主义革命时期毛泽东农村土地经济思想研究》，《前沿》2004 年第 10 期。

④ 程姝：《哈尔滨解放区“三农”法规研究》，黑龙江大学法律史系 2008 年硕士学位论文。

⑤ 中国科学院民族研究所、辽宁少数民族社会历史调查组：《黑龙江满族朝鲜族回族蒙古族柯尔克孜族社会历史调查》，民族出版社，2009，第 46 页。

⑥ 中国科学院民族研究所、辽宁少数民族社会历史调查组：《黑龙江满族朝鲜族回族蒙古族柯尔克孜族社会历史调查》，民族出版社，2009，第 46 页。

⑦ 孙军：《新民主主义革命时期中国共产党对满族的政策》，《长江大学学报》（社会科学版）2010 年第 3 期。

⑧ 中国科学院民族研究所、辽宁少数民族社会历史调查组：《黑龙江满族朝鲜族回族蒙古族柯尔克孜族社会历史调查》，民族出版社，2009，第 46 页。

问苦，扎根串连，把土地改革运动开展起来了。[①] 在党的领导教育下，满族农民很快提高了阶级觉悟，积极踊跃地参加了土地改革运动。各地的满族贫雇农纷纷加入农会，紧紧地团结在农会周围，并成为农会的核心力量。[②]

土改运动中，满族农民揭发与控诉了地主富农的种种罪恶。东北地主富农有恃无恐极尽所能，榨取农民血汗，抢夺农民劳动果实，桩桩件件，暴露无遗。一个满族雇农诉苦道："从前我一个肩膀养活地主，一个肩膀养活一家老小。地主不干活，吃穿不尽；咱们日夜不停地干也吃不饱饭，穿不上衣，这不是地主剥削的吗？"[③] 黑龙江省满族聚居区拉林县镶黄旗给三家大地主扛活的满族农民说："前傅家是阎王殿、后傅家是大猪圈，要吃老唐家饭，就得拿命换。"[④] 凤城县后营子屯满族农民在土改工作队的启发下，开始清算地主的剥削账。满族王老年说："自己是单身汉，给本族地主王万训扛活五年，什么也没剩下。可是，王万训一家十二口人，两个老婆，全家不劳动，吃穿不尽，这还不是吸穷人的血，养胖了自己吗？"黑心的地主不仅贪得无厌地吸取农民膏血，还图财害命。在安宁县石头坑子屯恶霸地主曾害了七条人命。农民认识到了过去的贫困完全是地主、富农等剥削阶级残酷压榨的结果。

通过诉苦与清算剥削账，揭露出地主的罪恶事实，使满族农民进一步认识到只有推倒官僚地主阶级势力，穷人才能翻身。于是，满族农民便投入如火如荼的暴烈的阶级斗争中。[⑤]

在斗争过程中，各地农会都组织了人民法庭，对地主进行审判，依法惩处。宁安县麦子沟斗争黄大地主时，许多满族农民控诉了地主的罪恶，激发了群众的阶级仇恨。

为使广大农民真正合法地占有土地，1947 年 10 月 10 日，党中央颁布了《中国土地法大纲》。在《大纲》决议中说："中国的土地制度极不合

---

① 中国科学院民族研究所、辽宁少数民族社会历史调查组：《满族简史》，民族出版社，1963，第 207 页。

② 中国科学院民族研究所、辽宁少数民族社会历史调查组：《满族简史》，民族出版社，1963，第 207 页。

③ 中国科学院民族研究所、辽宁少数民族社会历史调查组：《满族社会历史调查报告》，第一辑第二分册，民族出版社，2009，第 31 页。

④ 中国科学院民族研究所、辽宁少数民族社会历史调查组：《满族社会历史调查报告》，第一辑第二分册，民族出版社，2009，第 31 页。

⑤ 中国科学院民族研究所、辽宁少数民族社会历史调查组：《满族简史》，民族出版社，1963，第 208 页。

理。就一般情况来说，占乡村人口不到百分之十的地主、富农，占有约百分之七十至八十的土地，残酷地剥削农民。而占乡村人口百分之九十以上的雇农、贫农、中农及其他人民，却总共只有约百分之二十至三十的土地，终年劳动，不得温饱。这种严重情况，是我们民族被侵略、被压迫、穷困及落后的根源，是我们国家民主化、工业化、独立、统一及富强的基本障碍。为了改变这种情况，必须根据农民的要求，消灭封建以及半封建性剥削的土地制度，实行耕者有其田的制度。”[①] 本着土地法大纲的精神，各地满族农民，又掀起以平分土地为中心的群众运动。[②]

根据《大纲》要求，土改中没收的土地包括：日伪开拓地，敌伪政权及军队会社之地产，汉奸恶霸之地产，军阀、官僚之地产（如系过去逃亡到关内的东北军又参加抗日战争的高级军官家属则与适当照顾），外地逃亡地主地产，匪首窝主之地产，其他地主“自动”交出或群众要求交出之地产。除汉奸、恶霸、特务宣布没收其财产者外，对一般地主经营之工商业不采取没收政策。[③]

经过土改运动，彻底摧毁了农村的剥削势力，真正树立起贫雇农在政治上的优势，农村的政权掌握在人民手中。各地农会把没收地主的土地按人口平均分配给农民，满族农民也分得了土地，兴奋地说道：“铁树开了花，党的恩情大，穷人翻了身，土地也还家。”[④]

经过土改运动，东北解放区基本解决了土地问题。从此，地主富农完全失去了进行剥削的条件，根本改变了农村的社会全貌。[⑤] 对土地革命中所获得的果实，各级政府强调必须公平合理地分配给革命烈士遗属、抗日战士、抗日干部及其家属和无地少地的农民。[⑥] 随着解放战争的胜利推进，解放区日益扩大，在新解放区也逐步实行土地改革，实现了“耕者有其

---

① 中共中央《关于公布中国土地法大纲的决议》（1947 年 10 月 10 日），《晋绥日报》民国三十六年（1947）十月十三日。

② 中国科学院民族研究所、辽宁少数民族社会历史调查组：《满族简史》，民族出版社，1963，第 207 页。

③ 史殿荣：《经济研究与探索》，辽宁人民出版社，1990，第 347 页。

④ 中国科学院民族研究所、辽宁少数民族社会历史调查组：《满族简史》，民族出版社，1963，第 207 页。

⑤ 中国科学院民族研究所、辽宁少数民族社会历史调查组：《满族简史》，民族出版社，1963，第 207 页。

⑥ 彭冠龙：《从两份土地法文件看 1946 ~ 1952 年土改小说创作》，《宜宾学院学报》2015 年第 1 期。

田”的夙愿，广大满族农民彻底翻了身。

三　土改后满族农民经济状况的改善

1948年4月，满族人口聚居的东北三省大多数地区的土地改革顺利完成，阶级剥削的土地制度完全被铲除，阶级关系发生质的转变。[①] 在分田废债的政策下，分掉了地主、富农的土地和浮财，把大地主扫地出门，废除了剥削制度的债权、债务，推翻了三座大山，生产力大大提高，建立了全新的生产关系。[②]

第一，改变了农村各阶级占有土地情况。土改前，在农村中占统治地位的是地主、富农，他们人数虽少，却占有70%以上的土地。通过土地改革，地主、富农以各种手段占去的土地重归广大劳动人民，生产资料占有关系和阶级关系发生了根本的变化，彻底消灭了落后的土地制度，打垮了剥削阶级。满族贫苦农民不仅在政治上当家做主，在经济上还翻了身。

1948年满族聚居大省黑龙江省土改后农村占有土地财产情况统计，地主富农总计4642户，占总户数的16.2%，占有土地18156垧，占总垧数的18%。贫下中农总计82761户，占总户数的83.8%，占有土地31270垧，占总垧数的72%。[③] 由此可见，在广大农村各阶级土地占有情况发生了历史性的转变。如表20－5所示。

表20－5　黑龙江省土改后农村各阶级占有土地财产情况统计

成　分	户数（户）	土地（垧）	房屋（间）	车	马	园田（垧）
雇　农	10633	30320	17687	8717	5803	3407
贫　农	8127	26572	12514	5188	5274	2999
中　农	5184	25869	1069	746	3461	2780
富　农	2736	11371	4393	22	394	1741
地　主	1906	6785	1383	10	22	1129
合　计	28586	100917	37046	14683	14954	12056

资料来源：中国科学院民族研究所、辽宁少数民族社会历史调查组：《黑龙江满族朝鲜族回族蒙古族柯尔克孜族社会历史调查》，民族出版社，2009，第13页。

---

① 林梦：《解放战争时期中国共产党关于富农的理论与政策》，西南交通大学2005年博士学位论文。

② 潘喜廷：《东北亚研究——东北近代史研究》，中州古籍出版社，1994，第54页。

③ 中国科学院民族研究所、辽宁少数民族社会历史调查组：《黑龙江满族朝鲜族回族蒙古族柯尔克孜族社会历史调查》，民族出版社，2009，第13页。

新宾满族自治县落实《中国土地法大纲》，逐一丈量了土地。按水田、旱田、平地、山地、好地、孬地，划出等级进行分配，或优劣搭配，或优等少给，劣等多给。全县平均每人分地 4 亩，土地高度集中的局面被彻底打破。[①] 后仓村共有 212 户，970 口人，2684 亩耕地。其中有 15 户地主，土改前占有土地 1386 亩，占全部土地的 70%，平分土地后，地主分得 197 亩，只占全村土地的 7%。后仓村土改前有 148 户贫雇农没有一分田地，土改后，分得土地 1272 亩，占全村土地的 48%。[②] 土地改革后，地主、富农等剥削阶级所占有的大量土地重新回到广大劳动人民的手中，剥削阶级土地制度被废除。

第二，完成了"耕者有其田"的民主革命使命。土地改革，实现了"耕者有其田"的革命夙愿，使农村发生根本变化。仅据松江、龙江、合江、嫩江四地的不完全统计，平分土地 5000 余万亩，牛马 408000 匹，挖出金子 19500 余两，银子 48700 余斤，衣服 520 余万件等。[③] 在合江地区的满族农民平均每人分得 7 亩到 12 亩地。大多数贫雇农每家分得一头牲口，至于房子和衣服等一般也都解决了。[④] 在满族农民聚居的凤城县后营子屯没收地主富农土地 873 亩，分给 195 户贫雇农，从而使全屯农民都重获土地，有了独立进行生产的条件。黑龙江省满族聚居区拉林县，在土地改革中，共批斗地主 1908 户，富农 2736 户，农民分得土地 29742 垧。拉林县满族聚居的南老营子屯，全屯 496 户，分土地 332 户，共平分土地 380 垧，房屋 30 间。[⑤] 再如满族聚居的拉林县背阴河乡营城子屯，全屯 675 户，分土地 425 户，共平分土地 842 垧 6 亩 7 分。[⑥] 土地改革后，拉林县各阶级占有土地及其他生产资料情况如表 20－6 所示。

---

① 《新宾满族自治县概况》编写组：《新宾满族自治县概况》，辽宁大学出版社，1986，第 78 页。

② 《新宾满族自治县概况》编写组：《新宾满族自治县概况》，辽宁大学出版社，1986，第 78 页。

③ 曲晓溪：《解放战争时期党领导的黑龙江土地改革》，《世纪桥》2011 年第 22 期。

④ 中国科学院民族研究所、辽宁少数民族社会历史调查组：《满族简史》，民族出版社，1963，第 209 页。

⑤ 中国科学院民族研究所、辽宁少数民族社会历史调查组：《黑龙江满族朝鲜族回族蒙古族柯尔克孜族社会历史调查》，民族出版社，2009，第 13 页。

⑥ 中国科学院民族研究所、辽宁少数民族社会历史调查组：《黑龙江满族朝鲜族回族蒙古族柯尔克孜族社会历史调查》，民族出版社，2009，第 13 页。

表 20－6　黑龙江省拉林县土改后农村各阶级占有土地情况

阶级	人口	占有土地（垧）	每人平均约（垧）
雇农	40486	30320.94	0.75
贫农	37786	26572.39	0.70
中农	30153	20869.56	0.69
富农	21872	11371.93	0.52
地主	12498	6785.03	0.54

资料来源：中国科学院民族研究所、辽宁少数民族社会历史调查组：《黑龙江满族朝鲜族回族蒙古族柯尔克孜族社会历史调查》，民族出版社，2009，第 15 页。

广大满族农民分得土地，获得牲畜，铲除了阶级剥削的基础，建立起新民主主义经济制度，真正实现了“耕者有其田”。

第三，农民分得生产资料，积极扩大再生产。通过土地改革运动，满族广大贫雇农不仅分得土地，还分得牲畜、农具、房屋以及其他斗争果实。满族农民欢庆土地还家，拥有土地和生产资料后的农民们生产积极性空前提高，迫切希望彻底摆脱贫困落后状态，农业生产在土改后短短数年中得到空前发展。如黑龙江省爱辉县土改后耕地面积，劳动力数量，牲畜数量都显著提高。农民摆脱了各种束缚和剥削，开始有能力进行生产投资。除个人购买大量犁、锄、镐、锨、镰刀等小型农具外，许多地区还购买了新式农具，如铲蹚机、播种机、收割机等（见表 20－7）。

表 20－7　黑龙江省爱辉县大五家子屯土改前后耕地、牲畜、劳动力变化

项目 时间	耕地面积（垧）	劳动力		畜力	
		总计	每人平均（垧）	总数（头）	每匹马平均垧数
土改前	410	170	2.4	125	3.28
土改后	462	175	2.58	133	3.39
1948 年底	642.18	220	2.9	160	5.2
1949 年春	824.17	246.5	3.35	164	5.205

资料来源：中国科学院民族研究所、辽宁少数民族社会历史调查组：《黑龙江满族朝鲜族回族蒙古族柯尔克孜族社会历史调查》，民族出版社，2009，第 18 页。

第四，劳动力增多，生产效率提升。土改前，残酷的压榨剥削使大量劳动力遭受无偿损耗，浪费很大。土改后，满族人民获得了必要的生产资料，劳动生产效率大大提升。同时，广大妇女积极踊跃地参加生产，增添了一批生力军。满族参加生产的妇女达到了一半以上。

第五，生产技术改进。由于历史原因，土改前满族人民多系当兵或做小商人，缺乏农业生产技术和管理知识，农作物产量很低，不能满足自身生活需要。土改后，党和政府贯彻了民族政策，帮助少数民族恢复和发展生产，根据实际情况给予满族农民大量贷款，帮助他们解决牲畜和农具困难。满族人民获得了必要生产资料，拥有了改进生产技术的物质基础。在备耕、施肥、选种、耕作方法、改良土壤、牲畜饲养方面都有了很大改进。[①]

生产技术改进，提高了劳动生产效率，大大提高了粮食产量，满族生产得到恢复和发展。满族聚居区新宾县外和睦屯，土改前高粱亩产 400 斤，土改后提高到 450 斤，苞米也由亩产 500 斤提高到 550 斤，其他作物也都有不同程度的增产。[②] 满族农牧业技术的进步，为工业化提供了必要的粮食和工业原料，同时也扩大了商品销售市场。

土地改革的胜利，促进了满族农业生产的发展，满族农民在政治上和经济上翻了身，生产积极性空前高涨，在生产发展基础上，人民生活水平也开始提高。但生产资料仍为个体农民所有，分散的小农经济既无力改善农业生产条件，也无法抵御较大的自然灾害，党和政府积极引导满族农民“组织起来”，遵循自愿互利的原则，走农业合作化的道路。1949 年，部分满族农民为解决劳力不足、畜力车力短缺等困难，在换工、换农具基础上，自愿组织起不同形式的互助组，在生产中互通有无，互利互助，初步显示了“组织起来”的优越性。

1949 年中华人民共和国的成立，终结了民族压迫制度。满族人民饱受帝国主义侵略、国民党官僚压迫、地主阶级剥削的历史一去不复返。在中国共产党民族政策指引下，满族人民享受到了民族平等的权利，在满族聚居区建立了自治政权，在新民主主义经济福泽下，满族经济史翻开了新篇章。

---

① 中国科学院民族研究所、辽宁少数民族社会历史调查组：《满族简史》，民族出版社，1963，第 210 页。

② 辽宁少数民族社会历史调查组编《满族社会历史调查报告》第一辑，1964，第 14 页。

参考文献

一 古籍及档案资料

[1]《八旗通志初集》卷一七、卷一八、卷二三、卷二八、卷二九、卷五四、卷六八、卷七〇。

[2]《八旗通志续志》卷六八。

[3]《八旗文经》卷二七、卷六〇。

[4]《北风扬沙录》。

[5]《北史》卷九四。

[6]《北洋公犊类纂》卷一。

[7]《渤海国志长篇》卷十六。

[8]《财政年鉴》。

[9]《册府元龟》卷九六八、卷九七二、卷九九九。

[10] 长顺:《吉林通志》卷一〇四。

[11]《朝鲜李朝实录·成宗》卷五七、卷八〇、卷一五九、卷二二五、卷二五五、卷二五九、卷二六三、卷二七八、卷二八二。

[12]《朝鲜李朝实录·仁祖》卷二、卷一六、卷一八。

[13]《朝鲜李朝实录·世宗》卷八、卷二三、卷二四、卷二五、卷六一、卷七七、卷八六。

[14]《朝鲜李朝实录·世祖》卷二六、卷二七。

[15]《朝鲜李朝实录·太宗》卷一〇、卷一九、卷二一。

[16]《朝鲜李朝实录·宣祖》卷六九、卷七一、卷一三四。

[17]《朝鲜李朝实录·燕山君日记》卷一六、卷一七。

[18]《朝鲜李朝实录·中宗》卷二七。

[19]《朝鲜李朝实录中国史料(下编)》卷三。

[20]《陈亮集》卷二。

[21] 陈仁锡:《无梦园初集》卷三、卷一〇。
[22]《陈言图报奏》,《史料丛刊》所收,天聪六年正月二十九日。
[23]《承德县志书》,奉天交涉司路南作新石印局。
[24] 程开祜:《筹辽硕画》卷二〇、卷三七、卷四一。
[25]《大戴礼记》卷十一。
[26]《大金国志》卷六、卷十二、卷二三、卷三六、卷三九。
[27]《大明会典》卷一一一、卷一二九。
[28]《大清光绪会典事例》卷八六、卷八七、卷一一三、卷二五四。
[29]《德宗实录》卷五五一、卷五七一。
[30] 董佳明:《音汉清文鉴》卷一三。
[31]《东三省政略》卷一、卷七、卷八、卷十一。
[32]《奉天通志》卷一二、卷三二、卷四二、卷四九、卷五十、卷一〇八、卷一一六、卷一四七。
[33]《奉天调查局档案》卷三一二一〇。
[34] 福格:《听雨丛谈》,中华书局,1984。
[35]《滏水文集》卷十二,《故叶令刘君遗爱碑》。
[36]《高丽史·成宗世家》。
[37]《高丽史·睿宗世家》
[38]《更生斋文甲集》卷四。
[39]《光海君日记》卷二、卷一六九。
[40]《光绪邸报全录》。
[41]《光绪二十六年十二月二十六日上谕》。
[42]《光绪会典事例》卷二。
[43]《广州府志》卷六五。
[44]《归潜志》卷八、卷十。
[45]《国语·鲁语下》卷五。
[46]《国朝宫史》卷一九。
[47]《汉书》卷六。
[48]《杭州八旗驻防营志略》卷二。
[49]《黑龙江述略》卷四。
[50]《黑龙江外纪》卷六。
[51]《黑龙江志稿》卷八。

[52]《后汉书》卷八五。
[53]《户部井田科奏咨辑要》。
[54]《淮南子》卷一。
[55]《寰宇通志》卷一一〇。
[56]《皇明从信录》卷五。
[57]《皇清名臣奏议汇编初集》卷一四五。
[58]《皇清开国方略》卷一〇。
[59]《皇清奏议》卷四一。
[60] 黄维翰:《呼兰府志》。
[61]《吉林通志》卷三一、卷三八。
[62]《建炎以来系年要录》卷十八。
[63]《建州纪程图记》。
[64] 金德纯:《旗军志》张潮题词。
[65]《金华文集》卷二五。
[66] 金梁:《光宣小记》。
[67]《金文最》卷七二、卷七三。
[68]《金史》卷一、卷二、卷三、卷四、卷五、卷六、卷七、卷九、卷十一、卷十二、卷十三、卷十五、卷十八、卷二四、卷三六、卷四四、卷四五、卷四六、卷四七、卷四八、卷四九、卷五〇、卷五一、卷五五、卷五七、卷六五、卷六七、卷六八、卷七〇、卷八八、卷八九、卷九六、卷一〇〇、卷一〇二、卷一〇四、卷一〇六、卷一〇七、卷一〇八、卷一〇九、卷一一三、卷一一九,《金史·地理志》《金史·高丽传》《金史·世纪一》《金史·世纪二》《金史·乌春》。
[69]《金史详校》卷四。
[70]《晋书》卷九十、卷九七。
[71]《荆州八旗驻防志》卷六。
[72]《旧唐书》卷九九下、卷一九九下。
[73]《军机处录副奏折》卷一〇〇。
[74]《开元县志》卷二、卷八。
[75]《开原图说》卷上。
[76]《辽东志》卷二、卷三、卷七、卷九。

[77]《辽史·食货》《辽史·太祖纪》《辽史·太宗纪》。
[78]《老档秘录》卷上、卷下。
[79] 李桓辑《国朝耆献类征》卷一,《达海传》。
[80]《李康惠公奏疏》卷一五四。
[81]《李文忠公全集》奏稿卷九。
[82]《李文忠公全书,电稿》卷二三。
[83] 陆游:《老学庵笔记》。
[84]《满文老档·太宗》卷一、卷六、卷五五。
[85]《满文老档·太祖》卷二、卷三、卷四、卷五、卷一三、卷二〇、卷二一、卷二三、卷二四、卷二五、卷二六、卷二七、卷二八、卷三〇、卷三一、卷三二、卷三三、卷三五、卷三七、卷三八、卷四四、卷四五、卷四七、卷四九、卷五五、卷五八、卷六〇、卷六一、卷六二、卷六五、卷六六。
[86]《满洲实录》卷二、卷三。
[87]《满洲老档秘录》上编、下编。
[88]《蒙古风俗鉴》卷一。
[89] 苗耀:《神麓记》。
[90]《明会典》卷一一一。
[91]《明经世文编》卷四二二、四八〇。
[92]《明清史料》甲编第七本、第八本;乙编第二本;丙编第一本。
[93]《明史》卷一九八。
[94]《明神宗实录》卷三、卷四九四、卷五六八。
[95]《明实录》正统二年十月癸未条。
[96]《明太宗实录》卷三四、卷四一、卷六四、卷一〇七。
[97]《明武宗实录》卷一四、一〇五。
[98]《明宪宗实录》卷七四、卷一七六、卷一九五、卷二六八。
[99]《明孝宗实录》卷一五四、卷一九五。
[100]《明一统志》卷八六。
[101]《明英宗实录》卷四一。
[102] 欧阳兆熊:《水窗春呓》。
[103] 彭孙贻:《山中闻见录》卷三。
[104]《契丹国志》卷二十、卷二二。

[105]《潜确居类书》卷一四。
[106]《钦定八旗则例》卷三。
[107]《钦定大清会典（康熙朝）》卷一、卷一二三。
[108]《钦定大清会典（雍正朝）》卷一。
[109]《钦定宗人府则例（乾隆朝）》卷三。
[110]《钦定大清会典（嘉庆朝）》卷一、卷一三、卷六八。
[111]《钦定大清会典（光绪朝）》卷三九、卷一一一四。
[112]《钦定大清会典事例》卷二八九、卷一一九八、卷一二〇八。
[113]《钦定理藩部则例》，天津古籍出版社，1998。
[114]《清代经世文编》卷三五。
[115]《清朝文献通考》卷五、卷一三、卷一七、卷八八、卷一七九、卷一九一、卷二四六。
[116]《清朝续文献通考》卷六、卷七、卷九、卷二六、卷七一。
[117]《清代东北地区经济史》卷一。
[118]《清高宗实录》卷一七、卷四四、卷九八、卷一〇二、卷一〇三、卷一一六、卷一二一、卷一二四、卷三八五、卷四七六、卷五二六、卷五七三、卷五七六、卷五七七、卷五七八、卷五九三、卷五九五、卷六九一、卷七三五、卷九〇五、卷九五四、卷一一三九、卷一一五四、卷一四八八。
[119]《清皇室四谱》(上海聚珍仿宋本)，卷三。
[120]《清开国史料考叙论订补编》。
[121]《清季外交史料》卷一五〇。
[122]《清穆宗实录》卷八八、卷二八三。
[123]《清穆宗毅皇帝实录》卷五二、卷六三。
[124]《清仁宗实录》卷五六、卷一一一、卷一一三、卷一四八、卷一五三、卷一七一、卷二二五、卷二二七、卷二五四、卷三一三。
[125]《清仁宗御制文二集》卷二。
[126]《清圣祖实录》卷二、卷六、卷一八、卷二二、卷三二、卷四三、卷四四、卷八七、卷九一、卷一〇二、卷一〇六、卷一一二、卷一四四、卷一五一、卷一九八、卷二一〇、卷二二二、卷二三一、卷二五二、卷二六二、卷二八七、卷五七六。
[127]《清史稿》卷一三、卷一一四、卷一二〇、卷一二一、卷一二五、

卷一三七、卷二一八、卷三六二。
[128]《清史列传》卷二、卷三、卷二三、卷三五。
[129]《清世宗实录》卷五六、卷六一、卷八五、卷八九、卷一一八、卷一二七、卷一五二、卷二四五。
[130]《清世祖实录》卷六、卷九、卷一二、卷一三、卷一四、卷一五、卷二〇、卷二二、卷二五、卷三〇、卷四〇、卷四七、卷五八、卷七二、卷七四、卷七六、卷八〇、卷八八、卷九〇、卷一四九。
[131]《清太宗实录》卷一、卷三、卷四、卷五、卷六、卷七、卷八、卷九、卷一〇、卷一一、卷一三、卷一五、卷一六、卷一七、卷一八、卷二四、卷二五、卷二八、卷二九、卷三〇、卷三一、卷三三、卷三四、卷三五、卷三六、卷三九、卷四一、卷四六、卷四七、卷五二、卷五五、卷五七、卷五八、卷五九、卷六二、卷六五。
[132]《清太祖实录》卷一、卷二、卷三、卷四。
[133]《清文彙书》卷七。
[134]《清文鉴》卷一九。
[135]《清宣宗实录》卷一〇二、卷一五三、卷一六五、卷三一六。
[136] 瞿九思:《万历武功录》卷一一。
[137]《全辽志》卷一。
[138]《容斋三笔》卷三。
[139]《三国志》卷三、卷四、卷三〇。
[140]《三朝北盟会编》卷三、卷二四四。
[141]《山海经》卷十七。
[142] 沈德符:《万历野获编》卷三〇。
[143]《沈馆录》卷三。
[144] 沈鲤:《纶扉奏稿》卷二。
[145] 沈垚:《落帆楼集》卷八。
[146]《盛京内务府地亩稿档》。
[147]《盛京通志》卷一、卷一八、卷二四。
[148] 申忠一:《建州图录》。
[149] 史惇:《恸余杂记》。
[150]《史记》卷一、卷四。

[151]《宋会要辑稿·蕃夷三·女真》。
[152]《宋史·外三国·高丽》。
[153]《宋史》卷一七六。
[154]《隋书》卷八、卷八一。
[155] 谈迁:《北游录》。
[156] 谈迁:《国榷》卷一四、卷七八。
[157]《唐会要》卷二一九。
[158]《天聪朝臣工奏议》卷上，卷中。
[159] 万表:《黄明经济文录》卷三四。
[160]《王司马奏疏》卷二。
[161]《王、张二公疏》卷一。
[162]《围场文史资料》第二辑。
[163]《为旗民工艺厂呈发给毕业学生文凭备案由》，《黑龙江政府档案》卷科二〇。
[164]《魏书》卷一〇。
[165] 魏源:《圣武记》卷三、卷一四。
[166]《文献通考》卷三二七。
[167]《五代会要》。
[168] 吴桭臣:《宁古塔纪略》，《小方壶斋舆地丛钞》第一帙。
[169] 吴振域:《养吉斋丛录》，北京：北京古籍出版社，1983 年。
[170]《锡良奏稿》第二册
[171]《闲闲老人滏水文集》卷十一、卷十二。
[172] 熊廷弼:《熊经略集》卷一。
[173]《新唐书》卷八七、卷九六、卷九七、卷九八、卷九九、卷一〇〇、卷一〇三、卷一二八、卷一二九、卷二一九。
[174]《许恭襄公边镇论》卷一。
[175] 徐珂:《清稗类钞》。
[176]《续文献通考》卷四。
[177] 徐宗亮等撰:《黑龙江述略》。
[178]《宣统元年十二月奉署档》卷三。
[179]《宣统政纪》卷七〇。
[180] 薛福成:《庸庵笔记》卷三。

[181]《御制文三集》卷一六。
[182] 严从简:《殊域周咨录》卷二四。
[183] 杨宾:《柳边纪略》,《小方壶斋舆地丛钞》第一帙。
[184] 杨正泰:《嘉庆重修一统志》卷五七。
[185] 叶向高:《苍霞草》卷一一。
[186] 叶向高:《女直考》。
[187] 奕赓:《管见所及》。
[188]《遗山文集》卷十八《嘉议大夫陕西东路转运使刚敏公神道碑》。
[189]《永吉县志》卷三一。
[190] 元好问:《续夷坚志》卷四。
[191]《元典章》卷一七。
[192]《元史》卷一、卷六、卷七、卷八、卷九、卷一〇、卷十一、卷十二、卷十三、卷十四、卷十五、卷十六、卷十七、卷二〇、卷二一、卷二四、卷二五、卷三三、卷四〇、卷四一、卷四三、卷四四、卷五八、卷五九、卷九一、卷九四、卷九六、卷九八、卷一〇〇、卷一三三、卷一四六。
[193] 昭梿:《啸亭杂录》卷一、卷二。
[194] 张济民:《辽阳县志》卷二四。
[195] 庄季裕:《鸡肋编》。
[196]《支那经济书》卷一〇。
[197]《竹书纪年》卷上。
[198]《硃批谕旨》第一册、第三九册。
[199]《宗人府说堂稿》。
[200]《宗人府堂稿来文》。
[201]《左传》昭公九年,《十三经注疏·春秋左传注疏》卷四五。

二 专著

[1]〔苏〕阿瓦林:《帝国主义在满洲》,商务印书馆,1980。
[2] 爱新觉罗·溥仪:《我的前半生》,群众出版社,1991。
[3] 曲绍宏、白丽健:《中国近代财政简史》,南开大学出版社,2006。
[4] 宝廷:《长白先生奏议》卷上,《请教养宗室片》,载(清)夏震武编《嘉定(徐致祥)、长白(宝廷)二先生奏议》,台北,文海出版

社，1969。

［5］北京市地方志编纂委员会编著《北京志·民族·宗教卷·民族志》，北京出版社，2006。

［6］北京市民族古籍整理出版规划小组辑校《清蒙古车王府藏子弟书》，国际文化出版社，1994。

［7］北京市哲学社会科学规划办公室、北京市教育委员会、北京学研究基地编《北京文化发展研究报告》，同心出版社，2006。

［8］〔日〕滨下武志：《中国近代经济史研究》，人民出版社，1989。

［9］邴正、邵汉明主编《东北抗日战争研究》（第六卷），吉林文史出版社，2007。

［10］波·少布主编《黑龙江满族述略》，哈尔滨出版社，2005。

［11］步平等编《东北国际约章汇释》，黑龙江人民出版社，1987。

［12］《长春文史资料》编辑部：《伪满洲国十四年史话》，吉林人民出版社，1988。

［13］常书红：《辛亥革命前后的满族研究》，社会科学文献出版社，2011。

［14］陈锋：《清代财政政策与货币政策研究》，武汉大学出版社，2008。

［15］陈锋：《中国财政通史（清代财政史）》，湖南人民出版社，2015。

［16］陈连营：《帝国黄昏——徘徊在近代门槛的中国社会》，人民出版社，2012。

［17］陈楠、任小波主编《藏族史纲要》，中央民族大学出版社，2014。

［18］陈钦：《北洋大时代》，长江文艺出版社，2013。

［19］陈侠君：《筹鄂（俄）龟鉴》，台北，文海出版社有限公司，1971。

［20］陈支平：《清代赋役制度演变新探》，厦门大学出版社，1988。

［21］陈致远：《日本侵华细菌战》，中国社会科学出版社，2014。

［22］陈宗舜：《末代皇父载沣》，北方文学出版社，1987。

［23］《大中国文化》编委会：《中国历代经济简史》，外文出版社，2012。

［24］戴绪恭、谭克绳主编《中国现代史研究概览》，华中师范大学出版社，1990。

［25］戴逸、史全生：《中国近代史通鉴（1840～1949）》，红旗出版社，1997。

［26］戴迎华：《清末民初旗民生存状态研究》，人民出版社，2012。

[27] 〔日〕稻叶君山：《清朝全史》，但焘编译，吉林出版集团有限责任公司，2010。
[28] 定宜庄：《清代八旗驻防制度研究》，天津古籍出版社，1992。
[29] 定宜庄：《最后的记忆——十六位旗人妇女的口述历史》，中国广播电视出版社，1999。
[30] 丁海斌、时义：《清代陪都盛京研究》，中国社会科学出版社，2007。
[31] 东北财经委员会调查统计处编《伪满时期东北经济统计（1931～1945)》（东北经济参考资料二），1949。
[32] 东北解放区财政经济史编写组：《东北解放区财政经济史资料选编》，黑龙江人民出版社，1988。
[33] 东北沦陷十四年史总编室、日本殖民地文化研究会编《伪满洲国的真相：中日学者共同研究》，社会科学文献出版社，2010。
[34] 东北三省中国经济史学会编印《东北经济史论文集（下册)》，吉林教育出版社，1983。
[35] 东北物资调节委员会研究组编《东北经济小丛书》，吉林教育出版社，1983。
[36] 杜家骥：《清朝满蒙联姻研究》，人民出版社，2003。
[37] 恩格斯：《马克思恩格斯全集》（第21卷），人民出版社，1979。
[38] 费正清、费维恺编《剑桥中华民国史（1912～1949)》，中国社会科学出版社，1993。
[39] 冯玉祥：《国事刍言（冯玉祥选集)》，人民出版社，1998。
[40] 冯仲云：《东北抗日联军十四年奋斗简史》，冀中新华书店，1946。
[41] 付百臣、刘信君：《吉林建省百年记事》，吉林人民出版社，1995。
[42] 傅波：《赫图阿拉与满族姓氏家谱研究》，辽宁民族出版社，2005。
[43] 傅懋勋：《罗常培纪念论文集》，商务印书馆，1984。
[44] 傅孙铭：《沙俄侵华史简编》，吉林人民出版社，1992。
[45] 范文澜：《中国财政史》，商务印书馆，1962。
[46] 高哲、高若千泽：《开国领袖毛泽东》，中央文献出版社，2013。
[47] 国家清史编纂委员会编译组：《清史译丛第一辑》，中国人民大学出版社，2004。
[48] 高德步：《百年经济衰荣》，中国经济出版社，2000。

[49] 高晓燕:《东北沦陷时期殖民地形态研究》,社会科学文献出版社,2013。
[50] 高哲:《开国领袖毛泽东》,中央文献出版社,2013。
[51] 顾奎相:《东北古代民族研究论纲》,中国社会科学出版社,2007。
[52] 关纪新:《老舍与满族文化》,辽宁民族出版社,2008。
[53] 关凯:《中国满族》,中华民族出版社,2012。
[54] 郭沫若主编《中国史稿》(第一册),人民出版社,1976。
[55] 郭晓婷:《子弟书与清代旗人社会研究》,中国社会科学出版社,2013。
[56] 哈尔滨市地方志编纂委员会:《哈尔滨市志·粮食·供销合作社》,黑龙江人民出版社,1997。
[57] 海关总税务司:《通商各关华洋贸易总册》,1913 年中英文本。
[58] 韩效文、杨建新:《各民族共创中华》,甘肃文化出版社,1999。
[59] 何德刚:《春明梦录·客座偶谈》,上海古籍出版社,1983。
[60] 何烈:《清咸同时期的财政》,国立编译馆,1981。
[61] 何平:《清代赋税政策研究》,故宫出版社,2012。
[62] 弘治、张鑫典、孙大超:《盛世之毁》,华文出版社,2004。
[63] 胡钧:《中国财政史》,商务印书馆,1920。
[64] 胡素珊:《中国的内战:1945~1949 年的政治斗争》,中国青年出版社,2014。
[65] 霍文达、许树沛:《中国少数民族高等教育发展史研究》,广西民族出版社,2008。
[66] 吉林市博物馆编《吉林史迹》,吉林人民出版社,1984。
[67] 吉林省地方志编纂委员会编纂《吉林省志·国内商业志·粮食》,吉林人民出版社,1991。
[68] 贾敬颜:《民族历史文化萃要》,吉林教育出版社,1990。
[69] 蒋坚忍:《日本帝国主义侵略中国史》,上海联合书店,1931。
[70] 蒋芜苇、隋鸿跃:《爱新觉罗的后裔们》,上海人民出版社,1997。
[71] 〔俄〕A. B. 基尔希纳:《攻克瑷珲》,郝建恒译,商务印书馆,1984。
[72] 〔日〕箭内亘:《元代蒙汉、色目待遇考》,陈捷、陈清泉汉译本,商务印书馆,1932。
[73] 金普森:《近代中国外债研究的几个问题》,浙江大学出版社,2011。

[74] 金毓绂主编《辽海丛书（四）》，辽沈书社，1985。
[75] 孔经纬：《东北经济史》，四川人民出版社，1986。
[76] 孔经纬：《清代东北地区经济史》，黑龙江人民出版社，1990。
[77] 孔经纬：《伪满时期的东北经济状况》，吉林教育出版社，1994。
[78] 赖惠敏：《清皇族的阶层结构与经济生活》，辽宁民族出版社，2001。
[79] 赖惠敏：《乾隆皇帝的荷包》，中华书局，2016。
[80] 老舍：《正红旗下》，人民文学出版社，1981。
[81] 李鹏年、朱先华等编著《清代中央国家机关概述》，紫禁城出版社，1989。
[82] 李凤琪：《青州旗城》，山东文艺出版社，1999。
[83] 李文治：《中国近代农业史资料（1840～1911）》第1辑，生活·读书·新知三联书店，1957。
[84] 李为：《清代粮食短缺与东北地区土地开发》，吉林人民出版社，2011。
[85] 李一：《荆宜施鹤光复记》，载柴德庚等编，中国史学会主编“中国近代史资料丛刊”《辛亥革命》（五），上海人民出版社，2000。
[86] 李一鸣：《川岛芳子传》，吉林大学出版社，2010。
[87] 李云泉：《朝贡制度史论——中国古代对外关系体制研究》，新华出版社，2004。
[88] 李燕光、关捷主编《满族通史》，辽宁民族出版社，2003。
[89] 李治亭：《清朝通史·顺治朝》，紫禁城出版社，2003。
[90] 林家有：《孙中山与辛亥革命史研究的新审视》，广东教育出版社，2011。
[91] 林家有：《辛亥革命与少数民族》，河南人民出版社，1981。
[92] 辽宁少数民族社会历史调查组编《满族社会历史调查报告》（第一辑、第二辑），中国科学院民族研究所，1964。
[93] 辽宁少数民族社会历史研究所：《黑龙江省五常县营城子调查资料》，1964。
[94] 辽宁省地方志编纂委员会办公室主编《辽宁省志·少数民族志》，辽宁民族出版社，2000。
[95] 列宁：《国家与革命》，人民出版社，1953。
[96] 罗贤佑：《元代民族史》，《中国历代民族史丛书》第六卷，四川民

族出版社，1996。
[97] 刘子敏等：《东北亚金三角沿革开发史及其研究》，黑龙江朝鲜民族出版社，2000。
[98] 刘凤云、刘文鹏编《清朝的国家认同》，中国人民大学出版社，2010。
[99] 刘小萌：《清代八旗子弟》，辽宁民族出版社，2008。
[100] 刘小萌：《清代北京旗人社会》，中国社会出版社，2008。
[101] 刘小萌：《满族从部落到国家的发展》，中国社会出版社，2007。
[102] 刘小萌：《旗人史话》，社会科学文献出版社，2011。
[103] 刘秉麟：《近代中国外债史稿》，武汉大学出版社，2007。
[104] 刘显之：《成都满蒙族片段史》，四川民族出版社，1995。
[105] 刘信君、霍燎原主编《中国东北史（修订版）第六卷》，吉林文史出版社，2006。
[106] 刘永佶：《官文化批判》，中国经济出版社，2011。
[107] 刘子扬编著《清代地方官制考》，紫禁城出版社，1988。
[108] 罗继祖：《枫窗脞语》，中华书局，1984。
[109] 罗曼诺夫：《帝俄侵略满洲史》，商务印书馆，1937。
[110] 马克：《黑龙江旅行记（中译本）》，商务印书馆，1977。
[111] 马克思：《路易·波拿马的雾月十八日》，《马克思恩格斯选集》第一卷，人民出版社，1972。
[112] 马克思：《资本论》第一卷，人民出版社，1975。
[112] 〔日〕满洲国史刊行会编《满洲国史》，黑龙江省社会科学院历史研究所译印，1990。
[114] 《满族简史》编写组：《满族简史》，中华书局，1979。
[115] 茅海建：《天朝的崩溃》，三联书店，2011。
[116] 毛泽东：《毛泽东选集》，人民出版社，1991。
[117] 宓汝成：《中国近代铁路史资料》第2册、第3册，中华书局，1963。
[118] 闵纬国：《当通胀来了》，机械工业出版社，2012。
[119] 莫东寅：《满族史论丛》，人民出版社，1958。
[120] 摩尔根：《古代社会》，商务印书馆，1971。
[121] 内蒙古自治区委员会文史资料研究文员会编《内蒙古文史资料（第35辑）》，内蒙古人民出版社，1989。

[122] 欧阳琳：《光宣时期吉林旗人生计研究》，东北师范大学，2014。
[123] 潘景隆、张璇如：《清代档案史料选编，吉林旗人生计》，天津古籍出版社，1991。
[124] 潘喜廷：《东北亚研究——东北近代史研究》，中州古籍出版社，1994。
[125] 彭信威：《中国货币史》，上海人民出版社，2007。
[126] 彭泽益：《十九世纪后半期的中国财政与经济》，人民出版社，1983。
[127] 齐福霖：《伪满洲国史话》，社会科学文献出版社，2011。
[128] 祁美琴：《清代内务府》，辽宁民族出版社，2009。
[129] 人民出版社编辑部：《马克思主义经典作家论历史科学》，人民出版社，1961。
[130] 人民教育出版社历史室编《世界近现代史》，湖南人民出版社，2005。
[131] 〔韩〕任桂淳：《清朝八旗驻防兴衰史》，三联书店，1993。
[132] 日本关东厅庶务课调查系：《1900、1901 年二於ケル关东州统治状况二关スル“アレキセ—フ”总督ノ上奏文》，商务印书馆，1931。
[133] 石毓符：《中国货币金融史略》，天津人民出版社，1984。
[134] 斯大林：《论辩证唯物主义和历史唯物主义》，斯大林文选（上册），人民出版社，1956。
[135] 史殿荣：《经济研究与探索》，辽宁人民出版社，1990。
[136] 宋恩荣、余子侠：《日本侵华教育全史》东北卷，人民教育出版社，2005。
[137] 苏崇民：《满铁史》，中华书局，1990。
[138] 苏崇民主编《满铁档案资料汇编》第六卷，社会科学文献出版社，2011。
[139] 苏崇民主编《满铁档案资料汇编》第十卷，社会科学文献出版社，2011。
[140] 孙邦主编《伪满史料丛书·经济掠夺》，吉林人民出版社，1993。
[141] 孙海延：《长春市志粮食志》，吉林人民出版社，1996。
[142] 孙激扬：《港口史话》，大连海事大学出版社，2006。
[143] 孙静：《满洲民族共同体形成历程》，辽宁民族出版社，2008。

[144] 孙进己：《东北民族源流》，黑龙江人民出版社，1987。
[145] 孙进己：《东北古代各族使用铁器的三个阶段——东北民族史研究》，中州古籍出版社，1994。
[146] 孙进己：《公有制向私有制过渡者诸形态的区别——东北民族史研究》，中州古籍出版社，1994。
[147] 孙进己、孙泓：《女真民族史》，广西师范大学出版社，2010。
[148] 孙翊刚：《中国财政史》，中国社会科学出版社，2003。
[149] 孙毓棠：《中国近代工业史资料》，第1辑上册，科学出版社，1957。
[150] 淡宗英：《中国历史大辞典·宋夏金元分册》，上海辞书出版社，1986
[151] 汤景泰：《白山黑水：满族传播研究》，复旦大学出版社，2014。
[152] 藤利贵：《伪满经济统治》，吉林教育出版社，1992。
[153] 滕绍箴：《满族发展史初编》，天津古籍出版社，1990。
[154] 滕绍箴：《清代八旗子弟》，中国华侨出版公司，1989。
[155] 滕绍箴、滕瑶：《满族游牧经济》，经济管理出版社，2001。
[156] 佟悦：《清代盛京城》，辽宁民族出版社，2009。
[157] 〔美〕托马斯·莱昂斯：《中国海关与贸易统计（1859～1948）》，浙江出版社，2009。
[158] 万仁元、方庆秋、王奇生：《中国抗日战争大辞典》，湖北教育出版社，1995。
[159] 汪敬虞：《中国近代工业史资料》（第二辑）下册，科学出版社，1957。
[160] 王承礼：《中国东北沦陷十四年史纲要》，中国大百科全书出版社，1991。
[161] 王方中：《1842～1949年中国经济史编年记事》，中国人民大学出版社，2014。
[162] 王桧林、郭大钧、鲁振祥主编《中国通史》第12卷，近代后编（1919～1949）上册，第2版，上海人民出版社，2013。
[163] 王佩环：《一个登上龙廷的民族》，辽宁民族出版社，2006。
[164] 王守梅、翟留栓主编《政治经济学通论》，北京师范大学出版社，2000。
[165] 王铁崖：《中外旧约章汇编》，三联书店，1957。

[166] 王希隆：《各民族共创中华：满族、锡伯族、达斡尔族、鄂温克族、鄂伦族、赫哲族的贡献》，甘肃文化出版社，1999。
[167] 王先谦：《东华录》，上海古籍出版社，2008。
[168] 王彦威：《清季外交史料》卷一二九，书目文献出版社，1987。
[169] 王玉卿、李鹏年：《清宫史事》，紫禁城出版社，1986。
[170] 王兆春：《中国火器史》，军事科学出版社，1991。
[171] 王钟翰：《满族史研究集》，中国社会科学出版社，1988。
[172] 王钟翰：《清史满族史讲义稿》，鹭江出版社，2006。
[173] 王钟翰：《清史杂考》，中华书局，1963。
[174] 王钟翰：《清心集》，新世界出版社，2002。
[175] 翁独健主编《中国民族关系史纲要》，中国社会科学出版社，2001。
[176] 吴正格编著《满族食俗与清宫御膳》，辽宁科学技术出版社，1988。
[177] 〔日〕西村成雄：《中国近代东北地域史研究》，法律文化社，1984。
[178] 萧清：《中国古代货币史》，人民出版社，1984。
[179] 解学诗：《伪满洲国史新编（修订本）》，人民出版社，2008。
[180] 解学诗：《满铁史资料·煤铁篇》，中华书局，1979。
[181]《新宾满族自治县概况》编写组：《新宾满族自治县概况》，辽宁大学出版社，1986。
[182] 杨保隆：《肃慎挹娄合考》，中国社会科学出版社，1989。
[183] 杨端六编著《清代货币金融史稿》，三联书店，1962。
[184] 杨绍猷、莫俊卿：《明代民族史》，《中国历代民族史丛书》第七卷，四川民族出版社，1996。
[185] 杨思远：《中国少数民族生产方式研究》，新华出版社，2013。
[186] 杨思远：《中国少数民族经济史论》（一），中国经济出版社，2016。
[187] 杨学琛、周远廉：《清代八旗王公贵族兴衰史》，辽宁人民出版社，1986。
[188] 杨志玖主编《中国古代官制讲座》，中华书局，1992。
[189] 姚念慈：《清初政治史探微》，辽宁民族出版社，2008。
[190] 俞鸿钧：《财政年鉴》第三篇，中央印书局，1948。
[191] 于沛主编《清史译丛第三辑》，中国人民大学出版社，2005。
[192] 袁森坡：《避暑山庄与外八庙》，北京出版社，1981。
[193] 曾康霖：《百年中国金融思想学说史》，中国金融出版社，2011。

[194] 张博泉:《金代经济史略》,辽宁人民出版社,1981。
[195] 张博泉:《金史简编》,辽宁人民出版社,1984。
[196] 张博泉、魏存成:《东北民族考古与疆域》,吉林大学出版社,1998。
[197] 张德泽:《清代国家机关考略》,故宫出版社,2012。
[198] 张佳生:《满族与长白山》,辽宁民族出版社,2011。
[199] 张佳生主编《中国满族通论》,辽宁民族出版社,2005。
[200] 张杰、张丹卉:《清代东北边疆的满族》,辽宁民族出版社,2005。
[201] 张沦波:《中国的资源》,世界书局,1943。
[202] 张寿崇:《满族说唱文学:子弟书珍本百种》,民族出版社,2000。
[203] 章开沅主编《清通鉴(嘉庆朝、道光朝、咸丰朝)》,岳麓书社,2000。
[204] 章乃炜等编著《清宫述闻(初、续编合编本)》,紫禁城出版社,1990。
[205] 章有义:《中国近代农业史资料》第二辑,三联书店,1957。
[206] 赵令志:《清前期八旗土地制度研究》,民族出版社,2001。
[207] 赵梦涵、武普照、张国光:《中国财税商贸史论》,山东大学出版社,1997。
[208] 郑川水、陈磊:《大清陪都盛京》,沈阳出版社,2004。
[209] 中共中央统战部:《民族问题文献汇编》,中共中央党校出版社,1991。
[210] 中国人民大学清史研究所:《清史研究集》(第2辑),中国人民大学出版社,1982。
[211] 中国科学院考古研究所:《新中国的考古收获》,文物出版社,1961。
[212] 中国科学院民族研究所、辽宁少数民族社会历史调查组:《黑龙江满族朝鲜族回族蒙古族柯尔克孜族社会历史调查》,民族出版社,2009。
[213] 中国科学院民族研究所、辽宁少数民族社会历史调查组:《满族社会历史调查报告》(上、下)第5辑,民族出版社,2009。
[214] 中国科学院民族研究所、辽宁少数民族社会历史调查组:《黑龙江满族社会历史调查报告》,民族出版社,2009。
[215] 中国社会科学院民族研究所:《满族史研究集》,中国社会科学院,1988。

[216] 中国社会科学院近代史研究所政治史研究室编《清代满汉关系研究》，社会科学文献出版社，2011。
[217] 周远廉：《清朝开国史研究》，故宫出版社，2012。
[218] 周致中：《异域志》，商务印书馆，1936。
[219] 朱诚如：《辽宁通史》，辽宁民族出版社，2011。
[220] 朱志峰：《东北抗日战争研究》第六卷，吉林文史出版社，2007。

三 期刊、报纸论文

[1] 安双成：《顺康雍三朝八旗丁额浅析》，《历史档案》1983 年第 2 期。
[2] 暴磊：《浅谈清代对东北的封禁政策》，《学理论》2013 年第 9 期。
[3] 包奕诚：《论日本经济危机与九·一八事变》，《新疆大学学报》1980 年第 2 期。
[4] 程墨秀：《清代山东移民开发东北农业述略》，《齐鲁学刊》1991 年第 3 期。
[5] 戴逸：《乾隆初政和“宽严相济”的统治方针》，《上海社会科学院学术季刊》1986 年第 1 期。
[6] 戴迎华：《民初旗民生存状况述论》，《长白学刊》2009 年第 6 期。
[7] 刁书仁、车今顺：《略论清代东北八旗牧厂地的开放》，《社会科学战线》1997 年第 4 期。
[8] 丁永隆：《浅议抗战胜利后国民党政府的经济接收》，《苏州大学学报》1985 年第 1 期。
[9] 定宜庄：《辛亥革命后的八旗驻防城：山东青州满城个案考察（1911～2003）》，《满族研究》2008 年第 12 期。
[10] 东北考古发掘团：《吉林西团山石棺墓发掘报告》，《考古学报》1964 年第 1 期。
[11] 高强：《清末东北移民实边政策述论》，《宝鸡文理学院学报》（社会科学版）2007 年第 5 期。
[12] 葛玉红：《东北近代工业的形成和发展》，《辽宁大学学报》1990 年第 1 期。
[13] 关伟、关捷：《辛亥革命时期东北满族活动的考察》，《满族研究》2012 年第 3 期。
[14] 郭剑林：《中国近代社会的转型与过渡——北洋政府时代》，《历史

教学》2001 年第 2 期。

[15] 黑龙江省博物馆:《黑龙江饶河小南山遗址试掘简报》,《考古》1972 年第 2 期。

[16] 黑龙江省博物馆:《黑龙江省阿城县小岭地区金代冶铁遗址》,《考古》1965 年第 3 期。

[17] 黑龙江省博物馆:《宁安牛场新石器时代遗址清理》,《考古》1960 年第 4 期。

[18] 黑龙江省博物馆:《东康原始社会遗址发掘报告》,《考古》1975 年第 8 期。

[19] 黑龙江省博物馆:《黑龙江东宁县大城子新石器时代居住址》,《考古》1979 年第 1 期。

[20] 黑龙江省文物考古工作队、吉林大学历史系考古专业:《东宁县团结遗址发掘报告》,(吉林省考古学会第一次年会资料),1978。

[21] 黑龙江省文物考古研究所:《黑龙江省双鸭山市滚兔岭遗址发掘报告》,《北方文物》1997 年第 2 期。

[22] 黑龙江省文物考古研究所,吉林大学考古系研究报告:《河口与振兴——牡丹江莲花水库发掘报告一》,科学出版社,2001。

[23] 华山、王赓唐:《略论女真族氏族制度的解体和国家的形成》,《文史哲》1956 年第 6 期。

[24] 黄国盛、谢必震:《鸦片战争前清朝对外经济交往性质初探》,《福建论坛》(文史哲版)1989 年第 1 期。

[25] 吉林地区考古短训班:《吉林猴石山遗址发掘报告》,《考古》1980 年第 2 期。

[26]《吉林省文物保护单位》(第六批),吉林机器局旧址,第 112 号。

[27] 吉林省文物工作队:《吉林长蛇山遗址的发掘》,《考古》1980 年第 2 期。

[28] 吉林省文物管理委员会、永吉县星星哨水库管理处:《永吉星星哨水库石棺墓及遗址调查》,《考古》1978 年第 3 期。

[29] 贾艳丽:《清末旗人的民间自救》,《首都师范大学学报》(社会科学版)2008 年第 2 期。

[30] 姜相顺:《近代沈阳满族的经济生活和民族资本的发展》,《满族研究》1987 年第 10 期。

[31] 金启宗:《北京郊区的满族》,《满族研究》1985 年第 4 期。
[32] 康波:《清末东北旗人的实业与生计初探》,《北方文物》2000 年第 4 期。
[33] 李成义:《帝国主义利用营口港对旧中国东北的经济侵略》,《辽宁师范大学学报》(社科版)1988 年第 1 期。
[34] 李德:《满族歌舞》,《满族研究》1987 年第 2 期。
[35] 李德新、刘晓东:《清代东北封禁与流人遣戍》,《满语研究》2013 年第 2 期。
[36] 李剑峰:《民初吉林省筹办旗人生计述评》,《赤峰学院学报》(汉文哲学社会科学版)2010 年第 9 期。
[37] 李普国:《清代东北的封禁与开发》,《吉林大学社会科学学报》1962 年第 1 期。
[38] 李晓光:《1904~1911 年日俄对我国东北农业发展的影响》,《安徽农业科学》2012 年第 3 期。
[39] 李兴华:《清入关前商业贸易》,《满族研究》2010 年第 2 期。
[40] 李燕光:《李林清代的王庄》,《满族研究》1988 年第 1 期。
[41] 李自:《试论乾隆朝东北禁边与八旗生计之关系》,《中央民族大学学报》第 27 卷第 6 期。
[42] 李自然:《试谈宁夏八旗驻防的特点》,《满族研究》2005 年第 4 期。
[43] 梁波、冯巧:《满铁地质调查所》,《科学学研究》2002 年第 3 期。
[44] 梁玉多:《关于渤海国经济的几个问题》,《学习与探索》2007 年第 3 期。
[45] 梁玉多、辛巍:《勿吉的农工及相关问题研究》,《黑龙江社会科学》2012 年第 2 期。
[46] 刘一民:《抗战时期国共两党在土地政策上的合作与互动》,《湖南师范大学社会科学学报》2005 年第 6 期。
[47] 刘智文:《清代东北封禁政策刍议》,《学习与探讨》2003 年第 6 期。
[48] 马协弟:《清代满城考》,《满族研究》1990 年第 1 期。
[49] 马越山:《清代东北的封禁政策》,《社会科学辑刊》1986 年第 2 期。
[50] 潘永强、郝艳梅:《新民主主义革命时期毛泽东农村土地经济思想研究》,《前沿》2004 年第 10 期。
[51] 彭冠龙:《从两份土地法文件看 1946~1952 年土改小说创作》,《宜

宾学院学报》2015 年第 1 期。
[52] 曲晓溪:《解放战争时期党领导的黑龙江土地改革》,《世纪桥》2011 年第 22 期。
[53] 沈燕:《满铁殖民统治政策的确立、实施及影响》,《满铁研究》2014 年第 4 期。
[54] 宋莉莉、王桂芳:《民国时期东北旗人生存状态变迁原因探析》,《黑龙江史志》2015 年第 9 期。
[55] 宋燕:《日俄战后至“九一八”事变前日本对中国东北的经济侵略及后果》,《东北亚论坛》2003 年第 9 期。
[56] 苏崇民:《絮絮叨叨说满铁》,《满铁研究》2012 年第 3 期。
[57] 孙冬虎:《清代以来东北地区民族构成及地名的变迁》,《社会科学战线》1998 年第 10 期。
[58] 孙军:《新民主主义革命时期中国共产党对满族的政策》,《长江大学学报》(社会科学版)2010 年第 3 期。
[59] 孙淑秋:《试论清朝对汉族的政策》,《满族研究》2011 年第 1 期。
[60] 孙瑜:《日本对中国东北的经济掠夺——以伪满水泥工业为例》,《暨南学报》(哲学社会科学版)2015 年第 11 期。
[61] 孙宅巍:《国民政府经济接收述略》,《民国档案》1989 年第 3 期。
[62] 孙占文:《五道岭冶铁遗址的两个问题》,《黑龙江日报》1963 年 3 月 28 日。
[63] 田志和:《论清代东北驻防八旗的兴衰》,《满族研究》1992 年第 2 期。
[64] 佟佳江:《八旗制度消亡新议》,《民族研究》1994 年第 5 期。
[65] 佟克力:《清代伊犁驻防八旗始末》,《西域研究》2004 年第 3 期。
[66] 佟柱臣:《东北原始文化的分布与分期》,《考古》1961 年第 10 期。
[67] 佟柱臣:《吉林的新石器文化》,《考古通讯》1955 年第 2 期。
[68] 王立群:《北洋时期直隶旗地问题浅探》,《历史档案》2005 年第 3 期。
[69] 王永祥:《阿城五岭地区古代冶铁遗址的初步研究》,《黑龙江日报》1962 年 11 月 13 日。
[70] 伪满洲农产公社总务部调查科:《满洲农产物关系参考资料》,1942。
[71] 韦庆远:《论“八旗生计”》,《社会科学辑刊》1990 年第 5 期,

1990 年第 1 期。
[72] 王仲荦:《古代中国人民使用煤的历史》,《文史哲》1956 年第 12 期。
[73] 汪宗猷:《二百年来广州满族经济生活的变迁》,《广东文史资料》1988 年第 35 期。
[74] 费驰:《晚清东北商埠格局变迁》,《研究史学集刊》2007 年第 3 期。
[75] 许汉琴:《"八七"会议前后毛泽东对中国革命的杰出贡献》,《湖北第二师范学院学报》2010 年第 7 期。
[76] 薛红:《肃慎和西团山文化》,《吉林师大学报》1979 年第 1 期。
[77] 阎崇年:《北京满族的百年沧桑》,《北京社会科学》2002 年第 1 期。
[78] 杨洪波:《清初统治阶级内部矛盾的多重性及其性质》,《东北师大学报》(哲学社会科学版)1986 年第 1 期。
[79] 杨奎松:《战后初期中共中央土地政策的变动及原因——着重于文献档案的解读》,《开放时代》2014 年第 5 期。
[80] 杨思远:《中国少数民族经济史研究的几个理论问题》,《学习论坛》2013 年第 8 期。
[81] 杨学琛:《略论清代满汉关系的发展和变化》,《民族研究》1981 年第 6 期。
[82] 杨学琛:《清代旗兵和余丁的地位和反抗斗争》,《民族团结》1963 年第 9 期。
[83] 杨友谊:《"嚼酒"民俗初探》,《黑龙江民族丛刊》2005 年第 3 期。
[84] 姚永超:《1906~1931 年日俄经济势力在东北地区的空间推移》,《中国历史地理论丛》2005 年第 1 期。
[85] 禹露:《战后国民党对日占区的接收及其后果》,《绵阳师范学院学报》2005 年第 2 期。
[86] 于是:《民谣无本句句真》,《今日辽宁》2014 年第 2 期。
[87] 余梓东:《论清朝民族关系格局的特点》,《内蒙古社会科学(汉文版)》2003 年第 3 期。
[88] 曾康霖:《研究通货膨胀也应解放思想》,《金融研究》1993 年第 5 期。
[89] 张福记:《清末民初北京旗人社会的变迁》,《北京社会科学》1997 年第 2 期。

[90] 张海鹏、李丹:《论“九一八”事变后东北满族对日斗争的特点》,《通化师范学院学报》2006年第5期。
[91] 张国庆:《古代东北地区少数民族渔猎农牧经济特征论》,《北方文物》2006年第4期。
[92] 张海林:《辛亥革命前后革命派认识“民族主义”重探》,《江苏社会科学》2002年第4期。
[93] 张伟:《松嫩平原早期铁器的发现与研究》,《北方文物》1997年第2期。
[94] 赵寰熹:《清代北京旗民分城而居政策的实施及其影响》,《中国历史地理论丛》第28卷第1辑,2013年1月。
[95] 赵书:《辛亥革命后的北京满族》,《满族研究》1989年第10期。
[96] 赵书:《正红旗下的人们》,《民族文学》1999年第2期。
[97] 赵英兰:《有关清代东北地区封禁的几个问题》,《理论学刊》2008年第3期。
[98] 赵展:《论清代满族四种社会群体的形成》,《中央民族大学学报》2001年第1期。
[99] 郑川水:《清末满族社会特点初探》,《学术月刊》1982年第2期。
[100] 郑川:《论清朝的旗饷政策及其影响》,《辽宁大学学报》1985年第2期。
[101] 中共中央《关于公布中国土地法大纲的决议》(1947年10月10日),《晋绥日报》民国三十六年(1947)十月十三日。
[102] 中国社会科学院考古研究所实验室:《放射性碳素测定年代报告》,《考古》1986年第7期。
[103] 庄严:《勿吉、黑水靺鞨的经济社会性质》,《黑河学刊》1986年第4期。

四 学位论文

[1] 程姝:《哈尔滨解放区“三农”法规研究》,黑龙江大学2008年硕士学位论文。
[2] 李雨桐:《日本对中国东北矿产资源的调查与掠夺(1905~1931)》,东北师范大学2015年博士学位论文。
[3] 林梦:《解放战争时期中国共产党关于富农的理论与政策》,西南交

通大学 2005 年博士学位论文。
[4] 倪晓一:《清代皇族养赡恩赏制度研究：以京师地区闲散宗室和觉罗为核心》，中国人民大学 2010 年博士学位论文。
[5] 苏日嘎拉图:《满蒙文化关系研究》，中央民族大学 2003 年博士学位论文。
[6] 赵英兰:《清代东北人口与群体社会研究》，吉林大学 2006 年博士学位论文。
[7] 朱有霞:《解放战争时期中共局部执政经验研究》，山东师范大学 2010 年硕士学位论文。

图书在版编目（CIP）数据

满族经济史 / 杨思远等著. -- 北京：社会科学文献出版社，2018.11
国家社科基金后期资助项目
ISBN 978-7-5201-2328-0

Ⅰ.①满… Ⅱ.①杨… Ⅲ.①满族-少数民族经济-经济史-中国 Ⅳ.①F127.8

中国版本图书馆 CIP 数据核字（2018）第 037946 号

·国家社科基金后期资助项目·

满族经济史

著　　者 / 杨思远 等

出 版 人 / 谢寿光
项目统筹 / 陈凤玲
责任编辑 / 宋淑洁

出　　版 / 社会科学文献出版社 · 经济与管理分社（010）59367226
地址：北京市北三环中路甲 29 号院华龙大厦　邮编：100029
网址：www.ssap.com.cn
发　　行 / 市场营销中心（010）59367081　59367083
印　　装 / 三河市龙林印务有限公司

规　　格 / 开 本：787mm × 1092mm　1/16
印 张：40.5　字 数：679 千字
版　　次 / 2018 年 11 月第 1 版　2018 年 11 月第 1 次印刷
书　　号 / ISBN 978-7-5201-2328-0
定　　价 / 169.00 元